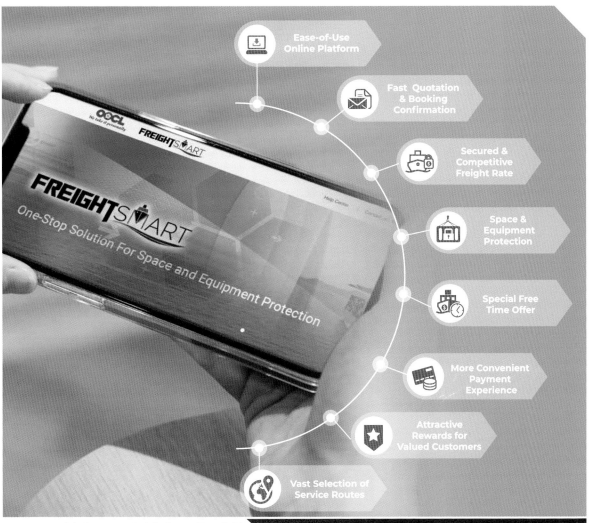

FreightSmart

FreightSmart User Guide

OOCL's FreightSmart is an advanced online platform providing customers instant quotation and booking confirmation with space and equipment protection at secured freight rates. The speed, convenience, and rewards bring the ultimate customer experience when booking with FreightSmart.

OOCL makes every part of your business a part of ours:

*We take it personally.*

*We take it personally*

JN046530

*www.oocl.com*

# "AS ONE, WE CAN."
# 運んでいるのは、ひとり一人の毎日。

唯一無二の日本船社として、日本の物流を支え続けます。

何よりも「大」自然。

自然との共生を、永続的に。

自然は何より大切な存在。
大切に思うものなら必ず目をひきます。
地球のパートナーとして、エバーグリーンマリーンはこの広い海で、
共生、共存、共栄の歩みを、永続的に。

EVERGREEN LINE
www.evergreen-line.com

# TAKING YOUR CARGO EVERYWHERE

As a world leader in shipping and logistics, we transport 22.5 million containers every year. We take your cargo on 760 vessels, across 155 countries, to 520 ports, along over 300 sailing routes.

## MOVING THE WORLD, TOGETHER.

msc.com

# 博多港 NEXT

選ばれる港へ

- ●充実した航路網 41 航路月間 216 便 （2023年10月現在）
- ●物流 IT システム (HiTS) による効率化・迅速化
- ●半径 5km 圏内に港湾、空港、高速道路、鉄道の輸送 モード拠点(ターミナル)が集積する利便性

アジアのリーダー都市へ

**福岡市港湾空港局** 博多港 検索

電話092-282-7110　FAX 092-282-7772
E-mail：butsuryu.PHB@city.fukuoka.lg.jp

## Ben Line Agencies (Japan)'s Worldwide Principals

Alcatel-Lucent Co. (France)

Anglo Eastern Shipmanagement Ltd. (Hong Kong)

ANL Container Line Pty Ltd. (Singapore)

Asset Maritime Security Service (U.K.)

China United Lines (China)

Dalian Jifa Bonhai Rim Container Lines (China)

EAS International Shipping (China)

Global Marine Systems (U.K.)

Kestrel Global Logistics (U.K.)

M&S Logistics (U.K.)

Nile Dutch Africa Line (Netherlands)

Port of Houston Authority

Scottish Development International (U.K.)

Sea Consortium Pte Ltd. (Singapore)

Siem Car Carriers (U.K.)

Swire Shipping (Singapore)

TE Subsea Communications LLC (U.S.A.)

Thames Port (U.K.)

The Shipping Corporation of India Ltd. (India)

Tropical Shipping, Inc. (U.S.A.)

Tyco Tele Communications (U.S.A.)

UAFL (Indian Ocean Islands & Mozambique)

Wuhan New Port Datong Int'l Shipping (China)

X-Press Feeders (Singapore)

 **BEN LINE AGENCIES (JAPAN) LTD.**

4th Fl, Shinagawa TS Bldg., 2-13-40 Konan, Minato-ku, Tokyo 108-0075 Japan
Tel: (03)6718-0704   Fax: (03)6718-0717
logistics.it@benline.co.jp   http://www.benlineagencies.com

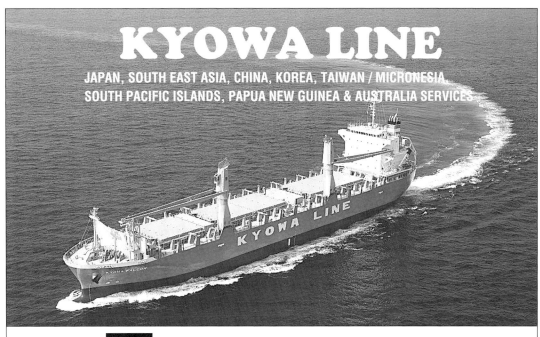

# LIST OF INTERNATIONAL LOGISTICS OPERATORS

# Contents

## ◆ 2023年

**1月 January**

| 日 | 月 | 火 | 水 | 木 | 金 | 土 |
|---|---|---|---|---|---|---|
| 1 | 2 | 3 | 4 | 5 | 6 | 7 |
| 8 | 9 | 10 | 11 | 12 | 13 | 14 |
| 15 | 16 | 17 | 18 | 19 | 20 | 21 |
| 22 | 23 | 24 | 25 | 26 | 27 | 28 |
| 29 | 30 | 31 | | | | |

**2月 February**

| 日 | 月 | 火 | 水 | 木 | 金 | 土 |
|---|---|---|---|---|---|---|
| | | | 1 | 2 | 3 | 4 |
| 5 | 6 | 7 | 8 | 9 | 10 | 11 |
| 12 | 13 | 14 | 15 | 16 | 17 | 18 |
| 19 | 20 | 21 | 22 | 23 | 24 | 25 |
| 26 | 27 | 28 | | | | |

**3月 March**

| 日 | 月 | 火 | 水 | 木 | 金 | 土 |
|---|---|---|---|---|---|---|
| | | | 1 | 2 | 3 | 4 |
| 5 | 6 | 7 | 8 | 9 | 10 | 11 |
| 12 | 13 | 14 | 15 | 16 | 17 | 18 |
| 19 | 20 | 21 | 22 | 23 | 24 | 25 |
| 26 | 27 | 28 | 29 | 30 | 31 | |

**4月 April**

| 日 | 月 | 火 | 水 | 木 | 金 | 土 |
|---|---|---|---|---|---|---|
| | | | | | | 1 |
| 2 | 3 | 4 | 5 | 6 | 7 | 8 |
| 9 | 10 | 11 | 12 | 13 | 14 | 15 |
| 16 | 17 | 18 | 19 | 20 | 21 | 22 |
| 23/30 | 24 | 25 | 26 | 27 | 28 | 29 |

**5月 May**

| 日 | 月 | 火 | 水 | 木 | 金 | 土 |
|---|---|---|---|---|---|---|
| | 1 | 2 | 3 | 4 | 5 | 6 |
| 7 | 8 | 9 | 10 | 11 | 12 | 13 |
| 14 | 15 | 16 | 17 | 18 | 19 | 20 |
| 21 | 22 | 23 | 24 | 25 | 26 | 27 |
| 28 | 29 | 30 | 31 | | | |

**6月 June**

| 日 | 月 | 火 | 水 | 木 | 金 | 土 |
|---|---|---|---|---|---|---|
| | | | | 1 | 2 | 3 |
| 4 | 5 | 6 | 7 | 8 | 9 | 10 |
| 11 | 12 | 13 | 14 | 15 | 16 | 17 |
| 18 | 19 | 20 | 21 | 22 | 23 | 24 |
| 25 | 26 | 27 | 28 | 29 | 30 | |

**7月 July**

| 日 | 月 | 火 | 水 | 木 | 金 | 土 |
|---|---|---|---|---|---|---|
| | | | | | | 1 |
| 2 | 3 | 4 | 5 | 6 | 7 | 8 |
| 9 | 10 | 11 | 12 | 13 | 14 | 15 |
| 16 | 17 | 18 | 19 | 20 | 21 | 22 |
| 23/30 | 24/31 | 25 | 26 | 27 | 28 | 29 |

**8月 August**

| 日 | 月 | 火 | 水 | 木 | 金 | 土 |
|---|---|---|---|---|---|---|
| | | 1 | 2 | 3 | 4 | 5 |
| 6 | 7 | 8 | 9 | 10 | 11 | 12 |
| 13 | 14 | 15 | 16 | 17 | 18 | 19 |
| 20 | 21 | 22 | 23 | 24 | 25 | 26 |
| 27 | 28 | 29 | 30 | 31 | | |

**9月 September**

| 日 | 月 | 火 | 水 | 木 | 金 | 土 |
|---|---|---|---|---|---|---|
| | | | | | 1 | 2 |
| 3 | 4 | 5 | 6 | 7 | 8 | 9 |
| 10 | 11 | 12 | 13 | 14 | 15 | 16 |
| 17 | 18 | 19 | 20 | 21 | 22 | 23 |
| 24 | 25 | 26 | 27 | 28 | 29 | 30 |

**10月 October**

| 日 | 月 | 火 | 水 | 木 | 金 | 土 |
|---|---|---|---|---|---|---|
| 1 | 2 | 3 | 4 | 5 | 6 | 7 |
| 8 | 9 | 10 | 11 | 12 | 13 | 14 |
| 15 | 16 | 17 | 18 | 19 | 20 | 21 |
| 22 | 23 | 24 | 25 | 26 | 27 | 28 |
| 29 | 30 | 31 | | | | |

**11月 November**

| 日 | 月 | 火 | 水 | 木 | 金 | 土 |
|---|---|---|---|---|---|---|
| | | | 1 | 2 | 3 | 4 |
| 5 | 6 | 7 | 8 | 9 | 10 | 11 |
| 12 | 13 | 14 | 15 | 16 | 17 | 18 |
| 19 | 20 | 21 | 22 | 23 | 24 | 25 |
| 26 | 27 | 28 | 29 | 30 | | |

**12月 December**

| 日 | 月 | 火 | 水 | 木 | 金 | 土 |
|---|---|---|---|---|---|---|
| | | | | | 1 | 2 |
| 3 | 4 | 5 | 6 | 7 | 8 | 9 |
| 10 | 11 | 12 | 13 | 14 | 15 | 16 |
| 17 | 18 | 19 | 20 | 21 | 22 | 23 |
| 24/31 | 25 | 26 | 27 | 28 | 29 | 30 |

## ◆ 2024年

**1月 January**

| 日 | 月 | 火 | 水 | 木 | 金 | 土 |
|---|---|---|---|---|---|---|
| | 1 | 2 | 3 | 4 | 5 | 6 |
| 7 | 8 | 9 | 10 | 11 | 12 | 13 |
| 14 | 15 | 16 | 17 | 18 | 19 | 20 |
| 21 | 22 | 23 | 24 | 25 | 26 | 27 |
| 28 | 29 | 30 | 31 | | | |

**2月 February**

| 日 | 月 | 火 | 水 | 木 | 金 | 土 |
|---|---|---|---|---|---|---|
| | | | | 1 | 2 | 3 |
| 4 | 5 | 6 | 7 | 8 | 9 | 10 |
| 11 | 12 | 13 | 14 | 15 | 16 | 17 |
| 18 | 19 | 20 | 21 | 22 | 23 | 24 |
| 25 | 26 | 27 | 28 | 29 | | |

**3月 March**

| 日 | 月 | 火 | 水 | 木 | 金 | 土 |
|---|---|---|---|---|---|---|
| | | | | | 1 | 2 |
| 3 | 4 | 5 | 6 | 7 | 8 | 9 |
| 10 | 11 | 12 | 13 | 14 | 15 | 16 |
| 17 | 18 | 19 | 20 | 21 | 22 | 23 |
| 24/31 | 25 | 26 | 27 | 28 | 29 | 30 |

**4月 April**

| 日 | 月 | 火 | 水 | 木 | 金 | 土 |
|---|---|---|---|---|---|---|
| | 1 | 2 | 3 | 4 | 5 | 6 |
| 7 | 8 | 9 | 10 | 11 | 12 | 13 |
| 14 | 15 | 16 | 17 | 18 | 19 | 20 |
| 21 | 22 | 23 | 24 | 25 | 26 | 27 |
| 28 | 29 | 30 | | | | |

**5月 May**

| 日 | 月 | 火 | 水 | 木 | 金 | 土 |
|---|---|---|---|---|---|---|
| | | | 1 | 2 | 3 | 4 |
| 5 | 6 | 7 | 8 | 9 | 10 | 11 |
| 12 | 13 | 14 | 15 | 16 | 17 | 18 |
| 19 | 20 | 21 | 22 | 23 | 24 | 25 |
| 26 | 27 | 28 | 29 | 30 | 31 | |

**6月 June**

| 日 | 月 | 火 | 水 | 木 | 金 | 土 |
|---|---|---|---|---|---|---|
| | | | | | | 1 |
| 2 | 3 | 4 | 5 | 6 | 7 | 8 |
| 9 | 10 | 11 | 12 | 13 | 14 | 15 |
| 16 | 17 | 18 | 19 | 20 | 21 | 22 |
| 23/30 | 24 | 25 | 26 | 27 | 28 | 29 |

**7月 July**

| 日 | 月 | 火 | 水 | 木 | 金 | 土 |
|---|---|---|---|---|---|---|
| | 1 | 2 | 3 | 4 | 5 | 6 |
| 7 | 8 | 9 | 10 | 11 | 12 | 13 |
| 14 | 15 | 16 | 17 | 18 | 19 | 20 |
| 21 | 22 | 23 | 24 | 25 | 26 | 27 |
| 28 | 29 | 30 | 31 | | | |

**8月 August**

| 日 | 月 | 火 | 水 | 木 | 金 | 土 |
|---|---|---|---|---|---|---|
| | | | | 1 | 2 | 3 |
| 4 | 5 | 6 | 7 | 8 | 9 | 10 |
| 11 | 12 | 13 | 14 | 15 | 16 | 17 |
| 18 | 19 | 20 | 21 | 22 | 23 | 24 |
| 25 | 26 | 27 | 28 | 29 | 30 | 31 |

**9月 September**

| 日 | 月 | 火 | 水 | 木 | 金 | 土 |
|---|---|---|---|---|---|---|
| 1 | 2 | 3 | 4 | 5 | 6 | 7 |
| 8 | 9 | 10 | 11 | 12 | 13 | 14 |
| 15 | 16 | 17 | 18 | 19 | 20 | 21 |
| 22 | 23 | 24 | 25 | 26 | 27 | 28 |
| 29 | 30 | | | | | |

**10月 October**

| 日 | 月 | 火 | 水 | 木 | 金 | 土 |
|---|---|---|---|---|---|---|
| | | 1 | 2 | 3 | 4 | 5 |
| 6 | 7 | 8 | 9 | 10 | 11 | 12 |
| 13 | 14 | 15 | 16 | 17 | 18 | 19 |
| 20 | 21 | 22 | 23 | 24 | 25 | 26 |
| 27 | 28 | 29 | 30 | 31 | | |

**11月 November**

| 日 | 月 | 火 | 水 | 木 | 金 | 土 |
|---|---|---|---|---|---|---|
| | | | | | 1 | 2 |
| 3 | 4 | 5 | 6 | 7 | 8 | 9 |
| 10 | 11 | 12 | 13 | 14 | 15 | 16 |
| 17 | 18 | 19 | 20 | 21 | 22 | 23 |
| 24 | 25 | 26 | 27 | 28 | 29 | 30 |

**12月 December**

| 日 | 月 | 火 | 水 | 木 | 金 | 土 |
|---|---|---|---|---|---|---|
| 1 | 2 | 3 | 4 | 5 | 6 | 7 |
| 8 | 9 | 10 | 11 | 12 | 13 | 14 |
| 15 | 16 | 17 | 18 | 19 | 20 | 21 |
| 22 | 23 | 24 | 25 | 26 | 27 | 28 |
| 29 | 30 | 31 | | | | |

## ◆ 2025年

**1月 January**

| 日 | 月 | 火 | 水 | 木 | 金 | 土 |
|---|---|---|---|---|---|---|
| | | | 1 | 2 | 3 | 4 |
| 5 | 6 | 7 | 8 | 9 | 10 | 11 |
| 12 | 13 | 14 | 15 | 16 | 17 | 18 |
| 19 | 20 | 21 | 22 | 23 | 24 | 25 |
| 26 | 27 | 28 | 29 | 30 | 31 | |

**2月 February**

| 日 | 月 | 火 | 水 | 木 | 金 | 土 |
|---|---|---|---|---|---|---|
| | | | | | | 1 |
| 2 | 3 | 4 | 5 | 6 | 7 | 8 |
| 9 | 10 | 11 | 12 | 13 | 14 | 15 |
| 16 | 17 | 18 | 19 | 20 | 21 | 22 |
| 23 | 24 | 25 | 26 | 27 | 28 | |

**3月 March**

| 日 | 月 | 火 | 水 | 木 | 金 | 土 |
|---|---|---|---|---|---|---|
| | | | | | | 1 |
| 2 | 3 | 4 | 5 | 6 | 7 | 8 |
| 9 | 10 | 11 | 12 | 13 | 14 | 15 |
| 16 | 17 | 18 | 19 | 20 | 21 | 22 |
| 23/30 | 24/31 | 25 | 26 | 27 | 28 | 29 |

**4月 April**

| 日 | 月 | 火 | 水 | 木 | 金 | 土 |
|---|---|---|---|---|---|---|
| | | 1 | 2 | 3 | 4 | 5 |
| 6 | 7 | 8 | 9 | 10 | 11 | 12 |
| 13 | 14 | 15 | 16 | 17 | 18 | 19 |
| 20 | 21 | 22 | 23 | 24 | 25 | 26 |
| 27 | 28 | 29 | 30 | | | |

**5月 May**

| 日 | 月 | 火 | 水 | 木 | 金 | 土 |
|---|---|---|---|---|---|---|
| | | | | 1 | 2 | 3 |
| 4 | 5 | 6 | 7 | 8 | 9 | 10 |
| 11 | 12 | 13 | 14 | 15 | 16 | 17 |
| 18 | 19 | 20 | 21 | 22 | 23 | 24 |
| 25 | 26 | 27 | 28 | 29 | 30 | 31 |

**6月 June**

| 日 | 月 | 火 | 水 | 木 | 金 | 土 |
|---|---|---|---|---|---|---|
| 1 | 2 | 3 | 4 | 5 | 6 | 7 |
| 8 | 9 | 10 | 11 | 12 | 13 | 14 |
| 15 | 16 | 17 | 18 | 19 | 20 | 21 |
| 22 | 23 | 24 | 25 | 26 | 27 | 28 |
| 29 | 30 | | | | | |

**7月 July**

| 日 | 月 | 火 | 水 | 木 | 金 | 土 |
|---|---|---|---|---|---|---|
| | | 1 | 2 | 3 | 4 | 5 |
| 6 | 7 | 8 | 9 | 10 | 11 | 12 |
| 13 | 14 | 15 | 16 | 17 | 18 | 19 |
| 20 | 21 | 22 | 23 | 24 | 25 | 26 |
| 27 | 28 | 29 | 30 | 31 | | |

**8月 August**

| 日 | 月 | 火 | 水 | 木 | 金 | 土 |
|---|---|---|---|---|---|---|
| | | | | | 1 | 2 |
| 3 | 4 | 5 | 6 | 7 | 8 | 9 |
| 10 | 11 | 12 | 13 | 14 | 15 | 16 |
| 17 | 18 | 19 | 20 | 21 | 22 | 23 |
| 24/31 | 25 | 26 | 27 | 28 | 29 | 30 |

**9月 September**

| 日 | 月 | 火 | 水 | 木 | 金 | 土 |
|---|---|---|---|---|---|---|
| | 1 | 2 | 3 | 4 | 5 | 6 |
| 7 | 8 | 9 | 10 | 11 | 12 | 13 |
| 14 | 15 | 16 | 17 | 18 | 19 | 20 |
| 21 | 22 | 23 | 24 | 25 | 26 | 27 |
| 28 | 29 | 30 | | | | |

**10月 October**

| 日 | 月 | 火 | 水 | 木 | 金 | 土 |
|---|---|---|---|---|---|---|
| | | | 1 | 2 | 3 | 4 |
| 5 | 6 | 7 | 8 | 9 | 10 | 11 |
| 12 | 13 | 14 | 15 | 16 | 17 | 18 |
| 19 | 20 | 21 | 22 | 23 | 24 | 25 |
| 26 | 27 | 28 | 29 | 30 | 31 | |

**11月 November**

| 日 | 月 | 火 | 水 | 木 | 金 | 土 |
|---|---|---|---|---|---|---|
| | | | | | | 1 |
| 2 | 3 | 4 | 5 | 6 | 7 | 8 |
| 9 | 10 | 11 | 12 | 13 | 14 | 15 |
| 16 | 17 | 18 | 19 | 20 | 21 | 22 |
| 23/30 | 24 | 25 | 26 | 27 | 28 | 29 |

**12月 December**

| 日 | 月 | 火 | 水 | 木 | 金 | 土 |
|---|---|---|---|---|---|---|
| | 1 | 2 | 3 | 4 | 5 | 6 |
| 7 | 8 | 9 | 10 | 11 | 12 | 13 |
| 14 | 15 | 16 | 17 | 18 | 19 | 20 |
| 21 | 22 | 23 | 24 | 25 | 26 | 27 |
| 28 | 29 | 30 | 31 | | | |

## ◆ 2026年

**1月 January**

| 日 | 月 | 火 | 水 | 木 | 金 | 土 |
|---|---|---|---|---|---|---|
| | | | | 1 | 2 | 3 |
| 4 | 5 | 6 | 7 | 8 | 9 | 10 |
| 11 | 12 | 13 | 14 | 15 | 16 | 17 |
| 18 | 19 | 20 | 21 | 22 | 23 | 24 |
| 25 | 26 | 27 | 28 | 29 | 30 | 31 |

**2月 February**

| 日 | 月 | 火 | 水 | 木 | 金 | 土 |
|---|---|---|---|---|---|---|
| 1 | 2 | 3 | 4 | 5 | 6 | 7 |
| 8 | 9 | 10 | 11 | 12 | 13 | 14 |
| 15 | 16 | 17 | 18 | 19 | 20 | 21 |
| 22 | 23 | 24 | 25 | 26 | 27 | 28 |

**3月 March**

| 日 | 月 | 火 | 水 | 木 | 金 | 土 |
|---|---|---|---|---|---|---|
| 1 | 2 | 3 | 4 | 5 | 6 | 7 |
| 8 | 9 | 10 | 11 | 12 | 13 | 14 |
| 15 | 16 | 17 | 18 | 19 | 20 | 21 |
| 22 | 23 | 24 | 25 | 26 | 27 | 28 |
| 29 | 30 | 31 | | | | |

**4月 April**

| 日 | 月 | 火 | 水 | 木 | 金 | 土 |
|---|---|---|---|---|---|---|
| | | | 1 | 2 | 3 | 4 |
| 5 | 6 | 7 | 8 | 9 | 10 | 11 |
| 12 | 13 | 14 | 15 | 16 | 17 | 18 |
| 19 | 20 | 21 | 22 | 23 | 24 | 25 |
| 26 | 27 | 28 | 29 | 30 | | |

**5月 May**

| 日 | 月 | 火 | 水 | 木 | 金 | 土 |
|---|---|---|---|---|---|---|
| | | | | | 1 | 2 |
| 3 | 4 | 5 | 6 | 7 | 8 | 9 |
| 10 | 11 | 12 | 13 | 14 | 15 | 16 |
| 17 | 18 | 19 | 20 | 21 | 22 | 23 |
| 24/31 | 25 | 26 | 27 | 28 | 29 | 30 |

**6月 June**

| 日 | 月 | 火 | 水 | 木 | 金 | 土 |
|---|---|---|---|---|---|---|
| | 1 | 2 | 3 | 4 | 5 | 6 |
| 7 | 8 | 9 | 10 | 11 | 12 | 13 |
| 14 | 15 | 16 | 17 | 18 | 19 | 20 |
| 21 | 22 | 23 | 24 | 25 | 26 | 27 |
| 28 | 29 | 30 | | | | |

**7月 July**

| 日 | 月 | 火 | 水 | 木 | 金 | 土 |
|---|---|---|---|---|---|---|
| | | | 1 | 2 | 3 | 4 |
| 5 | 6 | 7 | 8 | 9 | 10 | 11 |
| 12 | 13 | 14 | 15 | 16 | 17 | 18 |
| 19 | 20 | 21 | 22 | 23 | 24 | 25 |
| 26 | 27 | 28 | 29 | 30 | 31 | |

**8月 August**

| 日 | 月 | 火 | 水 | 木 | 金 | 土 |
|---|---|---|---|---|---|---|
| | | | | | | 1 |
| 2 | 3 | 4 | 5 | 6 | 7 | 8 |
| 9 | 10 | 11 | 12 | 13 | 14 | 15 |
| 16 | 17 | 18 | 19 | 20 | 21 | 22 |
| 23/30 | 24/31 | 25 | 26 | 27 | 28 | 29 |

**9月 September**

| 日 | 月 | 火 | 水 | 木 | 金 | 土 |
|---|---|---|---|---|---|---|
| | | 1 | 2 | 3 | 4 | 5 |
| 6 | 7 | 8 | 9 | 10 | 11 | 12 |
| 13 | 14 | 15 | 16 | 17 | 18 | 19 |
| 20 | 21 | 22 | 23 | 24 | 25 | 26 |
| 27 | 28 | 29 | 30 | | | |

**10月 October**

| 日 | 月 | 火 | 水 | 木 | 金 | 土 |
|---|---|---|---|---|---|---|
| | | | | 1 | 2 | 3 |
| 4 | 5 | 6 | 7 | 8 | 9 | 10 |
| 11 | 12 | 13 | 14 | 15 | 16 | 17 |
| 18 | 19 | 20 | 21 | 22 | 23 | 24 |
| 25 | 26 | 27 | 28 | 29 | 30 | 31 |

**11月 November**

| 日 | 月 | 火 | 水 | 木 | 金 | 土 |
|---|---|---|---|---|---|---|
| 1 | 2 | 3 | 4 | 5 | 6 | 7 |
| 8 | 9 | 10 | 11 | 12 | 13 | 14 |
| 15 | 16 | 17 | 18 | 19 | 20 | 21 |
| 22 | 23 | 24 | 25 | 26 | 27 | 28 |
| 29 | 30 | | | | | |

**12月 December**

| 日 | 月 | 火 | 水 | 木 | 金 | 土 |
|---|---|---|---|---|---|---|
| | | 1 | 2 | 3 | 4 | 5 |
| 6 | 7 | 8 | 9 | 10 | 11 | 12 |
| 13 | 14 | 15 | 16 | 17 | 18 | 19 |
| 20 | 21 | 22 | 23 | 24 | 25 | 26 |
| 27 | 28 | 29 | 30 | 31 | | |

## ◆ 2027年

**1月 January**

| 日 | 月 | 火 | 水 | 木 | 金 | 土 |
|---|---|---|---|---|---|---|
| | | | | | 1 | 2 |
| 3 | 4 | 5 | 6 | 7 | 8 | 9 |
| 10 | 11 | 12 | 13 | 14 | 15 | 16 |
| 17 | 18 | 19 | 20 | 21 | 22 | 23 |
| 24/31 | 25 | 26 | 27 | 28 | 29 | 30 |

**2月 February**

| 日 | 月 | 火 | 水 | 木 | 金 | 土 |
|---|---|---|---|---|---|---|
| | 1 | 2 | 3 | 4 | 5 | 6 |
| 7 | 8 | 9 | 10 | 11 | 12 | 13 |
| 14 | 15 | 16 | 17 | 18 | 19 | 20 |
| 21 | 22 | 23 | 24 | 25 | 26 | 27 |
| 28 | | | | | | |

**3月 March**

| 日 | 月 | 火 | 水 | 木 | 金 | 土 |
|---|---|---|---|---|---|---|
| | 1 | 2 | 3 | 4 | 5 | 6 |
| 7 | 8 | 9 | 10 | 11 | 12 | 13 |
| 14 | 15 | 16 | 17 | 18 | 19 | 20 |
| 21 | 22 | 23 | 24 | 25 | 26 | 27 |
| 28 | 29 | 30 | 31 | | | |

**4月 April**

| 日 | 月 | 火 | 水 | 木 | 金 | 土 |
|---|---|---|---|---|---|---|
| | | | | 1 | 2 | 3 |
| 4 | 5 | 6 | 7 | 8 | 9 | 10 |
| 11 | 12 | 13 | 14 | 15 | 16 | 17 |
| 18 | 19 | 20 | 21 | 22 | 23 | 24 |
| 25 | 26 | 27 | 28 | 29 | 30 | |

**5月 May**

| 日 | 月 | 火 | 水 | 木 | 金 | 土 |
|---|---|---|---|---|---|---|
| | | | | | | 1 |
| 2 | 3 | 4 | 5 | 6 | 7 | 8 |
| 9 | 10 | 11 | 12 | 13 | 14 | 15 |
| 16 | 17 | 18 | 19 | 20 | 21 | 22 |
| 23/30 | 24/31 | 25 | 26 | 27 | 28 | 29 |

**6月 June**

| 日 | 月 | 火 | 水 | 木 | 金 | 土 |
|---|---|---|---|---|---|---|
| | | 1 | 2 | 3 | 4 | 5 |
| 6 | 7 | 8 | 9 | 10 | 11 | 12 |
| 13 | 14 | 15 | 16 | 17 | 18 | 19 |
| 20 | 21 | 22 | 23 | 24 | 25 | 26 |
| 27 | 28 | 29 | 30 | | | |

**7月 July**

| 日 | 月 | 火 | 水 | 木 | 金 | 土 |
|---|---|---|---|---|---|---|
| | | | | 1 | 2 | 3 |
| 4 | 5 | 6 | 7 | 8 | 9 | 10 |
| 11 | 12 | 13 | 14 | 15 | 16 | 17 |
| 18 | 19 | 20 | 21 | 22 | 23 | 24 |
| 25 | 26 | 27 | 28 | 29 | 30 | 31 |

**8月 August**

| 日 | 月 | 火 | 水 | 木 | 金 | 土 |
|---|---|---|---|---|---|---|
| 1 | 2 | 3 | 4 | 5 | 6 | 7 |
| 8 | 9 | 10 | 11 | 12 | 13 | 14 |
| 15 | 16 | 17 | 18 | 19 | 20 | 21 |
| 22 | 23 | 24 | 25 | 26 | 27 | 28 |
| 29 | 30 | 31 | | | | |

**9月 September**

| 日 | 月 | 火 | 水 | 木 | 金 | 土 |
|---|---|---|---|---|---|---|
| | | | 1 | 2 | 3 | 4 |
| 5 | 6 | 7 | 8 | 9 | 10 | 11 |
| 12 | 13 | 14 | 15 | 16 | 17 | 18 |
| 19 | 20 | 21 | 22 | 23 | 24 | 25 |
| 26 | 27 | 28 | 29 | 30 | | |

**10月 October**

| 日 | 月 | 火 | 水 | 木 | 金 | 土 |
|---|---|---|---|---|---|---|
| | | | | | 1 | 2 |
| 3 | 4 | 5 | 6 | 7 | 8 | 9 |
| 10 | 11 | 12 | 13 | 14 | 15 | 16 |
| 17 | 18 | 19 | 20 | 21 | 22 | 23 |
| 24/31 | 25 | 26 | 27 | 28 | 29 | 30 |

**11月 November**

| 日 | 月 | 火 | 水 | 木 | 金 | 土 |
|---|---|---|---|---|---|---|
| | 1 | 2 | 3 | 4 | 5 | 6 |
| 7 | 8 | 9 | 10 | 11 | 12 | 13 |
| 14 | 15 | 16 | 17 | 18 | 19 | 20 |
| 21 | 22 | 23 | 24 | 25 | 26 | 27 |
| 28 | 29 | 30 | | | | |

**12月 December**

| 日 | 月 | 火 | 水 | 木 | 金 | 土 |
|---|---|---|---|---|---|---|
| | | | 1 | 2 | 3 | 4 |
| 5 | 6 | 7 | 8 | 9 | 10 | 11 |
| 12 | 13 | 14 | 15 | 16 | 17 | 18 |
| 19 | 20 | 21 | 22 | 23 | 24 | 25 |
| 26 | 27 | 28 | 29 | 30 | 31 | |

# 会社概要・沿革編

**2024**

（但し書きがない場合は米ドル）
Revenue:収益（売り上げ）
Operating Profit：営業利益 （EBIT：Earnings Before Interest and Tax＝利払税引き前利益）
Operating Margin Ratio（売上高営業利益率）

## Aichi Kaiun Co., Ltd.
## 愛知海運　株式会社

　愛知県を拠点とする港湾運送事業者。太平洋戦争中に名古屋港で輸送事業に携わっていた機帆船船主が政府の事業統制令を受けて結成した愛知機帆船回漕統制組合が母体で、1943年（昭和18年）に愛知機帆船運送が創立、50年に現社名に改称した。現在は港運を中核に名古屋、衣浦、三河の三港を中心としてフォワーディングを含む物流事業を展開、愛知県内の港運事業者として唯一県内全港に事業拠点をもち、愛知を起点にグローバルに活動する。愛知県内の全港で事業免許をもつのは全国でも2社のみ。資本金は2017年に6,180万円増資し2.5億円。社員433人。22年4月の創立80期を機に新本社を建設し移転した。1947年に税関貨物取扱人（通関業）と乙仲（海貨業）業を始めたのに加え48年には倉庫業、51年の一般港湾運送事業など終戦直後40年代〜1950年代初にかけて事業基盤を固め、61年に航空貨物に進出したのち、80年代の輸入鉄スクラップ、90年代の電力炭、ボーイングの主翼の海陸一貫輸送など輸送関連事業を拡大、海外にも進出し現在では海陸空の一貫輸送体制を確立している。

　組織は国内、国際、港湾の各事業部のほか、地域（名古屋、半田、碧南、蒲郡、東京）ごとの事業部のもとで展開。愛知は本社、流通センター、埠頭現業や倉庫をはじめ名古屋地区10拠点と半田、コンテナターミナルのある豊橋などで、このほか東京、関西営業所の各拠点を含め全国20カ所近くのネットワークをもつ。海外は上海現法を06年に独資（上海愛海国際貨運代理）に切り替え、大連と天津分公司を置くほか、タイ（10年設立）、マレーシア（19年設立）に現地法人がある。タイは10年設立のAichi Kaiun（Thailand）のほか、アマタシティー・チョンブリ工業団地内にAikai Logistics（Thailand）としてアマタナコンDCを13年に開設、18年には第2倉庫を完工。19年10月にバイオマス燃料の一貫輸送サービスの稼働に向け、マレーシア現法Aichi Kaiun（Malaysia）を設立した。フォワーダー／NVOとして海外代理店網のもと重量物プラントから小口混載も手がけ複合一貫輸送を中心に輸出入貨物取扱と国際物流に注力。船舶代理店業務は民生輪船、海南順発船務の総代理店のほか、T.S. Lines、イースタンカーライナー、協和海運などの副代理店を引き受ける。外航船のチャータリング業務は日中韓を中心に東南アジア・インド方面にも配船実績があり、三国間輸送も対応。

国内は自社船4隻（一般貨物船、ガット船）による自社内航輸送に加え太平洋フェリー等と提携した名古屋起点のフェリー輸送とトラック輸送、港運、倉庫を連携した総合物流を手がける。06年9月には日新と中部地区の国際フォワーディング業務を中心とする「愛知日新」を設立し航空・海上貨物の輸出入・通関サービス、貨物集配サービスを提供。国内グループ会社は海上コンテナトラクタ13台、コンテナシャーシ80台を保有しコンテナ含む名古屋港貨物を陸送するアイカイ物流、トラクターヘッド55台を保有する衣浦物流、運転代行／書類運送などのディアンドエムコーポレーション、保険代理店などのアイカイがある。08年にAEO特定保税承認者に認定。13年5月に建設業の許可取得。15年に内閣府が「アジアNO.1航空宇宙産業クラスター形成特区」に企業として指定。16年9月に名古屋税関からAEO認定通関事業者。22年8月太陽光リサイクルパネル事業開始を発表、23年4月から蒲郡支店内で中間処理施設が稼働。23年に愛知県の「サーキュラーエコノミー推進プロジェクトチーム」に参画。ISO90001（品質）は本部組織、国際・国内ロジスティクス、港湾ロジなど17事業所。

　23年3月期の連結業績は売上高が前年度比5.6%増の183億2,800万円、経常利益が同4.4%増の9億4,100万円、純利益が101.5%増の9億439万円。

## AIT Corporation
## 株式会社　エーアイティー

　中国や東南アジアを中心に海上、航空のフォワーディング、NVO、通関、国内配送業務などを提供する東証プライム上場の総合物流企業。本社は大阪。海上輸送では年間約25万8,000TEUを取り扱う。1988年に大阪に設立したスバルを95年にエーアイティーに社名変更、国際貨物輸送事業を開始したのが始まり。米国現法を設立、16年秋に北米発着の海上輸送に参入した。18年10月に日立物流と資本業務提携を締結。AITを＜株式交換完全親会社:交換比率1＞、日立物流子会社の日新運輸を＜株式交換完全子会社：同1.20＞とする株式交換を実施。19年3月にAITが日新運輸を傘下にし、日立物流はそのAITの発行済株式の約20%（4,800,000株）を保有しAITの主要株主（持分法適用会社）となり、AITは日立物流グループの一員になった。中国に強いAITと、検針・検品・加工作業を含む中国でのフィジカルに強い日新運輸の提携で対中物流を強化した。また、日立物流グループ各社の倉庫やネット、ノウハウを活用しフォワーディングと3PLの連携したサービスを提供、北米サービスでもプレゼンスを高めたい考えで、20年に米国現法を解散、日立物流の連結子会社Vantec Hitachi Transport System (USA), Inc.などへその業務を委託の上、収益拡大に向けて北米航路の営業活動に注力している。さらに22年には、ロジスティ

ード（23年4月1日付で日立物流から社名変更）が、HTSKとHTSK株式の100%を保有するHTSKホールディングスの子会社となったため、両社がエーアイテイー株式を間接保有することとなり、同2社が新たに「その他の関係会社」となった。加えて同2社がエーアイテイーの「非上場の親会社等（その他の関係会社）」に該当、ロジスティードは、上場廃止となったため同社もエーアイテイーの「非上場の親会社等」となった。23年3月には、BtoC、BtoBでの物流サービス事業やITオートメーション事業を展開する関通と業務提携した。関通のECを中心とした物流センター運営の機能・ノウハウを活用し、フォワーディング業務を提供している顧客に向けた国内物流の提案が可能となった。

AITは95年に国土交通省から外航利用運送事業の一種ライセンスを取得、06年には第二種に切り替えた。上海にも駐在員事務所を開き、96年には香港現法（愛特（香港）有限公司）を設けて日中間物流の足場を作った。日中間、しかも輸入FCLを主力とするフォワーダーとして知られる。矢倉英一社長の手腕でNVOCC事業をベースに、NVO専業での株式公開は異例で07年3月に東証マザーズに上場、さらに11年春には東証2部、その年暮れには東証1部にスピード昇格した。現在は東証プライム。資本金は5億円。2000年に大阪税関から通関業を取得し通関業にも進出、02年に中国の無船承運（NVO）業務経営資格の登録、04年には米国のFMCにNVOCCのB/Lとタリフをファイリング。07年には東京税関からも通関業許可を取得、18年1月にAEO通関の認定を受けている。一方で国際航空貨物にも進出、07年にはIATA代理店の資格を取得、国交省の国際航空利用運送事業（二種）も取得、11年に成田空港営業所も開設（18年夏に東京支店に集約統合、逆に海上で東京CFS倉庫を新設）。国内拠点は大阪本社に東京支社（22年6月に移転）、名古屋、福岡の営業所に、20年9月に新設した新大阪事務所、日新運輸の大阪本社、東京、中京、安来の営業部、大阪、神戸の物流センターがある。海外拠点は上海現法のもと各分公司、香港現法に日新運輸の上海を本社とする支店が加わり中国は26拠点、アジアでは台湾現法、ベトナムの伊藤忠ロジとの合弁（ホーチミン）とハイフォン支店、日新運輸のミャンマー現法があり、ベトナム、インドネシア、マレーシア、韓国、ミャンマー、カンボジア、シンガポール、フィリピン、タイ、バングラデシュ、インド、スリランカ、パキスタンに代理店を置く。17年4月には伊藤忠ロジスティクスとの合弁でベトナムに新会社を設立、同年1月には台湾に100%出資の現法を設立している。オセアニアではオーストラリア、北米では米国とカナダ、欧州（独社で全域カバー）で代理店各社と提携し広域にカバーしている。

中国は上海、青島、香港などの主要港から日本の各ポートへ週30便以上のFCL/LCL混載便を仕立てホットデリバリーサービス（HDS）、上海、青島のプレミアム・デリバリーサービスなど多彩。物流一貫専門の営業マンをより多く投入することで海上貨物の取扱量／集荷量を増やす考え。航空貨物輸送のスピード輸送も加え、複数の輸送チャンネルを組み合わせた最適輸送手段を提供している。子会社のAITソリューションも09年に設立、大阪港の夢洲物流センター（プロロジス）の利用を含め3PLサービスにも注力。23年2月期の日本の海上輸送の取扱コンテナ本数は、輸入で9.3%減の24万2,407TEU、輸出入合計では7.9%減の25万8,302TEUと前年同期を下回り、通関受注件数も7.4%減の13万5,176件、日本の売上高は19.3%増の599億6,300万円、セグメント利益は45.6%増の45億1,900万円と大幅な増益となった。

23年2月期の連結業績（22年3月～23年2月）の連結業績は、売上高が海上運賃上昇と円安で前年同期比15.9%増の694億6,300万円と前年同期を大きく上回り、これによって営業利益も47.7%増の52億8,800万円、経常利益も46.7%増の56億500万円、当期利益は55.7%増の36億8,400万円といずれも前年同期を大幅に上回った。売上高営業利益率は7.6%。

**Alianca**：Maersk A/S参照

## Asia Cargo Service Co., Ltd.
## アジアカーゴサービス株式会社

日韓、中国など近海定期とプロダクト船の韓国船社、（汎洲海運：Pan Continental Shipping Co., Ltd.:PanCon）の専業代理店で、商船三井のコンテナ定期船代理店だったMOL Japan（2018年9月末に業務終了）の全額出資会社だったが、宇徳75%、Pan Con25%の合弁となり、2022年の宇徳の商船三井の完全子会社化に伴い、現在は商船三井グループの商船三井ロジスティクスとPan Con出資の合弁会社となった。2000年2月にアジアカーゴサービス東京から現社名に変更した。

PanConのサービス網は日韓と韓中を中心にタイ、ベトナムなど東南アジアで、それぞれ自社運航船を投入している。日韓航路はスロット交換を含め週10便を提供し、特に北陸（新潟、富山、金沢）を直航でカバー、直航または釜山接続で華北、華東、香港・東南ア（ベトナム、タイ）向けを引き受けている。日韓以外のループ数は韓中7、日中2、東南ア6。69年に船舶代理店のDong Sung Shippingとして設立し船舶代理店業務を開始、75年にSam Hyop Shippingと合併、76年にHyopsung Shippingに社名変更、81年にコンテナ船2隻を買収し日韓航路に参入、83年に現社名に変更した。88年に175TEU船を建造し日韓航路に投入、90年にWei Dong Ferryの立

ち上げに参加し、韓中フェリーにも参入した。94年にケミカルタンカーを買船し、プロダクト船事業に進出、釜山〜青島の韓中コンテナサービスにも進出した。06年に仁川〜寧波〜上海、釜山〜ロシアを開設し、12年11月からは日本海側からの韓国経由中国配船も開始した。16年に1,000TEU型2隻を建造し、日韓中の振り子配船に、17年に1,785TEU型を建造し、韓国〜香港・ベトナム・タイサービスに、それぞれ投入、19年に創業50周年を迎えた。20年8月には韓国〜香港〜ベトナムサービスに自社船を投入したほか、新造の1,000TEU型"Pancon Harmony"を日韓航路に投入、21年2月に1,800TEU型1隻を発注、23年にもアジア域内航路に投入の予定。21年3月から北陸〜韓国航路でHeung A LINEのスロットを借り受け金沢・新潟・舞鶴・境港・浜田〜釜山サービスを開設、北陸サービスを週3便体制とした。日本〜韓国で週10便を運航、釜山接続および日韓中で中国向け貨物も引き受けている。23年4月に国連のSDGsに従って推進した活動と成果を報告した持続可能な経営報告書（2022年版）を作成した。75年から商船三井の韓国での総代理店を引き受けていたが、16年7月のMOL Korea設立に伴い、相互の代理店契約を解消した。PanCon傘下には不定期船代理店、検数や内陸ターミナル、フォワーダー、鉄道ターミナル、トラック輸送などがあり、主としてHyopsungの商号を使用している。PanConの23年11月の運航船は7隻、7,584TEUで世界ランク92位（Alphaliner）。

## Azuma Shipping Co., Ltd.
## 東海運　株式会社

1917年に山下汽船専属の京浜間の艀回漕による港湾運送に携わる目的で設立した老舗で、現在資本金22億9,400万円、06年3月に東京証券取引所2部、1年後の07年3月には同1部に上場、現在東京証券取引所スタンダード市場。東京港での港運協会長も務めた有力企業。港湾運送業務（ターミナルオペレーション、ステベ）から陸上輸送（海コン輸送、トラックなど）、倉庫・通関、機工、内外航海運、船舶代理店、航空貨物を含む国際複合一貫輸送、不動産賃貸、農産物生産・販売まで事業内容は幅広い。主軸の国際物流は69年の初の日ソ合弁会社（ソ連船の代理店）設立に参画したロシア・CIS輸送のパイオニアで、ロシア最大の定期船社FESCOの一貫輸送サービスを提供するほか、国際的なフォワーダーネットワークTandem Global Logistics Networkの一員として世界75カ国・200カ所以上の拠点網をもつ。事業別売上高比率（23年3月期）は物流事業77.4%、海運事業22.1%、その他0.5%。

国内は海運、京浜、関東、東京陸運、中部、九州の分野・地域別で6事業部と傘下の営業所を持ち京浜、関門、千葉、小野田、大分、四国でも港運事業

を営むほか京浜港など港頭地区での流通センターを運営、名古屋港の弥富バンニングセンターと飛島流通センター、博多港の香椎物流センターなどのほか、門司港では19年4月に太刀浦CTに隣接した九州新門司地区に危険物の温湿度管理、計量など高付加価値サービスを提供する「マルチワークステーション」が竣工、さらに23年12月には福岡県朝倉市に危険物倉庫や危険物屋外貯蔵所、高圧ガス貯蔵所、インランドコンテナデポなどから構成する、危険物の取り扱いを中心としたマルチワークステーションを着工、24年9月に竣工・営業開始予定だ。また神奈川県横浜市本牧ふ頭A突堤に、新たな物流倉庫を23年6月に着工、24年5月に竣工・営業開始予定。海外現法は中国に独資の青島現法（上海支店あり）と17年9月に株式21%を保有し持分法適用会社にした上海龍飛国際物流有限公司で2社、タイ2社、ロシア、モンゴル、ミャンマー、Tandem Global Logistics Networkのオランダ（ロッテルダム、アムステルダム）、上海、香港、インド（ムンバイ）の現法を合わせたフォワーディング関連12社とパナマの海運会社で合計13社。駐在員事務所はモスクワとカザフスタン・アルマトイ。

国際輸送サービスは、ロシア・CIS輸送の先発組で、07年にモスクワに現地法人を設立、08年2月にFESCO、商船三井（18年に日ロコンテナ航路のパートナーはAPLに代わった）、東海運（20%出資）の3社出資により、シベリア・ランドブリッジ（SLB）オペレーター、FESCOなどロシア船の日本総代理店としてトランス・ロシア・エージェンシーを設立、FESCOのロシア向け一貫輸送でも集荷代理店を受託。07年春には旧Damcoの代理店グループを糾合し、幹事の一員として世界60カ国以上を網羅する国際的なNVOネットワーク、Tandem Global Logistics Networkを構築。Tandemネットワークの主要拠点であるオランダにCH Powell（米国）、IDS社（蘭）との合弁でTandem Global Logistics (NL) B.V.を設立（23年には東海運の持分法適用関連会社となった）したほか、東海運51%、CH Powell 49%の出資比率で香港に持株会社Tandem Holdings (HK) Ltd.（現在は持分法適用関連会社）を設立、香港と上海の現法を統括管理させる体制とした。日本は10年6月にタンデム・ジャパン（Tandem Global Logistics (Japan) Co.,Ltd.、資本金5,000万円）をKSAインターナショナルとの合弁で設立し、11年8月に東海運の国際事業部タンデム・ネット部が手がけていたTandemの海上貨物輸送事業を移管するとともに航空貨物の取り扱いを開始。東海運は航空を含め完全自営体制とした。タンデム・ジャパンは成田、羽田、中部、関空の各空港と京浜、名古屋、阪神、九州（門司、博多）に拠点を置き、Tandem Global Logistics Networkの世界75カ国、200拠点以上のネ

ットワークでサービスを提供している。21年12月にはフレキシタンクメーカーで販売会社のQingdao BLT Packing Industrial Co., Ltd と日本代理店契約を締結し、フレキシタンクを使用した液体輸送サービスに本格参入した。加えて23年1月には、東南アジアで最大規模のタンクコンテナのフリート保有基数を誇る大手タンクオペレーター、ISO Tank Management Pte Ltd.（シンガポール、ITM）と日本代理店契約を締結し、タンクコンテナの国際海上輸送事業に進出した。

海運事業は1952年に大株主の小野田セメント（現・太平洋セメント）のセメント海上輸送に進出以来で内航海運の実績も高い。現在は海運事業部でセメント専用船17隻（7万816dwt）、粉体船5隻（8,003dwt）、一般貨物船5隻（6,088dwt）など（社船2隻・用船25隻）の船隊を運航、北海道、東北、京浜、四日市、阪神、北九州など全国網を構築。外航海運も粉体貨物輸送船3隻（2万3,957dwt）の日本-韓国・香港間などで運航。京浜港中心に大阪・夢洲や北九州などでコンテナターミナル業務も担う。集荷代理店やローカル代理店も営んでいる。海運事業の基盤強化の一環として、新たに旅客船の配乗業務に参入することを目的に、100%出資子会社「東成マリン」を22年8月2日付で設立した。

21年4月には最終年度（23年度）の損益目標を連結売上高415億円、連結経常利益10.3億円、経常利益率2.5%とする21年度から23年度までの3ヵ年が対象の新たな中期経営計画「ステップアップAZUMA2023」を策定した。22年4月にはサステナビリティ推進部を設置した。大株主の太平洋セメントは10年に鈴与／鈴与商事へ東海運株を追加譲渡し、現在は太平洋セメント39.17%、鈴与グループが16.94%を保有するほか、商船三井が3.11%を保有（5位株主）。従業員連結832人。

23年3月期の連結業績は売上高が414億6,700万円、営業利益が6億6,600万円、当期利益が1億9,700万円。売上高営業利益率は1.6%

## Ben Line Agencies (Japan) Ltd.
## ベンラインエージェンシーズジャパン　株式会社

Ben Line Agencies Holdings（本社・エジンバラ）が出資する日本現地法人。Ben Line Steamers（英）の日本総代理店だったコーンズ商会（当時。現・Cornes & Co.）の海運代理店部門のスタッフを移籍し、1970年に設置したBen Line Steamers日本支社がルーツ。1992年のBen Lineの欧州航路撤退に伴い組織変更した代理店専業会社でアジア域内17カ国に130カ所に事業所を持つ世界最大の代理店事業会社。株主はBen Line Agencies Holdings。Ben Line Agencies Japan（BLAJ）の代表取締役社長は22年9月に中上英之氏（Sea-Land、Maersk、CMA CGM出身）が就任、17年から社長を務めた前任の宮崎博正

氏（Maersk出身）はBLAJ取締役のまま、バンクーバー（BC）でBen Line Groupの北米事業立ち上げ業務に携わる。23年間社長を務めた飯垣隆三氏はBLAJ会長とBen Line Agencies Holdingsの顧問で、外航船舶代理店業協会（JAFSA）の会長を務める。

BLAJは海運代理店など海運関連業務に止まらず、ケーブル敷設会社など幅広い業務を引き受ける総合エージェント企業で、傘下に1994年に全額出資会社となったヘスコ・エージェンシーズ、NVOや通関業務、航空貨物などアジア域内物流を得意とするSimba Logistics（シンガポール）の日本でのパートナーである、シンバロジスティクス㈱がある。

BLAはフォワーダー事業のBen Line Freight Solutions（BLFS）を新設、海外では既に米連邦海事委員会（FMC）にファイリングし、BLFSのハウスB/Lを発給したNVO活動を開始、日本でも国土交通省への利用運送事業者の許可を既に取得している。日本での大型貨物はBen Line Project Logistics（BLPL）が受け持ち、コンテナと一体化したIntegrated Logistics サービスを提供中で、シンバロジとの統合も視野に入れる。

Ben Line（本社・エジンバラ）は、1825年創業のWilliam Thomson & Co.が母体で、イタリアの大理石を帆船で輸送するために設立。船名にスコットランドの山の名前をつけたことから、ゲール語で「山」を意味する「Ben」ラインに社名を変更、横浜開港の1859年に日本航路を開設した歴史を持つ。

欧州航路のコンテナ化では、日本郵船、商船三井、OCL（当時。その後、Nedlloyd、Maerskと合併）、Hapag-Lloydと共に、日英独のトリオグループの有力船社として活動し、70年代にドライバルク、ケミカル船、海上石油開発にも進出、トリオ解体でBen LineとEAC（デンマーク）の定期船部門の一体化（EacBen）を経て、Maerskが吸収合併し、Ben Line本体は1992年に代理店専業となった。

Ben Line Agencies（BLA）の代理店ネットワークは日本、香港、シンガポール、マレーシア、タイでスタートし、現在では中国、台湾、インドネシア、ミャンマー、フィリピン、ベトナム、カンボジア、スリランカ、インド、韓国、東チモールと豪州も加わり、アジア大洋州の17カ国、130支店のネットとなった。2017年には中東、東ア、南ア、インド亜大陸の35カ国、260港で船舶代理店業務などを展開するSharaff Shipping Agencies（UAE）とチャータリング、船主業務、運航、プール、船舶管理を提供するWater Front Maritime Services（ドバイ、UAE）を立ち上げた。

BLAの船舶代理店の本部機能はBen Line Agencies Ltd.（シンガポール）が担う。BLAは反腐敗の公正取引を宣言したMaritime Anti-corruption Network (MACN)の準メンバーで、17年3月に反わい

ろ行為を宣言したTRACE Internationalの企業グループメンバーにもなっている。

日本法人のBLAJは中国船社で2017年に日本～大連航路を開設したDalian JiFa Bohai Rim Container Lines (大連集発環渤海集装箱運輸)、中東、インド、パキスタン向け輸出サービスを提供する中国船社の中聯海運 (China United Lines：CULines)、カリブ海サービスのKestrel Liner Agencies (Tropical Global Logistics、米国)、南太平洋、ニュージーランド、豪州で多目的船サービスを展開しているSwire Shipping (シンガポール)の日本総代理店。中国船社で日本～青島航路のEAS International Shipping (達通国際航運有限公司)は、2024年1月から集荷代理店となる。

BLAJ傘下のHesco Agencies Ltd.はインド最大の船社で国営のShipping Corp. of India (SCI)の日本総代理店で、18年からは世界最大のSOC (Shipper's Owned Container)専業船社のX-Press Feeders (Sea Consortium Pte.Ltd.、シンガポール)の日本総代理店を引き受けている。非ライナーは2013年からはSalen Ship Management (スウェーデン)のクルーズ "Caledonian Sky" のハズバンディング・エージェント、テキサス州ヒューストン港湾局の代理店業務を請け負う。

ISOタンクチームは、2023年1月からISOタンク＆ケミカルロジスティクス部に名称を変えISOタンクを中心に、危険物を含む化学品物流全般へとサービスの取扱い範囲を拡大している。

Benが総代理店を引き受けているSwire Shippingは本社・シンガポールで、1872年創業。多国籍複合企業のJohn Swire & Sons (本社・ロンドン、1816年創業)の海運事業部門。Swireが運航する23年11月現在の多目的船のコンテナ船腹は22年に買収したWestwoodを加え、36隻、71,695TEUで世界25位 (Alphaliner)。PNG、南太平洋に配船する本船は省燃費の船体デザインを採用、プロジェクト貨物をオンデッキ積みでき、リーファープラグも装備する。日本サービスは2,118TEU、120トン積み可能なデリック装備の新鋭船3隻で横浜、大阪にMonthly Svc.するNorth Asia Svc. (PNG、ソロモン諸島、ニューカレドニア、NZ、台湾)、1,617TEU、120トン積み可能なデリック装備の4隻による隔週配船 (コンテナのみウィークリーサービス)のPacific Noth Asia Svc. (中国、韓国、日本、マーシャル諸島、キリバチ、バヌアツ、ニューカレドニア、フィージー、米領ソロモン、台湾)を配船するほか、週1便の米船籍船とのスロットチャーターによるGuam Saipan Expressがある。日本寄港サービス以外のSwireのサービスは中国、東南アから南太平洋・PNGや北米西岸、シンガポールまたは釜山接続による北欧州・地中海サービスなどを運航している。

Swireは19年にHamburg Sud (独、当時)のバルク事業 (約180隻)であるRudolf A. Oetkert (RAO)、Alianca Navegacao e Logistica (Alianca Bulk)、Furness Withy Charteringを買収し、Swire Bulkと統合、2022年4月には住友倉庫傘下で米船社のWestwood Shipping Lines, Inc. (本社・ワシントン州ピュアラップ)の全株式を上限総額1億4,500万ドルで買い取り、譲渡実行日に1億ドルを、残りをWestwoodの22年度決算確定後に収受する譲渡内容でSwireが買収した。オープンハッチConbulker 4隻も譲り受け、用船を含め、2,200～2,500TEU積み計7隻で北東アジア (日韓)～PNW航路で定曜日配船し、Swireとは北米航路でスペースチャーター協定をFMCにファイリングしている。Swire Bulkの日本総代理店はKeystone Logistics。23年5月には北米西岸～南太平洋のUSA-South Pacific Svc.をHamburg Sudとの協調から単独運航に移行した。Swireは21年2月にPNGのラエに新事務所を開設、現地顧客に密着したサービスを提供している。

EAS International Shipping Co. (達通国際航運有限公司)は02年に中国交通部から国際定期船運送の経営資格登記証 (MOC-ML00043)を取得し、大連、天津、上海など中国7港と釜山、光陽、平澤など韓国5港に週30便を運航する中韓航路の主要キャリア。また、中韓のフィーダーも運航し、韓国には合弁のEAS Shipping Koreaがある。日本航路は2016年7月に開設、現在、新港～青島～横浜・東京・名古屋・大阪・神戸～新港サービスはAsean Seas Line (関海航運：ASL)と協調し、1,000～1,100TEU型1隻ずつ計2隻を投入、週1便を配船している。

X-Press Feeders (社名はSea Consortium Pte. Ltd.、シンガポール)は、アジア域内を中心に欧州、北米でトランクラインの船社を顧客としたフィーダーサービスを専業に手がける世界最大のフィーダー専業船社で、顧客は船社のSOC (Shipper's Owned Container)輸送。23年11月の船腹量は77隻、15万1,889TEUで世界ランク14位 (Alphaliner調べ)。日本では他社のスロットを利用したBusan Tomakomai X-Press (BTX)、Nihon Straits X-Press (NSX、日本主要港～海峡地)の2サービスだったが、18年9月からBusan Niigata X-Press (BNX)のサービス名称で日本関係航路で初めて自社運航船によるサービスを開設、現在、BTXとBNXの2サービスを運行中。キャリアからの要望が強い北米航路のフィーダーの韓国接続を中心に営業展開し、日系のトランクラインキャリアも利用している。

21年4月にBen Line Agenciesを日本総代理店に指名し、日本～東南アジア航路を開設した中国船社の中聯海運 (China United Lines、CULine)は2005年9月に上海で設立、主に中国本土と台湾のクロストレードを手がけ、現在ではアジア・インド域内航路

や、中東ガルフ航路を運航している。当初はスロットチャーターで参入し、自社運航船のサービスに引き上げる手法で成長、21年11月にはHapag-Lloydで社長に次ぐ上級役員（Senior Managing Director）で、アジア担当だったLars Christiansen氏を共同CEOに指名した。

NVOや通関業務、航空貨物などアジア域内物流を得意とするSimba Logistics（シンガポール）の日本でのパートナーであるシンバロジスティクスは2013年にBen Lineの傘下会社でフォワーダー／NVOCCのドルフィン・インターナショナル、NileDutch Africa Lineの総代理店だったペガサスインターナショナル（Pegasus International Co., Ltd.）をシンバロジスティクスに統合、合併した。ペガサスインターナショナルの前身は韓国船社、東暎海運（Dong Young Shipping）の日本総代理店だったジョン・スワイヤー・アンド・サンズ・ジャパンと三統（本社・大阪）の共同出資で1991年に設立したサントースワイヤー・シッピング。シンバロジは1999年にベンライン・エージェンシーズ・ジャパンが全株を取得、社名をペガサスインターナショナルに変更した。

シンバロジはBureau International Maritime（BIM）の日本代理店として西アフリカ諸国向け海上貨物のElectronic Cargo Trucking Note（ECTN、貨物査証）認証申請代行と認可業務をブルキナファソ、コンゴ共和国、ベナン共和国、ガボンの査証発行業務を提供していたが、現在はブルキナファソ査証業務のみ提供している。

SCIは日本出しLCLを含むインド向けコンテナ貨物を釜山接続で引き受けている。
Hescoの前身はマレーシアから日本向けの鉄鉱石を輸送していた香港の海運会社、The Hong Kong & Eastern Shipping Company（HESCO）。1949年に東京事務所を開設、1950年代から60年代にかけては年間400万トンにのぼる輸入鉄鉱石の輸送を手がけ最大のシェアを誇っていた。1994年にベン・ライン・エージェンシーズが買収。

**Brointermed Lines**：Senwa Maritime Agency参照

## Camellia Line Co., Ltd.
## カメリアライン　株式会社

福岡市と釜山市の行政交流が始まったのを機に、日本郵船と高麗海運（KMTC）との共同出資による日韓合弁フェリー会社として90年4月に設立。同年12月から博多／釜山航路で近海郵船の内航カーフェリー"さろま"を改装した"かめりあ"（15,439総トン、旅客定員563人、コンテナ170TEU積み）を投入し、週3便の定期貨客フェリーサービスを開始した。04年7月下旬には新造船"ニューかめりあ"（19,961総トン、旅客定員522人、220TEU、リーファー電源

80口、乗用車30台、23.5ノット）が就航し従来の週3便から6便へ強化、06年7月からは週7便でデイリー運航する（新型コロナウイルス流行で20年3月〜22年12月は旅客運送停止）。21年輸送量は6万TEU。船名の"かめりあ"（Camellia・椿）は釜山市の市花が椿で、福岡市の市花が同じ椿科の山茶花であることが由来。日通が07年3月からJR貨物・韓国鉄道公社との提携に基づくJR貨物の12'コンテナを使用した日本全国各地と韓国ソウル市近郊の儀旺（Uiwang）ターミナル間を結ぶRail-Sea-Railサービスを開始、海上輸送部分はカメリアを使用している。96年4月に広島〜釜山航路のコンテナ船定期航路を開設、フェリーとコンテナ貨物の二本柱とした。現在はコンテナ船"Marvel"（556TEU）による釜山〜伊予三島〜大阪〜水島〜中関〜釜山、"Magna"（556TEU）による釜山〜門司/徳山〜広島〜釜山のウイークリー運航を実施し、主にフィーダー貨物を釜山で接続している。

## Centrans Ocean Container Lines Co., Ltd.
## 中通遠洋コンテナライン　株式会社

中国の物流グループ、Centrans Group Holdings Co.（CIF：中通集団、本部・天津）の完全子会社のコンテナ船社New Centrans International Marine Shipping Co., Ltd（新中通国際海運有限公司・CCL、登記は香港）の日本総代理店。日中海運（CIFグループの関連会社）の全額出資で08年4月に設立。通称CCL Japan。社長はJin Jiang Shipping（Japan)の社長を務めた喬洪（Qiao Hong）氏、社員数は15人。CCLは08年4月に上海〜釜山航路を開設、同年5月から青島〜北九州、上海〜北九州の日中航路を開設した。現在、日中航路では上海航路に700TEU型2隻、青島航路に700TEU型1隻（北九州）、1,000TEU型1隻（関東・関西）を配船し、青島航路はShanghai Jin Jiangと協調配船するほか、Star Ocean Marine（瑞洋海運）、T.S. Lines、Sinotransとスロット交換し定期コンテナサービスと輸入HDS（Hot Delivery Service）を提供。鄭州、南京、張家港、武漢など内陸へも長江向けトランシップでサービスする。リーファー840、フラットラック200、オープントップ200などの自社フリートを保有、日中特殊コンテナ輸送に強く、威海・青島から日本揚げリーファー取扱量は業界トップクラス。

**Cheng Lie Nav.**：CMA CGM Japan 参照
**China Navigation Co., The**
　　　：Ben Line Agencies（Japan）参照

## C.K. Maritime Co., Ltd.
## シーケー・マリタイム　株式会社

1986年12月に日通（現・NX Holdings）とChun

Kyung Shipping（現・CK Line Co., Ltd.：天敬海運）の合弁で設立し、CK Lineの日本総代理店として営業を開始した専属代理店。01年3月にCK Line 55％、日通45％に出資比率を変更した。複数の日韓航路配船社の代理店業務を提供していたワールドシッピング（世界海運）を日本総代理店としていたが、船主ごとに代理店を分社したのを機に日本での代理店を現法化した。在来船専業だったChun Kyungとコンテナ中心のKMTCの総代理店を引き受けるため、その頭文字を取ってC.K. Maritimeとしたが、KMTCはCosmos Maritime（現・KMTC Japan）を設立し総代理店としたため、2社の代理店引き受けは実現しなかった。NACCSには前身のSHIPNETS、POLINETから参加し、船社業務のコンピュータ化は日韓・近海配船社で最も早かった。C.K. Maritimeのトップは22年4月に代表取締役専務として着任した李星弼（S.P. Lee）氏。李氏は釜山市出身、韓国海洋大学海事産業大学院港湾物流学科卒の48歳で、96年にCK Line入社後、釜山事務所の運航業務でキャリアをスタートし、本社運航・企画、仁川事務所管理などのチーム長を歴任した。

CK Lineは1962年10月に創業し、日韓の在来定期航路に参入、70年に神戸事務所を、94年に韓中コンテナ航路を開設した。社名の天敬の由来は創業者の故・金允錫会長の敬天愛洋【天（人の道）を敬い、海を愛する】の基本理念。

CK Lineは日韓、日韓中、アジア域内航路でコンテナ配船し、日韓在来サービスを単独と協調で定期配船する数少ない船社で、日韓在来定期の積みとりシェアはトップ。コンテナサービスは1,000TEU型の大型船を日本海諸港に配船し、中国への直行サービスを数多く提供している。メインポートサービスはKMTC（高麗海運）、Pan Continental（汎洲海運）、Tai Young（太榮商船）とのグループ。在来サービスは仁川向けをTai Youngと、釜山向けをDongjin（東進商船）、Heung A LINEと協調している。

現在、コンテナは他社スロット利用を含む日韓（13航路）、韓中（8航路）、中韓日（2航路）、東南アジア（15航路）、バルク（7航路）を運航、韓国とインドネシア、ベトナム、タイ、フィリピンを結ぶ直行配船、タイ〜越の三国間配船があり、地方港を含む日本の20港以上から韓国積み替えによる東南アジア（香港、タイ、ベトナム）にサービスを展開、日韓配船社で唯一、仁川向けフルコンテナサービスを提供している。22年12月にはNamsung（南星海運）、KMTC、Sinokor Merchant Marine（長錦商船）による韓国・中国〜タイ・インドネシア・ベトナム航路の新サービス、Asia New Express（ANX）にNamsungから船腹を借り受ける形で参画した。

99年8月に英文社名をChun KyungからCK Lineに変更。現在の資本金は36億5,000万ウォン。釜山に支店、仁川に事務所を置き、現法は日本（NX Holdings との合弁）のほか、中国（上海、天津）、香港、タイ（バンコク）、ベトナム（ホーチミン、ハノイ）、インドネシアに置き、中国現法の天珠（上海）国際貨運代理有限公司の傘下に新港（天津）駐在事務所を置く。23年11月現在、自社船、用船でセミコンテナ船を含むコンテナ船14隻、総船腹量1万4,502TEUで世界ランクは64位（Alphaliner）。発注残は2隻、9,677TEU。

15年に買船した1,000TEU型を日中韓航路に、19年3月に引き渡しをうけた1,809TEU型新造船"Sky Sunshine"（新BangkokMax）はNam Sung、PanCon（韓国）と協調配船する韓国／ベトナム・タイ航路のKVTに代替投入、22年、23年に引き渡しを受けた1,000TEU型BangkokMaxは韓越中のCK Line単独の東南アジアサービスに投入するなど、船隊の若返りを図った。23年5月には上海仁川国際フェリー（SIFCO）と協調して仁川〜平澤〜南通〜太倉〜仁川サービスを開設、仁川〜南通を直航化するとともに、仁川〜太倉を週2便化し、長江流域の蘇州と重慶地域に集積している自動車や電子部品、家具などの集荷営業を拡大している。さらに25〜26年引き渡し予定でCK Line最大船型となる2,700TEU型を発注し、アジア域内のインドネシア、マレーシアへの直航配船に投入する計画。

海上輸送サービスを強化する一方、広西チワン族自治区の欽州港経由で中国の内陸部と韓国、東南アジアを結ぶ複合一貫輸送ルートを開発しバージ輸送よりもTTの短いSea & Rail輸送にも乗り出している。在来輸送は09年と10年に新造の6,500dwtボックスシェイプ多目的船を日韓航路に投入、東進商船（Dongjin Line）と協調し、3隻で阪神が週2便、京浜・名古屋を週1便のサービスを提供している。

06年にCertified Integrated-Logistics Company（認定総合物流業者）の認証を受け、韓国での信用状の電子化プログラム、e-L/Gサービスにも参加、他社に先行してD/O Lessを導入し、16年からNACCS IGCを利用したDOR処理を開始し、23年にはCyberLogitecとCK Lineが参加する韓国船3社と危険物専門の統合システムを導入している。

従来は在来専業だったが、94年にコンテナに参入、以降、コンテナ船事業の売り上げ比率が年々増加し、現在、コンテナの売上比率が90％以上。売上高に占める日韓航路の割合は30％を下回り、東南アジアサービスが50％程度を占める。羅津（北朝鮮）向けと羅津経由の中国東北部向け接続サービス、およびボストチヌイ・ウラジオストク向けサービスは引き受けを休止している。

**CK Line**：C.K. Maritime参照

## CMA CGM (Japan) K.K.
## CMA CGM JAPAN　株式会社

　CMA CGM (Japan) はCMA CGM S.A.（仏、本社・マルセイユ）全額出資の日本現法。07年設立時は前日本総代理店のBen Line Agencies Japanが25％出資した合弁だった。CMA CGMのほか、傘下のANL（豪州）、CNC（Cheng Lie Navigation、シンガポール）の日本での代理店業務を手掛ける。日本現法社長は松田剛一氏（APL元日本支社長）、高木豊氏（COSCO Japan元取締役）、Axel Tuetken氏（Maersk K.K.元社長）、恵谷洋氏（楽天物流元社長）に続き、20年5月にAPL生え抜きの内田秀樹氏が就任、従来は日本、韓国の現法を管掌していたが、現在は日本のみ。東京を本社に大阪、名古屋に支店、清水、九州地区と沖縄に代理店を置く。

　CMA CGMグループは160カ国、400拠点に事務所、750棟の倉庫をもち、社員数合計は15.5万人を抱える。中核事業の海上輸送は257航路を運航、420港に寄港し、年間約2,200万TEUを輸送する。23年10月現在、619隻、船腹量348万3,821TEUを運航、世界シェア12.6％の世界第3位のコンテナ船社（Alphaliner）。発注残は123隻、127万8,738TEUで、26年にも世界第2位となる見込み。基幹航路サービスではスエズ経由のアジア～北米東岸航路のCBXで横浜に寄港している。CMA CGMは16年にAPLを傘下に置くNOL（シンガポール）を買収、APL Ltd.は以後もAmerican President Lines, LLCが日本での集荷営業、マーケティング、カスタマーサービスを行っていたが、19年10月にほぼ全員がCMA CGM Japanへ転籍、American President Lines, LLC日本支店は横浜港本牧D-4ターミナル部門で軍貨を扱う社員を中心に8人のみとなったのち、20年10月にCMA CGM Japanに完全移管。外船社として最古参だったAPLの日本拠点は1927年（昭和2年）の設置から93年目にその幕を閉じた。American President Lines, LLCはアーリントン（Va）、ナッシュビル（Ten）、ニューポートビーチ（Ca）、グアム、横浜、ドバイ、カラチ、アントワープに専業スタッフを配し、米国人船員350人が配乗する1,700～7,800TEU型の米国籍船でAPLのB/L（Waybill）を発給し、グアム、沖縄を含む欧州、中東などで米国政府系貨物（軍貨）の海上輸送、SCMを提供する。Maritime Security Program（米国の非常時徴用船運航補助）登録のAPL船は23年10月現在、9隻（うち3隻はギア付き）で、Maersk（旧Sea-Land船）に次ぐ。20年の収益は9億5,194万ドルだったが、21年以降は発表されていない。

　CMA CGMの日韓専用フィーダーは16年9月に中止し、日本貨物はCNC船等による釜山、海峡地で接続している。

　CMA CGMはフランス唯一のグローバル船社。1978年にレバノン系フランス人のJacques R. Saade氏（18年6月死去）がCompagnie Méridionale d'Affrètement (CMA)を設立、1隻でベイルート、ラタキア、マルセイユ、リボルノ航路を開設したのが始まり。1996年に仏国営船社、CGM（1851年創業のCompagnie des Messageries Maritime (MM)とCGTの合併会社）の民営化に伴い買収し、現社名となり、海上輸送はグローバルサービスのCMA CGM、オセアニア航路のANL、アジア域内航路のCNC、南米域内サービスのMercosulのブランドで展開している。バルト海沿岸、ロシア、北欧、北アフリカ、トルコに強く、欧州域内サービスを担ってきたCONTAINERSHIPS（フィンランド）は23年7月にCMA CGMブランドに統合した。現在のトップは創業者子息のRodolphe Saade会長（53歳）兼CEOで、Transport & Logisticsに事業を集中、温室効果ガスを排出しないエネルギーへの移行を図る。一方、22年にマルセーユの主要紙" La Provenceメディアグループを買収、M6テレビ放送グループの少数株主となるなどメディア事業にも進出した。

　ロジスティクス子会社のCEVA Logisticsは21年にIngram Micro（米）のeCommerce部門、Ro/Ro船オペレーターで、完成車輸送のColis Prive（旧Gefco、仏）を買収しeCommerce、コントラクトロジ部門を強化、23年にはグローバルロジのBollore Logisticsを買収（審査中）予定で、買収が認められるとCEVAはグローバル物流のトップ5に入るもよう。CEVA Logisticsは23年現在、160カ国、社員数15万5,000人を抱え、900か所、1,030万㎡の倉庫を運営中で、Bollore Logistics買収により、取扱貨物は海上貨物年間200万TEU、航空貨物80万トン以上となる見込み。20年に航空会社Groupe DUBREUIL Aéro（仏）の株式30％を取得し、21年2月に参入した航空貨物事業のCMA CGM Air CargoはA330-200F型など6機を保有、欧州～香港、上海便など欧州を起点にアジアを運航中で、25年、26年にはA-350Fがさらに4機加わる予定。米国路線は22年末に休止、4機をリースアウトしている。22年にAir France KLM（AF-KLM）と期間10年の戦略的パートナーシップ協定を結び、傘下のAir France KLM Martinair Cargoと相互にサービスを補完、スペース共用、ネット統合でサービスを強化している。CMA CGMはAF-KLM株式の9％を取得、筆頭株主となり、R. Saade氏は取締役会のメンバーとなっている。

　ターミナル事業は現在、56以上のターミナルをCMA TerminalsとTerminal Link（中国のCM portsとの合弁）のブランドで運営、LA/LBのFenix Marine Svc.,レバノンのBeirut Container Terminal、印のNhava Shevaターミナルを加え、22年末にはNY港のGCT Bayonne、 GCT NYを加えた。

CMA CGMの主要株主は仏政府系投資銀行のBPIFranceが21年3月にCMA CGM持株の3%をMERIT France（Saade家の持ち株会社）に売却し、Saade家のCMA CGM持株は73%となった。その他のCMA CGM主要株主はトルコの新興財閥のYILDIRIM Groupが24%。

コンテナ航路は14年からMSC、Maerskを加えた3社による世界最大のアライアンス、P3 Networkを計画していたが中国の独禁当局の不認可により断念。Ocean 3（O3、CSCL/UASC/CMA CGM）の結成を経て、17年春からはOcean Alliance（OA、APL/CMA CGM/COSCO/Evergreen/OOCL）のメンバーとして活動。23年4月現在で、353隻、39ループを運航し、年間輸送能力は2,240万TEUの世界最大のAllianceで、CMA CGMのOA投入船は約1/3の125隻。

98年にANL（豪州）を買収しオセアニアへのサービス拡大に続き、02年に欧州近海のMac Andrews（英）、06年に1867年創業のアフリカ専業船社Delmas（仏、本社・ルアーブル）、07年にComanav（モロッコ）、太平洋～大洋州航路のUS Lines（米）を買収。アジアは07年にアジア域内のCNC（台湾：当時）を、16年にはNOLを買収し当時船腹量世界14位だったAPLを傘下におさめた。Delmasは16年3月からCMA CGMブランドに、U.S. Linesは16年8月からANLブランドに統合し、16年10月から全ての豪州・NZサービスはANLブランドに一本化、CMA CGM Asia Pacific Ltd.の子会社となった。欧州近海はOPDR（旧 Oldenburg-Portugiesische Dampfschiffs-Rhederei GmbH & Co. KG、独）を18年1月にMacAndrewsに、さらに19年にMacAndrewsを前年買収したContainershipsブランドに統合した。またAPLの買収完了に伴い、ANLブランドのアジア／欧州サービスを中止、アジア域内はCNCブランド、極東ロシアはCMA CGMブランドに組み入れたが、22年にロシアサービスを中止。さらにAPLのアジア／欧州、アジア／カリブ海、欧州／中近東をCMA CGMブランドに、アジア域内をCNCブランドに統合したうえで、20年10月からはアジア／北米航路でもAPLブランドを廃しCMA CGMブランドに一本化、APLブランドはCMA CGMが全世界で取り扱う米国の非常時徴用制度のMaritime Security Programに基づく軍貨と米政府系輸送のみとなり、商業貨物についてはグアムを含むグローバル航路は全てCMA CGMブランドで統一した。同時にシンガポールのNOL（CMA CGMのアジア太平洋地域事務所としていた）をCMA CGM Asia Pacific Ltd.（シンガポール）に社名変更しANLを同社傘下に移管、さらに社名をCMA CGM & ANL（Singapore）Pte. Ltd.とし、ANLをANL Container Line Pty Ltd.とANL Singapore Pte.Ltd.の共用ブ

ランドとした。APLは米国籍船のオペレーター、American President Lines, LLC（本社・VA州アーリントン）としてグアム・太平洋航路のMSC（Military Sealift Command）などの軍貨と米籍船優先積み輸送を継続、Waybillを発行するのみとなった。軍貨と米輸出入銀行扱い貨物のそれぞれ100%、優先積み法（1954年）に基づく農産品（援助物資）、連邦機関（米軍の情報機関など）貨物の50%を扱う。

ターミナル運営は完全子会社のCMA Terminalsと、China Merchants Ports Holdingsとの合弁のTerminal Linkを通じて27カ国、計49ターミナルを運営し、2021年の取扱量合計は2,590万TEUで世界ランク8位（Drewry Global Container Terminal Operators 2021/22）。CMA Terminalsは22年にベイルート港のCTの開発・運営権を取得、23年にはNY/NJ港のベイヨンにあるGlobal Container Terminals（GCT、カナダ）が運営するGCT BayonneとNY州スタテン島にあるHowland Hook Marine Terminal（GCT New York）から運営権を取得し、ターミナル名称をPort Liberty Bayonne、Port Liberty New Yorkに変更し、処理能力増強のためのふ頭・バースの修理・改良、設備投資の全責任をCMA CGMが負う。APLが自営してきた横浜港本牧D-4のCMA CGMターミナルは26年10月までに隣接のD5（岸壁延長400m、水深16m）に移転予定。最大1.5万TEU型対応で、CY容量が20%増加する。高雄（バース68/69）とダッチハーバー（アラスカ州）で自営してきたAPL Terminalsは21年にCMA CGM Kaohsing Terminal、CMA Terminals Alaska LLC（ダッチハーバー）に名称を変更している。

IT関連ではプラットフォームを通じて荷主にコンテナマッチング（ラウンドユース）を提供するMatchbox Exchange（豪）、コンテナドレーのマッチングではHaulioと提携している。19年にはインボイス・ファイナンス（売掛金担保融資）プラットフォームを活用した輸出入業者向け金融サービスShippng Trade Finance（SHIPFIN）を立ち上げ、貿易金融分野にも事業を拡大した。

環境対応ではA.P. Moller-Maersk（デンマーク）と海運業界の脱炭素化に向け、コンテナ船の代替燃料の開発と脱炭素関連の規制の確立・順守などで協力する方針で、現行ではCMA CGMはLNG燃料対応だが、23年10月に中国船舶集団（CSSC）傘下の上海外高橋造船に、メタノール燃料を使用できる二元燃料船で最大船型となる9,200TEU型コンテナ船8隻を発注、COSCO Shippingの二元燃料メタノールコンテナ船への中国港湾におけるメタノール燃料供給に協力、SIPGがグリーンメタノールの生産、輸送、貯蔵、充填を研究・開発しCMA CGMとCOSCOが今後引き渡しを受けるメタノールコンテナ船へのバンカリングサービスを提供する。

APL（American President Lines）は1848年にPacific Mail Steamship Co.（PMSC）として創業し、1867年（慶応3年）に木造の汽船"Colorado"でサンフランシスコからホノルル経由で日本、中国と結ぶ太平洋航路を世界で初めて開設した船社。創業後、Southern Pacific鉄道（SP、のちUnion Pacific鉄道が買収）傘下となり、世界一周航路を運営していたDollar SteamshipがPMSCを吸収合併（1925年）、38年（昭和13年）に米政府はDollar Steamshipの株式90%を取得し国営化、社名をAmerican President Linesに変更。52年に石油王、Ralph K. Davis氏が率いる投資家に売却、再び民営化した。79年にNatomas Co.傘下となった後、公開上場したAmerican President Co.（APC）の傘下会社となり、1997年にNeptune Orient Lines（当時、NOL）が持ち株会社、APCを買収し、NOLのコンテナ定期部門と統合、船社名を略称のAPL Ltd.とした。NOL株式はシンガポール政府系投資ファンド、Temasek HoldingsとTemasek直系子会社が直接、間接合わせ67.03%を保有し、シンガポール証券取引所に上場していたが、CMA CGMがNOL株式を公開買い付けし16年7月に全株を取得、9月にシンガポール上場を廃止した。APL Logistics（APLL、旧American Consolidation Service）は15年5月に近鉄エクスプレスに売却、NOLのタンカー部門だったAmerican Eagle Tankers（現社名AET）は03年にMISC（マレーシア）に売却した。

CMA CGMグループの22年（1-12月）の連結業績は売上高が745億ドル、EBITDA（利払い前・税引き前・減価償却前利益）が333億1,000万ドル、当期利益が248億8,000万ドル。海上輸送部門の売上高は589億5,000万ドル、EBITDAは316億4,000万ドル、利益率は53.7%、EBITDAマージン（EBITDAに占めるキャッシュフロー）は53.7%、積み高は2,174万TEUだった。

## COSCO SHIPPING Lines（Japan）Co., Ltd.
## コスコシッピングラインズジャパン　株式会社

コスコシッピングラインズジャパンは、中国最大の海運グループ、中国遠洋海運集団有限公司（China COSCO Shipping Co., Ltd.、上海）のコンテナ船部門を統括する中遠海運集装箱運輸有限公司（COSCO SHIPPING Lines、本社・上海）の全額出資による日本法人。16年3月に中遠集団（COSCO Group）と中海集団（China Shipping Group）が合併しChina COSCO Shipping Co., Ltd.が発足、コンテナ船部門の中遠集装箱運輸有限公司（COSCO Container Lines：COSCON）が16年11月に中遠海運集装箱運輸有限公司（COSCO SHIPPING Lines）に社名変更したのに伴い日本法人の商号も17年1月にコスコ・コンテナラインズジャパン（コスコンジャパン）

から現社名に変更した。COSCO SHIPPING Linesと同社傘下の上海汎亜航運有限公司（Shanghai PanAsia Shipping）、New Golden Sea Shipping（シンガポール、COSCO Container Lines South East Asiaから社名変更）の日本総代理店。コスコシッピングジャパンを親会社に、コンテナ船のコスコシッピングラインズジャパン、総合物流事業のコスコシッピングロジスティックスジャパン、コンテナ船以外の日本総代理店コスコシッピングジャパン・トウホウ、社宅・福利厚生施設など不動産の運営管理のコスコシッピングジャパン・サービスがある。コスコシッピングランズジャパンの現社長は周煒（Zhou Wei）氏。

16年のCOSCO GroupとChina Shipping Groupの合併にともない、コンテナ船部門は旧・COSCONと旧・China Shipping Container Line（CSCL）がサービスを統合、日中航路はChina COSCOと傘下のShanghai PANASIA ShippingがCSCL完全子会社で近海航路の上海浦海航運（Shanghai PUHAI Shipping）を買収、Shanghai PANASIAが唯一の子会社としてサービス提供する体制に整えた。CSCLの日本現法、中海コンテナジャパンは16年8月に解散した。

COSCOグループの日本総代理店は日中合弁のコスコセイワシッピングだったが、96年7月にCOSCOの全額出資会社コスコ・ジャパン（94年6月設立）に業務を移管。その後本社の組織変更でコンテナ船業務をCOSCONで一元管理することになり、04年12月にCOSCONの全額出資でコスコンジャパンを設立、コスコ・ジャパンのコンテナ船に関する日本での全業務を継承し、05年1月からコスコンジャパンがCOSCONの日本総代理店となり、17年1月にコスコシッピングラインズジャパンに社名変更した。
コスコシッピングロジスティックスジャパンは、05年5月に中国資本100%の日本法人による利用運送事業（フォワーダー、NVOCC）が可能になったことを受け旧コスコンジャパンが同7月に全額出資で設立したコスコン・ジャパンエクスプレス（CJEX）が前身。

COSCO SHIPPING Linesの船腹量は中国海運と合併後に329隻、181万300TEUで世界ランク4位（17年10月時点、Alphaliner調べ）だったが、18年にCOSCO Shipping Holdingsと上海国際港務集団（SIPG）傘下の上海集団BVI発展が世界7位のコンテナ船社、Orient Overseas International Ltd.（OOIL、香港）を買収したことで、CMA CGM（仏）を上回り一時世界3位になった。直近の船腹量は488隻、305万1,787TEUで世界4位（23年11月、Alphaliner）。発注残は22年10月に発注したメタノール二元燃料対応24,000TEU型12隻（OOIL7隻、COSCO5隻）を含む52隻、85万4,826TEU。

COSCO Shipping Linesは17年4月からCMA CGM（APL含む）、Evergreen、OOCLとOcean Allianceを結成、23年は353隻で東西39ループのグローバル航路を運航、年間2,240万TEUを供給したほか、近海や南北航路でメンバー以外の船社とも提携しサービスを提供。23年7月末時点で外航261、内航53、揚子江・珠江の水運84の合計398サービスを展開し、142カ国583港に寄港する。上海本社のほか中国国内9支店（大連、天津、青島、上海、寧波、厦門、華南、海南、武漢）、海外9支店（欧州、北米、東南アジア、西アジア、南米、豪州、日本、韓国、アフリカ）、22年7月末時点で中国内237社、海外400カ所に拠点を置く。

IT関連では19年7月にCargoSmart（香港）のブロックチェーン技術によるサプライチェーンプラットフォームのGlobal Shipping Business Network（GSBN）に設立から参加。GSBNはMaerskとIBM（米国）主導で18年に発足したTradeLens（23年3月末でサービス終了）の対抗馬で、Ocean Allianceメンバー中心に参加。COSCO Shippingグループの物流デジタル会社、IQAX（香港）の電子船荷証券システム、IQAX eBL（GSBNで提供）は22年6月に国際P&Iグループ（IG）に承認され、COSCO、OOCL中心に導入を加速、GSBNでの貿易金融処理も実証段階に入っている。

China COSCO Shipping Corp.は2023年6月末時点で1,372隻、1億1,100万dwtを擁する世界最大の海運グループ。船隊のうち、コンテナ船は船腹量297万TEUで世界4位だが、ドライバルカー（426隻・4,454万dwt）、タンカー（225隻・2,695万dwt）、その他一般・特別貨物船（178隻・598万dwt）はいずれも世界トップ。ターミナル部門は、COSCO傘下のCOSCO Pacificが中海コンテナ傘下のChina Shipping Ports Developmentと合併し、16年7月にCOSCO Shipping Ports（中遠海運港湾有限公司、CosPorts）に社名変更した。世界56ターミナル（うちコンテナターミナルが49）に出資、総取扱量は1億3,179万TEUで世界1位。バンカー販売は世界最大の2,830万トン、コンテナリースは世界3位の391万TEUを運用する。海運、港湾、ロジスティクスの3分野を基盤事業に、金融、機器生産、付加価値サービス、デジタルイノベーションの4分野をコア事業と位置付け、3+4の産業システムで事業展開する。22年10月にサプライチェーンロジスティクス事業部を正式に立ちあげ、他大手船社に続き総合物流企業へと舵を切った。同10月に海運、内陸輸送、通関、倉庫を網羅するCOSCOグループの総合デジタルプラットフォーム、SynconHubを稼働、23年1月から初のサプライチェーンサービス「Talent Pegasus」を開始した。22年11月にSIPGの保有比率を0.62%から15.55%に、広州港集団の保有比率も3.24%から6.5%へ拡大、23

年1月に国営コングロマリットCOFCO Groupの農産品・穀物・食品加工会社、中糧福臨門股分有限公司（COFCO Fulinmen）の5.81%を取得、上流・下流への資本拡大を進める。

造船は中遠海運重工（COSCO Shipping Heavy Industry）が上海、南通、舟山、広州、連雲港など9カ所のドックで年間750万dwt以上の建造能力をもつ。コンテナ製造は中遠海運発展（COSCO Shipping Development）傘下のShanghai Universal Logistics Equipmentが錦州、青島、連雲港など6カ所に工場を展開する。19年5月に業界2位のSingamasから製造子会社5社を買収し、コンテナ製造最大手China International Marine Container (Group)（CIMC、中国国際海運集装箱）の株式22%は大部分を売却した。コンテナ製造のほか、車輌、エネルギー・化学関連機器、オフショア、空港施設関連機器を製作する。

COSCOは中国交通部直属のナショナル・キャリアとして1961年4月に設立、インドネシア航路に就航し、外航船社としてスタート。当時の自社船は25隻・20万dwtだった。コンテナサービスは1978年9月に上海遠洋運輸公司（Shanghai COSCO）のセミコン船、"Ping Xiang Cheng"（162TEU）が上海から豪州向けに就航したのが始まり。94年1月には北京の総公司にコンテナ定期船-事業を統括するCOSCON部門を新設、97年11月に天津、大連、上海、広州に海運事業の部門別新会社を設立、このうちコンテナ部門を上海遠洋運輸公司と一体化させ、会社組織のCOSCONとして再スタートした。16年に中国政府の国営企業再編計画を背景に、COSCO Group（中遠集団）とChina Shipping Group（中海集団）が合併。中海集装箱運輸股分有限公司（China Shipping Container Lines Co.：CSCL）は政府が直轄する主要国有企業44社の1社である中国海運（集団）総公司傘下で、内航、外航のコンテナ運航船社で香港と上海の上場企業として97年に設立。

CHINA COSCO Shipping Corp.の香港上場会社でコンテナ船、港湾ターミナル事業を中核とするCOSCO SHIPPING Holdingsの22年（1-12月）連結業績は売上高が17.2%増の3,911億元、営業利益が29.8%増の1,708億元、当期利益が26.4%増の1,313億元。コンテナ輸送事業による売上高は17.1%増の3,840億元だった。積み高は9.3%減の2,441万TEU（うちCOSCO1,728.2万TEU、OOCL712.9万TEU）、ターミナル部門のコンテナ取扱量は0.6%増の1億3,011万TEU。23年上期（1-6月）は売上高が前年同期比56.4%減の918.4億万元、営業利益が80.3%減の181.3億元、当期純利益が74.4%減の196.8億元。積み高は8.6%減の1,139.5万TEU、ターミナル取扱量は2.2%増の6,460万TEU。

## Cosco Shipping (Japan) Toho Co., Ltd.
## コスコシッピングジャパン・トウホウ　株式会社

中遠海運集団有限公司（China COSCO Shipping Corp., Ltd.）のコンテナ船以外の日本総代理店で、COSCO Shippingのバルク、在来、ドライバルク、ガス、液体バルク、タンカー、重量物船、PCC/PCTCなどの集荷や用船業務を担当。

会社の歴史は1967年設立の東方輪船まで遡る。東方輪船は中国の用船会社と協力し中国／欧州のバルク貨物輸送を手がけ、71年に中遠集団（COSCO）の日本代理店、天津COSCOの代理店、80年に大連COSCOの代理店にも指定され、94年にCOSCOと東方輪船が折半出資でコスコ・トウホウ・シッピングを設立、東方輪船の全事業を継承、96年7月にコスコ・ジャパンの100%出資会社となり、COSCOグループ傘下の非コンテナ船隊の日本総代理店になった。97年にはCOSCO天津と合併した現・中遠海運散貨運輸有限公司（COSCO Shipping Bulk Co., Ltd.：本社・広州）の代理店業務や多目的船、Ro/Ro、重量物船、半潜水式特殊船部門を集約して運航するGuangzhou Ocean Shipping Co., Ltd.（現・中遠海運特殊運輸、COSCO SHIPPING Specialized Carriers Co., Ltd.）の代理店業務を引き受けている。

## COSCO SHIPPING Logistics (Japan ) Co., Ltd.：COSCO SHIPPING Lines （Japan）参照

## CW Logistics Ltd.
## CWロジスティックス　株式会社

輸送中のコンテナ庫内温度をマイナス60℃以下に維持するノウハウと機器を使用し、日本を含むアジアでの営業活動を展開するため、04年9月に設立した超低温輸送に特化したフォワーダーで、チャータリングも行う。円安を追い風に好調で、23年10月の派遣を含めた社員数は7名。24年に創業20年を迎える。資本金は1,300万円、社長はインターオーシャン出身の吉岡史好氏。三栄海運の出資が49%だったが、三栄のシノコー成本との統合に伴い、19年12月に吉岡氏が三栄の持ち株を買い取り、吉岡氏の100%出資会社となった。特殊断熱コンテナを使用し、ドライアイス（液体二酸化炭素）で保冷するシステム（Cold Wave方式）で業務を始めたが、2009年からマイナス60℃の機械式超低温冷凍・冷蔵ユニットを搭載したウルトラフリーザーと呼ぶリーファーコンテナへの切り替えを進め、2014年にCold Wave方式のコンテナを全量返却し、すべて機械式のウルトラフリーザー（20'と40'）で輸送を請け負っている。23年10月現在の運用数は115本で、うち20'は8本。

ほぼ冷凍マグロ輸送に特化し、日中間を中心に一次加工品の韓国、台湾、香港の二国間および三国間で運用している。韓国出しの球状のアイスクリームのマイナス40℃以下（マイナス60℃で対応）の輸送に対応しており、COVID-19の感染拡大で一時的に減少したが、23年は持ち直した。東京に本社を置き青島に連絡事務所があり、1名が駐在。

## Daito Corporation
## 株式会社　ダイトーコーポレーション

1934年（昭和9年）に大村組と極東回漕店が合併し資本金23万5,000円で大東運輸を設立し、川崎汽船の京浜港での総代理店と、関係する港湾運送事業の営業を開始して以来87年の歴史を持つ。主要株主は19年4月に設立した川崎汽船の国内海運事業子会社3社の共同持ち株会社、KLKGホールディングス（川崎汽船51%、上組49%出資の合弁）。現在の資本金は8億4,250万円。東京・大井、横浜・南本牧で川崎汽船の関東エリアにおけるコンテナターミナルオペレーター（一般港湾運送事業者）として事業を手がけ、それより前の1953年から千葉港で公共岸壁、私有バースで内外航船、PCC、プラント、バルクなど船内・沿岸荷役、保管など港運事業、海上輸送業務も営む。

倉庫は大井、お台場、有明、青海（ワールド流通センター）、千葉、袖ケ浦、大黒、南本牧の物流センターのほか東京・青海地区にハイテクの有明新国際ユニバーサル物流センター（約4.5万㎡）を持ち、タグボート（曳船）、海上防災（消防船・オイルフェンス）も運営、内航運送も自社専用トレーラーを配備し国内海陸のドア・ドアサービスを手掛ける。倉庫／曳船（東京湾、千葉のほか清水、海外のフィリピン・マニラなどで事業化）／ターミナル／船舶サービス／不動産／船舶・海運の各事業部があり情報システム推進部と連携したターミナル運営などのシステム化にも優れる。16年には内航海運を定款に追加。海貨は16年に東京税関からAEO制度の通関業者として認定を受け、横浜、川崎港での輸出入貨物の通関、引取り、引き渡し、バンニング・デバンニング、ドレーなど一貫サービスを提供、千葉港域でも船橋、市川、姉崎、木更津など千葉全域で通関業務を提供している。SITC、Sinotrans、Ningbo Ocean Shippingの日中航路代理店も引き受け、本社、横浜、千葉の両支店を軸に関東エリアで10カ所強の物流センター（17年に長浦新倉庫）と15カ所以上の拠点、常陸那珂に加え北海道にも17年9月開設の札幌と苫小牧にも事務所がある。横浜港のCT変更に伴い、21年4月に事業所も大黒から南本牧に移転している。22年4月には川崎汽船グループとして国内初となる完成車ターミナル「横浜港大黒C-4ターミナル」の運営を川崎汽船とともに開始した。同ターミナルは横浜港がコンテナターミナルから自動車ターミナルとして再整備したもので、再生可能エネルギー由来の実質CO2排出ゼロの電力を使用している。23年3月期の業績は、売上高255億1,900万円、

営業利益19億1,100万円、当期利益16億7,100万円、売上高営業利益率7.5%。従業員は478人（23年4月）。子会社・関連会社13社、ケイラインロジスティクスはじめ日本高速輸送のほか原田港湾、東海海運、横浜川崎曳船など協力会社が8社ある。

**Damco**：Maersk参照
**Dong Young**：Namsung Shipping Japan参照

## Dongjin Agency Co., Ltd.
## 東進エージェンシー　株式会社

　韓国船社、Dongjin Shipping（東進商船）が70%出資して2001年6月に設立した日本現地法人。前代理店の三栄海運（当時・現シノコー成本）がHeung-AとDongjinの総代理店を兼営していたため、三栄の社員を引き継ぎ、分離独立した。日韓中、東南アジア航路の定期コンテナ、在来定期、不定期船サービスの総代理店業務を引き受けている。東京本社、大阪支店がある。韓国本社と日本現法の社長を兼務する呉融煥（Yoonghwan, Oh）氏は東京で生まれ育ち、米国で教育を受けた。23年3月期も22期連続で黒字の優良企業。関連会社にJIFFA会員でフォワーダー、NVO業務のディージェイロジスティクス（DJ Logistics、本社・東京都足立区梅田）がある。

　東進商船（Dongjin Shipping Co., Ltd.本社・ソウル）は韓国の海運集約政策に基づき、84年9月に東和シッピング（Dong Hwa Shipping）、韓進商運など日韓配船社16社で設立した日韓航路の専業船社だったが、02年に韓中航路の協定である黄海定期船社協議会（Yellow Sea Liners Committee）に加入、韓国／中国航路に参入し、韓中と、釜山接続および博多を中心とする直航による大連、上海、新港、青島、寧波向け日中輸出入サービスの引き受けも開始、さらに13年からはアジア域内のコンテナサービスにも参入し、14年11月からDongjin初の自社運航船を投入した東南アジアサービスとなるNew Thailand Express（NTX）、16年8月からは平澤港に追加寄港をそれぞれ開始、17年3月から新造の1,800TEU船を投入、強化、さらに19年9月からSinokorのスペースを借り受け、仁川・平澤〜ベトナム〜タイの新サービスのBTSを開始、平澤寄港を週2便化した。

　現在、Dongjinは日韓航路で京浜から週4便、清水から3便、阪神から4便、博多、徳山、門司、ひびきから2便を運航、東南アジア向けは平澤・光陽・釜山〜ホーチミン・レムチャバン・バンコク〜仁川のNew Thailand Expressを運航、他社船腹借り受けの韓国〜香港〜越・タイのKorea Vietnam Thailand Svc.を利用し、京浜・名古屋と、阪神および博多、徳山、関門から週6便で釜山トランシップによるサービス頻度の高いサービスを提供している。

　在来定期航路はCK Lineと協調し、30トンクレーン2基を装備した5,800dwtクラスの多目的船を投入した名古屋〜神戸〜釜山と釜山〜横浜〜釜山のサービスを始め、阪神〜釜山、阪神・呉〜門司〜釜山をそれぞれ週1便、計3便を運航している。20年3月にPIL（シンガポール）から728TEU型を買船、"Dongjin Fides"に船名変更し、日韓航路に投入、9月には4年振りの新造船、"Dongjin Continental"（1,011TEU）の引き渡しを受け、京浜・清水〜釜山に投入、91年建造の"Dongjin Tokuyama"（269TEU）を台湾船社に売船し、近海航路就航船の大型化と低船齢船による効率的な運航を目指す。4,999dwtの多目的船からNTXに投入の"Dongjin Voyager"（1,800TEU）まで自社船6隻を運航、21年4月にはDongjinとNamsung、Dong Youngの3社が韓国の政策金融機関から資金調達し、1,600TEU型3隻を共同発注、Dongjinは22年8月に第1船の"Dongjin Confident"（1,600TEU）の引き渡しを受け、韓国〜越・タイ航路に投入した。23年11月のコンテナ船腹は自社船6隻、総船腹量7,087TEUで世界ランク96位（Alphaliner）。SOx規制にはスクラバー搭載で対応。

　Dongjinは主としてアジア域内航路に配船する14船社で構成する韓国海運連合（Korea Shipping Partnership：KSP）に加盟している。

　海運事業のほか、内陸輸送をはじめ、86年に開始したNVOCC、フォワーダー業務なども手がける。99年4月にISO 9001とISMコードを取得し、14年4月には韓国税関庁（KCS）からAEO（認定事業者）の認証を取得した。03年から釜山港の第7埠頭で日韓航路配船社としては唯一オンドックCY/CFSを自社運営し、門司港揚げ輸入コンテナ貨物を含め、寄港する日本全港でSea-NACCSにより通関処理しており、13年1月からは在来貨物の日本全港での船積み確認事項登録（ACL）に対応している。

　ソウル本社に釜山支社、仁川支店のほか、平澤、光陽、蔚山に代理店、上海、天津、寧波、香港、ホーチミン、ハノイ、バンコクに事務所を置き、ホーチミン、ハイフォン、ハノイ、バンコク/レムチャバンや大連、新港、青島、上海、寧波、香港、厦門、蛇口、黄埔に代理店を置く。07年10月に資本金31億9,800万ウォンに増資。11年に釜山からソウルへ本社を移転した。

　2022年1月のシステム改善に伴いeサービスの機能を大幅に拡充、オフィス以外の環境からでもアクセス可能な昨今のワークスタイルの変化に合わせた顧客ニーズに幅広く対応している。eサービスでは24時間ブッキング申請が可能。危険品・特殊コンテナ・在来貨物にも対応しており、貨物明細のアップロードも可能で、これまで電話やFAX・E-MAILで依頼していた運賃明細や各B/L（WAYBILL/SURRENDERED BL）などの書類が顧客自身でダウンロード出来る

為、作業効率の向上など利便性の高いサービスとなっている。

またロングスケジュール検索から本船を指定し、BOOKING画面に移行できる仕様もあり、先のブッキングの手配漏れ防止にも繋がる。ユーザー登録は同社ホームページより申請可能。

**Dongjin Shipping**：Dongjin Agency参照

## Eagle Shipping Japan, Ltd.
## イーグルシッピングジャパン　株式会社

イーグルシッピングジャパン（ESJ）は海運代理店と利用運送（NVOCC）を中核事業として05年11月に設立した物流会社。定期船はエチオピア航空と並ぶ、同国最大の企業の一つである、国営船社のEthiopian Shipping and Logistics（ESL、旧Ethiopian Shipping and Logistics Services Enterprise：本社・アジスアベバ）の日本総代理店。NVO業務はUAEがEmirates Logistics、パキスタン向けがDMK Logistics、北米がZen Continental、南ア向けがOcean Express Lineと提携している。社長は島田寛之氏。ESJ創業者の泉和海運（現・センワマリタイムエージェンシー）元役員で、12年6月から日本エチオピア協会の会長を務める島田禎之氏の長男。幼少期から小学校にかけて、ヨハネスブルク（南ア）で過ごし早稲田大学法学部を卒業後、イーグルシッピングに入社した。

ESLは11年11月に増加する輸出入貨物とサービス拡充を図るため、Ethiopian Shipping Lines Share Company（ESL、1956年3月創業）とEthiopian Maritime Transit Service Enterprise、内陸デポを運営するDry Port Enterprise(1999年設立)の国営3社を合併一体化し設立、16年8月に輸出入貨物の内陸輸送会社、Comet Transport Share Companyが加わった海運、フォワーダー事業やステベなどターミナル事業、ドライポート、倉庫やロジスティクスサービスも展開するエチオピア唯一の総合ロジスティクス会社。港湾運営や海事専門家を育成する訓練センターのBahir Dar University Maritime AcademyをYCFグループと共同で設立、海員を養成している。2014年5月に源流企業ESLの創業から50周年を迎えた。

ESLは4事業部に分かれ、それぞれにCEO（経営最高責任者）代行を置き、チブチ、モジョ、カリティ（旧コメット）の主要支店のほか、メケーレ、ディレダワ、コンボルチャ、セメーラ、ゲランに支店を置き、ビショフツ（旧デブレツァイト）に海事トレーニングセンターを置く。

ESLSEは設立当初、運輸省の管轄下におかれ、役員会は省庁の幹部クラス8名で構成する組織だったが、12年12月にCEOと政府が任命する4人のCEO代行の組織に変更し、CEO代行がそれぞれ、海運部門、フレイトフォワーディング部門、港湾・ターミナル部門、サービス部門、を統括する組織に改編した。

海運部門は、沿岸輸送とジブチを起点とする外航サービス、代理店サービス、ステベ業務、倉庫、トラック手配などとショアハンドリング業務で、世界345港に寄港する。アジア航路はジブチ〜中国のシャトルサービスに多目的船2隻を投入するが、日本への定期寄港はなく、日本への輸出入サービスはCOSCO、MSC、CMA CGM、Maersk船を使用しESLのB/Lを発給したサービス。フレイトフォワーディング部門は、ジブチ経由のモジョ（Modjo）などのドライポートの複合輸送サービス、ジブチ揚げ貨物の輸送契約に基づく海上輸送、鉄道輸送、陸上輸送、航空輸送の各単体のシングルモードのユニモーダル輸送サービス、通関、重量トラック輸送サービスなどがある。ドライポートはアジスアベバ、モジョなど9カ所に置く。港湾・ターミナル部門はCY受け渡し、港湾荷役やコンテナのバンニング、通関手配業務などを提供する。

ESLの船隊は2013年建造の多目的船（2.8万dwt、1,696TEU）などと石油タンカーの計10隻で、最大船型は中国で建造した多目的船の"AbbayII"（63,229dwt）。エチオピアの輸出入貨物の90%はジブチ経由で、トラックによりエチオピア国内9カ所のICDと年間2万4,000本のコンテナを輸送する。21年のトラック台数は大型車265台を含め計480台。

ESL船は全船が国際海事機関（IMO）の安全管理（ISM）コード、船舶と港湾施設の国際保安（ISPS）コードの認証を取得し、「船員の訓練および資格証明並びに当直の基準に関する国際条約」（STCW条約）に準拠した士官が運航している。Ethiopian Monitorによると、2022/2023年度（23年7月期）は自社船と用船およびスロット利用で490万トン以上を取り扱い、うち、ジブチ経由で輸入貨物169万トン、輸出貨物28万1,333トン、コンテナ9万2,144TEUを取扱った。23年7月期の年間業績は営業利益、60億6,000万ブルを確保した。

旧ESCは米国の投資会社American Towrus InvestmentとBank of Ethiopiaが51%、エチオピア政府49%の合弁会社だったが、69〜70年にかけてエチオピア政府の全額出資会社となり、現在は政府系のEthiopian Investment Holdingsが株式を保有。

## Eastern Car Liner Ltd.
## イースタン・カーライナー　株式会社

Eastern Car Liner（ECL）は1977年5月、自動車・重車両・建機メーカーや商社などの支援を得て、東南アジア向け車両を輸送する船社として資本金1,000万円で設立、その後、増資し現在の資本金は8

億3,620万円（資本準備金を含む）。2022年3月に日産プリンス兵庫販売がECL株式の過半を取得し、持ち株会社、NPHホールディングス（NPHHD）傘下のグループ会社となった。23年7月時点のNPHHDの持ち株比率は68.89％。ECL傘下（国内）には中古車輸出入集荷・代理店、ターミナルオペレーションのECLエージェンシー、20年2月にHyundai Glovis（韓国）の日本総代理店として設立したGアライアンスシッピング（G Alliance Shipping Ltd.）、22年11月に全株を取得した自転車輸入部品卸販売のトライスポーツ（旧・ティ・エヌ・インターナショナル）など4社がある。ニュースター・ラインは解散した。ECL、NPHHDの社長/代表取締役は長手繁氏（55歳）が兼務する。同氏は関西学院大学卒業後、1990年にECL入社、04年に取締役に就任、07年にNPH社長に転じ、21年6月に18年間ECL社長を務めた吉田勝氏の後任社長、ECLエージェンシー会長に就任した。

ECLは自動車、鉄道車両、重車両、建設機械、プラントをはじめ、小口の一般雑貨、部品、木材加工品に至る貨物の輸送ニーズに対応する。23年7月の運航フリートはPCC/PCTCが3,930台積み6隻、650台積み2隻の計8隻（24,880台）で推定世界11位。で、基幹航路の東南アジア航路と中東航路に集中配船し、採算重視の事業運営する。Everett Asia Line（EAL、シンガポール）の運航船を含む、在来・多目的船は最大60トンのランプ強度を持ち、最大150トンの吊り上げ能力を持つ1.3～1.4万dwt型ツインデッカーのマルチライナー重量物船など24隻（総重量トン：32万1,927dwt）の計32隻。在来・多目的船は華北、台湾、華南、海峡地、東南アジア、南西アジア、中東・ガルフ、北米西岸、豪州に配船。極東ロシア向けはウクライナ侵攻を受けて休止。ミャンマー向けはRo/RoがECL、在来貨物がEverett Asia LineのB/L発給、PCC・PCTCが30％、一般貨物が30～50のシェアを持っていたが、軍事政権への経済制裁後はヤンゴン向けはポートクランからRo/Roフィーダーで接続輸送している。1.35万dwtクラスのツインデッカー5隻を発注（24年までの引き渡し）、新造用船し船隊の若返りを図る。ECLエージェンシーは北九州・新門司背後の産業団地「マリナクロス新門司」に乗用車換算で10,860台収容能な輸出中古車を対象とした16.5万㎡の蔵置場を確保し、同社の蔵置ターミナルは川崎、木更津、泉北、博多、名古屋、神戸、横浜の8拠点。

海外事務所・現地法人・支店はシンガポール、ミャンマー、マレーシア、インドネシア、香港、タイ、インド、韓国、中国（上海本社、大連、青島）、ベトナム、米国に置くほか、ロシア、台湾などに代理店を置く。ミャンマーの現地法人、ECL Myanmar Co., Ltd.は日本船社で初の現法。

23年3月の社員数は165人、平均年齢46.32歳。2023年3月期の連結売上高は844億9,500万円、経常利益215億円、純利益65億円、単体の売上高は428億1,600万円、当期利益45億円。

## ECU Worldwide (Japan) Ltd.
## イーキューワールドワイド 株式会社

2005年3月に設立のNVOCCで資本金3,000万円。主な株主は、インドに本拠を構えるNVOCC事業などを展開するインド最大のロジスティクス企業Avvashya Group傘下のAllcargo Logistics。ECU Worldwideの前身であるECU Lineはベルギーで1987年に創業、LCLコンソリデータとして世界中にネットワークを構築、05年にAllcargo Logisticsが買収、13年にはブランド名をECU Worldwideに変更した。現在、世界180カ国・地域の300以上の事務所を構え、2,400ルート以上のダイレクトサービスを持つ。ECU Worldwide (Japan) Ltd.は東京本社のほか、大阪と名古屋、福岡、沖縄（那覇）に支店を構え、貨物利用運送事業（第二種貨物利用運送事業-外航海運）、海運業、海運仲立業、海上運送代理店業、航空運送代理店業、損害保険代理店業などを展開している。

同社の混載便は、日本の東京、横浜、名古屋、大阪、神戸の主要港をはじめ、石狩、苫小牧、八戸、仙台、新潟、直江津、富山、金沢、清水、四日市、広島、松山、博多、門司、大分、鹿児島、那覇など全国を網羅するとともに、海外も韓国、中国、香港、台湾、東南アジアをはじめ、米国・カナダ、欧州、ロシア、中南米、中東、インド、豪州、ニュージーランド、アフリカなど全世界をカバー、輸出入でLCLサービスを展開している。また危険品や冷凍・冷蔵貨物の混載便にも積極的に取り組んでいる。23年5月にはタイ・レムチャバンCFS受け、関東・関西向け混載サービスを開始している。

## Evergreen Shipping Agency (Japan) Corp.
## エバーグリーン・シッピング・エージェンシー・ジャパン 株式会社

Evergreen Marine（台湾）の全額出資日本現法として72年に設立された長栄海運㈱が92年にエバーグリーンジャパンに社名変更、07年1月に現社名のエバーグリーン・シッピング・エージェンシー・ジャパンとなった。02年に港区高輪に自社ビルを新築し本社を移転。大阪、名古屋、福岡に支店がある。22年にEvergreen Marine (Asia) Pte. Ltd.の100%子会社となった。資本金1億8,000万円、従業員153人（22年末）。

Evergreen Marineは台湾のコングロマリットEvergreen Group（長榮集団）の中核となるグローバル船社。故・張榮發氏（16年1月死去）が68年9月に資本金200万NTドルで設立し、69年8月、中古の

在来船で中東ガルフ航路を開設し創業。72年にカリブ・南米航路、75年に北米東岸航路でフルコンテナサービスを開始したのに続き、北米西岸、地中海、欧州などを開設、84年に世界初の東・西航の双方向世界一周サービスを開始し成功を収め、その後02年に振り子型のサービスに切り換え、現在はコンテナ船約200隻を運航し、アジア、北米、欧州、カリブ・南米、アフリカ、中東、大洋州を含む101カ国、300以上の港湾に寄港する。単独配船を基本としていたが、12年4月からアジア／欧州航路でCKYH（COSCO、川崎汽船、Yang Ming、Hanjin）との提携を強化し、14年4月から正式に参画してCKYHEを結成、17年4月からはOcean Alliance（CMA CGM/APL、COSCO/OOCL、Evergreen）のメンバーとして東西の基幹航路で、太平洋20、大西洋2、アジア/欧州7、地中海4、中東ガルフ4、紅海2の計39サービスを約353隻（年間2,240万TEU）でカバーし、南北航路でもCOSCO、CMA CGMなどと協調配船する。23年11月の運航船腹量は209隻、163万5,995TEUで台湾船社ではトップ、世界では7位。23年5月にOcean Network Express（ONE）を抜いて6位、23年8月に7位に戻ったが24年は再び6位に浮上する見込み。発注残は運航船隊の50%に当たる71隻、82万5,218TEU（Alphaliner）。世界で150以上のウイークリーサービスを運航（うち約80がアジア域内・中東）、年間積み高は1,000万TEU以上、世界17港に自社/専用ターミナルをもち、拠点数は自営・代理店合わせ約315カ所。台湾船社として初となる独資（単独出資）の中国法人を設立し、08年10月に上海・浦東地区に自社ビルを建設した。

近海航路のUnigloryを02年にEvergreen Marine Corp.へ統合し、07年からEvergreen Marine Corp.の台湾、英国、香港、シンガポール、アジア各社と98年に買収したイタリア最古の船社、Italia Marittima S.p.A.（旧Lloyd Triestino）の6社によるオペレーションを"Evergreen Line"ブランドでサービス提供している。

ハブ港は台中、高雄、コロン（パナマ）、タラント（イタリア、合弁運営）。コンテナターミナルはこのほか、タコマ、東京（青海）、大阪（北港）、ロサンゼルス、オークランド、レムチャバン（タイ）で自営するほか、さらに韓国の釜山、中国の寧波、基隆、台北（Wan Hai、Yang Mingとの3社合弁。EMCは50%出資）で合弁ターミナルを運営中。エジプト・アレクサンドリア港近くでHutchison Ports（香港）が開発中の年間200万TEUのアブキールCTにも20%資本参加している。23年にロッテルダムのMaasvlakte1に位置するEuromaxターミナルの20%をHutchison Ports（ECT）から取得、ECT45%、Evregreen20%、COSCO17.5%、SRF17.5%の合弁運営を開始した。パナマのコロン・コンテナター

ミナル（CCT）は1997年に借り受け、16年に運営権を20年延長、17年春に12,000〜14,000TEU型2隻の同時荷役が可能となり、22年に全株を取得し完全子会社化した。高雄では新コンテナ埠頭、第7コンテナターミナル（CT7）を借り受け、23年7月に稼働を開始した。CT7は水深18m、岸壁総延長2,415mの5バースにガントリークレーン19基を備え、24,000TEU型を受け入れ可能な台湾最大CTを予定し、23年に第1期（年間処理能力450万TEU）、2024年に第2期が完成、合計のコンテナ処理能力は650万TEU。コンテナターミナルへの投資は20年末から5〜10年で67億4,100万台湾ドル（約248億円）を予定する。

近年のコンテナ船隊増強の勢いは業界トップクラスで、船腹量の増加は21年にMSCに次いで2位、22年はMSC、CMA CGMに次いで3位だった。世界最大2.4万TEU型15隻（サムスン重工6隻、滬東中華造船7隻、江南造船2隻）を建造中で10隻が22年までに竣工、残り5隻は23〜25年に引き渡し。さらに1.2万TEU20隻（韓国の造船会社8隻、今治造船12隻）、1.3万TEU型20隻（今治造船10隻、サムスン重工／滬東中華造船各5隻、23年までに引き渡し）、1.5万TEU型20隻（サムスン重工、25年6月までに引き渡し）など発注。23年7月にメタノール二元燃料1.6万TEU型24隻（サムスン重工16隻、日本シップヤード8隻）を発注し、26年から引き渡し。中小型船は21年9月にフィーダー船24隻（1,800TEU型2隻、2,300TEU型11隻、3,000TEU型11隻）を中国船舶集団（CSSC）傘下の中船黄埔文沖船舶に発注した。コンテナバンは23年1月に4万本の追加を決めた。

DXでは、中国EC最大手Alibaba Groupと提携し、運賃確認や船腹予約などができるオンラインサービスを17年6月から開始、18年からINTTRAにシステム接続し、同プラットフォームでブッキングや貨物追跡が可能でフォワーダー向けのスポット運賃見積もり、コンテナスペース予約ができるマッチングサイトMizzenit com.に参加。コンテナ船業界のデジタル標準化団体Digital Container Shipping Association（DCSA）には19年5月に参加した。20年2月に米ベンチャーBlueX Tradeと提携しオンラインデジタルプラットフォーム「GreenX」を立ち上げた。21年9月には國泰金控（Cathay Financial Holdings）の子会社が開発したブロックチェーン技術の貿易金融プラットフォーム、Global Trade Sharing BlockchainにYang Mingとともに参加。22年2月にウェブサイトでTEU当たりの$CO_2$排出量を算出できるCarbon Emission Calculatorを公開した。

人材育成ではノルウェー船級協会（DNV）からISO9001:2000認証を取得した台湾初の海事専門訓練施設である海員研修センター（ESTC）を1999年に桃園市に設立、02年に安全、品質、環境のSQEの米国船級協会（ABS）認証、国際海事機関（IMO）

適合で日本海事協会（Class NK）から認証を受け、13年にはIMO STCW2010年版、Class NKからISO9001/2015年認証も更新中。

Evergreen Group（長榮集団）はEvergreen Marineとしての創業から50年超で海運業を超えたコングロマリットに成長した。87年9月に台湾証券取引所に上場。Evergreen Group傘下には、台湾唯一の民間国際航空会社のEVA Airways、国内航空のUNI Air（立榮航空）、航空貨物のEvergreen Air Cargo Services、航空機整備会社のほか、国際ホテルチェーンのEvergreen Hotels（張榮酒店）などがある。このほか、用船、CFS業務、ICD運営、倉庫、陸送、ステベなどを手掛けるEvergreen International Storage & Transport（長榮國際儲運、2002年にEvergreen Container Terminalと合併）をはじめとする多くの企業群に加え、交響楽団、海事博物館（張栄發基金会の運営）など教育文化事業も展開する。日本での造船業（長栄造船：旧林兼造船）は売却した。

07年に設立したEvergreen Logistics（張栄物流、本社・台北）は支店を台中、高雄のほか、中国本土（17カ所）、香港、東南アジア（ベトナム、タイ、フィリピン、マレーシア、インドネシア、インド）に、代理店を北アジア、米州、豪州、アフリカ、欧州・地中海に置き、海上・航空輸送、通関などを含むOne-StopのSCM、3PL業務を提供。

グループ創業者の故・張榮發氏は長年にわたる日本との経済交流や台湾からの訪日観光客誘致への貢献、東日本大震災への援助から12年春の叙勲で旭日重光章を受章した。現董事長は20年10月に就任した張衍義氏。Evergreen Marineの22年業績は売上高が前年比28.2%増の6,273億台湾（NT）ドル、営業利益は31.6%増の3,748億NTドル、当期利益が31.6%増の3,462億ドル。23年上期（1-6月）は売上高が前年同期比61.2%減の1,342億NTドル、営業費用は0.4%減の1,056億NTドルで、営業利益は90.9%減の213億NTドル、当期純利益は94.0%減の128億NTドルだった。

## Far Eastern Shipping Company PLC
：Trans Russia Agency Japan参照

## GENEQ Corp.
## 株式会社　ジェネック

北九州港地場の港湾物流最大手で、港運／内航セメント輸送／外航海運を軸に総合物流事業を展開する。門司港で日本郵船の貨物取扱をしていた1907年創業の合資会社、村本組の港湾運送部門を母体として49年に北九州運輸として設立、2019年に70周年を迎えた。2002年10月に現社名に変更。戦時中の港湾統制解除にともない、49年に北九州運輸として関門

港を中心に港湾運送事業を再開し、同時に税関貨物取扱人（現在の通関業）免許を取得。51年に大日本セメント（現・太平洋セメント）が資本参加しセメント内航で海運業に進出、67年に郵船が資本参加、港運に加え倉庫、トラック運送、福岡空港等での航空代理店（IATA代理店）、中国北東部を中心とする国際総合物流ほか事業を拡大した。佐伯（大分）、八代（熊本）、博多、東京とエリアを広げ、倉庫・物流センターは福岡と鳥栖のロジテックセンター、北九州市苅田物流センター（1.3万㎡）、新門司モータープールなど20カ所。Wan Hai、Interasia Lines、Ocean Network Express（ONE）のコンテナ貨物集荷営業、輸出入ドキュメント業務のほか、郵船（全航路）、ARMACUP（主にNZ向け）、SEALS（主にミャンマー、アフリカ向け）の中古車・中古建機輸出、また上記船社のほかNYKバルク・プロジェクト、郵船クルーズ、カメリアライン、UNI Shippingを中心に北九州、博多、八代、佐伯港でLNGからコンテナ、客船、PCCまであらゆる外航船の本船入出港業務および太刀浦／田浦コンテナターミナルのオペレーションを行う。内航海運では傘下のアジアパシフィックマリンが太平洋セメント向けセメント専用船や日本で先駆けたセメントプッシャー、石炭灰・炭酸カルシウムプッシャーなど17隻を運航。外航は1986年に中国・大連港のコンテナサービスを営む合弁（04年に合作から変更）企業「大連友誼貨櫃集散有限公司」（DCF）を設立し、89年に大連集装箱船務公司の株式を取得し日中間の外航海運業（大連／青島／九州／関西コンテナ航路）に参入した。2000年以降、大連集装箱船務公司の航権を同社が「アカシアライン」として全面的に肩代わりして独自で航路運営、日中間のオペレーターだったが、2012年3月で本船運航を休止、同年4月からSinotrans船を利用しAZALEA Expressの名称で自社のAZALEA B/Lを発行しNVOCCとしての複合輸送サービス（日本／中国本土、日本／東南アジア、アジア域内のコンテナ一貫輸送）を開始。海外ネットワークは中外運遼寧公司との合弁会社、捷尼克国際物流（大連）有限公司（Geneq Logistics (Dalian) Co. (GLD)、大連友誼を12年に社名変更）のほか、シンガポール、マレーシア（MKTC）の代理店や郵船ロジスティクスとの連携により、九州と世界を国際複合輸送で結ぶ。国内は北九州港だけで自動車を含め10の上屋／物流センターを運用する。グループ企業はセメント内航のアジアパシフィックマリンなど4社。03-04年には品質管理のISO9001、環境管理のISO14001も取得済み。13年10月に特定保税承認者（AEO倉庫）を太刀浦、福岡と鳥栖の各ロジセンター、17年1月に認定通関業者（AEO通関）を福岡空港含む本支店・営業所、CY営業所を対象に認証を受けた。汎用遮熱材「ジェネックシールド」を開発（12年に特許）、

コンテナ輸送用のほか、比生産の日系自動車メーカーの断熱材にも採用されている。主要株主は日本郵船、太平洋セメント、邑本興産。資本金2.42億円。23年3月期の純利益は前年比62.1%増の3.55億円。

**GES Japan**：Seven Seas Shipping参照
**Globe Express Service**
　　　　　　　：Seven Seas Shipping 参照
**Hamburg Sud**：Maersk A/S参照

## Hapag-Lloyd (Japan) K.K.
## ハパックロイドジャパン　株式会社

　ハパックロイドジャパンの前身はHamburg-Amerikanische Packetfahrt-Actien-Gesellschaft（略称HAPAG、 Hamburg American Line、本社・ハンブルク）とNorth German Lloyd（本社・ブレーメン）両社の日本総代理店を引き受けてきた、Trans-Meridian Nav.（香港法人、1964年4月設立）の日本支店。社員、資産を引き継ぎ、Hapag-Lloyd AG（独、旧Hapag-Lloyd Container Line GmbH）の全額出資による日本現法となった。日本でのマーケティング、営業、運航を担う日本総代理店、Hapag-Lloyd（Japan）Ltd. から98年3月にHapag-Lloyd AGの全額出資日本現法のHapag-Lloyd (Japan) K.K.となった。Hapag-LloydによるCP Shipsの買収に伴い、06年8月にCP Shipsの日本支社組織もハパックロイドジャパンと一体化し、United Arab Shipping Co.（UASC、アラビア湾岸6カ国）とのコンテナ部門統合に伴い、17年7月にUASCの日本法人、UASC Japan（旧・サミットシッピング）の社員12名も加わった。最近のM&Aでは21年にアフリカ専業船社のNileDutch（蘭）を買収し西アフリカ向けネットワークを、22年5月にはアフリカ専業船社のDeutscheAfrika-Linien（独、DAL）を買収し南アサービスを、それぞれ強化、また過去2年間にアフリカに多くの拠点を構築するなど、アフリカ市場を強化している。

　Hapag-Lloyd AG（本社ハンブルク）は170年以上の歴史を持つハンブルク、フランクフルトの上場企業で、23年11月末現在、135カ国、398拠点に1万3,500人が働く。

　海上船員数は2,010人。コンテナ船腹は1万TEU超56隻など計266隻、総船腹スロット196万6,930TEU、世界シェア7.0%で世界第5位の船社（23年11月、Alphaliner）。世界の顧客数は3万3,100社。従来、船社としてPort-to-Port専業を事業哲学とし基本的に港湾ターミナル事業などに関与していなかったが、経営戦略の「Strategy 2023」で転換し、19年末にタンジール港（モロッコ）のTangier Med2 Container Terminal 3（CT3）の株式10%を取得したのを皮切りに、急成長しつつあるアフリカ市場へ

のアクセスを強化、21年にウィルヘルムスハーフェン（独）のジェードウェザーポートの50%、ダミエッタ（エジプト）の合弁事業、ハンブルク港、22年に米州で曳船事業や10ターミナルを運営するSAAM Ports S.A. とSAAM Logistics S.A.（チリ）の全株、イタリアの大手物流グループSpinelli Group株式49%を取得、インドの物流企業、J.M. Baxi Ports & Logistics株式40%取得などターミナル関連事業への関与を強めている。SAAMはHapag-Lloydとコンテナ定期を統合したCSAV傘下のSudamericana Agencias Aerea y Maritimas。

　地域本部は欧州を2分割し、南部がジェノアを本部とする欧州南部地域本部を設立、イタリア、イベリア半島、トルコ、エジプトを含む地中海地域の15カ所の代理店を統括、北欧州地域本部（ハンブルク）はドイツ・中欧、ベネルクス、英国・アイルランド、フランス、北欧の顧客を対象とする。西アジア・中東・アフリカがドバイ、北米がアトランタ（ジョージア州、ピスカタウェイ・NJから移転）、アジア・大洋州がシンガポール、中・南米がバルパライソ（ビニャ・デル・マール、チリ）に置く。南北航路に強いCSAV（チリ）のコンテナ定期部門統合を15年3月に完了、17年5月末にはUASCのコンテナ事業を完全統合した。UASC統合とその後の増資、20年のCSAV、Kuhneの持ち株増加でHapag-Lloyd AGの23年9月末の持ち株比率はKuhne Holdings & Kuhne Maritime（独、30.0%）、CSAV Germany Container Holding（30.0%）、Qatar Holding Germany GmbH（カタール、12.3%）、HGV Hamburger Gesellschaft für Vermögens- und Beteiligungsmanagement mbH（ハンブルク市、13.9%）、The Public Investment Fund on behalf of the Kingdom of Saudi Arabia（サウジ10.2%）、公開株主（Free float）（3.6%）で、主要株主5社で95%を保有する。一時期、Hapag-Lloydのオーナーだった欧州最大手の旅行代理店のTUIは17年7月にHapag-Lloydの持ち株（発行済み株式の12.3%）、金融資産を全て売却し、海運から撤退したが、ラクジャリークルーズ客船のHapag-Lloyd CruisesはTUI傘下として残した。ファンネルマークは同一だがHapag-Lloyd AGとの資本関係はない。

　主要航路での空バン回送比率が北米航路を除き、業界平均よりも数段低く（Seabury調べ）、輸送品目中で全体の12%を超えるものが無く、運航と集荷営業のバランスが良いのが特徴。

　また、コンテナの自社バン比率が高く、レフコンの運用本数は世界最大級で、レフコンのGPS付きリアルタイムモニターのHapag-Lloyd LIVEの実装を南米トレードから進めているほか、22年8月からは2.5億ドルを投じ、ドライバン160万本にGPSを装着、23年末までに輸送中の全コンテナの位置情報などを可

視化、リーファーの90％にあたる10万本にもスマートモニターを装着、23年中に100％装着を目指している。Hapag-Lloyd運航全船がISM（国際安全管理コード）、ISPS（船舶・港湾施設の保安確保等に関する国際条約）を持ち、そのほとんどがISO90001（品質管理認証）、ISO140001（環境管理認証）を取得。18年8月にチリ政府から賄賂、マネーロンダリング、テロリストへの資金支援、盗品取扱など犯罪行為の防止モデル企業の認証を取得している。

Hapag-Lloydは2017年4月から日本船3社（18年4月からOcean Network Express：ONEに統合）、Yang Ming（台湾）とのTHE Alliance（TA）のメンバーとして東西航路を運航、ONEとはフィーダーでも戦略的提携している。23年4月から、TA枠外として極東〜北米東岸（スエズ経由）でWan Hai Lines（台湾）とのスロット交換を開始した。Hapag-Lloydは米船優先積み貨物（Maritime Security Program）の積み取りが認められたコンテナ船社4社のうちの1社で、3,300TEUクラスのギア付き米国籍船5隻を米国法人、Hapag-Lloyd USA, LLC（フロリダ州タンパ）が主として米国〜欧州に投入、一般雑貨の他、軍貨や米政府援助物資などを取り扱う。

IT関連では顧客向け運賃管理プラットフォームのCargoSphere（米）と提携し、提携物流会社の運賃、税金などリアルタイムに計算するeSUDSと連動、eB/LではDigital Container Shipping Association（DCSA）に加入し、2030年までに電子船荷証券（eB/L）への完全移行を宣言している。チェンナイ（印）にソフト開発拠点を開設した。

中長期目標として、LNG燃料の本格活用により二酸化炭素（$CO_2$）排出量を2019年比で2030年までに40％削減、他社より5年前倒しの2045年までにカーボンニュートラルを目指す方針を打ち出している。23年に舶用主機メーカーのMANと、Hapag-Lloydが運航する既存主機15基（オプション45基）をメタノール対応の二元燃料に代替する換装契約を船主のSeaspanと締結した。これにより、Hapag-Lloydは既存船を最大60基をメタノール対応にできる。22年3月に海運脱炭素でシンガポールのGlobal Centre for Maritime Decarbonisation（GCMD）に、同年4月にはゼロカーボン輸送に向けた応用研究を行う、Maersk Mc-Kinney Moller Center for Zero Carbon Shipping（MMMCZCS、コペンハーゲン）に戦略的パートナーとして参画している。

Hapag-LloydはHamburg-Amerikanische Packetfahrt-Actien-Gesellschaft（略称HAPAG、Hamburg American Line、本社・ハンブルク）とNorth German Lloyd（本社・ブレーメン）が1970年9月に合併した船社で創業160年超を誇る。North German Lloydはドイツ帝国の宰相ビスマルクと実業家、H・H・マイヤーが郵便船業務の提供で協

定書を交わし1857年に設立した船社で1886年6月に極東向けに3,000トン型を配船し、欧州航路の運営を開始した。Hamburg America Lineは1847年に設立、1889年2月にハンブルクからアントワープ経由の中国・日本向けサービスを開始した。当時の日本総代理店は長崎の出島で安政5年に創業し、福沢諭吉に辞書を売った、イリス商会（現・株式会社イリス）。1998年にロジスティクス、造船、観光を中核事業とするコングロマリット、Preussag AG（02年6月にTUI AGへ商号変更）がHapag-Lloydを買収、Preussagは99年にグループ内の事業を再編してHapag-Lloyd AGは定期船（Hapag-Lloyd Container Line：HLCL）、クルーズ客船（Hapag-Lloyd Cruises）、VTG-Lehnkering、フレイトフォワーダー／物流（Spedition Pracht）、Algeco Groupの総合企業となった。03年に子会社で中国航路専業だったRickmers-Linieを創業家のRickmers家に、04年に物流のPracht Freight Forwardingをスイスの大手フォワーダー、Kuehne & Nagelにそれぞれ売却、事業を再構築し、Hapag-Lloyd AGは定期船部門のHapag-Lloyd Container Lineとクルーズ客船のHapag-Lloyd Cruisesから成る海運持ち株会社に回帰した。TUI AGは05年10月に英系カナダ船社のCP Shipsを総額23億ドルで買収、06年5月にCP Shipsの北大西洋航路、7月にアジア起点の北米・南米、豪州航路をHapag-Lloydと統合し、それを機にコンテナ定期部門のブランド名をHapag-Lloyd AGに変更し、クルーズ客船のHapag-Lloyd CruisesはTUIの傘下会社となった。

ルフトハンザドイツ航空は第二次大戦前にHapagとNorth German Lloydが合弁で設立したDeutscher Aero Lloydで、1926年に航空機メーカー系のJunkers Luftverkehrと合併し、Deutsche Luft Hansa AG（ドイツ空のハンザ同盟）となった。

2012年12月に南北航路専業のHamburg Sud（ドイツ）との合併協議に入ったが、Hamburg Sudのオーナーで食品事業を展開するOetker家が合併中止を要請し、13年3月に合併計画を撤回した。

CP Shipsは1886年にカナダ太平洋鉄道（現・CPKC鉄道）がアジア産のお茶をバンクーバー揚げで東部へ鉄道輸送するため用船運航したのが始まり。1891年に自社船で太平洋、1903年に大西洋航路を開設。その後の中断を経て1984年に合弁でCanada Maritimeを設立し、大西洋航路に再進出した。北大西洋の中小オペレーターを買収した後、Canada Maritimeの全株を取得、さらに93年以降、CAST、Lykes Lines、Contship Containerlines、IVARAN Lines、ANZDL、TMM Lines、FMG、CCAL、Italia Lineを買収、05年にCP Shipsブランドに統合した。

UASCは70年から日本・極東／中東航路を開設したKuwait Shipping Co.を母体に、76年7月にクウェ

ート、サウジアラビア、バーレン、アラブ首長国連邦（UAE）、カタール、イラクのアラビア湾岸6カ国が共同出資した中東最大の海運会社で、14年7月にカタールがUASC株式の51.27%を取得した。

Hapag-Lloyd AGの22年（1〜12月）業績は売上高が364億100万ドル、EBIT（営業利益）は184億6,700万ドル、EBITDA（税・利払い・償却前利益）204億7,400万ドル、当期利益は179億5,900万ドルと過去最高益を達成した。2022年の総輸送量は1,180万TEUだった。

**Hesco Agencies**：Ben Line Agencies Japan参照
**Heung A Line**：Sinokor Seihon参照

## HMM Japan Co., Ltd.
## HMMジャパン　株式会社

HMM Co., Ltd.（元・現代商船（Hyundai Merchant Marine）、本社・ソウル）の日本現法。HMMが運航するコンテナ、不定期・専用船の日本での営業・運航業務を行う。現代商船が89年に全額出資で資本金1億3,000万円で設立、現代商船ジャパン株式会社の商号で営業していたが、20年4月に現代商船がHMMに社名変更したのに合わせ現社名に変更した。設立から2回増資し、現在の資本金は3億円。HMMはコンテナ、バルク、重量物船の運航船社で、23年6月末の船隊は105隻、内訳はコンテナ船72隻・80万9,459TEU、タンカー17隻・421万1,119dwt、ドライバルク11隻・155万4,841dwt。売上比率（22年）はコンテナ93.1%、バルク5.9%、その他1%。コンテナは東西の基幹航路で2M（Maersk、MSC）と提携し船腹共有協定（VSA）の枠外で2Mのネットワーク、船腹を利用し航路運営していたが、20年4月からはTHE Alliance（ONE／Hapag-Lloyd／Yang Ming、TA）に参画、不採算の大西洋航路は18年6月に撤退。日韓の自営フィーダーもTAのサービスに振り替えた。SM Line、Sinokor Merchant Marine（長錦商船）、Pan Ocean、Heung A LINE（興亜LINE）とともに政府主導の韓国船社アライアンス、K-アライアンスを結成、21年9月に正式発足した。発足時点の韓国発アジア域内航路の船腹量48万TEUのうち韓国船社の船腹量を20万TEUから25年までに25万TEUに拡大する方針。23年上半期積み高の航路別割合は太平洋33.8%、欧州19.7%、アジア35.2%、その他11.3%。

22〜26年の長期計画では5年間で15兆ウォンを投じ2026年までにコンテナ船腹量を現在の82万TEUから120万TEUに拡大、バルク船隊を29隻から55隻（タンカー25隻、ドライバルク30隻）へ約2倍に増強、港湾ターミナル、物流施設確保を進める。コンテナ船の次世代船新造発注に3.7兆ウォン、港湾ターミナルなど物流インフラ確保と収益基盤強化、航路網拡大、サービス地域拡大に10兆ウォン、事業多角化のための未来戦略事業に5兆ウォン、デジタル化に1,500億ウォンを投資する計画。

23年11月時点のコンテナ船運航船腹量は70隻、78万3,732TEUで世界8位、発注残は26隻、26万5,027TEU（Alphaliner）。韓国政府が18年4月から着手した韓国海運再建5カ年計画に則りHMMは超大型船建造を推進し2万4,000TEU型12隻（大宇造船海洋に7隻、三星重工に5隻）、1万6,000TEU型8隻（現代重工）の計20隻を発注、21年6月末までに全船就航し、船腹量は約85万TEUに増加した。さらに21年6月に1万3,000TEU型12隻（大宇造船海洋6隻、現代重工6隻）を発注、24年上半期までにデリバリー予定でこれにより船腹量は100万TEUに達するが、26年までにさらに20万TEUを追加、120万TEUを目指す。23年2月にはメタノール二元燃料9,000TEU型9隻（現代三湖重工業7隻、HJ重工業2隻）を発注、25〜26年に引き渡し予定。

ターミナルは韓国・釜山新港のHPNT（PSAとの合弁）、米国・タコマ港のWUT（Washington United Terminal）、スペインのアルヘシラス港でTTIA（Total Terminal International Algeciras、CMA CGMとの合弁）、台湾の高雄港でHPC・KHTに自社ターミナル、米ロングビーチ港のTTI（Total Terminal International）、蘭ロッテルダム港のRWG（Rotterdam World Gateway）に権益をもつ。さらにシンガポールにもPSA Internationalとの合弁ターミナル（HPST）を計画、HMM42%、PSA58%の合弁会社設立で合意し規制当局の承認を経て20年内の運営開始を目指していたが23年9月時点では未定。高雄のHPC・KHT（計5バース）のうちNo.76〜78の3バースは23年8月にリース期間を15年間（+オプション5年間）延長、2.4万TEU型対応のため港湾局（台湾港務公司、TIPC）が水深17mへの浚渫を開始した。

システム関連では18年12月に情報保護管理システムの国際規格であるISO27001の認証を取得済。19年1月にオラクルと戦略的提携を結び、コンテナ船業界初の基幹業務のクラウドベースシステム「NewGAUS 2020」開発に着手、20年に導入した。コンテナ海運業界のデジタル標準化団体Digital Container Shipping Association（DCSA）にも参加。20年9月に釜山に船陸間データのプラットフォームとして船隊運航管理センターを稼働した。22年5月に貿易金融デジタルプラットフォームBoleroの電子船荷証券（eBL）ソリューションを採用、同6月にオンライン予約プラットフォーム、Hi Quoteを韓国海運業界で初めて導入。

環境対策では2030年までにCO$_2$排出量を2008年比で50%削減（コンテナ船は70%削減）、2050年にカーボンニュートラル達成を目標に掲げる。23年にサムスン重工業、韓国船級（KR）などと協力し船上

CCS（炭素回収・貯留）システムの2,100TEU型船での実証にも取り組む。IMO（国際海事機関）が23年1月から導入したCII規制（燃費実績格付け制度）には保有船の99%が適合している。

HMMは財政危機から14年に現代ロジスティクスをオリックスへ、15年には現代証券の持ち株を約6,476億ウォン（約717億円）でオリックス主軸の私募ファンドにそれぞれ売却、16年2月にバルク船部門をH-Lineへ、釜山新港のターミナル（PSA現代釜山新港湾：PHPNT）株式をPSA（シンガポール）に、現代証券をKB金融にそれぞれ売却、現代グループの持ち分比率は20.93%から3.64%に低下し、18年8月には0.16%まで低下した。釜山新港のPHPNT株は18年に買い戻しPSAとの折半出資とした。23年6月末時点の株主構成は韓国産業銀行（KDB）20.69%、韓国海洋振興公社（KOBC）19.96%、韓国信用保証基金（KODIT）4.49%と半分弱を政府系機関が占めるが、韓国政府は25年末に社債を含む保有分を売却、HMMを民営化する方針で、KDB／KOBCは23年8月に保有株式1億9,879万株と永久債1兆ウォンを転換した株2億株を合わせた計3億9,879万株の公開競争入札を開始した。

HMMは76年に現代グループ傘下のAsia Merchant Marine（亜細亜商船）としてVLCC3隻で原油輸送を開始し創業、78年に極東/中近東で定期サービスを開始し、北米東岸・ガルフなど在来サービスを開設したのに始まる。83年にHyundai Merchant Marine（現代商船）に社名を変更し、85年に北米西岸など極東/PSW、アジア域内、欧州、バンコク、などコンテナ化した。アライアンスはThe New World Alliance（TNWA）を拡大したG6 Alliance、17年4月から2M+Hとして活動したのち、20年4月からThe Allianceに参画した。東南アジア航路では21年9月から韓国船社5社でK-アライアンスを結成。現代グループの中核企業だったが債務の株式化や減資により、現代グループの持ち分比率は低下し、16年8月に現代グループから完全に分離。現代グループから離れた再ブランド化をすすめ、19年5月に新コーポレートアイデンティティ（企業イメージ）を発表、20年4月に社名をHMMに正式変更した。現社長は22年3月末に就任した現代自動車グループの物流会社・現代グロービス元社長、キム・ギョンベ氏。22年7月に労働安全衛生マネジメントシステムの国際規格ISO 45001認証を取得。

2022年の連結業績は売上高が前年比35%増の18兆5,868億ウォン、営業利益が35%増の9兆9,455億ウォン、当期純利益は89%増の10兆662億ウォンと過去最高を更新、負債比率は26%に低下した。積み高は3.5%減の367.9万TEU。23年上期（1-6月）は売上高が前年同期比57.7%減の4兆2115億ウォン、営業利益が92.3%減の4,666億ウォン、当期純利益が90%減の6,103億ウォンに悪化した。積み高は0.1%増の181.8万TEU。

## Hoegh Autoliners K.K.
## ホーグオートライナーズ　株式会社

ホーグオートライナーズ（株）はノルウェーのRo/Ro、PCTC運航船社持株会社、Hoegh Autoliners AS（本社・オスロ）の全額出資日本法人。親会社が合弁のHUAL（Hoegh Ugland Auto Liners）の株式50%をUglandから買い取り、全額出資としたのに伴い、05年6月にフアル・ジャパン（株）（HUAL Japan K.K.）から現社名に商号変更した。東京は日韓、東南アジア地域の営業を統括、豪州地区のオペレーション関連の契約なども管掌する。日本法人社長のFrancois de Villiers（フランソワ・ディヴィリアーズ）氏は南アフリカ出身で20代半ばに来日し、人生の半分を日本で過ごし、ビジネスキャリアも日系の倉庫を皮切りに西濃シェンカーやヒレブラントゴリ（独）のトップを務めるなど、ロジスティクス畑一筋。日本人の夫人と日本生まれの子女と墨田区に暮らす。

Hoegh Autoliners ASAはオスロ証券取引所（Euronextの子会社）の上場企業で、23年7月時点で、基幹11航路で平均船齢10年とRo/Ro船社で最も若い2,300〜8,500台積み37隻（うち自社船28隻）を運航する。Hesness Shipping As "The Car Carrier Market 2022" によると、2022年12月末のRo/Ro、PCTC（自動車・トラック専用船）、PCCの保有・運航隻数は2,300〜8,500台積み36隻（用船を含む）で、輸送能力は24万8,515台で世界7位、完成車換算の積載能力は26万7,826台で世界シェア5.3%。Port to Port輸送を基本にロジスティクスサービスは関連会社や専業他社との合弁を通じて完成車、重量物などのSCMを提供し、完成車を年間約200万台輸送するほか、大型トラック、建機、重車両、機械類などバンニングできないほぼ全ての貨物（ブレークバルク）を年間600万m3輸送する。輸送品質に拘り、自前で船員を養成するほか、環境対応に積極的に取り組み、2040年までにGHG排出ゼロを達成予定。

23年6月の社員数は世界16事業所で約390人。海上社員は中国、フィリピン人を中心に約1,170人を数え、マニラに船員養成施設を作り海上社員を自前で養成、研修し、運航船の76%を占める自社船については自社配乗し、一貫したサービス品質を提供している。Senior Executive Management Team（執行役員会）でCEOを務めるAndreas Enger氏はDeloitte会計事務所のパートナーをつとめ、Posten Bring（旧ノルウェー郵政公社）のCEOに就任、2019年にHoeghに入社。営業最高責任者（Chief Sales Officer）のOskar Orstadius氏は2018年から東京に

駐在し、東アジアと東南アジア全域の統括責任者を務めた。

創業から3世代目が社長時の2006年に持株会社、Leif Hoegh &Co.を設立し、その傘下にHoegh Autoliners ASAとHoegh LNGの2持株会社を置く形にし、08年に登記上の本社を英領のバミューダからノルウェーに移転した。2022年の総輸送量に占める割合は完成車（新車）57％、中古車13％、長尺重車両26％、ブレークバルク4％。

Hoegh Autoliners ASAは持ち株会社、Leif Hoegh & Co.（1927年創業、本社・ノルウェー）の全額出資会社だったが、A.P. Moller-MaerskがPCTC12隻をHoeghの運航フリートに組み入れたのに伴い、08年1月にMaerskが現物出資する形で持ち株会社、Hoegh Autoliners ASAに37.5％出資し資本参加、翌年にオプションを行使して38.75％とした。22年12月末の持ち株比率はLeif Hoegh & Co. Holdings AS：47.97％、A.P. Moller-Maersk：26.40％、Goldman Sachs:2.32％保有に変わり、現行取締役会（Boad of Directors）メンバー7人中、Maersk出身者は1名減の2人となった。Maerskは23年3月にHoegh株式1,350万株を、9月に約1,690万株（全体の約8.86％）を、それぞれ売却、現行の持ち株比率を10.48％としたが、23年11月に売却し、保有株をゼロとした。Boad of DirectorsとSenior Executive Management Teamの平均年齢はともに53歳、女性比率はBoad of Directorsが43％、Senior Executive Management Teamが29％。

Hoegh Autolinersの事業構造は持株会社、Hoegh Autoliners ASAの傘下に全額出資のHoegh Autoliners Management ASを介して事業会社9社（船舶保有のHoegh Autoliners Shipping AS、Hoegh Autoliners Logistics ASなど）ある。現行船隊の主力は船尾ランプ強度375トン、艙口とメインデッキの高さ6.5mのネオパナマックス型（パナマ運河拡張後の通航可能最大船型）で環境性能が高く、世界最大船型となるNew Horizonシリーズ（8,500台積み）6隻。現在、9,100台積み二元燃料次世代船の”Aurora”クラスを12隻（プラスオプション4隻）を建造中で、24年7月から、半年に2隻ずつ就航予定。"Aurora"クラスは既存の重油、LNG燃料のほか、グリーン・アンモニア、メタノールにも対応する多元燃料主機を搭載した次世代Ro/Ro船で、完全なGHG排出ゼロを実現できる初のRo/Ro船としてノルウェー船級協会（DNVGL）の設計認証済み。ランプシステムとデッキの強化により全デッキで電気自動車の積載が可能なほか、プロジェクト貨物にも対応する。Hoeghは21年11月にノルウェーのEuronext Growth Oslo、22年にはオスロ証券取引所（Euronext傘下）に上場し、建造資金を確保している。

日本の寄港地は常陸那珂、川崎、横浜、名古屋、堺泉北、神戸。配船は日韓中を起点にアフリカ、欧州、北米・カリブ、や欧州起点のカリブ、中東・インド、米国・メキシコ・豪州、インド起点の中東・アフリカ・北米、北アフリカ・欧州など。単独によるセミライナー配船のほか、日産専用船と日本〜欧州、日本〜北米東岸航路の往復航で40年以上にわたり提携している。

基幹航路で大型船を運航するほか、中米・カリブ海諸港むけフィーダー輸送はHoegh全額出資のHoegh Autoliners Shortsea Americas（本社・パナマ）が営業拠点をマイアミに置き、2,000〜4,900台積み3隻を投入、キングストンとポワンタピトレ（Pointe-a-Pitre、小アンティル諸島グアドループ）をハブに南は仏領ガイアナのDegres des Cannesから北はポートエバーグレーズ（フロリダ州）をカバーし、東アジア〜北米の基幹サービスであるEast Asia to North America & the Caribbeanと欧州・地中海〜カリブ・USガルフ基幹サービスのEurope to the Caribbean & the Americasのサービスをキングストンで接続し、仏領ガイアナ、フロリダ、ポワンタピトレなどカリブ海諸港にボルチモア、ジャクソンビルの米2港に接続し、ハブ＆スポーク輸送を展開している。

ロジスティクスサービスは関連会社や専業他社との合弁を通じて完成車のSCMを提供している。全額出資のAutorans Logistics SA.（本社・パリ近郊のジュヌヴィリエ、98年創業）は北欧州、地中海を起点にアフリカ、インド洋、西インド諸島向けを中心に中古車・新車をあわせて年間100万台（2017年）を取り扱うロジサービス会社で、SCMからNVOCC業務、通関などのトータルサービスを提供。

ターミナル運営はNissan Shipping Agencyとの折半合弁でHoegh Northern Terminal Ltd.（英ニューカッスル）が北欧とバルト海域の玄関港、ニューカッスル港で輸出入車両を取り扱う。ターミナルの蔵置能力は3,000台。

商船三井との折半合弁により欧州域内で中型船を中心に800〜4,900台積み15隻で欧州〜地中海・黒海やスカンジナビア、バルト海、北欧州〜ロシア、北海、英国〜欧州大陸シャトルなどの域内輸送サービスを提供していたEuro Marine Logistics（本社・ブラッセル）は2019年12月にHoegh持ち株を商船三井に譲渡し、合弁を解消した。日韓〜海峡地・ミャンマー・バングラデシュ航路でトップシェアだったCSC Ro/Ro Logistics（Sinotrans & CSCの子会社）との合弁のSinor Lines（シンガポール）は2017年にサービスを中止した。

Hoeghのターミナルを中心とした米州でのロジスティクスサービスを提供してきた全額出資のHorizon Terminal Services LLC（HTS、本社・ジャクソンビル）は2020年に米国7港、墨2港3施設で車両ロジス

ティクスサービスを提供する北米最大手のAMPORTSに売却、SolaファミリーとHoeghの折半合弁で、コロンビア、ドミニカでFTZ、ロジサービスを提供し、コロンビアでは完成車輸送市場で55%のシェアを持つFast Terminal Internationalとロジサービスを提供してきたHorizon Auto Logistics（本社・ベラクルズ）は21年12月に合弁相手のSolaグループに全株を売却した。

01年にHoeghが買収した日本〜NZ航路のKiwi Car Carriersは12年にHoeghと一体化した。日産専用船の持ち株（20%）は15年半ばに商船三井に譲渡し、資本関係を解消した。

Hoegh Autoliners ASの傘下には米国籍Ro/Ro船（各船、貨物スペース300万f2以上、艙口高さ5m、ランプ強度150t）3隻で米国東岸・ガルフを起点に地中海、紅海、アラビア湾を運航し、復航でインド、東、南、西アフリカを経由して米ガルフに戻る航路を運航する全額出資のAlliance Navigation LLC（本社・フロリダ州ジャクソンビル、05年設立）があり、うちRo/Ro船2隻は米国のMaritime Security Program（海上安全保障制度：非常時徴用船運航補助制度）でFarrell Lines（Maersk傘下）船として運航している。

2022年の輸送貨物の収益全体に占める比率は新車が57%、中古車が13%、嵩高・重量物26%、在来貨物4%。航路別の取扱量は欧州発が630万㎥、アジア発610万㎥、米国発160万㎥、カリブ海が110万㎥、中東・インドが130万㎥。

2022年連結業績は売上高12億7,032万ドル、利払い・税引き・償却前利益（EBITDA）4億4,671万ドル、純益2億9,859万ドル、調整後のEBITDA（償却前営業利益）4億4,800万ドル。

## Imoto Lines, Ltd.
## 井本商運　株式会社

1973年創業の内航船社で、デッキバージで神戸〜門司間の内航フィーダー輸送を開始したのを皮切りに、現在では国内最多の内航コンテナ船を運航管理し、内貿コンテナの海陸一貫輸送と、阪神、京浜港をハブに外貿コンテナを国内地方港に二次輸送する外航コンテナ航路の延長サービスを提供、荷量に応じた専用船の定期・スポット配船にも対応している。

本社は神戸市、資本金は9,500万円。23年には同社最大船型の1,000TEU2隻が就航、その他600TEU型3隻、400TEU型3隻、200TEU型12隻、100TEU型7隻の計27隻で、Alphalinerによると総船腹量9,525TEUで世界ランク81位。北海道から九州まで定期港、不定期港あわせて全国約60港を寄港地とする内航コンテナネットワークを有する。19年4月からインターネット経由で内航コンテナ船とコンテナオペレーションを統合管理する新基幹システムiCOMS

（Container Operation Management System）を稼働、同年10月に内航船社として初めてブロックチェーン技術を使った国際物流プラットフォーム、TradeLensに加入、外航船社、コンテナターミナルとの業務連絡を効率化することでフィーダーサービスの飛躍的な向上と、電子船荷証券（eB/L）の授受やトレースの安全性や迅速性を向上させている。17年からは自社船員の採用を開始、船員の教育体制も整備する方針。21年9月に日本海フィーダー航路を開設、12月には創業以来の累計輸送量が1,000万TEUに到達。22年1月には日本財団が推進する無人運航船プロジェクト「MEGURI2040」に参画、実証実験に成功、3月には海運向け通信デジタル事業のMarindowsに出資。22年10月には日本海東航路を開設、23年5月から富山にも寄港を開始、ひびき〜秋田〜新潟〜富山のルートで運航、ひびきから阪神港へは瀬戸内海航路を利用して接続している。また23年4月には熊本港と阪神港とを結ぶ内航フィーダーサービスを開始した。

## Interasia Lines Ltd.
## インターエイシアライン　株式会社

アジア域内サービスで最大のWan Hai Lines（台湾）の傘下会社。出資比率はWan Hai Lines43.75%、Interasia Line (Singapore) Pte. Ltd.（Wan Hai Linesの関係会社）56.25%。2011年に登記上の本社を日本（東京）からシンガポールに移転したが実務上の本社機能は台北。「インターエイシアライン株式会社」の日本法人としての登記は都内千代田区内幸町。

現在、南西アジアを含むアジア域内と、スロット借りによる東アフリカ（ケニア）を含め、38サービスを提供する。総社員数は581人。

74年4月、新造の310TEU型フルコンテナ船2隻を日台航路に投入し、ウィークリーサービスを開始、同9月には海峡地に延航するなどアジア域内コンテナサービスのパイオニア。西アジア、東阿を含むアジア域内を自社配船と、協調、スロット借り受けでサービスを展開している。

1967年（昭和42年）9月、旧ジャパンライン（現・商船三井）が全額出資によるアジア域内専用船社、日南海運（英文名・Interasia Lines Ltd.）として設立。旧ジャパンラインが中国による周4原則（故周恩来首相が提示した日中貿易の4条件。台湾、韓国を援助、投資する企業との取り引きを拒否する、など）に基づき、中国トレードに参入、台湾サービスを別会社化するため設立した子会社がルーツ。1969年4月にセミコンテナ船による日本／台湾航路を開設したのを機に、英文名と同じ現在の商号に変更。最近ではLinesを省き、"Interasia"と称する場合が多い。

92年にWan Hai Lines（台湾）が資本参加し、ナビ

ックス（ジャパンライン・山下新日本汽船の合併会社。99年に商船三井と合併）との折半出資による合弁を経て、05年3月に約84％以上をWan Haiグループが、残りを自社株とする資本構成となり、商船三井との資本関係を解消した。15年末に韓国を代理店から支店に格上げし、16年には中国～インドサービスを開始、17年にインド現法を設立、ムンバイ本社、チェンナイ支店に続き、23年6月にはグジャラート州ガンジーダム支店を開設、アーメダバード（グジャラート州）、コチ（ケララ州）、ピババブ（グジャラート州）ツチコリンにAISSA MARITIMEを代理店に指名し、成長市場であるインドでの営業を強化している。海外を含む社員数は581人、協調配船、スロット借りを含むサービスは38航路。

23年11月の運航船腹は16隻、4万1,816TEUで世界ランク34位（Alphaliner）。20年8月に08年建造の2,600TEU型1隻、9月にBangkokMaxの1,756TEU型新造船2隻をそれぞれ買船し、中国～東南アジア航路に投入、22年4月には3,055TEU型3隻をJapan Shipyardに初の新造発注するなど、自社船比率を引き上げている。引き渡しは24年後半から。自社船は14隻、36,635TEU（Alphaliner）、用船比率は12.4％。発注残は3,055TEU型3隻など8隻、32,552TEU。

自社船を投入したアジアサービスをWan Haiを中心にCOSCO、OOCL、KMTC、Regional Container Line、Simatech、T.S. Lines、Evergreenなどと、東アフリカをCMA CGM、COSCO、Evergreen、OOCL、Seaconからスロットを仮受け、インド、カンボジア、スリランカ、フィリピンなどアジア全域にサービスを拡大、華南～タイ・越・海峡地など三国間航路も積極化している。15年3月からホームページ上で本船動静情報をリアルタイムに確認できる「Vessel Schedule Service」を開始、22年3月からeBookingシステムを本格稼働した。社長はWan Hai Linesの副会長でもある陳力（Randy Chen）氏。同氏はMIT（マサチューセッツ工科大学）のMBAで米国籍。

## Isewan Terminal Service Co., Ltd.
### 伊勢湾海運　株式会社

2019年に設立70年を迎えた日本港運界の最有力会社のひとつで、名古屋をベースに港運／倉庫／通関、NVOCC、航空代理店業など総合物流業者として自前の一貫直営体制を構築して海外にも事業展開する。1949年（昭和24年）1月に資本金100万円で名古屋に設立され、税関取扱人の免許を得て事業を開始、その年に海運代理店、海上運送取扱業、不定期航路事業、海運仲立業などを手がけ、1950年に倉庫業、51年には一般港湾運送事業／艀運送事業／沿岸荷役事業と事業を拡大、62年には名古屋証券取引所2部上

場を果たし基盤を固めた。名古屋を本拠地に57年に東京、63年には富山、72年には大阪、その後信越へと支店展開。現在は国内が名古屋地区以外に4支店（東京、大阪、富山、信越）と直営事業所、海外グループ会社は9現地法人（中国3、台湾、タイ、インドネシア、メキシコ、米国、欧州）、1事務所（大連）を展開。日本港運協会会長として業界をリードしてきた元社長の高嶋四郎雄氏（故人）を輩出、名古屋港の御三家の一つで鍋田コンテナターミナルも先駆け、12年3月供用の鍋田No.3の特定埠頭運営者の名古屋ユナイテッドコンテナターミナル（NUCT）の主力メンバーであるほか飛島南高規格CT（水深16m）などCTオペレーター業務に取り組み、東京港でも青海CTや流通センターなどで積極的に展開。中国船などの船社代理店業も手がける。航空分野はIATA代理店として国際航空貨物取扱事業を営み、中部国際空港で上屋を運営中。2000年には名古屋市港区に汚泥等の産業廃棄物の有効利用を目的とした中間処理施設、空見リサイクルセンターを開設、廃棄物処理を含む物流のトータルサポートを行う。

国際化は78年香港（合弁）、87年米国、89年欧州と現法を設立、海貨のNVOCC業務を含む複合一貫輸送サービスを強化し、現在は中国、タイ、インドネシア、メキシコ、欧州の各チームを置く。中国は90年代に大連、営口、天津に合弁会社、広州に06年に現法（11年に伊勢湾（広州）国際貨運代理に社名変更）、上海は丸紅との合弁会社を設けていたが14年11月に100％出資の現法（国際貨運代理）としてフォワーディング／NVO業務を開始した。上海現法は17年に天津支店を開設。欧州は89年に独・デュッセルドルフに現法設立、08年にアントワープ、15年にロシア・サンクトペテルブルクに支店を設置。東南アジアでは07年にタイに現法、翌年レムチャバンロジスティクスセンター、15年にスワンナプームロジスティクスセンターを開設した。13-15年にかけてインドネシアで双日ロジスティクスと合弁、また12年設立の独資インドネシア現法が新ロジスティクスセンターを完工し15年に2棟目を開設と施設展開を進める。台湾は14年に台北に独資の海空フォワーディング現法を設立した。このほか、14年にメキシコ現法を設立、15年に同現法を通じアグアスカリエンテスに倉庫を開業。国内でも輸出大型機械などの専用梱包業や冷凍冷蔵品など多機能倉庫を運営し、上屋20棟11.5万㎡、荷さばき場13地区約17.9万㎡、一般倉庫15棟・野積み場4区計約7.9万㎡／航空貨物倉庫および冷凍・冷蔵倉庫各1棟／定温倉庫3カ所／バンプール約1.5万㎡、埠頭1カ所、ストラドルキャリア7台（コンテナ）など。23年に名古屋港で主に木材を取り扱う名京倉庫を子会社化、4棟・9,505㎡が加わった。伊勢湾海運の資本金は20億4,600万円、単体社員数は832人（23年3月末）。子会社・関連会社は五洋海運（持株

法適用関連会社）とコクサイ物流、名京倉庫、海外現法10社。08年にAEO制度の全保税蔵置場で特定保税承認者（倉庫）、AEO認定通関業者の資格も10年に取得している。16年には本社ビルを増築。コロナウイルス流行前の19年3月期には連結売上500億円を達成した。23年4月から経営理念をリニューアル、「和を追求し、笑顔ある豊かな社会の実現に貢献する」をミッションに掲げた。23年3月期の連結業績は売上高が前年同期比34.4%増の699億9,400万円、営業利益が92.6%増の58億5,500万円、経常利益が82.5%増の65億9,600万円、当期利益は90.0%増の42億4,100万円で過去最高業績だった。売上高営業利益率8.4%。

## Itochu Logistics Corp.
## 伊藤忠ロジスティクス　株式会社

　1961年に大阪市浪速区に設立された伊藤忠運輸倉庫が同時に東京支店を開設したのが始まりで、文字通り伊藤忠商事の倉庫（物流）部門会社として発足。2019年3月に伊藤忠商事98.97%、川崎汽船1.03%の株主構成から伊藤忠商事を完全親会社（100%）とする簡易株式交換契約で完全子会社となった。1962年にトラック運送（一般区域）、倉庫のライセンスを取得、名古屋支店も設けている。66年には倉荷証券発行許可を取得し、69年には冷蔵倉庫業にも進出したほか、神戸荷造運輸を傘下（全株取得）に収めた。70年には本社で自動車運送取扱業／運送代弁業および運送利用業を登録。翌71年には不動産賃貸業を開始、88年に本社を東京・中央区に移転し、伊藤忠倉庫に社名を変更、成長を遂げて6年後の94年に東証2部に上場、98年にはISO9001（品質管理）を取得。01年に伊藤忠倉庫をベースに同じ伊藤忠系列で航空貨物専業の老舗ニュージャパンエアサービスと、国際物流（フォワーダー／NVOCC）の伊藤忠エクスプレスを合併しアイ・ロジスティクスになった。その後06年にはPSAを傘下に持つシンガポール政府投資会社Temasek Holdingが第2位の株主になったが、09年には伊藤忠商事がアイロジにTOB（株式公開買い付け）をかけ川汽出資分（2.98%）を除く全株を取得し完全支配下に置き10年1月から国際複合輸送と3PL提案体制を強化、社名も伊藤忠ロジスティクスにし商社系総合物流企業として情報力や海外ネットワークを生かして事業を展開中。その時点で東証2部上場は廃止。本社は港区東新橋（汐留）、資本金は50億8,363万円、従業員5,001人（連結）。国内は連結子会社1社（カンロジ）／持分法適用会社1社（スーパーレックス）、海外は欧米4社（米国、メキシコ、欧州、ハンガリー）、アジア6社（インドネシア2社／タイ2社、インド、ベトナム）、中国11社で計21社。
　茨城県つくば市に4温度帯対応のつくば医薬品物流センターを22年4月に竣工するとともに、大阪府八尾市に新たな医薬品物流の拠点として八尾医薬品物流センターを同年開設した。22年12月には成田国際空港でIATAが策定した医薬品航空輸送品質認証制度である「CEIV Pharma」を取得した。100%出資連結子会社のカンロジ（成田市）と神清カーゴサービス（神戸市）を10年に合併、カンロジの社名で5大港／都市をカバーすると同時に海貨および航空貨物の一貫受託体制を確立、羽田に拠点を設けている。海貨と航空43事業所でISO9001:2008を取得、19年4月にカンロジがAEO通関業者制度の認定を受け、東京海上部、成田、成田第2、中部（愛知県）、大阪南港、の各カーゴセンター、りんくう営業所、神戸業務センターが認定事業者として通関業務を展開している。中国物流／医薬品物流／自動車物流を重点エリアとし物流センター、国際物流、保管配送サービス、移転・引越サービスの各事業を通じて商流機能を備えた総合物流ソリューションを売りとしているほか、米国法人がNTT Docomo、とIoT向け通信規格LTE-Mに準拠した備車の運行状況を見える化する実証実験などを開始している。22年11月には東京港の大井埠頭出張所で「畜産物の輸出入検査場所の指定（新規）」を取得し、動物検疫が必要な貨物の保管サービスを開始した。23年3月期単体業績の売上高は738億3,569万円、営業利益47億5,306万円、経常利益63億9.188万円、当期利益46億8,640万円、営業利益率6.4%。

## Japan-China International Ferry Co., Ltd.
## 日中国際フェリー　株式会社

　日中国際フェリー（本社・大阪市、略称・JIFCO、資本金10億円）は阪神／上海航路で貨客フェリーを運航する中日国際輪渡有限公司（本社・上海、略称CHINJIF）の日本総代理店。CHINJIFは現在、同航路で"新鑑真"（Xin Jian Zhen、14,543gwt、旅客定員345人、コンテナ250TEU積み）と"蘇州號"（Su Zhou Hao、14,410gt、旅客定員272人、コンテナ238TEU積み）の2隻を運航、週2便体制でサービス中。"新鑑真"は24年5月末に新造船に代替予定。総代理店は日中国際フェリー、副代理店は上組（神戸）、辰巳商会（大阪）。集荷代理店、B/L発行事務所は日本通運を起用。阪神港および上海港でもHot Delivery Service（HDS）を実施、阪神港で入港当日に貨物をデリバリーできる体制のうえ、19年4月からは阪神港到着後2時間以内にデリバリーするSuper HDSを開始した。フェリー専用ターミナルのためコンテナ船に比べ滞船がなく定時性が高い高速サービスが売りで、JR貨物との組み合わせも可能。
　CHINJIFは日中国際フェリー株式会社（日本側出資者）と中国遠洋運輸総公司（COSCO）が1985年に折半出資で設立した合弁会社で、戦後初の日中海上ルートとして定期フェリー"鑑真"の運航を開始。94年に新造船の"新鑑真"を投入、同船は10'型、

20'型、40'型合わせ250TEU積載可能で、60トン耐荷重のRo/Roランプを持ち、ブレイクバルク貨物や車両類なども船倉内積みできる貨客フェリーで、大阪・神戸〜上海間の定曜・定時ウイークリーサービスを展開。これに加え、20年10月からは上海フェリー（本社・大阪）が大阪／上海航路でウイークリー運航していた"蘇州號"の運航を引き継ぎ、阪神／上海を週2便化。2隻で大阪・神戸に交互に入港する体制とした。新型コロナウイルスの影響で20年1月から"新鑑真"での旅客輸送を中断、"蘇州號"も旅客輸送を停止し貨物輸送に専念している。"新鑑真"は94年建造で中国では船齢30年以上の老齢船の旅客輸送が禁じられているため、CHINJIFは3代目となる新造船"鑑真號"（コンテナ最大積載量334TEU）を中国の招商局工業傘下の金陵船舶（威海）で建造、デリバリーは24年5月末を予定し、"新鑑真"と代替する。

## Japan Transcity Corp.
## 日本トランスシティ　株式会社

　1895年（明治28年）6月に資本金3万円で四日市倉庫が設立。20年に125年目を迎え、四日市港といえばトランシイといわれる地位を確立した。四日市倉庫は昭和初期に四日市港に豪州航路が開設され、羊毛の取り扱いが始まった2年後の1934年には名古屋荷捌所を名古屋支店に昇格、さらに1942年（昭和17年）に四日市港の47事業者を統制して四日市港運という会社ができ、終戦直後の1945年に四日市港運と四日市倉庫が合併し四日市港運倉庫、1949年には商号を「四日市倉庫」にして名古屋証券取引所に株式を上場、その後東証1部にも上場。92年4月に国内外に展開する総合物流企業として現社名に改めた。現在、中部、大阪など関西、東京、鹿島など関東、北海道・石狩、福岡、北九州など、全国展開している。中部地区最大の物流会社で、物流施設・倉庫は冷凍冷蔵危険物、大型機械倉庫、大型物流センター、流通加工、医薬品・化粧品、自動車部品倉庫などを備える。港運に加えて戦後すぐ通関、陸運に進出、国際物流は1984年にIATA国際航空貨物代理店資格を取得、翌年に米国に現地法人設立で本格化。ワールドワイドの代理店網に加えて欧州のドイツ、米国、メキシコ、中国、東南アジアに現地法人を設立している。現在、23年度（24年3月期）を初年度とする新中期経営計画（23年4月〜26年3月）を推進中。「Grow with the Next Value〜価値を育み、新たな高みへ〜」をスローガンに、新規投資240億円、更新投資60億円、合計300億円を投資し、連結売上高1,300億円以上、連結経常利益70億円以上、連結経常利益率5.4%以上の維持を目指す。

　国内では同社と住友電装、伊勢湾倉庫は、住友電装の国内物流と輸出入について、全体的な効率化を図り、体制を強化するため、同社の自動車用ワイヤーハーネス部材などの物流関連事業を担う合弁会社「STコネクトロジスティクス」を22年4月に設立した。連結子会社となる同合弁会社の事業の物流拠点として、三重県三重郡朝日町に23年6月に竣工した同社グループ最大の拠点となる新倉庫（延べ床面積：約6万1,456㎡）を取得するとともに、三重県亀山市で建設を進めてきた低温危険品倉庫2棟が竣工した。また百五銀行と22年10月、三重県産品の農林水産物をはじめとした一次産品、二次産品の輸出取り扱い増加を図り、四日市港と尾鷲港の連携を強化するため、農林水産物などの仲介、輸出入を担う合弁会社Local Design Mieを設立した。従業員2,494人（23年6月）、資本金84億2,800万円（23年6月）。国内子・関連会社は40社強。21年4月には完全子会社の愛三商船と四日市シッピングを合併。17年8月に本社を四日市ポートビルに移転、執行役員制度も新設、19年8月に約15万株の自社株買い付けを行った。09年にAEO倉庫（特定保税承認）、16年にAEO通関業者の認定を取得。23年3月期の連結業績は売上高が1,340億6,300万円、営業利益が72億5,000万円、当期利益が61億5,700万円。売上高営業利益率5.4%

## Jin Jiang Shipping (Japan) Co., Ltd.
## 錦江シッピングジャパン　株式会社

上海のコンテナ船社、上海錦江航運（集団）股份有限公司（22年6月に上海錦江航運（集団）有限公司から社名変更）（Shanghai Jinjiang Shipping (Group) Co., Ltd：JJSCOの英文社名は変更なし）の日本総代理店。01年2月にJJSCO／住友倉庫が51：49の合弁で設立。資本金2,000万円。自社で集荷営業するほか、センワマリタイム・住友倉庫、三井倉庫も集荷している。東京本社と大阪支店を置く。社長は18年6月に就任した張勇（Zhang Yong）氏。上海海華輪船有限公司（HASCO）の子会社化に伴い、23年4月に日本法人の錦江シッピングジャパンと海華シッピングジャパン（Haihua Shipping (Japan)）の事務所を統合した。

　JJSCOは83年設立の海上輸送を中心とした国際コンテナ輸送、海運物流サービスの総合海運グループ企業。設立時は上海市政府直属の国有グループ企業で、上海市唯一の海運事業会社だった。日中、東アジア、東南アジア、中台間のコンテナ定期船事業を展開、定時運航・優先荷渡し便「ホット・デリバリー・サービス（HDs）の快速サービスが強味で、2019年から2022年にかけて3年連続の増収を達成、2020年9月には上海海華輪船有限公司（HASCO）との合併手続きが完了し、HASCOはJJSCOの完全子会社となった。HASCOの親会社、上海国際港務集団（SIPG）がほぼ全株（90%）を保有していたが、22年12月に中国証券監督管理委員会がSIPGに

よる上海錦江航運のスピンオフと上海証券取引所への新規株式公開（IPO）を受理、JJSCOは総発行株式の約15%にあたる約2億株を発行、約30億2,500万元（約591億円）を調達した。JJSCOの陳燕从総経理は中国共産党黄浦区副書記を兼務する。上海〜日本・台湾および青島〜日本間のコンテナ定期船航路を中心に上海〜タイ／ベトナム、台湾などを運営、22年10月からSITCと協調し、1,800TEU型4隻で博多・阪神から華北経由のタイ・越直行サービスを開設した。21年8月に中聯航運有限公司（CULine）が中国／米国西岸航路でサービスを開始したTPXに1,713TEU型コンテナ船2隻を投入して協調による北米向けサービスに参入したが、22年9月にTPXの休止を決め、撤退した。上海トランシップで長江流域・内陸一貫輸送サービスも提供、国内外に支店・代理店を香港、シンガポール、東京、大阪、大倉、南通、武漢、青島、大連、天津などに置くほか、船員派遣のShanghai Jinhang Human Resources（上海、2014年設立）やコンテナリース、総合物流拠点も運営する。23年7月にはベトナムに合弁代理店を設立した。13年8月に旧社名（上海市錦江航運）から「市」を抜き、集団を挿入し、社名変更、11年からスタートした中国国家第12期5カ年計画に沿い、「一主両翼」（コンテナ輸送を主体に、国際海上輸送と国際総合物流の二つの翼）で展開する発展戦略を推進し、海上輸送専業から海上輸送を中心とした総合運輸企業グループへの発展と国際市場での競争力を強化している。HDSのほか、衣類をハンガーコンテナで輸送するGarment Container Svc.、ケミカルロジサービス、長江流域都市をカバーする内陸河川輸送、などの特別輸送も提供している。

　23年11月のJJSCOの船腹量は47隻・4万4,150TEUで世界33位、発注残は3隻、5,700TEU（Alphaliner）。

　日本航路では単独サービスと中通遠洋コンテナライン（Centrans Container Line：CCL）、SITC、Sinotransとの協調またはスロット利用でサービス中のほか、12年にCOSCOと協調した台湾（台中・基隆・高雄）〜上海サービス、12年から華北（天津・青島）〜台湾の台中直行サービスがある。日本〜東南アジアではベトナム向けを中心に1,118TEU型自社船を投入したSinotrans/SITCとの協調配船や、HASCO、Sealand Asiaのスロットを利用したサービスを提供している。上海サービスでは長江フィーダーに接続し、太倉、南通、武漢、張家港および青島、大連、天津などへ船、トラックなどフィーダーで接続する一貫輸送サービスを提供している。JJSCOのホットデリバリーサービス（HDS）は「二定一快速」（本船の定時運航、貨物の定時受け渡し、書類・貨物情報の正確、迅速）を原則として2001年から上海⇒関西で開始、03年には関東地区に拡大、23年5月からは大連⇒関西でも開始した。「顧客満足度の高いコンテナ船」の称号を受けるなど評価が高い。

　JJSCOは三井倉庫、住友倉庫とそれぞれ個別に合弁物流会社を設立し、上海港外高橋5期コンテナターミナル背後地の外高橋物流園区二期地区に大型物流センターを建設、14年12月と15年1月にオープン後、中国国内市場をターゲットに輸入貨物を中心とした貨物の保管、フォワーディング、3PLサービスを展開。シンガポールにTVL Groupと合弁で設立した物流現法のJJ Shipping Logistics (S)Pteの施設を核に東南アジアでの展開を図る。ロジスティクス子会社の上海錦昶物流有限公司はLCLを含む日本向けフォワーディングを提供するほか、トレーディア（本社・神戸）とトレーディアのインド代理店OM Trans Logistics Ltd.の3社合弁で上海市洋山保税区に現地法人、錦茂国際物流（上海）有限公司（JC-OM Trax Logistics <Shanghai> Co., Ltd.）を設立し、中国を拠点としたインド、タイなど三国間物流を展開している。

## Kamigumi Co., Ltd.
## 株式会社　上組

　1867年（慶応3年）に神戸港が開港した際に設置した神戸税関の前身、荷物運上所に出入りする貨物運搬を命ぜられた「神戸浜仲」が同社の前身。その後、神戸浜仲の作業範囲拡大に伴い東部（上方）地域をエリアに寄場をつくったため上方の組という意味で1873年に「上組」としたのが社名の由来。現行の会社は終戦直後の1947年2月設立で、17年に創業150周年を迎えた。1972年東証および大証各1部に上場。全国展開の港湾運送大手で、日本港運協会会長会社。セグメント別に売上高をみると、物流事業が88.8%、その他事業が12.1%。19年4月には川崎汽船51%、上組49%の比率で川汽の国内港運子会社3社の持ち株会社KLKGホールディングスを設立した。物流センター、倉庫・サイロは国内50カ所強。22年6月には東京港中央防波堤内側埋立地（東京都江東区）で建設を進めていた「上組東京多目的物流センター2号棟」（延べ床面積：2万4,828㎡）を竣工、子会社の日本ポート産業（JPI）の神戸魚崎冷蔵倉庫（延べ床面積が2万3,826.21㎡）が22年12月に竣工した。さらに24年2月の稼働を目指し大阪市南港地区の「南港R倉庫」を建て替える計画で、竣工後は延べ床面積が2万5,618.83㎡となる予定、うち1万6,446㎡に定温空調設備（5℃〜15℃）を整備する。

　国内は神戸本店、東京はじめ6大港、西日本地域をベースに関東、北海道・苫小牧から九州まで国内2支社（名古屋、九州）および23支店を含め30カ所を超える拠点網、海外は上海、香港の現法など中国10拠点含めアジア中心に13カ国に現法・合弁／駐在事務所など自営拠点約30カ所／広域代理店網を形成する。東南アジアはベトナム、バングラデシュのほか、

ミャンマーは12年末に国策会社のMAPCOとコメ集荷・加工・販売などで覚書（MoU）、Ever Flow Riverと提携・合弁会社化（上組EFR）／トラック事業に参入(総合物流)、15年にヤンゴン近郊・ティラワ経済特区での合弁事業（TGL）でFTZ物流倉庫の展開、17-18年にはティラワ港で合弁のバルクターミナル運営（IBTT）、19年2月供用のODA多目的ターミナル運営で38年間のコンセッション契約を結び19年6月に開業した。インドネシアは15年に合弁の倉庫（16年稼働、17年に2期の定温・保税倉庫）と現法のロジスティクス会社設立。マレーシアは独資現法のほか15年に商社機能を備えた合弁会社を設立。タイ・レムチャバンでは丸紅とのJVによるESCOにより日系で海外唯一のコンテナターミナル運営に携わり、10年にはその出資比率を拡大。カンボジアは17年6月にシアヌークビル港湾公社（Port Authority of Sihanoukville）に約2％資本参加し、19年5月に13％に拡大した（JICAも約16％出資）。14年には三菱商事と組みスペイン・バレンシア港のTCVの株式25％を取得、16年にJICA・豊通とモンバサ港CT運営を指導、18年にはいったんクローズしていた米国現法を再設立、メキシコ（16年に現法設立）との連携や国際複合輸送を強化、UAEのアブダビにも現法を置きフォワーディング事業を開始、19年6月にベトナム現法のハノイ支店、20年にインドネシア現法のタラハン支店を開設するなど海外強化が続く。16年にシンガポールにアジア統括支店を移した。23年6月には豊田通商がインドネシアに21年に設立した自動車ターミナル運営会社PT. Patimban International Car Terminalの株式15％を取得した。

名古屋港鍋田、横浜港本牧D-1専用CT（大黒C-3から移転）、03年には神戸港PC18も国内初の単独借り受けで運営、国際コンテナ戦略港湾の拠点としてその水深16mの東側岸壁も稼働で運営開始。東京港も私営コンテナターミナル（TMDC）を設け、17年12月にTMDCの2倍の規模で「東京コンテナターミナルY1」を開業。港湾を中心に船社の代理店業務も担う。2020年4月-2025年3月の中期計画では最終年度に連結収益3,100億円、営業利益330億円、経常利益350億円を目標に、冷凍冷蔵貨物やEC関連貨物といった新貨物開拓、ASEAN越境や温度管理輸送など海外収益の強化等を推進する。トナミ運輸との戦略提携、AZ-COM丸和ホールディングスとの資本業務提携などを含め3PLにも注力、AEO特定保税承認／通関業者の認定を取得。23年6月には重量物輸送のライト建設の全株式を取得し、完全子会社化した。資本金316億4,200万円、従業員連結4,261人（単体3,719人）、上組陸運、上組航空サービス、香港、マレーシア現法など連結12社はじめ子会社25社を含め関係会社は約40社超。23年3月期の連結業績は売上高が2,741億3,900万円、営業利益が315億8,000万円、当期利益が246億2,000万円。売上高営業利益率11.5％。

## Kanko Kisen Co., Ltd.
## 関光汽船　株式会社

1948年創業の長距離フェリーのパイオニア。内航は阪九フェリー、新日本海フェリーに、2021年7月に開設した東京九州フェリー。外航は関釜フェリー、蘇州下関フェリーのフェリー会社に加え、国際複合一貫輸送など物流事業を展開するマリネックス、客船事業の日本クルーズ客船、旅客事業のヴィーナストラベル、オーセントホテル小樽、下関グランドホテル、楽水山などから成るSHK（新日本海、阪九、関釜）ライングループを形成する。本社は山口県下関市。内航、外航、港湾運送、倉庫、通関、代理店事業を営み、内・外航海運、鉄道の第二種貨物利用運送事業の許可事業者（フォワーダー）で、グループのサービス網を活用して「コンテナ船より早く、航空便よりも安く」をモットーに中韓と日本でDoor-to-Doorサービスも提供する。AEO認定事業者でJIFFA加盟店社。

外航は下関を起点に「関釜フェリー」（釜山航路）、「蘇州下関フェリー」（SSF、蘇州太倉航路）の2航路を運航。混載などフォワーディング業務と、石島新港（山東省）～群山（韓国）のフェリーと関釜フェリーを組み合わせ、さらに傘下の国内フェリーと接続する日中韓の複合一貫輸送を強化、海上コンテナのラウンドユースや空バンのマッチングでコンテナ不足やCO2削減にも対応している。内航は「阪九フェリー」（関西～九州）、「新日本海フェリー」（日本海～北海道）、「東京九州フェリー」（横須賀～新門司）を運航する。海陸を合わせた社員数は関光汽船が約200人、阪九フェリー279人（23年4月現在）、新日本海フェリー445人、東京九州フェリー39人、関釜フェリー80人。海外現法は韓国（ソウル）と中国（青島本社、蘇州に分公司）に、支店を東京、大阪、北九州市、札幌、新潟に置く。

フォワーディング事業は主要港、門司、博多を起点とした日中、日韓の貨物を中心にアジア向けなど広範な仕向け地向けを取り扱っており、2020年には日本発ベトナム向けフェリー＆エアサービスを開始した。

関光汽船は48年に内航海運業の関光海運として設立、66年に現社名に変更。69年6月、日本郵船、阪九フェリーなどとの共同出資で関釜フェリーを設立し、70年から下関／釜山航路で日本初の国際定期フェリー、"フェリー関釜"の運航を開始した。輸出は車両、建設機械や完成車、半導体製造装置、ガラス基盤、液晶フィルムなどで、輸入は韓国産の野菜、水産品などの生鮮品を中心にフラットパネル、有機ELディスプレー、自動車部品、金型、アパレルなど。関釜フェリーは日韓シャシー相互通行のパイロットプ

ログラムに選ばれ、無振動シャシーや活魚車など特殊車両の韓国での走行が認められている。関釜フェリー2社で下関扱い貨物の半分を占める。

蘇州下関フェリー（Suzhou Shimonoseki Ferry:SSF）は07年に設立、下関〜太倉（蘇州）航路は19年2月に新造船"Utopia"（16,408gt、150TEU：40'シャシー換算75台積み）を投入し、週2便の貨物輸送に特化したサービスを提供中。新造の"Utopia"は車両デッキ高さ4.5〜4.8m、リーファープラグ50口、スターンランプ強度63トン、船尾艙口4.8m（H）×7.0m（W）で旧船よりも積載容量、荷役効率が高い。SSFのサービスは下関港での輸入貨物が年中無休の通関実施によるホットデリバリーサービスで、蘇州と無錫で区港連動サービスと称する内陸通関サービスと内陸都市までの一貫輸送サービスを提供、JR貨物の12'コンテナ（5トン型）を利用したスルーサービスも可能。華東・華南〜日本に加えて18年9月から東莞、深圳、広州など華南から混載トラックで太倉・石島（山東省）に輸送、下関まで最短5日の高速インターモーダルサービスも開始している。中国向け輸出はフラットパネル部材など電子部品、輸入は電池材、建機部品など。SSFは19年10月からJR貨物と共同で、東京貨物ターミナル駅の東京ICD（インランドコンテナデポ）を活用し、東京／中国・韓国を下関経由で結ぶ小口貨物輸送を開始した。輸送区間は東京→中国の太倉、青島、大連、韓国の釜山で、東京貨物ターミナル駅から下関駅まで鉄道輸送、そこからフェリー、Ro/Ro船により各港に輸送するもの。13年7月に門司税関から県内本社の事業者として初のAEO（認定事業者）認定を受け、特定委託輸出申告制度を活かした迅速な輸出申告で顧客にリードタイム短縮などを提供している。

マリネックスは、21年10月から横須賀〜新門司を結ぶ東京九州フェリーと中国・太倉〜下関を結ぶ蘇州下関フェリーを組み合わせた小口混載サービスを開始、さらに22年4月には、新たに韓国・釜山〜下関間を運航する関釜フェリーを利用した、中国・青島から韓国経由トランシップの小口混載サービスも開始している。23年2月には最新鋭の14mエアサスドライウイングトレーラーを80台導入した。一方、関光汽船は中国・韓国からフェリー輸送した複数荷主の輸入貨物を下関でトレーラーに混載し、グループ会社の東京九州フェリーで関東に一貫輸送する新サービスを22年春から開始した。また23年10月に、日本から韓国や中国向け長尺物や重量物などの特殊貨物を対象にした、全国小口集荷サービスを開始した。

## Kambara Kisen Co., Ltd.
## 神原汽船　株式会社

1903年に帆船3隻で海運業を起業したツネイシグループの源流企業で、グループの海運事業部門。07年

ツネイシグループ再編にともない海運造船関連11社がツネイシホールディングスとして統合した後、11年1月4日付でツネイシホールディングス神原汽船カンパニーから新設分割し、事業会社の神原汽船株式会社（資本金1億円、本社・福山市）となった。定期コンテナ船運航とコンテナ船、バルク（ハンディマックス、カムサールマックス）、自動車船（PCTC）を中心とする備船事業が柱で、造船事業用資材輸送と物流センターでの流通加工などロジスティクスサービスも提供する。

定期航路は14カ国、65港をネットし、日中航路は自社運航、アジア・中東は提携船社との協調でサービスを提供している。日中定期航路はいずれも2022年に新造したEarthシリーズ（1,091TEU型）6隻を投入し、（1）富山・新潟・小樽〜上海・大連航路、（2）金沢・新潟〜大連・上海航路の2ループの日本海サービスと、瀬戸内海・九州をカバーする（1）上海〜瀬戸内・九州、（2）天津・大連・青島〜瀬戸内・九州〜上海・寧波、（3）寧波・上海〜瀬戸内・九州〜天津・大連・青島、の地方港と中国主要港を自社配船で結ぶダイレクトサービスを中心に、上海接続による長江流域諸港（重慶、南京、南通、太倉、武漢、張家港、長沙、常州など）およびSITCなど他社船スペース利用により台湾、フィリピンをカバーするほか、Regional Container Line（RCL、タイ）との協調による上海接続で日本出し貨物をタイ、ベトナム、印、紅海などアジア域内、西アジア、中東向けも引き受ける。22年12月の保有船はPCTC2隻、バルク船34隻、コンテナ船8隻、LR1（4.5〜7.9万dwtプロダクトタンカー）2隻。運航コンテナ船7隻、7,566TEU。現法は上海、大連、青島、シンガポール、アムステルダムに置く。23年1月の社員数は59人。

21年に新ビジョンShipping with the Blue Earthを策定、「Sustainable」、「Harmonized」、「Integrative」、「Proactive」の4つのキーワード（SHIP）の新たな可能性を模索、より良い社会に向けて進む。

15年からウェブブッキング「e—Service」を開始し、利用率は90％を超える。

創業は初代社長の神原勝太郎氏が1903年（明治36年）に広島県沼隈郡千年村で帆船3隻を購入して海運業を興したのが始まり。1944年に瀬戸内海船舶として設立、48年11月に神原汽船に社名変更した。当初は九州炭を中心に海上輸送していたが、内航一般に配船を拡大、63年には北洋材、68年に南洋材の輸送を開始、外航近海へ進出した。定期船事業は83年にセミコンテナ船による日本／ミクロネシア航路を開設、その後、極東、東南アジア諸港にも拡大したが、05年12月にサイパン、グアムでの営業を中止、21年間にわたるミクロネシア定期サービスから撤退した。日中航路は1994年に中国の民生海運との合弁会社、民

生神原海運有限公司を設立して参入、02年に合弁を解消し単独サービスに移行した。03年には日本船社として5番目となる中国独資法人の神原汽船中国船務有限公司（本社・上海）を設立、05年に大連、青島に分公司（支店）を開設、天津、南京、寧波、厦門に事務所を置く。倉庫やフォワーディング、ドレーを担う神原ロジスティクスが福山港の後背地で運営する福山物流センターは06年に営業開始、12年に第2倉庫が竣工、21年10月に危険物倉庫を新設、第二種貨物利用運送事業者（鉄道）の許可を取得した。神原ロジは17年1月に神戸税関からAEOの特定保税承認者、認定通関業者として承認・認定を受けた。

神原汽船は2013年からCyberLogitecのOPUSシリーズを導入、23年には最新次世代統合ソリューションのAllegroなど4システムを導入し、効率化を図っているほか、豊田通商からバイオディーゼル供給を受け、試験航海するなど環境対応を進める。

本社は広島県福山市。22年12月期の連結売上高は623億円、純利益は41億0,600万円。

## Kansai Steamship Co., Ltd.
## 株式会社　関西ライン

関西ラインは主にアジア域内の在来船運航と船主事業を営む。日本～タイで圧倒的なシェアを持つミル出しの鋼材輸送を中心にアジア域内、三国間航路を運航する。復航でタイ積みのドロマイト、インドネシア出しのバイオマス、ウッドペレットなどを日本、韓国、中国向けに扱う。投入船は1.9万dwtクラスのシングルデッカーが中心。また、82年に自動車専用船（PCC／PCTC）を建造、船主部門に進出し5隻全船を商船三井が長期用船しており、マンニングを含む船舶管理を合わせた船主業務を提供している。船型は6,000～7,000台積み。

瀬戸内海をフェリー運航していた関西汽船の外航部門を分離し1975年に設立された関汽外航から、2002年に現社名に変更した。前身の関西汽船は大阪商船（現・商船三井）の内航旅客船会社として1942年の設立、51年に貨物部がバンコク航路開設。その後、韓国、東南アジア、豪州域の定期・不定期航路を開設、75年に外航部門を独立して関汽外航を設立、バンコクと台湾の定期航路、東南アジアと大洋州などの不定期航路を引き継いだ。タイ定期航路は60年以上の歴史をもち、現在も鋼材輸送実績で年間80航海を超える突出したシェアを持つ。保有船は海外子会社所有によるPCC／PCTC 5隻。本社は東京都中央区、バンコクに駐在員事務所を置く。2022年度（1～12月）の売上高は101億円。

## Kawasaki Kinkai Kisen Kaisha, Ltd.
## 川崎近海汽船　株式会社

1966年5月、川崎汽船の内航営業権を継承して神戸に設立、75年に本社を東京・千代田区に移転、95年3月に東証2部へ上場、2016年に創業50年を迎えた。22年6月に株式交換により川汽の完全子会社となり、同5月末に上場を廃止した。本社のほか、2支社（北海道、八戸）、6支店（苫小牧、釧路、日立、清水、九州、大分）、1事務所（苫小牧フェリー埠頭）を置く。主要事業は祖業の内航に加え、近海外航、フェリー、オフショア支援船（OSV）の4部門。近海外航は主に日本・東南アジア・極東アジアでの「石炭」「鉱石」「原木・木材製品」「鋼材」等の輸送で、年間輸送量は600万トン以上。石炭は19,000～28,000dwt型のバルクキャリアでロシア、インドネシア炭を輸送、木材輸送はアジア地域でのチップ輸入に参入し、10,000～13,000dwtボックスシェイプ型ツインデッカーで日本から東南アジア向けの鋼材輸送を中心に復航でマレーシアから日本向け住宅用の合板・製材などを輸送、最新鋭19,900dwtを2隻投入しニーズに対応。不定期ではロシア、インドネシア、豪州産石炭を日本、中国向けに、穀物を北米、カナダ、豪州から、石膏をタイから、ドロマイトをフィリピンから、それぞれ日本向けに輸送。内航は石灰石専用船、石炭専用船を中心とする不定期に加え、Ro/Ro船による関東を起点とした北海道、九州の定期サービスを展開、道東（釧路）～関東（日立）がデイリー、関東（常陸那珂）～北海道（苫小牧）が1日2便、大分～清水が週5便。16年10月に開始した九州（大分）～清水は18年3月から1隻追加投入し週6便に拡充、常陸那珂にも週1便で寄港を開始し首都圏・甲信と九州を結んでいたが、常陸那珂寄港は21年8月に休止、大分～清水に特化した。南九州（油津・細島）～東京は主要顧客との契約終了で23年1月に運航終了し、東京と細島は大分～清水航路でウイークリー寄港する体制とした。フェリーは八戸～苫小牧の4隻による1日4往復がメイン。これに加え18年6月から宮古～室蘭航路を開設、20年4月からは宮古への寄港を中止し八戸～室蘭でデイリー運航していたが22年2月に休止、フェリー1隻を売船した。海洋開発ニーズの高まりを背景に新規事業として、13年10月にオフショア・オペレーション（OOC、本社：東京）と折半出資でオフショア・ジャパン（本社：東京）を設立、日本近海・沿岸のオフショア支援船の運航と開発事業に16年2月に参入、ジャパンマリンユナイテッド（JMU）で建造したアンカー・ハンドリング・タグ・サプライ（AHTS）船"あかつき"により洋上風力発電など再生可能エネルギー事業や海洋資源調査・開発事業などを支援中。17年4月にはOOCを子会社化、18年7月にOOCを存続会社にオフショア・ジャパンを吸収合併した。16年9月に外航営業部内に専任機関の「バイオマス関連輸送ワーキンググループ」を新設し、バイオマス燃料用貨物（PKS、木質ペレットなど）輸送の取り組みを強化。21年に川崎汽船と

折半出資で、洋上風力発電の作業支援事業を行う合弁会社のケイライン・ウインド・サービスを設立、五洋建設の作業支援などを請け負っている。

川崎近海汽船は66年に設立し、川崎汽船の内航営業圏を継承して10月に東京／苫小牧航路を開設したのに始まり、68年にインドシナ航路、70年にサバ・サラワク航路、香港・海峡地航路、86年にバンコク（在来）航路を開設した。21年9月末時点の運航船隊は近海18隻、不定期船8隻、定期船（Ro/Ro）7隻、フェリー5隻、海洋支援船5隻で、19年11月に最新鋭のオフショア支援船（890gt）をアイ・エス・ビーに新造発注、21年2月に"かいこう"として竣工しOOCが運航、主に五洋建設が所有する洋上風車設置用SEP船「CP-8001」（800t吊）などの支援業務に従事する。

上場廃止前22年3月期の連結業績は売上高が前年比18%増の437億4,600万円、営業利益が745.4%減の34億1,800万円、当期損益は前年の1億1,200万円の赤字から28億7,700万円の黒字に浮上した。売上高営業利益率7.8%だった。

## Kawasaki Kisen Kaisha, Ltd.
## 川崎汽船　株式会社

不定期専用船、タンカー、自動車専用船を運航する総合海運企業で、邦船大手3社の一角。川崎造船（現・川崎重工船舶海洋カンパニー）船舶部が余剰船で運航していた定期航路を1919年（大正8年）に分離し創業、2019年に創業100年を迎えた。2023年3月末の運航隻数は434隻。うちコンテナ船が41隻、PCC/PCTC85隻、ドライバルク船は179隻、エネルギー資源輸送船は84隻、FPSO船1隻、海洋掘削船1隻、LNG燃料供給船1隻、近海・内航船42隻。運航船腹量ではドライバルク船が世界7位、自動車船が世界4位（Hesnes Shipping "AS Year Report"、2023年4月）、LNG船は保有隻数で世界5位（23年3月末）。コンテナ船事業は日本船3社の統合会社、Ocean Network Express Pte. Ltd（ONE、資本金2億米ドル、本社・シンガポール）に統合移管し、18年4月からサービスを開始した。ONEへの出資比率は川汽が31%、郵船38%、商船三井31%。23年3月期の連結売上高は9,426億円で、セグメント別売上高比率は製品物流（完成車輸送・同物流、物流、近海・内航、コンテナ船）55%、ドライバルク33%、エネルギー資源（LNG船・同事業、電力炭、油槽船、オフショア支援船）11%、その他1%。重量物船は完全子会社SAL Heavy Lift（ドイツ）を17年に売却し撤退した。

22〜26年度の経営計画では、26年度までに投資規模5,200億円で自営事業とコンテナ船事業の収益力比率を50/50とし、ROE（自己資本利益率）を持続的に10%以上、経常利益1,400億円、4,000〜5,000億円の株主還元を目指す。投資額5,200億円のうち80%を自営事業の鉄鋼原料船、LNG船、自動車船へ投入する予定。

川汽は70年にトヨタ向けに日本初の自動車専用船（PCC）、83年に日本籍初のLNG船を竣工したパイオニア企業で、コンテナ船事業のONE統合前の全事業に占めるコンテナ事業の収益比率は約50%と最も高かった。海事技術者育成施設は世界6拠点（日本、フィリピン、インド、バングラデシュ、東欧、中欧）、最大のマニラ船員研修施設（KLMA Phil）は国際海事機関（IMO）モデルコースに則った訓練として認証されている。

自動車船事業は太平洋と大西洋水域を結ぶ広範なカバレッジを強みとし、次世代型大型船（7,500台積み）13隻は建機、鉄道車両など多様な貨物積載が可能。23年4月時点の運航船は77隻、輸送キャパシティー46万2,087台で世界第4位、世界シェア11.4%（Hesnes Shipping "AS Year Report"をベースに川汽集計）。22年度の輸送台数は前年比10.6%増の319.3万台。日本のほか越、比国を含むASEAN主要国などアジア6カ国、中・南米4カ国（墨、ブラジル、チリ、ペルー）、豪州の11カ国11拠点を展開し完成車輸送、二輪車輸送、陸送、PDI（納車前点検整備）、架装、保管などの幅広い自動車物流サービスを展開する。

ドライバルク事業は日本向けのほか中国・インド向け、大西洋水域での三国間輸送も積極的に展開し、23年3月末時点でケープサイズ80隻、中・小型92隻、チップ船7隻の合計179隻を運航。22年度のドライバルク輸送量は1億400万トン。エネルギー資源事業は原油やLPGなど石油関連の輸送をグローバルに展開するほか、電力炭輸送では豪州、インドネシアから日本国内、台湾の電力会社向け石炭を安定輸送。さらにLNG燃料供給事業を20年10月に開始し液化水素運搬船の実証実験にも取り組む。海洋開発では川汽が参画するドリルシップはブラジル沖、FPSOはガーナ沖で稼働。カーボンニュートラル関連では液化$CO_2$輸送船2隻を建造中で24年に竣工次第ノルウェーのCCSプロジェクトに従事するほかマレーシアでCCSスタディを推進、日本起点のバリューチェーンも検討中。ケイライン・ウインド・サービスを通じた洋上風力発電の支援船事業も行う。22年3月末時点の船隊規模は油槽船12隻（VLCC6隻、原油タンカー2隻、LPG船4隻）、電力炭28隻、LNG船44隻、海洋開発2隻、LNG燃料供給船1隻の計87隻。

物流事業はK Line Logistics（KLL、国際海上）、Air Tiger Express Companies Inc.（航空、米国）を中核とする国際フォワーディング・通関で国内外170カ所以上に拠点を置くほか、西アジア、東南アジア（中国、台湾、香港を含む）、豪州で陸上輸送、倉庫、冷凍・冷蔵倉庫、NVOCC業務を手掛ける。倉

庫は日本・アジア・米国中心に世界約120カ所。タイのBangkok Cold Storage Service, Ltd.とベトナムのCLK Cold Storage Company Limitedが冷凍・冷蔵倉庫を運営し、アジアを中心にコールドチェーンを拡大中。近海・内航は川崎近海汽船が担い、東南アジア、オセアニア、日本、北米等で鉄鋼製品を中心に輸送、またバイオマス燃料輸送や内航Ro/Ro・フェリー運航を行うほかオフショア支援（OSV）事業を含め多角的に展開。川崎近海汽船は22年6月に株式交換で51%保有から完全子会社化した。

独立で自営する最大の海外法人であるシンガポール法人、K Line Pte.Ltd.（KLPL）はコンテナ船のオペレーション業務を中心に星港起点の西豪州、東豪州向けサービスを提供してきたが、コンテナ船事業のONEへの統合にともない、18年にK Line (Singapore)、KSP InfoSystemsをKLPLに統合しバルク船、ケミカル船、タンカー運航のほかエネルギー事業、船舶代理店業務も開始した。このほかの川汽全額出資の海運事業（代理店を除く）の海外法人は、前述のKLPL、年間最大100万台の完成車を欧州域内フィーダー輸送するK Line European Sea Highway Services（KESS、ドイツ）、大西洋でのバルク・LNG輸送会社、"K" Line Bulk Shipping (UK) など。アンカーハンドリングなど石油掘削支援のK Line Offshore AS（ノルウェー）は21年12月に清算を決めた。

国内子会社は近海・内航の川崎近海汽船、川近と21年に合弁設立した洋上風力発電関連のケイライン・ウインド・サービス（KWS）、13年に自動車船営業グループから建機、Ro/Ro貨物や中古車などの集荷業務を移管したケイラインローローサービス（100%）、陸送の日本高速輸送（100%）等がある。

自営コンテナターミナルは国内4港（東京・横浜・大阪・神戸）のほか、欧州のアントワープ（KL/Yang Ming/PSA-HNNの合弁Antwerp International Terminal）にターミナルが稼働。北米は70%出資の子会社ITS（International Transportation Services :ITS）を通じ71年からロングビーチ（TS）、83年からタコマ（ITSの100%子会社、Husky）でターミナルを運営していたが、ONE発足にともなう見直しで、20年にITSの全株式を売却した。国内も国内港運子会社3社の持ち株会社（KLKGホールディングス）を19年4月に設立、株式49%は上組に譲渡した。自動車ターミナルは、シンガポールのパシールパンジャンで日本郵船、PSA Singapore Terminalsとの3社合弁で09年1月から専用岸壁2バースのターミナル（AATS）を運営中。さらに横浜港の再編成で大黒C-4コンテナターミナルが自動車ターミナルに再整備、川汽とダイトーコーポレーションが借り受け、22年4月に川汽にとって国内初の自動車ターミナルを開業した。神戸はポートアイランド第2期完成の25年度に六甲RC4-5からポートアイランドPC14-17に移転し、商船三井などと共同運営する

社会的責任投資（SRI）指標やESG指数はFTSE4Good Global Indexに2020年まで18年と22～23年の累計19回選定、FTSE Blossom Japan Indexの構成銘柄には運用開始の2017年から6年連続選定のほか18年、20年、21年に経産省、日本健康会議の健康経営優良法人ホワイト500に認定。環境対応では30年までにゼロ排出船導入を目指す「Getting to Zero Coalition」（GTZ）に19年11月に加盟。自社目標は2050年にGHG排出ネットゼロ。LNG燃料自動車船が20年夏に進水、JERA、豊田通商、日本郵船と共同で国内初のLNG燃料供給船の運用を開始し21年3月にShip to Ship方式でバンカリングした。自動カイトシステムSeawingを大型ばら積み船で搭載実証、アンモニア燃料バルカーは26年めどに竣工を目指す。シンガポールでアンモニア燃料供給を目指すコンソーシアムにも22年4月に加入。三菱造船、日本海事協会（Class NK）との船上$CO_2$回収装置の実証は21年10月に石炭船で成功させた。世界初のフルスケールCCS事業であるノルウェーのNorthern Lightsプロジェクトにも参画。21年4月にカーボンニュートラル推進グループを立ち上げ、同6月に川近との合弁で洋上風力発電の作業船、輸送船事業のケイライン・ウインド・サービス（KWS）を設立。22年開業の横浜大黒の自動車Tは再生可能エネ由来の$CO_2$排出ネットゼロ電力を使用する。

川崎汽船は1919年（大正8年）4月に日本郵船、大阪商船（現・商船三井）に対抗する海運会社を目指し、川崎造船所（現・川崎重工船舶海洋カンパニー）の船舶部が独立して設立。資本金2,000万円のほとんどは川崎造船所からの汽船27隻・23万トンの現物出資だった。1931年（昭和6年）当時の航路網は外航船29隻による北太平洋および西回り世界一周航路と三国間航路のイタリア／ニューヨーク、ハンブルク／ニューヨーク、ボンベイ／日本、日本／豪州（JAL）、北米東岸・ガルフ／日本。1949年7月に社員、一般に株式が譲渡され、1950年に東証上場。戦後の外航定期航路再開は1949年のバンコク航路。52年にニューヨーク航路を再開したのに続き、PNW、南ア、中南米、豪州、カリブ、インドシナなどを開設、1957年までに定期航路の整備を完了した。1964年の海運集約では定期船で提携していた飯野海運の外航部門を「飯野汽船」として分離し合併した。

コンテナ化は1969年10月、商船三井、ジャパンライン、山下新日本汽船の4社スペースチャーターによる加州航路から。その後、Maersk Line（デンマーク）と提携し、Kawasaki-Maersk Lineとして68年3月に欧州航路の盟外集荷で参入、5月に欧州同盟（FEFC）に加入、74年に単独加入した。豪州航路はAustralian National Line（豪州、現・ANL）とEastern

Searoad Svc.を結成し、69年8月から邦船初の Ro/Ro船によるサービスを開始した。75年に欧州航路でOOCL、NOL（現APL）などと欧州航路でACEグループを結成、86年にPSWと北米東岸の邦船コンソーアシムから離脱、PSWから川汽専用のコンテナ2段積み列車（DST）の運行を開始した。91年に北米東岸航路を休止、96年に欧州航路でYang Ming（台湾）と提携、北米、欧州、大西洋の基幹航路でCOSCOとも提携、02年からはHanjin（韓国）と同社傘下のSenator（独、その後Hanjinに統合）の2社にEvergreen（台湾）も加わり、メンバー船社の頭文字をとったアライアンス、CKYHEとして運航した。

23年6月末の連結対象は国内27社、海外257社、従業員数は単体で852人（陸員643人、海員209人）、連結で5,480人。本社は東京都千代田区、本店は神戸市、支店は名古屋と関西支店（神戸市）。駐在員事務所は台北、マニラ、デュバイ。21年11月に名古屋一部と福岡の上場廃止、東証に一本化した。22年6月に川崎近海汽船を完全子会社化した。

23年3月期の連結業績は売上高が前年比24.5％増の9,426億円、営業利益が346.4％増の788億円、経常利益が5.1％増の6,908億円、当期利益が8.2％増の6,949億円で過去最高益を記録した。24年3月期上期（23年4-9月）は売上高が前年同期比5％減の4,589億7,300万円、営業利益が15.7％減の446億5,500万円、経常利益が85％減の852億8,000万円、純利益が88.8％減の631億7,800万円だった。

## Kintetsu World Express, Inc.
## 株式会社　近鉄エクスプレス

近畿日本鉄道グループの一員として1948年（昭和23年）の創業で、18年に創業70周年を迎えた国際物流の大手。創業年に近畿日本鉄道業務局で国際貨物・旅客の取り扱いを開始、同時にIATA（国際航空運送協会）代理店の認可を取得し国際航空貨物分野に進出。1955年には近畿日本ツーリストへと発展し国際航空部門と国際観光部門との連携による総合旅客貨物取扱事業者となり、69年に香港、米国の現地法人を設立し海外展開に着手するとともに翌70年に近畿日本ツーリストから分離し、日本初の航空貨物専業会社として新会社「近鉄航空貨物」が独立、これが現在の近鉄エクスプレスの前身（1989年に現社名に変更）で2020年に設立50年を迎えた。資本金72億1,600万円、本社は東京・港区港南（品川インターシティ）。20～22年に日通以外で初のJAFA会長を務めた鳥居伸年社長のもと従業員は単体で1,253人、連結で1万8,552人（23年3月）。貨物利用運送事業（フォワーダー）、通関業、倉庫業、内外運輸会社代理店業、運送取次業など、航空だけでなく海上、陸上も含む総合物流企業（国際宅配便・クーリエは20年3月に終了）。02年に東証第二部上場、03年に同一

部上場、22年に近鉄グループホールディングス（KGHD）がTOB（株式公開買付）を実施、KGHDの子会社となったことで同8月に上場廃止。78年には業界で初めて輸出業務のコンピューターシステムをオンライン化、94年に国際品質管理システムのISO9002の認証（03年にISO9001に変更）を日本の物流会社で初めて取得、ハード面では98年に成田ターミナル、04年には第4原木ターミナル（千葉県市川市）、05年に中部国際空港ターミナル、りんくうターミナル（泉佐野市）を完工するなどで体制を整えてきた。

世界5極（日本／米州／欧州・中近東・アフリカ／東アジア・オセアニア／東南アジア）経営体制でグローバル展開も推進し現在は海外45カ国300都市683拠点、倉庫320カ所以上（約200万㎡）を置き、航空・海上貨物輸送やロジスティクスを展開中。69年に香港に初の海外現地法人を設立、同年米国シカゴにも現地法人を建て海外展開を開始、85年以降欧州、台湾、豪州、韓国などに現地法人を設立した。米州は69年のシカゴ現法を皮切りに現在は全米で約30拠点、13年にメキシコ現法も始動した。欧州・中近東・アフリカは85年に英国、独の現法設立以来拠点網を築き、南阿や中東法人は資源開発・プラント輸送も手がける。東アジア・オセアニアは69年の香港法人が同社初の海外法人で、85年に中国・北京に駐在員事務所、95年に深せん、96年に北京（合弁）に法人を設立、05年に外国系物流業者として初めて中国国内航空貨物取扱ライセンスを取得、07年には上海外高橋保税区内に46,000㎡の大型倉庫を開設した。現在中国現法は13社で、中国国内配送、各地のロジスティクス施設をベースに海空輸送を絡めたワンストップサービスを手がけ、中国・東アジア向け海上混載などを実施中。東南アジアはタイ、シンガポール、インドネシア、マレーシアなどでのロジスティクス施設の拡大、シンガポール・タイ向けTime Definiteサービスのほかラオス（14年、タイ現法の駐在）、ミャンマー（14年、駐在）、カンボジア（15年、現法）と拠点が整う。南アジアは18年インド、23年にバングラデシュ現法を設立。インドで12年に合弁設立したGati-Kintetsu Express Private Limited（Gati-KWE）は22年に合弁パートナー（Allcargo Logistics）に保有株を売却した。22年にスイス法人がバーゼル海上営業所、23年はベネルクス法人がアントワープ海上営業所など積極展開を続けている。23年に台湾、韓国法人を東アジア本部から日本本部に移管、日台韓本部を新設し日台韓の連携を高めた（東アジア本部は中国・香港の法人を管轄）。

2015年にNOL（シンガポール）傘下の物流事業会社APL Logistics Ltd.（APLL）を買収、子会社化し事業をひときわ拡大した。APLLは自動車や衣料品産業向けの高付加価値ロジスティクスを強みに35カ国で事

業展開していた。KWEの収入構成（23年3月末）は航空貨物42.7%、ロジスティクス21.4%、海上貨物31.4%とAPLL買収で海上・航空フォワーディング偏重を脱しロジスティクスを強化した。17年11月に海上輸送の運賃仕入れ部門をAPLLと統合し、香港に本部を置くグループプロキュアメントセンターを開設、グループ内の船社との運賃交渉窓口を集約、海上運賃仕入れを最適化した。

各種の規格認証（23年3月末）は、ISOの品質マネジメントシステム規格9001を日本、米国、シンガポールなどグループ33法人で、環境マネジメントISO14001もマレーシアなど11法人（31拠点）で、医療機器の品質マネジメント規格を原木第4ターミナル、シンガポール、中国、インド、ベトナムでそれぞれ取得。労働安全衛生のOHSAS 18001は香港など4法人、さらにAEO制度も12年の東京税関の認定通関業者の取得をはじめ韓国、英国など28法人、医薬品保管輸送関連のGDP（Good distribution Practice）が英、独など9法人、TAPA認証も米英中など14法人が、それぞれ取得済み。医薬品航空輸送のCEIV Pharmaも日本（成田）で取得した。

直近（23年3月期）のセグメント別売上高比率は日本26.4%、米州12.7%、欧州・中東・アフリカ7.3%、東アジア20.2%、東南アジア・オセアニア14.7%、APLL23.5%。貨物取扱量は航空輸出63.7万トン、海上輸出69.8万TEU。長期ビジョン「Global Top 10 Solution Partner 日本発祥のグローバルブランドへ」では航空・海上フォワーディングを軸にロジスティクスはライトアセットで事業を拡大する方針で、売上高1兆円、営業利益500億円、航空貨物100万トン超、海上貨物100万TEU超を目標とし世界トップ10入りを目指す。近鉄グループホールディングスの23年3月期連結業績のうち、近鉄エクスプレス連結子会社化にともない新設した国際物流セグメントの業績（22年7月〜23年3月）は売上高が7,108億5,500万円、営業利益は233億1,700万円だった。

## "K" Line Logistics, Ltd.
### ケイラインロジスティックス　株式会社

川崎汽船グループの物流中核会社。川汽96%／川崎重工4%出資の資本金6億円で、従業員1,678人（国内490人、海外1,188人。2023年3月）。国内18拠点、海外22カ国 61拠点（代理店網95カ国）を運営する。国内拠点は東日本（本社、成田カスタマーサービスセンター、原木物流センター、立川、京浜、成田空港、新千歳空港、新潟、北関東）、中日本（名古屋、中部国際空港、岐阜、長野、静岡）、西日本（関西、関空、神戸、福岡）の計18カ所。

創業は飯野海運航空代理店部から1960年に設立された飯野航空サービスから始まる。1963年に飯野トラベルに、1964年の海運集約で川汽と飯野の合併に

ともない飯野川崎トラベルに商号変更したのち、1969年に川崎航空サービスに社名変更した。川汽グループ再編の一環で06年7月に川崎航空サービスを合併会社、ケイロジスティックス（02年にダイトーコーポレーション、日東物流の海貨営業部門を統合）を被合併会社として現商号に改称し、航空と海上のトータル・ロジスティクスサービスを提供する物流中核会社となった。川崎航空の61年取得のIATA公認代理店資格による航空がベースとなってきた一方で、海上貨物にも注力。国内のロジスティクスセンターは厚木ロジスティクスセンターに集約。海外のロジスティクスハブ施設は香港、ロサンゼルス、米墨国境VMI（Vender Managed Inventory）倉庫。海外営業拠点は11年設立のベトナム（ホーチミンに加え14年にハイフォン支店開設し3拠点）、中国は2現法12拠点、23年9月には中国現法が武漢事務所、米現法がフェニックスにセールスオフィスをそれぞれ開設した。タイ現法は14年に、シンガポール現法は16年に現地のAEOの認証を取得した。19年3月に米現法ロサンゼルス支店が航空宇宙防衛品質マネジメントシステム規格AS9120認証を取得し、20年6月には国内7拠点（本社、原木、名古屋支店、中部国際空港、岐阜、関空、神戸）でも取得した。21年2月に英現法でEN9120を取得、23年5月に上海現法が医薬品の適正流通基準GDPを取得、中国現法が23年6月に品質管理システム規格のISO9001:2015認証を取得した。

22年3月期業績（単体）は売上高が290億5,556万円、営業利益が1億4,188万円、当期利益が14億1,040万円。

## Keihin Co., Ltd., The
### ケイヒン　株式会社

1947年12月17日に資本金300万円で東京・中央区に大津工業を設立し22年には創立75周年。"クオリティの高い、エコロジー型物流サービスをオーダーメイドで"をうたい文句に先行開拓型の"総合物流商社"で物流大手の一角を占める。翌48年に横浜港に1万㎡の規模で倉庫業の営業を開始、それを機に京浜倉庫と商号を改め、本社も横浜に移したのが生い立ち。1年早い1946年創業で東証1部上場の飼料販売大手の協同飼料も故・大津正二氏のケイヒングループ。ケイヒンの創業者・正二氏は倉庫業を皮切りに一般港湾運送事業、海運代理店、通関、トラック運送、輸出車両にも強い埠頭業など物流の業容を拡大、宅配便も「OK便」を展開。その後、81年には老舗の米船社、Everett汽船を買収し外航海運にも乗り出し話題を呼び、これが現在のアジアでの事業基盤の一つにもなった。国際化はフォワーダー／NVO展開で先進組。他社に先んじて提携代理店との複合一貫輸送を手がけ70年代半ばに本格化、欧米からアジアではフィリピン：Keihin Everett Forwarding Company

Inc.（12年にISO9001取得）や台湾、シンガポール、中国・香港、上海に独資の国際フォワーディング会社、14年にはベトナムで現法を立て6現地法人を構え、米国大手のBDP Internationalを主力パートナーにワールドワイドの代理店網も築き135カ国のネットワークを活用し複合輸送サービスを営む。各地の倉庫で「グリーン経営」認証、ISO9001、14001を認証取得、15年にはAEO認定通関業者の資格を取得。62年に東証2部、71年には同1部に上場、かつて運輸で横浜の地場上場4社の一つとされたが、78年に本籍を東京・港区に移転、84年に商号をケイヒンに変更、現在の資本金は53億7,600万円、従業員連結920人（個別312人）、東証スタンダード市場に上場。ケイヒングループは国際部門のケイヒン海運、ケイヒン航空ほか、ケイヒン陸運（15年に東海会社で安全性優良事業所認定を取得:全国5カ所で取得）、通販物流（フルフィルメントシステムなど）の宅配部門のケイヒン配送、情報システム（輸入貨物通関情報／輸出車両船積み情報／貨物追跡など国際物流／倉庫在庫情報／物流EDIなど国内物流のそれぞれシステム）のダックシステム、ケイヒンコンテナ急送、OKコンテナエキスプレスや部門、地域（関東、名古屋、関西）ごとの主要なグループ会社含め16社で構成、国際と国内のトータルオーガナイザーとして総合物流を営んでいる。23年3月には横浜港本牧ふ頭A突堤に延べ床面積2万3,827.18㎡の新倉庫の建設を開始、24年8月竣工予定。

23年3月期連結業績は、売上高が前期比10.6%増の598億2,100万円と増収、営業利益が21.8%増の38億2,300万円、経常利益は20.5%増の39億5,800万円、当期利益が19.5%増の27億400万円と増益だった。売上高営業利益率6.4%。

## KMTC (JAPAN) Co., Ltd.
## 高麗海運ジャパン　株式会社

日韓、中国、アジア域内サービスを展開するKorea Marine Transport Co.（KMTC・高麗海運、韓国）の日本現地法人で、日本通運が20%出資し、東京本社（港区新橋）、大阪支店がある。日韓航路のほか、日本・韓国・中国を起点とした東南アジア、南西アジア、アラビア湾、ロシアを含むアジア域内航路を展開、他船社と協調し、日本海／中国や比・インドネシアの直行配船、日本の主要港、地方港から連雲港向けの輸出貨物も引き受ける。23年3月には輸出コンテナ取扱量が日本法人設立以来初の2万TEU（Carriers' Owned Container のみの数値）を突破した。

KMTC（Japan）の代表取締役、金　智泰（Ji Tae Kim）氏は04年に高麗海運入社、カスタマーサービス、輸入営業、日本営業の各チームを経て、2016年から大阪支店に駐在し、帰国後、18年からコンテナ営業部日本営業チーム長を務めていた。韓国外国語大学行政学科卒の43歳。

KMTCは1954年4月に創業し、日韓航路で不定期サービスを開始、64年2月に"Dongyang"、"Shinyang"を韓国政府の計画造船で初めて建造し、67年4月にセミコンテナ船で、73年にはフルコンテナ船で、それぞれ韓国船社として初のコンテナサービスを開始したパイオニア。92〜94年には韓国〜台湾〜香港、韓中を、96年に近海船社として初の東南アジア航路を開設した。その間、72年には東南アジアで、75年には全世界で、不定期船サービスを開始したほか、90年に日本郵船との合弁の関釜フェリー船社、Camellia Lineを設立し、旅客輸送事業にも参入した。2006にロシア極東のウラジオストク・ボストチヌイ航路、08年にパキスタン、イラン向け定期サービスを開始し、サービス網を極東から南西アジア全域まで拡大した。

ISM CodeとISO9002は1998年に、ISPS Codeは04年、韓国政府によるCertified Integrated Logistics Companyは06年に受け、09年4月には韓国関税庁からコンプライアンスに優れた物流事業者に与える初のAEO（認定事業者）9社のうちの1社の選定を受け、12年には海運会社としては初のAEO最高等級のAAの認証を授与され、韓国で最高の安全・保安優秀船社となり、16年にはAA等級の再認定を受け、通関手続き面などで優遇措置を受けている。

2023年現在、釜山、仁川、蔚山と日本の30港以上を結ぶ日韓サービス、華北の大連から華南の香港まで16港以上を結ぶ韓中サービス、東南アジア域内を結ぶ22ループを超えるサービス、北西アジア・中東の9港、東アフリカを結ぶグローバルネットを持つ。蔚山港のUlsan Container Terminalを1999年に、2012年にはBusan New port Terminal 2、3（面積84万㎡）をそれぞれ取得し、効率的な荷役を展開している。日韓と東南アジアサービスでの積み取りシェアはトップ。ソウル本社の下、釜山に支店、仁川、蔚山に営業所を置き、現法（支店）は北東アジアが日本、中国、香港に、東南アジアはベトナム（ホーチミン、ハイフォン、ハノイ）、タイ（バンコク）、シンガポール、インドネシア（ジャカルタ、スラバヤ）、マレーシア（クアラルンプール、パシールグダン、ペナン）、フィリピン（マニラ）、インド（ムンバイ、ニューデリー、チェンナイ、ムンバイ、アーメダバード、ハジア／スラット、ルディアナ）に置く。23年11月の運航船腹量は自社船31隻、用船35隻の計66隻、15万2,161TEUで世界ランク15位（Alphaliner）。発注残は2隻、1万6,400TEU。堅実な財務基盤で知られ、他業種でもあまり例のない1985年以降、2022年まで38期連続で黒字を維持する優良企業。2022年まで10年連続で売上高1兆ウォンを上回った。

KMTCのサービスは韓国が釜山、釜山新港、仁川、蔚山、麗水（Daesan）、平澤、浦項の計7港、日本は、北は石狩湾新港（北海道）から南は薩摩川内、志布志（鹿児島）まで沿海県のほぼ全県の約48港を28ループのサービスでカバーする。韓中は5ループ、日韓中は華北の大連から華南のダーチャンベイ（深せん市）まで7ループ、台湾は3港に寄港。極東はボストチヌイ、東南アジアは越、比、タイ、マレーシア、海峡地、インドネシアなど41ループ、南西アジアは印、スリランカ、パキスタンと東アフリカ（モンバサ、ダルエスサラーム）を含む8ループを展開する。KMTCのアジア寄港地は約100港でトランクライン船社を含め、アジア域内サービスで最大級の寄港数を誇る。

KMTCは78年に韓国船社として初めてACOSでオンライン化。その後、独自のITシステム、ICC3.0を構築し、IT機能とコスト競争力を強化、顧客ニーズに対応した先進的なITサービスに取り組む。ソウル本社で開発、多くの海外支店で導入し、韓国、中国でも利用率が高い"e-KMTC"と称するe-Serviceを12年6月から日本でも開始し、貨物のトラッキング、スケジュール確認、ブッキング、B/L（D/R）入力・B/L訂正、B/Lコピー、Seaway Billや運賃情報のプリント入力、フリータイム要請、A/N確認など利便性が高く、ブッキング認証は専任を配置し、5分以内の応答を実現、Webブッキング比率は99%以上に達している。22年半ばからは「Ongoing」のメニューを新設、進行中の業務を分かり易くし、本船の現在位置の確認も可能になった。韓国の官民合同による受荷主、銀行、税関などと船積み貨物情報、書類を共有し連携する「海運・物流ブロックチェーンコンソーシアム」に参画し、銀行、税関とも連携、輸出債権の買い取り（インボイス・ディスカウント）やマニフェストの申告など、より実務的な業務にまで拡大した。19年10月には海運、物流、データテクノロジー、製造・流通企業など36社で構成する、「グローバル海運物流デジタルコンソーシアム（GSDC）」に参画、ブロックチェーン技術を利用したプラットフォームの構築で先行するGlobal Shipping Business Network（GSBN）などに対抗する韓国企業によるプラットフォーム構築に動く。

2021年から顕著となったコンテナ船のスペース不足への対応では、アジア域内航路に2,556〜2,800TEU型やギリシャ船主から買船した6,500TEU型をアジア域内航路に投入、22年には釜山向けに阪神を含む瀬戸内から臨時便を仕立てるなど荷主の要請に対応、日韓サービス最適化のため、7サービスを改編、23年10月からは北海道、新潟、秋田、仙台、常陸那珂、清水、小名浜、博多、金沢などの6サービスを4サービスに集約、効率化した。さらにCMA CGM、COSCO、Evergreenなどの協調配船している中国〜東アフリカ向けサービスのスロットを借り受け、中国・海峡地〜モンバサのサービスを開始、23年11月からはRCL（タイ）、Emirates Shipping（UAE）、T.S. Lines（香港）などとの協調で、中国〜海峡地〜モンバサ・ダルエスサラームの56日ターンのEAXサービスを開始、日本出しは上海接続で引き受けている。機器不足に対応し、22年にCarrier TransicoldのリーファーユニットPrimeLineを900基を発注した。99年に蔚山のコンテナターミナルの運営権を取得、12年には傘下のKCTC（Korea Container Terminal Co.）などの傘下会社が釜山新港（BNCT2-3ターミナル840,000㎡）の運営に参画している。

KMTCは1978年に日本郵船との協調配船で北米航路に参入したが、85年に政府主導の海運集約で北米航路部門をHyundai Merchant Marine（現・HMM）と統合、日韓専業のNew KMTC（新高麗海運）として再出発した。

92年に日韓配船社として初めて日韓航路以外となる韓国〜台湾〜香港の定期サービスを開始、アジア域内へサービス網を拡大した。2013年から4か年計画で新造コンテナ船の整備を進め、15隻・2万8,300TEUの船隊を整備し、経済性の高い船隊で高付加価値サービス提供の体制を整えた。Hanjin Shipping（韓国）破綻後はHMMなどとミニアライアンスを組み、アジア域内の輸送需要に応え、17年2月からは1,800TEU型BangkokMax船をHMMとの協調で韓国／東南アジア航路のNew Thailand Hochiminh Service（NTH）に投入し、アジア域内サービスを拡充。さらに19年4月に7年振りに2,500TEU型3隻を20年後半の引き渡しで現代尾浦造船に発注、アジア／インド・中東航路投入用に最大船型となる8,540TEU型を定期用船した。19年9月には342TEU船による門司／ウラジオストク／釜山直航の新サービス、Setouchi Pusan Vladivostok service 2（SPV2）や韓比航路開設など航路網を拡大した。KMTCのFOB/CIF比率は日本向けの95%以上がプリペイド、輸出入全体でもFOBが20%を占める。

19年12月にHaiphong Port Joint Stock Company（ハイフォン港湾会社）と協力覚書（MoC）を締結、第1弾として合弁会社を設立し、ディンブー工業団地で広さ2haの倉庫事業に乗り出し、顧客に海上輸送と倉庫などの物流事業を加えたパッケージサービスを提供する。

KMTC Japanは、複数の韓国船社の代理店を引き受けていたワールドシッピング（当時）が船主別に代理店を分離するのに伴い、1986年12月にKMTCと日本通運の折半出資によりKMTC専属代理店としてコスモスマリタイムを設立したのに始まる。06年1月に出資比率をKMTC80%に変更、11年12月に高麗海運ジャパンに社名変更した。JIFFAメンバーとしてNVO業務も営んでいたが、社名変更を機に退会した。

KMTCは日韓の定期・不定期船社として1954年（昭和29年）4月に創業、当初は日韓の在来船サービスでスタートし、1973年には日韓航路初のフルコンテナサービスを開始。その後、90年代に日本の地方港サービスを開始、さらにアジア近海や東南アジア、南西アジア、中東域、ロシアへもサービスを拡充、現在の最も西のサービスは韓中〜印・アラビア湾のAsian India Middle East Svc.と17年11月から開始したRegional Container Lines（RCL、タイ）、Gold Star（香港）、T.S.Lines（香港）、SM Line（韓国）と協調の中国〜パキスタン〜中東を結ぶPakistan Middle East Svc.。

子会社には88年にKMTC航空貨物部（IATAメンバー）としてスタートし、92年に独立、97年にKMTCの海上フォワーディング部門を吸収統合、海上・航空貨物の保税倉庫でもAEO認証を受けた総合ロジスティクスのKMTC Air-Sea Service（高麗海運航空）のほか、船舶管理・配乗のKMTC Ship Management、日韓フェリーで日本郵船との合弁のカメリアライン、カメリアの集荷・集客代理店のKorea Ferry、配乗管理、海務監督、安全管理、テクニカルコンサルティングなどのHana Shipping、ターミナルオペレーションのTotal Harbor Service、日本を含む各国の現法などがある。

KMTC（連結）の22年（1月〜12月）業績（連結、報道値）は売上高が約5兆ウォン、当期利益約1兆9,000億ウォンで過去最高を更新した。

## Konoike Transport Co., Ltd.
### 鴻池運輸　株式会社

"鴻池財閥"グループの一員として1880年（明治13年）5月に鴻池忠治郎が創業、2013年に東証一部上場、2020年に創業140年の大阪地盤の名門。建設業の鴻池組の運輸事業部門を経て1945年（昭和20年）に資本金35万円で設立した鴻池運輸は大阪の港運や通関などの業界をリードする。現社長の鴻池忠彦氏（03年就任）は創業家出身の社長としては4代目で、物流に止まらず、空港業務や医療器具の滅菌受託サービス、インド展開など多角化への挑戦を重ね、物流：非物流の売上比率は4：6と事業形態はユニーク。23年3月期の売上高比率は複合ソリューションが60.6%、国際物流が22.5%、国内物流が16.9%。資本金は17億2,300万円、連結社員数は約2万4,000人（単体1.4万人）。国内は大阪本社、東京両本社を軸に11支店144事業所、グループ会社29拠点で合計186拠点（23年には国際物流関西支店熊本事務所を新設）、海外は現地法人31社、駐在員事務所2カ所で合計33拠点を展開する。海陸空の総合物流企業として、国内物流、国際物流のほか、複合ソリューション事業では鉄鋼／食品／メディカル／空港／生活と業界別に生産・流通、特殊技能にまで踏み込んだ請負

を行い、100年以上の経験をもつ鉄鋼関連の工場内外物流からエンジニアリングのほか冷食物流ネットワーク、流通センター／流通加工施設も展開が活発。トラック運送、重量物運搬、引越のほか港湾運送業は大阪港一種元請けとしてコンテナターミナルのオペレーター、通関／保税蔵置場（倉庫）事業に加え、10年に日本航空から航空機の誘導やカウンター業務などグランドハンドリング業務3社を買収、空港関連サービスを拡大した。

国際物流は海上輸送（日・台・香港の自社定航およびNVOCC／複合一貫輸送）／航空貨物輸送のフォワーディング業務（10年に羽田国際空港で貨物上屋業務）を営む。84年にシンガポール、85年に米国、中国、93年には日系物流企業として初のベトナム、01年以降は比、インドネシア、インド、タイ、バングラデシュ、ミャンマー、カンボジア、メキシコにそれぞれ進出した。海外拠点は欧州（独）、米州（米国、墨）とインドを含むアジア全域で合弁含む31法人、2駐在事務所で33拠点を抱える（23年7月）。定温輸送に強く、自社定温倉庫はホーチミン、バンコク、青島に加え、米国では現在LA近郊に冷凍・冷蔵倉庫3拠点を運営する。北米ではロサンゼルス／ロングビーチ港エリアで冷凍・冷蔵倉庫業務を行う3社と据付含む重量物輸送、輸出入業務の1社の計4社を運営、このうちKonoike-Pacific California, Inc.（KPC）が6,700㎡、保管能力1.6万パレットの冷凍・冷蔵倉庫を増設中。中国は上海独資や新物流センター稼働の常熟など現法（合弁、関連会社含む）8社で、定温物流や販促品の流通加工など日本国内に匹敵する高品質サービスを展開。15年には香港のフォワーダー、BEL Internationalの株式30%を取得し18年に完全子会社化した。21年には日本国内農産品の調達から海外バイヤーへの販売まで物流と商流をトータルアレンジする「KONOIKEフレッシュサービス」を始動、香港からアジアへ拡大を図る。東南アジアではミャンマーは14年に現法設立、その現法で国交省の農産品物流近代化のための16年度物流パイロット事業を受託し16年9月に独資でティラワSEZにミャンマー初の自社倉庫を着工、保税・流通加工機能備え17年春に自社トラック運送も含め稼働、16年にはベトナム現法が自社車両（トラック・トレーラー）100台超を順次導入、ベトナム〜カンボジア、タイ〜ミャンマー等、定温倉庫と自社車両により高水準のASEAN域内越境サービスを提供中。カンボジアエクスプレスやミャンマーエクスプレス、14年にメコン・フード・エクスプレスも開始。タイではフォワーディング、定温輸送のほか鋼材物流の合弁会社を設け17年春に事業化したが不採算のため21年春に全株式を売却した。バングラデシュ現法は日系第1号で09年に設立、10年から日本向けアパレル混載を営み検品、検針等の付加価値サービスも合弁で手がけ、20

年に現地企業、日本国内で提携する桑原と3社で検針・検品作業の合弁会社を設立。インドではフォワーディングやエンジニアリングのほか、コンテナ、自動車の鉄道輸送、メディカル事業にも参入。18年に現地ICDを運営するACTLと合弁で鉄道コンテナ輸送の新会社 Joshi Konoike Transport & Infrastructure Pvt. Ltd. (JKTIPL) を設立し日系物流企業として初めてインドで鉄道コンテナ輸送事業を本格化し、ナバシェバ、ピパバブ、ムンドラの西部3港からデリー周辺まで1便2編成90TEUの大量輸送を実現した。19年には完成車の鉄道輸送に参入、自社専用の自動車輸送車両を1編成投入し、デリー〜バンガロール間で運行を開始した。さらにインドではメディアスホールディングス（東京）と共同出資子会社 Carna Medical Database Pvt.Ltd.を設立、医療材料データの標準化によるサプライチェーン改革に取り組み、海外と国内の医薬品含む高度医療品・検体輸送とともに印の検体事業の技術研修機関として採択、さらに22年に食品・医療品の卸売業免許を取得し健康食品、医療品のサプライチェーン一貫体制を整えた。滅菌施設に加えインド初の次世代（中央・集中管理型）医療物流センター建設も構想。

国内では21年夏には大阪港の人工島、舞洲に鋼材・重量物専用の輸出入倉庫（上屋面積4,000m²）を竣工。埼玉（越谷）の越谷定温流通センターは再編し、冷凍・冷蔵倉庫1棟、普通倉庫2棟のうち、普通倉庫2棟を冷凍・冷蔵倉庫（1万6,812m²）に拡張・建て替え、23年2月に稼働を開始した。

医療関連物流では07年に東京・品川に物流センター／専門情報システムの開発で新規に展開、滅菌代行、院内物流の請負、医療器具の輸配送、高度医療品輸送など幅広く、00年設立の鴻池メディカルは国内営業所15拠点（病院事業11、物流事業4）、院外滅菌センター10カ所、洗浄センター4カ所を展開、医療機関1,100施設と取引がある。07年には日本ケミファのメディカルシステムサービスの譲渡を受け、08年1月には滅菌代行のMSSを子会社化。

DXでは、航空・海上貨物の輸出で見積もりから商談依頼までをオンラインでできるサービス「Kクイック」を20年秋に導入、22年に輸出・輸入業務の手配依頼、見積もり、進捗確認、手配完了までwebとチャットで完結する「KBX」を海上、航空輸送で開始。また物流現場の技術イノベーション拠点、鴻池技術研究所イノベーションセンターを21年に開設、22年に国内初の倉庫自動化オペレーションの実証実験を実施した。22年には紙帳票のデジタル化サービスを行うシャインを合弁設立し、23年に長崎にセンターを開設した。

01年設立のコウノイケシッピングは社員43名で、利用運送（NVO）サービスを中心に陸上輸送、海運代理店事業（副代理店）を展開中。23年3月期の売上高は25.6億円。

鴻池運輸は13年3月15日に東証1部に上場（22年にプライム市場へ移行）。22年5月に策定した2030年ビジョン「技術で、人が、高みを目指す」と23/3期〜25/3期の中期経営計画では、2030年に売上高4,500億円（ガイドライン）、営業利益250億円、ROE10%以上を長期目標に、24年3月期は売上高3,210億円、営業利益140億円、ROE6.9%、25年3月期には売上高3,320億円、営業利益160億円、ROE8.0%に設定した。23年3月期の連結業績は売上高が前年同期比3.5%増の3,118億4,000万円、営業利益が28.7%増の132億4,300万円、経常利益が20.6%増の142億8,100万円、当期利益は3.9%増の83億100万円。売上高営業利益率は4.2%。

### Korea Marine Transport Co. :

KMTC (Japan)参照

### Kyowa Shipping Co., Ltd.
### 協和海運　株式会社

南太平洋・ミクロネシア、パプア・ニューギニア（PNG）の専業船社で、定期を中心に太平洋島嶼国地域の産業に根ざした不定期船も年間十数航海運航している。東京・新橋の本社のほか大阪支店も構え、2024年で創業50年。資本金9,950万円、山九も20.1%の株式を持つ。23年1月期の売上高は単体164億円、連結257億円。ランプウェー、クレーンを装備した多目的船10隻を運航し、コンテナ、車両、重量物（建機）、長尺物（鋼材）、雑貨など幅広い輸送需要に対応する。船隊は02〜22年建造で403〜966TEUを積載可能な8,600〜18,000dwt級多目的船9隻。2018年に2隻、2022年に1隻が竣工した1.2万dwt型は右舷の船尾に耐荷重30トンのサイドランプや40トン型クレーン2基を備え、オンデッキで最大649TEUのコンテナ積載が可能で、サイパン、グアム、ミクロネシア航路に就航している。

定期は①サイパン・グアム・ミクロネシア航路②南太平洋航路（旧Greater Bali Hai Svc.）③PNG・豪州、の3航路。ミクロネシア航路はFSM LineとWespac-Kyowa Shippingとの共同配船、Matson（米国）との共同運航で1万2,000dwt（641TEU）3隻を日本・釜山から配船し、マーシャル諸島もカバーする。南太平洋航路は18年10月からはSwire（CNCo）とのスロット交換を開始しサービスを拡充した。投入船は協和／NYK Bulk &Projectが18,000dwt級多目的船（912〜966TEU、デリック65〜78トン）4隻で韓国・日本からキリバス、バヌアツ、ソロモン諸島、ニューカレドニア、フィジー、トンガ、サモア、タヒチ、ツバルへの月2便サービス。中国、台湾、香港と東南アジア、大洋州、欧州とのトランシップ貨物も引き受ける。Swireの投入船

は15年建造の22,000dwt（1,600TEU、デリック60トン）3隻＋31,000dwt（2,118TEU、デリック60トン）の4隻でマンスリーサービスしている。PNG・豪州サービスは8,500dwt（403TEU、デリック30トン）1隻と1.2万dwt（506TEU）1隻で韓国・日本からパプア・ニューギニア、北豪州に寄港し、中国、台湾、香港と東南ア、大洋州、欧州向けをトランシップで引き受ける。

関連会社にミクロネシア船社のFSM Line、グアム代理店のMarianas Steamship Agencies、パラオの代理店で共同運航しているWespac-Kyowa Shipping、船主業務のPacific Line Trading（パナマ）、自社運航船の船舶管理のトリテック、南太平洋向け車両輸出を手がけるエース物産など。

協和海運は1974年に資本金500万円で設立、日本・フィジー定期航路を開設し缶詰、コプラ輸送を開始し、1977年にSaipan Shippingと日本・ミクロネシアの協調配船を開始、太平洋島嶼地域のほぼ全域をカバーする定期サービス網を確立した。79年に香港・台湾/南太平洋・PNG定期航路、80年にシンガポールからPNG、南太平洋航路を開設、81年に南太平洋同盟に準メンバーとして加入。93年、Sea-Land（米国、現・Maersk）と提携し、北米西岸/ミクロネシア貨物をグアム接続で開始した（その後解消）。翌年、ミクロネシア連邦のPT&S社との合弁会社でFSM Lineを設立し、ミクロネシア向け共同配船を開始。95年に同盟の正メンバーとなり日本郵船、商船三井、CNCo.と南太平洋同盟でGreater Bali Hai Svc.を開始、96年にグアムに代理店会社のMariana Steamship Agenciesを設立、豪州定期航路も開設、東チモールへも寄港するRo/Roサービスを提供した。05年7月からMatson Line（米国）と米国出し貨物をグアムで積み替えミクロネシア向けに接続輸送するサービスを提供していたが、12年12月に新協定を締結しサービスを拡充、Matsonの顧客はマーシャル諸島、ミクロネシア、パラオへ定曜日着の隔週サービスを利用できるようになった。

## LOGISTEED, Ltd.
## ロジスティード　株式会社

2023年4月1日付で日立物流からロジスティードに商号を変更した。1950年2月に日立製作所の輸送業務を請け負う物流子会社として茨城県日立市に「日東運輸」の社名で創業した。52年に「日立運輸」に社名を変更、67年に西部日立運輸、東京モノレールとの3社合併で「日立運輸東京モノレール」に、81年には東京モノレールを分離し「日立運輸」に戻り、創業35年の85年に「日立物流」とした。日立製作所は、同社の持分法適用会社（所有割合39.91％）の日立物流の株式を米投資ファンドのKKRに売却、KKR傘下のHTSKによるTOB（株式公開買い付け）が22

年11月29日に終了、12月6日付で同社の総株主の議決権の数に対して、HTSKの所有する議決権の数の割合が50％超となり、HTSKが同社の親会社、筆頭株主となった。これに伴い商号を「ロジスティード株式会社」に23年4月1日変更、グループ会社の商号についても、同日付でロジスティードを付した商号に変更している。

本社は64年に日立市から東京都渋谷区に移転、さらに94年からの江東区東陽を経て、17年には東京都中央区京橋に移転。資本金3億1,000万円、連結資産9,121億900万円、グループ人員4万6,755人、グループ会社は全国地区別のロジスティード各社、ロジスティードエクスプレスをはじめ98社（国内26社、海外72社）、拠点は808拠点（国内334カ所/海外474カ所）、物流センター793万m²、車両1万9,663台を保有（22年3月）。23年3月期の売上高8,143億円のうち国内物流が4,240億円、国際物流が3,759億円。分野別売上高は3PLが国内3,691億円/海外3,261億円、フォワーディングが1,728億円。フォワーディング取扱量は航空14.2万トン、海上42.4万TEU。21年フォワーダーランキング（Armstrong & Associates調べ。売上高・航空/海上取扱量の各順位の平均に基づく）では世界19位で、日系では日本通運（8位）、近鉄エクスプレス（13位）、郵船ロジスティクス（16位）に次ぐ。

海外進出は物流中心に76年にシンガポールに海外初の合弁会社を設け、87年に米国現法、88年に中国合弁、89年に欧州現法を設立。アジア展開も進み、とくに中国は2001年に中国事業推進部を設けて以来展開を加速、14年に日立物流（中国）を発足させ事業体制を再構築、全土配送網の構築を担い、中国現法は香港を含め9社。海外でのM&Aも活発。21年には欧州とタイの連結子会社を統合、欧州では、TSEとVNLを統合、TSEを存続会社として3PLとフォワーディングをワンストップで提供する。タイでは、ETGとVALとVTRを統合し、ETGを事業譲受会社として地域のリソースを集約、サービスレベルと経営効率の向上を図った。22年12月には医薬・食品関連を中心としたオランダの国際フォワーディング会社Cyber Freight International Holding B.V.の全株式を取得した。さらに23年8月、欧州域内で低温混載輸送サービスを提供するオランダの物流会社Vanden Bos & van Daalen Materieel B.V.（Bos Daalen）の全株式を取得した。

国内では16年3月に佐川急便（SGHD）と戦略提携、18年に東証1部のフォワーダー、日中間に強いエーアイテイー（AIT）と資本・業務提携した。20年9月にSGHDとの提携関係を弱め、保有していた佐川急便株（出資比率20％）をSGHDに全て売却するとともにSGHD保有の自社株（同29％）を一部買い戻した。さらに21年4月にSGHDからさらに買い戻し、

22年10月にはSGHDがさらに同社の一部株式を売却している。AITとは株式交換で日立物流子会社の日新運輸にAITが出資し子会社化、日立物流はAITに20%を出資して日立物流グループ（持分適用会社）とし、双方で中国物流の強化などコラボを展開（日新運輸は17年にメコン地域陸送を含む日本向け複合輸送"Smart My Road"も）。

現在、中期経営計画「LOGISTEED2024」（22〜24年度）に取り組み、海外事業の強化・拡大によりアジア圏3PLのリーディングカンパニーを目指し、M&Aなどの戦略投資を含め総額1,750億円を投資する。具体的には北米では輸送事業、欧州では3PLとフォワーディング事業、インドで輸送事業などM&Aの全地域展開を図るとともに、インド、タイ、インドネシア、マレーシアでの自動車、食料品、日用品など、中国での自動化・省人化など、重点エリアへ投資する。また新たな付加価値による事業領域の拡張（LOGISTEEDの加速）を進め、スマート・ロジスティクスの進化として、システムと機械が連動した自動化・省力化、DXによる労働環境の向上、3温度帯倉庫や危険物倉庫などの倉庫機能強化・充実化、SSCVの活用による輸送事業強靭化と2024年問題・脱炭素化への対応などを進める。加えてESG経営の基盤強化も進める計画だ。各種ライセンスは90年代後半にISO9001、ISO14001を取得のほかシステム物流で情報セキュリティマネジメントシステム（ISMS）の認証、18年には映像検品認識装置で特許を得ている。米国法人のC-TPAT認証のほか、日本、蘭、チェコ、タイの法人がAEO認証を取得済。20年には持続的な成長を実現するための世界的な取り組み、国連グローバル・コンパクト（UNGC）に署名。21年3月には日立物流バンテックフォワーディングが成田空港の医薬品航空輸送に関する品質認証プログラム「CEIV Pharma」認証を取得、22年6月には関西国際空港でも取得した。香港でも23年1月に香港国際空港で取得した。23年3月期の連結業績は売上高が8,143億1,000万円、営業利益（EBIT）が452億9,200万円、当期利益が255億1,600万円だった。売上高営業利益率5.6%。

## LOGISTEED Express, Ltd.
## ロジスティードエクスプレス　株式会社

日立物流（現ロジスティード）と、同社グループ傘下に入ったバンテックが、双方のフォワーディング部門を一体化し、フォワーディング専業会社として前身の日立物流バンテックフォワーディングを12年7月に設立。日立物流シーアンドエアとバンテックの関連部門を統合したもの。国際フォワーディング（海上NVOCC、航空貨物取扱：航空運送代理店業／一般港湾運送事業：新海貨／通関業）サービスをはじめ3PL（システム物流）、重量物・機工の3本柱で事業を手がける。バンテックの自動車部品物流、日立物流の強い3PL、京浜港や主要空港の現場サービスの日立物流シーアンドエアの、それぞれグローバルネット、人材、ノウハウを組み合わせ日立物流グループのグリーン・グローバル・コンファタブルのスマート・ロジスティクスの一翼を担う。日立物流が米投資ファンドKohlberg Kravis Roberts（KKR）傘下のHTSKによるTOB（株式公開買付け）により、22年12月にHTSKが日立物流の親会社、筆頭株主となった。これを受けて23年4月、日立物流が商号をロジスティードに変更したことに伴い、社名をロジスティードエクスプレスに変更した。

ロジスティードエクスプレスの本社は東京都中央区晴海の晴海アイランドトリトンスクエア内に置き、資本金10億円（日立物流35%、バンテック65%→16年に日立物流100%）。顧客は幅広い業種で500社にのぼる。組織は海上部、航空輸出部、航空輸入部、西日本営業部、国際プラント部、営業開発部、AEO・輸出管理部、通関部、安全品質環境部、海外事業戦略部などの部組織を持つ。自動車部品フルSCMサービス、グローバル物流情報システムSuper HIGLOSを活かしつつ中国、アジア、北米、18年のカナダ向けダイレクトを含め主要地域向けに混載輸送20ポイント超のサービスを引き受け中で、日立物流との協業も含めて欧米・アジアのフォワーディング／3PL／重量・機工のワンストップサービスを売りに実績を高めている。14年にはAEO通関を取得、21年3月12日付で成田空港の医薬品航空輸送に関する品質認証プログラム「CEIV Pharma」認証を取得、22年6月には関西国際空港でも「CEIV Pharma」を取得した。

23年3月期の売上高は528億5,946万円、営業利益は38億3,699万円、経常利益が38億1,169万円、当期利益が26億5,958万円、売上高営業利益率は7.3%。

## Maersk A/S
## マースクAS

A.P. Moller-Maersk A/S（APMM）はデンマークを本拠とするコンテナ海上輸送を中核に関連事業を統合したロジスティクスサービスの提供会社。事業目標は海上輸送、内陸輸送、航空貨物輸送（実運送）にフォワーディング、ターミナル、通関、倉庫管理、損保、金融サービス、デジタルサービスを加え、原料調達から生産、製品輸送の管理に至るまでのエンドツーエンドのソリューションを提供し、サプライチェーンを接続、安全、かつシンプルに統合したDoor-to-Doorのコンテナ物流を荷主に提供する総合ロジスティクスサービスのプロバイダー、「Global Integrator」（世界的な統合輸送業者）を目指す。コンテナロジだけでなく、23年に買収したプロジェクトロジのMartin Bencher Group（デンマーク）との統合も進める。

MaerskはMSC（スイス）と期間10年の共同配船協定（VSA）を締結、15年初めからアジア／欧州、大西洋、太平洋の各航路の東西トレードでの最大規模のアライアンス、2Mを運営してきたが、25年1月で解消する。

APMMグループは海上輸送のMaersk Lineを源流とし、NASDAQ Copenhagenの上場企業で年間収益は815億ドル（2022年）。デンマーク最大かつ、世界を代表する海運・ロジスティクス企業。祖業の海上輸送を中核に年間1,200万本のコンテナを世界の隅々に輸送する。130カ国で事業を展開、10万人を雇用し、顧客数は10万社、ビジネス処理件数30億件。36カ国で65ターミナルを運営し、倉庫数540カ所（延べ床面積950万㎡）以上を運営する。ロゴマークは7つの海での海上輸送サービスを表すSeven Pointed Star。北欧最大のスーパー、コンビニ、ディスカウントストアのDansk Supermarked、百貨店チェーンのF.Sallingは14年1月にSalling Groupに売却、19年までに流通分野から完全撤退し、原油・ガス生産、掘削サービス、オフショア支援の権益や各事業は2018年第1四半期までに分離、売却、プロダクト船運航で世界2位のMaersk TankersはA.P. Moller家の持ち株会社、A.P. Moller Holding A/S（APMH）傘下の投資会社、A.P. Moller Holding Invest A/Sへ売却した。デンマーク最大の都市銀行で、北欧全域に店舗展開し500万人の顧客口座を持つDanske Bank A/Sは保有していた株式（発行済み株式の22.84%）を16年にほぼ全株（20%）を、オフショア支援のMaersk Supply Svc.も、それぞれAPMHに譲渡した。02年にMaersk BulkをTorvald Klaveness Groupに、12年にLNG船8隻を運航していたMaersk LNGを丸紅とTeekay（カナダ）の合弁会社へそれぞれ売却、Maersk Dataは04年にIBMへ、鋳造のDISA Holding、国内・近距離国際線（旅客輸送）のMaersk Airはそれぞれ05年に売却し、近海、Ro/Ro船や北ヨーロッパでコンテナ船を運航するNorfolklineとプラスチックス生産のRostiも10年に売却、Maersk船の大半を建造したOdense造船も12年に売却・廃業した。

APMMの議決権を有するA株の41.51%（議決権51.45%）はMoller家の持ち株会社、A.P. Moller Holding A/S（APMH）が保有、The Moller Family Foundationが9.83%（同13.65%）、A.P. Moller Relief Foundationが3.45%（同6.23%）、A.P. Moller-Maersk A/Sが5.82%（同0.98%）、その他（公開市場株主）が39.38%を保有する。APMH株式は創業家のA.P. Moller家とその財団のA.P. Møller og Hustru Chastine Mc-Kinney Møllers Fond til almene Formaalが全株を保有する。APMMは20年秋に自社株式の3.12%を買い入れ、現在は議決権0.98%を保有する。

祖業の定期船部門の23年10月現在のコンテナ船腹量は678隻、412万528TEUで全世界のコンテナ船腹量の14.8%を占め世界第2位（Alphaliner調べ）、発注残は33隻、40万8,000TEU。顧客数は約5万9,000社。

日本は支社で、2015年2月にAPMMの定期船事業部門をMaersk Line A/Sとして分社化したのに伴い、日本支社のA.P.Moller-Maersk A/Sも英文商号をMaersk Line A/S（日本の商業登記は斜線が認められないため、ASに変更）、さらにロジスティクス、損保などを含む総合的な業態を表すため、海上輸送を意味する"Line"を商号から削除した。北東アジア地区最高責任者兼日本支社長の西山徹氏（42歳）はコペンハーゲン本社での経営戦略室ディレクターを経て就任、日本と韓国を管掌する。日本支社の社員数はHamburg Sud、コントラクトロジスティクスのLF Logistics、ターミナル等のスタッフを含め約500人で、出勤は届け出予約制。従来、日本支社から海外拠点に派遣していた「駐在員」は廃止し、コペンハーゲンやロッテルダム、シンガポール、パナマ、ニュージャージーなどで日本人を現地採用し、日系アカウントへ対応している。フォワーダー、SCMのDAMCOは日本現法として存続したマースク株式会社唯一の事業部門だったが14年にダムコジャパン㈱として独立、さらにグループ傘下のアフリカ専業船社のSafmarineと、DamcoのLCLと航空貨物事業をMaerskブランドに一体化し、両ブランドのサービスは2020年末にAPMMに統合。2017年に買収したHamburg Sud（独）は日本総代理店だったSeven Seas Shippingの代理店業務を23年4月にMaersk（港区赤坂）内に設置したHamburg Sud Japanに移管し、ブランドも23年中にもMaerskブランドに統合、一体化の予定。

APMMグループは1）海上輸送のMaersk Line 2）ターミナル事業のAPM Terminals B.V.（本社・蘭ハーグ）3）曳船（タグ）・海洋支援のSvitzer A/S、4）コンテナ生産のMaersk Container Industry A/S、5）主として油井ドリルや海上風力発電などオフショア関連のトレーニングを提供するMaersk Training A/S、6）硫化水素（H2S）ガスの安全管理、緊急対応のMaersk H2S Safety Services。それに南北航路のHamburg Sud、南米Mercosur域内海運のAlianca、米国籍船社で米Maritime Security Program（戦時徴用）参加企業のMaersk Line Ltd.が加わる。

APMMの収益の柱は海上輸送、ロジスティクス＆サービス、ターミナルの3事業で、2022年は海上輸送が収益642億9,900万ドル（EBIT：291億4,900万ドル）、ロジ・サービスが144億2,300万ドル（同8億1,400万ドル）、ターミナル事業が43億7,100万ドル（同8億3,200万ドル）だった。

デジタルフォワーダーのTwill LogisticsはMaersk Goに、アジア域内航路のSealandは段階的にMaerskに統合、オフショアマリンサービスのMaersk Supply ServiceはMaersk本体と統合した。

APM Terminals（01年設立、本社・蘭・ハーグ）は外洋ターミナルをロッテルダムやサラーラ（オマーン）、ニューヨーク、上海、横浜など37カ国、64ターミナル（プラス、伯スアペ、クロアチア・リエカ、ベトナムでプロジェクト進行中）で運営、22年に3万48隻が寄港し、2,180万本を取り扱った。全世界の雇用者数は2.2万人。2022年の売上高は43億7,000万ドル、EBITDAは15億3,000万ドル。

総合ロジスティクスプロバイダー化の一環でMaersk Air CargoがB767-300型貨物機でビルン空港（デンマーク）をハブに中国を起点に欧州、米中西部、米南部の路線を運航している。

1833年創業で、1979年にMaerskが買収した曳船・サルベージなど海事サービスのSvitzer（07年にSvitzerWijsmullerから社名変更）、は430隻のタグを30カ国以上、142港、284ターミナルで4,400人を雇用し、港湾とターミナルの曳船業務を提供。主としてガス、油井事業者にサルベージサービス提供していたArdent（蘭、Titan SalvageとSvitzerの合弁）は中核事業を売却し、2020年に営業を休止した。Maersk Container Industry は中国のChina International Marine Containers（CIMC、中国国際海運集装）への売却で合意したが、22年8月に米司法省がCIMCの市場支配力が高まるとして却下したため、断念した。

自動車船（PCC/PCTC）、Ro/Ro運航は、Hoegh Autoliners（ノルウェー）にPCC/PCTC12隻を現物出資し、Hoegh Autolinersの持ち株会社株式38.2%を取得、実質的に自動車船部門を分離して、役員3名を派遣していたが、Hoegh Autoliners の2021年の再上場に伴い、出資比率は29.75%に低下、派遣役員は2人となった。さらにAPMMは23年3月にHoegh株式1,350万株を売却、同年9月にも約1,690万株を手放し、Hoegh株式の持ち株比率を10.48%（2,000万株）に引き下げた。

Maerskはブロックチェーンを活用した貿易の安全性や貨物情報の電子化と業務のペーパーレス化実現へ向け、IBMと合弁（Maersk51%）で、Hyperledger Fabric（Linaxベース）を活用したプラットフォームのTradeLensを立ち上げ、船社、3PLなど100社以上が参加し、20年2月に独禁当局が認可したが、両社は荷主利用が拡がらなかったとして23年3月末でサービスを終了した。

Maerskは環境対応で世界的な海運の脱炭素化におけるこの10年は行動の10年で、サプライチェーンの目標期限内に脱炭素化をリードし行動、実現するとして、2030年までに科学的根拠に基づく目標に合わせて1.5℃の数値目標を主導し、サプライチェーン全体で対応し、業界を主導、さらに10年前倒しで2040年までに事業全体でネットゼロを実現し、顧客に100%の脱炭素のサービスを提供する方針。Maerskは韓国でシリーズ建造中の17,000 TEU型コンテナ船6隻を含む19隻には二元燃料メタノール主機を搭載予定で、既にMAN Energy Solutions（MAN ES、独）に主機を発注した。Maerskはグリーンメタノールが今後10年間で最もスケーラブル（拡張性のある）な環境対応の燃料ソリューションであり、他の船主による選択も期待しており、需要が大きくなればグリーンメタノールの価格優位性が増加し、環境に優しい輸送の実現性が増加すると見ている。APMHは23年9月にグリーンメタノールの大規模生産、保有、運用の新会社、C2Xを設立し、エジプトのスエズ運河、スペインのウエルバ港近郊などでプロジェクトを進めており、30年までに年間300万トン超の生産体制を整備する計画。Maerskは中間規制値適合を避け、一挙に2050年規制対応を目指す。

「事業の社会的責任」（BSR）のClean Cargo Working Groupに参画し、持続可能な貨物海上輸送サービスの維持のために活動しているほか、09年に国連の"Global Compact"を採用、人権、労働者の権利、環境、反汚職のMaritime Anti-Corruption Network、潘基文・国連事務総長（当時）が呼びかけた UN High-level Advisory Group on Sustainable Transportなどに参画している。

Maerskの創業は1904年（明治37年）。Svendborgに Arnold Peter Moller氏と父親のPeter Maersk Moller氏がA/S Dampski-belskabet Svendborg（Svendborg社）を設立したのが始まり。1912年にDampskibsselskabet af 1912 A/S（1912年社）を設立、D.Svendborgと均等出資のTankers & Liners in Partnersを組織し、Maersk Lineの名称でサービスを開始。日本へは1928年（昭和3年）に横浜へ初入港して北米東岸定期航路を開設した。三菱倉庫を日本総代理店に山九の源流会社である中村汽船も集荷していた。戦後は1947（昭和22）年8月に米国現法のMaersk Line Ltd., New Yorkの日本支店として、東京を本部に横浜港、神戸港に事務所を持ち従業員2名でスタートし、同年北米航路を再開。その後、Maersk Line Ltd.（コペンハーゲン）日本支社を経て、日本現地法人化しマースクラインリミテッド、マースクライン株式会社に社名変更、89年1月にマースク株式会社になり、11年10月からコペンハーゲン本社直轄のAPMM日本支社に変更、2015年2月に定航事業を分社化し、Maersk Line A/Sとなったのに伴い、その支社となり、社名変更してMaersk A/Sとなった。2003年1月に1912年社とSvendborg社を統合し、A.P. Moller-Maersk A/Sに社名変更した。1949年に戦後日本の大型輸出船商談の第1号として

3,500gtの貨物船と18,600dwtのタンカーを三井造船（現・三井E&S造船）に発注し、日本造船業復興のきっかけを作った。

Sea-Land Svc.買収後は、Safmarineのサービスを除きMaersk Sealandのライン名で営業していたが、P&O Nedlloydとの統合に伴い、オリジナルのMaersk Lineに戻した。

日本支店の事業所は東京、名古屋、大阪の3ヵ所、ターミナルは横浜が01年に供用開始した1万2,000TEU型対応の横浜港南本牧埠頭MC 1〜4（岸壁水深16〜18m）で、21年4月に本格供用を開始したAPMM借受のMC-3と4は水深18m、岸壁延長900mの連続バースとして国内最大の高規格ターミナル。MC-2が川崎汽船、商船三井とAPMMの共同借受となり、全てにAPMMが借受者に加わることで1〜4の一体利用が可能となっている。南本牧埠頭はAPM Terminalsの日本法人、APMターミナルズジャパン（熊桜社長）が運営している。熊桜氏は日本郵船から横浜川崎国際港湾（YKIP）に出向し執行役員を務め、21年2月に就任した。

A.P. Moller-Maersk A/Sによる99年のSea-Land、2006年のP&O Nedlloydの買収に伴い、それぞれの日本支社を統合。17年のHamburg Sudの買収では23年4月に代理店営業社員がMaersk内のHamburg Sud Japanに転籍し、23年中にMaerskのサービスと一体化の予定。1999年にMaerskが買収したSafmarineは買収後もアントワープに本社（その後は南ア・ケープタウン）を置き独立運営し、アフリカを中心として西・中央アジアでコンテナサービスを提供してきたが20年にMaerskと一体化した。多目的船・重量物船でプラント関連の輸送に対応してきたSafmarine MPVの欧州〜西アフリカ事業はNileDutch（蘭）に売却、その後NileDutchはHapag-Lloydが買収した。また、ブラジル域内専業船社、Mercosul LineはHamburg Sud買収によるシェア増による反競争法抵触を回避するため、17年12月にCMA CGMに売却した。このほか、米国法人、Maersk Line, Ltd.（本社・ノーフォーク）と同社全額出資米国法人のFarrel Lines（本社・ノーフォーク）は、米船籍のコンテナ船、Ro/Ro船に米国人船員が配乗し運航、1983年からMaritime Security Program（MSP）とVoluntary Intermodal Sealift Agreement（VISA）に参画、2023年10月現在、Maersk Line, Ltd.が17隻（うちRo/Ro1隻）を、Farrelが5隻（うちRo/Ro2隻）をそれぞれ登録しU.S. Transportation Command（米軍輸送司令部）扱いの軍貨や米船優先積みの政府援助物資輸送に携わっている。

99年にA.P. Mollerグループが買収したSafmarineは1946年（昭和21年）に米船社、States Marine Corp.が北米／南アフリカトレードを確保するため、南アフリカ籍の船社として設立したのがルーツ。その後、南ア民族資本中心の"South African Marine Corp."を設立、翌年にビクトリー型3隻と用船で北米東岸航路を開設、49年に欧州航路、67年に対日航路をそれぞれ開設、99年にA.P. Mollerグループが定期船部門を買収、船社名をSafmarineとし、Safmarine Container Lines N.V.のライン名称で主要航路を配船していたが、11年にコンテナ部門をMaersk Lineと統合、多目的船（MPV）部門はSafmarine MPV（本社・アントワープ）の名称で、A.P. Moller-Maersk傘下会社として独立、主としてエネルギー関連貨物を対象とした欧州・北米東岸ガルフ〜西アフリカ、南ア〜西アのサービスを提供していたが、2017年にNileDutchへ売却し、21年にHapag-LloydがNileDutchを買収した。

Maerskが買収したP&O Nedlloydは97年にP&O ContainersとRoyal Nedlloydグループの定期船部門が合併した世界ランク3位（05年当時）の船社で、P&Oは1837年に郵便輸送から海上輸送サービスを開始した世界最古の定期船会社だった。99年に米東部鉄道のCSX Corp.から買収したSea-Land Svc.はMalcom McLean氏がコンテナによる海陸一貫輸送をシステム化し実用化したパイオニア企業で、ターミナルではオンシャシー方式を採用し、最先端のコンピュータシステム導入で、効率的なオペレーションを実施していた。

Moody'sの格付けは23年8月下旬にBaa2ポジティブで変更無し。2040年までにカーボンニュートラルの事業運営を実現する。23年9月のSustainalytics ESG Risk Smart Scoreは17.7のLow評価で運送業トップクラスだった。

A.P. Moller-Maerskの2022年連結業績（1〜12月）は売上高815億2,900万ドル（海運業収益482億3,200万ドル）、税・利払い前利益（EBIT）308億6,000万ドル、フリーキャッシュフローは271億700万ドル、資本的支出（CAPEX）29.76億ドル。

**MacAndrews**：CMA CGM (Japan)参照7

## Malca-Amit Japan Co., Ltd.
## マルカ・アミットジャパン株式会社

マルカ・アミットジャパンは国際的な金融機関や貴金属、宝飾品業界に貴重品・高額商品に特化した輸送、警備、通関、特殊業務、3PL、フォワーディング業務などの総合サービスを提供するイスラエル発祥のMalca-Amit Group（本社香港）の日本法人。日本現法の本社は貴金属、宝飾事業者が集積する東京都台東区上野。成田空港貨物地区には成田営業所があり、東京税関の保税蔵置場（金庫室）、通関許可を持つほか、第一種と第二種利用運送業許可（自動車、船舶、航空、鉄道の2種以上の事業者を利用して貨物集

配手配を一貫して行うフォワーディング事業者）、警備業認定を持つ。日本法人社長はZIM Japanの代表取締役を務めた高橋潤氏が2022年から務める。

Malca-Amitはダイヤモンド業界のニーズに応えるため、1963年に2家族によりイスラエルで創業。その後、超高額品、貴重品輸送に特化した警備輸送企業へ事業を転換し、金取引、宝飾品、美術品、デジタル資産に対する需要に応えるため、現在、世界35カ国、100カ所に拠点を置き、パートナーや関連会社との緊密な国際ネットを構築し、顧客に輸送時の絶対的安心と最高レベルのカスタマーサービスを提供している。超高額な高級品のみならず、大手国際宅配便会社のサービスとMalca-Amitの賠償責任補償制度を組み合わせた、低・中価格帯の高級品も迅速に配送できる費用対効果の高い国際輸送ソリューションも提供している。最高水準のセキュリティーと法令順守（Compliance）を提供し、C-TPAT（テロ防止のための税関・産業界パートナーシップ）のメンバーで、AEO（認定事業者）の認定事業者でもある。

Malca-Amitのサービスは世界中どこへでもドア・ツー・ドアの集荷・配達を安全に提供することを基本に、宝飾品、美術品、貴金属、貴重品などの専門家チームがコレクターや専門商社、小売店、ギャラリー、個人富裕層で異なる顧客の要望に合わせ、円滑、迅速で輸送商品の特性や市場のニーズにあう専門的なサービスを提供し、絶対的な安心を提供している。

通関部門は国際取引を実現するフルサービスソリューションを、サードパーティロジスティクス（3PL）部門は主として宝飾品、時計メーカーに対して包装から陸空の輸送、通関、在庫調整など3PLの包括的なロジスティクスパッケージを、検品部門は宝飾品の国際取引では欠かせない検査業務を、展示会・トレードショー部門では宝飾品の見本市や展示会に参加する出展者のために、カスタマイズしたサービスを提供、警備サービスでは高額品のイベントや展示会、トレードショーなど、さまざまなイベントの警備サービスを、美術品部門は国際的な専門家チームによる文化財、美術品の梱包、輸送、展示、取り扱い、保管から返納までのグローバルで安全なサービスを専門的な知識と経験を持つサービスを、それぞれ提供するほか、ダイヤと宝飾品など高額商品を数時間内に世界のどこへでも輸送するジェットサービスをベルギーを起点に提供している。

## Mariana Shipping Japan Co., Ltd.
## マリアナ シッピング ジャパン　株式会社

マリアナ シッピング ジャパン（本田誠二社長）はMariana Express Lines Pte. Ltd.とグローバルフレイト（本社・東京都中央区、同社長）の折半合弁会社で、Mariana Express Lines（MEL、シンガポール）と、MELの親会社のPacific International Lines（PIL、シンガポール）の日本総代理店。PILの日本総代理店は2012年6月まで日本現地法人のPacific International Lines（Japan）だったが、その後、Wallem Shippingに移行、15年3月のPILによるMEL買収に伴い、MELとの合弁会社のマリアナシッピングジャパンに日本総代理店を移行した。

PILは中国、アジア域内、アフリカ、中東、ラ米、大洋州に航路網を持ち、世界90カ国以上、500港に約100隻のコンテナ船、多目的船を配船するシンガポール最大の船社で、中核事業のコンテナ海上輸送を中心にコンテナ生産、ロジスティクス関連サービスを手掛ける。海上輸送は開設時のアジア域内から、中国、アフリカ、中東、ラ米、大洋州に拡大したグローバル企業で、特にアフリカと中南米サービスに注力し、取扱い貨物量はアフリカが全体の33％、中南米が28％を占める。買収したMariana Express Lines（MELL）、マレーシア企業のMalaysia Shipping Corp.を加え、コンテナ船と多目的船を運航、ロジサービスはコンテナ生産、デポ運営とコントラクトロジスティクス。傘下会社には15年2月に買収した南太平洋の専業船社で中国、東南アジア、日本、豪州サービスのMELL、ポートクランを起点にマレー半島、ボルネオ、ブルネイのマレーシア領内の内航とインド向け外航を定曜日運航するコンテナ船社、Malaysia Shipping Corp. (MSCorp.本社・クラン)、ロジのPIL Logistics、コンテナ生産とコンテナデポ運営、ロジサービスのSINGAMAS Container Holdings Ltd.がある。船隊規模は20年初頭に約40万TEUだったが、2023年11月現在、89隻、船腹量29万4,097TEUで世界12位。発注残は12隻、11万8,900TEU。トップは創業者子息のSiong Seng Teo（張松聲）氏が会長（Executive Chairman）を務める。

PILは海上輸送サービスを提供するほか、傘下会社がサプライチェーンマネージメント、混載、倉庫、コンテナデポなどロジスティクス事業や世界第2位だったコンテナ製造などの事業を営み、東南アジアの純粋な民間船社としてはAPL（シンガポール、CMA CGM傘下）に次ぐ船隊規模だったが、2018年から20年に赤字を計上、PILは財務の健全化に向け、20年3月に北米航路から撤退し、コンテナ製造のSingamasの工場5社をCOSCOに、南太平洋域内専業船社のPacific Direct Line（ニュージーランド、PDL）をそれぞれ売却、航路の縮小に合わせて大型船を中心に保有船の約37.5％を売船するなど合理化を進め、20年7月にコンテナ船事業継続のためシンガポールの政府系ファンドであるTemasek Holdingsの子会社、Heliconia Capital Managementから1億2,000万ドルの緊急融資を受け、21年2月に債務を永久株式へ転換、Heliconia Capitalが6億ドルの資金を投入した。経営努力とコンテナ市況の回復を追い風に21年末には債務を完済、再建を果たした。再建後は22年

1月に7年振りとなる1.3万TEU型LNG主機2+2隻を、3月にはアンモニア・LNG燃料対応の1.4万TEU型4隻を中国船舶工業（CSSC）江南造船に、8,000TEU型4隻を揚子江船業にそれぞれ発注、22年11月にはCarrier TransicoldのリーファーユニットPrimeLINE・CA（倉内大気制御）システムユニットEverFRESHを1,750基発注、東アフリカ航路や傘下のMariana Express Lines（MELL）による豪州向け新サービスの開始、コンテナ船の買船などに踏み切り、積極的に動いている。

PILは中国の改革開放前に中国に進出し、現在、上海を地域本部に支店25カ所を展開、週あたり30航海のコンテナサービスを提供するほか、18カ所のロジセンターを保有（共有を含む）運営、傘下会社でコンテナ生産、不動産、デポとロジスティクスサービスも営むSingamas Container Holdingsはコンテナデポを大連、天津、青島、上海、寧波、福州、厦門、広西と香港2カ所ロジスティクスセンターを18カ所で運営、コンテナ生産は工場をCOSCOへ売却後も上海など中国5カ所の自社工場で生産する。現行の生産能力はドライからタンク、ビチュテイナー（加熱式コンテナ）やハウスコンテナまで年間28万TEU。また、天津と青島で94年に開始したロジサービスは現在、厦門など8カ所で運営中。PILLogisticsは中国12カ所に物流倉庫を持ち、アジア20カ所に事業拠点。

さらに早くからアフリカ注目し、1970年代に在来船でサービスを開始、90年代にコンテナ化し、現在、東、西、南のアフリカ30カ国に週13便を運航、23年2月にはモンバサ〜ナイロビの鉄道によるコンテナインターモーダルを、5月にはジブチ経由のエチオピア向けトラックインターモーダルを、それぞれ開始している。代理店網は23事業所で、ロジ事業会社4社がデポ（エジプト）、倉庫（エジプト、タンザニア）およびトラック（スーダン）事業を展開している。

PILはシンガポール政府の海事産業奨励に応じて張朝聲（Chang Yun ChungまたはTeo Woon Tiong）PILグループ前会長と投資家が約600万ドルを投じて1967年に設立、2隻で運航を開始、その10年後には、セミコンテナ、バルク、家畜運搬船など60隻以上を保有、運航、60年代末には中国、アラビア湾、東アフリカに航路網を拡大、80年代後半から90年代半ばにかけて、ブレークバルク船中心からコンテナ船中心の運航に移行した。Temasek支援による再建を経て、2022年に創業55周年を迎えた。フィーダー専業だったAdvance Container Lines（ACL）は事業の合理化とアジア域内航路の増設などの一環でPILの東南アジア、インド亜大陸サービスに統合し、ACLブランドは22年3月に廃止した。

PILのロゴは赤のPILがアジアの船社を、青い6波はPILの中心的な価値である、関係重視、誠実さ、柔軟

性・適応性、結果指向、グループ共通のビジョン、起業家精神を表す。従来は従来、7つの大洋を表す7本波だった。企業目標は"Driving Connectivity"（つながりの推進）。付加価値サービスを提供し顧客ニーズに対応する。IT関連ではIBMとブロックチェーンプラットフォームを活用し、電子B/L（e-B/L）による実証実験を重ね、銀行も参画した信用状（L/C）やB/Lの授受や決済などの実用化を目指しており、さらに19年には円滑な物流、貿易金融と法令順守、貿易促進を支援するため、GeTSと共同開発したグローバルSCMプラットフォームCALISTAに新規加入したことから、アジア全域をカバーするフィーダーサービスと大洋州、太平洋諸国の定期船サービスのブッキングが可能になった。2022年の売上高は61億ドル、純利益30億ドル。

## Marubeni Logistics Corporation
## 丸紅ロジスティクス　株式会社

総合商社丸紅グループの物流会社で、丸紅物流（丸紅100%子会社）と、国内3PL事業をコアとする旧ロジパートナーズ株式会社（LPI、同）を経営統合し、15年4月1日付で新たに丸紅ロジスティクス（Marubeni Logistics Corp.、MLOGI）として発足した。丸紅100%出資の資本金2億円、従業員1,539人。丸紅の物流関連会社はもともと3社で、83年に航空貨物の取り扱いを軸として設立した丸紅エアエクスプレス（東京千代田区、資本金1,000万円）と、83年の米国海事法改正でNVOが認知され翌年84年に設けた海上貨物系のオーバーシーズトランスポート（東京都中央区、資本金2,000万円）、さらに92年に大阪に設立した丸紅フレイトシステム（資本金12億円）。95年にオーバーシーズトランスポートが丸紅物流に社名を変更、97年に丸紅フレイトシステムが丸紅物流と丸紅エアエクスプレスを吸収合併し、社名は丸紅物流として活動していた。

丸紅ロジスティクスは丸紅力／企画設計力／運営力／技術力を強みとして3PL（MLOGI Visibility Systemによるサプライチェーン可視化）や国際複合一貫輸送、貨物利用運送事業（海上、航空フォワーディング）、船舶貸渡・仲立（用船）、倉庫などLPIの取り組みも引き継ぎ共同物流、クーリエ・航空サービス、プロジェクト輸送など総合的に物流を手がける。国際物流は丸紅グループの信頼性で中国、アセアン、北米、欧州で取扱量が多く、さまざまな船社とのチャネルを活かした安定した契約運賃と多種多様な貨物実績、外地での最適サービスが売り。14年に旧丸紅物流がグループ化した通関のインターフォワードシステムズは17年夏に丸紅本体に合併し5大港の通関業務を承継し内製化、18年に輸出入申告官署自由化で東京、名古屋、大阪の3通関センターにし同年にAEO通関業者に認定をうけた。グループ会社は丸

紅、丸紅物流（上海）、Marubeni Transport Service Corp.（北米）、Thai Logistics Service Co., Ltd（バンコク）。15年10月にアシックスからアシックス物流の全株を取得しアシックスの物流業務を受託し16年10月1日付で子会社のアシックス物流と合併。

22年2月現在、日本国内に物流センター46拠点（約49.2万㎡）、東京・大阪・名古屋に自社の通関拠点をもつ。国内営業拠点は東京（神田・大手町）、名古屋、大阪。17-18年につくば物流センター2号棟（2万4,300㎡、2棟で6万4,000㎡）完工でアシックス・ジャパンのスポーツアパレルなどを扱う。同年7月には神戸物流センター（5.1万㎡）が完工、19年に2号棟も竣工した。成長市場のEC向けには専用センターを2拠点（磐田、筑波）整備。21-23年に静岡葵、静岡駿河、駿河の物流センターを開設。海外拠点は中国（丸紅物流（上海）有限公司と北京外紅国際物流有限公司の北京本社、上海分公司）、タイ（Thai Logistics Serviceのバンコク、レムチャバン）、米国（Marubeni Transport Service Corpのダラス、ロングビーチ、シカゴ、ニューヨーク、アトランタ、ナッシュビル）とベトナム（ホーチミン）の4カ国・13拠点、さらに世界37カ国に代理店網がある。業界別プラットフォーム事業に積極的で、菓子業界で物流共同化、パレット標準化など取り組む。23年3月期の当期利益（純利益）は前年比2.7%増の15億8,324万円。

## Maruzen Showa Unyu Co., Ltd.
## 丸全昭和運輸　株式会社

1931年（昭和6年）8月に中村全宏氏が横浜に資本金10万円で創立した丸全昭和組が前身で、2021年に創業90年を迎えた。全宏氏の全を円で囲み、円は永遠、全は全うすることの意味と、昭和に生まれた若い会社ということで「丸全昭和組」としたのが社名の由来（1947年に丸全昭和運輸に改称）。横浜地場の物流上場3社の一社で創立時から京浜工業地帯の日本鋼管（現・JFEスチール）、昭和電工など鉄鋼、化学メーカーの工場資材輸送、原料、製品の荷造り、輸送、構内・機工作業を手がけ同分野に強い。顧客の大半が上場企業で強固な収益基盤をもち、これまで減配はなく23年3月期まで9期連続の増配。戦後の横浜市内貨物駅を皮切りに鉄道輸送（通運）事業のほか、トラック運送事業で広域展開する。現在はアセット型3PL業者として全体最適化の「MARUZEN 3PL Service」の拡大に注力、今後は独自の LLP（Lead Logistics Provider）サービス「Malos（Maruzen Advanced Logistics Solution、丸全版先進的物流ソリューション）」の展開を見据える。1961年に東証二部上場、63年に東証一部（22年にプライム市場に移行）。63年に倉庫業、70年代に国際航空

貨物取扱、海外進出。04年に3PL事業を本格化、15年には日本電産の物流子会社の日本電産ロジステックを買収するなどM＆Aなどを通じ国内外のネットワークを拡充中。現在の資本金は101億2,791万円、国内事業所185カ所、海外33拠点、連結従業員3,790人、連結会社は丸全電算ロジステックはじめ23社。陸送トラックは自社1,000台含め4,000台。23年3月期の売上高比率は物流事業が87.1%、構内作業等が11.2%、建設、警備、不動産などその他が1.7%。倉庫業では活発に自社施設を建設。横浜・大黒青果センターなどの輸入青果物取り扱いも強い。港湾運送事業は横浜港をベースに大黒CT（C2、日新らと共同借り受け）などでのオペレーター（CY、CFS）や専用埠頭業も手がけ、食品加工・飼料メーカー向けの原塩などを扱うバルクターミナルの国際埠頭は19年6月に出資比率を35.52%から85.62%に引き上げ連結子会社化した。08年にAEO制度で認定通関業取得。国際航空貨物事業も展開し海空の国際複合輸送や引越も手がける。海外物流は70年代初に進出し、74年に業界で先発の米国現法と香港現法を設立。中国は85年の日系物流合弁第1号の天津合弁を皮切りに広州の独資現法、内陸物流での重慶合弁や日本電産との合弁など。アジアは日本電産ロジステックの拠点（中国2、ベトナム1）を含め中国（香港、台湾を含む）17カ所とタイ（14年設立）、ベトナム（10年）、インドネシア（12年）、マレーシア（16年）、韓国（16年）の合弁含む現法を合わせ27カ所。米州（米、墨に現法）、欧州（独ミュンヘンに駐在員事務所）と合わせ計33拠点を展開し、世界規模の代理店網がある。近年は双日ロジスティクスとメキシコで16年に合弁展開を開始し、ロサンゼルス拠点と連動、18年に子会社化したボリビアのMaruzen Sudamericana Ltdaで中南米をカバーした。23年に丸全電産ロジステックが中国・浙江省平湖市に新倉庫（総延べ床面積2.2万㎡）を稼働した。

18年には09-10年に成田や鹿島支店でISO9001、機工、港運部門、東京海運支店でISO14001の認証を取得、18年に東京海運支店など5拠点で情報セキュリティマネジメントシステム規格ISO27001取得、ISMS情報セキュリティ基本方針を策定。30年度に向けた長期ビジョンは「テクノロジーと現場力で、お客様の未来を創造するロジスティクスパートナー」を目指す姿とし、22年4月からの中期3カ年計画では、設備200億円、DX100億円、M＆A100億円を投じ、最終25年3月期に連結売上高1,650億円、経常利益165億円、ROE8.5%を目指す。23年3月期の連結業績は売上高が前期比2.9%増の1,408億6,100万円、営業利益が7.4%増の126億9,200万円、経常利益が9.7%増の137億8,100万円、当期利益が4.1%増の89億3,100万円。売上高営業利益率9.0%。

## Mediterranean Shipping Co. S.A. Japan Branch
## Mediterranean Shipping Co. S.A. 日本支社

　コンテナ船社世界トップのMediterranean Shipping Co. S.A.（MSC、本社・ジュネーブ）の日本支社。99年に全額出資で設立した日本現法、MSC Japanの社員、資産を引き継ぎ、2016年1月に日本支社となった。営業、カスタマーサービスその他の機能を東京に一極集中させ、日本全国を網羅している。名古屋事務所および各地の副代理店はB/L発行業務に特化している。社員の平均年齢も大手外船社で最も若く、女性管理職の比率も高い。

　MSCは1970年、現在のMSCグループ会長であるイタリア・ソレント生まれのGianluigi Aponte氏（船長）が中古在来船で地中海～ソマリアなど近海航路を開設、ブリュッセル（ベルギー）を本社に創業し、23年11月現在、コンテナ船794隻、551万0,666TEU（Alphaliner調べ）、発注残が123隻、146万7,757TEUで世界総船腹量の19.7％を占める。2022年1月にMaersk（デンマーク）の運航船腹量を抜き、世界最大のコンテナ船社となった。MSCは300ルートを運航、世界155か国、520港をカバー、年間2,250万TEUを輸送する（2022年データ）。Maerskと提携した世界最大のアライアンス2Mは2025年1月に解消の予定だが、Sea Intelligence（デンマーク）によると、MSCは単独運航になった場合でも残る2大アライアンス（Ocean Alliance、THE Alliance）に次ぐ運航規模となる見込み。

　MSCは675の事業所を持ち、社員数は航空機を実運航する航空貨物事業、クルーズ船事業を含め、グループ全体で18万人。Flotta Lauro（伊）を1990年に買収して進出したクルーズ客船事業（MSC Cruises、本社・ナポリ）は"World Class"を含む客船22隻で年間340航海のクルーズ商品を販売、2022年に140万人が乗船し、世界トップとなる228億6,000万ドルを売り上げた（Zippia, the Career Expert調べ）。MSCはコンテナ船事業を中心に客船、港湾ターミナル、内陸輸送、曳船（タグ）、ロジ会社などMSCグループを形成、さらに2023年2月から航空貨物事業（実運送）で欧州～北米路線を開設、10月からはミラノ～成田間にも就航した。米国の貨物航空会社Atlas Airが運航しMSC Air Cargoのブランドで航空輸送サービスを開始したもので、航空貨物部門の設立と営業の責任者には、Delta Cargo（米）、Emirates SkyCargo（UAE）、DHL（独）で要職を歴任したJannie Davel氏を任命した。

　MSCグループの本社はジュネーブ（スイス）。MSC株式は非公開のファミリー企業で、創業者のGianluigi Aponteグループ会長、子息のDiego Aponteグループ社長、息女のAlexa Aponte Vagoグ

ループ最高財務責任者（CFO）を中心にグループ経営にあたる。

　海上貨物輸送関連事業は外航のMSCを中心に内陸輸送とロジスティクスのMEDLOG、港湾ターミナルのTerminal Investment Ltd.（TIL）、曳船のMtugがある。

　MSCの持続可能性の追求、環境対応は2016年の国連によるGlobal Compactから対応を加速、SDGsとGlobal Compactの人権、反腐敗、労働権など10の原則、持続可能性のロードマップや平和、外交などの3つの優先事項をMSCの約束として纏めている。気候変動に対して果たすべき役割として、IMO（国際海事機関）の温室効果ガス（GHG）戦略を上回る対策をとり、より多くの研究開発機関や世界的なメカニズムでゼロまたは低炭素燃料の供給拡大に向けた政策決定で協調すること、内陸輸送をトラック輸送から鉄道輸送にシフトし、より効率化する。

　これを基本に炭素排出ゼロにむけ、MSCは①効率化："Gulsun Class"（23,000TEU）など高効率船を中心に運航②移行期間の燃料：既存燃料にバイオ燃料を47％混合した、"MSC Biofuel Solution"や、LNG燃料対応船、バイオ、合成燃料など移行期間の燃料使用③代替燃料：脱炭素化をより進めるため種々の代替燃料と技術を積極的に調査しており、グリーンアンモニア、グリーンメタノール、グリーン水素をはじめ、小型船や短距離航海には燃料電池を、さらに原子力も潜在的な選択肢、としている。

　その目標と目的は、遅くとも2050年までに二酸化炭素排出を実質ゼロとする。そのためには提携先との連携が必須であり、市場で検証され、技術、経済的に実用可能、かつ大規模化が可能な解決策であることや、カーボンプライシングを含む市場ベースのシステムも必要だとしている。その一環で、シンガポールの海運脱炭素化組織のGlobal Centre for Maritime Decarbonisation (GCMD)と5年間のインパクト・パートナーシップ契約を締結した。実証試験に資金提供するほか、プロジェクトに参加し、運航データなどを提供する。

　デジタル対応ではサードパーティーのWave B/Lを介してeB/Lを発行、顧客とのデータ交換にも対応、コンテナの位置情報はTraxensと提携し、可視化している。デジタル化はDigital Container Shipping Association (DCSA) の創設メンバーとして、業界の共通技術標準の確立と、グローバル サプライ チェーン全体の相互運用性の基盤を提供している。

　MSCのターミナル部門のTerminal Investments Ltd.（TiL）は世界各地でコンテナターミナルを運営する世界最大級の運営者、資本参加者で、年間6,400万回の揚げ積みを提供、2000年以降、二桁の成長を記録している。TiLのターミナルは31カ国、取扱量世界トップ30港のうち、アントワープ、ロッテルダ

ム、釜山、シンガポール、LA/LB、NY/NJなど9港でターミナル運営している。TILは23年に伊リボルノ港のCTのDarsena Toscana買収で合意。同CTは1,230m岸壁にガントリー7基を備え、年間取扱量は90万TEU。さらにTiL子会社のCSM Italia-Gateを通じて合弁出資するT.O. Deltaから伊トリエステ港のPier 7を運営するTrieste Marine Terminalの株式30%を追加取得し、80%まで引き上げる契約を伊の規制当局が承認しており、事業拡大をはかる。独でもハンブルク港のターミナルオペレーター、Hamburger Hafen Und Logistik AG（HHLA）株式の49.99%取得を目指している。

ロジスティクス、サプライチェーンプロバイダーのMEDLOGは、世界80カ国以上で事業展開し、ポルトガルでは運輸・物流部門がMEDWAYとして登記され、イベリア半島最大の民間貨物鉄道運行事業者。他の地域では、MEDWAYは鉄道事業者として事業活動する。MEDLOGは1万人を雇用し、2,500台以上のトラック、5,000台以上のトレーラー、4,800両の貨車、100台以上の機関車、20隻のバージ・フィーダーで年間520万TEUを輸送しており、23年にサウジ港湾局とキングアブドラアジズ港周辺に物流団地と保税区を開設で合意、サウジの運輸・物流戦略の一環として2,660万ドルを投じ10万㎡の施設を整備、年間30万TEUの物流ハブを構築の予定。さらにスペイン国鉄の貨物部門、Renfe MercanciasはMedlogを戦略的パートナーとすることを承認し、新設の折半出資合弁の株式50%を取得する予定。Renfe Mercanciasはコンテナ列車を含む貨物輸送に特化した鉄道輸送会社で、スペインの貨物鉄道輸送市場の52.8%を占める最大手。また、伊の高速旅客鉄道、Nuovo Transjporto Viaggatori（Italo）の株式50%を買収、経営面で観光市場を強化し、クルーズ事業との相乗効果を図る。

物流事業関連では22年末にBollore Group（仏）傘下のアフリカ物流事業者で、アフリカ最大の輸送・物流事業者、Bollore Africa Logisticsの買収を完了し、社名をAfrica Global Logistics（AGL）に社名変更した。同社は社員数2万1,000人、アフリカ47カ国を含む49カ国で事業展開し、コンテナターミナル16、RoRoターミナル7を運営、海運でも32カ国に85代理店を配し、インド、ハイチ、東チモールでもターミナルを運営、250社以上の物流会社を傘下に抱え、アフリカにおけるサービス拡大を進める。AGLはロビト港（アンゴラ）のCT、多目的ターミナルの開発、運営権を獲得している。

MSCは伊航空貨物輸送のAlisCargo Airlines株式の過半数を取得し、24年初頭にも完全買収、MSC Air Cargoの運航能力を強化する。

## Meiko Trans Co., Ltd.
## 名港海運　株式会社

名古屋港での港湾物流を主体とした御三家の一角。1949年（昭和24年）1月に設立、名古屋港の港運、倉庫業からスタートし62年に名古屋証券取引所2部上場、19年に創立70周年を迎えた地場大手企業。資本金は23億5,070万円。商船三井、日本ガイシ、ノリタケカンパニーも大株主で、三井物産との事業提携も多い。名古屋港での港湾運送事業はコンテナターミナル（CY、CFS）オペレーター業務を手がけ、鍋田公社バース、飛島南高規格CT（水深16m）のオペレーションでも港運グループの中心。大手自動車メーカーはじめ中部のメーカーの内外物流で実績が高く中国船社COSCOなどの名古屋港代理店ほか関連会社を通じて船社代理店業務のほか、タンクコンテナの洗浄・メンテナンス事業も手がける。売上高構成比は港運61.8%、倉庫保管13.6%、陸運15.3%、航空貨物運送4.6%、その他4.6%（23/3期）。国内拠点は東京、大阪、四日市、九州の4支店と11カ所の営業所を中心にCT／物流センターなどが中部地区中心に30カ所以上。物流施設（上屋・倉庫）は合計72万900㎡。名古屋港はじめ倉庫（物流センター）群は06年には名古屋港管理組合からロジスティクスハブ形成の一環で選定を受け07年に海陸空一体の大規模な新総合物流センターが稼働。近年では22年に飛島の西二区物流センターに危険品倉庫2棟を増設した。名古屋港では倉庫スペースだけでなく荷役機器も最大の保有数を誇り機動的な荷役体制が整う。このほか国内は内航海運、陸運や通関、梱包と手広い。国際物流部は11年に国際複合輸送部に改称、国際複合一貫輸送や航空貨物（IATA公認代理店）など海陸空一貫物流体制も拡充、中部国際空港に進出し同空港最大規模の航空貨物上屋（5,400㎡）を運営中のほか成田、福岡にも拠点がある。品質マネジメントシステム規格ISO9001は98年に港湾物流部、航空貨物部などで取得、AEO制度の認定通関業者の資格も08年、09年に本体（AEO倉庫：特定保税承認も取得）に加え13年には連結のナゴヤシッピングも取得。環境ISO14001は9事業所でカバー、10年にはグリーン物流普及事業に参画、13年から太陽光発電事業を開始、20年までに10事業所に拡大した。21年からタンクコンテナ、タンクローリーの洗浄・保管・メンテナンスのタンク事業を開始、23年1月に名古屋港CT近くに専用施設を開設した。

海外展開は欧米型の先発フォワーダーとして米国法人の9拠点含め14年のメキシコ現法やブラジル含め米州12拠点と、欧州はベルギー・ドイツ、06年進出のポーランド現法が07年に倉庫を稼働、アジアは中国が香港現法のほか08年にMeiko Shanghai Tradingを設立し合計3法人で4拠点（広州、上海、蘇州、香

港）。東南アジアは展開の中心であるタイが96年設立のMeiko Trans (Thailand)（19年に連結子会社化）と14年設立の倉庫業に特化したMeiko Asiaの2社で、Meiko Trans (Thailand)がバンコク本社とバンコク空港、レムチャバン、スワンナプーム物流センターに事務所、17年にMeiko Asiaがバンコク（スワンナプーム空港近郊）に自社倉庫を建設し、22年12月に第2倉庫が稼働、倉庫面積は合計1.88万㎡に拡大した。インドは12年にチェンナイに現法、16年にはグルガオン支店を設立、ベトナムは90年代からの合弁による進出から14年にホーチミン駐在事務所、19年にハノイにフォワーディング現法を設立。現在海外は合計で15現法と駐在・営業の自営約30拠点を展開、倉庫は米ミラノマ（LA）、シカゴ、ベルギー、ポーランド、タイ（2カ所）で運営し海外倉庫は合計13.3万㎡。自動車などの現地物流に強く、トラック輸送も営む。09年に山九と共同でCVT利用の重量物輸送サービスも開始、12年には東レとモーダルシフト推進協で樹脂原料のトラックから内航輸送への転換も行ったほか、13年から4カ所で太陽光発電事業に参入した。15年には知多でエネルギー供給合弁事業に参画。グループは連結15社を含む子会社29社と関連会社5社で内外合わせて34社、従業員が連結1,858人（単体838人）。23年3月期の連結業績は売上高が前年同期比3.5%増の841億100万円、営業利益が3.3%減の62億4,700万円、経常利益が1.9%減の69億5,900万円、当期利益が0.4%増の46億4,100万円だった。売上高営業利益率7.4%。

## Mitsubishi Corporation LT, Inc.
### 三菱商事ロジスティクス　株式会社

　三菱商事子会社で物流と不動産の菱光ロジスティクスと同じく国際複合輸送・貿易事務の国際物流のエム・シー・トランスインターナショナルが2006年に合併した総合商社系物流会社。前身は1954年4月に設立され24年で70周年を迎える。三菱商事100%出資の資本金10.67億円で、商事の連結子会社。従業員約260人。東京・千代田区有楽町の交通会館内に本社を構え、自動車産業関連、原料から製品の店舗配送までの工業財、アパレル・雑貨、食品・消費財、物流施設のアセットマネージメントに至るまでの物流と連サービスを提供。収益のうち三菱商事関連が7割、それ以外が3割。物流センター、倉庫、事業所は国内が横浜、埼玉・東松山の各物流センターなど関東地区を中心に4カ所、海外ネットワークは中国（上海）、台湾（桃園）、シンガポール、タイ（バンコク）、インド（チェンナイ）、インドネシア（ジャカルタ）、米国（イリノイ）に現法を持つ。20年4月には自動車船大手Wallenius Willhelmsen（ノルウェー）傘下のWallenius Willhelmsen Solutions（WWS）と折半出資でタイに完成車陸送とモータープール運営の

MCW Logisitcs Solutionsを設立、ASEANでの完成車内陸物流最大手を目指す。21年夏には、米国のTrade Tech Japanと共同で、日本で初めて荷主／NVOCC／コンテナ船社のデータ連携を実現し船腹予約から貨物動静確認までウェブ上で一元管理できる次世代プラットフォーム「e-Forwarding」を稼働、22年は三菱商事が新設した倉庫DX事業子会社、Gaussyに出資参画し倉庫ロボットのサブスク事業"Roboware"、倉庫スペースのシェアリング事業"WareX"、WareX経由のEC事業者向けデバン〜倉庫納品サービスなど三菱全体で物流DXを積極展開する。環境面では22年から本店、京浜事業所、松伏事業所で自然エネルギー由来の電力を購入し証明を受ける「FIT非化石証書」を導入し23年に国内全ての温室効果ガス（GHG）排出量のネットゼロを達成した（Scope1/2）。23年3月期業績は売上高が前期比37.4%増の325億5,100万円、営業利益が50%増の34億300万円、経常利益が53.5%増の40億4,600万円、当期利益が4.7%減の18億6,900万円。売上高営業利益率10.5%。

## Mitsubishi Logistics Corp.
### 三菱倉庫　株式会社

　三菱の銀行業と倉庫業の前身「三菱為換店」（1880年）の倉庫部門を源流とする「有限責任東京倉庫会社」として1887年に創業し、1918年に「三菱倉庫株式会社」に商号変更。1949年東証1部上場、2022年で創立135年を迎えた倉庫業界老舗で最有力、港運大手の総合物流企業。現在、祖業の倉庫業に港湾運送業、陸海空の国際輸送業に加えデータセンター対応オフィスビルの開発・賃貸を中心に不動産事業も営み、現在の事業比率は売上高が物流8：不動産2、営業益は物流6：不動産4。古くから船舶登録業務も手がけ、医薬・医療機器／治験物流も先駆け。1892年に大阪に事業所を開き以後6大港に展開、1907年には神戸・和田岬に海陸連絡橋をつくり日本初の港湾倉庫業の体制を確立、30年に江戸橋倉庫ビルに本社を移転し日本初のトランクルームを創業。その後は港湾運送やトラック運送、71年の国際航空貨物運送代理業（03年に専業子会社のユニトランスから本体で直営化）など、10年には富士物流と子会社10社を買収し業容をいっそう拡大。現在国内6支店を含め約50カ所の地域営業・運営拠点、国内外で約140拠点を展開する。

　国内倉庫は港湾・内陸に約104.8万㎡。21年に埼玉・三郷の既存倉庫（三郷1号配送センター）にEC向け倉庫（5,560m²）を開設、EC物流に特化した在庫管理システム（WMS）を提供しEC物流に本格参入した。医療・医薬品物流は内外製薬会社20社以上から受託、13年に医薬品専用、三郷2号（2.65万m²）を開業（20年に2棟目を増設）、15年に新医薬品保

冷サービス構築に着手。17年に再生・細胞医療拠点のライフイノベーションセンター（川崎）に物流拠点を開設。18年に医薬品配送センター拠点として大阪・茨木で2.35万㎡の倉庫（茨木4号）、2棟目（茨城5号、2.65万㎡）が22年10月に竣工した。18年から医療用医薬品・医療機器卸、アルフレッサの再生医療流通施設の業務を川崎、神戸で受け負う。19年に関西国際空港、22年に成田国際空港でIATAの医薬品輸送国際品質認証「CEIVファーマ」認証を取得。15年8月に医薬品物流のメディパルホールディングスと提携し医薬品流通の品質管理基準GDP準拠の医薬品保冷配送サービス「DP-Cool」を開始、これを土台に20年から室温医薬品向け「DP-Green」も開始し全国展開する。22年にキューソー流通システムと食品、医薬品対象の定温物流、コールドチェーンで業務提携、また同年、医薬品物流データプラットフォーム「ML Chain」の運用を開始した。海外の医薬品物流は21年にCryoport, Inc.（米国）と提携、再生医療製品など超低温物流サービスのグローバル基盤を整え、23年には米国の新法人を通じ米国のCavalier Logistics Group傘下の4社（米国3社、英国1社）の全株式を取得、日米欧一体での医療・ヘルスケア物流体制を構築した。AEOは08年に特定保税承認者（AEO倉庫業者）、17年にAEO通関業者に認定。港運は名古屋はじめ6大港でコンテナターミナル（CY、CFS）を運営し、横浜港では大水深の南本牧MC-3コンテナターミナルを15年の開業から単独で借り受けていたが、20年夏にMC-4完成に合わせMC-3・4をMaerskが借り受け、三菱倉庫は契約満了。20年2月に南本牧CT後背地に大型（3.5万㎡）物流センターを稼働し、各港での船社代理店業務も手がける。18年の日本船3社のコンテナ船事業統合のOcean Network Express（ONE）の事業化に際し、ターミナル会社として日本郵船と三菱倉庫で共同持ち株会社、エム・ワイ・ターミナルズ・ホールディングス（MY Terminals Holdings, Limited、日本郵船51%、三菱倉庫49%）を設け、ユニエツクス、日本コンテナターミナルを統合した新会社、ユニエツクスNCT（19年4月設立）、旭運輸（名古屋）、郵船港運、の4社を傘下会社とした。23年1月に中国の電気自動車メーカーの日本法人BYD Auto Japanと提携し、横浜港大黒ふ頭に納車前点検専用施設のPDIセンターを開設、EV物流に進出した。

　海外・国際分野も1970年に米国での倉庫、国際複合一貫輸送事業など欧米先発企業で、現在、海外18現法（合弁含む）はじめ世界に直営約50拠点、代理店網約100カ所超。中国は、深圳のCEPA会社・菱陽国際貨運代理が09年に航空一代ライセンスを取得、上海菱運国際貨運（蘇州／杭州／厦門／青島／北京分公司）、成都事務所、トラック免許取得）、北京環捷物流、上海菱華倉庫運輸などを含め現法7社含め自営

約20拠点を展開。12年に統括の三菱倉庫（中国）投資有限公司を設立。近年では、21年に上海現法、上海菱華倉庫運輸の青浦営業所内に温度管理が可能な定温スペース（約2,400㎡、25℃以下）を開設、中国での定温物流需要に対応し北京、広州にも定温倉庫網を拡大している。東南アジアは、10年にシンガポールでPEIを買収、ベトナムはIn Do Trans Logistics Corporation（ITL）と合弁で11年に現法を設立しホーチミン、ハノイで事業展開していたが22-23年にITLの株式を取得、持株比率を20.5%としITLを持分法適用会社とした。ミャンマーは13年に香港の傘下会社のJPTと合弁で現法を設立、インドネシアは13年に現地資本との合弁で国際輸送サービスの事業会社を新設し、17年にインドネシア三菱倉庫として西ジャワ州ブカシ県で開設した1.8万㎡の定温・冷蔵冷凍物流センター（災害に強いECO倉庫の海外第一弾）を拠点にコールドチェーン輸送を展開。18年12月に現法2社がインドネシアでハラル認証を取得。20年にインドネシア三菱倉庫がスラバヤに配送センターを運営開始し、21年に合弁の物流法人がスラバヤ支店を開設、東ジャワ地域を自社連携で強化した。コールドチェーンのグローバル展開強化で、21年に欧州現法、22年にタイ現法のバンコク通関業務、国内輸送、インドネシア現法の倉庫業務で医薬品流通GDP認証を受けている。11年に日航との業務提携と合わせて香港のJupiter Globalを買収しアジアでの航空貨物を強化、さらに富士物流をTOBでグループ化しメーカー物流と相互補完による3PL拡大を図っている。20年にEPA/FTA調査やコスト試算、関税データ等サプライチェーン最適化のコンサルサービスを開始。DXや物流領域のベンチャーキャピタルにも積極的で、23年にはCVC運用子会社MLCベンチャーズを設立した。23年に企業間物流最適化アプリ群「MOVO」を提供するHacobuと資本業務提携し輸配送の効率化と排出量可視化に取り組む。同年に医薬品物流PFのMLChainなどが評価され経済産業省・東証のDX注目企業2023銘柄に選定。

　2030年に向けた「MLC2030ビジョン」では、「医療・ヘルスケア」「食品・飲料」「機械・電機」を重点分野とし、中期経営計画最終年度（24年3月末）に営業利益200億円（21年度172億円）、ROE7%（同5%）、海外売上高比率の20年度11.2%→24年度20%以上へ拡大を目指す。グループ構成（23/3期）は持分法適用3社含む連結対象52社、関連会社15社のグループ全体で67社。子会社は不動産部門が5社、物流部門が43社。資本金223.93億円、従業員数は連結4,708人、単体957人。直近（23/3期）の収益比率は物流87.8%、不動産12.7%。営業利益比率は物流65%、不動産35%。23年3月期の連結業績は売上高が前期比16.9%増の3,005億9,400万円、営業利益が26.9%増の230億2,700万円、経常利益が29.8%増の

300億4,600万円、当期利益が52.2%増の272億2,600万円だった。売上高営業利益率7.7%。

## Mitsui O.S.K. Lines, Ltd.
## 株式会社　商船三井

　日本郵船、川崎汽船と並ぶ邦船大手3社の一角で、139年の歴史を持つ総合海運企業。1964年の海運集約で住友系の大阪商船（1884年設立）と三井物産船舶部から独立した三井船舶（1942年設立）が対等合併し、大阪商船三井船舶が誕生。異なる旧財閥系の合併は初めてだった。99年にバルク主体のナビックスライン（ジャパンラインと山下新日本汽船の不定期・専用船部門の合併会社）を吸収合併し現社名の商船三井に改称。株式上場は東京で、名古屋上場は17年に廃止。21年に北海道支店、米国、ロシア、オランダに国代表を設置した。

　2023年3月末の船隊規模は799隻・6,017万dwt、このうちドライバルク船276隻、油送船158隻、液化ガス船125隻（うちLNG船100隻）、FPSO7隻、サブシー支援船3隻、洋上風力関係6隻、石炭船36隻、内航船30隻、自動車船96隻、コンテナ船40隻、フェリー・内航Ro/Ro船16隻。運航船隊の世界での位置づけ（商船三井調べ）は全船種の合計隻数ではCOSCO Shipping、日本郵船に次いで世界3位、ドライバルク船が世界4位（dwt）、油槽船が世界5位（dwt）、LNG船が世界1位（隻数）、自動車船が世界2位。年間輸送量（23/3期）は鉄鉱石6,200万トン、LNG7,300万トン、コンテナ1,110万TEU（ONEによる）、自動車311.8万台。2023年3月期の事業別売上高比率はドライバルク27%、エネルギー輸送（タンカー・LNG・海洋事業）24%、製品輸送（自動車船・コンテナ船・フェリー・内航・Ro/Ro）39%、不動産事業2%、曳船・商社・客船等の関連事業・その他5%。23年3月末の商船三井グループは本体と連結子会社385社、持分適用会社124社、その他関係会社で構成。従業員数は連結8,748人、単体では1,168人（うち海上339人）。

　21年4月に約20年ぶりに企業理念とグループビジョンを改訂、「青い海から人々の毎日を支え、豊かな未来をひらきます」を理念とした。23年度からの経営計画「Blue Action 2035」では「2050年ネットゼロ達成に向けた事業転換」と「サステナブルな社会インフラ事業の実現」の両立に向け、財務目標35年度に税引前利益 4,000 億円／総資産7.5兆円を目指す。海運不況時への耐性強化のため市況享受型事業（コンテナ船、自動車船、ドライバルクなど）と安定収益型事業（LNG船、海洋、港湾ロジスティクス、不動産など）のアセット比率を22年度の50：50→40：60に、海運：非海運のアセット比率を75：25→60：40とする計画。投資予定額は約 3.8 兆円で、うち25年度までに1.2兆円で過半は環境対応に投

じる。各地域組織に権限を委譲する戦略で、インドを皮切りに23年以降世界に拡大していく。

　コンテナ船事業（海外ターミナル事業を含む）は2017年7月に設立した邦船3社の統合会社、オーシャンネットワークエクスプレスホールディングス（株）（Ocean Network Express Holding, Ltd.：ONE、資本金3,000億円）、事業運営会社のOcean Network Express Pte. Ltd（資本金2億米ドル、本社・シンガポール）が18年4月からサービスを開始。出資比率は商船三井31%、郵船38%、川汽31%。船隊規模は約224隻、約169.9万TEU（シェア6.1%）で世界6位（2023年11月、Alphaliner）。

　コンテナターミナルは国内5カ所（東京・横浜・名古屋・大阪・神戸）、海外5カ所（ロサンゼルス、オークランド、カイメップ、ハイフォン、ロッテルダム）で運営していたが、海外CTはONEに順次譲渡中。国内のうち神戸ポートアイランド南（PC15-17）で運営中の神戸国際コンテナターミナル（KCIT）はPC14バースへの拡張が25年度中に完成、これを機に川崎汽船が六甲から移転参画し共同運営となる。近年ではバンコク・レムチャバンでコンテナバージ専用ターミナルを17年に開業。越南部の新コンテナ拠点、カイメップ（Tan Cang Cai Mep International Terminal：TCIT）はWan Hai Lines（台湾）、Saigon New Port（SNP）との合弁運営、ハイフォンのラックフェン港で越北部初の大水深CT、Haiphong International Terminal（HICT）を伊藤忠、Wan Hai Lines、SNPと2018年5月から運営。ベトナムでは全額出資のMitsui O.S.K.Lines（Vietnam）Ltd.がCTのほか、カイメップ・チーバイ地区での曳船（タグ）事業も展開する。

　ロジスティクス事業は22年11月に完全子会社化した商船三井ロジスティクス（MLG）が中核。ネットワークは自営が国内74拠点、海外25か国・200拠点、代理店は51カ国・236拠点、倉庫・物流センターは21カ国・141拠点。物流事業の売上高シェアは航空貨物23%、海上貨物35%、ロジスティクス42%。2018年7月にグループのNVOCC事業統括会社、MOL Worldwide Logistics Ltd.（MWL）を香港に設立。MLGの越現地法人MOL Logistics(Vietnam)Inc.は05年11月設立、南部のホーチミンに本社を置き、北部のハノイ支店のほか11の事務所と、ハイフォンロジスティクスセンター（1.2万m²）、南部ビンズン省のソンタン倉庫、同省では23年新設のベトナム・シンガポール工業団地（VSIP2）に営業拠点を追加し越は合計16拠点。20年11月には商船三井が合弁会社MVGを通じハイフォンのラックフェン港隣接地に越最大級の危険品専用倉庫（5,400m²、合弁）を開業するなどベトナムを拡充。22年〜23年はMLGのインド現法がグルグラム、スラット、ヴィシャーカパトナム、コルカタに営業拠点を開設した。また23年は商船三

井／MLG共同で東アフリカを強化、ケニアのGeneral Cargo Service Limited（GCS Velogic）と戦略的提携したほか、ナイロビに日本顧客向けの物流相談窓口としてジャパンデスクを設置、7月にナイロビでグループ初となるアフリカ自社グループ運営倉庫（1,620m²）を開業した。22/3期の物流取扱量は海上貨物が約18万TEU、航空貨物が約6万トン。

ドライバルク部門はケープサイズバルカー80隻を含む276隻（23年3月）の船隊を擁する。21年に100%子会社で近海船・多目的船運航を担当する商船三井近海を「商船三井ドライバルク」に社名変更、鉄鋼・国内電力会社向けを除くドライバルク輸送（不定期船・木材チップ船、近海船事業）の営業を一本化した。エネルギー輸送は367隻を運航、このうち既存エネルギーではタンカー158隻・石炭船34隻（23年3月）を運航、液化ガス船は125隻でうちLNG船が94隻など。ケミカルタンカーは19年1月に商船三井の関連会社MOLケミカルタンカーズ（MOLCT、シンガポール）がタンカー19隻を大西洋・南米水域に配船するNordic Tankers（NT、デンマーク）の全株式を取得、MOLCTの1万9,000～3万7,000dwtのステンレスケミカルタンカー56隻に加えた。LNG船隊は世界最大規模で、米国・豪州出し日本向け、豪州出し中国向けを中心に長期契約で安定輸送するほかロシア・ヤマルでの世界初の砕氷型LNG船3隻によるLNG輸送プロジェクトに参画。さらに北極海LNGプロジェクト向けに新造砕氷型3隻の貸船契約を締結、同プロジェクトのFSU（浮体式LNG貯蔵設備）にも出資参画しロシアのほか中国、インドでのプレゼンスも拡大中。海洋事業は浮体式海洋石油・ガス生産貯蔵積出設備（FPSO）が主にブラジル沖で、浮体式LNG貯蔵再ガス化設備（FSRU）がインド・香港等で稼働中。海洋事業実績は邦船トップ。21年から液化CO2輸送事業に参画、CCUS（炭素回収・利用・貯留）バリューチェーンの上流・下流への拡大も目指す。自動車船部門は最大6,800台積み（小型車換算）を含む96隻で極東／豪州、極東／北米、大西洋といった主要航路含め30以上の航路を運航、世界140か国の営業拠点・代理店網を展開。"MOL Ace（Auto Carrier Express）"をブランド名に運航船の船名に「Ace」を冠している。LNG燃料7,000台積み自動車船8隻を発注済みで、「BLUE（ブルー）」シリーズとして24～25年に竣工予定。

23年4月にウェルビーイングライフ事業を新設、不動産事業、フェリー・内航Ro/Ro船、クルーズ船を扱い、貨物輸送以外の安定収益事業を強化中。不動産事業のダイビルは22年4月に完全子会社化。ダイビルは1923年に商船三井の前身、大阪商船が他社と共同で新社屋を建設する際、その主体として設立した会社で、2000年代後半から海外事業を積極化、越ホーチミン、ハノイ、豪シドニー、米アトランタ、豪メルボルンに進出。23年3月現在のダイビル保有物件の総延床面積は約69万m²。フェリー・内航Ro/Ro船ではグループ中核2社（商船三井フェリー、フェリーさんふらわあ）を合併、23年10月に国内最大規模のフェリー、内航Ro/Ro船社として営業を開始。22～23年に日本初のLNG燃料フェリー2隻を内航に投入した。クルーズ船では23年に3.2万dwt型クルーズ船を購入、24年末に追加投入するほか、大型クルーズ船2隻を建造予定で、27年頃に第1船が竣工予定。

気候変動対策では2030年までに輸送におけるGHG排出原単位を23%削減（19年比）／2050年までにグループ全体での排出ネットゼロが目標。これに向け2030年までにLNG/メタノール燃料外航船90隻、2035年までにゼロエミ外航船130隻、風力推進のための硬翼帆（ウインドチャレンジャー）搭載は2030年に25隻、2035年に80隻などを予定する。このほか、洋上風力発電、新興国でのLNG関連、クリーン代替燃料の供給・貯蔵・輸送など海運を超えた事業開発を進める。LNG燃料船の導入では、外航船ではばら積み船7隻、自動車船8隻、タンカー（VLCC）2隻の計17隻の建造を決定済（23年6月）。LNGバンカリングでは世界最大のLNG燃料供給船2隻がロッテルダム港とフォス港で燃料供給するほか、シンガポールでもLNG燃料供給を展開予定。風力・水素のゼロエミッション船プロジェクトも進行中。EV船は世界初のEVタンカー2隻を建造、22年4月に1隻目が就航済。波力発電、CCUSのための液化CO2海上輸送、水素、アンモニア、メタノールといったクリーン燃料の輸送、サプライチェーン構築と積極展開する。業界横断では19年5月には気候変動に対応した経営を推進する「TCFD提言」に賛同する「TCFDコンソーシアム」に参画、21年9月に海運の脱炭素化を目指す企業連合Getting to Zero Coalition（GTZC）が呼びかけるCall to Action for Shipping Decarbonizationに署名。19年3月期に環境事業限定グリーンボンド100億円、20年3月期に環境・社会事業限定のサステナビリティボンド200億円を日本の事業会社で初めて発行した。20年にベンチャーキャピタル子会社のMOL PLUSを設立、海運・物流中心に国内外で革新事業創出を狙う。

船員研修所は東京、マニラ、ジャカルタ、ムンバイ、モンテネグロ、ウラジオストクに置くほか、18年8月に比国に現地パートナーと共同で4年制の商船大学（MOL Magsaysay Maritime Academy Inc.）を開学した。20年には合弁で日系企業向け外国人人材コンサルティング会社を設立、他領域での人材業にも進出。

商船三井の母体は、1884年（明治17年）、瀬戸内海の船主たちによって有限会社大阪商船として設立された日本最古の定期海運会社と三井船舶で、現在の社旗は三井船舶の三本線に大阪商船の大の字を合わせ

たもの。大阪商船は1890年に大阪／釜山航路を開設。1893年株式会社への改組を経て、1896年に台湾航路、さらに1909年には初の遠洋航路となる香港／タコマサービスを開始し、1916年南米東岸、1920年ニューヨーク、世界一周、1926年アフリカ、1928年バンコク航路をそれぞれ開設、1933年には欧州同盟に加入し欧州航路も開設した。1943年に国際汽船、北日本汽船、摂津商船、原田汽船を合併し、1950年に西航南米航路を開設した。一方の三井船舶のルーツは、1878年（明治11年）に三井物産が三池炭の海外輸送を開始したことに遡り、1896年に三井物産は営業目的で海運業を追加、1920年に北米定期航路を開設したのを皮切りに、1928年バンコク、1932年ニューヨークの各定期航路を開設、1942年に船舶部を分離し三井船舶が設立された。戦後は1951年に大阪商船がバンコク、東南アフリカ、ニューヨーク、カルカッタ航路、ボンベイ航路も再開、同年には三井船舶もバンコク、ニューヨーク、印パ航路を開始した。大阪商船は1952年豪州・ニュージーランド、ボンベイ・カラチ航路を開始したほか台湾、韓国、西航欧州、東南米東岸航路を再開した。三井船舶は1952年にPNW航路を開始し、1953年には中南米航路を開始するとともに欧州航路で盟外配船を開始、壮絶なファイティングののち1956年に日本郵船のアンダーウィング配船を経て、1961年に欧州同盟に正式加盟した。両社は1964年の海運集約で合併、両生類で海陸一貫輸送を表現した柳原良平氏デザインのワニ・マークを制定した。1965年には日本初の自動車専用船が就航。1968年PSW、1969年豪州、1970年PNW、1971年欧州を始め、北米東岸やニュージーランド、紅海、中東ガルフ、南アの各航路をコンテナ化した。1970年客船事業を商船三井客船として分離、レジャークルーズ時代を前に1989年に客船“ふじ丸”、翌年、“にっぽん丸”が就航。

CSRは2005年に国連のグローバル・コンパクトに邦船として初参加。代表的なESG／RI指標FTSE4Good Index Seriesの構成銘柄に03年から継続組み入れ、日本企業の指標FTSE Blossom Japanも17年から選定、FTSE Blossom Japan Sector Relative Indexも22年開発時から組み入れ、ダイバーシティ・健康では経産省・東証の「健康経営銘柄」に20年度に海運業で唯一選定、「なでしこ銘柄」、日本健康会議の「健康経営優良法人（大規模法人）」にいずれも20年度から継続認定、22年度は「健康経営優良法人（大規模法人）」の上位500社「ホワイト500」にも認定。23年3月末時点の単体陸上職の女性管理職比率は9.2%で25年に15%を目指す。取締役9人のはうち女性は2人（23年6月末）。

23年3月期の連結業績は売上高が前年比27%増の1兆6,119億円、営業利益は98%増の1,087億円、営業利益と持分法投資利益を合わせた事業利益は9%増の

7,771億円の黒字で、経常利益は12%増の8,115億円、当期利益は12%増の7,960億円。24年3月期上期（23年4-9月）は売上高が前年同期比3.8%減の7,901億円、営業利益は12.1%減の493億円、営業利益と持分法投資利益を合わせた事業利益は74.2%減の1,053億円、経常利益は74.2%減の1,545億円、当期利益も74.9%減の1,779億円と大幅な減益だった。

## Mitsui & Co. Global Logistics, Ltd.
## 三井物産グローバルロジスティクス　株式会社

三井物産系物流会社で国内3PLのトライネット・ロジスティクス（Tri-net Logistics Co., Ltd.：TNL）と国際輸送のトライネット（TRI-NET (Japan) Inc.：TNJ）が17年4月1日付で統合し、三井物産の中核物流企業として「三井物産グローバルロジスティクス（MGL）」の商号でスタートした。物産100%出資の資本金10億円、従業員は契約・パート含め2,600人規模。社長は竹森一哉氏から23年に大矢健二氏が取締役から昇格し就任。本社は東京都港区東新橋のコモディオ汐留5階。国内拠点は7都市25拠点、倉庫の総所管面積約80万㎡。事業内容は倉庫業、国内運送業、通関業、流通加工・荷役業、不動産賃貸業、e-物流サービス、鉄鋼・国際物流事業、海上運送業など。過去に幾つもの変遷を経たTNLとTNJの最終形として、TNLが強みとしてきたアパレル、通販などの消費財物流センターの運営ノウハウやTNJが手がけてきた国際輸送サービスに加え、保険、決済代行、金融（リース）、物流施設開発などグループ総合力を活かした高付加価値のグローバル・サプライチェーンを構築する。1985年以来30年以上親しまれてきた「トライネット」から、「三井物産」の名前を冠し、三井物産グループの物流中核会社としての役割を強めた。商社系物流会社の特色を活かし、三井物産およびグループ各社（東神倉庫、物産インシュアランス、サンネット物流＜物産／山九グループ会社で千葉・市原などで倉庫・海貨・通関・輸送＞）の機能を相互補完・活用し総合力を駆使した物流会社として顧客に提案する。商社物流部門として鋼材、機械設備輸送に強いほか、貨物や航路を問わない輸送サービス力を土台に、化粧品・健康食品のB2C（通販）分野における流通加工、アパレルでのB2B／B2C業務など付加価値サービスを含む消費財物流でもエキスパート。電子商取引（EC）需要を受け中小事業者向けプラットフォームの構築も進める。メディカル事業は18年に100%子会社の東神倉庫に移管した。取引先は約500社、国際輸送実績は90カ国、410港、1,782航路でバルク貨物とコンテナを合わせた取扱重量は300万トン、バイヤーズコンソリにも対応する。19年3月には自社物流センターに本邦初のソーティングシステムを導入するなど物流センター内の省力化やロボティクスの活用など物流ITイノベーションに

も積極的。ISO/IEC27001認証、AEO通関認定（09年）/AEO特定保税承認（倉庫、13年）認定。

　TNLの国内倉庫施設とTNJの海外パートナー約110社に加え、海外は中国、アジア中心にMGL、物産の自社拠点、代理店含め35カ国150都市で事業を展開。現法は三井物産本体の出資からMGL子会社へと切り替えをすすめており、現在は中国、タイ、シンガポール、インドネシア、ベトナムに現法を構え、従来のフォワーディングに加え倉庫業にも注力している。倉庫は中国・江蘇省太宗に9,720㎡、タイ・バンコク近郊の2カ所で1万3,800㎡、シンガポールで1万3,000㎡、インドネシアで6,600㎡のほか、ベトナムでもディストリビューションセンターを企図している。

　合併前のトライネットは三井物産物流本部100％出資で三井物産グループ貨物の海外輸送を担う国際総合物流会社として1985年7月に設立。当時の資本金は4億円で従業員146人、売上高は300億円強。84年の米国海事法改正でNVOCCの位置付けが明確化されたことで北米トレードを中心とするNVO業務を主な狙いに85年に三井物産と名港海運（名古屋本拠）と宇徳運輸（現・宇徳）の3社合弁で立ち上げ、04年に物産独資に切り換えた。03年には三井物産から業務移管を受けて不定期船事業（商船三井近海／鶴丸海運／NYK Global Bulkなどを船腹貸渡先、鶴丸海運などを船腹借受先として13隻を定期用船）。06年に小口LCL混載NVOCC（コンソリデーター）ジャパンスター（名古屋）を買収しコンテナ貨物の国際間ドア・ドア輸送とプロジェクト貨物やバラ積み貨物などの国際物流メイン。一方のトライネット・ロジスティクスも三井物産インシュアランス（保険）とともに三井物産物流グループの一つで、1959年に三井物産の倉庫営業部門が独立させた日東倉庫が前身。

　23年3月期業績は売上高が前期比29.8％増の687億3,000万円、営業利益が10.6％増の47億5,100万円、経常利益が9.9％増の50億9,600万円、当期利益が13.5％増の34億8,300万円。売上高営業利益率6.9‰。

## Mitsui Soko-Holdings Co., Ltd.
## 三井倉庫ホールディングス　株式会社

　旧財閥系の三井グループ企業で2019年10月に創業110周年。陸海空フルスペックの物流機能を自社で揃え、全世界約400カ所の物流拠点網を有するグループ総合力とトヨタ、ソニーなどの物流を長年培ってきた高品質なオペレーションが特長。日本初の私立銀行、三井銀行の倉庫部門が東神倉庫として1909年に分離独立したのが始まりで、創業当時から東京本店と神戸、門司に支店を置き、また横浜にも拠点開設、さらに1917年に神戸桟橋会社の海上業務を買収し港湾運送事業に進出後、大阪倉庫を買収、名古屋も拠点化し1922年の時点で今に至る6大港での港運と倉庫

事業の最初の基盤ができた。「三井倉庫」となったのは1942年。1950年に東証（2022年に東証プライム）、大証1部上場。大証は2013年に上場廃止。上屋業務中心の港湾運送、運送取扱（国際物流、航空貨物集荷代理店業務は04年に別会社化）、コンテナドレージを含む陸上運送事業なども営む。2014年にホールディングス制に移行し、持株会社の三井倉庫HD（不動産事業主体）のもと5つの物流事業会社として倉庫・港運の三井倉庫、航空貨物と国際一貫輸送の三井倉庫エクスプレス（トヨタ自動車との合弁）、3PLの三井倉庫ロジスティクス、SCM支援の三井倉庫サプライチェーンソリューション（ソニーとの合弁）、運送の三井倉庫トランスポートで構成。このほかに各事業の運営管理機能のバックオフィス業務（シェアードサービス）の三井倉庫ビズポートもある。現グループは連結76社（国内35社／海外41社）、持分法適用関連会社6社（23年3月末）。合弁含め19カ国に進出、拠点数は国内外417カ所（国内281カ所／海外136カ所）を数える。所管面積は世界合計226.8万㎡（国内166.2㎡／海外60.6㎡）。売上比率は国内77％、海外23‰。年間取扱量（23/3期）は航空貨物4.7万トン、海上貨物6万TEU、トラック輸送5.5億トンキロ。

　祖業の三井倉庫のほか航空関連は、03年に国際航空貨物単独混載を開始し、11年にJTBの貨物輸送子会社ジェイティービーエアカーゴ（JAC）を傘下におさめ三井倉庫エアカーゴに改称、12年にトヨタの航空貨物輸送子会社TASエクスプレスと合併し、トヨタとの合弁による三井倉庫エクスプレス（MSE）としてグループ内のフォワーディング、国際一貫輸送を担う事業会社とした。また12年に三洋電機ロジスティクスをM&Aで完全子会社化して3PL担当の三井倉庫ロジスティクスにした。14年のHD制移行でグループを再編、15年にソニーサプライチェーンソリューション（1962年設立）の株式66％を取得し、ソニーとの合弁による三井倉庫サプライチェーンソリューション（MSSCS）としてグループに組み入れた。同じく15年に買収した丸協運輸グループを中核に運送を柱とする三井倉庫トランスポートを設立、HDの下に5事業会社体制を整えた。MSSCSは主に日本、マレーシア、タイの拠点を中心にソニーグループに物流を提供していたが21年にはソニーと新たに提携、ソニー子会社が行っていたグローバル物流管理、物流企画支援、輸送入札、パートナー管理をMSSCSに移管しより一体化を強めた。NVOCC業務は20年にMSEから三井倉庫に移管、三井倉庫の海外ネットワークと連携を深め東南アジア中心に三国間貨物の拡大を図っている。

　一般港湾運送事業者として東京、横浜、名古屋、四日市、大阪、神戸、門司の各港でコンテナターミナルを運営（5大港でコンテナターミナル共同借受な

ど）、18年には東京港中央防波堤外側の大型コンテナターミナルY2を日本通運/住友倉庫/山九とともに4社連合で東京港埠頭から借り受けで仮契約し20年4月に運営を開始。16年初から那覇港公共国際コンテナターミナルを管理運営する那覇国際コンテナターミナル（Naha International Container Terminal, Inc.：NICTI）の株式51%を取得し中核会社として運営に参画した。

海外は三井倉庫、三井倉庫エクスプレス、三井倉庫サプライチェーンソリューションが連携して展開し、営業拠点・物流施設含め海外136拠点（北東アジア52／南アジア・東南アジア38／欧州・中東・アフリカ30／米州16）を運営（23/3期）。欧州はベルギー、チェコ、ハンガリーに現法、23年にロッテルダム支店開設。中国は12年に上海に三井倉庫（中国）投資公司を設立、統括および投資管理。11年半ばにアジア域内物流で"FLEXPRESS"サービスを手がけ、米州では中南米を含む米州全域の統括会社Mitsui-Soko(Americas) Inc.をLAに設立。15年にメキシコ・グアダラハラに現法を立ち上げ、16年には三井倉庫エクスプレス（MSE）もメキシコシティに現法設立。東南アジアは14年にタイで物流センターを開業、同年インドネシアのチャクンでの物流センター、15年にGIIC物流センター、16年にMitsui-Soko International Pte.Ltd.がスラバヤ近郊で建設したNIP新倉庫も完工、ジャカルタのチャクン、GIICと合わせ現地での延べ床面積は7万5,700㎡に拡大、ベトナムは17年にハイフォンに現法と1万㎡の新倉庫を開設、20年にホーチミン支店も開設した。14年に韓国現法が釜山新港の釜山港湾公社用地で物流センターを稼働。中国・上海で低・定温機能を持つ5.3万㎡の物流センターなど海外倉庫は21年時点で60万㎡を超え、うち36.5万㎡以上がアジア地域。15年はMSSCS発足によりソニー傘下だった日本、タイ、マレーシア法人を子会社化。同年デンマークと香港を中心にフォワーディング、北欧で倉庫業を手がけるPrime Cargoを買収したが20年にDSVに売却した。船社代理店業務も手がけ、近年では14年にイラク国営船社SCMTの総代理店、17年にノルウェーのオープンハッチ船オペレーターのG2Ocean A/Sの日本総代理店ほか、20年には中国の営口・大連をベースとする内航コンテナ・外航バルク船社、信風海運物流（Trawind Shipping、本社・遼寧省）のコンテナ部門、華信集装箱運輸有限公司（Huaxin Container Lines）が日中航路に参入するのを機に日本総代理店に指名。Huaxinは400TEU型2隻を投入し張家港と日本を結ぶサービスを開始、12月から常熟（江蘇省）も寄港地に加えたが21年4月に休止。

医薬品物流では4温度帯対応のヘルスケア専用高機能物流施設を神戸、埼玉加須に構え、各種許認可を取得、治験薬の保管から流通加工、出荷可否判定ま

で一貫提供。21年に羽田エリアにサテライト拠点も開設した。20年に再生医療等製品製造業許可を東京都で物流事業者として初めて取得、東京・江東区の専用施設で21年8月から再生医療製品の製造・品質管理基準GCTPに適合した極低温管理製品向け保管・輸送サービスを開始。22年に医薬品流通の品質管理基準GDP準拠の管理体制と全国規模の医薬品共同輸配送網をもつP・J・Dネットワークと戦略的提携、医薬品製造の品質管理基準GMP準拠の自社倉庫と組み合わせ高品質な医薬品保管・物流体制を整えた。三井倉庫エクスプレスが22年3月に関空、同年11月に成田でIATAの医薬品航空輸送品質認証「CEIV Pharma」を取得。DX推進ではMSロジが、IoT機能を活用した「テクニカルロジスティクスプラットフォーム」を全国展開し、コントロールタワーで受発注販売管理から在庫管理、配送・設置やメンテナンスなどの全機能を管理しているほか、SCMデジタルプラットフォーム「Logistics Value Link（LVL）」を運用、22年にDX戦略部を設置し25/3期までのDX関連投資は100億円を予定する。21年にLVLのもと、環境（CO$_2$排出量）、労働、災害の面からリスクやデータを可視化しサプライチェーンサステナビリティの課題解決につなげる新サービス「SustainerLink」を開始、物流CO$_2$排出量算定サービス「MS CO$_2$ Navigator」は23年に国際規格ISO14083:2023に対応、日系物流企業として初めて第三者評価機関から妥当性評価を取得した。業界横断的な取り組みでは21年にNTTデータ、三菱商事らによる貿易プラットフォームTradeWaltzに日新らと出資。

22～26年度の中期経営計画では、モビリティ／ヘルスケア／B2B2Cを注力領域とし、投資総額1,300億円（新施設、DX、M&Aなど成長領域1,000億円+通常投資300億円）を予定、最終年度27年3月末に売上高3,500億円、営業利益230億円、営業キャッシュフロー300億円、ROE12%以上を目指す。19年に国交省提唱の「ホワイト物流」の自主行動宣言書を提出、20年には国内初の物流施設建設のためのグリーンボンド（50億円）を発行。物流連から22年度モーダルシフト大賞受賞。23年に国連グローバル・コンパクトに加入、同年に従業員・家族のQOL向上を促進する「健康経営宣言」。各種ライセンスは三井倉庫が08年に特定保税承認者（AEO倉庫業者）、三井倉庫エクスプレスが15年にAEO通関業者、ヘルスケアのGDP、GMP、品質マネジメントシステムや情報セキュリティはじめ日本国内で約70件の認証/特許/資格を取得。資本金111億円、連結従業員8,057人（単体887人）。中枢事業会社である三井倉庫の現社長はトヨタ出身の久保高伸氏。23年3月期業績は売上高が前期比0.1%減の3,008億3,600万円、営業利益が0.1%増の259億6,100万円、経常利益が3.8%増の265億3,300万円、純利益が7.7%増の156億1,700万

円と微減収も利益は全段階で3期連続過去最高を更新した。売上高営業利益率8.6％。

## MOL Logistics Co., Ltd.
### 商船三井ロジスティクス　株式会社

　商船三井グループの中核物流会社でNVOCC業務のほか、航空、海上、陸上の貨物輸送、ロジスティクス、総合物流ソリューション提供、海外引越と幅広く事業展開する。22年に商船三井の完全子会社となった。本社は23年2月に日比谷ダイビルに移転。関連会社は通関、倉庫物流、混載等国内オペレーションを担うエムオーエアロジスティックスなど国内4社と海外25社。資本金7億5,625万円（授権資本金18億円）、連結従業員数2,500人（22年3月）。自営拠点は26カ国・140カ所（国内20／海外120）、代理店は51カ国189カ所。連結売上高は827億円で、セグメント別内訳は航空41％、海上38％、ロジスティクス・その他21％（22/3期）。グローバル展開の本社役割を強調するため20年10月に英文商号からJapanを削除し現商号に変更した。連結売上高は21/3期の500億円から1,000億円への倍増を目指し祖業の航空だけでなく海上貨物の拡大や中国、インド、タイはじめ海外での営業力強化を推進中。

　中国本土は3現法17拠点で04年に上海外高橋保税物流園区に同区で日系初となる総合物流倉庫を構え倉庫面積1万3,427m²の物流施設を運営する。ベトナムは05年に現法設立、現在16拠点で、このうちハイフォンのロジスティクスセンターは19年1月の稼働開始から約半年で2倍の1.2万m²に拡張、商船三井が18年からラックフェン港で合弁運営する北ベトナム初の大水深CTと連動するほか、南部ではドンナイ省アマタ工業団地に営業拠点を置き、ビンズン省ソンタン倉庫や22年にカイメップ工業団地、23年に南部ビンズン省のベトナム・シンガポール工業団地（VSIP2）にも営業拠点を新設するなど積極展開が続く。メキシコではモンテレーと中央高原のバヒオ地区イラプアトに物流施設を運営、他の新興地域ではカンボジア、インドネシア、ミャンマーに現地法人、マレーシアでは自社現法のほか、クアラルンプールに5.5万m²規模の物流施設などを運営する総合物流大手PKT Logistics Groupの株式35.1％を保有し代理店に起用する。近年では15〜17年にかけて東南アジアで自社作業倉庫を3カ所（マニラ、ジャカルタ、ジョホールバル）開設したほか、17年にインド現法（商船三井現法から物流事業継承）、17年5月に日系フォワーダー初のナイロビ支店、18年4月にスリランカ現法（商船三井現法から物流事業継承）、同年はオマーン、パキスタンに代理店、ポーランド支店、19年にドバイに駐在員事務所を開設した。20年にはタイ現法が商船三井現法から陸送、通関を継承し同国での総合物流体制を整備、22〜23年にインド現法がスリシティ、グルグラム、スラト、ヴィシャーカパトナム、コルカタと営業拠点を急拡大、23年7月にはケニア・ナイロビにジャパンデスクを設置（商船三井と共同）しグループ初のアフリカ自社倉庫も開設した。21年には商船三井、日本コンセプトと海上タンクコンテナを扱う合弁会社を設立、日コンの海上タンクコンテナ輸出入業務を日本で引き受けるとともに、海外ではメキシコ、ミャンマー、ベトナム、タイをはじめ代理店引き受け、業務提携を拡大中。アジアに加え22年に米国にも日コンのタンクコンテナ代理店営業を拡大した。

　創業母体は三井船舶、三井物産、三井不動産等の出資で1960年に設立された三井ラインエアサービス。航空の旅客・貨物代理店として営業し1964年に三井航空サービスに社名変更しつつ、米国、香港、英独と現地法人網を拡大し航空貨物混載も開始、1989年に商船三井、住友商事らの出資による商船航空サービスと合併し、エムオーエアシステムに改称。2001年に旅行事業部門をエムオーツーリストとして分離、国際輸送専業として現社名に変更した。2018年に商船三井グループのNVOCC事業は「MOL Worldwide Logistics」のブランド名に統一、商船三井が商船三井ロジとMOL Consolidation Service（本社・香港）のNVOCC事業を束ね物量を統合し運賃交渉、クラウドを使用したシステムで情報共有しサービス向上する新会社MOL Worldwide Logistics Ltd.（MWL）を香港に設立し、マーケティング、ネットワークオペレーション、グローバル顧客対応等の機能を集約し、商船三井ロジと共同購買する。品質ISO9001：2015の認証を受けるほか、AEOは完全子会社のエムオーエアロジスティックスが特定保税承認者、認定通関業者の承認を受け、海外現法も米国、オランダ、タイ、香港、上海、台湾、英国、ドイツ、チェコで現地AEO事業者に認定されている。

　23年3月期単体業績は売上高が272億1,797万円、営業損益が8,880万円の赤字、当期利益が8億5,376万円。

## MOL Drybulk Ltd.
### 商船三井ドライバルク　株式会社

　商船三井グループのドライバルクオペレーター。近海船・多目的船部門だった商船三井近海に商船三井本体の不定期船（ケープサイズ除く中小型バルカー）、木材チップ船、一部のパナマックス船（鉄鋼産業・国内電力向けを除く）の各事業を統合し21年4月に現社名に変更、グループのドライバルクリソースを結集した総合ドライバルク船社として発足した。1万〜10万dwtのばら積み船、木材チップ船、多目的船など多様な船型・船種を揃えた約200隻の世界有数規模のドライバルク船隊を運航し、さまざまなトレードに対応できる「ワンストップサービス」を展開

する。営業拠点（フランチャイズ含む）は東京本社のほかタイ、インド、韓国、シンガポール、中国。22年3月期の年間輸送量は2,220航海・4,800万トン。営業体制は営業統括部、多目的船部、プロジェクト貨物部、鋼材営業部、製紙原燃料部、ドライバルクグローバル部、ドライバルクアジアオセアニア部で構成。多目的船部は60〜150トン吊りクレーンを装備した多目的船により極東・東南アジア発着のバイオマス燃料、石膏、粗糖、米、飼料等のばら積み貨物を輸送。プロジェクト貨物部はプラント関連、鉄道車両、設備等の製品輸送を手がけ、アセアンでの三国間輸送も行う。鋼材営業部では近海、遠洋ともに配船し豊富な船隊を活かし多様な鋼材輸送に対応。遠海にはハンディバルカー（3.2〜3.8万dwt）、スプラマックスバルカー（5〜6.1万dwt）を投入し鉄鋼製品を少量多品種から3万トンの大量輸送まで行う。近海は1.3〜1.75万dwt型でアジア全域に鉄鋼製品、日本主要港から中国・台湾・東南アジア向けに配船し建機や一般雑貨を輸送するほか、22年春から日本発着の空きスペース利用ではなく、アジア域内に特化したサービスを強化、アジア域内専用船の1.2万dwt型ツインデッカー（吊り下げ能力30トン×2）1隻でサービスを開始し、順次専用船の投入を拡大している。製紙原燃料部は特殊船、木材チップ船で世界1位の船隊を擁する。ドライバルク部は1〜10万dwtの一般ばら積み船による多様な貨物の近海・遠洋輸送を展開。日本主要港から東南アジア、中国向けに在来定期サービスするほか、輸入も東南アジアから石膏、粗糖、米、飼料、チップ、合板等に加え近年ではバイオマス発電燃料（PKS：パーム椰子、木質ペレット）の輸入にも注力しバイオマス燃料輸送ではトップシェア。20年12月にはバイオマス燃料の主要輸出国であるインドネシア・ジャカルタに駐在員事務所を開設した。硬翼帆式風力推進装置「ウインドチャレンジャー」、ローターセイル（円筒帆）などを搭載したばら積み船が24〜25年頃から順次竣工予定で、商船三井ドライバルクが運航する。27年竣工予定のメタノール二元燃料ばら積み船（6万5,700dwt）の長期用船契約も締結済み。

　本体ドライバルク事業と統合前の商船三井近海はエム・オー・シーウェイズとナビックス近海の近海部門が01年7月に統合し、商船三井近海に改称して誕生。エム・オー・シーウェイズは商船三井の内航・近海部門を分離した商船三井近海（66年設立）と、中国航路のオペレーターだった富士汽船（72年設立）が合併し90年に設立。もう一方のナビックス近海はナビックスライン（山下新日本汽船とジャパンラインの合併会社）傘下で内航・近海を担っていたジャパン近海（64年設立）と山下新日本近海汽船（68年設立）との合併会社で96年設立、その後99年に親会社ナビックスラインが商船三井に吸収合併され

たため商船三井傘下となっていた。23年3月期の売上高は前期比527.4%増の2,384億8,000万円、営業利益が275%増の100億500万円、経常利益が269.1%増の112億3,500万円、純利益が356.2%増の98億3,500万円。

## Naigai Nitto Co., Ltd.
## 内外日東　株式会社

　1950年7月に内外通運を設立、2020年に創立70周年を迎えた海貨（一般港湾運送事業）の最有力企業の一社。52年に横浜税関から現在の通関業にあたる税関貨物取扱人免許を取得。70年に日東運輸と合併し社名も内外日東に変更した。大株主は東京中小企業投資育成で資本金3億円、従業員は約300人。海貨のなかでもドメスティック・フォワーダーだけでなく早くからインターナショナル・フレイト・フォワーダーとして国際化に目を向け、NELSや国内、上海、シンガポール、インドネシアで導入中の自社開発のWMS（物流管理システム）など情報システムも先駆け的な存在で香港とシンガポール、日本をリンクしてSCMに対応したIT活用のネットサービスを展開するほか、受託する物流管理業務に導入、高評価を得ている。群馬や埼玉、千葉ほか関東（京浜港：大井／大黒／子安）エリアを主力に静岡、阪神（大阪）にも営業所を持ち、港運はもちろん輸入貨物や危険品も含め倉庫・物流センター、通関、梱包などの幅広い国内物流基盤を構築、輸出入。港湾関連インフラのSea-NACCSでの海貨・通貨システムや船積情報事項登録（ACLなど）に対応。15年には横浜税関から東京、横浜両支店でAEO認定通関業者の資格を取得。海外は、アジアを中心に中国で既存の保税区内の現法のほかCEPAの上海独資現法を展開し支店も開設。ホーチミン事務所を16年に現法に昇格したベトナムやユニークなネパール（カトマンズ）など営業店や駐在員事務所のほか倉庫施設もシンガポールやマレーシアなど5カ所でかまえるなど世界50カ国以上での活動基盤を持つ。海外でのフォワーディングとともにNVOとして国際複合一貫輸送を営み、シンガポール経由の東京、神戸積みインド向けやタイ・ラッカバン向けなどに一般貨物、危険品の混載メニューも数多い。全米だけで50ポイント以上のネットワークで海上サービスやIATA代理店として国際航空貨物輸送事業も手がける、文字通り内外に向けた総合物流業者として知られグループ企業は国内外に12社。21年には情報処理推進機構（IPA）が、安全・安心なIT社会を実現するために創設した「SECURITY ACTION」で「二つ星」を宣言、安全かつ適正なセキュリティ対策を引き続き講じていく。21年4月から国土交通省が開始した港湾関連データ連携基盤・Cyber Portの利用を開始している。2023年5月期の純利益は5億2,829万円。

## Naigai Trans Line Ltd.
## 内外トランスライン　株式会社

　大阪を本拠に1980年5月に設立、20年には創立40周年を迎えた。急成長を遂げ現在の有力なインターナショナル・フレイトフォワーダー（NVOCC）の地位を築き、輸出混載（LCL）で国内トップシェアを誇る。創立時からの大株主だった戸田徹氏は3.27％、エーエスティが筆頭で21.70％、内外トランスライン従業員持株会3.56％ほか神戸の海貨の日章トランス、トランコムなども出資し資本金は当初の1,000万円から増資を重ね2億4,393万円、社員数は連結で709人（単体234人）。現社長は小嶋佳宏氏。08年11月5日付で東証2部に上場、株式を公開し、15年3月20日に東証1部に昇格、現在プライム市場。23年4月に営業強化と人材確保を目的に、東京支店を東京本社とし、大阪本社と東京本社の2本社体制を構築。そのほかの国内営業拠点は横浜、名古屋、神戸の各支店をはじめ福岡営業所を持つ。海外拠点もシンガポール、タイ（17年にレムチャバン支店開設し2カ所）、インドネシア（ジャカルタ本社、23年9月にはスラバヤ支店開設）、中国（上海現法と大連、天津、青島に支店、深圳現法と広州に支店）、香港、米国、韓国（現法3社）、インド（ニューデリー本社・支店4カ所）、17年に国内のジー・ティー・エイシア（GT Asia）の国内事業を譲受し、そのミャンマー現法も子会社化し12現法のほか米国NY支店など海外直営拠点23カ所に及ぶ。これに代理店網を含めアジア中心に欧州、北米、中東のワールドワイドのネットワークを形成、関東や関西、中部発週2-4便など複数便やダイレクト混載（FCLも扱う）週450便超のサービスに加えFCLも常時拡充しプラントや設備機械輸送なども手がける。韓国釜山新港で物流センター「内外釜山倉庫」（内外銀山ロジスティクス）が16年11月に稼働、19年3月にHanjin Shippingから釜山新港物流センターの株式60％を取得し子会社化（内外釜山物流センター㈱、倉庫面積1.7万㎡）、同社は23年5月に釜山新港地域の物流倉庫（約3万㎡）を取得した。22年には名古屋・門司発寧波向け、名古屋発深圳向け、神戸発香港向け危険品、神戸発南沙向け直行混載便を開始するなどサービスを拡充。23年には神戸港発チッタゴン向け直行混載便を開始した。FIATA、IATA、JIFFAやJETRO、東京と横浜の通関業会、国内7大港都市の商工会議所にも加盟。

　基本的には輸出LCL主体からFCL、Air、輸入、プロジェクト貨物へと展開し海空陸複合一貫輸送事業がメインで国交省の外航利用運送事業、陸上運送取扱業ほか海運代理店業、損害保険代理業も事業種目。Sea-NACCSに連携した自社の新業務基幹システム（NS2008）を構築済みだが18年に自社ホームページに輸出関連で「船籍情報確認」を新機能として追加。10年には米Cargo One Inc.を買収し特定子会社化したが、12年には米国現法に統合、またインドのLojistics Plus Indiaも11年に買収、国内ではユーシーアイフレイトジャパンを買収し国際航空貨物を強化、13年にはフォワーダーのフライングフィッシュサービスの国際複合一貫事業を買い取り新会社のフライングフィッシュで事業を開始。18年8月に大阪本社を大阪市中央区備後町2-6-8 サンライズビル5階に移転。21年3月26日付で創業者の戸田徹取締役会長が退任、名誉会長に就任した。

　22年12月通期の連結業績は売上高が前年度比34.2％増の473億2,000万円、営業利益は75.4％増の66億8,000万円、経常利益は75.3％増の68億7,400万円、当期利益は67.2％増の46億5,100万円と前期に続き大幅な増収増益となった。売上高営業利益率は14.1％。

## Namsung Shipping Japan, Ltd.
## 南星海運ジャパン　株式会社

　韓国船社、南星海運（Namsung Shipping）の日本総代理店。南星海運とナビックス近海（現・商船三井ドライバルク）が98年に出資比率60％：40％で合弁設立したナビックス南星（南星海運の旧・日本総代理店）を07年4月に南星グループの全額出資とし、現社名に変更した。02年5月にNamsungが同じ日韓航路の東暎海運（Dong Young Shipping、ライン名称Pegasus Container Svc.）を子会社化したことからDong Youngの日本総代理店業務もペガサス・インターナショナルから引き継いだ。22年10月にアジアから地中海、中東、インド、豪州、北米東岸に航路網をもつSea Lead Shipping（シンガポール）の総代理店となりシーリード事業部を新設、アジア／北米東岸サービス（墨向け含む）を皮切りに他航路サービスの提供も拡大している。東京本社のほか横浜、大阪に支店を置く。社員数は36人。100％子会社のフォワーダー、スターエクスプレス（本社：横浜市、01年設立）は利用運送事業の1種、2種の免許を持つJIFFAメンバーで、博多に出張所を置き、自社B/Lによる中国、香港、台湾、インド、インドネシア、オセアニア、ベトナム向けなどのドア・ドア輸送、NVOCC業務を提供している。21年夏からは中古コンテナ販売事業も開始した。

　Namsungは1953年8月に創業した韓国初の民間船社で2023年に創立70周年を迎えた。ソウルに本社、釜山に事務所を置き、光陽、仁川、平澤、群山に代理店を指名、重慶、天津、大連、青島、上海、寧波、厦門、連雲港、深圳、広州と香港、ホーチミン、ハイフォン、ハノイに営業所、南京、張家港、台北、バンコク、レムチャバン、ジャカルタ、スラバヤ、ポートクラン、ヤンゴン、マニラ、シンガポール、プノンペンに代理店を置く。23年11月の運航船腹は

30隻、3万8,587TEUで世界ランク36位（Alphaliner）。発注残は5隻9,586TEU。23〜24年にかけて2,500TEU型シリーズが順次デリバリー、Dongyoungも22年末に1,600TEU型1隻、23〜24年にかけて1,000TEU型4隻の引き渡しを受ける予定で、これによりNamsungグループの新造船隊は計29隻、うちNamsungが1,000TEU型10隻、1,600TEU型6隻、2,500TEU型4隻の計20隻、Dongyoungが1,000TEU型8隻、1,600TEU型1隻の9隻を保有することになる見込み。

釜山、光陽、仁川、平澤を起点に、韓日10航路、韓中13航路、日中7航路、アジア域内18航路を運航。東南アジアはタイ、ベトナムなどに加え23年1月からインドネシア航路も開設した。日本はNamsungとDong Youngの2社体制で北海道から東北、京浜、阪神、九州の主要港・地方港約30港をカバー、日韓および韓国接続による日中、アジア域内に加え地方港を含む日本／中国の直行サービスも展開する。定評のある北海道・北日本／中国直行サービスはKMTCとの協調配船などを通じ強化を継続、近年では釜石、石狩湾新港、金沢寄港を開始、現在は仙台が週4便、苫小牧が週4便、常陸那珂が週3便、釧路が週1便体制。現在日本から東南アジア向けはシンガポール、ポートクラン向けにCNCのスロットチャーターで直行サービスするほか、釜山、光陽、仁川接続でベトナム、タイをカバーする。

Namsungは1953年に韓国初の民間海運会社として設立。55年に民間船社として初めて釜山／阪神での日韓不定期配船を開始後、トランパー配船で横浜にも寄港を開始、70年に日韓定期配船、73年に木材船で日本／アジア航路を開設、75年に釜山／大阪でコンテナ定期航路を開設した。94年に韓中航路、95年に北朝鮮へもサービスを拡大、00年に釜山／ポシェット航路を開設し、ポシェット経由による中国東北部への複合輸送サービスにも乗り出し、02年に日韓中の三角配船を開始した。06年に香港、07年にハイフォン、09年にレムチャバン、13年にジャカルタとサービスを拡大しアジア域内サービスを積極展開、自社配船のタイ、ベトナム、フィリピン、海峡地向けを中心に、他社船腹も借り受けサービスを拡充、バンコク・レムチャバンから陸路でタイ国境を経由しラオスまでクロスボーダー輸送するタイ経由ラオス一貫輸送も韓国船社で初めて開始した。17年から日韓中サービスで苫小牧、仙台を週3便化し、苫小牧・新潟〜新港・青島の日中直航配船も開始、KMTCと協調し、韓国〜ベトナム・香港も新設した。さらに同年韓国船4社と協調して仁川〜タイ・越の補完サービスやマニラ・ホーチミンの協調配船を開始した。17年12月にNamsungを含む韓国のコンテナ船14社で結成する韓国海運連合（Korea Shipping Partnership：KSP）が発足、合理化で日韓航路と

韓国／東南アジア航路でコンテナ船7隻を撤収させることになり、Namsungも東南アジア航路などを合理化した。21年6月に子会社のDong Youngが釜山と極東ロシア（ウラジオストク）のシャトル運航を開始、ロシア航路に参画したが、Namsungはスロットチャーターでも参加せずNamsungが南方、Dong Youngが北方を専門とした。

IT関連では、18年3月にマルチキャリア海運情報プラットフォームのINTTRA（米国）とシステム接続。Maersk／IBMのブロックチェーンによる国際物流プラットフォームTradeLensにも加入したがTradeLensは23年1Qでサービス終了。韓国スタートアップ企業ValuelinkUが主催する海運物流プラットフォーム事業GSDC（Global Shipping & Logistics Digitalization Consortium）に参加。23年に韓国の航海通信システム企業SeaNetによるスマートシップソリューション「eSEES」を導入、同年にはValuelinkUがホームページと「e-Service Plusウェブサイト」を全面開発、Namsung ShippingとDong Young Shippingのシステム利便性を高めた。これに合わせ南星海運ジャパンは17年10月に開始したインターネットでの船腹予約サービス「Namsung e-SERVICE」を「e-SERVICE PLUS」にバージョンアップした。またNamsungは23年、CK Line（天敬海運）、Sinokor Merchant Marine（長錦商船）と、韓国の海運・物流専門IT大手、CyberLogitechとともに危険物専門統合システムのコンソーシアム、OPUS DGLを結成、共同運航船社間の危険物の出荷手続きをデジタル転換した。

## NIPPON EXPRESS HOLDINGS, INC.
## NIPPON EXPRESSホールディングス株式会社

「日本通運株式会社法」に基づく国策会社として1937年に発足、22年に創立85周年を迎えた。1872年に江戸定飛脚問屋、和泉屋を中心に陸運元会社を設立、1875年の内国通運会社を経て、鉄道輸送の発着両端の輸送を行う"小運送"（鉄道キャリアは大運送）業者をとりまとめて1928年に発足した国際通運が母体。これに同業種6社の資産と政府その他の出資で創立後、戦時下に全国主要都市の運送業者を合併し現在の日本通運の原型ができ、さらに終戦後の50年に通運事業法制定のもと民営化、東証に株式上場した。2022年1月4日にNIPPON EXPRESSホールディングスを設立、ホールディングス体制に移行した。資本金は701億7,500万円、グループ合計321社、ロジスティクス事業を主軸に警備輸送、重量品建設の各事業と各事業に関連する販売・不動産業務などの物流サポート事業を世界49カ国、312都市、739拠点で展開する。従業員数は連結で7万3,482人（22年12月末）、うち海外が2万2,228人。日本通運は中核事業会社として、日本国内ロジスティクス事業と日本起点のグローバル事業をけん引する。海外ロジステ

イクス事業は、海外各地域統括会社が持株会社と連携しながらけん引する。またグループ内企業の決算期を3月31日から、グローバルスタンダードの12月31日に統一した。経過期間の第116期は、21年4月1日から21年12月31日までの9カ月決算とした。さらに、グループ統一のブランドアイデンティティを22年1月4日から導入、「NX」をグループブランドとした。21年9月には「NXグループ統合拠点」が東京都千代田区神田和泉町2番地に竣工、本社機能をはじめ、陸・海・空の機能を持つ支店とグループ会社を集約した。

1964年には東京／室蘭航路で内航海運に進出。さらに港湾運送にも進出、地方港に圧倒的に強いほか、2019年7月から横浜港では本牧D-1コンテナターミナルを横浜港メガターミナル（上組との共同出資）が借り受け、20年3月に供用開始した東京港中防外側Y2を三井倉庫／住友倉庫／山九と4社連合で借り受けるなど5大港でも外貿埠頭会社のCTを共同借り受け、運営にあたっている。

NIPPON EXPRESS ホールディングスの新設による持株会社体制への移行に伴い、持株会社の組織体制を、経営戦略機能、コーポレートマネジメント機能、リスクマネジメント機能、グローバル事業推進機能に対応した4本部体制とした。一方、中核事業会社の日本通運は、同日付で、部門を廃止し本部を7本部から6本部（グローバル営業戦略本部、グローバル事業戦略本部、専門輸送事業本部、ロジスティクス・ネットワーク事業本部、コーポレートソリューション本部、経営事業戦略本部）へ見直し、組織の効率化を図り、海外ブロックは持株会社の直下に配置する。本社組織は19年4月から新中期計画「非連続な成長"Dynamic Growth"」としてコア事業の成長戦略、日本事業の強靭化を戦略に掲げ、2037年の創立100周年に向けた長期ビジョン実現のため、非連続な成長戦略、機能強化、持続的成長と企業価値向上のためのESG経営の確立に取り組むとした。

1957年進出の国際航空貨物は22年の取扱量が86万7,038トン（A&A調査）で世界6位、世界の3PL業者売上高ランク7位（199億3,200万ドル、A&A Top 50 Global 3PLs List, Largest 3PLs Ranked by 2022 Gross Logistics Revenue）。中核事業会社の日本通運の22年度（22年1～12月）の航空事業の業績は売上高が前年同期比16.0%増の3,376億7,600万円、うち輸出が24.1%増の2,364億3,700万円、輸入が1.4%増の327億9,500万円、国内・その他が0.5%増の684億4,400万円だった。輸出重量は13.6%減の25万342トン、輸入件数が6.3%減の41万9,036件だった。22年1月にはNXスペインがバルセロナ＝エル・プラット国際空港近郊の自社倉庫内でGDP認証を取得、NXインドは1月にインド・デリー国際空港貨物地区内に日系フォワーダーとして初めてロジスティクスセンターを開設、NX中東は2月、ドバイのジュベル・アリ・フリーゾーンでGDP認証を日系物流企業で初めて取得、4月にはNXマレーシアがクアラルンプール国際空港のFree Commercial Zoneに新倉庫を開設した。日本通運も1月、関西国際空港の国際貨物上屋内で運営する温度管理施設「NX-PHARMA Logistics Hub Kansai Airport」でGDP認証を取得、さらに4月には同施設でIATAが提唱する医薬品輸送品質認証「CEIV Pharma」を取得、6月には日系物流企業として初めて、ワクチン輸送のアンバリゾ（仏）と連携し、環境配慮型温度管理容器を利用した、国際航空輸送用の新サービスを開始した。12月にはアゼルバイジャンの貨物航空会社のシルクウェイウエスト航空と航空貨物に関する輸送協力をさらに発展、促進することを目的とする覚書を締結した。NXシンガポールは23年1月17日を発効日として、チャンギ国際空港のFTZ内施設で、CEIV Pharmaを取得、NXベルギーは1月25日に日系フォワーダーとして初めて、航空貨物業界の医薬品輸送の共同連合Pharma Aeroへ加盟した。6月にはNX欧州がルフトハンザ・カーゴとSAF使用に関する契約を締結した。

国際海上輸送では、国際複合一貫輸送サービスを提供、小口混載貨物からコンテナ単位での輸送に加え、かつ大品や重量貨物など、コンテナ輸送に適さない貨物の取り扱いも、国内店所・海外現地法人・提携代理店のネットワークを生かして対応、貨物の輸送状況を知るためのトレース情報も提供している。20年10月、海運フォワーディング事業の強化を目的とした「グローバルNVOCCセンター」（GNC）を設立、一括した利用船社の選定・購買、価格競争力のあるNVOCC商品の開発、海外各地で提供するロジスティクスサービスと組み合わせた新サービスの提供、サービス品質の向上・最適化のサポートなどを進めている。22年12月には日本通運は、近海郵船と連携し、新たに敦賀港～博多港間の海上輸送と鉄道輸送を組み合わせたSea&Railサービス、北海道発着の危険品に対応した複合輸送サービス「Sea & Rail DG」をそれぞれ開始した。日本通運は23年6月、近海郵船と連携し、海上輸送と鉄道輸送を組み合わせたSea&Railに新たに敦賀港～苫小牧港ルートを追加、8月にはNXグループの内航船"ひまわり"と鉄道輸送を組み合わせ、国際海上コンテナを国内中継輸送するサービス「Sea & Rail FT（Feeder Transport）」を開始、10月には福岡発沖縄向けの医薬品海上輸送で、輸送便数と積載量を拡大し、温度管理機能を強化することでサービスを大幅に拡充した。日本通運の22年度（22年1～12月）業績は、海運事業（海上輸送・港運）の売上高が前年同期比30.0%増の2,624億6,600万円、輸出が46.8%増の1,312億4,300万円、輸入が21.7%増の662億2,200万円、国内・その他が12.0%増の650億100万円だった。

日本通運は1958年に最初の駐在員を米国に派遣して22年で海外進出64周年、日系フォワーダーとしての海外展開の端緒。62年の米国法人設立から22年で60年。海外倉庫面積は382万m2。海外事業本部による海外会社は22年度（22年1～12月）で米州が売上高1,620億円（前年同期比47.7%増）/営業利益133億円（103.8%増）、欧州が2,156億円（30.4%増）/営業利益124億円（61.7%増）、東アジアが売上高2,420億円（7.7%増）/営業利益124億円（48.7%増）、南アジア・オセアニアが売上高2.218億円（19.1%増）/営業利益200億円（19.9%増）、合計が売上高8,416億円（22.7%増）/営業利益581億円（48.1%増）と増収増益だった。

中国はNX国際物流（中国）（NX中国）を軸に展開、22年2月にはNX中国が、中国最大の港湾運営会社SIPG傘下のSIPG Logisticsと協業し、上海における国際混載トランシップサービスを開始、4月には大連支店、瀋陽支店、長春支店の既存3支店を統合した東北支店を新たに開設、また中国とラオスを結ぶ国際鉄道を利用し、ASEAN周辺国とトラック輸送でつなぐ、新たな複合輸送サービスを4月から開始するとともに、中国各地から欧州向けに、カスピ海を経由する新たな複合輸送サービスも開始した。また5月には新型コロナウイルス感染拡大により中国国内で物流の制限がある中、各地の内航海上輸送を活用したBCP対応ソリューションの提供を開始している。7月には日系物流企業として初めて海南省海口市に事務所を新設、また青島・大阪間でスピードと定時性に優れた定期Ro/Ro船を利用した週1便の自社混載サービスを7月に開始、中国における医薬品産業への取り組みを強化するため上海にヘルスケア支店を7月に新設した。またNX国際儲運有限公司は、コロナ対応で港珠澳大橋を経由して陸路で珠海市と香港をつなぐクロスボーダー輸送サービスを9月から開始した。23年にはNX国際物流（上海）有限公司が、上海外高橋港総合保税区で、拡大する電機・電子、半導体関連の需要に対応する定温倉庫を新設した。

北米はNXアメリカが、テキサス州サンアントニオ市で、新たな倉庫「サンアントニオクロスドックセンター」を開設し、22年4月から業務を開始した。7月には米国・カナダからアジア向けに、メキシコを経由する新たなBCP対応複合輸送サービス「US Export Service via Mexico」（U.S.E.ME）を開始した。アラバマ州ハンツビル市では、日・墨からの自動車部品の供給拠点として新たに「ハンツビルロジスティクスセンター2」を開設し、7月から稼働を開始している。米国のグループ会社MD Logistics LLCは23年1月、米国ノースカロライナ州ガーナーに医薬品専用倉庫を開設、2月にはNXアメリカがアリゾナ州メサ市に半導体専用倉庫を開設した。

欧州ではNXベルギーは、ベルギー東部のゲンク・グリーンロジスティクスパーク内に同国内4番目の拠点となるゲンク・ロジスティクスセンターを開設し、22年4月から営業を開始、アパレル産業への対応を強化した。NXイタリアは、ベネチアで水素エンジンを搭載したボートによる環境配慮型の配送サービスを8月に開始した。23年7月にはNXアイルランドがダブリン市で新倉庫「コントラクトロジスティクスセンター」を開設、9月にはGDP認証を取得した。23年には、NX欧州がモロッコ王国内の既存拠点であるモロッコ支店とタンジェMed（Tanger Med）ロジスティクスセンターを7月と8月にそれぞれ現地法人化した。欧州持株子会社Nippon Express Europe GMBHの完全子会社の特別目的会社を通じ、オーストリアのCargo-Partnerグループ5社から、中・東欧を主な拠点として全世界でロジスティクスサービスを展開する63社の子会社の株式を取得する契約を5月に締結した。10月にはNXイタリアを通じ、欧米で高級家具に特化した物流事業を展開するTramo SAの全株式を取得し、子会社化した。

アジアではシンガポールに海運フォワーディング事業の強化を目的としたNX Global Ocean Network Pte. Ltd.（NGO）を設立、22年5月から稼働を開始、また7月からはグローバル事業の統括機能を集約・強化する、グローバル事業本部/Global Business Headquarters（GBHQ）の稼働を開始している。NX台湾は、台南市に所在する日系物流事業者として初めて自社オペレーション倉庫で22年2月に保税認証を取得し、7月に拡大する半導体関連の需要に対応する空調施設を新設した。23年5月にはNXベトナムがベトナム北部バクニン省に「NXイエンフォン・ロジスティクスセンター」を、8月にはベトナム南部ビンズオン省に「NX VSIP2ロジスティクスセンター」をそれぞれ開設した。

国内ではトラックが2万2,108台、荷役建設車両7,618台、営業倉庫面積は391万㎡。内航は高速/省エネの大型Ro/Ro船3隻を東京～苫小牧に投入、東京/九州/瀬戸内航路では4隻を運航している。医薬品サプライネットワーク構築の核として国内4拠点を整備。三重県四日市市に半導体関連産業向けの「NX四日市垂坂物流センター」を新設、22年9月から稼働を開始した。23年4月には愛知県蒲郡市の浜町工業団地に新倉庫「NXLF蒲郡倉庫」開設、台湾TSMCの半導体製造工場の建設が進む熊本では、熊本半導体事業所を3月に開設するとともに、24年3月には半導体関連産業にも対応する新倉庫「熊本ロジスティクスセンター」を開設する予定だ。

AEO制度で全国8税関での通関業許可業者としての初のAEO通関業者の認定済み。23年3月には国際輸送における航空・海上・トラック・鉄道輸送から排出する$CO_2$を算出できる「NX-GREEN Calculator」の提供を開始、4月には世界最大級のマルチチャネル

コマースプラットフォームであるShopifyとAPI連携し、Shopifyを利用する世界中の顧客が自由にダウンロードして在庫管理ができる物流Webアプリ「DCX（デジタル・コマース・トランスフォーメーション）」のクラウドサービスをリリースした。7月にはオンラインで見積もりとトラッキングが可能なデジタルフォワーディングサービス「e-NX Quote」と「e-NX Visibility」を開始、10月には会員専用機能を拡充した。

シンクタンクのNX総合研究所、流通経済大学も運営。03年夏に通運発祥の地・東京・汐留に28階建て高層の本社を建設し秋葉原から移転、2021年には創業地、神田和泉町に建設中の13階建て新本社に移転した。日通NECロジスティクス、NX・NPロジスティクス（旧：パナソニックロジスティクス）ともに傘下にある。23年8月には日本通運の特別積み合わせ貨物運送事業（特積み事業）と日本通運子会社のNXトランスポートを、名鉄運輸との統合に向けた本格的な協議を実施する基本合意書を、名鉄運輸の親会社の名古屋鉄道と締結している。企業スローガン"With Your Life"に続く"We Find the Way"を制定。「総合物流力」を前面に19年度から23年度の「NXグループ経営計画2023」（非連続な成長"Dynamic Growth"）に取り組んでいるが、22年2月に修正、計画期間を19年4月〜23年12月に変更するとともに、23年度の全体の売上高は2兆4,000億円で変更しないものの、海外売上高は当初から1,200億円上方修正し7,200億円とするとともに、営業利益はコア事業の成長などで100億円増の1,100億円に、営業利益率は4.2%から4.6%に、当期純利益は90億円増の720億円にそれぞれ修正した。

NIPPON EXPRESSホールディングスの22年12月期（22年1〜12月）連結業績は、売上高は2兆6,197億円、営業利益は1,287億円、経常利益は1,373億円、当期利益は1,098億円。売上高営業利益率は4.9%。

## Nippon Marine Logistics, Ltd.
## 日本マリンロジスティクス　株式会社

2000年2月設立のフォワーダー、NVOCC会社で、航空貨物も一部取り扱う。また、2万〜4万dwt型ツインデッカーを用船し、中国出しベトナム向けのプラント物、復航でベトナム〜中国のパルプ輸送も手掛けるほか、3,000〜4,000dwtを用船により、鋼材、機械類などを日本から韓国、中国を中心にアジア域内で在来不定期サービスも提供する。3,450dwt型在来船は15年に売船。フォワーダー事業は韓国、中国、東南アジアを主体に北米、欧州など全世界向けにサービスを提供。コンテナだけでなく、地下鉄工事用のシールドマシンや風力発電機などプロジェクト貨物も得意とする。日マリロジが日本総代理店とし

て営業していたISOタンクコンテナリースのMUTO Global（韓国）は2021年11月にRoyal Den Hartogh Logistics（蘭）が買収、合併後も主体は日新が扱うものの、日マリロジも営業活動をつづけている。また、米タンクコンテナリース大手のIntermodal Tank Container（ITT）の日本での営業は食品を上組が、化学品は日マリロジが中心に取り扱う。外航利用運送事業許可は97年10月に取得。02年7月に倍額増資し、現在の資本金は2,000万円で、役員と東京国際埠頭の出資が主。国際フレイトフォワーダーズ協会（JIFFA）会員。

## Nippon Yusen Kabushiki Kaisha
## 日本郵船　株式会社

タンカー、バルカー、自動車船、LNG船、クルーズ客船、海洋開発関連事業とターミナルや国際・国内物流、航空貨物輸送、船員養成も網羅する総合物流企業。三菱商事とともに三菱グループの源流で、日本海運界のリーディングカンパニー。23年3月末の総運航規模は811隻、6,698万dwtと世界最大級。689カ所の物流事業拠点、374拠点の倉庫（倉庫面積269.3万m²）、貨物航空機8機（日本貨物航空）などを有し、海・陸・空のハードと、輸送技術、ソフトを組み合わせ、顧客のサプライチェーンを構築する。第二次大戦までは定期船事業専業だったが、戦後、ドライバルク、タンカー、自動車船、LNG船などの専用船事業に進出、85年のプラザ合意の円高昂進に伴い、海運業中心から、陸海空を網羅する総合物流企業グループに転換した。現運航船隊の内訳はドライバルクが2,304.8万dwtで世界2位（Clarksons）、タンカーが872.6万dwtで世界13位（Clarksons）、LNG船が86隻で世界2位（23年3月末、日本郵船）、自動車船が104隻、63.5万台（22年末）で単体シェア15.3%で世界2位（Hesnes Shipping AS "The Car Carrier Market 2022"）。セグメント別収益比率（23/3期）は不定期専用船47.4%、物流33%、定期船7.7%、航空運送8.3%、不動産・その他9.1%。コンテナ船事業（海外ターミナル事業を含む）は邦船3社の事業統合会社Ocean Network Express Pte. Ltd.（資本金30億米ドル、本社・シンガポール）が2017年7月に設立、18年4月からサービスを開始した。出資比率は郵船38%、商船三井と川汽が各31%。コンテナ船隊規模は224隻、169万9,063TEUでシェア6.1%、世界6位（2023年11月、Alphaliner）。基幹航路ではHapag-Lloyd（独）、Yang Ming（台湾）とTHE Allianceを結成、20年4月からHMM（韓国）も加わり、東西基幹航路を運航中（23年は世界30サービス体制）。代理店持ち株会社のオーシャンネットワークエクスプレスホールディングス（株）（東京、資本金5,000万円）の3社出資比率は統合会社と同率。グループからコンテナ船事業が無くなり、物

流事業の郵船ロジスティクス（YLK）をグループの核とすべく18年にTOBで完全子会社化、郵船はYLKの海外子会社株式をYLKに承継する会社分割（吸収分割）を実施した。YLKの23/3期のフォワーディング取扱実績は海上65.1万TEU、航空29.5万トン。

コンテナターミナル・ステベ事業は、三井物産、インドネシア港湾公社、PSAと合弁でタンジュンプリオク（16年開業）、インフラ投資会社（豪・MIRAとの合弁）を通じてMaher Terminal社に出資しているNY、比のラグナ内陸コンテナデポ、LA、高雄など12ターミナルを展開し、2021年（暦年）の取扱量は1,240万TEU。ステベ・バージ事業を除く取扱量は780万TEUで世界15位（Drewry Golobal Container Terminal Operators 2021/22）だったが、ターミナルはONEに集約中。

自動車輸送台数は450万台（23/3期、欧州域内含む）。完成車物流は17年に開始したホーチミン、キングアブドラ（サウジ）など20カ国、40社以上に出資し、自動車物流事業拠点36カ所（23年3月末）で、荷役、PDI（納車前点検）やディーラーへの配送業務を提供する。20年8月に横浜港に自社国内初の完成車ターミナル「大黒C-3ターミナル」を開業したほか、19年12月にはエジプトの東ポートサイド港で同国初となる完成車ターミナルを豊田通商、Bolloré Africa Logisticsとの合弁で運営する契約を締結、21年前半にイスタンブール近郊で現地合弁でトルコ初の完成車ターミナルを開業、23年にインドネシア・パティンバン港の自動車ターミナル（22年開業）の株式25%を取得、豊田通商34%、トヨフジ海運26%、日本郵船25%、上組15%で合弁運営する。インドでは現法のNYK Logistics (India) (NALI) が、Adani Logistics Ltd.（ALL、インド）と合弁で完成車鉄道輸送事業会社を設立、内陸輸送サービスを強化した。中国では18年に郵船、安吉汽車物流の自動車物合弁会社にYLKが資本参加、3社合弁として「上海安吉日郵物流有限公司（Shanghai NYK-ANJI Logistics Co., Ltd.）」に社名変更し、自動車関連サプライチェーン物流を幅広く展開する体制とした。ロシアでは12年に設立した完成車物流サービスの合弁会社を21年に完全子会社化するとともに社名を変更、露国内でもNYKブランドでの内陸物流を強化した。郵船の完成車ターミナルは環境機能を強化、ゼーブルージュのICOターミナルは風力発電機11基で全電力を賄っているほか、横浜の大黒C-3ターミナルでも秋田県八峰町の風力発電からの電力を使用、天津港では太陽光発電と風力発電で再生可能エネルギー100%利用を実現した。

エネルギー事業はシャトルタンカー、FPSOの中長期契約のほか舶用LNG燃料の供給、新エネルギー対応などエネルギーバリューチェーンの上流〜下流に幅広く重点投資していく方針で、新規事業では洋上風力関連、九州瀬戸内でのLNGバンカリング事業、合弁会社KNCCを通じた液化$CO_2$輸送船開発などに取り組む。洋上風力発電は秋田を起点とし、22年4月に59年ぶりの国内新支店として秋田支店を開所。作業員輸送船（CTV）や、自航式SEP船、地質調査船（自航式CPT調査船）の投入も進めるほか、秋田に洋上風力発電の総合訓練センターの建設も予定する。航空貨物は完全子会社の日本貨物航空（NCA）が世界15都市に運航、21年の輸送量は27.85億トンキロ（IATA輸送実績）だったが、23年にANAホールディングス（ANAHD）への全株式売却を決め、24年2月に実施予定。Five Star級2隻を運航していた米国籍の客船事業、Crystal Cruisesは15年に売却、撤退した。日本国内市場向けのクルーズ事業は「飛鳥2」（乗客定員872人、50,142gt）を運航する郵船クルーズが展開しているが、19年1月に株式の50%を船舶投資ファンドのアンカー・シップ・パートナーズに譲渡し4月から共同運営とした。郵船クルーズは21年3月に「飛鳥2」の後継船を独造船会社に発注、25年竣工を予定する。

23年度からの新4カ年中期経営計画"Sail Green, Drive Transformations 2026 -A Passion for Planetary Wellbeing"ではESG（環境・社会・ガバナンス）を中核に据え（ESG戦略本部を新たに設置）、各事業における機会とリスクを踏まえた事業戦略の方向性（両利きの経営：AX、事業変革：BX）を定めるとともに、コーポレート基盤の強化（CX）、DX推進、エネルギー転換（EX）のAX〜EXの5本柱を立てた。財務数値ではROIC（投下資本利益率）6.5%以上、26年度末（27年3月）に純利益2,000〜3,000億円、ROE8〜10%を掲げ、非財務指標では30年度の船舶GHG削減30%以上、30年めどに女性管理職30%（単体、陸上）を目指す。26年度までの投資総額は1.2兆円で、中核事業に5,600億円、船舶脱炭素化とM&Aなどに4,600億円、洋上風力などの新規事業の1,000億円、バイオマスバリューチェーンなどの新規市場・顧客に300億円を予定。長期では22〜50年に総額4.8兆円を投資、内訳は船舶ゼロエミッション化に2.1兆円、既存事業更新に1.5兆円、グリーンビジネスと新規成長事業にそれぞれ0.6兆円。

脱炭素に向けLNG燃料船・LNG燃料供給、新燃料としての水素・アンモニア（サプライチェーン構築含む）、洋上風力事業、CCUS（$CO_2$回収、有効利用、貯留）バリューチェーンに注力する。CCUSバリューチェーンでは22年に液化$CO_2$の海上輸送・貯留事業の新会社、Knutsen NYK Carbon Carriers AS（KNCC）をノルウェーのKnutsen Groupと折半出資で設立し常温での液化$CO_2$輸送船開発などを開始した。

船舶の低排出化ではLNG燃料船の導入とともに2030年からアンモニア燃料自動車船の建造を開始し30年代半ばから次世代ゼロ排出船を本格導入する。

2023～2030年に低・脱炭素船45隻を竣工、これらを含む船舶の脱炭素化に2030年までに総額4,500億円を投資する。22年3月時点でLNG燃料船35隻、アンモニア燃料船2隻、LPG燃料船4隻、メタノール船4隻を発注済。さらに水素、アンモニアなどのゼロエミ燃料導入への準備に注力し、22年3月にアンモニアReady LNG燃料船のコンセプト設計をまとめ、25年に実船で竣工予定。自動車船隊は19年から国内初のLNG主機のPCTC（7,000台積み）を建造、23年10月時点でLNG燃料自動車船6隻が竣工し、28年度までに20隻投入予定。アンモニア燃料船は26年度までにアンモニア燃料によるアンモニア輸送船の竣工を目指す。川崎重工、ENEOSら4社と共同で開発する高出力燃料電池搭載内航船舶（水素FC船）は24年までの実証実験を目指す。海事産業の脱炭素化を図る国際企業連合「Getting to Zero Coalition」（GTZ）や、非営利の研究センター「The Maersk Mc-Kinney Moller Center for Zero Carbon Shipping」に参画。水素輸送の実証試験、液化アンモニアガス運搬船・浮体式アンモニア貯蔵再ガス化設備の共同研究にも参画する。2050年に外航海運事業からのGHG排出ネットゼロを目標に設定、豪州のカーボンクレジット事業への出資参画も決めている。子会社ユニエツクスNCTが運営する東京、神戸のコンテナターミナルは2040年までのカーボンニュートラルを目指す。

DXでは世界初の有人自律運航実証実験、イノベーション人材育成のためNYKデジタルアカデミー運営、船上電子通貨「MarCoPay」実用化など業界をリード、経産省と東証の「DX銘柄2021」に邦船社で唯一選定、23年には同銘柄の中で特に優れるとして「DXグランプリ企業」に選定。船員育成では06年に邦船社で初めて海技者の自社養成を開始、07年には比のパートナーのTDGと共同で4年制の商船大学、"NYK TDG Maritime Academy"（NTMA）を開校して自前の海員養成に乗り出し、船員教育機関として日本の認定を取得、承認試験なしに日本籍船の船舶職員として乗り込むことが認められている。20年に初の自社養成船長、21年に初のNTMA卒業生船長が誕生した。

自律運航船はグループの技術開発を担うMTI、日本海洋科学がコアとなりNTTグループなどと技術開発を進め、19年秋に大型PCTCで有人自律運航船の実証実験に世界で初めて成功した。20年5月にタグボートの遠隔操船実証試験に成功した。21年には千葉・幕張に無人運航船支援のオペレーションセンターが竣工、25年までに無人運航船の本格的な実用化を目指す。

世界的なESG指標、ダウ・ジョーンズ・サステナビリティ・インデックス（DJSI）の構成銘柄に20年連続、FTSEグループの社会的責任投資（SRI）指標のFTSE4Good Indexに20年連続、ESG対応に優れた日本企業のパフォーマンスのFTSE Blossom Japan Indexの構成銘柄に7年連続で指定。Carbon Disclosure Project（CDP）の気候変動調査に対する企業対応の世界的なリーダーのAリストにも20年から3年連続で認定されている。

日本郵船は土佐藩士だった岩崎弥太郎氏が1871年に同藩の有志とともに設立した九十九（つくも）商会がルーツ。1885年（明治18年）、郵便汽船三菱会社と国策会社の共同運輸が合併して設立された。白地に赤二線（通称・二引き）は郵便汽船・共同運輸の2社合併と、地球横断、無限の発展の意。明治維新後、邦船初の遠洋航路（ボンベイ航路）を開設し、戦前、戦後を通じて常に日本の海運政策の軸となり、日本初の経営執行権を持つ取締役会や専務を置いた株式会社組織を作った。1884年設立の大阪商船（現・商船三井）と郵船の2社が日本の海運政策の軸となり、両社船を社船、他を社外船と呼ぶようになった。1886年に長崎～上海航路、1893年に日本初の遠洋航路であるボンベイ航路を開設し、P&O（英国、P&O Nedlloydを経てMaerskが買収）とファイティングの後、同盟加入。当時、資本金880万円の日本最大の株式会社で、伊藤博文首相が欧米にならって法制化した会社法のモデル企業。1896年に資本金2,200万円に増資し、欧州、北米（シアトル）、豪州の3大航路を同時開設した。1899年に欧州航路の往航同盟（東航）、1902年に復航同盟（西航）に加入。シアトル航路はGreat Northern鉄道（現BNSF鉄道）と接続輸送協定を締結、隔週配船を実施し、中西部、東岸へ輸送するインターモーダルの先駆けとなった。1875年に三菱が開設した三菱商船学校は1882年に国立に移管し、東京商船大学（現・東京海洋大学）となった。1926年Dollar Line（現・APL）との競争で疲弊した東洋汽船と合併。31年に大阪商船と重複航路の整理、施設の共同利用、共存共栄をはかる「郵商協調」協約を結んだが、翌年、最終目標の郵商合併は破談となった。第2次大戦で172隻、102万トンと民間企業で最大の社員5,312名を失い、終戦時の所有船は37隻、15万5,000gtに減少、遠洋の外航貨物船として使用できるのは病院船として徴用されていた氷川丸（横浜港に係留中）のみだった。戦後の航路再開は51年のバンコク航路。59年にタンカーに進出、60年客船事業から撤退。64年海運再建整備（海運集約）で三菱商事船舶部から分離独立した三菱海運と合併した。65年本邦初のパルプ専用船、69年に自動車専用船を建造し専用船分野に進出。75年に菊地庄次郎社長（当時）がオイルショック前にタンカーの減量に踏み切り、その後の市況悪化の影響を最小限に止めた。68年、昭和海運（98年に日本郵船と合併）、Matson Nav.（米国）と協調し初のコンテナ航路（PSW）を開設。76年にPCCで外国人船員との混乗を開始、83年にインドネシア～日本で初のLNG輸送を開始、90年に客船事業に再参入し

た。73年フランクフルトの証券取引所に上場し、75年海運界初の外債を西独（当時）で発行した。1964年の海運集約で三菱海運と合併後、91年に旧ナビックス（ジャパンラインと山下新日本の合併会社）の定期船部門会社の日本ライナーシステム（NLS）を吸収合併、さらに98年10月に昭和海運を吸収合併した。10年に物流事業の再編・統合を開始し、郵船ロジスティクスが始動。10年11月には全額出資子会社である東京船舶のコンテナ船事業を郵船本体と統合、東船の合併と合わせ、郵船の集荷部門会社のNYK Line Japan（日NYK Container Line株式会社）に統合した。レストラン事業（丸の内ポールスター、千代田給食）は11年に西洋フード・コンパスグループに譲渡した。17年に郵船ロジスティクス完全子会社化。THE Allianceでのサービス開始。18年に邦船3社の定航事業統合会社Ocean Network Expressがサービス開始。24年2月に日本貨物航空（NCA）をANAホールディングスに譲渡予定。

現在の上場は東京で、名古屋は20年12月に上場廃止。23年3月の単体社員数は1,852人（陸上1,241人、海上611人）、連結で3万5,502人。女性社員比率は陸上が23.4％、海上が3.5％、女性管理職比率は陸上が13.7％、海上が0.4％。女性管理職比率は25.2％。障碍者雇用率は2.0％。

23年3月期の連結業績は売上高が前期比14.7％増の2兆6,160億円、営業利益が10.2％増の2,963億円、経常利益が10.6％増の1兆125億円、親会社株主に帰属する当期純利益は0.3％増の1兆125億円と過去最高を記録した。売上高営業利益率11.3％。24年3月期上期連結（23年4-9月）は売上高が前年同期比減の14.5％減の1兆1,683億円、営業利益が39.5％減の987億円、経常利益が79.2％減の1,592億円、親会社株主に帰属する当期利益が83.9％減の1,133億円と大幅な減収減益となった。

## Nissin Corporation
## 株式会社　日新

日新運輸の社名で1938年に川崎市で創立、23年に創立85周年を迎える。社名は中国古典の「大学」にある「筍日新、日日新、また日新」に由来。1950年に日新運輸倉庫に改め東証1部、その後73年には大証1部にも上場していた。現在は東証プライム。85年に現在の日新に社名変更。資本金60億9,700万円。従業員は連結5,920人／単体1,636人。横浜を地場に現在も本店を置く（本社機能は東京に集中）が、ここで港湾運送事業から始め神戸、大阪、千葉などに広げ現在は全国約100拠点以上。22年2月に東京本社（新住所：〒102-8350東京都千代田区麹町1-6-4）を移転した。事業エリアも戦後すぐから倉庫業、海運（内航海運）業、トラック運送事業などを営む総合物流企業。55年に米船社Isbrandtsen Linesの総代理店を皮切りに始めた船社代理店業務は中国船社をはじめIntermarine LLC（現・Zeamarine）やPRO Line、Myanmar Five Star Lineなど2ケタにのぼる国内外定期・不定期船社の総・副代理店を引き受けていた。国際分野への進出も早く欧米先発組でTSR（シベリア鉄道）のシベリア・ランドブリッジ輸送（トランスシベリア複合輸送業者協会の会長会社）、ロシア物流、中央アジア向けシルクロード鉄道サービス、中国ランドブリッジ（TCR/中欧班列）などで業界先駆け。リガ経由のサービスやロシア全土向け小口配送など相次ぎサービスを開拓。21年8月にはロシア鉄道ロジスティクスとシベリア鉄道輸送の利用促進と物量拡大への相互協力を目指し、MOC（協力覚書）を締結している。

中国は1955年の国際商品展覧会での展示品輸送を担当したことに始まり、現在、5現法、2駐在、Sinotrans Ltd.にも直接資本参加し合弁会社も設けて提携を強化し08年にはその日新-中外運が航空一類貨運代理を取得、12年には深圳法人を設け、上海高信国際物流有限公司の出資持分の55％を取得、18年には常熟法人100％独資化など合弁会社には連結化を進めている。22年1月には連結子会社である日新運輸倉庫（香港）有限公司が100％出資し、上海に子会社・日日新国際物流有限公司を資本金7,000万元で設立、3月1日から海上、航空、鉄道の国際輸送、国内輸送、倉庫、通関など総合物流事業を開始、華東地区の現法を清算・統合し、業務効率化と規模拡大による営業力、購買力の強化を図った。台湾、香港は各1現法。

欧州は74年にハンブルクに営業所を開設、現在7カ国に7現法（独、英、仏、ベルギー、ポーランド、オーストリア、露）を構え、SLBやモンゴル向け、中東欧・CIS向け海上輸送などを展開。米州は73年に他社に先駆け米国に進出、米、加、墨の3現法を構え、航空、海上、陸上、通関、倉庫・保管、JITサービスを展開、米加ではISO9001に加え、米でのC-TPAT認定、加でのPIP認定をそれぞれ取得している。アジアではASEAN7カ国に印を加えた8カ国（星港、タイ、マレーシア、比、印、インドネシア、越、ラオス）に14現法、ミャンマーに駐在員事務所を構え、越南北鉄道輸送、広域東西回廊サービス、チャイナ・ランドブリッジ、マレー半島クロスボーダートラッキング、タイでの食品輸送3PLなどを展開中。19年4月に現地物流との合弁で台湾に日新日茂国際物流を設立した。国際複合一貫輸送（"Dolphin Express"）や大手家電、自動車メーカーなどの海外現地物流にも強く、専用リターナブルケース、ケース追跡システム、再輸出免税を含むフォワーディングサービスをセットし、効率的で最適物流を実現する国際物流サービス「HACO lab.」を展開している。シンガポールのチュアス倉庫は倉庫保管業務に

関するハラール認証を20年に取得した。21年2月にはベルギー日新が同地の認証機関であるSGSベルギーから医薬品の物流に関する品質基準を定めたGDP認証を取得した。日新ジャイインドネシアは22年3月に倉庫保管業務に関するハラール認証を取得した。22年4月にはドイツとフランス現法がGDP認証をそれぞれ取得した。23年4月にはタイ現地法人Siam Nistrans Co.,Ltd.がGDP認証を取得、また同社は6月に環境に配慮した物流を推進するべく、新たにEVトラックを導入した。

グループ企業は海外を含めて78社で構成され、国内外で84万㎡の倉庫を管理している。栃木県芳賀町にある芳賀第2工業団地内で新倉庫（延べ床面積が2万4,534.10㎡）を建設する計画で、23年7月に着工し24年11月に竣工予定。09年11月には危険品倉庫業でキリンホールディングス子会社の鶴見倉庫（横浜・大黒）を買収しシンガポール経由世界80ポイント向け混載など危険品物流を強化、14年にはタンクコンテナ大手の蘭のDen Hartogh Globalの日本総代理店契約を結びISOタンクコンテナの一貫輸送を開始した。23年4月には南港倉庫（大阪市住之江区）で医薬品の適正な流通基準であるGDP認証を取得した。危険物倉庫5棟、高圧ガス倉庫2棟、普通品倉庫1棟、一般取扱所1棟からなる「神奈川埠頭倉庫営業所」（保管面積8,572.86m2）が23年9月に営業を開始した。21年8月には貿易情報連携プラットフォーム「TradeWaltz」を運営するトレードワルツに共同出資することを決定、東京大学協創プラットフォーム開発（東大IPC）、三井倉庫ホールディングス、TW Linkの4社と合計で9億円を出資している。23年3月、デジタルフォワーディングサービス『Forward ONE』を全面リニューアル、海上・航空輸送のスケジュール検索や、海外費用を含めた概算費用の即時算出、輸送スペースの確認、Booking依頼が可能となった。22年12月にはシャープジャスダロジスティクス（SJL）と、国内におけるSJLの倉庫、配送業務の最適化と新規事業の創出を推進する共同出資の合弁会社SJNロジソリューションズを設立。23年4月には完全子会社の日新エアカーゴを吸収合併したほか、100%出資会社のエヌ・ディ・ティが同じくグループ会社の茨城日新を吸収合併し、新たに日新陸運を発足するなどグループ再編も進めている。

港運事業は有力業者の一社で、横浜港本牧埠頭、国内最大の南本牧コンテナターミナルのほか横浜港埠頭のCT借受者（共同）、本牧埠頭A突堤コンテナターミナル（A-6、A-7）を16年7月1日付で南本牧埠頭MC-1コンテナターミナル(Maerskと日新共同借り受け)に移転、17年に堺泉北コンテナターミナルを開設した。横浜、千葉にPCC/PCTCターミナルを所有。コンテナの船社代理店として中国のSINOTRANS、SITC、DTSを引き受けている。

22年4月から27年3月の5年間を期間とする第7次中期経営計画「Nissin Next 7th」（NN7）で「グローバル・ロジスティクス・プロバイダーとして、新領域事業への挑戦とコア事業の深耕化を図るとともに、ESG経営に取り組む」方針だ。新たな試みとして5年間を二つの期間に分け、Phase 1（22年4月～24年3月）の2年間で強固な経営基盤を確実に構築し、Phase 2（24年4月～27年3月）の3年間で大きな飛躍を実現、より高い企業価値の創造を目指す。目標値はPhase1（24年3月期）が売上高1,900億円、営業利益85億円、経常利益90億円、当期利益65億円、ROE8.0%程度、Phase2（27年3月期）が売上高2,750億円、営業利益110億円、経常利益115億円、当期利益86億円、ROE9.0%程度と設定している。さらに同中計について23年5月に新たな資本政策を定めた。配当指標DOEを2.0%以上（下限配当）に設定するとともに、株価動向などを総合的に勘案し、26年度までに100億円程度の自己株式を取得する。また26年度までに政策保有株式約50億円（23年3月末時価の約30%相当）の縮減、PBR（株価純資産倍率）1倍超えの実現を目指す。

23年3月期連結決算は、売上高が前期比0.8%増の1,941億6,500万円、営業利益が39.0%増126億4,300万円、経常利益が38.3%増の136億3,400万円、当期純利益が65.4%増の105億2,800万円と前期に引き続き大幅な増益となった。売上高営業利益率は6.5%だった。

## NRS Corporation
## NRS株式会社

化学品・危険物の専門物流企業で、世界に100か所以上の日陸グループのネットを持ち、タンクローリー、タンクコンテナによるDoor-to-Door輸送を多様なニーズに応えるワンストップサービスを提供している。事業内容は国内バルク輸送、タンクターミナル、倉庫、コンテナ、フォワーディング、の5事業で、コンテナ事業は各種コンテナを使用した国内・国際輸送と付随する通関、保管、トランスロード、洗浄、修理メンテ、法定検査などのサービスのほか、使用するISOタンクコンテナなどのレンタル、リース、販売も提供している。23年6月に国土交通省がトラック、バス、タクシー事業者を対象に創設した「働き易い職場認証制度」で二つ星認証を取得した。

液体貨物のISO規格のタンクコンテナによる国際輸送は子会社のNRSオーシャンロジスティクスリミテッド（旧Interflow (Tank Container System) Ltd.）が、日本最大の危険物倉庫を保有するNRSと世界のネットワークを組み合わせ、Door-to-Door輸送を提供している。また、コンテナデポはインターテックが洗浄からメンテ、加温、移液業務を提供。

1946年（昭和21年）、戦災を受けたタンク貨車を

修復し石油化学品の輸送販売を目的とした「日本陸運産業株式会社」を設立し創業、一貫して化学品、危険物の専門物流を手掛ける。国際ネットはロンドンを皮切りに、ロッテルダム、ルアーブル、デュッセルドルフに支店、ニューヨークに米国法人とヒュストン支店、シンガポール現法、上海に現法と支店、韓国はソウルに現法と合弁会社、タイ・バンコクに現法、台北に分公司、ベトナムに現法を持ち、ワンストップでサービスを提供する。

資本金は20億円、海外現法を含む社員数は約1,104人（22年9月末）。2022年10月に株式会社日陸からNRS株式会社に社名変更、子会社のインターフロー（タンクコンテナシステム）株式会社もNRSオーシャンロジスティクスリミテッド（英文・NRS OCEAN LOGISTICS LTD.）に社名変更した。

82年に海上タンクコンテナ事業に進出、85年に24tシャシーを開発し、通行許可を取得、88年にロンドン駐在事務所、90年にニューヨークに米国現法を設立するとともにInterflow Tank Container System（英）を買収し、NVOCC事業を開始した。96年にタンクコンテナの洗浄とメンテ事業を開始し、ISO9000の認証を取得した。04年に上海に保税危険物倉庫を開設し、中国での危険物輸送事業を開始。2022年9月期の売上高は283億4,900万円、営業利益26億3,500万円、純利益28億9,100万円、営業利益率は9.29％の優良企業。

## NS United Kaiun Kaisha, Ltd.
## NSユナイテッド海運　株式会社

2010年10月に日本郵船系の新和海運と新日本製鐵（現・日本製鉄）のインダストリアルキャリアである日鉄海運が合併し誕生した船社。新和を存続会社とし、合併比率は新和株1に対し日鉄株1.6の吸収合併方式。22年3月現在の主要株主は日本製鉄33.36％、日本郵船18.35％。鉄鋼原料輸送、資源エネルギー輸送、不定期船、近海船の各事業を展開するほか、子会社のNSユナイテッドタンカーが23年に船舶向けLNG燃料供給事業への参画を発表。輸送量は約50％が日本製鉄向け。15年8月にグループ企業のNSユナイテッド内航海運を完全子会社化し、23年3月期の収益比率は外航88.2％、内航10.7％、地域別では日本26.1％、海外73.9％（豪州34.6％、ブラジル除く米州17.4％、ブラジル7.5％、日本除くアジア9.0％、欧州0.6％、中近東0.2％、その他4.7％）。貨物輸送量9,199万トン、運航隻数は208隻（外航131隻・内航77隻）・1,368.6万dwt。社員数は単体232人、連結657人。主要子会社は内航のNSユナイテッド内航海運、NSユナイテッドタンカーなど。海外法人は英国、米国、香港、シンガポール、フィリピン。駐在員事務所は上海、ベトナムに置く。

外航は10万～40万dwtの約50隻で鉄鉱石、原料炭を輸送。9～20万トン型ばら積み船と鉄鉱石専用船は25～30万トン型に加え19年に40万トンの世界最大船型を加えた。20万dwt超を中心とした専用船で日本製鉄をはじめとする長期契約が安定収益の土台で、汎用性のある18万dwt型は欧州鉄鋼会社や豪州、ブラジルの資源メジャーなどとの短期契約に投入。資源エネルギー輸送は8～10万トン型ばら積み船22隻、大型LPG船（VLGC）3隻を擁し、国内外電力会社向け石炭、バイオマス燃料、LPG（液化石油ガス）を輸送し、海外鉄鋼会社への原料輸送、アジアからインド向けに原料輸送後ブラジルからアジア向けに穀物輸送するコンビネーション輸送など幅広く展開する。不定期は2～6万dwt型のハンディサイズ～スープラマックス型バルカー33隻で鋼材輸送を中心に展開し、米国・アジア向け鋼材輸送と同地域からの穀物、鉱石、バイオマス輸送を組み合わせるコンビネーション輸送を得意とする。近海部門では50年代半ばから中国船の国内代理店を務めた実績を活かし、日中貿易ではシェアトップ。8,000～1.9万dwt型23隻で鋼材、プラント、バイオマス、肥料の輸送で中国・東南ア全域をカバー、在来定期の主要貨物である鋼材製品輸送では、華東地区の上海、華南地区の広州・深せん・香港地域を中心に、トラック業者と提携して港から工場までの陸上輸送をカバーするドアデリバリーサービスを提供している。

20年に策定した中期経営計画「FORWARD 2030」では「ブランド力の向上」「サステナブルな事業構造の構築」「レジリエントな経営基盤の確立」の3つを重点戦略として2023年度に営業利益100億円以上、ROE10％以上を目標に掲げたが、海運市況高騰で2022年度に営業利益325億円、ROE21.6％と既に達成。脱炭素では輸送トンマイル単位当たりの$CO_2$排出量を19年比20％削減を目標に設定、風力推進ばら積み船の開発、アンモニア燃料船共同プロジェクトへの参画、国内初の外航船へのバイオ燃料供給と積極展開中。

合併前の新和海運は1950年に日鐵汽船として設立、東邦海運と合併し新和海運に改称、1964年に海運集約で日本郵船グループとなった。一方の日鉄海運は1957年に日邦汽船として設立、海運集約で昭和海運グループとなり、83年に新日鐵が筆頭株主になった後、90年に日鐵海運と合併、日鉄海運に改称。

23年3月期の連結業績は売上高が前期比28％増の2,508億2,500万円、営業利益が21.6％増の324億8,700万円、経常利益が25.7％増の334億4,400万円、当期利益が17％増の276億300万円。売上高営業利益率12.9％。

## Nitto Total Logistics Ltd.
## 日東物流　株式会社

1926年に極東海運商会と合資会社旭組が合併し港

湾運送、船社代理店業務を中心に大阪、神戸で事業展開する合資会社日東運輸が前身で、1943年（昭18年）に川崎汽船全額出資の株式会社として発足、2023年に80周年を迎えた。現株主は川崎汽船51%、上組49%出資のKLKGホールディングス（KLKG Holdings Co.,Ltd、KLKG HD）で資本金15億9,600万円、従業員338人。親会社のKLKG HDは川汽のターミナル事業見直しにともない19年4月に国内港運事業子会社3社（日東物流、ダイトーコーポレーション、シーゲート）が完全親会社・共同持ち株会社として設立した新会社（株式49%は川汽が上組に譲渡）。99年に総合物流業者を目指し現社名に変更。現在は工場サイト受けから港頭ターミナルを経て船内まで貨物のあらゆる流通過程における業務をこなし輸出入貨物の一貫輸送体制を構築し川汽グループ各社と連携した総合物流サービスを提供。67年に「神戸コンテナターミナル」（川汽/商船三井/ジャパンライン/山下新日本汽船＋三井倉庫、住友倉庫、上組、日東）の一員として日本船4社の北米西岸向けのコンテナ貨物を取り扱ったのを皮切りに69年には大阪港で日本初の専用コンテナターミナル（CT）運営業務を手がけ、以後も川崎汽船を軸にコンテナ船をはじめ在来、Ro/Ro船、自動車船などの神戸、大阪港での港湾業務を展開、コンテナサービスでは邦船3社のコンテナ船事業統合船社Ocean Network Express（ONE）などのターミナルオペレーターとして、神戸港の六甲アイランドC-4/5（三菱倉庫と共同）、大阪は南港咲州C-8（上組と共同）のCT運営を行う。神戸を本社に東京、大阪に営業所、瀬戸内方面の水島事業部（四国：香川もカバー）、名古屋にも営業所を置き営業エリアを拡大、国内17事業所を展開。大阪南港物流センター／大阪総合物流センター、神戸ポートアイランド、摩耶の物流センターなど阪神間と水島に計6カ所の物流拠点をもち、本船、トラック（陸運）、鉄道、航空をつなぐ海陸空の一貫輸送サービスを提供中。日中物流に力を注ぎ、中国船（航路）の総代理店（寧波遠洋運輸有限公司）および副代理店（SITC、SINOTRANSなど）業務を行うほか、自動車船・在来貨物・重量物荷役、機工、海貨・通関や陸送、さらにマリンサービスも手がける。グループは日東エンタープライズ、日東タグ、サンテックの3社と川汽グループ会社で構成。コクサイ港運は15年に吸収合併した。ISO14001の認証を06年に取得し環境面も対応。15年12月に神戸税関からAEO認定通関業者認定、16年夏に川崎汽船と日東物流が川崎汽船のインドにおけるビジネスパートナーJ.M. Baxi & Co.（JM Baxi）との合弁で港湾荷役会社"Nitto Baxi Private Ltd."を展開中。機工事業の拡大で18年に建設業許可を取得。健康経営優良法人（大規模法人部門）に22〜23年の2年連続認定中。23年3月期業績は売上高が前期比5.4%増の147億1,100万円、営業利益が46.7%増の7億8,900万円、経常利益が30.2%増の10億3,400万円、当期利益が23.8%増の7億5,400万円。売上高営業利益率5.4%。

## NYK Bulk & Projects Carriers Ltd.
## NYKバルク・プロジェクト　株式会社

多目的在来船・重量物船とハンディーバルカーを運航する日系オペレーター。日本郵船の全額出資子会社。2013年10月に、共に日本郵船の子会社であった日之出郵船とNYK Global Bulk（以後NGB）が合併して発足した。運航隻数は、全体でおよそ150隻で、在来・ハンディーバルカー船型を取り扱うオペレーターの中では世界有数の運航規模を誇る。その内訳は、旧日之出郵船の流れを汲む多目的在来船・重量物船およそ50隻と旧NGBの流れを汲むハンディーバルカーおよそ100隻。多目的在来船・重量物船のサイズは12,000dwt〜30,000dwt、吊り上げ能力は60MT〜800MT。これらの船でアジア近海・インド・中近東・欧州地中海へセミライナー配船を展開し、また、北中米や東南アフリカへの輸送も実績がある。プラント・プロジェクト貨物をRO/ROで積載可能な特殊船（モジュール船）も保有・運航していて、こちらでは輸送前の計画から貨物の引き渡しまでを一貫してコーディネート可能なサービスを提供している。また、コンテナ貨物・自動車(RO/RO)・一般貨物を同時に輸送可能な多目的船も保有しており、南太平洋地域へライナー配船サービスを展開している。バルカーは9,000dwt〜63,000dwtのサイズの船を運航している。鉱物・穀物・木材など、多種多様なバルク貨物を取り扱い得意としている。また、三国間輸送も可能で、日本郵船本体のバルク部門とも連携しながら新規案件にも積極的に取り組む。

ISOは品質認証の9001（2015年版）と労働安全衛生の45001（2018年版）を、単体重量250トン以上またはモジュール貨物を対象にする仕組み運航船約50隻のうち8隻（重量物船6隻、RO/RO船2隻）に取得。また、環境認証の14001(2015年版)をバルク貨物全般と仕組み・用船の運航全般を対象に取得。海外ではアントワープ・ニュージャージー・サンティアゴ・シンガポール・ジャカルタ・ムンバイに駐在員を置き、その他の地域でも日本郵船グループのネットワークを活かしワールドワイドにサービスを提供できる体制を整えている。

日之出郵船の前身、日之出汽船の創立は1912年（明治45年）11月。資本金50万円、船舶4隻でスタートした。1922年（大正11年）に不定期船社として近海水域に進出、1935年（昭和10年）に日本で初の45トン吊り重量物船の運航を開始、戦後間もない49年に東証上場。1964年の海運集約で昭和海運の傘下となり、78年に日本初のRo/Ro重量物船を建造、94年には450トン吊りシリーズを建造した。1998年10

月、日本郵船と昭和海運の合併で日本郵船の傘下会社となり、2001年2月には株式交換により郵船の完全子会社となり、02年7月に日之出郵船に社名変更した。同年に東京船舶のインドネシアを中心とする東南アジア在来航路と郵船の欧州・地中海、アフリカ、豪州、インド、中東、大洋州および近海航路の在来船運営、セミライナー、プラント輸送の営業譲渡を受け統合。NYK GlobalBulkの源流企業は1988年に創業した東朋海運で、ハンディバルカー18隻で主に米材運航営業を開始、01年に郵船の完全子会社となり02年に郵船のハンディバルカー事業を承継した。

23年3月期の連結業績は売上高が前期比19.1%増の2,064億4,300万円、営業利益が68.1%増の345億8,500万円、経常利益が84.8%増の361億5,600万円、純利益が68%増の299億3,900万円。

## Ocean Network Express (Japan) Ltd.
## オーシャン ネットワーク エクスプレス ジャパン 株式会社

日本郵船、商船三井、川崎汽船の邦船3社のコンテナ事業を統合したコンテナ専業船社、Ocean Network Express Pte. Ltd. (ONE、シンガポール)の日本総代理店。略称はONE Japan。持ち株会社、オーシャン ネットワーク エクスプレス ホールディングス株式会社（資本金：5,000万円、出資比率：日本郵船38%、商船三井31%、川崎汽船31%。本社・東京都港区)の全額出資会社で、資本金は1億円、設立は2017年10月。ONEの全世界の取扱量の約25%を取り扱う。本社（東京港区）と本社内の営業本部のほか、中部（名古屋）、関西（大阪）、九州（福岡市博多区）に支店、「坂東コンテナターミナル」など関東地区9カ所にICDがある。社員数は約600人。ONE Japan社長は山下新日本汽船出身で08年から日本郵船の経営委員、17年4月からNYK Container Lineの社長を務め、同年10月からはONE Japanの取締役を務めた中井拓志氏が21年4月に就任。

Ocean Network Express Pte. Ltd. （ONE）は邦船3社が30億ドル（船舶、ターミナル株式などの現物出資を含まない）で2017年7月に設立した持ち株会社、オーシャンネットワークエクスプレスハールディングス㈱（ONEH）傘下の事業会社。ONEHは邦船3社の持分適用会社で、現物出資予定資産は時価で譲渡。ONEHへの出資比率は3社のターミナルを含むコンテナ事業用資産を精査した評価額で決めた。シンガポールは認定国際海運企業（Approved International Shipping Enterprise:AIS）制度があり、AISに認定されると、外国船籍による収益を含め、海運業収益に対する法人税が最大で40年間免除される。

事業開始は2018年4月で、23年に創業5周年を迎えた。ONE本船はマゼンダ色、コンテナはマゼンダ色とグレーの2種。社長は英国出身のJeremy Nixon氏。P&O Nedlloyd（英蘭）、A.P. Moller-Maersk（デンマーク）で要職を務め、08年からNYK Line Europe（ロンドン）の社長、12年に日本郵船本社の経営委員を務めた。グローバル本部をシンガポールに、地域本部をラ米がサンパウロ（ブラジル）、北米をリッチモンド（米バージニア州）、欧州・アフリカをロンドン（英国）、南アジア・大洋州をシンガポール、東アジアを香港に置く。ONEの事業内容はコンテナ事業と日本を除くターミナル運営事業。船隊規模は世界最大船型の2.4万TEUなど超大型船を含む223隻169万3,021TEU。世界シェアは6.1%で、世界ランク第6位（2023年10月、Alphaliner)。発注残は日本シップヤード（NSY)で6隻シリーズ建造中の2.4万TEU型、中国建造の1.5万TEU7隻シリーズ（Seaspanから新造用船）など39隻、51万5,542TEU（同）。23年7月時点で週165便以上を運航し、世界120カ国、244港に寄港する。世界の社員数は8,000人（陸上のみ）。海外ターミナルは商船三井傘下で、加州でターミナルを運営するTra-Pacと日本郵船傘下のターミナル会社、YTIのONEへのコンテナターミナル事業集約の一環として、ONEがTraPac、YTI株式のそれぞれ、51%を買収で合意、規制当局が承認すればONEは23年末にもLA、オークランドで計3ターミナルを支配する。EUはすでに承認済み。

邦船3社のコンテナ事業統合は競争力（収益力）の強化し、年間約1,100億円の統合効果を実現、収益安定化を目指した。東西の基幹航路をHapag-Lloyd（独）、Yang Ming Marine Transport（陽明海運、台湾）、HMM（旧・現代商船、韓国）と提携したTHE Allianceを構成、アジア、北欧州、地中海、北米、中米、中東、紅海、インド亜大陸航路の広範なネットのサービスを提供。アライアンス以外の南北航路、アジア域内航路などは単独または他船社との提携によりサービスを提供している。

23年7月に発表した今後5年間の事業戦略は財務、環境、デジタルなどと持続性を強化するとして、財務の持続性の確保、グリーン戦略の追求、デジタル化の推進とベストプラクティスの追求、有能な人材の確保・育成、グローバル戦略に重点的に取り組むとしている。

23年版のグリーン戦略では2030年までにTEU/kmあたりのGHG排出量を2008年比70%削減、2050年までに排出量ネットゼロを達成、環境面で持続可能な海上輸送実現へ向けリーダーを目指すとして、2022年時点ではGHG排出量を08年比50%以上削減を達成、30年の目標に向け、グリーン投資、代替燃料、カーボンマネージメント、効率的な運航、エコシステムの構築を目指す取り組みと、環境イニシアチブとしてクリーンなシップリサイクル、環境保護など合わせて7戦略を推進、GHG削減に向けてハードウ

ェア、環境関連技術、人材への継続的な投資を実施、代替燃料船の投入と持続可能な代替燃料のサプライチェーン構築を目指し、2030年までに最初の代替燃料船を投入するなどGHG排出量の可視化、カーボンプライシングへの対応を図る。

21年に日本海事協会（ClassNK）から運航船舶の安全確保に向けたONEの品質マネジメントシステム確立への取り組みでISO9001（QMS）、14001を取得したほか、新たにグリーン戦略部門を開設し、ONEの環境に対す持続可能性を強化し、パフォーマンスの向上に取り組む国際的な企業間イニシアチブのClean Cargo Working Group（CCWG）、デジタルの業界標準化を促進するためのDigital Container Shipping Association（DCSA）、シンガポールの海運脱炭素化組織、Global Centre for Maritime Decarbonisation（GCMD）、22年には貿易やサプライチェーンの透明化に向けたデジタルプラットフォームのSGTraDex（シンガポール）に参画、23年には世界大手企業のゼロエミッション海上輸送実現を目指す環境団体、Ship It Zeroによる大手小売業者18社と大手船社10社の脱炭素化への取り組み評価（A～F）では総合71.5点となり、トップクラスのC評価を受けている。

23年初頭にサービスを終了したブロックチェーンによるプラットフォームのTradeLensに代わって、5月にCargoSmartが主導するオープンプラットフォームのGlobal Shipping Business Network（GSBN）に参加している。eCommerceでは21年2月にいつでも即座に見積もり、ブッキングが可能なプラットフォーム「ONE QUOTE」をリリースし、Kontainers（英国）の運賃見積もりソリューションを導入、顧客が瞬時に運賃見積もりを完了できるシステム、ePaymentのポータルに直接接続できる新機能のONE Financeを実装、モバイルにも対応している。

船隊整備では2.4万TEU型6隻の用船契約など23～24年に引き渡しを受け、THE Allianceの船隊大型化による競争力強化を図る。コンテナフリートでは21年5月にリーファーコンテナ2万7,500本整備した。Ocean Network Express Pte. Ltd. の23年3月期業績は積み高が前年比8％減の1,108万1,000TEU、売上高は前年比3％減の292億8,200万ドル、EBITDA（利払い前・税引き前・償却前利益が11％減の163億2,000万ドル、EBIT（利払い前・税引き前利益）が13％減の150億500万ドル、税引き前利益が10％減の149億9,700万ドルと減収減益となったが、黒字を維持。

## OOCL Logistics：
Orient Overseas Container Line Ltd.参照
## Orion Expedition Cruises P/L：
Ben Line Agencies (Japan)参照

## Orient Overseas Container Line Ltd., Japan Branch
## オリエント オーバーシーズ コンテナ ライン リミテッド日本支社

Orient Overseas Container Line Ltd.（OOCL）は香港上場の持株会社、Orient Overseas（International）Ltd.（OOIL、バーミューダ）の全額出資会社。OOIL株式は中遠海運集団（China COSCO Shipping Group、中国）傘下の香港上場企業、COSCO SHIPPING Holdingsと上海集団BVI発展（SIPG傘下）が保有する。OOIL株式は22年6月から香港ハンセン株式指数（HSI）の構成銘柄で、新たに設定されたハンセン気候変動1.5℃目標指数の構成銘柄としても選定された。

Orient Overseas Container Line Ltd. Japan BranchはOOILの全額出資現法だったOOCL（Japan）Ltd.の業務、スタッフを引継ぎ、12年11月に本社直轄の支社となった。OOCLは日本企業との合弁代理店、Orient Shipping Agencyを1965年に設立して日本へ進出、84年設立の全額出資現法、OOCL（Japan）を経て支社化し、OOCLの集荷営業、運航などを中心に活動。現法のOOCL(Japan)時代の01年に自動車利用運送免許、07年に第2種鉄道利用運送免許をそれぞれ取得したが、支社化に伴い、13年に全ての免許を再取得した。日本支社の代表は藤江成宏氏。OOCLの内航フィーダーは神戸と日本海側（境港、敦賀、舞鶴）を結んでいたが、22年秋から秋田・新潟～神戸も開始、同社のフィーダーネットは北海道、東北（太平洋岸）、東関東、中京、瀬戸内海、九州全域をカバー、神戸で基幹航路船に接続しているほか、リーファー貨物にも対応している千葉、川崎と横浜、東京をバージサービスで結ぶ。また、大手船社として初めて東北、北関東を中心に静岡、滋賀などに内陸デポ（ICD）を設定して地元物流業者と緊密に連携している。欧州域内航路でもOOCL/COSCOの輸送実績は域内専業船社を上回り、Maersk/Sealandに次ぐ。

OOILグループは主要100都市に約130の営業拠点をもち、連結収益規模は198億ドル（22年）。18年7月に中遠海運集団（China COSCO Shipping Group）傘下の香港上場企業、COSCO SHIPPING Holdingsと上海集団BVI発展（SIPG傘下）がOOILを総額63億ドルで買収した。2022年末のOOIL株主の名義人は法人株主14人、個人株主507人で、Faulkner Global Holdings（英領バージン諸島、COSCO SHIPPING Holdings（Hong Kong）の全額出資会社）が71.07％を保有し、うち、23.25％にあたる株式はHKSCC Nominees Ltd.（香港中央結算（代理人）有限公司；香港株式の預託機関）を介して保有する。その結果、株主名簿上はHKSCC

Nominees Ltd.が筆頭株主で、51.97%、Faukner Globalが47.82%を保有する株主構成。

OOILの中核事業はコンテナ海上輸送（OOCL）とロジスティクス（OOCL Logistics）で、海上輸送のネットワークはアジア、欧州、米州、アフリカ、大洋州を網羅する。OOCLとOOCLLのほか、海運情報プラットフォームを運営するCargoSmart（英領バージン諸島）と、中国国内でのSCMと顧客への配送サービスを提供するOOCL China Domestic Ltd.、ターミナル事業のKaohsiung Container Terminal（KAOCT、台湾・高雄貨櫃中心）がある。KAOCTは岸壁延長760m、岸壁水深14.5m、面積23.6Haにガントリー7基の10,000TEU級のメガコンテナ船2隻の同時荷役が可能な大水深ターミナルで、中国本土では天津港のTianjin Port Alliance International Container Terminal、寧波港のNingbo Yuandong Terminalの株式を各20%所有する。OOILの非海運・ロジスティクスである不動産投資部門はニューヨークのウォール街に延べ床面積60万sqfのWall Street Plazaビル（72年建築）を持つ。

OOCLが運営権を持っていたLong Beach Container Terminal（LBCT、米国）はCOSCOによるOOCLの買収に伴い、米国の第三者機関に信託後、入札で19年10月にインフラ事業持株会社であるMacquarie Infrastructure Partners（MIP、米）が率いるコンソーシアムに17.8億ドルで売却した。譲渡契約にはOOCLが20年間にわたりLBCTを利用する取引条件を含む。

OOCLは2017年4月からCMA CGM（仏）、China COSCO Shipping（中国）、Evergreen（台湾）、APL（シンガポール）と東西基幹航路のアライアンス、"Ocean Alliance"（OA）を結成、協定期間は2017～2027年。22年4月からの新体制は352隻を投入、42サービス、船腹量443万TEUのサービス。内訳は北米23、アジア～欧州7，地中海4、大西洋3、アジア～中東4、紅海2、のサービスを提供している。

OOCLの22年の総輸送量は前年比6%減の712.9万TEU。各航路の収益比率は太平洋航路4.6%、欧州13.8%、アジア域内・大洋州81.7%の順。OOCLの用船を含む運航船腹量は114隻、81万6,176TEUをAlphalinerの数値に当てはめるとHMM（韓国）を上回る世界ランク8位に相当する。（AlphalinerのTop100でOOCLはCoscoグループに合算され、単独ではランキングされていない）

OOCLは中国市場に強く、現法のOOCL（China）Ltd.（本社・上海）が中国全土に支店・駐在事務所を、OOCL（HK)が支店を配し中国全土で事業を展開、中国内で基幹航路の海上輸送と河川・沿岸フィーダー、バージ、トラック、ユニットトレインによる輸送を組み合わせ、業界トップのサービスを提供している。リーファー輸送にも強く、輸送分野にお

けるIoT（モノのインターネット）専門技術会社、BoxPlus（海聯智通、香港）、大手コンテナリース会社のSEACO（米国）と提携、両社がOOCLに最先端技術を用いた端末のIBOXをレフコンに装備、コンテナの動静や、庫内温湿度、警告などのリーファーユニットのパラメーターをいつでも、どこでも監視するサービスを提供、コールドチェーン輸送の情報の透明性と効率を改善している。

情報技術（IT）分野ではOOIL傘下の物流ITソリューション大手、CargoSmartが中立の海運情報プラットフォームとしての船積みの可視化、米加・日本・EUの船積み情報の事前提出プロバイダー業務などを提供、OOCLや欧州船社などトップクラス40船社以上が接続、荷主、フォワーダー、3PL業者など16万社が利用、CargoSmartのブロックチェーン（分散型台帳）技術を用いたオープンプラットフォームのGlobal Shipping Business Network（GSBN）は、21年3月に規制当局の承認を得て、香港で正式に発足し、貿易手続きを電子化、簡素化し、書類交換や確認、危険品貨物の申告などをペーパーレスで処理、貿易・物流関係者に信頼性の高い効率的な取引を実現。OOCLはGSBNのプットフォームを使ったIQAXのeB/Lを採用している。IQAX eB/Lは22年6月に国際P&Iグループが承認している。GSBNにはOOCL、COSCO、Hapag-Lloyd、ターミナルのCOSCO Shipping Ports、Hutchison Ports（香港）、SIPG、PSA International、QGGJのオリジナルメンバーのほか、23年6月に船社大手で初となるONE（シンガポール）も加わった。OOCLは社内システムではIntegrated Regional Information System Version 4（IRIS-4）の全世界での導入を進め、16年にIRIS-2と入れ換え、効率化とコスト削減を進め、顧客情報、コンテナ管理情報、顧客のブッキングから貨物引き渡しまでを一貫システムで集中管理し、イントラネットで全社員が最新情報と業務知識を共有。顧客向けのオンラインサービス、「My OOCL Center」で船積情報の可視化、顧客向けのサービスを提供している。現在、OOCLはマイクロソフトのAzure、オラクルのクラウドコンピューティングを統合し、サイバー攻撃による重大な被害から守るため、ユーザーの認識、テクノロジーの導入、事故対応の3段階のアプローチと最先端の保護ツール、セキュリティ分析に投資し、マイクロソフト傘下のMicrosoft Research Asia（MSRA）と協業している。COSCOの情報システムはOOCLが開発したIRISを使用している。

環境対応では環境マネージメント認証のISO14001、ISM Code（国際安全管理コード）、ISO9001（品質管理認証）の取得要件を統合したSafety, Quality & Environmental（SQE）Management System Certificateをコンテナ船社

として初めて取得、IMO（国際海事機関）のバラスト水規制や低硫黄バンカーの使用、着岸時の陸電使用などに参画、香港の環境キャンペーン委員会からHong Kong Green Organisationとして認定された。At-Berth Clean Fuels（ABC）プログラム（シアトル）、EcoAction（バンクーバー）に対応、LA/LB港や深圳の港域での減速航行自主規制にも参画。18年にはロイズ船級協会（LR、英国）から、世界的な温室効果ガス排出量の報告基準Scope1〜3（サプライチェーン全体）を満たしているとして、CCWG（Clean Cargo Working Group）とISO 14064-1：2006検証ツールを使用した両報告基準で認定書を受けた。

OOCL Logistics（OOCLL）は世界50カ国、140拠点以上のネットワークを活用し、全世界で1,500社以上のグローバル企業に対してサプライチェーン最適化を図る3PL、4PLやSCM、NVO、LCL、通関や保税倉庫などを含む包括的な物流マネジメントサービス企業。中国本土の企業以外で青島、寧波、上海や主要拠点で通関免許を持つ数少ないオペレーターで、インターモーダルサービスやend-to-endのパッケージサービスに可視化を加えたインターナショナルロジスティクスサービスを提供しており、上海洋山港や広州市経済技術開発区、昆明国家経済技術開発区にコンテナデポやロジスティクスセンター、コールドチェーンロジスティクス対応の倉庫を持ち、海上貨物やe-Commerceの増加に対応している。OOCLLはC-TPAT（テロ行為防止のための税関・産業界パートナーシップ）に参加した最初の企業の1社で、EUでは通関の優遇措置を受けるAEO（認定事業者）のC認定を受け、透明性の高いセキュリティプログラムが求められるカナダ国境サービス庁（CBSA）のPartner In Protection（PIP）にも2012年から参画、22年春からは自社の自動化ITプラットフォームを活用し、米国向け通関仲介サービスを導入、エンドツーエンドの物流サービスを強化した。16年には海陸貨物だけでなく、豪州、アジア、北米と欧州の航空貨物フォワーディングにも事業を拡大し、鉄道サービスでは従来の中国〜欧州便に加え、16年から中国〜ロシア・ノンストップのブロックトレインサービスも開始した。Armstrong & Associatesによる2022年実績のランキング（海上輸送）は日本通運に次ぐ112万TEUで世界18位。

日本法人のオー・オー・シー・エル・ロジスティクス（ジャパン）（東京都品川区、資本金1,000万円）は企業ごとにカスタマイズしたソリューションを提供、PodiumとSOP（Standard Operation Procedure）で複雑な国内外物流を可視化、独自のプライシングモデルを導入、輸入、輸出貨物を結び付け、空バン回送を最小化し、環境負荷の低減とコスト削減をはかるコンテナ・ラウンド・ユースの中

心的なメンバー企業としても活動している。2013年11月に日本での通関業許可を東京税関で、次いで横浜税関でそれぞれ取得。19年8月からは茨木県つくばみらい市に自動搬送車（AGV）など自動ロボットを導入したスマートロジセンターの「OOCLロジスティクス新守谷」（延床面積3.9万M2）を稼働。

OOCLは1947年にC.Y. Tung（董浩雲）氏が創業、Orient Overseas Lineの名称で貨客の海上輸送サービスを開始、コンテナ化に合わせ69年にOrient Overseas Container Lineに改称し、2019年1月に50周年を迎えた。COSCO Shipping Holdings（中遠海運控股）によるOOIL買収に伴い、18年8月に創業家出身でOOILの会長兼CEOの董健成（C.C. Tung）氏が退任。現執行董事長（Chairman）は21年12月に就任した萬敏（Wan Min、54歳）氏。同氏は上海海事大学交通運輸管理課程卒で、COSCO SHIPPING Holdingsの董事長を兼務する。2011年から2019年までOOILのCEOをつとめ、18年8月からOOCLのCo-CEO（共同最高経営責任者）だった、創業家出身のAndrew Lieh Cheung Tung（董立均）氏は、20年1月からOOILの社外取締役（Non-Executive Director）の非常勤取締役で、OOCLLの相談役を務めている。

OOILのコンテナ・ロジスティクス部門のみの2022年（会計期間　2022年1〜12月）業績は売上高　197億9,628万ドル、営業利益　100億9,026万ドル、当期利益　99億6,623万ドル。OOCLLを除くOOCL単体の総輸送量は前年比2%増の712万9,358TEU、全航路のTEUあたりの平均運賃は2,619ドル、OOCL/OOCLL収益はOOIL収益の99%を占める。地域別の収益はアジア・豪州が161億6,504万ドル、欧州が27億2,910万ドル、北米が9億214万ドル。

**Pacific International Lines**：
　　　Mariana Shipping参照
**Pan Continental Shipping**：
　　　Asia Cargo Service 参照

### Pan Ocean Container (Japan) Co., Ltd.
### Pan Oceanコンテナ日本　株式会社

Pan Oceanコンテナ日本はPan Ocean Co., Ltd.（韓国）の日本現法であるPan Ocean日本株式会社（Pan Ocean Japan Corp.、本社・東京港区）の全額出資会社で、Pan Oceanのコンテナ部門の運航、営業を担当する。2013年12月に造船・重機を中核事業とするSTXグループから海運部門が分離独立し、社名変更したのに伴い、日本法人名も14年3月に現社名に変更した。関連会社に海上、陸上と航空貨物のフォワーディング、混載業務などのサービスを提供するJIFFA会員事業者のパン・ロジックス株式会社（本社・東京都港区、Pan Logix Co., Ltd. 旧社名STX

Global Logix）がある。

Pan Oceanは韓国最大の食肉加工企業のハリムグループが株式の54.7％（22年12月）を保有する韓国を代表する世界的海運会社。主力事業である韓国最大のバルク輸送サービスを中心にコンテナ船、タンカー、LNG船、重量物船でも世界的に評価され、農産物流事業の分野のアグリトレーディング部門が韓国、中国、東南アジアへの穀物の販売物流サービスを提供している。韓国企業で唯一、シンガポールとソウル（韓国証券取引所：KRX）の2カ所の上場企業。

バルク、タンカー、コンテナの運航総船腹量は2,350万dwtでバルクが用船を含め233隻でPan Ocean全体の93.1％、コンテナは9隻、0.6％を占めるにすぎないが、22年12月期の売上高営業利益率ではドライバルクが12％に止まるが、コンテナ部門は27％でバルクの倍以上あり、タンカーの35％には及ばないものの、利益率は高い。22年末の社員数は陸上406人、海上2,528人（外国籍船員を含む）の総合計で2,934人。22年の総売上高は4兆6,161億ウォンで、バルクが69.5％、農産物取引が10.9％、コンテナ船7.9％、タンカー4.8％、LNG/重量物船2.7％、その他4.2％。海運事業のほか、トウモロコシ、大豆の穀物取引事業と船舶の維持管理と配乗の船舶管理事業部門を持つ。22年の総営業利益に占める部門別の割合はバルクが68％、コンテナが17％、タンカーが13.5％、LNG・重量物船0.7％、農産品取引11％、その他5％。23年11月のコンテナ運航船腹量は10隻（うち用船4隻）、11,707TEUで世界74位。発注残が3隻（4,618TEU）で、内訳は23年12月引き渡し予定の1,000TEU型1隻、24年1月、2月引き渡し予定の1,800TEU型2隻。バルクの主要長期契約残は鉄鉱石大手のVale（ブラジル）が2020年から6隻、27年間、などを持つ。ポートランド（オレゴン州）とメルボルンに事務所がある。

コンテナ定期は84年に日韓、94年に韓中航路をそれぞれ開設、現在、韓中が13航路、日韓が5航路、東南アジアが11航路を運航中で、13年半ばからは日韓と中国に集中、東南アジアは数便に止まっていたが、2020年に韓国の海運連合であるK-Allianceに参加し、韓国企業との連携を強化、東南ア市場での競争力を強化している。日本での集荷は主要港を中心したサービスに改編し、韓日中と他社スロット利用を中心に香港、ベトナム向けの東南アジア域内サービスに接続する。ブレークバルク定期は鋼材輸送を中心に石炭、木材、機械などを極東、東南ア、インド、北米、中東、欧州にスモールハンディー、ウルトラマックスを投入、不定期専用船は25年など長期のCOA契約を主体にブラジル産の鉄鉱石やパルプなどドライバルクをケープサイズ、パナマックス船の太平洋、大西洋海域で運航、日本の商社との関係も深い。特殊船はMRのタンカーとプロダクト船、LNG船、半潜水型の重量物船をアジア全域と大洋州を中心に世界全域で運航、韓国最大のガス供給会社であるKOGASに150万㎡を輸送する最大のLNG輸送サプライヤーでもある。15年7月に参入した穀物（農産品トレード）事業は親会社の穀物取引のノウハウを生かし、年間150万トン以上のトウモロコシ、大豆、小麦などを貿易取引と輸送を組み合わせ、事業展開しており、2020年9月に米国西海岸にある穀物輸出エレベーター「EGT」の権益を取得するなど、今後もグローバルネットワークを活用し、世界の貿易ルートの強化に注力する。

Pan Oceanは2004年11月に造船を中核とするSTXグループが買収し、STX PanOceanとなったが、船腹過剰による市況の悪化と割高な用船契約、バンカー高騰による運航コストの上昇などで、13年6月に企業再生法の適用を申請。その後、同法に基づく韓国産業銀行（KDB）主導で「債務の株式化」（Debt-to-Equity Swap）し、現金による元金の返済で金利負担を大幅に圧縮、財務内容の健全化をはかり、食品大手のHarim Groupが1兆79億5,000万ウォンで買収、15年7月末に債務を完済して法定管理を終結した。14年の期首から業績が改善し、黒字転換、15年は過去最高益、16年も増収増益となり、負債比率が69％の優良企業にランクされ、17年、18年と14年以降、増収増益、かつ韓国企業でトップクラスの財務健全企業となった。また、気候変動対応の情報開示活動を評価するCDP（英）は世界の特に優れたAリスト企業200社にPan Oceanを選んでいる。

旧Pan Ocean Shipping は1966年に創業。73年に日韓コンテナサービスに参入、84年の韓国海運集約によりGlobal Shipping（世洋商船）、Samick Lines、Bowoon Shippingと合併した。

Harim Groupは韓国最大手の畜産・農産品事業グループで、社員数1.1万人。鶏肉、豚肉および飼料の出荷額では韓国最大で、22年の売上高は2兆7,453億ウォン、純益5,690億ウォン。

**PanStar Ferry**：Sanstar Line 参照
**Panstar Line Dot com, Ltd.**：Sanstar Line 参照
**Pegasus International**：Ben Line参照

### Rhenus Sankyo Logistics K.K.
### 三協レイノス株式会社

1912年創業のRhenusグループ（独ドルトムント）67％、藤木グループ傘下で京浜地区の港湾運送・フォワーディング事業を手掛ける三協33％の出資による海貨と航空貨物のフォワーダー。設立は2016年6月、資本金は1億円。本社は東京・品川区天王洲、大阪に支店がある。JIFFA会員。社長はMSC Japan、CMA CGM Japanで営業のトップを務めた木曽恵子氏。16年の創業以来、赤字を計上していたが、2021

年12月期に純利益8,624万8,000円を計上、黒字転換した。日本には三協レイノスの他、プロジェクト輸送専業の㈱レイノスプロジェクト（Rhenus Project Logistics K.K.、2000年6月設立）があるが、23年4月に同社事務所（東京中央区）を三協レイノスに統合、営業チームを一体化し、営業での相乗効果と合理化を図った。両社は別法人として運営しているが、代表は木曽社長が兼務している。三協レイノスの社員数は大阪支店を含め30人。

Rhenusグループは1912年創業のロジスティクスサービスプロバイダー。世界5大陸、50カ国以上、1,120拠点に3万9,000人が働き、年間収益は86億ユーロ（2022年）を誇る。事業内容はサプライチェーン、倉庫・保管業務、トラック・鉄道・海運・空運による輸送サービスの提供、の3事業。当日配達・翌日配送の宅配輸送から複合輸送、LTLを含む国内外のトラック輸送、コンテナドレー、特殊廃棄物輸送、倉庫、通関などを含むサプライチェーンサービスの提供のほか、保管が義務付けられたビジネス文書や人事関連のデータ保管業務も提供する。

Rhenusグループは港湾運送、船舶代理店、バン・デバンニング、通関、医療機器・ATMの輸送・設置からオフショアロジ、さらに近海外航、ライン、ドナウ、セーヌなどの河川バージによるコンテナ、バルク、プロジェクト貨物のドア・ドア輸送に加えて用船によるドライバルク、在来貨物、プロジェクト貨物の遠洋外航輸送も提供、オーナー経営の物流企業として意思決定の早いM&Aで事業領域を拡げ、成長を図っている。海上輸送フォワーディングはバイヤーズコンソリ、セラーズコンソリを含め、鉄道輸送は欧州域内のほか、シベリア鉄道を利用した韓国／欧州のランドブリッジサービスも提供（現在は休止）している。23年のM&Aだけでも、スウェーデンの陸送業者、MTS Malmo Transport & Spedition、コロンビアの大手フォワーダー、BLU Logistics、アムステルダム港のバルクターミナル、Rietlanden Terminals（蘭）をそれぞれ買収、船舶代理店のLBH Group（蘭）の株式51を取得したほか、カザフスタン鉄道とはアジア～欧州の中央回廊強化で、また、ウズベキスタン鉄道とは共同でロシア経由の代替ルートであるアンディジャン、サマルカンドでのターミナルの拡張で、それぞれ覚書を交わすなど積極的に動いている。

創業は1912年にBadische AG für Rheinschiffahrtund Seetransportと Rheinschiffahrts-AG（旧Fendel）がドイツのフランクフルトアムマインに拠点を置くRhenus Transport-Gesellschaftm.b.H.を共同で設立したのに始まる。VEBA傘下などを経て、1998年にRethmann（レイトマン）家がRhenus AGとMidgardを買収、2007年にRhenusがDutch Transport Management International Holdingを買収、230拠点を持つ売上高30億ユーロの企業グループとなった。2018年以降もSea&AirのPiramide SeaAir Comercio Exterior（ブラジル）、Rodair（カナダ）、Freight Logistics International（FLI、米国）、World Net Logistics（WNL、南アフリカ）を買収するなどネットワークを拡大している。

**Safmarine**：Maersk Line 参照

## Sankyo Corporation
## 株式会社　三協

1953年、港湾運送事業を主目的に藤木企業を母体に日本郵船、三菱倉庫の共同出資で横浜市に三協運輸株式会社として設立した藤木グループの港運元請け会社で、国際総合物流事業も営む。09年に現社名「株式会社 三協」に社名変更。現在、横浜市中区を本社に港湾運送事業のほか、国際複合輸送（NVOCC、フォワーディング）、輸出入・通関、国内物流を総合展開し、特に冷凍・冷蔵貨物、車両、木材分野に強い。83年に商船三井も共同出資者に加わり、資本金2億1,500万円に増資した。89年にシアトル事務所、95年に大連事務所開設、09年にバンコク事務所を開設した。92年にClearFreight（本社・ロサンゼルス）を買収し、米国、欧州のサービスネットを拡充、11年に三協クリアフレイトの営業を三協本体のロジスティクス事業本部グローバル物流事業部と統合、船積み業務およびB/L発行業務もグローバルロジスティクス部複合輸送課が業務を手がける形に改編し、効率化した。

シアトル事務所の開設を契機に国際物流業務を強化、欧米、中国、東南アジア等に現地法人・合弁会社を設置し、海外代理店を組み合わせた陸・海・空一体となった国際複合一貫輸送サービスを提供、三国間輸送にも対応し、顧客ニーズにあったテーラーメードの物流サービスを提供している。水産物、穀物、食肉、青果物など食品のリーファーロジスティクスでは日本の港頭地区に取り扱い施設を持ち、フォワーディングと実際のハンドリング、保管の物流サービスを提供。東京・大井の東京水産ターミナルに冷凍・冷蔵倉庫（収容能力・11,250トン）を持ち、本船荷役、荷捌き、通関処理、リーファーコンテナのバンニング・デバンニングから小口パッケージの配送、保管まで、冷蔵冷凍・冷蔵貨物の一貫サービスを提供している。19年2月には千葉県銚子にコンテナデポの「銚子トランスファーステーション」を開設、港湾でのコンテナ搬出入時の混雑緩和や輸送回転率の向上へのインフラの一つとして設けたもので、三協の銚子産サバ輸出でリーファーコンテナのバン詰め・輸／移送などの取り扱いから、地元の銚子市水産加工業協同組合の用地をリースしリーファー

コンテナおよびドライコンテナのデポ機能を備えたコンテナ基地として運用、将来は船社などのラウンドユース展開も視野に事業化に取り組む意向で、19年に設立した三銚ステーションサービスが20年2月に一般貨物自動車運送事業許可書を取得、コンテナデポとして機能している。

輸入製材・住宅関連貨物も現地で船積みから輸入手続、本船荷役、保管や関東を中心に全国への木材流通網を提供。車両では自動車専用船（PCC/PCTC）への完成車の積込み・積み卸し作業や、中古車、トラック、モーターサイクル、CKDなど車輌、機械、工場設備などの輸出入手続きから国内外の輸送、通関、エンドユーザーへの配送・設置まで一貫して引き受けているほか、中古車オークション会場の企画・運営のサポーターとして、出品車の構内作業、配送、運営管理等会場内作業も提供。舟艇類の輸出入作業と国内最大級のボートショーのオフィシャルフォワーダーにも指名されている。16年に横浜税関からAEO制度に基づく認定通関業者の認定を受け、横浜、東京、大阪、博多、仙台、苫小牧の通関営業所でAEO通関業者として業務を提供している。

アジアではシンガポールの物流会社のYang Kee Groupと合弁（三協60%）でSankyo Global Logistics (Singapore) を設立し、シンガポールでの倉庫事業を中心に国内物流とアジアでのネットワークを生かした国際一貫輸送を展開、タイではNgow Hockグループ傘下のBangkok Terminal Logistics（BTL）と合弁のBTL-Sankyo Globalがタイ国内およびタイを発着のインドシナ、ミャンマー向けクロスボーダー輸送を中心とするユニークなフォワーディングサービスを提供するなどインドシナ半島での貨物運送事業を強化した。また、14年にはNgow Hockグループの施設、ノウハウと三協のネットを生かしたラオス発、タイ経由のFCLと混載の輸出サービスを立ち上げ、ビエンチャンで集荷し、バンコク港で混載を仕立て、全世界向けに輸出する。

米州では12年にSankyo Global Logistics (Canada)、South Fraser Container Svc. (2005) を設立し、木材などの日本や欧州、アジア向け輸送を強化、Sankyo Trade Services (Canada) Ltd.（本社・バンクーバー）がカナダ出し貨物の川上から川下までの輸送を設計、パッケージ商品として提供できる体制を整えた。南米では14年にペルーの総合物流会社、Integrated Global Logistics (IGL、本社・リマ) に20%出資し、事業に参画、16年に欧州物流大手のRhenusグループ（ドイツ、1912年創業）との合弁の三協レイノス（Rhenus Sankyo Logistics K.K.、本社・東京、別項参照）を立ち上げ、三協の日本、アジアを地盤としたフォワーディングや倉庫などのアセットとレイノスの持つ世界的なロジスティクスネット、ノウハウを組み合わせ、

貿易物流のあらゆるソリューションのワンストップの提供を目指す。

23年3月期の売上高は120億4,500万円、同年4月の社員数は187人。主要取引先は大東建託、フジトランス、トヨフジ海運、阪和興業など。

## Sankyu Inc.
## 山九　株式会社

中村精七郎氏が磯部組から大正初期の1918年に株式を譲り受け社長になり、山九運輸を創業、18年に100周年を迎えた。1980年に社名を山九にし、中村公一社長は16年に会長になり、公大氏が中村家6代目として社長に就任。社名の由来として中村精七郎氏がロンドンで道を尋ねた紳士に礼を言うと紳士から「Thank you」と言われ、文化の異なる人との出会いでの感謝の意を込めたものという。世界で選ばれるNo.1アウトソーサー企業を目指す。創業期の32年に八幡製鐵所（現日本製鉄）運搬請負共済組合代表役員になり現在も日本製鉄は株主で主力顧客。関門（山口／九州）での港湾物流に古く、終戦直後の47年に関門の社有艀30隻を横浜に回航し名を馳せた。国内物流では48年にトラック運送に進出、倉庫業も全国規模で展開、23年4月には東京都江東区に倉庫面積1万3,480m2の「お台場輸出入センター」、5月には大阪府高石市に危険物倉庫8棟からなる倉庫面積8,000㎡の「関西ケミカルセンター」をそれぞれ開設した。24年8月に、三重県三重郡菰野町に危険物倉庫を4棟（約1,000㎡×4棟の合計4,000㎡）新設する計画がある。とくに昭和時代から山九のDNAであり歴史そのものという3PL事業に注力中。新日鉄などの鉄鋼、石油化学工場構内物流（14年に化学品新物流管理システムをサンアロマーなどと開発）、重量物プラント輸送、機工作業に強い。

現在主要港で港運事業を展開しOOCLなどのコンテナターミナル（CY/CFS）オペレーター業務も手がけ、18年には東京港中央防波堤外側のY2コンテナターミナルを日本通運／住友倉庫／三井倉庫と4社連合で東京港埠頭から借り受けが決まり20年3月に供用開始した。協和海運、太栄商船（Tai Young Shipping）代理店に出資。サンキュウシッピング、千代田シッピングなどで中国船など船舶代理店事業も抱える。14年春からの日本版24時間ルール（出港前報告制度）ではNACCSセンターとサービスプロバイダー契約を締結し独自対応の体制。

国際物流は69年にIATA公認代理店として航空貨物に進出、71年のシンガポール法人を皮切りに海外グループ会社40社（現法・合弁）のほか駐在事務所1カ所／代理店も多い。19年には上海経貿儲運が医療器械経営許可（医療機器物流）を取得、20年10月には医療機器-品質マネジメントシステムISO13485:2016認証を取得した。22年10月にはマレーシア、ジョホ

ール州に海外で初となる人材育成センター「SANKYU TECHNICAL ACADEMY」を開設。山九サウジアラビアは、22年春にサウジアラビア西岸に位置するキングアブドラ経済都市にコンテナヤード「KAEC CONTAINER YARD（KCY）」（6万5,727.94㎡）を建設、コンテナデポと倉庫（面積2,000㎡）を営業開始した。中国現法・上海経貿山九儲運有限公司は、華中エリアの武漢で、既存の武漢物流センターに加え、新規拠点となる武漢第二（蔡甸）物流センター（延べ床面積6,000㎡）を22年12月に開設した。山九シンガポールは、シンガポール西部のトアス地区にトアス物流センター（仮称、施設面積3万7,975㎡）を建設する計画で、25年9月開設予定だ。

国際複合輸送も強化し米C.H.Robinsonと複合輸送で日米間相互代理店契約も15年に結びパートナー関係にある。物流・機工部門も主力。社員は連結で3万1,141人。66年に東証1部（現在はプライム）、福岡に上場。日本トラスト・サービス信託など信託系3社や新日鉄住金、ニビキ育英会、みずほコーポレートが出資し資本金286.19億円。国内40支店、国内グループは45社を数える。23年3月期の連結業績は、売上高は前期比4.6%増の5,792億2,600万円、営業利益が10.7%増の381億6,900万円、経常利益が11.8%増の396億3,100万円、当期利益が10.3%増の249億5,900万円、売上高営業利益率が6.6%。

23年1月には「Vision2030」と「中期経営計画2026」（2023-2026年度）を策定、ビジョンでは2030年度には売上高7,000億円以上、ROICが10%水準、営業利益率8.0%以上、海外売上高成長率を21年度実績から65%増、CO$_2$排出量を20年度比で42%削減、女性管理職比率11%をそれぞれ目指す。2023〜2030年度累計で成長投資に1,600億円、人財投資に300億円、合計1,900億円を投資する計画だ。また中計2026では、既存事業の収益強化、海外事業拡大、グリーン機会獲得・準備、新規事業領域進出の4つを基本戦略として、26年度に売上高6,300億円以上、営業利益率6.7%以上、ROIC8.0%水準、海外売上高成長率を21年度比25%増、CO$_2$排出量を20年度比18%削減、女性管理職比率9.5%を目指す。23〜26年度累計で成長投資に1,000億円、人財投資に150億円を投資する計画だ。

## Sankyu Air Logistics Co., Ltd.
## サンキュウ　エア　ロジスティクス　株式会社

日本郵便と、物流大手の山九が共同で、日本と中国・アジアを中心に展開する小口貨物から一般航空貨物まで幅広い国際ロジスティクスサービス（航空貨物を中心としたフォワーディング事業）を手がける目的で08年7月に設立したJPサンキュウ グローバルロジスティクス（Japan Post Sankyu Global Logistics：JPSGL）の日本郵便保有全株（60%）を

山九が2019年4月1日に取得し、山九の全額出資会社化し、現社名に変更した。

両社は以前から山九が日本郵政公社（当時　郵便事業会社）の国内郵便ネットワークと海外のポストと連携し小口国際物流商品“SANKYUビジネスゆうパック”（SBY）を手がけてきた経緯がある。国際航空物流分野で中堅に位置する。日本郵便にとっては従来からの国際郵便サービスに加え貨物分野での国際物流サービスを担う受け皿、山九としては国際小口貨物の航空貨物事業部門（1969年IATA貨物代理店）を分割（分社）するかたちで、同事業部門を母体に山九と日本郵便とが合弁のJPSGLを立ち上げた。資本金3億円。法人顧客を主に貿易貨物の輸出入に利用する貨物利用運送／貨物航空運送代理店／トラック運送／通関／倉庫（保税上屋）の各事業を営む。また、輸出入航空貨物輸送／海上貨物輸送取次、国内外集荷・配送やULD対応で梱包なども含む一貫スタイル。電子部品／自動車部品／エレクトロニクス関連のほか冷蔵・冷凍など特殊貨物にも対応、海陸空の複合一貫輸送（NVOCC、ドア・ドア輸送、バイヤーズコンソリ、三国間輸送）と倉庫・配送・流通加工などのロジスティクス、SBY（国際小口貨物輸送）も手がけている。従業員は147人（2022年5月1現在）。国内は東京本社のほか、東京営業、東京航空、成田空港、中部空港、関西空港、大阪営業、福岡空港のそれぞれ7の直営支店のほか山九の拠点を活用して事業を展開中。16年11月に第二種貨物利用運送の仕立て地を東京、横浜、大阪、名古屋、福岡に小松、鹿児島を追加し拡大。羽田空港事務所では東京国際エアカーゴターミナル（TIACT）のスペースを利用して活動を展開、海外は基本的に山九の海外現法を中心とするネットワークやフォワーダーの国際団体のIATAネットワークも活用、17年央にはアフリカのAFBN（African Freight Bridge Networks）に加盟、アフリカからの輸入を強化、コーヒーに代表される食品の通関・配送や規制のノウハウに強く、独自のパートナー（代理店）はワールドワイドにおよそ90社ある。コアは国際航空貨物の通関なども含む一貫輸送だが、郵便インフラ関連を含む輸出入輸送など日本郵便・山九で培った高付加価値の「バリューロジスティクス」“VALUE LOGISTICS”を手がけている。16年12月にJPSGLとしてAEO通関の認定を取得、22年5月には関西国際空港における医薬品の航空輸送について国際航空運送協会（IATA）の医薬輸送品質認証「CEIV-Pharma」を取得した。

## Sankyu Shipping Inc.
## 株式会社　サンキュウシッピング

国際総合物流大手の山九の港湾・代理店グループ（国際物流関連）企業の一つとして1980年に山九

100％出資で東京都千代田区に設立された会社。現在は中央区勝どきの山九ビル内に本社を構え、大阪に営業所がある。資本金は7,000万円。第一種貨物利用運送事業（外航／内航／自動車）、海運代理店業／海上運送取扱業および特定労働者派遣事業の登録・許可を得て、船社代理店（船舶代理および海上貨物集荷）、フォワーディング（貨物利用運送）や輸出入貨物の荷主代行業および国内物流、労働者派遣のそれぞれ事業を営んでいる。11年10月にはバイヤーズコンソリデーションで知られる大阪のオーシーエス（O・C・S Inc.、1969年大阪コンテナサービスとして大阪に設立）と合併、新たなサンキュウシッピングとして事業を拡大中。船舶代理店業は主要港（東京、横浜、名古屋、大阪、神戸、博多、門司）での定期船サービスのほか地方港での不定期船を対象に実施、17年には常州と神戸・大阪の配船など主要5港で直行サービスを手がける江蘇省政府傘下の太倉港集装箱海運有限公司（Taicang Container Lines Co., Ltd.＝TCLC）、さらには日本と華南／台湾／ベトナムサービスなどを営む香港の亜海航運有限公司（Asean Sea line）の日本総代理店を引き受け中。TCLCは日中の寄港地を拡大し、中国側は南京、常州、太倉、舟山、日本側は阪神に加え、東京、横浜、川崎、名古屋、広島、門司、博多に寄港している。集荷とともに各港湾でのバース確保、パイロットやタグボート手配、行政手続きや荷役作業の手配など臨港店業務を各地区代理店通して引き受け、作業は山九が手がける。アジア域内航路でコンテナ船を運航する香港のAsean Seas Line（ASL）の代理店も引き受けている。国際複合輸送業は国際フォワーダーズ協会（JIFFA）に加盟し自社B/LおよびSeawayBill、FCを発行し山九のグローバルなネットワークを活用、自社B/Lの発給で輸出入貨物の陸海空のドア・ドアサービスとともに貨物保管、流通加工、通関、輸配送を手配も含めて一貫体制で実施。旧OCSのノウハウを活かし、バイヤーズコンソリデーションもコア事業として強化している。

## Sanstar Line Co., Ltd.
## 株式会社　サンスターライン

99年8月にフォワーダー業務を手がけるPanStar Enterprise（現・Panstar Co., Ltd.、韓国）と山九の元役員が設立し、現在はPanstarがほぼ全株を保有する日本法人。Panstarの集荷代理店、複合輸送業者。19年8月に創業20周年を迎えた。外航利用運送事業の許可を取得し、NVOとしてスタート、その後、PanStarの子会社のPanStar Line Dot.com, Ltd.（99年設立）が02年4月から運航を開始した大阪〜釜山フェリーの日本総代理店となり、集荷、集客業務を加えた。サンスターラインの社長は元・日本電気硝子貿易の社長を務めた舎野祝光氏。資本金

は6,000万円、社員数は大阪46人、東京19人、北陸4人、名古屋2人の計71人。船舶代理店、フォワーディング、通関、旅行業のほか、観光用バスを導入し、一般貸切旅客自動車運送事業も営む。10年7月にRo/Ro船、"Sanstar Dream"（258TEU、21.5ノット、旧船名・みやらび）を買船し敦賀・大阪／釜山のフェリーサービスを開始、サンスター／PanstarLine協調配船として金沢・敦賀から馬山、10年11月から釜山新港、15年10月に日韓のRo/Ro船社として初の横浜、東京寄港も開始している。

現在、Panstar/サンスターの日韓中フェリーは大阪〜釜山が週3便、大阪・名古屋〜釜山新港〜平澤が週1便、敦賀・金沢〜釜山・馬山が週1便、東京〜名古屋〜釜山〜石島が週1便のRo/Ro輸送を提供している。投入船はRo/RoフェリーのPanstar Dream（220TEU）、Sanstar Dream（258TEU）、Panstar Genie（238TEU）、Panstar Genie 2（238TEU）で、欠航がなく、敦賀・金沢航路は荒天の冬季日本海でも定曜日運航率100％の信頼性を誇り、Ro/Ro荷役の特徴を生かし、振動・衝撃を嫌う半導体製造装置や精密機械の輸送で評価が高い。Panstarは韓国の大鮮造船に2025年引き渡し予定で、2万2,000gt、コンテナ250TEU積載のクルーズフェリー新造発注した。現行の"Panstar Dream"と入れ替え日韓航路就航の予定。また、日本の物流企業で1％しか持たない通関免許とJR鉄道運送免許を持ち、高速フェリーと鉄道輸送を組み合わせ、大阪港と日本全国140カ所の鉄道貨物駅を結び、韓国からの輸出貨物を船積みから日本国内の荷役、通関、内陸輸送までのワンストップ一貫輸送サービスのPan Star Ultra Express（PUE）という特色ある日韓高速ドア・ツー・ドアサービスを提供している。ISOコンテナのほか、JR12'コンテナも扱う。また、16年10月から旅客輸送のための貸し切りバス事業に進出、トラック運送、物流ターミナル事業への進出準備も進めている。

PanStar（韓国釜山）の旅客船"Panstar Dream"については、新型コロナウイルス感染症の水際対策の一環として、20年3月27日から、日韓航路は運休していたが、水際対策の緩和に伴い、22年11月に運航を再開した。

JIFFAの会員店社で、08年に第二種貨物利用運送事業許可（鉄道、航空、トラック、内航、外航海運による集配を一貫して行う運送事業）を取得。コンテナ以外にプロジェクト貨物、航空貨物も取り扱い、07年に旅行業免許を取得し、パックツアーなど旅行商品も販売。シップチャンドラー業務のエスピー商事がフェリーに日用品、食料などを納入している。18年からは中国の世界的なオンライン旅行サイト携程（Ctrip／シートリップ）を運営するOTA（Online Travel Agency）のCtrip.com International Ltd.（携程旅行網）の子会社、上海創実信息技術有限公

司（Shanghai Jitu Information Technology）と日韓フェリーの客室販売契約を締結した。日本、中国の三国間輸送の強化とアジア域内にとどまっていたフォワーディング業務の北米向けNVOCC展開を開始しており、第2種利用運送事業（外航海運）の許可で可能なDoor-to-Door輸送を加えたフルサービスを提供。

日本法人のサンスターラインは16年10月から京浜港と中国山東省、石島を61時間で結ぶ直航サービスを開始、同時に釜山～京浜航路に週末便を加え週2便化、17年11月からは石島航路に新たに買船した"Panstar Genie"を代替投入し名古屋港を開始し、18年春からは下関寄港も開始した。また同社は自社のバスを利用し、福井県などと共同で、敦賀港見学バスツアーを大阪、滋賀の事業者を対象に19年、20年と企画、敦賀港への集貨拡大につなげている。

釜山接続は中国のほか、南米、欧州なども取り扱う。PanStarは釜山新港の背後地（熊東背後団地）に高機能物流センターのBusan Newport Global Distripark（BNGD、建屋面積2.2万㎡）を14年1月に開業、SCMや物流加工など多彩なロジスティクスサービスを提供している。

貨物業務では06年に大阪税関、08年に東京税関から、それぞれ通関業許可を取得、輸送サービスに付随する通関業務も引き受け、金沢では輸出貨物の土曜通関も実施、16年末から荷主の要望に応じて、敦賀揚げバルク貨物（一部コンテナ貨物）の土曜入港船の即日通関も実施している。16年4月に輸出入業務や安全管理システムの安全性と信頼性を認められ、韓国関税庁から船社部門のAEO認証を取得した。JR貨物と提携したSea & Rail輸送と、金沢・敦賀～釜山航路で北海道の鮮魚を苫小牧から近海郵船のフェリーで敦賀に輸送、Panstar船に接続し釜山新港に輸送するPUEサービスも好評。

PanStarは旧山下新日本汽船の韓国代理店社員だった金泫謙社長が90年7月に設立、LGグループの輸出入貨物の取り扱いを引き受け急成長した。

## Sanyo Maritime Co., Ltd.
## 三洋マリタイム　株式会社

Cho Yang Shipping（朝陽商船、韓国）の日本駐在だった朴光烈氏が01年に設立した船舶代理店を兼業するフォワーダー、NVOCCでJIFFAメンバー。フォワーディングは日韓を中心にアジア、欧州、北米向けも展開し、韓国の不定期船社の代理店業務も引き受けている。天一定期貨物／富士貿易などとのコンソーシアムに参加し、釜山新港の背後地に物流センターを建設、08年12月にC&S国際物流センターとして稼動した。釜山をハブとする日韓中などアジア域内の国際調達物流の取扱い拡大を目指す。

## SBS Ricoh Logistics System Co., Ltd.
## SBSリコーロジスティクス株式会社

1964年に東京都大田区に創設されたリコー三愛グループの三愛運輸（市村清社長・当時）が前身で、2019年に55周年を迎えた。18年8月に東証一部上場の物流大手、SBSホールディングスがリコーからリコーロジスティクスの発行済普通株式の66.6%を取得（株式取得額は約183億円）しSBSHDの連結子会社化。残りの株式33.4%はリコーロジスティクスの重要取引先で「たのめーる」を受託中の大塚商会とリコーとの共同出資による持株会社が保有する。19年1月に現社名に変更し、地域会社6社（東日本、関東、東京、中部、関西、九州）もそれぞれSBS三愛ロジ東日本などSBSに地域名を付けた社名に変更し、国内外での3PL事業を継承。20年4月には同6社を統合（合併）しスピードアップと経営資源の有機的な活用を図った。22年11月には倉庫内業務、輸送業務のシステム設計・開発などのEMCの全株式を取得した。

90年代半ばから国際・海外展開を推進しはじめ95年に中国華南への進出のため香港現地法人を設立、翌年には米国に進出、カリフォルニア州に北米支店を開設、02年Ricoh Logistics Corp.へ現法化、2000年にはオランダのアムステルダムに支店を設け欧州にも進出、中国は理光諮詢（深圳）有限公司を04年に設立、のちに社名を理光国際貨運代理（深圳）に改め、07年には香港法人と深圳法人がISO27001の認証を取得、09年には深圳法人が中国内での道路貨物運輸と経営倉庫の、上海分公司が国際貨運代理の各ライセンスを取得、リコーの物流会社として老舗で港運の海貨業者、NVOCCとしての実績も高い。3PL物流（精密機器物流／量販店物流／機械部品物流／オフィス通販物流／電子部品物流）、国際物流（貿易業務／海上輸送／航空輸送／輸出入倉庫など）、調達・生産物流、グリーンロジスティクス（全国47都道府県、6市町村で「産業廃棄物収集運搬業」ライセンス取得、循環型エコ包装、共同輸送など）、貿易業務のワンストップサービスや国内で動脈・静脈物流の一気通貫による循環型ロジスティクスを志向し、オフィス移転、OA機器アセット管理、文書管理なども手がける。全体最適の視点で"All-in-One Logistics"を構築。14年にAEO倉庫業者、17年にAEO通関業者の認定、同年秋にはISO9001の認証をそれぞれ取得、21年10月には神奈川県横浜市に自動化・省人化・省スペースの「物流センター横浜金沢」（延床面積5万3,828㎡）を開設、22年5月には神奈川県厚木市に物流センター厚木（倉庫面積：5万4,583.93㎡）を開設した。23年4月には、同じSBSグループのエルマックスと共同で運営する「物流センター一宮」（愛知県一宮市、5万7,441.67㎡）が稼働した。

資本金4.48億円で従業員は連結で4,029人、単体1,918人（22年12月末現在）。22年12月期の売上高は連結1,111億円、単体931億円。安全確実／環境負荷低減／効率の各物流がモットー。

**Sea Consortium**：Ben Line Agencies Japan 参照
**Sea Lead Shipping**：
　　　　　Namsung Shipping Japan 参照

## Seino Logix Co., Ltd.
## セイノーロジックス　株式会社

　1986年2月に西濃運輸（現セイノーホールディングス）のボテイナー（Votainer Consolidation Services）セクションとして業務を開始後、同年11月にオランダのフォワーダー、Van Ommeren 60％、西濃運輸40％出資で東京・品川に本社を置くセイノー・ボテイナーを設立、さらに92年には業務を拡張しセイノー・ファン・オメレンと改称、その後セイノーHD出資による現在のセイノーロジックスになり21年11月で創業35周年。セイノーHDの海外事業部門も担っている。現在の資本金は1億円。Votainerは欧州をベースにNVOCCとしてFCLでなくLCL混載輸送を最初に手がけたパイオニアで、セイノーロジックスはVotainerのDNAを引き継ぐ格好で展開中。創業時から渡辺景吾社長を中心に国際複合一貫輸送業者としてコンテナによる混載輸送とタンクコンテナの取扱事業を主に展開し10年そこそこでコンソリデーター大手に仲間入りした。現社長は19年4月に就任した中山宏志氏。支店があった横浜に本社を移転し現在も横浜市西区のみなとみらい地区に構え、通関部門を持たない中立のNVOCCとして欧州、北米をはじめアジアにも力を入れワールドワイドに展開。SLB（シベリア・ランドブリッジ）利用のフィンランド向けやトルコ向け、新潟／釜山／ウラジオストクのルートでロシア極東向けも強化。内地の横浜、東京、大阪、京都、名古屋、北九州の各CFSから週複数便の定曜日で各国主要港から海外ダイレクト便約40ポイントを軸に内陸部ドアを含む海外デリバリーポイント600以上の都市をカバーする。即日通関・出荷の輸入サービスで、青島、北京・天津、大連、香港の各特急便、欧州、米国、アジア、アフリカ向け危険品専用混載の実績のほか、地方港発釜山経由全世界350ポイント向けLCLサービスを加え国内25港／27CFS 他方港14港16CFSをカバー。

　16年に日本を起点に東向きの北・中・南米を睨む"Look East"戦略（東方政策）を前面に打ち出し、北米、中南米に目を向けサービスを強化、22年には米州向けLCLサービスの拡大を目指し、新たな3カ年計画「Motto LOOK EAST」を打ち出している。

　日本入港後即日通関即日発送の輸入特急便サービス「ASIAN EXPRESS SERVICE」で釜山発大阪港揚げ日本全国向けルートを開発、22年12月から提供を開始した。23年2月にはベトナム・ダナン向け混載サービス、5月から関東・関西・名古屋受けインド向けダイレクト混載サービス、6月には京都府舞鶴港発混載サービス、8月からマニラ向けダイレクト混載サービス、10月からはバルセロナ向け危険品ダイレクト混載サービスをそれぞれ開始した。

　18年には食品貨物の仕向け地としてさらに有望な香港でも現地企業との契約で冷凍・冷蔵の「温度管理庫」を設置。18年には食品類の物流を担うリーファーコンテナでのLCL輸送として日本酒や調味料などを香港、釜山、ハンブルク、フェリクストウ向けなどに7℃の定温で冷蔵輸送する"ひんやり混載"をはじめ釜山での冷凍・冷蔵倉庫を運営も含め意欲的。20年には"ひんやり混載"の仕向け地に基隆、シンガポールを追加、さらに博多出し香港・基隆・シンガポール向け"ひんやり混載"と冷凍の"ばりひえ混載"を開始した。

　国内拠点は大阪支店、名古屋支店をはじめ、西濃運輸の国内ネットワークを活用したサービスの拡充を進めている。23年6月に九州営業所を福岡市に、7月に仙台営業所をそれぞれ開設した。21年10月には同社WEBサイトのスケジュール検索機能と貨物トレース機能を改善、さらに22年2月に大幅リニューアル、実務面で役立つ情報に加え、顧客が抱えている課題に対し有益な情報やノウハウを提供するための新たなコンテンツ「お役立ちブログ・お役立ち資料」を設置した。海外駐在員事務所は欧州ハンブルク（独）、ミラノ（伊）、米国のロサンゼルス、シカゴ、ニューヨークに加えて21年11月にはパナマに駐在員を派遣、パナマ（マンザニーヨ）をハブとした中南米・カリブ向けサービスを強化している。さらに22年1月にはベトナムのホーチミン市に駐在員を派遣、23年8月にはインドに駐在員を派遣、現地対応を強化した。韓国ではパートナー（代理店）のMolax Lineとの合弁会社MS Distripark Newportの手で10年春に釜山新港物流団地に3.3万㎡の物流センター（オンドック倉庫）、15年春には新港の熊東物流団地に進出し2棟目で3.3万㎡の物流センターをオープン。とくに12年からはセイノーホールディングスグループとしてPPP（釜山プラットフォームプロジェクト）を打ち出し、同グループの海外部門を担うセイノーロジックスとして新港のMS-Distripark（14年にAEO認証取得）を日本、華北、アジア、ロシア、南米向けのハブとして展開中。

## Senwa Maritime Agency, Ltd.
## センワマリタイムエージェンシー　株式会社

　泉和海運（1955年7月設立）から営業権の譲渡を受けたセンワロジスティクスを社名変更して05年10月から営業を開始した、住友倉庫全額出資による船舶

代理店・NVO子会社。

　日中航路のShanghai Jin Jiang Shipping（上海錦江航運(集団)）を中心に、日比在来航路の秀和海運（Westwind）、南太平洋航路のMariana Shipping Japan（PIL、Mariana Express）の集貨代理店の他、欧州／キューバおよびカリブ海、カナダ航路の多目的サービスにロッテルダムで接続するNirint Shipping（オランダ）、北アフリカ〜北欧州〜地中海航路を運航、日本・アジア出し貨物はラスペチア（イタリア）で接続輸送するBrointermed Lines（英国）の代理店業務も引き受けている。Shanghai Jin Jiangの代理店業務は大阪地区での集荷と付随する全ての業務を引き受け、東京では集荷を担当する住友倉庫をサポートしている。また、JIFFAメンバーとしてNVO業務では第1種利用運送業（登録）の他、12年に第2種利用運送業（外航運送）の許可も取得し、Door-to-Doorの輸送サービスを提供、アジア、アフリカ、中近東、オセアニア向けを中心にサービスを展開中。12年4月から開始したPNW航路に特化したコンバルカーサービスを提供するWestwood Shipping Lines（米国）の総代理店業務は、WestwoodのSwire Shipping（英系シンガポール）による買収に伴い、23年10月から自営組織のWestwood Shipping Lines Japanに移行したが、大阪での支店業務や会計業務は引き続きセンワマリタイムが提供している。

　センワマリタイムはJardine Matheson（英系香港）船舶部の業務を引き継ぐ形で1955年7月に設立した船舶代理店の泉和海運（本社・横浜。当時）がルーツ。中南米の国営船社や南アのSafmarine（現・Maersk）、UASC（現・Hapag-Lloyd）など有力船社の総代理店を引き受け、1999年にセンワロジスティクスを設立し、フォワーディング（第一種利用運送事業）に参入した。

## Seven Seas Shipping Co., Ltd.
## セブンシーズシッピング　株式会社

　Seven Seas Shippingは香港の有力フォワーダー、NVOのGlobe Express Services（GES、香港）の日本でのパートナーとして中国、マレーシア、ロシア向け貨物や、旧Senator Lineのオランダ、ベルギーの代理店有志で組織したUnited Ocean Lines（UOL、シンガポール）のアジア、アフリカ、欧州向け、Atlantic Forwarding Group（スイス）の欧州、南米向け、旧CCNI（チリ）のオーナーが設立したAgunsa Logisticsの冷凍貨物をはじめ、発展途上国向けに増加している中古車関連貨物やパイプ、コイルなど鋼材のコンテナ輸送、各種プロジェクトカーゴ、Ro/Ro、多目的船での重車両、重機械などの輸送手配を取り扱う。Seven Seasは上記のほか、SINOTRANS Japanの集荷代理店業務やコンテナの

位置、内部温湿度、衝撃データなどの情報を世界の携帯電話回線を使用したモニタリングを提供するContguard（イスラエル）の日本総代理店。

　Seven Seas Shippingは1987年4月、双方向の世界一周航路を開設したSenator Line（ドイツ）の日本総代理店を引き受けるため、土屋直久氏（初代社長）、佐藤修平氏（2代目社長）、松本秀策氏（現社長）など日本マリタイム出身者を中心に資本金3,000万円で設立した日本資本100％会社。Senator は91年にDSR（ドイツ）と合併後、Hanjin（韓国）が買収、一体化された。Seven Seas は93年に南ア・南米東岸航路のKien Hung Shipping（建恒海運、台湾）、98年に上海航路のShanghai Hai Hua Shipping（HASCO）の代理店を引き受け、Kien Hungの南北サービスをHamburg Sud（ドイツ）が買収した03年以降は南北航路に特化した航路網を持つ同社と同社傘下のAlianca（ブラジル）の日本総代理店を務めてきた。15年3月のHamburg SudによるCCNI（チリ）のコンテナ事業部門買収に伴い、日本法人だったCCNI Japanのスタッフも引き受けたが、2017年にA.P. Moller-Maersk（デンマーク）がHamburg Sudを買収、買収後はHamburg Sudのコンテナ船、コンテナ機器はMaerskとのJoint equipment poolで共有化し、本船運航、コンテナインベントリーなどはMaerskと一体化し、Seven Seasがマーケティング、営業、カスタマーサービスを引き受けてきた。2023年3月にHamburg Sudが日本での自社オフィスを立ち上げたのに伴い、日本での代理店業務を終了した。

## Shibusawa Warehouse Co., Ltd., The
## 澁澤倉庫　株式会社

　1897年（明治30年）3月に澁澤栄一氏が東京・深川で創業した澁澤倉庫部が前身で、その後1909年（明治42年）に株式会社の澁澤倉庫として発足した、旧財閥系4倉庫の一角を占める名門で東証プライム上場企業。澁澤の流れを汲む旧第一勧銀グループ、また古河グループともつながる。大株主にはパン・パシフィック・インターナショナルホールディングス、日本マスタートラスト信託銀行、東京海上日動火災保険、みずほ信託銀行、清水建設などに加え帝京大学という異色の顔ぶれも。現在では柱の倉庫（引越、トランクルーム含む）、陸運、港運3部門のほか海運／航空、通関を抱える総合物流企業。賃貸用オフィスや大型商業施設など不動産部門のほか多角的に事業を展開中。全国に営業・事業所が延べ60カ所を超える。グループ会社11社。海外は1969年進出の香港現法のほか中国は02年に上海現法を設立、13年に広州に分公司、武漢分公司も18年に設け、広州合弁の倉庫や寧波支店、蘇州にも進出した。自動車物流ベースに11年にホーチミンで駐在から現法化しハ

ノイ支店を設けたベトナムも14年に現地Vinafco Joint Stook Corporationの株式35%を取得し注力、13年には比マニラに駐在事務所を開設、さらに22年6月にはフィリピンでTDG Logistics & Shipping Corporationの折半出資による合弁会社TDG-Shibusawa Logistics, Inc.を設立、輸出入フォワーディング、倉庫、通関、陸運などを手がける。海外は4現法。国際／海外業務は現地物流や日中間およびベトナムとの複合輸送をはじめNVO業務、航空貨物でIATA貨物代理店資格を取得。物流センターを活用した3PLの一括受託を推進。資本金は78億4,700万円、グループ社員数は1,320人。09年には本店を東京・江東区永代に移転。23年2月に着工、24年2月に竣工を予定する千葉市花見川区の物流施設を一棟借り上げ飲料物流に特化した自社専用の新たな物流センターとして開設する計画だ。また大阪府茨木市の茨木営業所敷地内に危険品倉庫1棟を建設中で24年3月に竣工予定、神戸港新港地区では危険品倉庫2棟を建設中で竣工は24年4月予定、横浜港の本牧ふ頭A突堤で定温・定湿機能を備えた新倉庫を建設中で24年10月に竣工予定だ。1年には物量波動への柔軟で機動的な対応を可能としたロボットとマンパワーを融合したハイブリット型の業務フローをプラスオートメーションと共同で構築、松戸営業所に導入した。

21年5月には2030年を見据えた長期ビジョン「Shibusawa2030ビジョン」（30年度数値目標を売上高1,000億円、営業利益60億円、経常利益62億円）と21〜23年度の中期経営計画を策定、中計の業績目標は23年度に売上高が730億円（20年度比11.7%増）、営業利益が45億円（同24.0%増）、経常利益が47億円（同19.6%増）、営業利益率6.2%（同0.6ポイント増）とした。23年3月期連結業績は、売上高は前期比9.4%増の785億400万円、営業利益は8.4%増の48億9,400万円、経常利益は15.6%減の58億4,700万円、当期利益は28.5%減の37億5,900万円、売上高営業利益率は6.2%。

## Shanghai Jin Jiang Shipping Corp
: Jinjiang Japan 参照
## Shanghai PanAsia Shipping
: COSCO Container Lines Japan 参照

## Shinyei Shipping Co., Ltd.
### 信永海運　株式会社
シンガポール、香港向けコンテナ貨物を扱う国際複合一貫輸送業者（NVOCC）として1978年に創立、その2年後には同地向け"スーパーコンテナサービス"を開始、従来の輸出物流を短縮化し近海貨物を積極的に集荷することでその後の基礎をつくった。さらに台湾、タイ、韓国へと同サービスを拡大、23年には創立45年を迎えた。さらに85年の香港を皮切りにシ

ンガポール、マレーシアの現地法人設立で当初の海外現地基盤を整えた。11年に香港で新たにCharter Link Logisticsを代理店に起用、香港および珠江デルタ輸出入サービスを強化、マレーシア現法をハブにインド向けダイレクト便なども開発。従来、国内で海貨の三統とタイアップし、シンガポールのFamous、香港のPacific Bridgeの3社と合弁で97年に大阪にフェイマスパシフィック信永を設立。それ以来関西の営業拠点となっていたが、11年にフェイマスパシフィックとの業務提携を解消し独自の体制を構築し大阪支店も開設。国内拠点はこのほかに横浜支店、名古屋、福岡両営業所、仙台連絡事務所もある。海外は上海、香港、シンガポール、バンコク、ジャカルタ、マニラおよび米ロサンゼルスなどに駐在員を派遣。アジアはもとより欧州、北米などの代理店も含め130カ所以上のネットワークに拡大している。

21年9月には那覇〜上海間で海上直行混載サービスを開始、輸出入ともに週1便のサービスで、トランジットタイムはわずか1日と、航空輸送とほぼ変わらないスピードサービスを提供している。22年8月からは広島県の福山港でCFSを開設し、韓国釜山向け混載便を開始、釜山で再混載することで、アジア、中国向けをはじめ、北米、中南米、欧州、アフリカ、中東向けなどワールドワイドなLCLサービスにつなげる。釜山向けには危険品貨物の取り扱いも開始している。23年7月には熊本県八代港にCFSと危険品CFSを開設し、これらCFSと博多港間を保税輸送し、博多港発着の混載サービスにつなげることで、熊本と東アジア、東南アジアを結ぶ輸出入混載サービスを開始した。

Webシステムも先行して導入、12年にはホームページ上でWebカタログ形式とページPDF方式に変更、1日2度更新で精度を高めたのに加え、14年6月にはWebブッキングに「接続船確認機能」を追加しネット上で経由地からの接続本船（セカンド・ベッセル）の詳細情報を香港経由のT/Sサービスから開始、15年春先にWebサイトから輸入混載貨物情報とともに、その貨物の搬出入状況を写真データ（画像）としてダウンロードし確認・保存できるシステムを導入、一部CFSでこの「可視化」（見える化）サービスを手がけている。主要港の倉庫（CFS）へと順次拡大、パソコンのほかスマートフォンでの可視化対応も可能で、輸出にも応用できるものとして特許庁に特許出願し15年6月10日に手続きを完了。同社は93年に国土交通省の第一種利用運送（外航）許可を取得、資本金は10年に7,500万円に増資、有力NVOへと成長している。13年に就任した長島啓浩社長のもとで安全／確実／効率の3点を基本理念にアジアから世界へと広がりを持たせるとともに顧客とのより密接なコミュニケーションのためのシステム構築を目指し顧客満足度の追求のもとで絶えずサービスを拡充中。

## Shuwa Kaiun Kaisha Ltd.
### 秀和海運株式会社

　1969年5月、前社長 橋口秀之氏により設立。甲種仲介業者として営業を開始し、主として製鋼原料（マンガン、クローム鉱石等）の輸送に従事しその営業基盤を固めた。1984年より日比定期航路及び一般不定期貨物の海上輸送に携わる。フィリピンのBaliwag Navigation、住友倉庫、大東港運などが資本参加している。84年にBaliwagグループのフィリピン籍船社、Westwind Shippingの日本総代理店を引き受け、定期船部門に進出した。

Baliwag Nav.傘下のWestwind Shippingは81年に設立84年に日比同盟に加入、現在、月間2～4航海を対日配船中。投入船は60～80tのデリックを持つ7,800～8,200dwtの多目的船2隻で日本のミルポートとフィリピンを結ぶ。大阪代理店はセンワマリタイム。

**Shipping Corp. of India**：Hesco Agencies参照
**Simba Logistics**：Ben Line Agencies (Japan)参照
**Sinokor Merchant Marine**：

Sinokor Seihon Co.参照

## Sinokor Seihon Co., Ltd.
### 株式会社　シノコー成本

　韓国船社、Sinokor Merchant Marine（長錦商船）が全額出資する日本現法。Sinokorの日本総代理店で、2020年1月からはHeung-A Shipping（興亜海運、韓国）がコンテナ事業部門を分離して設立したHeung A LINE Co., Ltd.（興亜LINE株式会社：HAL）の日本総代理店を引き受け、営業活動している。HALの日本での営業、業務体制は旧Heung-Aの総代理店だった三栄海運社員がシノコー成本に転籍し、旧・三栄海運事務所（日本橋サンライズビル）で業務にあたり、2020年春にシノコー成本の社員が日本橋サンライズビルに合流した。

Sinokorの日本／中国／アジア航路の総代理店だったSKR Agency（川崎汽船のグループ会社）の代理店業務を01年に成本シッピング（Sinokorと東京マリタイムエージェンシー（TMA）の合弁会社）が引継ぎ、さらに05年4月にSinokorが94％を出資するTMAとの合弁になり、社名変更してシノコー成本になった。08年に残り6％を買い取り、現在はSinokorの全額出資現法。「成本」は商運・商気の良さから命名した社名。

　旧・Heung-Aグループのロジスティクス子会社のHeung-A Logistics（Dongbo Shipping、Dongbo Expressなどを07年春に統合）や釜山でコルサコフ（ロシア・サハリン州）に接続輸送するSASCO Internationalの代理店業務もシノコー成本が引き継いだ。コンテナ部門を分離し、Sinokorと統合した後の興亜海運（Heung-A Shipping）はケミカル船専業船社となった。

　Sinokorの事業はコンテナ定期とバルク輸送、ターミナル運営の3事業。国内・海外の拠点は97カ所、社員数は3,200人。

　コンテナ定期は韓中国交樹立3年前の1989年に初の韓中コンテナ航路を開設、その後アジア域内を中心に、現在、日韓、日中、韓中、韓露、海峡地をはじめ、15年に開設した韓印や西アジアのUAEを含むアジア域内にコンテナ定期65サービスを運航、年間179万8,000TEUを輸送する。01年に原油タンカーをドライバルク船に改装しスタートしたドライバルク事業は現在、15.6万～27万dwtのケープサイズ5隻、カムサールマックス1隻の計6隻をCOA（長期積荷契約）で運航している。ターミナル事業は釜山のBPT(釜山港ターミナル)と光陽のGWCT(光陽港西部コンテナターミナル)を運営中で、このほか、Sinokor Ship Management、Kyung Pyung Logistics、Y.J.C.などフォワーディング・トラック陸送・倉庫などのロジスティクス事業を営む。

　89年に中国外運（集団）公司（SINOTRANS）と韓国船社、Dongnama Shipping（東南海運・当時、その後C&Lineを経て清算）が韓中合弁の香港置籍会社としてSinokor Co.（長錦有限公司）を設立、初の韓中航路を開設した。その後、韓国籍会社がSINOTRANS/Dongnamaの保有する全株を買い取り、韓国籍のSinokor Merchant Marineとなり、釜山と光陽での港湾ターミナルの運営も開始、ISO9001をはじめ、AEO総合認証A、環境経営システム認証（KR）、安全保健経営システム認証（KR）も取得した。

　コンテナサービスは1989年開設の韓中のほか、日本の主要港、北海道を含む地方港に寄港し直行および釜山接続で中国、ロシア、東南ア、中東・西アジア向け貨物を引き受け、下関積みはJR12'コンテナの輸出入貨物も取り扱う。

　Sinokorの23年11月のコンテナ船の船腹量は78隻、117,027TEUで世界20位（Alphaliner）で、韓国ではHMM（旧・現代商船）の78.3万TEU、KMTC（高麗海運）の15.2万TEUに次ぐ3位の規模。SINOKORは麗水光陽港湾公社（YGPA）が実施する船舶減速航行プログラム（VSR：Vessel Speed Reduction Program）で22年に3年連続優秀船社に選ばれるなど環境対応に積極的のほか、小型モジュール原子炉（SMR）エンジンを搭載した船舶開発へ向けた開発取り組む研究にも参画している。

　SinokorはHALとの統合でベトナム、インドネシア、インド向けを拡大、ホーチミンスイッチでカンボジア向けの引き受け、日本の地方港サービスを拡充しているほか、シンガポール接続でバングラデシュやミャンマーへサービスを拡大、22年12月には

KMTC、Namsungと韓中～タイ・インドネシア・ベトナムのAsia New Expressに参画、インド向けもナバシェバ・ムンバイとアジアを結ぶ3サービスを実施、コルカタ・ハルディアでも定期サービスし、22年4月からは、子会社のHeung A LINEとともに、UAE船社のSea Lead、Global Feeders（GFS）と提携、Sinokorもコンテナ船を投入し韓国の釜山、光陽に追加寄港するなどインド向けを強化した。22年にはムンバイ（印）に自営代理店のSinokor India を開設している。

　傘下会社は各地現法のほか、近海定期サービスとハンディーバルクによるアジア近海・中東を定期運航のKookyang Shipping、環黄海圏をベースに中韓コンテナ定期やブラジル、中東アフリカ、インドネシア、中国などにパナマックス、VLCCを投入し、大型船による不定期配船しているHansung（HS Line）、コンテナ修理のPacific Engineeringなど。ターミナルはともに岸壁水深16mの釜山港ターミナル（Busan Port Terminal）と光陽のGWCT（Kwangyang West Container Terminal）を運営する。釜山港ターミナルは面積160万㎡、岸壁延長2,200m、年間取扱能力9.4万TEUを誇る。Sinokorの22年業績（報道値、連結）は売上高が約4兆9,000億ウォン、当期利益約2兆ウォン。

## Sinotrans Japan Co., Ltd.
## シノトランス　ジャパン　株式会社

　中国最大の物流グループ、中国外運集団（Sinotrans Group）が97年4月に全額出資で設立した日本現地法人で、海上輸送とフォワーディング業務を提供する。中文では中国外運（日本）有限公司。社員は36人。中外運集装箱運輸有限公司（Sinotrans Container Lines：SCL、本社・上海）と江蘇中外運有限公司（Sinotrans Jiangsu）の日本総代理店として、京浜、名古屋、阪神、門司、博多の各港と大連、天津、青島、上海、煙台、連雲港、寧波、南通、張家港、南京、威海などを結ぶウイークリーサービスを取り扱う。上海積み替えでの長江流域に加え、大連、天津、青島からの陸送による中国内陸部向けサービスも充実、連雲港、青島、新港経由でモンゴル、中央アジア・周辺国向けランドブリッジ輸送、20年に武漢経由で中欧列班を利用する日本から欧州向け海上・鉄道サービスも開始した。東南アジアはShanghai Jin Jiang、SITCと1隻ずつの協調配船による阪神／中国・ホーチミンサービスを提供する。タンクコンテナによる液体輸送、プロジェクト物流、日中間の越境Eコマースの小口輸送のE-Express（商標登録）などを手がける。14年に第二種貨物利用運送事業（外国法人）の許可を取得したJIFFA会員で、航空運送代理店業も営む。

　98年に従来代理店業務を担当してきた中外運日東シッピングと中外運日新シッピングの2社を解散、総代理店をシノトランスジャパンに一本化し、副代理店には日新、伊勢湾海運、日東物流、東海運、辰巳商会、日本通運を起用。Sinotrans Groupは傘下船社の経営効率化を図るため、08年7月に魯豊航運有限公司（Lufeng Shipping）をSCLに統合し、煙台・大連航路を継承、日本での代理店もシノトランスジャパンに統合した。

　Sinotrans Groupは、50年に中国のナショナルフォワーダーとして前身が設立。09年に国営の内陸水運会社、中国長江航運集団（CSC Group）と合併し中国外運長航集団（Sinotrans&CSC Group）となった後、招商局集団有限公司（China Merchants Group：CMG）が買収、17年にSinotrans&CSC Group は招商局集団（CMG）の完全子会社となった。持ち株会社Sinotrans & CSC Holdingsの傘下にフォワーディング、ロジスティクス、代理店業、ターミナル運営などを手がける中核事業会社のSinotrans Ltd.（本社・北京）、ドライバルク、コンテナ海運と用船、船舶管理などのSinotrans Shipping Ltd.（本社・香港）、長江流域・内陸水運のCSC、造船業、不動産業などをもち、貿易貨物の海・陸・空にわたる輸送手配を手がけ、中国国内で唯一、陸上、港湾、長江、運河を包括したロジスティクスサービスを提供する。中心に幅広い事業を展開する。23年にビエンチャンにコンテナ保管センターを開業、中国～ラオス～タイの鉄道輸送も強化中。19年10月にオランダのKLG Europe Holdings B.V.（オランダ）を買収、傘下に収めるオランダ3社、ルーマニア3社、英国1社の物流子会社7社を一気に手中に収め欧州のネットワークを大幅拡大した。22年実績では3PLで世界10位、フォワーディングで世界5位（Armstrong & Associates調べ）。

　コンテナ船社Sinotrans Container Lines（SCL）は98年設立。Sinotrans Shipping傘下から2021年12月に同じ招商局集団（CMG）傘下で、COSCO Shippingに次ぐ中国2位のばら積み船社、China Merchants Energy Shipping（招商局能源運輸、CMES）が20.22億元で完全買収した。SCLは中国を起点に日本、台湾、豪州、韓国、香港、フィリピン、ベトナム、タイ、インドなど近海航路を中心に運営し、River-Sea、Sea-Railやトラック直接引き取りなど高品質な複合輸送サービスも提供する。豪州はYang Ming、Evergreen、T.S. Lines、Hapag-Lloydと協調配船し、内航はSinotrans Sunshine Express Transportation Co., Ltd. が担う。上海本社のほか、北京、天津、大連、青島、南京、寧波、福州、厦門、深圳に支店、上海、海南、大連、香港に6子会社を構え、重慶、武漢に駐在員事務所、煙台、威海、連雲港に事務所があり、国内代理店は40社以上。23年11月の運航コンテナ船腹は28

隻、4万5,703TEUで世界ランク32位（Alphaliner）。揚子江船業で建造中の2,433TEU型4隻は23〜24年初頭のデリバリーを予定、このうち第1船と第2船はSinotransが運航、第3船と第4船は中国船社の中聯航運（CULines）にチャーターアウトする予定。Sinotrans Ltd.の22年連結業績は総売上高が12.5%減の1,088億元、営業利益が6.9%増の52億元、純利益が7.8%増の42億元と過去最高益だった。売上高のうち最大のフォワーディング事業は海上貨物が26.7%減の497億元、航空貨物が0.9%増の80億元、鉄道貨物が42.7%増の94億元。このほかコントラクトロジスティクスが11.6%増の202億元、e-コマースが16.7%減の119億元。フォワーディング取扱量は海上貨物が6.3%減の1,302万TEU、航空貨物（越境eコマース含む）が2.9%減の78.1万トン、鉄道貨物が21.3%増の39.8万TEU。

**SITC Container Lines**：SITC Japan Co.参照

## SITC Japan Co., Ltd.
## SITC JAPAN　株式会社

　SITC JAPANはSITC Maritimeグループ（山東海豊国際航運集団有限公司）が95年に初の海外法人として設立した日本現地法人・自営代理店で、SITC International Holdings（海豊国際控股有限公司）傘下のアジア域内コンテナ船社SITC Container Lines（新海豊集装箱運輸有限公司）の日本総代理店業務を営む。01年に東京事務所を開設、04年にSITC Container Linesの日本総代理店をSITC JAPAN、子会社の海豊をグループ物流会社、SITC Logisticsの日本総代理店に完全分離し、05年にSITC JAPAN本社を神戸から東京に移転した。15年12月に創立20年を機に和文社名を海豊国際航運日本からSITC JAPAN株式会社に変更。東京本社、関西営業所を置く。20年6月には東京本社内にSITC INTERMODAL JAPAN（資本金1,000万円）が設立、SITCの海陸一貫輸送サービスを日本市場で積極展開し鋼材コイル専用に開発したCOWINコンテナ輸送、液体・流体貨物（タンクコンテナ）輸送、e-commerce関連も手がける。

　SITC Container Linesは23年6月末現在、コンテナ船100隻（うち89隻が自社保有船）を運航、中国、日本、韓国、台湾、香港、ベトナム、タイ、フィリピン、カンボジア、インドネシア、シンガポール、マレーシア、ブルネイ、バングラデシュ、インド、ミャンマーのの77港を結ぶ72サービス（協調配船15、スロット交換24含む）を展開。日本は17年から日本寄港を開始した堺泉北を含め19港に寄港、上海積み替えによる長江流域、香港・蛇口経由の珠江デルタなど内陸サービスも充実。日系企業の集積する新港、青島、大連、煙台、威海など渤海湾地域と日本

を結び、輸出入でトップシェア。日韓航路でも同航路の協定、韓国近海輸送協議会（Korea Near Seas Freight Conference：KNFC）に準メンバーながら非当事国船社で唯一加入する。東南アジアは、上海トランシップでアジア域内サービスに接続するほか、日本とタイ（レムチャバン、バンコク）・ベトナム（ハイフォン、ホーチミン）のダイレクトサービスも充実。19年2月からはベトナム・ダナンにも直行サービスしている。16年12月から東北、北海道と横浜を結ぶ内航フィーダーが横浜で中国主要港、アジア域内サービスに接続するWhite Express Lineを開始。リーファー貨物の取り扱いにも強く、内航フィーダーを利用した北海道（苫小牧）発アジア全寄港地向けリーファーサービスを実施する。

　SITC Container Linesは日中船社からアジア域内船社への展開を強め、上海海華輪船有限公司（HASCO）、大連港務局グループと日中航路での戦略的提携をアジア域内にも拡大、ベトナム、タイ、フィリピン、インドネシア、カンボジア、マレーシアにそれぞれ現地法人を設立し、アジア域内の積み高は取扱量全体の60%に達する。ビンツル（マレーシア）、チューライ（ベトナム）、20年にクアンタン（マレーシア）、チッタゴン（バングラデシュ）、もサービスポートに加え、21年にはヤンゴン（ミャンマー）、クチン（マレーシア）と中国の直航サービスを開始。同年インド航路に参入、ポートクラン／コルカタに加え、中国・東南ア／ヴィシャーカパトナム、チェンナイのサービスも開始した。23年11月のコンテナ船運航船隊は100隻、15万9,881TEUで世界13位（Alphaliner）。発注残は15隻、2万3,115TEU。船隊整備に注力しており23年上期の総投資額1億9,010万ドルのうち、1億7,140万ドルは船隊整備費用が占める。揚子江船業に発注した2,600TEU型10隻は22－23年に引き渡し済。21年5月に大鮮造船に発注した1,023TEU型10隻（8隻＋2隻）は23－24年に引き渡し。22年5月に中国の黄海造船に1,800TEU型10隻を発注。新造船デリバリーは21年に2隻、22年上期に7隻、23年上期に10隻、24年末までにさらに10隻のデリバリーを受ける予定。

　SITC Maritimeグループは1991年に山東省国際貨運代理公司（Shangdong International Transportation Corp.：SITC）として設立、翌1992年から青島〜神戸のコンテナ配船をスタート、94年に中韓航路、96年にSITCグループに改編、01年に100%民営化を実現、物流企業グループのトップに成長し、04年に東南アジア域内航路に進出した。10年にSITC International Holdingsが香港証券取引所第一部上場。SITC International Holdingsは23年度中国Fortune500でROE（自己資本比率）が90.4%で全企業中1位。グループ企業群はSITC International Holdingsの下にロジスティクス事業のSITC

Logistics、コンテナ船社SITC Container Linesを軸に、バルクの外航輸送や内航、船舶保有、船舶管理、ブローキング、倉庫、通関、トラック陸送、海運代理店、貿易、宅配、ターミナル事業など幅広く手がけ、16年6月には海豊空運物流控股有限公司（SAAS Logistics Holdings Ltd.）を設立し、航空貨物にも進出した。大連から深圳まで十数カ所の国内支店があり、日韓、フィリピン、ベトナムなど海外に現地法人・支店・営業所を展開。中国政府が「関税ゼロ」を目指す海南島にもいち早く現地法人を設立、21年5月に海南島で初の「ゼロ関税」輸入コンテナを扱った。23年6月末の事業規模は運航船隊が100隻、15万9,505TEU、うち自社運航船は89隻、14万7,413TEU、平均船齢が8年。100隻中76隻が2,000TEU未満、24隻が2,000〜3,000TEU。デポは合弁を含め166.6万㎡、倉庫は12.8万㎡を運営。ドライバルクは6隻を保有・チャーターアウトしていたがコンテナ部門への注力のため22年上期に売却を完了した。

ロジスティクス部門はSITC LogisticsとNew Times International Transport Service Co., Ltd.（NTS、新時代国際運輸服務公司、本社・北京）が合併し、07年1月から新会社のSITC Logistics Ltd.（新海豊物流、本社・上海）となり、SCM、フォワーディング、倉庫、デポ運営、トラック、通関、ターミナルサービスを提供。中国主要都市に20支店、シンガポール、香港、韓国、ベトナム、カンボジア、フィリピン、タイの現地法人で営業展開し、物流センター・コンテナデポは青島、上海、天津、寧波、大連、厦門、ベトナムのハイフォン、ホーチミン（カトライ港）、タイのバンコク、レムチャバン、インドネシアのジャカルタ、スラバヤ、セマラン、マレーシア西部、南アフリカのヨハネスブルク、ケープタウン。ターミナルは2010年にNOL（シンガポール）と合弁会社APL-SITC Terminal Holdings Pte. Ltd.を設立、青島港前湾地区で既存施設を運営するQQCTU（青島港国際股分有限公司（Qingdao Port International）／China Merchants Group／DP World／COSCO／Maersk／Hong Kong Pan Asia（Evergreen））との合弁で2011年から青島前湾新聯合集装箱碼頭有限責任公司（Qingdao Qianwan New United Advance Container Terminal Co., Ltd.：QQCTUA）の運営を開始した。SITC Logisticsは収益ベースでは非国営ロジスティクス事業者として中国最大。近年は一帯一路政策による「中欧班列」（チャイナランドブリッジ）強化を背景に、東南アジアから中央アジア、欧州へと結ぶ海鉄一貫輸送を積極化。中国鉄道（China Railway Container Transport Co., Ltd.）と提携し、中国国内2,000カ所以上の鉄道駅ネットワークを活用、華東・寧波、華北・大連、天津、華南・錦州、南沙などを海上／鉄道ハブとして、中国内陸〜東南アジアを双方向で結ぶ。

SITC International Holdings Co., Ltd.の22年（1-12月）業績は売上高が前年比50%増の19億7,910万ドル、当期利益が67.0%増の19億4,980万ドル。積み高は3.8%増の326万1,939TEU、平均運賃は33%増の1,099.6ドル／TEU。23年上期（1-6月）は売上高が前年同期比44.5%減の12億5,340万ドル、営業利益が72.4%減の3億3,220万ドル、当期利益が73.3%減の3億1,270万ドル。営業利益率は当期利益が26.5%と26.8ポイント低下した。積み高は3.8%減の155万75TEU、平均運賃は46.1%低下し667.5ドル／TEU。

**Sinotrans Container Lines**：Sinotrans Japan参照

**Sumisho Global Logistics Co., Ltd.**
**住商グローバル・ロジスティクス株式会社**

住友商事の物流事業部門がハウスフォワーダーとして2006年（平成18年）4月に設立、グループ外へもサービスを拡大し、21年で15周年を迎えた。国際輸送のスミトランス・ジャパンと貿易物流事務業務の住商ロジスティクス、国内物流センター／3PLのオールトランスの3社の統合・合併会社。住商の物流関連の事業会社のルーツは1983年設立のウェルマーで、87年にスミトランス・ジャパンに商号変更し陸上、海上、航空輸送を手がけてきた（その意味ではSGLは2022年に創業39年）。住商ロジスティクスはスミトランス立ち上げと同じ87年に住商リビングトランスポートとして設立、94年の合併再編で東日本をカバーする会社（西日本はサミットロジスティクス）としてこの商号になり、さらに2000年にサミットロジとも合併した。オールトランスは97年設立でアパレル向け物流センター業務を開始、その後設立された関西オールトランスとも04年に合併し、06年の住商の物流グループ抜本再編による3社合併でSGLとして現在に至る。資本金は15年に5.78億円から増資し住商全額出資の13.56億円、従業員は現場パート社員を除いて625人（22年4月、グループ1,700人規模）を抱える。

事業内容は住商グループ内荷主企業へのインハウス物流機能とともに、国際複合一貫輸送、海外物流センターとの連携による調達物流、海外検品・流通加工から最終消費者までの製品の一貫物流、国内外プラント輸送／温湿度振動管理を要する特殊貨物輸送などの総合物流。国内物流センター事業は通販やブランドアパレル、雑貨卸売業を中心にB to BだけでなくB to C特化センター、食品特化型三温度帯物流センターを主軸に、16年の東習志野センターを含め千葉中心に国内5カ所（東習志野、茜浜、南船橋、浦安、藤井寺）を運営。アパレル中心の3PLのほかに、液体・流体に適した輸送容器（1トン容器：MAXICON）の

リース・レンタルおよび15年に開始したgドラム（200L容量）のレンタルのほか、プラスチックパレット洗浄まで、前身からの事業も引き継いで幅広く展開する。国内拠点は東京本社と大阪支社、名古屋、福岡の各支店。総合商社系の物流企業として情報力／信用力／グローバルネットワークの強みを活かしたワンストップサービスが特徴。関連会社は住商、ブルーウェルインシュアランス、住商インシュアランス、サミットエアーサービス。国内では17年に通販大手、千趣会の100%物流子会社ベルメゾンロジスコ（岐阜県可児市、加茂市でDC運営）の発行済株式を51%取得（21年8月に66.6%に引き上げ）、既存の通販物流拠点、茜浜センター（千葉）に加え中部地区DCを強化した。中小規模のEC物流対応では21年に、8,000社が利用する物流フルフィルメントプラットフォームのオープンロジと住商本体とともに提携、提携物流会社40社以上のネットワークに参画した。海外は15年にグローバルベースでの提案営業促進を目的に、住商の関連会社だったSGL海外事業会社5社（中国、タイ、インドネシア、米国、欧州の各現法）をSGL傘下へと再編しグローバルネットワークを強化。海外拠点は米国（NYほか5拠点）、欧州（チェコ、プラハ本社と1支店）、アジアはタイ（ナワナコン本社とレムチャバンなど5支店・7拠点）、ベトナム（ハノイ本社と8支店）、インドネシア（チカラン本社と4拠点）など各現地法人（合弁含む）。これに加えタイ法人がアユタヤ工業地帯～レムチャバンのルート沿いにあるワンノイ地区に24年5月稼働予定で延床面積8,520㎡の倉庫施設を建設中。中国は住商国際物流有限公司（上海本社と5支店）、南京長安民生住久物流の合弁・現法があり中国検品物流、エコロジ・チャイナ（上海／下関超高速デリバリーと高速鉄道、迅速通関を組み合わせ）等のサービスを展開、米州でもメキシコやブラジルなど住商本体の現法、さらには欧米、東南アジア、中南米、中東、西アジア、大洋州（豪州）などワールドワイドの代理店網でカバーしている。サステナビリティでは2050年に事業活動のカーボンニュートラルを目指し、22年には住友商事グループから受託する国際輸送の$CO_2$排出量の算定に関して国際保証業務基準（ISAE）3000と3410に準拠した第三者保証を取得した。23年3月期業績は売上高が前期比9.7%減の195億7,600万円、営業利益が36.5%減の15億6,900万円、当期利益が12.1%減の20億3,600万円。売上高営業利益率8%。

## Sumitomo Warehouse Co., Ltd., The
## 株式会社　住友倉庫

　1899（明治32）年創業の旧財閥系倉庫大手の一角。住友グループ（白水会メンバー）の老舗で、株式会社としては1923（大正12）年の設立。1950年に大証、東証1部に上場（22年4月にプライム市場）。

資本金は149.22億円、社員835人（連結4,462人）。事業は物流（倉庫、港湾運送、国際物流、陸上運送）と不動産。直近（23/3期）の保管用倉庫面積は81.2万㎡、港運取扱量6,800万トン、国際輸送取扱量1,330万トン。6大港で一般港湾運送事業者としてコンテナターミナル運営、20年4月に供用開始した東京港の高規格CT、Y2も三井倉庫、日通、山九との共同運営で参画する。倉庫業も普通および定温倉庫を中心に主要港、内陸部合わせて40カ所超の施設を全国展開する。近年では21年1月に神戸港ポートアイランドに定温庫を持つ新倉庫（4.9万㎡）が竣工し、静岡（3万㎡）、福岡博多港（1.2万㎡）でも建設中。海外は72年のサンフランシスコ駐在員事務所設置を皮切りに本格化。現在は支店・駐在員事務所含め60カ所を超える自営拠点とそれぞれ倉庫（物流センター）を運営。北米（米国）、欧州（ドイツ本社、ベルギーと英国に支店）に加え、中国は広州、上海独資、12年に上海錦江航運と合弁で浦東に設立した倉庫会社、バンテックとの合弁含む10社。08年設立の上海倉庫会社による3.8万㎡の倉庫（12年に第2倉庫完工）のほか、上海錦江との合弁倉庫（3.5万㎡）を15年に完工し、中国の倉庫は10万㎡規模に拡大し、近年では22年に広州現法（広州住倉国際貨運有限公司）が深圳のフォワーディング強化のため深圳市の蛇口・前海湾地区に支店を開設し拡充を続ける。東南アジア（シンガポール、マレーシア、タイ、インドネシア、ベトナム）、中東（サウジアラビア）にも現法・合弁を展開する。07年設立の日系初のサウジ合弁は13年に1.7万㎡の倉庫をオープン、東南アジアは12年のベトナム・ホーチミン現法（15年にハノイ拠点、17年にISO9001認証取得）、15年にタイ現法、16年にインドネシア・ジャカルタに合弁フォワーディング会社を設立した。タイの倉庫はレムチャバンで16年に第1期、18年に第2期、17-18年にアユタヤ倉庫も完工し計4棟に拡大した後、23年にレムチャバンの第3期（1.4万㎡）が完成、レムチャバン全体の倉庫延床面積は3.4万㎡に拡大した。シンガポールは19年7月にトゥアス地区に定温庫を備えた1.1万㎡の新倉庫が稼働し、シンガポール現法（18年にISO13485認証、AEOのSecure Trade Partnership（STP）認定）はトゥアスに2棟の倉庫とチャンギ国際空港に事務所を構え、合計倉庫面積は4.1万㎡へ拡大。19年3月にはヤンゴン（ミャンマー）に駐在員事務所を開設した。北米は14年にシカゴ支店、18年のニューヨーク支店、22年にヒューストン支店と拡大。20年は自営拠点のないブラジル、メキシコ、パナマなど中南米で現地代理店と提携した。国際航空貨物分野でも単独混載事業者／IATA代理店として活動中でマレーシア、シンガポール、タイで国際空港に事務所を置く。不動産事業は倉庫用地の再開発から近年では新規土地・建物を取得し成長を継続、東京住友ツイ

ンビルなど商業・物流・オフィスビル、賃貸マンションを手がけ賃貸面積は20年間（02～22年度）で50％以上増加し現在2.9万㎡。グループは住友倉庫九州（博多臨港倉庫から08年に変更）、泉洋港運、ニッケルエンドライオンスほか倉庫、海運、港運・海貨、陸運、不動産など、国内外連結子会社42社。船社代理店業務はローカルでの直営以外に別会社でセンワマリタイムエージェンシーが総代理店業務を担う。1980年代から東京港、大阪港で荷役を請け負っていたPNW航路の米国船社Westwood Shipping Lines（WSL）を2011年に子会社を通じ買収したが、事業環境の変化で22年6月にシンガポール船社のSwire Shippingを核とするSwire Groupに譲渡した。WSLの港運取扱はSwireと提携し維持している。
05年には大和ハウス工業と資本／業務提携、06年には情報システム強化でアイスターを傘下に、静岡の上場会社：遠州トラックをTOBで完全子会社化、オムロンの物流子会社も49％の株式を取得。11年にWSLをJ-WeSco（鈴与、フジトランスも一部出資）を通じて全株取得し完全子会社化、17年には東京の倉庫会社の若洲を買収した。09年に情報記録媒体保管・文書電子化などのアーカイブ事業部を新設し12年に羽生に専用倉庫を完工（15年に2期、20年に3期と増設）、20年5月に愛知県犬山市にも専用倉庫（9,000m²）が竣工した。19年9月に倉庫会社としては国内初のグリーンボンド（環境改善事業限定の債券）50億円、20年にも100億円発行した。各種ライセンスは情報セキュリティ規格ISO27001をアーカイブズ拠点を対象に、品質マネジメントシステムISO9001を国際物流の各業務、航空貨物取扱、倉庫保管を対象に取得。17年に大阪税関からAEO通関の認証も取得。25年開催の大阪・関西万博では物流をワンストップサービスする指定事業者2社の1社。20年に策定した長期ビジョン「Moving Forward to 2030」で「モノをつなぐ／世界をつなぐ／時代をつなぐ／人をつなぐ」をミッションに掲げ、23～25年度の中期経営計画では最終年度26年3月末に営業収益2,300億円、営業利益180億円、ROE7％以上を目指す。投資総額3カ年では累計850億円、うち物流事業に400億円、不動産事業に400億円、全社50億円を予定。直近（23/3期）の事業セグメント別の収益／営業利益は、物流（倉庫、港運、国際輸送、陸上輸送）が1,943億600万円／156億3,500万円、海運（WSL）が214億6,800万円／102億9,500万円、不動産が106億7,400万円／51億8,700万円。物流事業の収益内訳は倉庫304億1,500万円、港運323億7,500万円、国際輸送702億5,200万円、陸上輸送606億6,200万円。23年3月期連結業績はWSLの売却が響き売上高が前期比3.2％減の2,239億4,800万円、営業利益が6.0％減の260億9,000万円、経常利益が4.3％減の291億1,500万円、当期利益は関係会社株式売却益などの計

上で14.0％増の224億5,500万円。売上高営業利益率11.7％。

## SUZUE CORPORATION
## 鈴江コーポレーション株式会社

創業は1908年（明治41年）12月で、110年以上の歴史を刻む。同年に神戸で一般海陸輸送、労務請負業を主とする「鈴江組」を設立。1924年（大正13年）横浜に移転し、戦後間もない1946年（昭和21年）に倉庫部を設け、翌1947年に倉庫部を法人に改め、鈴江強社長のもとで「鈴江組倉庫」、続いて1948年に運輸部を法人に改め「鈴江組運輸」、1952年に船舶荷役部門を法人に改め「鈴江組」、さらに1954年に鈴江組運輸と鈴江組を「鈴江組倉庫」に合併するなどの経緯を経て、1998年4月に現業部を分社化し「鈴江組」（京浜港港湾荷役事業：船内二種／沿岸四種専業会社）を設け、同年10月に「鈴江組倉庫」から「鈴江コーポレーション」に商号変更し現体制になった。港運（京浜港一種元請：統括基盤）、倉庫、貨物利用運送、不動産などの事業を営む総合物流企業で横浜地盤の有力業者の一つ。資本金16億円で、横浜市中区に本社を構え、鈴江真由代表取締役／田留晏代表取締役社長以下従業員262人。

1953年竹芝に東京支店を開設、2017年新橋に移転後、名称を東京本社に変更。1970年に横浜港本牧埠頭コンテナターミナル、1972年大井埠頭コンテナターミナル、1996年には本牧C-1、青海4号の各CTでの営業を開始、さらに2004年、主に中国船社COSCOの港運を手始めに本牧BCコンテナターミナルを新設した。

物流施設は1957年山下埠頭と晴海埠頭、1959年川崎市営埠頭、1971年本牧C突堤、1972年鹿島倉庫と姉ヶ崎危険品倉庫、1973年本牧A突堤、1975年新杉田埠頭倉庫、1977年大黒埠頭、1982年大黒埠頭倉庫と神栖、1989年大井臨海倉庫、1990年鹿島サイロ倉庫、1991年芝浦、1993年長浦危険物倉庫と千葉外貿埠頭の各営業所で営業を開始した。1996年以降東扇島コールド物流センター／お台場流通センター／大黒物流センター／千葉港物流センター／姉ヶ崎物流センター／柏物流センターなどを立ち上げている。さらに2022年新杉田埠頭倉庫で危険品立体自動倉庫が竣工し営業開始している。

品質や環境などへの対応も積極的で、1998年から2008年の間に環境マネジメントシステムISO14001を大黒埠頭事業所、品質マネジメントシステムISO9001を物流事業本部／お台場流通センター／東京ターミナル事業所、労働安全衛生マネジメントシステムISO45001を大井臨海倉庫、食品安全マネジメントシステムISO22000をお台場流通センターと大黒埠頭倉庫でそれぞれ認証取得。2015年に横浜税関の特定保税承認者（AEO倉庫業者）認定を受けた。2022年

には航空宇宙と防衛産業に係る品質マネジメントシステム「JIS Q 9100:2016」の認証を取得し航空宇宙・防衛産業における物流事業に参入している。また同年、情報システム部で情報セキュリティマネジメントシステムISO27001、横浜ターミナル事業所でISO9001を取得した。

京浜港で横浜、東京をベースにコンテナターミナルのオペレーションで実績が高いほか、<人／物／金／情報／時間／システム>を活かした独創的なアイデアやセンスで技術革新を重視した独自の経営モデルの構築を目指す。国内では北海道から東北、関東、甲信越、東海、関西、中国、九州まで広域展開し、鈴江コンテナー・トランスポート、鈴江陸運などグループ会社も30社以上抱えている。海外・国際物流は、グループ会社とともに海上および航空貨物の国際複合一貫輸送などのサービス体制も構築済み。1990年に「スズエベイディアムビル」、2000年に「竹芝ビル」を設け、更に2021年6月「竹芝クリスタルビル」が竣工し、不動産事業も手がけている。

海外展開では、2002年に中国で現地法人を設け、2004年タイで合弁会社を設立。以後2012年から急速に展開を強め、メキシコ、アメリカ、シンガポール、ドイツ、フランスで現地法人を設立。また、インドネシア、ミャンマー、マレーシア、フィリピン、UAE、インド、ベトナム、バングラデシュで合弁会社を設立した。現地のコンテナ船社と組むケースも多く、2017年12月にはシンガポールでコンテナ船社との合弁パートナーを集め"KIZUNA"をモットーに懇親の場を設けた。2018年にはミャンマーで日系初のCFSを開業し、2020年4月に増設。ワールドワイドなネットワークを形成している。2022年1月には、オマーン国営船社のOman Shipping Company S.A.O.C.（OSC）と国際物流事業分野におけるMOU（了解覚書）を締結、同国での合弁会社設立を視野に、両社のネットワークを活かした国際物流の発展とあらゆる分野での情報交換、人事交流によるビジネスチャンス拡大を目的としている。

2023年3月期の連結業績は、売上高266億2,662万円、経常利益9億5,934万円、当期利益7億822万円。

## Suzuyo & Co., Ltd.
## 鈴与　株式会社

1801年（享和元年）10月に清水港の廻船問屋（初代播磨屋與平）として創業以来、2021年には220周年の歴史を持つ、その理念は「共生」（ともいき）。創業210年の年に当時の鈴木通弘社長（現会長）が8代目鈴木與平を継いだ（襲名）。現社長は鈴木健一郎氏。会社設立は1936（昭和11年）年。清水港といえば鈴与とまでいわれるほどの総合オーガナイザー的な存在で、日本郵船の代理店をはじめ国内外の総合物流だけでなくエネルギー（石油など）販売、食品・医薬品製造から建設／交通／レジャー分野まで手がけ清水を地盤に広域展開するコングロマリット。05年設立の鈴与ホールディングスのもとに鈴与、鈴与商事、鈴与建設、鈴与自動車運送の4社をはじめ清水食品、イワタを加えた6社を中核とするグループ展開を強め、鈴与グループは140社超（物流だけで40社）の規模。本体は非上場だが、主要株主の柏興業、中日本バンリースを含め資本金10億円、本体の社員は974人規模。鈴与シンワートは東京港主力の港運、倉庫や情報関連企業で東証2部上場会社（11年には物流事業を「鈴与シンワ物流」に分社）、鈴与商事も商社部門として主力メンバーを形成している。本体物流事業の売上比率は、国内物流70%（DC・倉庫41%／運輸29%）、港湾17%、国際物流13%。

鈴与本体の物流事業はロジスティクス（海外／国内）、港湾の各事業本部を中心として、清水を起点に京浜、中京、阪神にいたる太平洋ベルト地帯の各港をネットワークし港湾運送（清水港一種～六種と八種）、内航海運、船舶代理店、埠頭経営、海貨、通関（横浜）などで専門分社化、トラック運送、保管・梱包も含む一貫輸送システムと独自の物流情報の一元管理システムによるエンドユーザーへの出荷を重視しこれをベースにグループのアセットを組み合わせて保管から輸送に至るプロセスを精密にコントロールする"ファイン物流"を展開。清水港のコンテナ航路はじめ内外航船の現地代理店および港運元請け（ターミナルオペレーター）をグループで引き受けており、18年4月には鈴与70%、清和海運30%出資の清水ユナイテッドエージェンシーを設立し日本船3社統合コンテナ船社Ocean Network Express（ONE）の清水港代理店業務も開始。国内はグループ運送会社と車両の全国トラック輸送網に加え、外航コンテナの内航フィーダーとして鈴与海運が88～318TEU12隻を運航、近海郵船と共同運航も実施、北海道から京浜、中部、関西などで相互利用中。また千葉・市原のインターモーダルターミナル（SIIT）を拠点に危険品、静脈貨物をコンテナ船で輸送する内航サービスも展開する。シャシーを保有し、大王海運／昭和産業と組むなどモーダルシフトも推進（フェリー輸送年間約5万8,000本）。20年には新興津CT隣接地でアオキトランス、天野回漕店、清和海運と建設していた新興津国際物流センター（7.4万㎡、うち鈴与2.96万㎡）が稼働を開始したほか、尼崎物流センター（1.2万㎡）も稼働。北海道から九州まで全国約140拠点、延床面積93万㎡の物流センター・ネットワークを持つ。神奈川県川崎市で東扇島第二物流センター（総面積1万9,599㎡）が23年4月に、愛知県小牧市で小牧物流センター2号棟（延べ床面積1万7,200㎡）が6月にそれぞれ稼働した。

海外は南北米州、欧州、中国の寧波、広州の2現法のほか、東南アジアは住商と合弁の越現法ドラゴン

ロジスティクス（96年設立）が越国内7拠点（4物流施設、延べ8万㎡規模）で主に日系荷主にサービスを展開する。現在12社の現地法人と駐在事務所で13カ国22都市に自営拠点を構える。インテグレーターのUPSとは14年に戦略提携契約を更新し国際フォワーディング事業の拡充へ連携、主要200以上の国・地域との国際物流網を形成、海外物流から国際複合輸送まで営んでいる。

メディカル関連にも積極的で薬事法改正翌年の06年にいち早く医療機器製造業許可（当時）を取得、関東中心の医薬品専用5施設のうち3施設が医療機器品質管理システム規格ISO13485認証を取得、トータルアウトソーシング体制を整備。21年4月には組織を改編、医薬品サービス事業部をメディカルロジ部に統合した。23年5月には、医療関連サービス提供の日本ステリと、単回使用医療機器（SUD：Single Use Device）廃棄物の再製造事業における協業に向け、再製造プロセスの検証を開始した。

09年に同年開港の富士山静岡空港を拠点とするリージョナル航空会社、フジドリームエアラインズを設立し、航空機を購入し国内定期航空キャリアにも参入。AEOは12年に名古屋で特定保税承認者（AEO倉庫）、14年には鈴与本体と鈴与通関、東京通関がAEO通関を取得。22年8月期の鈴与単独の業績は、売上高は前期比2.4%増の1,477億700万円と91年の鈴与商事分社後、過去最高を2年連続で更新、営業利益は21.6%増の58億1,400万円、経常利益は24.0%増の86億6,800万円とともに過去最高を更新した。財務体質の健全化に向けて、コロナの影響を受けた航空事業子会社に対する引当や会計基準に基づく減損損失の計上などで特別損失を計上した結果、前期比20億3,900万円増の4億4,300万円の当期純利益となった。

**Swire Shipping**：Ben Line Agencies 参照

## Tatsumi Shokai Co., Ltd.
## 株式会社　辰巳商会

四宮忠蔵氏が1920（大正9）年に大阪港で港湾運送および貨物取扱業を創業したのが始まり。2020年9月で100周年。1941年に資本金19万5,000円で株式会社に改組後、戦後すぐの47年に倉庫業、沿岸荷役業を再開、大阪港の発展と軌を一にし成長しさらに内航海運業、57年に通運事業、60年に陸運事業と相次ぎ進出した。強みの特殊分野での保管・運送は創立間もない28年にタンク船での硫酸輸送を皮切りに60〜70年代初頭の硫酸や輸出苛性ソーダのタンク作業、アジアとの硫酸輸送などを手掛け、外航海運（ケミカルタンカー）会社・辰巳マリンによる外航海上輸送、港湾でのケミカルのタンク、ターミナル、トラック運送も含む現在の液体化学品や危険品物流に繋がり、

無機化学工業製品輸送で国内トップ。現事業体制は管理、海運、複合輸送の3本部長体制で、複合輸送のもとに港運、倉庫、陸運、航空、プラントの5部門を置き、東北から関東、九州まで50カ所以上に及ぶ営業・業務拠点を整備。直近（21/5月）のグループ合計売上高は1,456億円。コンテナ化では大阪南港（咲洲地区）に開発とともに進出、74年にC-4バース（16年にコンテナクレーン2号機が17列対応クレーンに更新：阪神国際港湾）を手始めに現在6カ所あるコンテナバースのうち4カ所（C-1、3、4、11）でオペレーション、C-11では台湾船社Evergreenのコンテナターミナルオペレーター（CY、CFS）業務を行う。C-3では20年2月と7月に17列対応ガントリークレーン2基更新（阪神国際港湾）。また夢洲地区のC-10と09年供用開始の公共バースC-12も運営者DICT（夢洲コンテナターミナル）のメンバーとして参画。港運は大阪港での一般港湾運送、神戸、東京でも海貨事業を営み05年の神戸港ポートアイランド物流センターや06年の名古屋CTに危険物屋内貯蔵所完工、神戸、市原でタンクターミナル施設を取得、倉庫や流通センター群は全国で延べ床面積が27万㎡超の規模。化学・危険品取扱はグループのティー・エム・ターミナル運営のものと併せて主要工業地区を網羅した全国シェア30%を誇る大規模なタンクターミナル群を管理・運営する。14年1月からNACCSによるCY搬出入業務を南港C-1などで利用。内航フィーダーサービスもダイセル物流／井本商運と組んで09年に実施。国際物流では国際複合一貫輸送（フォワーダー／NVO）やIATA公認代理店としてフルチャーターも含め成田に加え10年に開設の羽田、関空はじめ航空貨物事業を5拠点で営む。海外は欧州、米国、マレーシア、インドネシア（2社）、シンガポール、中国、タイなど現法を展開、ロシア・中国にも積極的で、代理店網も海外約60カ国以上のグローバルネットを抱える。15年に辰巳商會と大手鉄鋼メーカーの共英製鋼および海外交通・都市開発事業支援機構（JOIN、12億円出資）共同出資でベトナム・ホーチミン近郊のチーバイ港ターミナルの整備・運営事業に着手、ベトナムで日本の港湾運送事業者が初めて港湾運営に参画するケースとなった。タイでは11年にタンクターミナル事業を行うMC Siam Logistics（MSL）の株式65%を取得し傘下に加え、18年にMSLを通じ別の現地会社STT株を取得するなどケミカル・ターミナル事業を展開、さらに19年には国際協力銀行・三井住友銀行の協調融資5.5億円を受け、東部チョンブリ県で倉庫法人Tatsumi Logistics (Thailand)を設立、主として自動車関連の部材や完成品の保管・運送を行っている。関連会社で国際複合一貫輸送を手がけるコーラルシッピング（本社・大阪）は辰巳商会傘下の旭扇海運が出資し77年設立、代理店業から88年に自社B/Lによる複合輸送を開始、現在は大阪本社、東京

支店の営業体制で海貨、通関等のほか京浜・阪神積み西アジア含むアジア、中南米向けコンソリ、FCL/LCL、プラント一貫輸送、ドア・ドアの複合輸送といった各サービスを提供する。大株主は辰己交友会、カネオ、東南興産で資本金は7億5,000万円、従業員は単独781人。関連会社は深田サルベージ建設などのほか、06年にTOBで大阪港振興（11年に完全子会社化）も傘下に加えグループ会社10社、関連会社も海外8社を含め19社を数えるほか、創業35周年の記念事業の一つとして創業者の名前を冠した「四宮育英奨学会」があり、1954年から毎年約100名に給付されている。創業100周年（20年9月）にあたり社会貢献の一環で大阪市立中央図書館の命名権を取得、19年10月から2年間、同館の愛称が「辰巳商會中央図書館」となり、児童書の寄付も行った。

## Taicang Container Line：Sankyu Shipping参照

## Toko Kaiun Kaisha, Ltd.
## 東興海運　株式会社

　2022年6月に社長に就任した井高健介氏（46歳）の曽祖父、井高岩一郎船長が1935年に創業した外航船社。堅実な事業運営で知られる。2022年6月の船隊規模はボックスシェイプ船、Ro/Ro船を含む近海船とスモールハンディの13,000～38,000dwt型、約54万dwtを保有し、航海用船を加えたフリートで鋼材や建機・車両、プラント、穀物、木材などを在来船とランプ付きの多目的船で東南アジア、中国・南西アジア・中東向けに在来定期サービスと重量物船による建機や車両輸送を実施、バイオマス燃料輸送などの新分野でも顧客ニーズに柔軟に対応している。ISM（国際安全管理規則）に基づく安全管理システム、ISPSコード（船舶港湾施設の保安確保等に関する国際条約）に基づく船舶保安計画を実施する。

　東興海運は1935年（昭和10年）に内航海運船社として創業、49年に現商号に変更、東興丸（484.6dwt）が竣工、神戸本社の東興海運がスタート。59年にニューカレドニア、ゴアの鉱石、鉄鉱石を日本向けに輸送し、外航海運に進出。60年代に日本向けの南洋材、北洋材輸送と、高炉メーカー5社の協力を得て北米向け、アジア向けの一般港（ミルポート以外）からの輸出鋼材輸送に進出し、70年代には台湾、香港、シンガポール、マレーシア向け鋼材輸送、ミルポート積みも開始した。アジアと米国の駐在事務所を開設し、北米から日本向け穀物輸送も開始した。80年代からは香港、シンガポール、マレーシア向けをはじめとして在来定期配船を拡充、90年代にベトナム、カンボジア向け定期も開始、99年に台湾、香港向けPCC/PCTC配船にも参入、その後、タイ、シンガポール、ミャンマー向けも開始した。2000年にタイ向けに次いで、華南、華東地域向けのライナーサービスを開始、10年には南米向け鋼材輸送も開始した。2011年にミャンマー向けPCTCの運航を開始した。米国（ニューヨーク、サンフランシスコ）とシンガポール、香港、バンコクに駐在員事務所、LA、ニューオーリンズ、台北、マニラ、バンコク、ポートクラン、ジャカルタなど全世界に代理店を指名。傘下会社に集荷、ブッキングのトーコ―ライナーサービス（88年設立、本社・東京）、米国（ニューヨーク、サンフランシスコ）とシンガポール、バンコクに現地法人がある。17年、21年には神戸税務署から優良申告法人として表彰されている。資本金4,910万円、23年3月期の収益は503億円。社員数は約100名。

## Transcontainer Ltd.
## 株式会社　トランスコンテナ

　日本の複合輸送サービス草分けの「国際複合輸送」（69年設立）の業務を引き継いで1973年3月に設立。日本郵船の連結対象子会社（23年3月の議決権保有比率57.15%）で、略称はTCL。現在は欧州、アジア、北米、3国間を中心に全方面にLCLサービスを提供するコンソリデーター大手でFCLも展開。もともとは同盟船指向の、今でいうNVOCC／フォワーダーの走りでもあり、発足時は一貫輸送、リース、フィーダーサービス、保税上屋の4事業が柱だったが、中核の国際複合一貫輸送は欧州、豪州サービスが始まり。81年、業界に先駆けて小口貨物（LCL）の混載サービスを欧州向けに始め、84年の米海事法でNVOが認知されると85年に有力海貨6社とで北米専業のオリエント・エクスプレス・ライン（OEL、00年にTCLに業務移管し解散）、87年に米国シッパーズ・アソシエーションStreamline Shippers Association（SSA）の日本側代理店、シッパーズフレイトマネジメントシステムズ（SFMS、07年にTCLに吸収合併）を設立。現在、海外現法は米国（シカゴ本社、ロサンゼルス、ニューヨーク／ニュージャージー、アトランタ）、90年代にはアジアを開拓・拡大しフィリピン（内外日東と合弁）、タイ（バンコク、レムチャバン事務所）に現法、ベトナム・ハノイに駐在員事務所があり、シンガポール、欧州（独ハンブルク）に直営支店があるが、欧米・アジアとも現地サイドは自営拠点に加え郵船ロジスティクスなど郵船グループ会社を中心にローカルフォワーダーも起用。もともと強みをもつ欧州は20年4月にハンガリー、オーストリア、スロベニアに代理店を置くなど中東欧も強化を続ける。国内では東京本社のほか、名古屋と大阪に支店、横浜に事務所を構え、国内拠点・代理店網がある。

　社員持株会、ユニエツクス、旭運輸ほかトレーディア、三菱倉庫、鈴与、内外日東、日成、石川組、後藤回漕店などの出資で資本金4,750万円から2000年

に1億円に増資し、社員は170人。社長は友膳誠司。専業NVOで有力企業。国内子会社はフェニックスフレイトライン。

15年から郵船ロジスティクスと混載仕立て業務の統合を進め、郵船ロジがTCLの5万7,250株（所有割合28.625％）を取得、17年度中に業務一本化を完了したが、これはコンテナ共同仕立てやCFSの共同委託などオペレーションのみの統合で、営業、管理面は両社個別に実施、経営統合などは前提としていない。TCLは組織改正し17年8月に混載事業部を新設、混載仕立ての一元管理を実施中。17年4月に本社を東京中央区から品川（東品川）に移した。18年3月に新Webブッキングシステム"TCL Web Booking System"、同4月に新基幹システム"Cargo Wise One"を稼働している。郵船ロジスティクスは21年7月から日本発海上輸出のLCLオペレーションをTCLに集約している。グループ会社のTCLへのオペレーション集約で、業務効率をより一層向上、事業運営の効率化を図るのが狙い。

## Trans Russia Agency Japan Co., Ltd.
## トランスロシアエージェンシージャパン株式会社

FESCO Transportation グループ（ロシア）のFESCO Global Logistics Ltd.（キプロス）が主要株主の船舶代理店（総代理店）会社。FESCO（ロシア）との日ロ合弁会社として08年2月4日に設立し同年3月1日に営業を開始、これに伴いFESCOなどの日本側代理店会社の東洋共同海運は解散、新会社がその業務を引き継ぎ日ロ航路の日本総代理店としてロシア航路のサービスに対応している。資本金は5,000万円。09年に本社は東京都中央区日本橋浜町の東海運内から13年に中央区晴海のトリトンスクエアに移転、23年10月に小林茂雄氏に代わって本田優貴氏がマネージングダイレクター（日本統括）に就任。日本と旧ソ連の合弁第1号として1969年に設立されたソ連船の代理店の東洋共同海運（日本側が東海運35.5％／商船三井14.5％の2社で50％、ロシア側がFESCO25％／ロシア用船会社：Sovfracht20％、サハリン船舶会社：SASCO 5％で50％出資の資本金5,500万円）とナビックストランスポート（商船三井100％出資）を統合、業務を引き継ぐかたちで設立。ロシア極東（ウラジオストク、ボストチヌイ）と横浜、清水、名古屋、神戸、富山新港に加え15年11月には仙台塩釜港とも結ぶコンテナ航路Japan Trans-Siberian Lineサービスを提供、22年からは単独配船で月間2航海運航。他の日本諸港（苫小牧、石狩新港、秋田、新潟、金沢、敦賀、舞鶴、北九州、博多）とは釜山T/Sも引き受け中。18年央からはFESCOの代理店サービスで日本からロシアへTSRによる一貫輸送HAYAMICHI（早道）プロジェクトを開始、19年

からポーランド、チェコ、ハンガリーなど欧州向けも加え、日本〜モスクワが15〜20日、特に日本最終港の富山発だとモスクワ向け14〜15日、ポーランド向け19日。このほか神戸からチェコ、富山からドイツが19日、ハンブルクから横浜が22日など欧州航路利用に比べ10〜12日の短縮となる。21年にはウラジオストクからサンクトペテルブルクへ鉄道輸送後、サンクトペテルブルクからFESCOのバルト海航路サービスで欧州のアントワープ、ロッテルダム、ハンブルクの各港へ海上輸送する「FESCO Trans Baltic Bridge」を開始している。

ロシア極東への車両輸送などで日本とウラジオストク、ナホトカを結ぶFESCO Ro/Roサービスも手がけ、横浜、神戸、常陸那珂からウラジオストク向けRo/Ro船に積んでサハリン・コルサコフ港向け乗用車の一貫輸送も手がけるほか、ロシア船配船および用船も含め日ロ関係航路の窓口として業務を展開。

FESCOは港湾、鉄道、ロジスティクス、海運の各事業を営む総合物流企業でドア・ツー・ドアのインターモーダル輸送のほぼ全ての段階をコントロールするロシアで最大規模の民間企業のひとつ。22年実績で年間1,340万トンの雑貨・石油、76.8万TEU超のコンテナを取り扱うウラジオストク商業港をはじめ、ロシア極東の全港湾を運営し、アジア太平洋地域から極東ロシア経由の貨物の半分は同社が取り扱う。鉄道輸送大手10社のTransgarantとRusskaya TroykaはFESCOが100％出資しており、鉄道貨車1万1,000両とコンテナ17万TEU（23年10月現在）を運用。運航船のうちコンテナ船は29隻、船腹量4万997TEUで世界35位（Alphaliner調べ）。22年暦年の海運事業のコンテナ輸送量は外航が19％増の34万2,000TEU、インターモーダル輸送が9％増の50万7,000TEU、内航が4％増の8万4,000TEU。ウラジオストク商業港のコンテナ積み替えが1％増の76万8,000TEUで過去最高を記録した。2022年業績は、売上高が前年比43％増の1,626億3,900万ルーブル（RB）、EBITDA（利払い・税引き・償却前利益）が51％増の714億8,300万RBと増収増益だった。

## T.S. Lines (Japan) Ltd.
## ティ・エス・ラインズ・ジャパン　株式会社

香港船社、T.S. Lines（徳翔海運）の日本現法。13年2月にBen Line Agencies Japanから日本総代理店を移行し、同年6月に東京八重洲、15年6月に上野に移転した。日本法人社長は黄崇碩（Scott Huang、53歳）氏、副社長は高多純一氏。高多氏はWan Hai Lines Japanの役員を経てT.S. Linesの船主代表を務めた。

T.S. Lines（徳翔海運股份有限公司、10年7月に徳翔航運から社名変更）はWan Hai Lines元社長の陳徳勝（Teh Sheng Chen）氏が2001年7月に香港置籍の

船社として創業したアジア域内航路を主力とする船社で、本社機能（総公司）は台北（台湾）。他社スロットを借り受け、香港～台湾～日本航路を開設し、創業時は社員約20人だったが、現行のT.S. Linesは24カ国、主要45港以上に寄港し、グープ社員数は1,000人を超える。21年8月に中国～豪州航路で従来のEvergreen、Hapag-Lloyd、Yang Ming、Sinotransとの協調配船に加え、単独配船を開始、21年9月には中国～ニュージーランド航路、10月には1,800TEU型5隻による中国～PNW（バンクーバー）航路（NW1）も開設。2022年4月にCULines（China United Lines: 中聯航運有限公司、中国）と提携し北欧州航路、同年5月からSea Lead Shipping（シンガポール）と提携し北米東・西岸航路に参入、北米、欧州向けも日本出し貨物は高雄、南沙、蛇口接続で引き受けていた。現在の運営航路は中国・台湾・韓国を起点とした東南豪州、ニュージーランド、海峡地・印パ、東南ア、日韓中起点の東南アや日中航路などを運航する。

BangkokMaxの1,800TEU型4隻が18年1月に全船引き渡しを受け、日台～タイ航路に就航したのに続き、旭洋造船に発注した1,096TEU型コンテナ船4隻（リーファープラグ190口）をシリーズ建造、2019年に全船が竣工、引き渡しを受け、Japan Taiwan Hong Kong Service（JTK）に就航した。本船の船型は船首が剣型（Sea-Sword Bow）の省エネ設計で、瀬戸内海（明石、来島海峡、備讃瀬戸）の強制パイロットに対応するため、1万総トン以下、全長250m以下とするJapanMax船。T.S. Linesは23年4月に、"TS Hongkong"（1,530TEU、2006年建造）、"TS Haiphong"（1,730TEU、2016年建造）、"TS Laemchabang"（1,730TEU、2016年建造）の3隻を中東のバイヤーに、"TS Dubai"（6,350TEU、2007年建造）、TS Mumbai"（6,350TEU、2007年建造）をMSC（スイス）へ売却、"TS Manila"（2,553TEU、2007年建造）、"TS Kelang"（4,363TEU、2007年建造）売却し、船隊の若返りを図る一方、中古船市場価格が高い、低船齢の"TS Shanghai"（1,096TEU、2019年建造）"TS Yokohama"（962TEU、2019年建造）、"TS Moji"（962TEU、2019年建造）を欧州のバイヤーに売船するなど船隊構成の適正化、再構築を図っている。

これによりT.S. Linesの保有船はフィーダー船18隻、サブパナマックス型3隻、パナマックス型2隻を含む23隻となる一方、1,100TEU型7隻、2,900TEU型6隻、7,000TEU型5隻を含む19隻の新造船を発注しており、23年から24年にかけ順次引き渡しを受ける予定。2023年10月現在の運航船隊は42隻、総船腹量8万3,832TEUで世界ランク22位、自社船比率は76%（Alphaliner調べ）。発注残は1,100TEU型、2,900TEU型、7,000TEU型など13隻、6万7,454TEU。運用コンテナフリートは新造の1.8万TEUを加え、26.1万TEU。

香港本社と台湾以外の支店・現法支店は上海、深圳、広州、厦門、青島、天津、ホーチミン、ハイフォン、バンコク、レムチャバン、ポートクラン、ペナン、パシールグダン、香港、ソウル、釜山、マニラ、チェンナイ、ムンドラ、ナバシェバ、日本に置き、シンガポールなどアジア各国の総代理店は主としてBen Line Agenciesを指名している。中国での営業強化を図るため、支店に加え、武漢、重慶、南京、寧波に代表事務所を置く。Emirates Shipping Line（UAE）と戦略的提携し、日本からのサービスは自社運航船を中心にHMM、Yang Ming、Gold Star、CNC、Heung A、COSCO、などとの協調配船やスロット利用によるもの。2020年にフィリピン、ベトナム、タイ、豪州（スロットチャーター）、タイ／インドネシア、カンボジア、インドなど増配、拡充しアジア域内のRegional Carrierのトップの一角をなす。

TS Group（徳翔集団）は22年10月28日付でJ.P. Morgan Securities（Asia Pacific）とChina Merchants Securities（HK）Co.（招商證券）を主幹事に香港証券取引所（HKSX）に新規株式公開（IPO）を申請した。

T.S.Linesはアジア域内航路を中心にコンテナ配船し、22年上半期の売上高に占めるアジア航路の割合は95%に達していたが、オセアニア航路や太平洋航路、欧州航路への新規進出にともない42%まで縮小、アジア域内への注力で90%以上に達した見込み。T.S. Linesの2022年上期（1～6月）の売上高は14億7,672万米ドル、税引き後利益は8億1,608万米ドル、売上高総利益率は55.4%（招商證券国際資料）。

## UNI-X NCT CORPORATION
### 株式会社ユニエツクスNCT

日本郵船と三菱倉庫の出資で設立した持ち株会社、エム・ワイ・ターミナルズ・ホールディングスの傘下会社のユニエツクスと日本コンテナ・ターミナルが19年に合併して設立した港湾系の物流企業。祖業のターミナルオペレーションを中心に通関から倉庫、フォワーディングなど国際物流業務も展開する。

港湾事業は東京（大井6、7号）、横浜（南本牧MC-3）、神戸（六甲RC6、7号）でのコンテナターミナルのほか、横浜港大黒ふ頭C-3、神戸港六甲アイランドRC-6、7での荷役や在来貨物荷役、広島港国際コンテナターミナル、那覇港国際コンテナターミナルなどを手掛ける。

沿革は1920年に浅野同族㈱が関東運輸を設立し、海陸運送事業を開始したのが始まり。1968年に郵船運輸と合併し、関東郵船運輸となり、1989年に日本運輸（1946年創業の港運、船内荷役業）と合併し、

「ユニエツクス」となった。さらに2019年4月に「ユニエツクス」と「日本コンテナ・ターミナル」（1967年設立の港運、通関、コンテナメンテナンス業）と合併し、「ユニエツクスNCT」となり、日本郵船と三菱倉庫の共同持株会社（NYK51%、三菱倉庫49%）のエム・ワイ・ターミナルズ・ホールディングス（2018年12月設立）傘下となった。

UNI-X NCTグループには船舶代理店、人材派遣、フォワーディング業務に関わる書類手仕舞い受託のユニエツクスエーゼンシー、中古コンテナの販売、リースのユニエツクス・エンジニアリング、京浜港と常陸那珂の港運事業者のホンマ、広島の通関、倉庫のヒロクラなどがある。

MY Terminals Holdings, Ltd.傘下には「ユニエツクスNCT」のほか、NYK系列で名古屋地盤の港運の旭運輸、大阪地盤の港運、フォワーディングの郵船港運があり、NYKの国内港運事業子会社の経営統合会社となっている。

2023年3月の社員数は446人、2023年3月期業績は売上高293億9,500万円、当期利益27億5,000万円。

## Vanguard Logistics Services (Japan) Ltd.
## ヴァンガード・ロジスティックス・サーヴィセス日本　株式会社

海上輸送貨物の混載・NVOCC業務を含むロジスティクスプロバイダーの大手で、年間の輸出取扱いは380万M3の非船社系で最大級のNVOであるVanguard Logistics Services（VLS、本社・カリフォルニア州カーソン）の日本法人。全額出資現法のダイレクトコンテナーライン日本㈱を05年12月にヴァンガード・ロジスティックス・サーヴィセス日本株式会社（VLS日本）に社名変更し、自社B/Lを発給したNVO/フォワーダー業務を提供している。VLS日本は豪州/NZ/米国/メキシコ/シンガポール/香港/韓国／中国/台湾/ベトナム/タイ/インド、の各地への輸出貨物のほか、シンガポール/香港経由のダイレクトサービスを基本としたアジア域内/中国珠海デルタ地帯/南ア/スカンジナビア/イタリア/スペイン/中南米/カナダなど全世界に輸出サービスを展開し、輸入に関しても、米国、カナダ、スカンジナビア、南ア、スペイン、豪州、ニュージーランド、シンガポール、フィリピン、香港、中国やその他地域からのサービスを取り扱い、日本からインド、ベトナム、ニューヨーク向けや15年から開始した横浜、清水出しロングビーチ向けの混載サービスを販売している。

VLSは2012年1月に非公開株式投資グループのMan Capital LLP（本部・ロンドン）が買収した。Man Capitalは2010年設立の非公開株式投資グループ（Private Equity Group）で、基盤はエジプト、中東、ロシア、アフリカで不動産、エネルギー開発、

教育、通信、消費財を手掛け、マクドナルドのチェーン展開から中東最大のGM販売店網やIBM、キャタピラー販売まで総売上高75億ドル超の複合企業、Mansour Groupの投資部門会社。同グループは1952年創業の多国籍企業で、総社員数は110カ国に6万人。

VLSは海上輸送の専門職3,300人以上のスタッフを擁し、世界3,300港以上のポートペアを毎週運航、35カ国に自社事務所・現法のネットを持ち、16カ所、200万f2の自前のCFSを運営、危険物取扱も可能で、年間380万M3以上を取り扱う。2020～2022年のロードマップとして"Happy Customers, Happy People, Happy Shareholders"を掲げ、"Be easy to do business with"（効率的で信頼性の高い海上輸送ネットワーク、可視性、低コスト、IT活用による"商売のし易さ"の追求。"Optimize our yield"（適正利潤）、が長期的な成功をもたらす、としている。世界の総社員数は3,300人超。

VLSの中核企業は1978年に米国製品を北米西岸から豪州向けに輸送するためOwen Glenn氏が創業したDirect Container Line（DCL）。米国改正海事法（OSRA）の発効に伴い、スケールメリットと対船社の交渉力強化を目的としてDCLが主導し、Brennan International、Conterm Consolidationの有力NVO3社がシッパーズアソシエーション、New American Consolidators Association（NACA）を結成、その後、Vanguardを加えた。02年にDCLが過半を出資する共同出資会社、NACA Logisticsを設立し会社組織化した。

現在、35カ国、120の自社事務所にパートナー、代理店を加え、世界100カ国以上上で1,200/週以上の輸送サービスを提供、年間140万件のLCL輸送を取り扱い、その一部は最終デリバリーまでVLSがハンドリングしている。

## Wallem Shipping Ltd.
## ウォーレムシッピング

Wallem Group Ltd.（本社・香港）が英国系のInchcape Shipping Svc.（ISS、旧Dodwell & Co.）との折半出資の合弁代理店、Wallem Inchcape Shipping（香港、97年4月設立）の全株を買い取り、完全子会社とし、1998年10月に現社名に変更、Wallem Groupの日本支社として活動している。Wallem Groupは現在、アジアを中心に、ドイツ、キプロスを含む世界14カ国に事業所を置き、テクニカルマネージメント、配乗管理、船舶代理店、コマーシャルサービス、購買管理、救命艇安全管理、の各業務を提供するほか、青島、チェンナイ、マニラなどに主機、船橋（ブリッジ）のシミュレーター備えた船員の養成研修施設を持つ。社員数は陸上が700人、海上（配乗）は7,000人、配乗などの顧客数は

1,400、2万隻に及ぶ。船員の海上生活を支援するプログラムを導入、定着率は88%と高い。

旧Dodwellのルーツは開国間もない安政年間に日本に商館を置いた英国のアダムソン商会で、1898年に非公開会社のDodwellとなり、1972年にInchcapeグループ傘下となった。

Wallem Shipping JapanはWallemの配乗管理、クルーズ船、不定期船のハズバンディング、ブローキング、NVOCC業務、舶用品のサプライと配送業務を提供しているほか、カナダ、米国、メキシコを単一路線で結ぶ、Canadian Pacific Kansas City Ltd.（CPKC鉄道）の日本でのマーケティング・エージェントを請け負っている。

Wallem Group（本社・香港）は1903年（明治36年）に上海でシップブローカーとして創業し117年の歴史を持つ英国系香港企業。1981年にHill Samuel氏がWallemを買収したが、06年にWallem創業者の曾孫と船舶金融事業家の合弁会社、Woodstreet InvestmentsがWallemの大株主となり、創業家が買い戻した。

創業者でノルウェー人のHaakon J. Wallem氏は創業直後の日露戦争による用船市場の高騰で財を成し、上海から中国沿岸に支店網を拡げ、1925年、香港に拠点を移して香港船主にサービスを提供。第二次大戦中は香港からボンベイ（現ムンバイ）に拠点を移し、45年にWallem & Co.（India）を設立、事業を継続、大戦で保有・管理船21隻を喪失したものの、戦後の47年に航空貨物代理店にも進出、49年に香港で再登記し、50年代半ばまで中国政府の用船会社、Sinofracht公認のブローカーとして仲立ち業務を提供した。51年に日本船主向けに神戸事務所を開設、50年代、60年代に事業を拡大、さらに60年代後半から70年代にかけ、日本への新造船発注や日本企業への長期用船で急成長し、66年には中国系以外の船主として初めて香港船主協会のメンバーとなった。

現在、タンカーからコンテナ船、海洋構造物、PCTC、クルーズ船まで400隻以上の船舶管理業務を提供、88%の高い定着率を持つ海技有資格船員7,000人と実習生を日本郵船のPCTCなどあらゆる船社、船種に配乗。陸上社員は約800人。深圳、マニラ、ムンバイに配乗の自社組織を持ち、ロシアとウクライナ人船員も提供しているほか、COSCOとの合弁会社が習熟した中国人船員を供給、中国人船員の配乗管理は世界最大規模。88年に中国市場の成長を見込んで上海に再進出し、現在中国内に合弁を含め8営業所を持つ。

そのほか、特殊な海運プロジェクトの融資契約について、貸し手に融資枠の設定について助言したり、プロセス フローに関するガイダンスを提供するほか、貸付条件のレビューや取引の監査、条件の遵守、利息、ウォーターフォール（プロジェクトで得られた現金収入から、定められた優先順位に従って必要な支払いを順々に行っていく流れやキャッシュフローの管理）のチェック、支払いなどの計算を支援するローンファシリティ管理も提供するファシリティ/セキュリティエージェントとしても機能している。

船舶代理店業務は中国9カ所を含め12カ国で展開、コンテナ船から重量物船の集荷営業、運航業務やオイル・ガスタンカー、各国の海軍艦艇やクルーズ船のハズバンディング、P&Iの地方代理業務、舶用燃油手配まで提供。

マーケティングエージェントを請け負うCanadian Pacific Kansas City Ltd.（CPKC鉄道）はCanadian Pacific Railway（CPR、1881年創業、カナダ）とKansas City Southern鉄道（KCS、1887年創業、米）が23年4月に合併した鉄道で、唯一のカナダ、米国、メキシコの路線を一体化した路線延長3万2,000km（2万マイル）を持つ。CPRとKCSは21年11月に合併に関する鉄道管理申請を米陸上運輸委員会（STB）に共同で提出し、認可されたもので、従業員2万人弱を抱えカナダ、米国、メキシコを網羅する唯一の鉄道となった。

CPRは東岸のモントリオールと西岸のバンクーバーの大陸横断路線、米国北東部ニューヨークと中西部16州合わせて1.3万マイルを持ち、傘下の米国のクラス1鉄道4社を一体化したCPR鉄道システムとしての運行に加え、東西カナダとNY、フィラデルフィアなど北東部と中西部を結ぶ路線を持つ唯一の鉄道で、140年以上の歴史を持つカナダ最古の企業の一社。KCRはスプリングフィールド、セントルイスからカンザスシティを経由してニューオーリンズ、およびラレドを経由して墨領に入り、モンテレーや日系企業が集積するサンルイスポトシ、アガスカリエンテス、グアダラハラ、さらにPSWの代替港として注目されるラザロカルデナスに路線を持つ7,100マイルの鉄道。

**Wallenius**： Wallenius Wilhelmsen Ocean参照

### Wallenius Wilhelmsen Ocean AS
### ワレニウス ウィルヘルムセン オーシャン エーエス

Wallenius Wilhelmsen Ocean は世界最大のRo/Ro、PCTC（自動車・トラック専用船）、PCC（自動車専用船）の運航船社グループ、Wallenius Wilhelmsen ASA（Wilh.Wilhelmsen Holding ASAとWallenius Lines ABが各37.82%ずつ出資）傘下の海上輸送事業会社で、日本は支店。環境対応に積極的に取り込み、企業目標は車両・貨物のサプライチェーン全体で排ガスゼロのシステムを構築すること。2019年に1年前倒しで海上輸送中の$CO_2$排出を前年比11%、陸上での燃料、電力の消費量を7%、それぞれ削減した。

Wilh. Wilhelmsen ASA（ノルウェー）とWallenius

Lines AB（スウェーデン）の折半出資合弁持ち株会社、Wallenius Wilhelmsen Logistics ASA（WWL ASA、ノルウェー・2017年4月設立）傘下のWallenius Wilhelmsen Logistics ASを18年3月に海上輸送はWallenius Wilhelmsen Ocean（WW Ocean）、陸上ロジスティクスはWallenius Wilhelmsen Solutions（WW Solutions）と別個の事業会社に分離した。海、陸での自社のロジスティクスインフラとサービス機能を進化させるのを目的としてWW Solutionsは自動車・建機関連のバリューチェーン関連業務の事業を展開する。WW ASA傘下にはEUKOR Car Carriers（韓国）、American Roll-on Roll-off Carrier（ARC、本社・ニュージャージー）、Armacup Maritime Services（豪州、WW ASAの持ち株比率65％）、2017年にグループ入りした建機、農機など重量物輸送のKeenがあり、それらのブランドは変わらない。2022年末時点のWWグループ全てのブランドを合わせた運航船腹量は126隻、86万3,500CEU（完成車換算台数）で、WW OceanとEUKORがその95％を運航する世界最大のRo/Ro船オペレーター。世界29カ国で、8,200人のスタッフが働き、世界で海上輸送する自動車の約20％をWWグループが輸送している。世界で15ルートを運航、内陸で納車前プロセッシングセンター121カ所、専用マリンターミナル9カ所を運営し、持続可能で、より効率的な海陸サプライチェーンの確立を目指す。本社はオスロ（ノルウェー）。WWグループ取扱いの70％が完成車、残り30％がブレークバルク、自走する建機、鉱山機器、農機、バス、トラック、工作機械、電車などで、扱い貨物ごとに、自動車部、建機重車両部、ブレークバルク部とセクションを分けている。日本からの配船はアジア／北米両岸が月間2航海、アジア/欧州が月間2航海で、寄港地は日本が神戸、名古屋、横浜、北米西岸がタコマ、ロングビーチ、東岸はサバンナ、ニューポートニューズ、ボルチモア。航海頻度は月間2～3航海。

次世代船の"Shaper Class"4隻プラスオプション8隻を発注した。同船は9,350CEU積みのメタノール二元燃料のPCTCで、引き渡しは2026年下期を予定。WWはend-to-endで二酸化炭素排出ゼロを2027年までに実現したい、としている。

主要顧客は完成車メーカーと、建機、農機、重機、プラントなどのメーカー。完成車メーカーとの輸送契約期間は1～3年、重機、嵩高重量物のメーカーとは3～5年。

運航本船の特長は船尾ランプの耐荷重量が大きく、高さを調整できる可変デッキ数が多く、輸送可能貨物の対象が幅広い事。

東京は、WW Ocean日本支店とEUKOR Carcarriers日本支店が同一の事務所内にある。アジア地域本部は22年にソウルに移転。

WW ASAは07年に日韓中～大洋州・南太平洋で主に中古車輸送しているArmacup Maritime Services（豪州）の株式25％を取得し、16年に65％に持ち株比率を拡大したが、事業展開は独立性を保ち、一部の共同運航とWW ASAによる中国、豪州でのArmacupの総代理店引き受けに留まる。完成車や大型機器物流の上流・下流である工場から港への輸送、納車前点検、揚げ港からディーラーへの輸送、港湾ターミナルでの荷役、ターミナルでのテクニカルサービス、と海上輸送を一貫して請け負う総合物流サービスを提供する。過去2年の総輸送容積量に占める完成車と嵩高・重量物・ブレークバルクの輸送比率は70：30で、完成車以外の輸送比率が高い。

WW Oceanのアジア～北米サービスは運航パターン、船型、定期配船など他のRo/Ro、PCC/PCTC運航船社と全く異なる。他船社が日本出し完成車輸送を中心に、自動車メーカーとの関係を強化し、効率的に完成車の船積みが可能なPCC/PCTC船を建造・投入、メーカーの指定港（主としてアウトポート）出し・揚げで、スケジュールが不定期に近い配船なのに対し、WW Oceanの日本・アジア出しサービスは中国・韓国出し完成車が全体の20～30％を占めるものの、日本出し貨物は中古車が2％を占めるに過ぎず、大宗貨物は大型建機が80％、ブレークバルクが18％を占める定期配船。北米西岸（PNW、PSW）経由で東岸ガルフ6港に定期寄港するユニークなサービスで日本には月間3航海を配船、輸出額上位3港（京浜、阪神、名古屋）をカバー、米国6港は米国10大都市圏中、7都市圏のGateway Portに寄港する。投入船も発電機、変圧器や鉱山機械、建機、鉄道車両などオーバーゲージ、重量物輸送に対応する本船を投入し、Ro/Ro、船によるブレークバルク、嵩高・大型重量物輸送のシェアは推定で80～85％に達する。投入船は重量物、ブレークバルク輸送に特化したRo/Ro船型で、完成車専用の固定デッキは無いものの、RT43（旧・トヨタコロナ）換算で6,500台積みが可能。船尾ランプの強度とメインデッキの耐荷重は400～505トン（一般的なPCTC船社は100～240トン）、船尾艙口は高さ6.1～7.1m（同5m前後）、幅12m。ブレークバルク、嵩高・大型重量物貨物の積みスペースは5万㎥（サッカーコート8面分）におよぶ。

WW ASの一方の持ち株会社、Wilh.Wilhelmsen Holdings ASAは総合ロジ事業者で世界2位のPCTC/PCC運航船社のHyundai Glovis（韓国、74隻、49万2,730台）の第2位株主となる11.0％の株式も保有。もう一方のWallenius Lines ABは日本郵船との折半合弁の欧州域内PCC/PCTC船社、United European Car Carriers（UECC、1990年設立、本社・オスロ）が1,060～4,750台積みPCTC16隻（うち9隻は1A、1Cの耐氷船級）、輸送能力4万1,210台を運航している。

WW ASAは Wilh.Wilhelmsen ASAとWallenius Lines ABが1999年7月に均等出資で設立したRo/Ro、PCTC、PCCの共同運航会社で、日本も現法のウィルヘルムセン ラインズ ジャパンとワレニウス ラインズ ジャパンを統合、Wallenius Wilhelmsen Logistics AS日本支店とし、アジア内の全ての活動拠点となる地域事務所(東京)をWallenius Wilhelmsen Logistics(WWL)Asiaとした。2017年4月にWilh.WilhelmsenとWallenius Linesの折半出資のAmerican Roll-on/Roll-off Carriers(ARC、American Shipping & Logistics傘下)、40%ずつを保有するEUKOR Car Carriersの船舶、資産をWW ASAの傘下会社とすることで独禁当局と株主総会の承認を得た。WW ASA発行済み株式の約25%を17年5月からWilh.Wilhelmsen株式と交代する形でオスロ証券取引所に上場している。

現行のフリートに加え、パナマ運河の拡張に合わせたポストパナマックス型8,000台積みHERO(High Efficiency Ro/Ro)型PCTC8隻を、韓国・現代三湖重工と中国・天津新港船舶重工に各4隻を建造。HEROシリーズ以降のシリーズは次世代船の"Shaper Class"となる見込み。

WW Solutionsの業務領域は海上輸送を除く、工場でのテクニカルサービスから港湾ターミナルサービス、揚げ港の港湾ターミナルサービス、港湾でのテクニカルサービス、ディーラーへの配送サービスを請け負う。重量物・特殊貨物輸送を専門に手掛けるKeen Transport(米国)を買収し米国内の鉱業、建設業への営業力強化をはかっており、WW Solutionsの年間取扱量は内陸配送230万台分(ブレークバルク換算を含む)に相当する。プロセスセンターは66カ所で、21年に460万台を処理し、アクセサリー部品の取り付けなどのEquipment Processing Centerは66カ所あり、16万台を処理。

Eukor Car Carriersは02年に現代商船(現HMM)の完成車輸送部門をWalleniusとWilh.Wilhelmsenが13億ドルで買収し、2社が各40%ずつ、韓国の現代自動車とその傘下の起亜自動車が残る20%を保有している。現代、起亜の輸出を軸に世界大手メーカーの完成車・建機を海上輸送している。

WWL ASAのルーツは1861年のWilh.Wilhelmsen(WW)の創業。1890年から汽船による定期船事業を中核とし、アジア~欧州航路のコンテナコンソーシアム、ScanDutchの構成メンバーだったが、1992年のScanDutch解体に伴い、アジア~中東航路を除き、コンテナ定期から撤退、1995年にRo/Ro船社のNorwegian America Line(NAL)と、合弁だったNorwegian Specialised Autocar Carriers(NOSAC)を完全買収し、韓国車の米国向け輸送に参入するなどRo/Ro事業を拡大し、PCC/PCTC分離後は船舶管理や研修、保険などの持ち株会社と

なった。Walleniusは1934年にOlof Walleniusが創業、1955年に世界初の自動車船(290台積み)を建造、63年にRo/Ro船を就航させ、65年に自動車専用船で初めて日本車を欧州向けに輸送。

WW ASAの2022年連結収益は50億4,500万ドル、営業利益は9億3,100万ドル。社員数は29カ国に8,200人。

## Wan Hai Lines (Japan), Ltd.
### ワンハイラインズ　株式会社

台湾船社Wan Hai Lines(萬海航運股份有限公司、本社・台北)の日本総代理店。1986年に総代理店だったファーストマリン(1967年創立)のスタッフ、事務所などを引き継ぎ、Wan Hai:80%、ファーストマリン:20%の合弁で設立。東京本社、大阪支店、各地に副代理店、北関東・関西に提携ICDを8カ所展開する。北米航路のサービス拡充などで22年6月に組織改編、既存の東アジア、東南アジア航路の部署に加え、遠洋航路専門の遠洋課を東京本社、大阪支店に新設した。

Wan Hai Linesは1965年創業、日台航路のパイオニアとして同航路のシェアは常にトップ、アジア域内でもシェア15%の最大オペレーター。現在は西アジアを含むアジア全域を中心に中東、北米西岸・東岸、南米西岸でコンテナサービスを運営する。事業比率は海運97.3%、船舶・コンテナ機器リースが1.25%、代理店0.97%、CFS0.37%など。代理店業では自動車船大手のHoegh Autoliners(ノルウェー)の台湾総代理店業務を手がける。本社は台北、支店は基隆、台中、高雄。現地法人はシンガポール、香港、韓国、タイ、ベトナム、フィリピン、マレーシア、インド、エクアドル、ペルー、UAE、米国など。日本には現法と全額子会社のInterasia Lines(IAL)、大井のターミナル運営会社で全額出資の(株)WH Corp.がある。23年11月時点のコンテナ船腹量は121隻、47万3,820TEUで世界ランク11位(Alphaliner)。発注残は21隻、14万4,558TEU。22年末のサービスは単独配船24、協調32、スロットチャーター9の計65ループ。航路別ではアジア域内が38ループで最大。22年の積み高の構成比はアジア域内61%、米国17%、中東・インド15%、南米7%。北米西岸航路は従来のCOSCO、PILと3社協調から20年4月にPILが同航路から撤退したのを機に4,600~6,000TEU型6隻による華東・華南~ロングビーチの自社運航サービスを開始、21年6月に北米東岸航路にも参入、急速に太平洋航路の船腹量を増やし一時は北米4サービスを運航、非アライアンス組トップのシェア3%を握っていたが、需要軟化で縮小、22年10月時点では西岸向け、東岸向け各1ループを運航する。西岸向けは単独配船で8隻、東岸向けはHapag-Lloyd(独)との協調配船で12隻(Hapag-Lloyd4

隻、Wan Hai 8隻）体制で、22年後半から竣工している同社最大の1万3,000TEU型シリーズを順次投入し北米航路の船腹量を維持。南米西岸航路は12年9月から単独配船をCOSCO/Evergreen/PILとのサービスに復帰し、現在はYang Mingを加えた5社でWan Hai 5隻を含む計10隻で台湾〜中国〜メキシコ・中米・南米西岸を運航するほか、スロットチャーターと合わせ南米西岸は4ループ体制。アジア／紅海航路（AR1）ではTHE Allianceと協調し、Wan Hai 1隻を含む5,500〜7,000TEU型8隻のサービス。西アジアはIALとの協調で中国〜コチン・ナバシェバ、COSCO/Evergreen/ONE/IALとの協調で華東・海峡地〜コロンボ・ムンドラ、Evergreen/Hapagとの協調で華南・台湾〜海峡地〜コロンボ・ナバシェバの各サービスのほか、Bengal Tigerとシンガポール〜チェンナイの協調配船も実施。そのほか、アジア域内航路では単独配船と子会社IALとの協調を軸にOOCL、Evergreenなどと協調している。日本での集荷営業は最大のシェアを持つインドなど南・西アジアを含む全アジアと、高雄、香港、上海接続による南米西岸航路に加え、22年5月から台湾積み替えで北米向け貨物の集荷も開始した。15年からアジア域内サービスの寄港地を基隆から台北に変更、日本の瀬戸内海諸港からの東南ア、南アジア向け貨物を内航フィーダーで神戸ハブに集める輸送サービスも提供している。

基隆で優先バースを持ち、高雄、台中、東京（大井新5号ターミナル）で専用ターミナルを単独運営するほか、台北、ベトナム南部カイメップ、北部ハイフォン（ラックフェン港）、中部ダナンで合弁ターミナルを運営する。台北港ではEvergreen、Yang Mingと合弁で、7バース、年間処理能力400万TEUのターミナルを09年にオープン。高雄はCT-2（2バース）に加え22年にCT-5（3バース、年間処理能力130万TEU）を23年7月からの20年間借り受けを決めた。ベトナムは南部カイメップでHanjin、商船三井、越国営のSaigon New Port（SNP）との合弁でTan Cang Cai Mep International Container Terminal（TCIT）を運営するほか、北部ハイフォン東部のラックフェン港でSNP（51％）/商船三井（17.5％）/伊藤忠（15.0％）/Wan Hai（16.5％）の合弁ターミナル、Haiphong International Terminal（HIT、年間処理能力110万TEU）が18年5月に開業。また横浜港ではCMA CGM（仏）のD-5移転後の本牧D-4を借り受け、21年12月に10年間の契約を締結した。

船隊整備、コンテナフリートの整備を加速しており、18年〜22年は総額1,400万台湾ドルを投じ、1,700〜13,000TEU型新造船を合計68隻（18年20隻、21年37隻、22年11隻）発注し、新造バンも合計40万TEU発注した。21年発注の37隻は3,000TEU型24隻（JMU）と同社最大13,000TEU型13隻（現代重工5隻、三星重工9隻）。さらに22年には13,000TEU型5隻を三星重工に、台湾のCSBCに2,988TEU型4隻などを発注。新造船の引き渡しは22〜23年に36隻・22万6,180TEU、24〜25年に14隻・10万3,040TEUを予定する。コンテナフリートの平均年齢（22年末）は4.4年で業界平均の6.8年より2年以上若い。

01年から海運ポータルのGTNexusに加入、現在はマルチキャリア海運情報プラットフォームのINTTRA（米国）に参画、同プラットフォームを経由しブッキングや貨物追跡などを提供中。05年に管理船の運航と、海上輸送に関するISO 14001の認証を取得し更新しているほか、14年には台中、高雄のターミナルで労働安全衛生マネジメント規格OHSAS 18001の認証を取得。22年には台湾政府によるGHG開示規制に先立ち、台湾の拠点（事務所・コンテナ配送ヤードを含む）とコンテナ船隊を対象にGHG検証規格であるISO14064-1:2018とGHGの排出量を算定・報告する際の国際的な基準であるGHGプロトコルの認証を取得。

Wan Hai Linesは1965年創業。65年にリバティー型（米国の戦時標準船）で日本〜米国の鋼材輸送を開始、翌年、台湾／日本、東南アの木材船輸送に参入、76年からフルコンテナ船を投入した日本／台湾のコンテナ配船を開始した。92年12月に旧ジャパンラインの子会社だったアジア専業船社Interasia Lines（IAL）に資本参加し、ジャパンラインを承継した商船三井がIALから資本引き揚げ後は全額出資子会社とした。96年5月に台湾証券取引所に上場。97年に台湾/香港/厦門航路を開設し、第三国を経由した内航の台中航路をスタート。01年5月に北米航路（PSW）、04年春にPILとの協調でアジア〜北欧州航路に参入し、07年11月からは黒海航路でも協調配船を開始したが現在は撤退。北欧州航路はCOSCON（当時）のスロットを借り受け、サービスを提供していたが、運賃低迷から15年8月に撤退した。南米は10年に東岸、13年に西岸向け協調配船を開始。22年5月から北米東岸航路に参入。

Wan Hai Linesの22年業績（1-12月）は売上高が前年比13.6％増の2,589億台湾ドル、粗利益が6.1％減の1,264億台湾ドル、営業利益が7.8％減の1,179億台湾ドル、当期利益が9.9％減の931億台湾ドル。売上高営業利益率45.5％。

## Westwood Shipping Lines Japan, Inc.
## ウエストウッドシッピングラインズジャパン株式会社

Westwood Shipping Lines Japan, Inc.はWestwood Shipping Lines, Inc.（本社・ワシントン州ピュアラップ）の全額出資日本法人で、資本金200万円、2011年8月の設立。2022年6月末にSwire

Shipping Pte. Ltd.（英系シンガポール船社）による Westwood買収に伴い、2023年10月から東京での営業、運航、ロジスティクス、ドキュメンテーションの各業務を、前代理店のセンワマリタイムエージェンシーから移行した。前代理店のWestwood担当社員は新会社に移籍し、事業所もセンワマリタイム東京事務所内に置き、大阪、名古屋、清水の各副代理店もセンワマリタイム、ミレニアムシッピング、サンライズで変わらない。カントリーマネージャーはSwireのChris Robertson氏、ナショナルオペレーションマネージャーは福井俊夫氏、営業マネージャーは飯田圭氏。

Westwood Shipping Linesの現行サービスは雨天荷役でも在来貨物が濡れないシェルター付きのガントリーを自装し、45トンまでの重量貨物、26mまでの長尺貨物の荷役が可能な第三世代のボックスシェイプ船で、2003〜2004年にかけて東欧で建造したN型船（45,250dwt、2,048TEU）4隻と、用船の2,100〜2,500TEU 3隻の計7隻をPNW（エバレット、シアトル、バンクーバーB.C.）航路に投入し、西航でコンテナと森林材などバルクを、東航（輸出）で日韓からのコンテナ貨物と重車両、長尺貨物、航空機用部材を直航で、中国出しコンテナ貨物を釜山ハブとした接続で、定曜日輸送する北米航路で数少ない日本貨物重視の日本への直接寄港サービス船社。23年11月の運航船腹は1万4,938TEUで世界62位（推定値）。日本発のPNW向け直航貨物の船社別シェアでは日本船3社のコンテナ統合会社、Ocean Network Express（ONE、シンガポール）に次ぐ。

西航で苫小牧、京浜、清水、伊予三島に、東航で博多、大阪、名古屋、清水、京浜にそれぞれ直接寄港し、定時運航率も高く、20年6月からは往復航で毎週横浜に寄港している。東京木材埠頭のバース長から投入船の全長が制限され、高速船ではないが、PNWでの鉄道インターモーダルとの接続が良く、最終仕向け地の中西部までのTTはアライアンス船社とそん色なく、東航での高い定時運航率とカスタマーサービスの良さで荷主の評価は高い。ブレークバルクでは北米東航で唯一のウィークリーサービスを提供する船社でもある。

PNWからの西航で苫小牧と釜山向けのリーファーコンテナサービスも提供。韓国寄港地は釜山と平澤、中国貨物は青島、常熟直行と、大連、新港、青島、南京、上海から釜山にフィーダーで横持ちし、本船積み。20年12月期のWestwoodグループ3社の売上高は220億900万円、当期損失5億9,400万円だった。米本社社長はJack Mahoney氏（20年9月就任）。同氏はAP Moller-Maersk（デンマーク）に21年間勤務し、Maersk Line Canadaの社長を務めたほか、Maerskグループの自動車サプライチェーンの海運部門の責任者だった。

Westwoodは80年に北米最大の森林材企業のWeyerhaeuserの全額出資で設立、82年からHoegh（ノルウェー）とのジョイントで日本・韓国〜PNW航路に参入、その後、Hoeghとの提携を解消、85年にCanadian Transportと協調による10日間隔のサービスに移行した。88年にGearbulk Container Svc.と提携しウィークリーに改編、89年にPNW〜欧州から撤退し太平洋航路専業となり、91年のGearbulk撤退後は同社投入船腹を引き継ぎ、Westwood単独による北米航路で唯一のコンバルカーによる定曜日ウィークリーサービスを提供している。Westwoodは、2011年にWestwoodの日本側ターミナルオペレーターである3社合弁のJ-WeSco株式会社（本社・東京港区、住友倉庫70.45%、鈴与19.57%、フジトランス9.78%）がWestwoodを185億円で買収し、日本企業が全株を保有する米国籍船社となったが、2022年6月に全発行済み株式を上限総額1億4,500万ドルで売却、譲渡実行日に1億ドルを収受、残りをWestwoodの22年度決算確定後に収受する譲渡内容でSwire Shipping Pte. Ltd.へ売却した。Westwood ShippingはC-TPAT（テロ防止のための税関・産業界パートナーシップ）の認証取得船社で、円滑なサプライチェーンを提供している。Westwood船は米国税関国境警備局（CBP）から13年に米国沿岸警備隊から優秀船認定のThe Qualship 21 Programの資格が授与され、日本水先人連合会からも航行安全性や港湾の海洋環境保護に優れたBest Quality Ship 2012が授与されている。

### Wilhel. Wilhelmsen Holding：
Wallenius Wilhelmsen Logistics参照

### Yangming (Japan) Co., Ltd.
### 陽明日本　株式会社

Yang Ming Marine Transport（陽明海運、本社・台北）の日本総代理店だった萬和㈱の全社員と営業資産を引き継ぎ、シンガポール法人、Yang Ming Line (Singapore)の全額出資日本法人として設立、1997年1月から業務を開始した。Yang Ming Line (Singapore)はYang Ming Marine Transportの全額出資会社。

Yang Ming（YML）は台湾のナショナルフラッグキャリアで、THE Alliance（Ocean Network Express、Hapag-Lloyd、YML、HMM）のメンバーとしてアジア起点の北米東・西岸、欧州・地中海・中東・紅海に東西基幹航路を運航するほか、アジア域内や南北航路も配船するグローバル船社。コンテナ船を主体に、別会社化した不定期船事業、ロジスティクス、トラック・港湾ターミナルの各事業を営む。国営船社として設立され、96年の民営化後も台湾政府が1/3の株式を保有、取締役（7〜11人）の半

数を交通部が任命する。グローバル本部は基隆、地域本部は欧州がハンブルク、北米はニューアーク、中南米は17年6月にパナマに開設、地中海は18年4月にピレウス（ギリシャ）に統括法人を設立した。東南アジアは17年にフィリピン、タイにそれぞれ現法を開設、18年にインド現法の支店をムンドラなど3カ所に開設、19年にはインドネシアに自営代理店（合弁）を立ち上げ、ジャカルタ本社のほかスラバヤなど3支店を置いた。20年に中国・上海に合弁会社を設立、香港法人が統括してきた華南ビジネスを新会社（中国内15支店）に統合した。21年にフランス法人設立。

　Yang Mingの2022年の輸送量は441.4万TEU、うちdeep seaが313万TEU、近海が148.3万TEU。23年11月の運航コンテナ船腹は94隻、70万7,423TEUで世界9位（Alphaliner）、発注残は5隻、7万7,500TEU。20〜21年に打ち出した11,000TEU型14隻（正栄汽船から9隻、ギリシャ船主のCostamareから5隻の新造長期用船）は22年9月までに全船引き渡し済み。さらに22年5月にLNG二元燃料15,000TEU型5隻の建造を決め、26年上期からデリバリーとなる。新造船引き渡しは21年に10隻（11,000TEU型6隻＋2,800TEU型4隻）、22年は11,000TEU型5隻。

　Yan Mingは市場拡大と台湾政府の新南向政策に沿い、政府交通部傘下で台湾の主要港湾業務を統括する台湾港務公司（TIPC）と連携し東南アジア展開を加速中。手始めに18年5月にTIPC、Yan Ming、地元企業の合弁でインドネシアにPT Formosa Sejati Logistics（資本金500万米ドル）を立ち上げ、スラバヤ・タンジュンペラク港で内陸コンテナデポ（CD）、倉庫などの物流施設を開設。同年10月にはTIPC36%、Yang Ming34%、台湾航業（Taiwan Navigation）15%、中華郵便（Chunghwa Post）10%、徳翔海運（T.S. Lines）5%の出資比率で「台源国際股分有限公司」（Taiwan Foundation International Pte. Ltd.：TFI、シンガポール、授権資本金4,000万米ドル）を設立、東南アジアをターゲットに港湾、物流事業へ積極投資する。20年10月にはインドネシアに続きマレーシア（ポートクラン）でデポ事業を行う新会社を合弁設立した。

　ターミナルは高雄（Kao Ming Container Terminal: KMCT）、台北（Taipei Port Container Terminal：TPCT）、基隆、アントワープ（Antwerp International Terminal：AIT）で運営。高雄港のKMCT（高明貨櫃埠頭股分有限公司）はYMLの全額出資会社だったが、現在はPorts America International 10%、Cheer Dragon Investment Ltd.（政龍投資、香港。COSCO系、China Merchant系含む中国本土3社合弁）30%、日本郵船グループ12.5%、Yang Ming 47.5%の合弁。台北の

TPCTはEvergreen、Wan Haiとの合弁で、Yang Mingは10%の資本参加。アントワープではPSA Antwerp、川崎汽船との合弁会社Antwerp International Terminal（AIT）を通じNoordzee Terminal、Europa Terminalを共同運営。ロサンゼルスではYang Ming・China COSCO・Ports Americaの合弁会社West Basin Container Terminal（WBCT）を通じ、China COSCOが100-102バース、Yang Mingが121-131バースを使用していたが、2021年でリース契約が終了。タコマのOlympic Container Terminalは売却した。

　グループ会社は各国現法のほか、ドライバルク船社のKuang Ming Shipping（光明海運）、ターミナル運営のHong Ming Terminal & Stevedorig（鳴明船舶貨物装卸承揽）、トラック・港湾運送会社のJing Ming Transport（駿明交通運輸）、陽明海洋文化芸術館、Chang Ming Logistics（長明国際物流、YES LogisticsとCSC Chongqing Changjiang National Shipping との合弁）などがある。

　YES Logistics（好好国際物流股分有限公司、本社・台北）は99年設立の総合物流子会社で、中国の上海本社と各地7支店のほか、香港、タイ（バンコク）、インドネシア（ジャカルタ、スラバヤ、サマリンダ）、ベトナム（ホーチミン、ハイフォン）、米国（ロサンゼルス、ダラス）、ハンブルク、ロッテルダム、アムステルダムに事務所、各地に代理店を置く。高雄、基隆、フランクフルトで物流センター、さらに高雄にSea&Airのコンソリ施設、台北港近郊に冷凍・冷蔵貨物対応の保税倉庫、中国・上海には、冷凍・冷蔵倉庫大手Preferred Freezer Services（米国）、中国対外貿易運輸公司（Sinotrans）、Yang Ming、Yida Groupの合弁によるコールドチェーン物流会社を通じ冷凍・冷蔵DCを運営する。

　デジタル対応では中国信託商業銀行（CTBC Bank）と共同でブロックチェーン（分散型台帳技術）を利用、21年には台湾の國泰金控（Cathay Financial Holdings）と子会社が開発した、ブロックチェーン技術を用いた貿易金融プラットフォームGlobal Trade Sharing Blockchainに稼働と同時にEvergreenや台湾銀行8行などと参画した。物流ITソリューション大手CargoSmart（香港）のブロックチェーンを用いたプラットフォームGlobal Shipping Business Network（GSBN）や、業界のDX・標準化促進団体Digital Container Shipping Association（DCSA）に参画。デジタル・オンライン・ブッキング・プラットフォームのCarrierX Intiative（BlueX Trade運営）にも参加し数千のルートを簡単に検索、数分以内のデジタルブッキングを可能にしている。22年のe-ブッキング率は86%。近年ではLINE BOT、オンラインチェックイン、電子D/O、電子バウチャー、電子カウンター、問い合わせ・見積もりオンラ

インプラットフォーム「my Ocean Freight」などを導入、サービスの技術革新を加速している。

環境認証、情報セキュリティ認証、労働安全衛生管理システム認証やC-TPAT（米国テロ防止のためのコンテナセキュリティへの取り組み）を取得。台湾船社として初のAEO（認定輸出入事業者）認証取得。温室効果ガス排出量のリポーティングの対応で、DNV GL（ノルウェー）が提供する船舶性能管理ソリューションを導入した。

社名の陽明は太陽と日と月の明るいことを、頭文字を組み合わせたロゴはYが底からトップへの拡大と革新に全力を尽くすことを、Mは雄大さと、強固な意思を象徴、社員のチームワーク、誠実さと実直さを表す。董事長（社長）はEvergreen Group（長榮集団）副総裁を務めた謝志堅氏（16年就任）に代わり、20年10月に鄭貞茂氏が就任。同氏は海運出身ではなく、シティ（台湾）銀行のチーフエコノミスト、台湾金融研究所学部長などを歴任した金融の専門家。23年3月末の社員数は6,021人（陸上4,764人、海上1,257人）、平均年齢は39.4歳。

Yang Mingは清朝時代の1872年に上海で創業した招商局（China Merchant's Steam Nav.）の事業を引き継ぎ、1972年に台湾交通部（MOTC）が持ち株を保有する国営船社として設立、1981年7月に招商局と合併、92年から段階的な民営化を進め、同年に台湾証券取引所に上場。96年に政府持ち株を48.9%とし、同年に預託証券（GDR）の形でロンドン証券取引所にも上場した。2016年末の政府持ち株は30.23%だったが、2016年の世界的な海運不況に対応し財務基盤を強化するため、17年に3回にわたり増資、台湾政府が新株を買い上げ45.1%を取得、20年11月時点で47.1%まで政府系が買い増しし経営を支えた。その後、コロナ禍後の業績回復で政府は21年前半までに株を手放し、23年3月現在の資本金は316億NTドル、政府系機関の持ち株比率は31.15%。21年7月には新株1億6,000万株を発行する現金増資で291億NTドル調達と台湾海運会社として過去最高額の増資を行った。22年に創立50周年を迎えた。

Yang Mingは80年に極東／北米のフルコンテナサービスを開始、83年にアジア／欧州、86年に極東／豪州、92年にアジア域内（台湾／フィリピン）を開設、94年に地中海航路で日本郵船、CMA（現・CMA CGM）と提携するとともに欧州同盟（FEFC）に加入、96年1月からは川崎汽船と協調した北米、北欧州航路と大西洋航路、その後、COSCO、Hanjin（韓国）、Evergreenを加えたCKYHE Allianceとなり、17年春からはTHE Allianceのメンバーとして運航中。中国のSinotransとは合作（合弁）意向書を交わし、中国国内でのコールドチェーンや、長江での水運、珠江デルタでの水運、新興市場の開拓、中台航路での合弁、ロジスティクスソリューションで提携、タ

イ船社のRegional Container Lines（RCL）とは経営資源をプールし、コンテナ船の共同配船や航路開設での協調など戦略的提携している。

22年（1-12月）の連結業績は売上高が13%増の3,759億台湾ドル、営業利益は11.5%増の1,489億台湾ドル、当期利益は9.3%増の1,806億ドル。積み高は4.5%増の461.3万TEU。23年上半期（1-6月）は売上高が前年同期比66.7%減の720億台湾ドル、営業利益が97.9%減の309億台湾ドル、当期純利益は97.0%減の34億台湾ドルだった。

## Yang Ming Marine Transport：

Yangming (Japan)参照

## Yusen Logistics Co., Ltd.
## 郵船ロジスティクス　株式会社

日本郵船グループ同士で、東証1部上場の国際航空貨物をベースとする郵船航空サービスとNVOCCなど海上貨物とロジスティクスをメインとするNYKロジスティクスジャパン（旧JIT）が合体して郵船航空が創業（1955年2月28日）55年を迎えた10年の10月にスタートした。資本金43億100万円。日本郵船はコンテナ船事業の日本船3社のコンテナ事業統合（18年4月のONE発足）もふまえて17年11月に郵船の連結子会社の郵船ロジスティクスを11-12月に公開買い付け（TOB）により総株主議決権の96.10%を取得、これにより18年1月に完全子会社化し、上場を廃止した。19年3月にグローバルで一貫した品質とサービスを提供し、競争力のある強固な基盤を持つ会社となるため、日本からグローバル本社機能を分離し、日本と香港を主要拠点とするGlobal Headquartersを新たに設置した。日本郵船は郵船ロジスティクスの海外子会社株式を保有していたが、事業実体に合わせた資本構成とするため、郵船ロジスティクスが承継する形で会社分割した。

ポートフォリオは航空貨物、海上貨物、コントラクトロジスティクス、サプライチェーン・ソリューションの4分野と日本、米州、欧州、東アジア、南アジア・オセアニアの地域5極体制。航空／船舶代理店業から利用運送（NVO／Air）、トラック運送、通関、倉庫など総合物流を事業内容とする。世界47カ国・地域の372都市、681カ所にグローバルネットワークを展開。国内関連会社は郵船ロジスティクス東北をはじめ北関東、つくば、信州、北陸、中国、九州、郵船ロジリンク、郵船ロジネット、トランスコンテナ、横浜共立倉庫、それに旅行部門の郵船トラベルの計12社。初代社長は日本郵船常務、郵船航空社長だった矢野俊一氏で、現社長は岡本宏行氏。統合前のNYKロジは'84米国海事法（Shipping Act）に対応した船社（日本郵船）系のNVOCCとして北米向けサービスを主体に1983年12月に設立されたジ

ャパンインターモーダルトランスポート（Japan Intermodal Transport：JIT）が前身。さらに07年10月には日本郵船グループの総合物流会社として設立されたNYKロジスティクスジャパンの全株を取得し吸収合併、社名そのものもNYKロジスティクスジャパンとして再スタート、その旧NYKロジは従来のNew Wave Logisticsを改め04年4月に日本郵船グループのグローバルネットワークと連携した一貫輸送物流および倉庫管理を含め国内の3PLを主な事業とする会社となっていたが、郵船航空との再々統合で現在の体制。郵船ロジスティクスはトランスコンテナ（TCL）との間で15年4月に双方の海上混載事業強化と混載仕立て業務のシステムを統合、同時に郵船ロジがTCLの5万7,250株（所有割合28.625％）取得の株式譲渡契約書を4月1日付で締結、混載仕立て業務を一体化した。また20年4月、日本郵船はグループ事業を再編し、横浜共立倉庫が郵船ロジ傘下となった。

海上輸送では旧JIT以来、LCL混載を軸に"Captain Consolidation"（キャプテンコンソリ）のサービス商品で親しまれ、ヘルスケア商品の定温混載輸送やアジアからロス向けLCLサービス、欧州発医薬品輸送などを逐次拡充、日本海諸港と釜山新港を組み合わせた調達・販売物流ソリューションでの複合輸送サービスを提供。ドイツ法人が22年8月に独南部のシュツットガルト近郊のアルトバッハに倉庫（面積約10,000㎡）を新設した。22年11月にはベルギーでヘルスケア物流サービスを営むAjimex、Transport Pierre、Pierre Logisticsの3社を買収、24年にはベルギー・ジャンブルーで4万㎡以上の医薬品倉庫を新設、ベルギーでのヘルスケア物流を強化する。国内では22年9月に千葉県山武郡芝山町に成田第2ロジスティクスセンターを開設、AEO制度の特定保税蔵置場を取得、23年4月には同施設内の医薬品専用ターミナルで取り扱いを開始した。23年3月、米国法人Yusen Logistics (Americas) Inc.が米国西岸を中心にディストリビューションセンターを展開し、フルフィルメントやトランスロードサービスを提供するTaylored Services Parent Co., Inc.（TS）とその傘下子会社を買収した。22年10月には香港機場管理局（AAHK）が推進する新プロジェクトの「エアポートシティ」に参画し、中国華南地区から香港国際空港までフィーダー船を使った航空貨物輸送サービスを開始、23年3月に香港国際空港が運営する東莞虎門総合保税区に自社CFSを設立した。

同社は22年3月に日本海事協会（ClassNK）とASEAN、インドとその周辺諸国での物流に関するMoUを締結、コールドチェーン物流のサービス開発と品質規格の普及を進める。またマレーシア法人TASCO Yusen Gold Coldが22年7月、Class NKから日本式の「BtoBコールドチェーン物流サービス規格（JSA-S1004:2020）」を取得した。

航空では21年3月、成田国際空港で医薬品における航空輸送認証基準であるCEIV Pharma認証を取得した。東京税関長からAEO制度における特定保税承認者として承認、成田ロジスティクスセンター、平和島ロジスティクスセンター、関西りんくうロジスティクスセンターの3カ所を7月1日付でAEO届出保税蔵置場として登録した。同2月に豪州法人、7月にタイ法人とインドネシア法人、9月にマレーシア法人が医療・医薬品の輸送品質基準であるGDP認証を取得。マレーシア現法は7月に同国関税局からAEO事業者の認証を取得。

2019-25年度の中長期経営計画"TRANSFORM 2025"を策定、19年度まで3年間のインターナショナルフレイトフォワーディング、ロジスティクス事業戦略および地域戦略を掲げ、目標達成に向けて取り組む。数値目標は25年度の営業収益8,800億円（16年度実績4,391億円）、営業収益350億円（同42億円）、自己資本利益率8.0％（同-3.5％）を目指す。19年12月にはサプライチェーン最適化ソリューションを提供するプラットフォーム、Yusen Vantageの運用を開始、顧客の迅速な意思決定、効率的なSC管理・生産計画をサポート、20年5月には兵庫県尼崎市にSCソリューションサービスを提供する物流施設「大阪ベイロジスティクスソリューションセンター」を開設、そして6月にはSCソリューションを新たに事業化、海上、航空、コントラクトロジスティクスと並ぶ4番目の事業領域として成長の柱とする方針を示したが、これも経営計画に沿ったもの。21年5月にはオンラインで見積もりからブッキング、輸送状況の確認まで可能なデジタルフォワーディング機能「Yusen Vantage Focus Quote and Book」をリリース、22年3月から海上貨物輸送のFCL貨物も対象に追加、その後も対象国・地域を拡大してきている。22年1月には2050年までに全サービスのネットゼロエミッション化を目指し、中間目標として2030年までにネットゼロエミッションサービスの提供開始というグループの環境目標を設定。22年4月からは全ての海上貨物輸送（LCL）で、追加費用なしで、温室効果ガス排出量が実質ゼロとなるカーボンオフセット輸送サービスの提供を開始した。また22年9月には温室効果ガス（$CO_2$）排出量算出システム「e-calculator」の機能を拡充し、既存の航空貨物から海上貨物・トラック・鉄道輸送に対象を拡大、23年2月には国際認証・評価機関、DNVから算定方法の妥当性評価を取得した。23年3月期の売上高は1,597億2,800万円、営業利益が32億7,700万円、経常利益208億5,100万円、純利益203億700万円、営業利益率2.1％。

## ZIM Integrated Shipping Services：

ZIM Japan参照

## ZIM Japan Co., Ltd.
## ZIM ジャパン　株式会社

ZIMジャパンはZIM Integrated Shipping Services（イスラエル、本社・ハイファ）の全額出資日本法人。ZIMの専属代理店だったSeven Stars Japan（2003年3月にSeven Seas Shipping/ZIMの折半出資で設立）を07年9月に現社名に変更し、同年12月末にZIMの全額出資現法となった。アフリカ、中東ガルフ、豪州、近海サービスのGold Star Line（香港）の代理店も引き受け、コンテナ、在来貨物、中古車を含む完成車を扱う。現社長（Managing Director）の加藤寛祥氏はA.P. Moller-Maersk出身で社内資格のMISE（Maersk International Shipping Education）を持つ。MaerskではDAMCOベトナムのBusiness Manager、Maersk（Thailand）の営業を経て東京のSealand Asia日本支社長を務めた。筑波大卒の42歳。

ZIMはヘブライ語で「大きな船」の意。旧約聖書からの引用でイスラエルの初代運輸大臣が助言し、事業目標である「大商船隊」と通じることから採用された。04年8月にZIM Israel Nav.からZIM Integrated Shipping Services Ltd.に商号変更した。現社長兼CEO（最高経営責任者）はEli Glickman氏（62歳）。同氏は国営電力会社Israel Electricの前CEOで、それ以前は携帯通信会社のOrange CellularのCEO代理、物流会社のExelMPLのCEOを務めた。ジョージタウン大学（ワシントンD.C.）の国際経営管理プログラム卒業後、米海軍大学大学院（Naval Postgraduate School、加州モンタレー）で財務管理修士号を取得。実業界に入る前はイスラエル海軍特殊部隊（SEALS）の司令官や駐米イスラエル大使館海軍武官（ワシントンD.C.）などを務めた。

ZIMは約100カ国に200か所以上の事務所・代理店を配し22年12月末現在、週67便を運航、世界90カ国、300港をカバーする。ZIMの顧客数は約34,000社で、顧客上位10社がZIMの運賃収入の約16%を占め、上位50社で約31%を占める。他方、年間船積み量が200TEU以下の中堅荷主は19%を占める。22年の輸送貨物はドライバンが313万1,023TEU、リーファーが18万9,610TEU、長尺・重量物の特殊コンテナは5万9,353TEUの総計337万9,986TEUだった。ZIMは顧客サポートを拡充するため、デジタルサービスを強化している。商品価値の高い貨物を年中無休でオンラインアラートを提供するZIMonitorやオンラインブッキングのeZIM、迅速見積りを提示するeZQuote、輸出荷主がオンラインでB/Lの編集ができるDraft B/L、AIをベースにした危険物の誤申告を検知するZIMGuardなどが稼働、さらに貿易金融のプラットフォームとして機能するフィンテック企業の40Seasに1億ドル信用枠を設定、最大2億ドルを限度額とする資本注入も実施する。

ハブはキングストン（ジャマイカ）など10港。Maerskを始め、世界トップ10位以内の主要船社がアライアンスを組み、東西航路をグループ化して運営しているのに対して、ZIMは限定した航路で他社と提携するユニークな戦略。デジタル志向で、資産運用効率が高く、収益性を最大化しつつ、革新的で顧客中心のサービスを提供する。18年9月に2M（Maersk/MSC）と向う7年間、アジア〜北米東岸航路のスロットを相互交換する戦略的提携を結び、2019年1月からはアジア〜地中海、アジア〜PNWの計2ループを追加、19年にアジア〜米ガルフを、21年に中・越〜北米東岸、22年にアジア〜米東岸・ガルフでフルスロット交換に2Mとの提携を拡大している。そのほか、MSCとはラ米で、Maerskとはラ米とアジア域内で協業中。ZIMはPCC/PCTC8隻を用船、日本からイスラエル向けは4,000台積みPCC/PCTC2隻を張り付け、月間1航海を配船、22年5月から中国・日本〜チリ向けに6,500台積み2隻を貼り付け、90日ターン、45日間隔の配船を開始した。コンテナ船社がPCC/PCTC事業を兼営するのは日本船社以外で唯一ZIMのみ。

ZIMは21年3月にニューヨーク証券取引所で新規株式公開（IPO）し、2億5,010万ドルを調達、6月の2回目の新規発行で、3.2億ドルを調達したもようで、調達した5億8,000万ドルを大型船の建造・長期用船を進め、コンテナの新規購入やデジタルツール開発へ投資する。

23年11月のGold Starを含むZIMグループの運航コンテナ船は124隻、総スロット59万960TEUで、世界10位（Alphaliner）。発注残は32隻、25万776TEU。

22年12月期の各航路での積み高は北米116万TEU、スエズ経由42万8,000TEU、大西洋49万6,000TEU、アジア域内105万8,000TEU、ラ米23万8,000TEU。

AI（人工知能）技術を活用した貨物の船積み前事前申告で危険物貨物の誤申告、申告漏れを防止するスクリーニングシステム、ZIMGuard Systemを導入、塩田・深せん〜LAのe-コマース専用エクスプレスサービス、Speedy ZIM eCommerce Xpress（ZEX）を開始、高速船による高い定時運航率を求める輸送需要に対応している。また、海事産業のオンライン化、電子化の加速に伴うサイバーリスクの増大に対応し、サイバーセキュリティ対策を手がけるKonfidas（イスラエル）と合弁でサイバーセキュリティコンサルティング会社ZKCyberStarを設立したほか、イスラエルの投資家Marius Nacht氏と組み、ブロックチェーンを活用したB/Lソリューション開発を手がけるWave BL(米国)に総額800万ドルを共同出資した。ZIMは2017年から電子B/LのWave BLのプラ

ットフォームを導入、オンライン見積もりはKontainersを導入し貿易手続きのペーパーレス化を進めている。そのほか、データサイエンスとAIのData Science Group、次世代のスキャニング技術のSODYC、最先端のトラッキングシステムのHoopoにも投資している。

環境対応ではリーファーやドライコンテナを24時間遠隔監視し、問題時にアラートをeMail送信するZIMonitorなどユニークなサービスを提供、19年に同社初のサステナビリティリポートを発行している。

ZIMの組織は競争力のある地域に注力する事業改革の一環で、エリアマネージャーを廃止、16年から太平洋トレード、アジア域内トレード、スエズ経由大西洋トレードの3大トレードにフォーカス、各トレードを統括する副社長を任命して直接CEO（最高経営責任者）に報告する方式とし、各地域支社のもと営業活動していた代理店に人事などの経営権を移管し裁量を強化、市場ニーズの変化に迅速に対応する組織に変更した。

2004年に国がZIMの権益をIsrael Corp.に売却したとき、ZIMは「混合会社」（イスラエル政府会社法、5735-1975年に定義）ではなくなり、特別国有株式を発行し、(i) イスラエル企業としてのZIMの存在を保護すること、(ii) 緊急時または緊急時に国（イスラエル）が最小限のフリートを効果的に利用できるようにZIMの運航能力と輸送能力を確保する。国家安全保障の目的のため、国に敵対する当事者、またはZIMの外交上の利益もしくは安全保障上の利益、あるいは外国との海運関係における国の重大な利益を損なう恐れのある当事者がZIMの経営に影響を与えることを防止する、などを取り決め、・ZIMは常にイスラエルで設立および登記され、本社および主たる事務所および登記上の事務所がイスラエルに所在する会社でなければならない。・取締役会長および最高経営責任者を含む取締役会メンバーの少なくとも過半数はイスラエル国民でなければならない。・ ZIMの発行済み株式の35％以上の所有を与える株式の保有、譲渡、発行、または議決権行使合意の結果を含め、ZIMに対する支配権を与える株式の発行について、事前に書面による同意を提供しなければならない。・株式譲渡がイスラエルの安全保障上の利益もしくはその重要な利益を損なう可能性があると国が判断する場合、または決定を下す目的で関連情報を受け取っていないと国が判断する場合、国は30日以内に、異議の理由を示して譲渡に異議を申し立てる、など、細かに規定している。

ZIMはイスラエル建国前の1945年6月にJewish Agency 44％、Israel Federation of Labour 45％、Israel Maritime League 11％の出資で設立、60年にイスラエル政府が3分の1を取得。政府持ち株は発行済株式の48.6％で残り48.9％はIsrael Corp.、2.5％が個人投資家だったが、04年1月に政府持ち株をIsrael Corp.に売却し、Israel Corp.の持ち株は97.8％となり経営権を完全支配、完全民営化し、08年8月に持ち株比率を99.5％に引き上げ、13年に99.66％となった。14年7月に負債14億ドルの債務の株式化（Debt-to-Equity Swap）を含む34億ドルの財務再建策を実行、Israel Corp.の持つZim株式の66％が債権者に渡り、23年3月の持ち株比率はKenon Holdings（シンガポール）が20.7％で、その他、各株主の保有比率は1％以下とした。Kenon Holdingsは時価総額ではイスラエル最大の投資会社であるIsrael Corp.からスピンオフしてIdan Ofer氏が14年に設立したニューヨークとテルアビブの証券取引所の上場企業。イスラエルでの電力事業者、OPC Energyの株式62％と中国の自動車メーカー（Qoros：奇瑞汽車との折半合弁）の株式12％を保有している。Idan Ofer氏はIsrael Corp.の大半の株式を保有していたOfer Brosの後継者で、現在もIsrael Corp.株式51.5％を保有。

Gold Star Line（香港）は1958年香港で創業、同年、日本・香港～南ア・西ア航路を開設、85年には日本・アジア～南アのコンテナコンソーシアム、Safari Svc.にも参画。以後、アフリカ航路、豪州航路、アジア域内航路を中心にサービスを拡大し、23年11月現在、およそ35航路を運航、その殆どを定曜日ウィークリー配船している。25カ国183港を結び、年間100万TEUを輸送する。運航船腹は用船を含め約60隻、輸送スペースは63万550TEU、アジア太平洋地区で1,000人以上を雇用、中国国内の事業所は10カ所以上あり、数100人が働く。ITシステムは1億ドル以上を投じた中央処理システムが稼働。単独およびCOSCO、Hamburg Sud、OOCLなどと協調配船し、コンテナを中心に在来貨物も引き受けている。22年12月末の全世界の社員数は6,530人（契約社員を含む）。22年に338万TEUを輸送し、運賃収入125億6,200万ドル、純利益46億2,900万ドルをもたらした。

ZIMの2022年（1～12月）業績は売上高が125億6,160万ドル、税引き前利益61億3,580万ドル、当期利益46億2,900万ドル。積み高は21年の348万TEUから338万TEUへ2.9％減少したが、運賃が前年比16.3％上昇し増収、増益となった。

# 定期配船社・代理店編

■ 英文社名のアルファベット順掲載。
■ 資本金は、とくに表示のないものは円で表示している。

**2024**

# 定期配船社・代理店索引 （アルファベット順）

# 定期配船社・代理店索引 (五十音順)

| オペレーター名称 | コンタクト先 | |
|---|---|---|
| Japan Oil Transportation Co., Ltd. | Ben Line Agencies (Japan) Ltd. | 113 |
| Ji Zhou Shipping Co., Ltd （吉舟船務有限公司） | Starocean Marine Co., Ltd. | 176 |
| Kambara Kisen Co., Ltd. | Kambara Kisen Co., Ltd. | 136 |
| Kampu Ferry Co., Ltd. （関釜フェリー株式会社） | Kanko Kisen Co., Ltd. | 138 |
| Kansai Steamship Co., Ltd. | Kansai Steamship Co., Ltd. | 138 |
| Kawasaki Kinkai Kisen Kaisha, Ltd. | Kawasaki Kinkai Kisen Kaisha, Ltd. | 138 |
| Kawasaki Kisen Kaisha, Ltd. ("K" Line) | Kawasaki Kisen Kaisha, Ltd. ("K" Line) | 139 |
| Kestrel Liner Agencies | Ben Line Agencies (Japan) Ltd. | 113 |
| Konoike Shipping Co., Ltd. | Konoike Shipping Co., Ltd. | 143 |
| Konoike Transport Co., Ltd. | Konoike Transport Co., Ltd. | 143 |
| Korea Marine Transport Co., Ltd. （高麗海運株式会社） | KMTC (Japan) Co., Ltd. | 139 |
| Kyowa Shipping Co., Ltd. | Aichi Kaiun Co., Ltd. | 110 |
| Kyowa Shipping Co., Ltd. | Kyowa Shipping Co., Ltd. | 144 |
| Maersk A/S | Maersk A/S | 144 |
| Mariana Express Lines (Pte) Ltd. | Mariana Shipping Japan Co., Ltd. | 145 |
| Matson Navigation Company, Inc. | Hasco Japan Co., Ltd. | 130 |
| Mediterranean Shipping Company SA | MSC Mediterranean Shipping Company SA, Japan Branch Office | 148 |
| Mikasa Maritime Ltd. | Mikasa Maritime Ltd. | 146 |
| Minsheng Shipping Company （民生輪船股份公司） | Aichi Kaiun Co., Ltd. | 110 |
| Mitsui O.S.K. Lines, Ltd. | Mitsui O.S.K. Lines, Ltd. | 146 |
| MOL Drybulk Ltd. | MOL Drybulk Ltd. | 148 |
| MSC Cruise (Italy) | Wallem Shipping Ltd. | 181 |
| MUR Shipping RSA (PTY) Ltd. | Eagle Shipping Japan, Ltd. | 125 |
| Myanma Five Star Line | Aichi Kaiun Co., Ltd. | 110 |
| Namsung Shipping Co.,Ltd. （南星海運株式会社） | Namsung Shipping Japan, Ltd. | 149 |
| New Centrans International Marine Shipping Co., Limited （新中通国際海運有限公司） | Centrans Ocean Container Lines Co., Ltd. | 117 |
| Ningbo Ocean Shipping Co., Ltd. （寧波遠洋運輸股份有限公司） | Daito Corporation | 122 |
| Ningbo Ocean Shipping Co., Ltd. （寧波遠洋運輸股份有限公司） | Nitto Total Logistics Ltd. | 154 |
| Nippon Yusen Kabushiki Kaisha | Nippon Yusen Kabushiki Kaisha | 153 |
| Nippon Yusen Kabushiki Kaisha | YCS Co., Ltd. | 186 |
| Nirint Shipping B.V. | Senwa Maritime Agency, Ltd. | 166 |
| NS United Kaiun Kaisha, Ltd. | NS United Kaiun Kaisha, Ltd. | 155 |
| NYK Bulk & Projects Carriers Ltd. | NYK Bulk & Projects Carriers Ltd. | 155 |
| NYK Bulk & Projects Carriers Ltd. | YCS Co., Ltd. | 186 |
| Ocean Express Lines (PTY) Ltd. | Eagle Shipping Japan, Ltd. | 125 |
| Ocean Network Express(Japan)Ltd. | Ocean Network Express(Japan)Ltd. | 156 |
| Orient Overseas Container Line Limited Japan Branch | Orient Overseas Container Line Limited Japan Branch | 159 |
| Pacific International Lines | Mariana Shipping Japan Co., Ltd. | 145 |
| Pan Continental Shipping Co., Ltd. （汎洲海運株式会社） | Asia Cargo Service Co., Ltd. | 110 |
| Pan Ocean Co., Ltd. | Pan Ocean Container (Japan) Co., Ltd. | 162 |
| PanStar Line | Sanstar Line Co., Ltd. | 165 |
| Princess Cruises | Wilhelmsen Port Services (Japan) Pre. Ltd. | 184 |
| Ryukyu Kaiun Kaisha | Ryukyu Kaiun Kaisha | 163 |
| SAFIRAN PAYAM DARYA SHIPPING CO.(Bulk) | Atlas Shipping Co., Ltd. | 112 |
| Sea Consortium Pte. Ltd. (X-press Feeders) | Hesco Agencies Ltd. | 131 |
| SeaLead Shipping Pte. Ltd. | Namsung Shipping Japan, Ltd. | 149 |
| SEVEN SEALS Co., Ltd. | SEVEN SEALS Co., Ltd. | 166 |
| Shanghai Hai Hua Shipping Co., Ltd.(Hasco) （上海海華輪船有限公司） | Haihua Shipping (Japan) Co., Ltd. | 128 |
| Shanghai Jinjiang Shipping (Group) Co., Ltd. （上海錦江航運(集団)股份有限公司） | Jinjiang Shipping (Japan) Co., Ltd. | 135 |
| Shanghai Jinjiang Shipping (Group) Co., Ltd. （上海錦江航運(集団)股份有限公司） | Mitsui-Soko Co., Ltd. | 147 |
| Shanghai Jinjiang Shipping (Group) Co., Ltd. （上海錦江航運(集団)股份有限公司） | Senwa Maritime Agency, Ltd. | 166 |

| オペレーター名称 | コンタクト先 | |
|---|---|---|
| Shanghai Jinjiang Shipping (Group) Co., Ltd. （上海錦江航運(集団)股份有限公司） | The Sumitomo Warehouse Co., Ltd. | 178 |
| Shanghai Minsheng Shipping Co., Ltd. （上海民生輪船有限公司） | Mitsui-Soko Co., Ltd. | 147 |
| Shipping Corporation of India Ltd., The | Hesco Agencies Ltd. | 131 |
| Shun Fa Shipping Co., Ltd. （海南順発船務有限公司） | Aichi Kaiun Co., Ltd. | 110 |
| Siem Car Carrier AS | Ben Line Agencies (Japan) Ltd. | 113 |
| Sinokor Merchant Marine Co., Ltd. （長錦商船株式会社） | Sinokor Seihon Co., Ltd. | 167 |
| Sinotrans Container Lines Co., Ltd. （中外運集装箱運輸有限公司） | Azuma Shipping Co., Ltd. | 112 |
| Sinotrans Container Lines Co., Ltd. （中外運集装箱運輸有限公司） | Daito Corporation | 122 |
| Sinotrans Container Lines Co., Ltd. （中外運集装箱運輸有限公司） | Nissin Corporation | 153 |
| Sinotrans Container Lines Co., Ltd. （中外運集装箱運輸有限公司） | Nitto Total Logistics Ltd. | 154 |
| Sinotrans Container Lines Co., Ltd. （中外運集装箱運輸有限公司） | Sinotrans Japan Co., Ltd. | 172 |
| Sinotrans Container Lines Co., Ltd. Jiangsu Branch （中外運集装箱運輸有限公司江蘇分公司） | Nitto Total Logistics Ltd. | 154 |
| Sinotrans Container Lines Co., Ltd. Jiangsu Branch （中外運集装箱運輸有限公司江蘇分公司） | Sinotrans Japan Co., Ltd. | 172 |
| Sinotrans Jiangsu Company （中国対外貿易運輸江蘇公司） | Azuma Shipping Co., Ltd. | 112 |
| SITC Container Lines Co., Ltd. （新海豊集装箱運輸有限公司） | Azuma Shipping Co., Ltd. | 112 |
| SITC Container Lines Co., Ltd. （新海豊集装箱運輸有限公司） | Daito Corporation | 122 |
| SITC Container Lines Co., Ltd. （新海豊集装箱運輸有限公司） | Mitsui-Soko Co., Ltd. | 147 |
| SITC Container Lines Co., Ltd. （新海豊集装箱運輸有限公司） | Nissin Corporation | 153 |
| SITC Container Lines Co., Ltd. （新海豊集装箱運輸有限公司） | Nitto Total Logistics Ltd. | 154 |
| SITC Container Lines Co., Ltd. （新海豊集装箱運輸有限公司） | SITC Japan Co., Ltd. | 173 |
| Starocean Marine Co., Ltd （株式会社瑞洋海運） | Mitsui-Soko Co., Ltd. | 147 |
| Starocean Marine Co., Ltd （株式会社瑞洋海運） | Starocean Marine Co., Ltd. | 176 |
| Suzhou Shimonoseki Ferry Co., Ltd. （蘇州下関フェリー株式会社） | Kanko Kisen Co., Ltd. | 138 |
| Swire Shipping (The China Navigation Co. Pte. Ltd.) | Ben Line Agencies (Japan) Ltd. | 113 |
| T.S. Lines Ltd. （徳翔海運有限公司） | Aichi Kaiun Co., Ltd. | 110 |
| T.S. Lines Ltd. （徳翔海運有限公司） | T.S. Lines (Japan) Ltd. | 177 |
| Tai Young Shipping Co.,Ltd. （太榮商船株式会社） | Daiei Shipping Co., Ltd. | 120 |
| Taicang Container Lines Co., Ltd. （太倉港集装箱海運有限公司） | Sankyu Shipping Inc. | 164 |
| Toko Kaiun Kaisha, Ltd. | Toko Kaiun Kaisha, Ltd. | 179 |
| Toko Liner Services Co., Ltd. | Toko Liner Services Co., Ltd. | 180 |
| United 07 | Wallem Shipping Ltd. | 181 |
| Wallenius Wilhelmsen Ocean AS | Wallenius Wilhelmsen Ocean AS | 181 |
| Wan Hai Lines Ltd. | Wan Hai Lines (Japan), Ltd. | 181 |
| Westwind Shipping Corporation | Senwa Maritime Agency, Ltd. | 166 |
| Westwind Shipping Corporation | Shuwa Kaiun Kaisha, Ltd. | 166 |
| Westwood Shipping Lines | Senwa Maritime Agency, Ltd. | 166 |
| Westwood Shipping Lines | Westwood Shipping Lines Japan, INC | 183 |
| Wuhan New Port Datong International Shipping Co., Ltd. | Nissin Corporation | 153 |
| Yangming Marine Transport Corporation | Yangming (Japan) Co., Ltd. | 184 |
| ZEN CONTINENTAL | Eagle Shipping Japan, Ltd. | 125 |
| Zim Integrated Shipping Services Ltd. | Zim Japan Ltd. | 186 |
| 日照海運班輪有限公司 | Senwa Maritime Agency, Ltd. | 166 |
| 郵船クルーズ株式会社 | YCS Co., Ltd. | 186 |

# AICHI KAIUN CO., LTD.
愛知海運　株式会社

| | |
|---|---|
| 設立 | 1943年3月10日 |
| 資本金 | 250,000,000円 |
| 従業員数 | 433 |
| 代表者 | 代表取締役社長 原弘三 |
| 主要取引銀行 | 三菱UFJ銀行 |
| 主要株主 | 名古屋中小企業投資育成、<br>愛知海運従業員持株会 |

代理店引受船社
　海南順発船務有限公司(Shun Fa Shipping Co., Ltd.)
　民生輪船股份公司(Min Sheng Shipping Company)
　- 副代理店 -
　協和海運株式会社
　Myanma Five Star Line
　T.S. Lines, Ltd.
　大王海運株式会社
　株式会社商船三井
　飯野海運株式会社
　乾汽船株式会社
　イースタン・カーライナー株式会社

| | |
|---|---|
| URL | http://www.aikai.co.jp/ |
| 公開E-Mail | info@aikai.co.jp |

本社
〒455-0036 愛知県名古屋市港区浜2-1-11
船舶代理店課　　052-651-3233　　℻052-655-9030

# Armacup Japan K. K.
アマカップ ジャパン　株式会社

| | |
|---|---|
| 設立 | 2000年6月2日 |
| 資本金 | 10,000,000円 |
| 従業員数 | 6 |
| 代表者 | 社長 鹿嶋繁雄 |
| 主要取引銀行 | 三菱UFJ銀行 |
| 主要株主 | Armacup Maritime Services Ltd. |

代理店引受船社
　Armacup Maritime Services Ltd.
　Armacup Express Car Line

| | |
|---|---|
| URL | https://armacup.com/ |
| 公開E-Mail | custservice.jp@armacup.com |

東京
〒104-0031 東京都中央区京橋2-18-2
　　　　　　明海京橋ビル5階
　　　　　　03-3537-1121　　　℻03-3537-1123

横浜代理店
B/L:ケイヒン海運　045-662-6471　　℻045-662-0387

名古屋代理店
シルバーシッピングエージェンシー
　　　　　　052-586-1286　　℻052-561-1768
大阪代理店
藤原運輸　　　　　0725-33-3787　　℻0725-33-3797
B/L:上組　　　　　06-6613-1896　　℻06-6572-3416
神戸代理店
上組　　　　　　　078-306-3909　　℻078-306-3926
北九州代理店
ジェネック　　　　093-331-3456　　℻093-332-4818
常陸那珂代理店
日立埠頭株式会社　0294-53-0313　　℻0294-53-0340
豊橋代理店
鈴与　豊橋支店　　0532-32-0736　　℻0532-32-6814

# Asia Cargo Service Co., Ltd.
アジアカーゴサービス　株式会社

| | |
|---|---|
| 設立 | 1995年8月1日 |
| 資本金 | 10,000,000円 |
| 代表者 | 代表取締役社長 辻重博 |
| 主要株主 | Pan Continental Shipping、<br>商船三井ロジスティクス |

代理店引受船社
　汎洲海運株式会社(Pan Continental Shipping Co.,Ltd.)

| | |
|---|---|
| URL | http://www.pancon-acs.com/ |

本社
〒105-0001 東京都港区虎ノ門3-22-1
　　　　　　虎ノ門桜ビル4階
アジアカーゴサービス
　　　　　　050-5578-9460　　℻03-3437-0505
B/L・D/O発行業務　050-5578-9460　　℻03-3437-0505
横浜
アジアカーゴサービス
　　　　　　050-5578-9460　　℻03-3437-0505
B/L・D/O発行業務　050-5578-9460　　℻03-3437-0505
清水
アジアカーゴサービス
　　　　　　050-5578-9460　　℻03-3437-0505
B/L・D/O発行業務
清水倉庫　　054-371-5510　　℻054-371-5532
名古屋
アジアカーゴサービス
　　　　　　050-5578-9460　　℻03-3437-0505
B/L・D/O発行業務
名港海運
　輸出　　　052-661-8121　　℻052-661-8440
　輸入　　　052-661-8123　　℻052-661-8440
大阪支店
〒541-0043 大阪府大阪市中央区高麗橋4-4-9
　　　　　　淀屋橋ダイビル10階
アジアカーゴサービス
　　　　　　050-5578-9464　　℻06-6229-3101
B/L・D/O発行業務　050-5578-9464　　℻06-6229-3101
神戸
アジアカーゴサービス

|  | 050-5578-9464 | FAX06-6229-3101 |
| B/L・D/O発行業務 | 050-5578-9464 | FAX06-6229-3101 |

**新潟代理店**
リンコー港運倉庫　025-256-1061　FAX025-256-1063

**千葉代理店**
日本通運　043-238-7311　FAX043-238-7313

**豊橋代理店**
愛知海運産業　0532-32-1048　FAX0532-32-0945

**四日市代理店**
日本トランスシティ059-361-7701　FAX059-361-7705

**金沢代理店**
金沢港運　076-256-0543　FAX076-256-0544

**富山新港代理店**
伏木海陸運送　0766-45-1134　FAX0766-45-1186

**広島代理店**
中国シッピングエージェンシイズ
　　082-236-8747　FAX082-236-9254

**高松代理店**
高松商運　087-822-5184　FAX087-851-0234

**水島代理店**
中谷興運　086-523-5551　FAX086-523-0602

＊＊＊＊＊＊＊＊＊＊＊＊＊＊＊

**貨物搬入先**
**東京**
**CY**

　[PanCon船/Sinokor船/Tai Young船]
　　京浜港品川埠頭地区 H/A
　　品川区東品川5-4-36
　　住友倉庫　　　　　　　03-3472-4220
　[KMTC船/CK船]
　　京浜港品川埠頭地区 H/A
　　品川区東品川5-4-36
　　東海運　　　　　　　　03-3471-6335

**横浜**
**CY**

　[KMTC船/CK船]
　　本牧D-1(日通)
　　中区本牧埠頭1-10
　　日本通運　　　　　　　045-623-3022
　[Tai Young船]
　　本牧埠頭BC-1(山九)
　　中区本牧埠頭1-195
　　山九　　　　(輸出)045-623-2933
　　　　　　　　(輸入)045-623-1924
　[Sinokor船]
　　本牧埠頭BC-1(住友倉庫)
　　中区本牧埠頭1-198
　　住友倉庫　　　　　　　045-622-1824

**清水**
**CY**　　鈴与コンテナターミナル
　　清水区興津清見寺町1380
　　鈴与　　　　　　　　　054-395-8122

**名古屋**
**CY**

　[PanCon船]
　　鍋田ふ頭ターミナル
　　弥富市富浜5-1
　　名港海運　　　　　　　0567-66-3373
　[KMTC船/CK船/Tai Young船]

　　鍋田ふ頭ターミナル
　　弥富市富浜5-1
　　伊勢湾海運　　　　　　0567-66-3640
　[Sinokor船]
　　鍋田ふ頭ターミナル
　　弥富市富浜5-1
　　上組　　　　　　　　　0567-66-3390

**大阪**
**CY**
　[PanCon船/KMTC船]
　　南港C-2/4 DHA
　　住之江区南港東6-2-84
　　辰巳商会　　(PanCon船)06-6612-3151
　　　　　(KMTC船)(輸出)06-6612-5338
　　　　　(KMTC船)(輸入)06-6612-3152
　[CK船]　南港C-9 DHA(MITSUBISHI)
　　住之江区南港東9-3
　　三菱倉庫　　(輸出)06-6612-7721
　　　　　　　(輸入)06-6612-4861

**神戸**
**CY**
　[PanCon船]
　　PC-16/17 DHA
　　中央区港島9-10
　　商船港運(KICT)　(輸出)078-304-1216
　　　　　　　　(輸入)078-304-1214
　[KMTC船]　RC-6/7 DHA
　　東灘区向洋町東4-25
　　ユニエックスNCT　(輸出)078-857-7550
　　　　　　　　(輸入)078-857-7560
　[CK船]　RC-3/4/5 DHA
　　東灘区向洋町西6-4
　　三菱倉庫　　(輸出)078-857-0260
　　　　　　　(輸入)078-857-0261

**新潟**
**CY**　　新潟国際貿易ターミナル
　　新潟市北区横土居3228-2
　　リンコーコーポレーション　025-388-1011

**千葉**
**CY**
　[KMTC船/CK船]
　　千葉中央埠頭
　　千葉市中央区中央港1-174
　　日本通運　　　　　　　043-238-7311
　[Tai Young船]
　　千葉中央埠頭
　　千葉市中央区中央港1-174
　　山九　　　　　　　　　043-242-3761

**豊橋**
**CY**　　三河港豊橋コンテナターミナル
　　豊橋市神野西町1-3
　　愛知海運産業　　　　　0532-43-5008

**四日市**
**CY**
　[PanCon船]
　　四日市港霞ヶ浦地区指定保税地域(W27)
　　四日市市霞2-2
　　日本トランスシティ　　059-364-1312/3
　[KMTC船]　四日市港霞ヶ浦地区指定保税地域(W26)
　　四日市市霞2-6
　　日本トランスシティ　　059-361-7701

**金沢**
**CY**　　御供田国際コンテナターミナル

金沢市近岡町613
金沢港運　　　　　　　076-256-0738

**富山新港**
**CY**　　富山新港多目的国際ターミナル
射水市越の潟町1003
伏木海陸運送　　　　　0766-82-5685

**高松**
**CY**　　高松港コンテナターミナル保税蔵置場
高松市朝日新町1-10
高松商運　　　　　　　087-822-5184

**水島**
**CY**　　水島港国際コンテナターミナル指定保税地域
倉敷市玉島乙島字新湊8261-1
中谷興運　　　　　　　086-436-7680

**広島**
**CY**
　[PanCon船]
広島国際コンテナターミナル
広島市南区出島2-1-67
マツダロジスティクス　082-250-1916
　[KMTC船]　広島国際コンテナターミナル
広島市南区出島2-1-67
日本通運　　　　　　　082-253-4228

---

# Atlas Shipping Co., Ltd.
**株式会社　アトラスシッピング**

| | |
|---|---|
| 設立 | 2016年2月15日 |
| 資本金 | 40,000,000円 |
| 従業員数 | 8 |
| 代表者 | 水嶋邦明 |

**代理店引受船社**
HAFEZ DARYA ARYA SHIPPING CO.(Container)
SAFIRAN PAYAM DARYA SHIPPING CO.(Bulk)
EAGLETAINER LOGISTICS PTE. LTD.
**URL**　　　http://www.atlas-shipping.jp/
**公開E-Mail**　sales@atlas-shipping.jp
tank@atlas-shipping.jp

**本社**
〒103-0027 東京都中央区日本橋2-16-3
ブリリアンビル5階
03-6222-8633　　📠03-6222-8634

**東京代理店**
三菱倉庫　　　03-3799-6774　　📠03-3799-6770

**横浜代理店**
三菱倉庫　　　045-623-4821　　📠045-621-8600

**名古屋代理店**
三井倉庫　　　0567-66-3393　　📠0567-66-3389

**大阪代理店**
辰巳商会　　　06-6612-3151　　📠06-6612-5319

**神戸代理店**
三菱倉庫　　　078-857-6258　　📠078-857-0562

**博多代理店**
三菱倉庫　　　092-663-3200　　📠092-663-3202

**門司代理店**
門菱港運　　　093-331-8347　　📠093-321-3918

---

# Azuma Shipping Co., Ltd.
**東海運　株式会社**

| | |
|---|---|
| 設立 | 1917年12月 |
| 資本金 | 2,294,985,000円 |
| 従業員数 | 832 |
| 代表者 | 代表取締役社長 松井伸介 |
| 主要取引銀行 | 三井住友銀行 |
| 主要株主 | 太平洋セメント、鈴与建設、鈴与、むさし証券、商船三井、日本マスタートラスト信託銀行（信託口）、日本カストディ銀行（信託口）、SMBC日興証券、東海運持株会、三井住友銀行 |

**代理店引受船社**
　-集荷代理店-
中外運集装箱運輸有限公司(Sinotrans Container Lines Co., Ltd.)
中国対外貿易運輸江蘇公司(Sinotrans Jiangsu Company)
新海豊集装箱運輸有限公司(SITC Container Lines Co., Ltd.)
**URL**　　　https://www.azumaship.co.jp/
**本社**
〒104-6233 東京都中央区晴海1-8-12
晴海アイランド　トリトンスクエア
オフィスタワーZ　33階

**東京**
〒140-0002 東京都品川区東品川5-4-36
京浜事業部　埠頭部　品川コンテナセンター
D/O　　　　　03-3471-6335　📠03-3474-8477
営業本部　営業推進部　船社営業グループ
Booking・B/L発行
03-6221-2227　　📠03-6221-2243

**名古屋**
〒455-0037 愛知県名古屋市港区名港2-8-10
中部事業部　営業部　営業課
D/O、B/L発行　052-661-5203　📠052-661-7115

**大阪**
〒552-0021 大阪市港区築港4-1-6
近畿港運(株)内1階
営業本部　営業推進部　関西営業所
Booking・B/L発行
06-6599-1799　　📠06-6599-1770

**門司**
〒801-0805 福岡県北九州市門司区太刀浦海岸61
九州事業部　北九州船舶課　門司コンテナセンター
Booking・D/O、B/L発行
093-321-1834　　📠093-332-4654

＊＊＊＊＊＊＊＊＊＊＊＊＊＊＊＊

**貨物搬入先**
**東京**
**CY**　　京浜港品川埠頭 H/A　[1AD21]
品川区東品川5-2
東海運　　　　　　　　03-3471-6335
大井B/A NO.5 CY　[1FD24]
品川区八潮2-4-9
東海運　　　　　　　　03-3471-6335
**門司**
**CY**　　太刀浦 DHA NO.2(東海運)　[6CK60]
門司区太刀浦海岸61

| CFS | 東海運 | 093-332-4660 |
|---|---|---|
| | 東海運太刀浦 H/W　[6CW33] | |
| | 門司区太刀浦海岸61 | |
| | 東海運 | 093-332-1102 |

# Ben Line Agencies (Japan) Ltd.

ベン　ライン　エージェンシーズ　ジャパン　株式会社

| 設立 | 1988年4月1日 |
|---|---|
| 資本金 | 30,000,000円 |
| 従業員数 | 60 |
| 代表者 | 代表取締役 中上英之 |
| 主要取引銀行 | 三菱UFJ銀行 |
| 主要株主 | Ben Line Agencies Holding Limited |

代理店引受船社
- Alcatel Submarine Networks(ASN)
- ADELTE Group S.L.
- China United Lines Ltd.
- Dalian Jifa Bohai Rim Container Lines Co., Ltd.
- EAS International Shipping Co., Ltd.
- Global Marine Systems Limited
- Japan Oil Transportation Co., Ltd.
- Kestrel Liner Agencies
- KT Submarine Co., Ltd.
- New York Shipping Exchange(NYSHEX)
- Polacus Alima AS
- S. B. Submarine Systems Co., Ltd.Siem Car Carriers AS
- Subcom, LLC
- Swire Shipping (The China Navigation Co. Pte. Ltd.)

| URL | https://www.benlineagencies.com/ |
|---|---|
| 公開E-Mail | general@benline.co.jp |

**東京**
〒108-0075 東京都港区港南2-13-40
品川TSビル4階

| Sales | 03-6718-0730 | FAX03-6718-1814 |
|---|---|---|
| CUL | 03-6718-0730 | FAX03-6718-1814 |
| DBR | 03-6718-0730 | FAX03-6718-1814 |
| EAS | 03-6718-0730 | FAX03-6718-1814 |
| Swire | 03-6718-0732 | FAX03-6718-0731 |
| TANK/JOT | 03-6718-0715 | FAX03-6718-0717 |
| Liner Operation | 03-6718-0967 | FAX03-6718-1814 |
| Marine Agency Sec. | | |
| | 03-6718-0728 | FAX03-6718-0717 |

**横浜代理店**
Swire：ワイエスエージェンシー
045-212-2614　　FAX045-212-2618

**清水代理店**
Swire：清水海運　054-353-3201　　FAX054-352-8323

**名古屋**
Swire：　03-6718-0732　　FAX03-6718-0731

**大阪支店**
〒541-0054 大阪府大阪市中央区南本町1-7-15
明治生命堺筋本町ビル5階
03-6718-0702　　FAX03-6718-0731

**神戸代理店**
Swire：上組　　078-306-3907　　FAX078-306-3925

**門司営業所**
〒801-0852 福岡県北九州市門司区港町7-8
門司郵船ビル4階
093-342-7164　　FAX093-342-7165

＊＊＊＊＊＊＊＊＊＊＊＊＊＊＊＊＊

貨物搬入先
**東京**
**CY**
| [CUL] | 大井No. 2 | |
|---|---|---|
| | 品川区八潮2-2-1-2 | |
| | ダイトーコーポレーション | 03-3790-8062 |
| [EAS] | 青海公共A | |
| | 江東区青海3-4-19 | |
| (EAS船) | 住友倉庫 | 03-3528-0850 |
| (ASL船) | 山九 | 03-3529-3915 |

**横浜**
**CY**
| [CUL] | 南本牧MC-1/2 | |
|---|---|---|
| | 中区南本牧2 | |
| | APL | 045-624-5746 |
| [EAS] | 本牧BC1 | |
| | 中区本牧埠頭1-195 | |
| (EAS船) | 住友倉庫 | 045-622-1824 |
| (ASL船) | 山九 | 045-623-2933 |
| [Swire] | 本牧埠頭BC | |
| | 中区本牧埠頭1-198 | |
| | 鈴江コーポレーション | 045-625-5552 |

**名古屋**
**CY**
| [CUL] | NUCT | |
|---|---|---|
| | 弥富市富浜5-1 | |
| | 上組 | 0567-66-3390 |
| [EAS] | NUCT | |
| | 弥富市富浜5-1 | |
| (EAS船) | 上組 | 0567-66-3390 |
| (ASL船) | フジトランス | 0567-66-3380 |

**大阪**
**CY**
| [CUL] | | |
|---|---|---|
| (CJKS1) | 南港C-2/4 | |
| | 住之江区南港東6-2-84 | |
| | 辰巳商会 | 06-6612-3151 |
| (CJKS2) | 南港C-8 | |
| | 住之江区南港東9-2-97 | |
| | 日東物流 | 06-6612-6241 |
| [EAS] | 夢洲DICT | |
| | 此花区夢洲東1 | |
| (EAS船) | 上組 | 06-6467-1821 |
| (ASL船) | 山九 | 06-6464-3920 |
| [Swire] | 南港C-8 | |
| | 住之江区南港東9-2-97 | |
| | 上組 | 06-6614-2877 |

**神戸**
**CY**
| [CUL] | 六甲C-4/5 | |
|---|---|---|
| | 東灘区向洋町6-4 | |

船社・代理店

B

| | 日東物流 | 078-857-1334 |
|---|---|---|
| [EAS] | | |
| (EAS船) | PC-18 | |
| | 中央区港島8-14 | |
| | 上組 | 078-306-3902 |
| (ASL船) | PC-16/17 KICT | |
| | 中央区港島9-10 | |
| | 山九 | 078-304-1218 |
| [Swire] | 上組神戸CT (KGKT) | |
| | 中央区港島8-14 | |
| | 上組 | 078-306-3901 |

# C.K. Maritime Co., Ltd.
## シーケー・マリタイム　株式会社

| | |
|---|---|
| 設立 | 1986年10月8日 |
| 資本金 | 30,000,000円 |
| 従業員数 | 23 |
| 代表者 | 代表取締役専務 李星弼 |
| 主要取引銀行 | 三菱UFJ銀行日本橋中央支店、<br>みずほ銀行丸之内支店 |
| 主要株主 | 天敬海運 |
| 代理店引受船社 | |
| | 天敬海運株式会社(CK Line Co., Ltd.) |
| URL | https://www.ckm.co.jp/ |

**本社**
〒103-0027 東京都中央区日本橋2-15-3
　　　　　平和不動産日本橋ビル9階
ブッキングセールス

| | | |
|---|---|---|
| | 03-3271-1311 | ℻03-3271-1307 |
| オペレーション | 03-3271-1315 | ℻03-3271-1307 |
| B/Lカウンター | 03-3271-1317 | ℻03-3271-1307 |

**東京代理店**
| 日本通運 | 03-3799-3094 | ℻03-3799-0942 |
|---|---|---|

**横浜代理店**
日本通運
| 在来船 | 045-623-3016 | ℻045-623-3327 |
|---|---|---|
| コンテナ | 045-623-3022 | ℻045-623-3336 |
| B/Lカウンター | 045-623-3024 | ℻045-623-3354 |

**清水代理店**
| 柏栄トランス | 054-352-1785 | ℻054-352-8323 |
|---|---|---|

**名古屋代理店**
| 五洋海運 | 052-652-2181 | ℻052-651-5168 |
|---|---|---|

**大阪支店**
〒541-0052 大阪府大阪市中央区安土町3-2-14
　　　　　イワタニ第二ビル12階
| | 06-6264-7631 | ℻06-6264-7222 |
|---|---|---|

**大阪代理店**
| 日本通運 | 06-6615-8540 | ℻06-6615-8710 |
|---|---|---|

**神戸代理店**
| 三菱倉庫 | 078-857-3492 | ℻078-857-0562 |
|---|---|---|

**門司代理店**
| 門菱港運 | 093-331-3038 | ℻093-331-2929 |
|---|---|---|

**博多代理店**
| 三菱倉庫 | 092-663-3200 | ℻092-663-3202 |
|---|---|---|

**苫小牧代理店**
| 苫小牧埠頭 | 0145-26-8651 | ℻0145-26-8652 |
|---|---|---|

**秋田代理店**
| 秋田海陸 | 018-880-6770 | ℻018-880-6771 |
|---|---|---|

**新潟代理店**
| 日本通運 | 025-388-1020 | ℻025-388-1022 |
|---|---|---|

**直江津代理店**
| 日本通運 | 025-544-5765 | ℻025-544-1090 |
|---|---|---|

**千葉代理店**
| 日本通運 | 043-238-7311 | ℻043-238-7313 |
|---|---|---|

**豊橋代理店**
| トピー海運 | 0532-32-3261 | ℻0532-32-5520 |
|---|---|---|

**四日市代理店**
日本トランスシティ
| 輸出 | 059-361-7701 | ℻059-361-7705 |
|---|---|---|
| 輸入 | 059-361-7702 | ℻059-361-7708 |

**和歌山代理店**
| 浅川組運輸 | 073-445-2121 | ℻073-445-2070 |
|---|---|---|

**金沢代理店**
| 金沢港運 | 076-256-0738 | ℻076-256-0748 |
|---|---|---|

**富山代理店**
| 伏木海陸運送 | 0766-45-1136 | ℻0766-45-1186 |
|---|---|---|

**敦賀代理店**
| 敦賀海陸運輸 | 0770-24-5522 | ℻0770-24-3065 |
|---|---|---|

**舞鶴代理店**
| 日本通運 | 0773-75-3207 | ℻0773-75-2136 |
|---|---|---|

**広島代理店**
マツダロジスティクス
| | 082-250-1916 | ℻082-250-1917 |
|---|---|---|

**宇部代理店**
| 宇部興産海運 | 0836-34-5512 | ℻0836-21-3138 |
|---|---|---|

**境港代理店**
| NX境港海陸 | 0859-42-2124 | ℻0859-47-0099 |
|---|---|---|

**水島代理店**
| 中谷興運 | 086-523-5551 | ℻086-523-0602 |
|---|---|---|

**高松代理店**
| 高松商運 | 087-822-5184 | ℻087-851-0234 |
|---|---|---|

**松山代理店**
| 日本通運 | 089-952-2341 | ℻089-952-9657 |
|---|---|---|

**伊予三島代理店**
| 大王海運 | 0896-24-9220 | ℻0896-24-1891 |
|---|---|---|

**大分代理店**
| 日本通運 | 097-524-2118 | ℻097-524-2717 |
|---|---|---|

＊＊＊＊＊＊＊＊＊＊＊＊＊＊＊＊＊

**貨物搬入先**
**東京**
**CY**
　[CK船/KMTC船]

京浜港品川埠頭地区H/A (東海運)
品川区東品川5-4-36
東海運　　　　　　　03-3471-6335
　[PanCon船/Tai Young船]
京浜港品川埠頭地区H/A
品川区東品川5-4-36
住友倉庫　　　　　　03-3472-4220

**CFS**　日通 関東甲信越ブロック
フォワーディングビジネスユニット
国際海運オペレーション部　CFSセンター
品川区八潮2-6-2
日本通運　　　　　　03-3799-9920

**横浜**
**CY**
　[CK船/KMTC船]
本牧D-1(日通)
中区本牧埠頭1-10
日本通運　　　　　　045-623-3022
　[Tai Young船]
本牧BC-1(山九)
中区本牧埠頭1-195
山九　　　　　(輸出)045-623-2933
　　　　　　　(輸入)045-623-1924

**CFS**
(輸出)　本牧ふ頭 C-9 DHA
中区本牧埠頭1
港栄作業　　　　　　045-621-1225
(輸入)　日通本牧埠頭 H/W
中区本牧埠頭3-8 B埠頭
日本通運　　　　　　045-622-1516
(危険品)　FUNATU SANGYO YOKOHAMA KIKEN-
HIN H/W
金沢区幸浦2-9-12
舟津産業　　　　　　045-785-0411

**TRS**　本牧埠頭B-2 DHA
中区本牧埠頭3 市営B-2上屋
港栄作業　　　　　　045-621-3937

**清水**
**CY**　興津袖師地区DHA CY
清水区興津清見寺町1380
鈴与　　　　　(輸出)054-395-8271
　　　　　　　(輸入)054-395-8272

**名古屋**
**CY**　鍋田ふ頭コンテナターミナル
弥富市富浜5-1
伊勢湾海運　　　　　0567-68-5771

**CFS**　伊勢湾海運西名港現業所
海部郡飛島村東浜1-6-1
伊勢湾海運　　　　　0567-55-2711

**大阪**
**CY**　南港C-9 DHA(MITSUBISHI)
住之江区南港東9-3
三菱倉庫　　　　　　06-6612-4861
　[KMTC船/PanCon船]
南港C-2/4 DHA
住之江区南港東6-2-84
辰巳商会　　　　(輸出)06-6612-5338
　　　　　　　(輸入)06-6612-3152

**CFS**　NITTO-NANKO R
住之江区南港北3-2-46
三菱倉庫　　　　　　06-6612-7721

**TRS**
(Busan)　PIER No.2(NITTU)H/W

港区海岸通り3-4-55
日本通運　　　　　　06-6573-3507

**神戸**
**CY**　RC-3/4/5 DHA
東灘区向洋町西6-4
三菱倉庫　　　　(輸出)078-857-0260
　　　　　　　(輸入)078-857-0261
　[KMTC船]　RC-6/7 DHA
東灘区向洋町東4-25
ユニエックスNCT　(輸出)078-857-7550
　　　　　　　(輸入)078-857-7560
　[PanCon船]
PC-16/17 DHA
中央区港島9
商船港運　　　　(輸出)078-304-1216
　　　　　　　(輸入)078-304-1214

**CFS**
(Busan)　ROKKO C-4 CFS
東灘区向洋町西6-4
三菱倉庫　　　　　　078-857-0266

**TRS**
　[CK船]
(Busan)　MAYA-A DHA
灘区摩耶埠頭
三菱倉庫　　　　　　078-881-5231

**門司**
**CY**　太刀浦第一コンテナターミナル
門司区太刀浦海岸
門菱港運　　　　　　093-331-8347

**TRS**
　[Dongjin船]
TACHINOURA DHA No.4 SHED
門司区太刀浦海岸60-3
門司港運　　　　　　093-321-0435

**博多**
**CY**　博多港保税地域アイランドシティCY
東区みなと香椎1-1-4
三菱倉庫　　　　　　092-663-3200
　[Dongjin船]
アイランドシティCY
東区みなと香椎1-1-4
相互運輸　　　　　　092-663-3210

**苫小牧**
**CY**　苫小牧東港国際コンテナターミナル
苫小牧市字弁天534-2
苫小牧埠頭　　　　　0145-26-8651

**秋田**
**CY**　秋田港外港地区コンテナターミナル指定保税
地域
秋田市土崎港相染町字大浜14
秋田海陸　　　　　　018-880-5600

**CFS**　大浜保税蔵置場
秋田市土崎港相染町字大浜1-6地内
秋田海陸　　　　　　018-845-0185

**千葉**
**CY**　千葉港港湾運送事業協同組合保税蔵置場
千葉市中央区中央港1-174
日本通運　　　　　　043-238-7311
　[Tai Young船]
山九　　　　　　　　043-242-3761

**CFS**　千葉港港湾運送事業協同組合保税蔵置場
千葉市中央区中央港1-172
日本通運　　　　　　043-238-7311

<br>

四日市
CY　四日市港霞ヶ浦地区　指定保税地域
　　四日市市霞2-2
　　日本トランスシティ　　(輸出)059-361-7701
　　　　　　　　　　　　　(輸入)059-361-7702

豊橋
CY　三河港豊橋コンテナターミナル
　　豊橋市神野西町1-3
　　トピー海運　　　　　　0532-32-3261

新潟
CY/CFS　新潟港東港区指定保税地区CY日通
　　新潟市北区横土居3228-2
　　日本通運　　　　　　　025-388-1020

直江津
CY　日本通運直江津支店東6号コンテナ保税蔵置場
　　上越市黒井添2886
　　日本通運　　　　　　　025-544-5765

CFS　日本通運直江津支店コンテナ保税蔵置場
　　上越市黒井添2922
　　日本通運　　　　　　　025-544-5765

和歌山
CY　西浜第5岸壁
　　和歌山市西浜1660-489
　　浅川組運輸　　　　　　073-445-2121

金沢
CY　金沢港運コンテナターミナルセンター
　　金沢市近岡町613
　　金沢港運　　　　　　　076-256-0738

富山
CY　伏木海陸運送 CY
　　射水市越の潟町1003
　　伏木海陸運送　　　　　0766-82-5685

CFS
(輸出)　第一CFS
　　高岡市石丸705-4
　　伏木海陸運送　　　　　0766-84-6950
(輸入)　第二CFS 2号棟
　　高岡市石丸705-1
　　伏木海陸運送　　　　　0766-83-0707

敦賀
CY/CFS　敦賀市金ヶ崎町49-1
　　敦賀海陸運輸　　　　　0770-24-5522

舞鶴
CY　舞鶴国際埠頭日通CY
　　舞鶴市下安久1040
　　日本通運　　　　　　　0773-75-3207

広島
CY/CFS　広島国際コンテナターミナル
　　広島市南区出島3-1-67
　　マツダロジスティクス　082-250-1916

宇部
CY/CFS　(CY)芝中西CY保税蔵置場
　　(CFS)芝中西ふ頭保税蔵置場
　　宇部市大字沖宇部字沖の山5272-8,9,10
　　宇部興産海運　　　　　0836-34-5512

境港
CY　境港国際コンテナターミナル指定保税地域
　　境港市昭和町103
　　NX境港海陸　　　　　　0859-21-3733

水島
CY　水島港国際コンテナターミナル指定保税地域
　　倉敷市玉島乙島新湊8262-1
　　中谷興運　　　　　　　086-523-5551

CFS　水島港国際物流センターCFS
　　倉敷市玉島乙島新湊8262-1
　　中谷興運　　　　　　　086-523-5551

高松
CY/CFS　高松港コンテナターミナル保税蔵置場
　　高松市朝日新町10-1
　　高松商運　　　　　　　087-822-5184

松山
CY　松山市大可賀3-1464
　　松山コンテナターミナル　089-968-3011

伊予三島
CY　金子国際コンテナヤード保税蔵置場
　　四国中央市三島宮川一丁目神之元2341
　　大王海運　　　　　　　0896-24-4380

# Camellia Line Co., Ltd.
カメリアライン　株式会社

| | |
|---|---|
| 設立 | 1990年4月26日 |
| 資本金 | 400,000,000円 |
| 従業員数 | 42 |
| 代表者 | 代表取締役社長 石田裕晶 |
| 主要取引銀行 | 三菱UFJ銀行、福岡銀行 |
| 主要株主 | 日本郵船、高麗海運 |
| URL | https://www.camellia-line.co.jp/ |

本社
〒812-0031 福岡県福岡市博多区沖浜町14-1
　　　　博多港国際ターミナル3階
貨物営業部　　092-262-2324
運航部　　　　092-262-2322　　FAX092-262-2332

広島代理店
ヒロクラ　　　082-253-2111　　FAX082-253-2110

徳山代理店
日本通運　　　0834-27-0202　　FAX0834-27-0205

中関代理店
ヒロクラ　　　0835-23-3136　　FAX0835-24-5137

門司代理店
山九　　　　　093-321-3999　　FAX093-332-7032

大分代理店
鶴崎海陸運輸　097-529-7230　　FAX097-524-2093

＊＊＊＊＊＊＊＊＊＊＊＊＊＊

貨物搬入先
大阪
CY　夢洲C-10/12コンテナターミナル　[4ED72]
　　大阪市此花区夢洲東1-1
　　三菱倉庫　　　　　　　06-6612-4861

博多
CY　中央埠頭コンテナヤード　[6TK43]
　　博多区沖浜町14-1
　　ジェネック　　　　　　092-262-0808

CFS　中央埠頭市営東6号上屋　[6TJ85]
　　博多区沖浜町14-1
　　日本通運　　　　　　　092-271-0776

門司
CY　太刀浦第一CY　[6CJ63]
　　門司区太刀浦海岸11-3
　　ジェネック　　　　　　093-331-3456

**水島**
CY　水島港国際コンテナターミナル　[3QD02]
倉敷市玉島乙島字新湊8262-1
中谷興運　　　　　　　　086-523-5551

**広島**
CY　広島港コンテナターミナル　[3WRC1]
安芸郡坂町北新地3-3-8
マツダロジスティクス　　082-884-0233
広島港国際コンテナターミナル　[3WDD1]
広島市南区出島2-1-67
マツダロジスティクス　　082-250-1916
CFS　ヒロクラ　外貿倉庫　[3WW06]
広島市南区宇品海岸3-1-35
ヒロクラ　　　　　　　　082-253-6193

**徳山**
CY　D.H.A.徳山晴海CY　[6GJ85]
周南市晴海町6
日本通運　　　　　　　　0834-27-0202
CFS　D.H.A.徳山晴海県営5号上屋CFS　[6GJD5]
周南市晴海町6-51
日本通運　　　　　　　　0834-27-0202

**中関**
CY/CFS　防府中関保税蔵置場　[6HW07]
防府市大字浜方字大浜一ノ枡415-2/22/24
マツダロジスティクス　　0835-24-1532

**大分**
CY　大在コンテナターミナル　[6ZL26]
大分市大字大在6
鶴崎海陸運輸　　　　　　097-524-2088
CFS　大在流通センター　[6ZW32]
大分市大字大在2
鶴崎海陸運輸　　　　　　097-593-5744

**伊予三島**
CY　金子国際ターミナル　[36W60]
四国中央市三島宮川1-2341番地内
日本興運　　　　　　　　0896-72-7033

---

# Centrans Ocean Container Lines Co., Ltd.
中通遠洋コンテナライン　株式会社

| | |
|---|---|
| 設立 | 2008年4月 |
| 資本金 | 10,000,000円 |
| 従業員数 | 15 |
| 代表者 | 代表取締役社長　喬洪 |
| 主要株主 | 新中通国際海運 |

代理店引受船社
　新中通国際海運有限公司(New Centrans International Marine Shipping Co., Limited)
URL　　　http://www.ccljp.com/

**本社**
〒104-0045 東京都中央区築地2-11-9
　　　　　RBM築地駅前ビル7階
管理部　　03-6226-6076　FAX03-6226-6069
運航部　　03-6226-6068　FAX03-6226-6069
輸出カスタマーサービス・営業(ブッキング、B/L)
　　　　　03-6226-6002　FAX03-6226-6069
輸入カスタマーサービス
　　　　　03-6226-6003　FAX03-6226-6069

**大阪営業所**
〒541-0052 大阪市中央区安土町3-4-5
本丸田ビル5階
06-6226-8158　FAX06-6226-8215

**東京港代理店**
山九　　　03-3529-3915　FAX03-3529-1028
**横浜港代理店**
山九　　　045-681-1204　FAX045-662-8741
**名古屋代理店**
東亜シッピング　052-659-1550　FAX052-659-1551
**大阪港代理店**
山九　　　06-6577-3901　FAX06-6574-3911
**神戸港代理店**
山九　　　078-371-3091　FAX078-371-3094
**博多港代理店**
山九　　　092-633-3960　FAX092-633-3940
**門司港代理店**
山九　　　093-321-3999　FAX093-332-7032
**泉北港代理店**
山九　　　0725-22-9039　FAX0725-22-9139

＊＊＊＊＊＊＊＊＊＊＊＊＊＊＊＊

**貨物搬入先**
**東京**
CY　　　青海A-1　[1CD39]
江東区青海3-4-19
山九　　　　　　　　　　03-3529-3915
[JJSCO]　青海A-2　[1CD44]
江東区青海3-4-19
住友倉庫　　　(輸出)03-3528-0850
　　　　　　　(輸入)03-3520-1908
[TSL]　大井7号　[1FD04]
品川区八潮2-5-2
NYTT　　　　(輸出)03-5492-7503
　　　　　　　(輸入)03-5492-7502

**横浜**
CY　　　本牧埠頭BC　[2EKF5]
中区本牧埠頭1-195
山九　　　　　　　　　　045-623-2933
[JJSCO]　大黒T-9 DHA　[2HDU2]
鶴見区大黒埠頭25
三井倉庫　　　　　　　　045-502-9311
[TSL]　本牧埠頭BC　[2EK51]
中区本牧埠頭1-198
鈴江コーポレーション　　045-625-5552/1

**名古屋**
CY
[STM]　鍋田NUCT　[5ED12]
弥富市富浜5-1
三井倉庫　　　　　　　　0567-66-3393
[SNL]　鍋田NUCT　[5ED12]
弥富市富浜5-1
伊勢湾海運　　　　　　　0567-66-3460
[COSCO]　鍋田NUCT　[5ED12]
弥富市富浜5-1
名港海運　　　　　　　　0567-66-3373

**大阪**
CY　　　夢洲C-10/12　[4ED77]
此花区夢洲東1-1
山九　　　　　　　　　　06-6464-9320
[JJSCO]　夢洲C-10/12　[4ED71]
此花区夢洲東1-1

|  | | |
|---|---|---|
| | 住友倉庫 | 06-6612-1324 |
| [STM] | 夢洲C-10/12　[4ED73] | |
| | 此花区夢洲東1-1 | |
| | 近畿港運 | 06-6460-6110 |
| [TSL] | 夢洲C-10/12　[4ED76] | |
| | 此花区夢洲東1-1 | |
| | 上組 | 06-6467-1821 |

**神戸**
**CY**

|  | | |
|---|---|---|
| | KICT PC16/17　[3FDU1] | |
| | 中央区港島9-10 | |
| | 山九 | (輸出)078-304-1216 |
| | | (輸入)078-304-1214 |
| [JJSCO] | KICT PC16/17　[3FDU1] | |
| | 中央区港島9-10 | |
| | 住友倉庫 | (輸出)078-304-1216 |
| | | (輸入)078-304-1214 |
| [STM] | RC-1/2　[3GDH6] | |
| | 東灘区向洋町西6 | |
| | 三井倉庫 | 078-845-9883 |
| [TSL] | PC-18　[3FDW2] | |
| | 中央区港島8-14 | |
| | 上組 | 078-306-3901/0 |

**門司**
**CY**

|  | | |
|---|---|---|
| | 太刀浦第二CY　[6CK64] | |
| | 門司区太刀浦海岸地先 | |
| | 山九 | 093-332-4292 |
| [STM] | 太刀浦第二CY　[6CK66] | |
| | 門司区太刀浦海岸地先 | |
| | 三井倉庫九州 | 093-332-5328 |

**博多**
**CY**
[CCL/STM]

|  | | |
|---|---|---|
| | 香椎パークポートコンテナターミナル | |
| | [6TK26] | |
| | 東区香椎浜ふ頭4-2-2 | |
| | 博多港運 | 092-663-3131 |

**泉北**
**CY**

|  | | |
|---|---|---|
| | 泉北コンテナターミナル(助松埠頭8号CY) | |
| | [4KDK2] | |
| | 泉大津市小津島町4-1 | |
| | 山九 | 0725-31-3931 |

---

# CMA CGM (Japan) K.K.
### CMA CGM JAPAN　株式会社

| | |
|---|---|
| 設立 | 2007年11月20日 |
| 資本金 | 40,000,000円 |
| 従業員数 | 190 |
| 代表者 | 代表取締役 内田秀樹 |
| 主要取引銀行 | 香港上海銀行 |
| 主要株主 | CMA CGM Group |

代理店引受船社
　CMA CGM S.A.
　CMA CGM Asia Shipping Pte Ltd.(CNC)
　ANL Container Line
　American President Lines, LLC

URL　　https://www.cma-cgm.com/local/japan-agencies/
　　　　https://www.cnc-line.com/local/japan-agencies/

**東京本社**
〒140-0002 東京都品川区東品川2-2-24

天王洲セントラルタワー21階

Customer Care
Export
　ANL, CMA CGM
　　　　　　　　　　03-6633-6100
　CNC　　　　　　　03-6625-7650
Import　　　　　　　03-6633-6190
Documentation
Export
　ANL, CMA CGM
　　　　　　　　　　03-6633-6170
　CNC　　　　　　　03-6625-7655
Import　　　　　　　03-6633-6180

**横浜代理店**
住友倉庫
　Export　　　　　　045-345-8291
　Import　　　　　　045-345-8293

**清水・御前崎代理店**
新清海運　　　　　　054-364-1810

**名古屋支店**
〒460-0003 愛知県名古屋市中区錦3-5-31
　　　　　　　　オーキッドプレイス名古屋ビル6階
　　　　　　　　052-307-7320

**大阪支店**
〒550-0002 大阪府大阪市西区江戸堀1-9-1
　　　　　　　　肥後橋センタービル14階
　　　　　　　　06-7639-3230

**神戸代理店**
上組　　　　　　　　078-306-3907

**博多代理店**
西邦海運　　　　　　092-283-2210

**那覇代理店**
琉球物流　　　　　　098-861-4701

＊＊＊＊＊＊＊＊＊＊＊＊＊＊

貨物搬入先
**東京**
**CY**
[A3N:Off Dock]
　　　　　東京CT
　　　　　大田区令和島1-1
　　　　　上組　　　　　03-6457-2381
[FUJI]　大井No. 6/7
　　　　　品川区八潮2-5-2
　　　　　ユニエックス　03-5492-7503
[JPX, JTVS, JVH]
　　　　　大井No. 3/4
　　　　　品川区八潮2-3-10
　　　　　宇徳　　　　　03-3790-1140
[EX1/GSX:Off Dock]
　　　　　品川CT
　　　　　品川区東品川5-4-36
　　　　　住友倉庫　　　03-3528-0850
[JTX, ACSA-WB/CBX:Off Dock]
　　　　　品川CT
　　　　　品川区東品川5-4-36
　　　　　第一港運　　　03-3474-9223
[JTC]　　青海A-2
　　　　　江東区青海3-4-19
　　　　　日本通運　　　03-3520-2922

**横浜**
**CY**
[A3N]
    (ANL船)　本牧D-4
        中区本牧埠頭1-10
        ATS　　　　　　　　045-625-4321
    (COSCO船)
        本牧BC
        中区本牧埠頭1-198
        鈴江コーポレーション　045-625-5552
    (OOCL船)　本牧BC-1
        中区本牧埠頭1-195
        山九　　　　　　　　045-623-2933
[ACSA-WB, CBX, EX1, GSX, JPX, JTX, JTVS]
        本牧D-4
        中区本牧埠頭1-10
        ATS　　　　　　　　045-625-4321
[FUJI:Off Dock]
        本牧BC
        中区本牧埠頭1-198
        三菱倉庫　　　　　　045-623-4823
[JTC]　本牧D-1
        中区本牧埠頭1-10
        日本通運　　　　　　045-623-3022

**清水**
**CY**
[JTX, JVH, CBX:Off Dock]
        清水公共CY
        清水区興津清見寺町1380
        鈴与　　　　　　　　054-395-8271

**名古屋**
**CY**
[FUJI]　TCB
        海部郡飛島村東浜3-1-4
        旭運輸　　　　　　　0567-57-2404
[CBX:Off Dock]
        飛島北CT
        海部郡飛島村東浜2-25
        上組　　　　　　　　0567-55-0143
[JPX]　TCB
        海部郡飛島村東浜3-1-4
        上組　　　　　　　　0567-57-2413
        フジトランス　　　　0567-57-2409
[JTX]　NCB
        海部郡飛島村東浜2-10
        上組　　　　　　　　0567-55-0143
[JTVS]　TCB
        海部郡飛島村東浜3-1-4
        フジトランス　　　　0567-57-2409
[JTC]　NUCT
        弥富市富浜5-1
        東海協和　　　　　　0567-66-3363
[JVH]　NCB
        海部郡飛島村東浜2-10
        名港海運　　　　　　0567-55-2280

**大阪**
**CY**
[A3N]　夢洲C-10/12
        此花区夢洲東1-1
    (ANL船, COSCO船)
        上組　　　　　　　　06-6467-1821
    (OOCL船)　山九　　　　06-6612-4984
[FUJI/JPX:Off Dock]

---

        南港C-8
        住之江区南港東9-2-97
        上組　　　　　　　　06-4703-4556
[CBX:Off Dock]
        南港C-6
        住之江区南港中7-4-75
        住友倉庫　　　　　　06-6612-1324
[JTX]　夢洲C-10/12
        此花区夢洲東1-1
        上組　　　　　　　　06-6467-1821
[JTC]　南港C-9
        住之江区南港東9-3-1
        三井倉庫港運　　　　06-6613-3879

**神戸**
**CY**
[A3N:Off Dock, CBX:Off Dock, JTX, JPX, JTVS]
        PC-18
        中央区港島8-14
        上組　　　　　　　　078-306-3902
[FUJI]　PC-16/17
        中央区港島9-10
        商船港運　　　　　　078-304-1214
[JTC]　RC-1/2
        東灘区向洋町西6
        三井倉庫　　　　　　078-845-9883
[JVH]　RC-6/7
        東灘区向洋町東4-25
        ユニエックス　　　　078-857-7550

**博多**
**CY**
[GSX, NPF]　香椎パークポートCT
        東区香椎浜ふ頭4-2-2
        日本通運　　　　　　092-663-3051

**門司**
**CY**
[NPF]　太刀浦 No.1 HW
        門司区太刀浦海岸29-4
        門菱港運　　　　　　093-331-8347

**御前崎**
**CY**
[JPX]　御前崎国際CT
        御前崎市港6620-42
        上組　　　　　　　　0548-55-5020

**四日市**
**CY**
[JPX]　霞ヶ浦南埠頭W26CT
        四日市市霞2-2
        日本トランスシティ　059-361-1313

**高知**
**CY**
[NPF]　高知新港CT
        高知市仁井田字新港4700
        高知港運　　　　　　088-847-6881

**大分**
**CY**
[NPF]　大分港大在CT
        大分市大字大在6
        日本通運　　　　　　097-524-2120

**細島**
**CY**
[NPF]　細島港国際CT
        日向市竹島町3
        センコー　　　　　　0982-52-3151

志布志
**CY**
[NPF] 志布志港新若浜地区国際CT
志布志市志布志町安楽296-1
東洋埠頭 099-472-8270

那覇
**CY**
[EX1] 那覇国際CT
那覇市港町1-207
琉球物流 098-862-2147

---

# COSCO SHIPPING (Japan) TOHO Co., Ltd.
### コスコシッピングジャパン・トウホウ 株式会社

| | |
|---|---|
| 設立 | 1994年4月 |
| 資本金 | 20,000,000円 |
| 従業員数 | 12 |
| 代表者 | 代表取締役 隋軍 |
| 主要取引銀行 | 三井住友銀行日比谷支店、<br>三菱UFJ銀行虎ノ門支店 |
| 主要株主 | コスコシッピングジャパン |

**代理店引受船社**
COSCO SHIPPING Specialized Carriers Co., Ltd
コスコシッピンググループの各船社(コンテナ船を除く)
**URL** http://www.cosco.co.jp/W040_Toho/
**公開E-Mail** chart@cosco.co.jp

**東京本社**
〒100-0013 東京都千代田区霞が関3-2-1
霞が関コモンゲート西館33階
03-5532-5400 ℻03-5532-5404

---

# COSCO SHIPPING Lines (Japan) Co., Ltd.
### コスコシッピングラインズジャパン 株式会社

| | |
|---|---|
| 設立 | 2004年12月1日 |
| 資本金 | 40,000,000円 |
| 従業員数 | 100 |
| 代表者 | 代表取締役社長 周煒 |
| 主要取引銀行 | みずほ銀行 |
| 主要株主 | 中遠海運集装箱運輸有限公司 |
| ISO取得 | 1998年6月29日 |
| URL | https://world.lines.coscoshipping.com/japan/ |
| 公開E-Mail | cosjp@cosco.co.jp |

**東京本社**
〒100-0013 東京都千代田区霞が関3-2-1
霞が関コモンゲート西館33階
輸出
(中国航路) 03-6328-2011 ℻03-5532-5318
(中国以外の航路) 03-6328-2074 ℻03-5532-5318
輸入 03-6328-2076 ℻03-5532-5319
B/L 03-6328-2032 ℻03-5532-5317

**大阪支店**
〒550-0002 大阪府大阪市西区江戸堀1-5-16
JMFビル肥後橋01 5階
06-7177-0111 ℻06-6443-7600

---

**名古屋営業所**
〒460-0008 愛知県名古屋市中区栄2-6-1
RT白川ビル5階
052-232-6011 ℻052-232-6091

**福岡営業所**
〒812-0038 福岡県福岡市博多区祇園町1-28
いちご博多ビル6階
092-283-3958 ℻092-283-3978

**東京代理店**
上組 03-6457-2380 ℻03-6457-2387

**横浜代理店**
正和 045-671-1770 ℻045-671-1784

**名古屋代理店**
名港海運 052-661-8123 ℻052-661-7221

**大阪代理店**
上組 06-6614-2877 ℻06-6613-1895

**神戸代理店**
上組 078-306-3909 ℻078-306-3926

**門司代理店**
山九 093-321-3999 ℻093-332-7032

---

# Daiei Shipping Co., Ltd.
### ダイエイシッピング 株式会社

| | |
|---|---|
| 設立 | 1990年5月14日 |
| 資本金 | 20,000,000円 |
| 従業員数 | 19 |
| 代表者 | 代表取締役社長 朴永守 |
| 主要取引銀行 | みずほ銀行八重洲口支店、三菱UFJ銀行 |
| 主要株主 | 太榮商船、山九 |

**代理店引受船社**
太榮商船株式会社(Tai Young Shipping Co.,Ltd.)
**URL** http://www.daieiship.co.jp/
**公開E-Mail** c-biz@daieiship.co.jp(コンテナ船)
b-biz@daieiship.co.jp(在来船)
osa@daieiship.co.jp(大阪)

**東京本社**
〒104-0032 東京都中央区八丁堀2-20-1
藤和八丁堀ビル5階
03-5566-6961 ℻03-5566-8282

**大阪支店**
〒550-0005 大阪府大阪市西区西本町1-7-19
ワイダ本町ビル2階
06-6536-6985 ℻06-6536-0915

**東京代理店**
山九 03-3529-3915 ℻03-3529-1028

**横浜代理店**
山九 045-681-1204 ℻045-662-8741
ウィンテック

| | | | |
|---|---|---|---|
| 在来船 | 045-226-5025 | ℻045-226-5075 | |

**清水代理店**

清水運輸　054-353-3914　℻054-355-0809

**名古屋代理店**

伊勢湾海運　052-653-3331　℻052-651-1721

**大阪代理店**

山九　06-6577-3901　℻06-6574-3911

**神戸代理店**

山九　078-371-3091　℻078-371-3094

**門司代理店**

山九　093-321-3999　℻093-332-7032

**博多代理店**

山九　092-633-3960　℻092-633-3940

**千葉代理店**

山九　043-238-7720　℻043-238-7722

**広島代理店**

山九　082-250-3912　℻082-250-3949

＊＊＊＊＊＊＊＊＊＊＊＊＊＊＊

**貨物搬入先**

**東京**

**CY**

[Tai Young船/PanCon船]
京浜港品川埠頭区 H-A　[1AD31]
品川区東品川5-4-36
住友倉庫　03-3472-4220

[CK船/KMTC船]
京浜港品川埠頭区 H-A　[1AD21]
品川区東品川5-4-36
東海運　03-3471-6335

**横浜**

**CY**

本牧BC　[2EKF5]
中区本牧埠頭1-195
山九　045-623-2933

[CK船/KMTC船]
本牧D-1　[2EJX3]
中区本牧埠頭1-10
日本通運　045-623-3022

**TRS**

大黒L-4バース
鶴見区大黒ふ頭5-4
山九　045-502-3921

**清水**

**CY**

清水港興津袖師地区DHA CY　[5ND08]
清水区興津清見寺町1380
鈴与　054-395-8122

**名古屋**

**CY**

鍋田埠頭ターミナル(NUCT)　[5ED12]
弥富市富浜5-1
伊勢湾海運　0567-66-3640

[PanCon船]名港海運　0567-66-3373

**大阪**

**CY**

[CK船]　南港 C-9 DHA　[4ID24]
住之江区南港東9-3
三菱倉庫　06-6612-7721

[KMTC船/PanCon船]
南港 C-2/4 DHA　[4ID05]
住之江区南港東6-2-84
辰巳商会　06-6612-3151

**TRS**

住之江区南港中7-3-109
山九　06-6612-4592

**神戸**

**CY**

[CK船]　RC-4/5 DHA　[3GDK4]
東灘区向洋町西6-1
三菱倉庫　078-857-0260

[KMTC船]　RC-6/7 DHA　[3GDP1]
東灘区向洋町東4-25
ユニエツクスNCT　078-857-7550

[PanCon船]PC-16/17 DHA　[3FDU1]
中央区港島9-10
商船港運　078-304-1216

**TRS**

ポートアイランド14
中央区港島7-12
山九　078-303-0391

**千葉**

**CY**

千葉県営千葉港中央保税置場　[2OW79]
千葉市中央区中央港1-174
山九　043-238-7720

[CK船/KMTC船]
千葉港港湾運送事業共同組合保税蔵置場
[2OWB2]
千葉市中央区中央港1-174
日本通運　043-238-7311

**広島**

**CY**

広島港国際コンテナターミナル　[3WDC1]
広島市南区出島2-1-67

[KMTC船]　日本通運　082-253-4228

[PanCon船]マツダロジスティクス　082-250-1916

---

# Daiichi Chuo Kinkai Kaisha

**第一中央近海　株式会社**

| | |
|---|---|
| 設立 | 1971年4月15日 |
| 資本金 | 116,325,500円 |
| 従業員数 | 29 |
| 代表者 | 代表取締役社長 太田耕之輔 |
| 主要取引銀行 | 三井住友銀行 |
| 主要株主 | 第一中央汽船 |

**東京本社**

〒108-0073 東京都港区三田1-4-28
三田国際ビル25階

中国室　03-6436-7363　℻03-6436-7359

**名古屋代理店**

大港海運　052-231-7651　℻052-223-0401

**大阪代理店**

〒550-0002 大阪府大阪市西区江戸堀1-3-3
第一中央内航
B/L室　06-6479-1885　℻06-6479-0381

# Daiko Shipping Co., Ltd.
### 大港海運　株式会社

| | |
|---|---|
| 設立 | 1978年5月 |
| 資本金 | 10,000,000円 |
| 従業員数 | 7 |
| 代表者 | 代表取締役社長 鈴木修二 |
| 主要取引銀行 | 三井住友銀行、十六銀行 |
| 主要株主 | 名和海運ホールディングス |

**代理店引受船社**
　Daiichi Chuo Kinkai Kaisha

| | |
|---|---|
| URL | https://meiwashipping-group.co.jp/daiko/ |
| 公開E-Mail | ssuzuki@daikoline.co.jp |

**本社**
〒460-0008 愛知県名古屋市中区栄2-6-1
　　　　RT白川ビル5階
　　　　052-231-7651　　℻052-223-0401

**東京代理店**
川畑海運　　　　03-6264-3867　　℻03-6264-3842

**横浜代理店**
山九　横浜支店代理店課
　　　　　　045-624-3039　　℻045-623-8625

**大阪代理店**
日本通運　大阪国際輸送支店
　　　　　　06-6615-8540　　℻06-6615-8710

**神戸代理店**
山九　神戸支店代理店課
　　　　　　078-371-3091　　℻078-371-3094

---

# Daito Corporation
### 株式会社　ダイトーコーポレーション

| | |
|---|---|
| 設立 | 1934年9月3日 |
| 資本金 | 842,500,000円 |
| 従業員数 | 478(2023年4月1日現在) |
| 代表者 | 代表取締役社長 松川一裕 |
| 主要株主 | KLKGホールディングス |

**代理店引受船社**
　新海豊集装箱運輸有限公司(SITC Container Lines Ltd.)
　中外運集装箱運輸有限公司(Sinotrans Container Lines Co., Ltd.)
　寧波遠洋運輸股份有限公司(Ningbo Ocean Shipping Co., Ltd.)

| | |
|---|---|
| ISO取得 | 1999年8月30日(ISO9001) |
| | 2005年1月31日(ISO14001) |
| URL | https://www.daitocorp.co.jp/ |
| 公開E-Mail | china-c-service@daitocorp.co.jp |

**本社**
〒108-8540 東京都港区芝浦2-1-13
営業統括本部　物流事業ユニット　アジア中国室
　　　　　　03-3452-6277　　℻03-3451-2931

**横浜支店**
〒231-8330 神奈川県横浜市中区本町1-3
　　　　綜通横浜ビル7階
　　　　045-201-6911　　℻045-201-0554

**千葉支店**
〒260-8517 千葉県千葉市中央区中央港1-9-5
　　　　043-238-5110　　℻043-238-5124

＊＊＊＊＊＊＊＊＊＊＊＊＊＊＊＊

**貨物搬入先**
**東京**
**CY**
[SITC/NOS]
　　　　大井B/A No.2
　　　　品川区八潮2-1-2
　　　　ダイトーコーポレーション　　03-3790-8062
[SITC-LKT, VTX2, VTX3/SNL/NOS]
　　　　中防Y2ターミナル
　　　　大田区令和島1-1-1
　　　　三井倉庫　　　　03-3599-3700
[SITC-ONE船JTV1]
　　　　大井埠頭3/4
　　　　品川区八潮2-3-10
　　　　宇徳　　　　03-3790-1140
[SITC/SNL/NOS-COSCO船]
　　　　上組東京コンテナターミナルY1
　　　　江東区青海3丁目地先中央防波堤外側埋立地
　　　　上組　　　　03-6457-2381
[SITC-HASCO船]
　　　　大井3/4号
　　　　品川区八潮2-3-10
　　　　宇徳　　　　03-3790-1140
[SNL]　青海公共ターミナル
　　　　江東区青海3-4-19
　　　　伊勢湾海運　　　　03-3520-1851
　　　　品川コンテナセンター
　　　　品川区東品川5-2
　　　　東海運　　　　03-3471-6335

**横浜**
**CY**
[SITC-CJV3, LKT, PBT1, REX-T/NOS]
　　　　南本牧MC-1,2,3,4
　　　　中区南本牧2 中央管理棟2階
　　　　ダイトーコーポレーション　　045-624-5746
[SITC-CJV6, PBT2, PST2, SKT2, VTX2, VTX3/SNL]
　　　　南本牧埠頭MC1,2
　　　　中区南本牧1
　　　　日新　　　　045-624-5896
[SITC-ONE船JTV1]
　　　　南本牧MC-1,2,3,4
　　　　中区南本牧2 中央管理棟2階
　　　　宇徳　　　　045-624-5736
[SITC/SNL/NOS-COSCO船]
　　　　本牧埠頭BC-2
　　　　中区本牧埠頭1-198
　　　　鈴江コーポレーション　　045-625-5552
[SITC-HASCO船]
　　　　本牧埠頭BC-1
　　　　中区本牧埠頭1-195
　　　　山九　　　　045-623-2933
**CFS**
[SNL-江蘇] 三菱倉庫横浜支店　南本牧第一営業所CFS事務所
　　　　横浜市中区南本牧1
　　　　三菱倉庫　　　　045-624-5961
**清水**
**CY**
[SITC]　　袖師第一埠頭(6, 7, 8号バース)

清水区横砂408-17
　　　　　鈴与　　　　　　　054-395-8271
[SITC-ONE船JTV1]
　　　清水港コンテナターミナル(新興津埠頭)
　　　清水区興津清見寺町1380
　　　　　鈴与　　　　　　　054-395-8271

## 名古屋
### CY
[SITC/NOS]
　　　　　鍋田埠頭(NUCT)
　　　　　弥富市富浜5-1
　　　　　日東物流　　　　　0567-66-3390
[SITC-VTX2, VTX3]
　　　　　鍋田埠頭(NUCT)
　　　　　弥富市富浜5-1
　　　　　三井倉庫　　　　　0567-66-3393
[SITC-ONE船JTV2]
　　　　　NCBコンテナターミナル
　　　　　海部郡飛島村東浜2-10
　　　　　旭運輸　　　　　　0567-55-0101
[SNL]　　鍋田埠頭(NUCT)
　　　　　弥富市富浜5-1
　　　　　伊勢湾海運　　　　0567-68-5771
[SNL-COSCO船]
　　　　　鍋田埠頭(NUCT)
　　　　　弥富市富浜5-1
　　　　　名港海運　　　　　0567-66-3373
### CFS
[SNL-江蘇]　西名港現業所
　　　　　海部郡飛島村東浜1-6-1
　　　　　伊勢湾海運　　　　0567-55-2711

## 大阪
### CY
[SITC-CJV4-S/B, CVS2, S7, TYS/WDS, VTX1, VTX5]
　　　　　夢洲 C-10/12(DICT)
　　　　　此花区夢洲東1
　　　　　日新　　　　　　　06-4808-8130
[SNL-COSCO船]
　　　　　上組　　　　　　　06-4703-4556
[SJJ-CVS2, VTX5]
　　　　　住友倉庫　　　　　06-6612-1324
[SITC-CJV4-N/B/HASCO]
　　　　　南港 C-2/4 DHA
　　　　　住之江区南港東6-2-84
　　　　　辰巳商会　　　　　06-6612-3151
[SITC-CJV2/NOS]
　　　　　南港 C-8 DHA
　　　　　住之江区南港東9-2-97
　　　　　日東物流　　　　　06-6612-6241
[SITC-ONE船JTV2]
　　　　　南港 C-2 DHA
　　　　　住之江区南港東6-3-59
　　　　　商船港運　　　　　06-6612-1701
[SNL]　　南港 C-1 DHA
　　　　　住之江区南港東6-5-89
　　　　　辰巳商会　　　　　06-6612-5111
[SNL-江蘇]　南港 C-2/4 DHA
　　　　　住之江区南港東6-2-84
　　　　　辰巳商会　　　　　06-6612-3152

## 神戸
### CY
[SITC-CJV4-S/B, CVS2, PBT3, S7, TYS/WDS,
　　　　VTX1/SNL]

PC-14 DHA
中央区港島9-3
　　　　　日新　　　　　　　078-306-5682
[SJJ-CVS2, VTX5]
　　　　　PC-16/17 DHA
　　　　　中央区港島9-10
　　　　　住友倉庫　　　　　078-304-1216
[SITC-CJV2, CJV4-N/B, VTX5/NOS]
　　　　　RC-4/5 DHA
　　　　　東灘区向洋町6-4
　　　　　日東物流　　　　　078-857-1334
[SNL-COSCO船]
　　　　　PC-13
　　　　　中央区港島9-2-11
　　　　　上組　　　　　　　078-302-0502
### CFS
[SNL-江蘇]　日新 PL-13 DHA
　　　　　中央区港島7-10
　　　　　日新　　　　　　　078-303-0551

## 博多
### CY
[SITC]　　アイランドシティCT
　　　　　東区みなと香椎1-1-4
　　　　　博多港運　　　　　092-663-3131
[SNL]　　アイランドシティCT
　　　　　東区みなと香椎1-1-4
　　　　　日本通運　　　　　092-663-3511

## 門司
### CY
[SITC/SNL]
　　　　　太刀浦第二CY
　　　　　門司区太刀浦海岸61
　　　　　東海運　　　　　　093-332-4660
[SNL-COSCO船]
　　　　　太刀浦第二CY
　　　　　門司区太刀浦海岸72
　　　　　山九　　　　　　　093-321-3999

## 仙台
### CY
[SITC]　　仙台塩釜港コンテナターミナル
　　　　　仙台市宮城野区蒲生字町105
　　　　　三陸運輸　　　　　022-254-2101

## 川崎
### CY
[SITC]　　川崎港コンテナターミナル
　　　　　川崎市川崎区東扇島92
　　　　　東洋埠頭　　　　　044-270-1029

## 四日市
### CY
[SITC]　　霞ヶ浦コンテナ埠頭W27
　　　　　四日市市霞2-2
　　　　　日本トランスシティ　059-364-1313
[SITC-ONE船JTV2]
　　　　　霞ヶ浦北埠頭コンテナターミナル
　　　　　四日市市霞2-26-2
　　　　　日本トランスシティ　059-361-7701

## 堺泉北
### CY
[SITC]　　助松8A
　　　　　泉大津市小津島町4-1
　　　　　日新　　　　　　　0725-20-5401
　　　　　山九　　　　　　　0725-31-3931

## 徳山

CY
  [SITC]　徳山コンテナターミナル
　　　　　周南市晴海町6-51
　　　　　日本通運　　　　　　　　　　0834-27-0202
松山
CY
  [SITC]　松山市大可賀3地先
　　　　　松山コンテナターミナル　　089-953-3335

---

# Dongjin Agency Co., Ltd.

**東進エージェンシー　株式会社**

| | |
|---|---|
| 設立 | 2001年6月6日 |
| 資本金 | 30,000,000円 |
| 従業員数 | 25 |
| 代表者 | 代表取締役社長 呉融煥 |
| 主要取引銀行 | みずほ銀行、商工中金、三菱UFJ銀行 |
| 主要株主 | 東進商船 |

代理店引受船社
　　東進商船株式会社(Dongjin Shipping Co.,Ltd.)
URL　　　　　　https://dongjinagency.jp/

**本社**
〒105-0012 東京都港区芝大門1-3-4
　　　　　　　　　　ラウンドクロス芝大門6階
　　カスタマーサービス部
　　　　　　　03-6778-1801　　FAX03-6778-1822
　　運航部　　03-6778-1802　　FAX03-6778-1822
　　管理部　　03-6778-1803　　FAX03-6778-1822
　　B/Lカウンター　03-6778-1804　FAX03-6778-1823

**東京代理店**
第一港運
　　輸入　　03-3474-9222　　FAX03-3474-9245
　　輸出　　03-3474-9223　　FAX03-3474-9250

**横浜代理店**
日本通運
　　コンテナ船　045-623-3022　FAX045-623-3336
　　在来船　　　045-623-3016　FAX045-623-3327

**清水代理店**
清水運送　　　054-364-2557

**名古屋代理店**
中京海運　　　052-201-7831　　FAX052-204-0674

**大阪支店**
〒541-0054 大阪府大阪市中央区南本町3-6-6
　　　　　　　　　　船場エコービル5階
　　　　　　　06-6120-2100　　FAX06-6120-2098

**大阪代理店**
鴻池運輸　　　06-6572-7053　　FAX06-6574-6033

**神戸代理店**
山九　　　　　078-371-3091　　FAX078-371-4139

**門司代理店**
門司港運(コンテナ)　093-321-3265　FAX093-331-8240
門司港運(バルク)　　093-321-0435　FAX093-321-5741
昭和マリン(書類)　　093-331-0687　FAX093-331-1032

**博多代理店**
相互運輸　　　092-663-3210　　FAX092-663-3203

---

**ひびき代理店**
日本通運　　　093-752-0510　　FAX093-752-0518

**四日市代理店**
日本トランスシティ
　　　　　　　059-366-2414　　FAX059-366-2412

**呉代理店**
堀口海運　　　0823-22-4477　　FAX0823-21-0292

**徳山代理店**
トクヤマ海陸運送　0834-31-4116　FAX0834-21-7433

＊＊＊＊＊＊＊＊＊＊＊＊＊＊＊

貨物搬入先
東京
CY
　[Dongjin船/Pegasus船]
　　　　　第一港運品川 AW
　　　　　品川区東品川5-4
　　　　　第一港運　　　　　(輸入)03-3474-9222
　　　　　　　　　　　　　　(輸出)03-3474-9223
　[HEUNG A船]
　　　　　品川埠頭地区H/A
　　　　　品川区東品川5-4
　　　　　住友倉庫　　　　　03-3472-4220
CFS　　　日新　東京ロジスティクスセンター
　　　　　江東区青海3-4-19　青海流通センター1号棟
　　　　　日新　　　　　　　03-3528-0581
　(危険品)　丸一海運　東京化学品センター
　　　　　川崎区浮島町9-3
　　　　　丸一海運　　　　　03-3436-4902

横浜
CY
　[Dongjin船]本牧埠頭D-1
　　　　　中区本牧埠頭1-10
　　　　　日本通運　　　　　045-623-3022
　[HEUNG A船]
　　　　　本牧BC-1
　　　　　中区本牧埠頭1-195
　　　　　住友倉庫　　　　　045-622-1284
　[Pegasus船]東京国際埠頭　045-621-6601
CFS　　　日新　南本牧物流センター
　　　　　中区かもめ町9
　　　　　日新　　　　　　　045-623-7255
　(危険品)　丸一海運　東京化学品センター
　　　　　川崎区浮島町9-3
　　　　　丸一海運　　　　　03-3436-4902

清水
CY　　　　清水港興津袖師地区DHA
　　　　　清水区興津清見寺町1380
　　　　　鈴与　　　　　　　054-395-8271
CFS　　　袖師連合上屋
　　　　　清水区横砂字御林脇408-18
　　　　　鈴与　　　　　　　050-9001-5882

名古屋
CY
　[Dongjin船/Pegasus船]
　　　　　NUCT DHA
　　　　　弥富市富浜5-1
　　　　　フジトランスコーポレーション
　　　　　　　　　　　　　　0567-66-3380
　[HEUNG A船]
　　　　　上組　　　　　　　0567-66-3390
CFS　　　第一流通センター2号倉庫

海部郡飛島村東浜2-15-2
フジトランスコーポレーション
　　　　　　　　　　　0567-57-2271

**大阪**
CY　南港C-2/4
　　住之江区南港東6-2-84
　　辰巳商会　　　　(輸入)06-6612-3152
　　　　　　　　　(輸出)06-6612-3151
CFS　鴻池南港R物流センター
　　住之江区南港北2-3-59
　　鴻池運輸　　　　　06-6614-1288

**神戸**
CY
　[Dongjin船/HEUNG A船]
　　PC-18
　　中央区港島8-14
　　上組　　　　　　　078-306-3901
　[Namsung船/Pan Ocean船/Pegasus船/Sinokor船]
　　PC-15/16/17
　　中央区港島9-10
　　ニッケルエンドライオンス
　　(Namsung船/Pegasus船)　078-304-1216
　　住友倉庫
　　(Pan Ocean船/Sinokor船)　078-304-1216
CFS　上組神戸多目的物流センター
　　中央区港島8-14
　　上組　　　　　　　078-306-3904

**門司**
CY
　[Dongjin船-DONGJIN FIDES]
　　太刀浦第一CY
　　門司区太刀浦海岸地先19
　　門司港運　　　　　093-332-1607
　[HEUNG A船]
　　日本通運　　　　　093-332-6020
CFS　太刀浦市営4号上屋
　　門司区太刀浦海岸60-3
　　門司港運　　　　　093-332-1607

**博多**
CY
　[Dongjin船]アイランドシティCY
　　東区みなと香椎1-1-4
　　相互運輸　　　　　092-663-3210
　[HEUNG A船]
　　香椎コンテナターミナル
　　東区香椎浜ふ頭4-2-2
　　博多港運　　　　　092-663-3131
CFS　ICロジスティックセンター
　　東区みなと香椎2-5-7
　　相互運輸　　　　　092-674-1405

**ひびき**
CY　関門港ひびきコンテナターミナル
　　若松区響町3丁目1番地先
　　日本通運　　　　　093-752-0510

**四日市**
CY
　[PanCon船]
　　四日市港霞ヶ浦地区指定保税地域(W27)
　　四日市市霞2-2
　　日本トランスシティ　059-364-1312

**呉**
CY　川原石南埠頭
　　呉市築地町4-8

堀口海運　　　　　　0823-22-4477

**徳山**
CY　晴海埠頭コンテナヤード
　　周南市晴海町6
　　トクヤマ海陸運送　0834-31-4116
CFS　県営晴海第4上屋
　　周南市築港町2-18
　　トクヤマ海陸運送　0834-31-3610

# E

# Eagle Shipping Japan, Ltd.
イーグル シッピング ジャパン　株式会社

| | |
|---|---|
| 設立 | 2005年11月9日 |
| 資本金 | 13,500,000円 |
| 従業員数 | 6 |
| 代表者 | 代表取締役社長 島田寛之 |
| 主要取引銀行 | 三菱UFJ銀行、三井住友銀行、みずほ銀行 |

代理店引受船社
　Ethiopian Shipping & Logistics Services Enterprise
　MUR Shipping RSA (PTY) Ltd.
　Blue Gulf Shipping Services Co., Ltd.
　EMIRATES LOGISTICS LLC
　DMK LOGISTICS
　Ocean Express Lines (PTY) Ltd.
　ZEN CONTINENTAL

URL　http://www.eagleshipjapan.com/
公開E-Mail　zebra.1210@eagleshipjapan.com

**東京本社**
〒103-0014 東京都中央区日本橋蛎殻町1-29-9
　　　　　ネオテック水天宮ビル6階
　　　　　03-5643-1717　℻03-5643-1718

**東京代理店**
日本通運　　　03-3799-3094　℻03-3799-0942

**横浜代理店**
日本通運(OPS)　045-504-8453　℻045-504-8464
日本通運(DOC)　045-504-2857　℻045-504-2930

**清水代理店**
アオキトランス　054-353-6434　℻054-353-6562

**名古屋代理店**
東陽倉庫　　　052-655-8711　℻052-653-0033

**大阪代理店**
日本通運　　　06-6572-0951　℻06-6572-5228

**神戸代理店**
日本通運　　　078-230-6107　℻078-230-6108

**博多代理店**
グリーンシッピング
　　　　　　　092-272-5513　℻092-272-5519

# Eastern Car Liner Ltd.
イースタン・カーライナー　株式会社

| | |
|---|---|
| 設立 | 1977年5月11日 |
| 資本金 | 100,000,000円 |
| 従業員数 | 163 |
| 代表者 | 代表取締役社長 長手繁 |
| 主要取引銀行 | みずほ銀行、三菱UFJ銀行 |
| 主要株主 | NPHホールディングス、辰巳商會、東陽倉庫 |
| URL | https://www.ecl.co.jp/ |

**東京本社**
〒140-0002 東京都品川区東品川2-5-8
　　　　　　天王洲パークサイドビル5階
公需輸送企画部
　公需輸送グループ・エネルギー輸送グループ
　　　　　　　　03-5769-7644　　FAX03-5769-7645
在来・多目的船本部
　在来・多目的船部
　　第一グループ　03-5769-7633　　FAX03-5769-7634
　　第二グループ　03-5769-7633　　FAX03-5769-7634
　　集荷営業グループ
　　　　　　　　03-5769-7624　　FAX03-5769-7636
　バルク・プロジェクト部
　　プロジェクトグループ
　　　　　　　　03-5769-7635　　FAX03-5769-7636
　　不定期船グループ
　　　　　　　　03-5769-7637　　FAX03-5769-7638
自動車船部
　配船統括グループ
　　　　　　　　03-5769-7641　　FAX03-5769-7643
　グローバル・マーケティンググループ
　　　　　　　　03-5769-7607　　Fx.03-5769-7632
　集荷促進グループ
　　　　　　　　03-5769-7659　　Fx.03-5769-7651
　営業経理チーム　03-5769-7631　　Fx.03-5769-7632
米州部　　　　　03-5769-7644　　Fx.03-5769-7645
B/L業務チーム　03-5769-7652　　Fx.03-5769-7653
傭船統括部　　　03-5769-7660　　Fx.03-5769-7640
海技運航部
　複合ターミナルグループ
　　　　　　　　045-680-3111　　Fx.045-663-2232
　航海支援グループ
　　　　　　　　03-5769-7642　　Fx.03-5769-7632
　マルチライナー海技グループ
　　　　　　　　03-5769-7648　　Fx.03-5769-7649
　自動車船海技グループ
　　　　　　　　03-5769-7642　　Fx.03-5769-7632
船舶安全部　　　03-5769-7646　　Fx.03-5769-7647
経営企画部　　　03-5769-7615　　Fx.03-5769-7616
海外事業部　　　03-5769-7655　　Fx.03-5769-7647
経理部　　　　　03-5769-7608　　Fx.03-5769-7609
法務保険部　　　03-5769-7654　　Fx.03-5769-7647
人事部　　　　　03-5769-7618　　Fx.03-5769-7616
総務部　　　　　03-5769-7612　　Fx.03-5769-7616
情報システム室　03-5769-7613　　Fx.03-5769-7616

**大阪支店**
〒541-0054 大阪府大阪市中央区南本町2-6-12
　　　　　　サンマリオンNBFタワー 6階
　　　　　　06-6243-2200　　Fx.06-6243-2233

**名古屋支店**
〒460-0011 愛知県名古屋市中区大須1-7-5
　　　　　　HONDA ACCESS 175 2階
　　　　　　052-218-5800　　Fx.052-218-5801

**横浜営業所**
〒231-0015 神奈川県横浜市中区尾上町2-27
　　　　　　大洋建設館内ビル 7階
　　　　　　045-680-3111　　Fx.045-663-2232

**大黒事務所**
〒230-0054 神奈川県横浜市鶴見区大黒埠頭19
　　　　　　市営上屋T-6 2階
　　　　　　045-502-2114　　Fx.045-510-1330

# Ehime Ocean Line Co., Ltd.
愛媛オーシャン・ライン　株式会社

| | |
|---|---|
| 設立 | 1996年9月2日 |
| 資本金 | 70,000,000円 |
| 従業員数 | 18 |
| 代表者 | 代表取締役 渡部哲 |
| 主要取引銀行 | 伊予銀行、愛媛銀行 |
| 主要株主 | 三ツ浜汽船 |
| URL | https://ehime-ocean.co.jp/ |
| 公開E-Mail | sales@ehime-ocean.co.jp |

**本社**
〒791-8066 愛媛県松山市祓川2-12-7
　　　　　　089-952-2646　　FAX089-952-2648

**東京代理店**
兵機海運　　　　03-3563-1291　　FAX03-3561-8595

**関西代理店**
兵機海運　　　　078-940-2366　　FAX078-940-2365

**伊予三島代理店**
大王海運　　　　0896-24-9240　　FAX0896-24-9229

**広島代理店**
マツダロジスティクス
　　　　　　　　082-884-0233　　FAX082-884-0239

**大分代理店**
鶴崎海陸運輸　　097-529-7230　　FAX097-592-8550

**薩摩川内代理店**
鹿児島海陸運送　0996-26-2200　　FAX0996-26-2200

**志布志代理店**
鹿児島海陸運送　099-473-3535　　FAX099-472-4755

**門司代理店**
ジェネック　　　093-331-3456　　FAX093-332-4818

**細島代理店**
日本通運　　延岡支店国際輸送課
　　　　　　　　0982-56-1612　　FAX0982-56-1328

**八代代理店**
八代港湾倉庫　　0965-37-8140　　FAX0965-62-9802

**那覇代理店**
沖縄港運　　　　098-862-2370　　FAX098-862-2950

＊＊＊＊＊＊＊＊＊＊＊＊＊＊＊＊

**貨物搬入先**
松山

| CY | 松山港外港新埠頭指定保税地域　[39D03] |
| --- | --- |
| | 松山市大可賀3-1464 |
| | 松山コンテナーサービス　089-953-3335 |

**伊予三島**

| CY | 金子国際コンテナヤード保税蔵置場 [36W59] |
| --- | --- |
| | 四国中央市三島宮川一丁目字神之元2341 |
| | 大王海運　0896-24-4380 |

**広島**

| CY | 広島港国際コンテナターミナル　[3WDD1] |
| --- | --- |
| | 広島市南区出島3-4-1 |
| | マツダロジスティクス　082-250-1916 |

**大分**

| CY | 大在コンテナターミナル　[6ZL26] |
| --- | --- |
| | 大分市大字大在6 |
| | 鶴崎海陸運輸　097-524-2088 |

**細島**

| CY | 工業港白浜港地区10・14号岸壁荷捌地(日本通運) [64K45] |
| --- | --- |
| | 日向市竹島町3、3地先 |
| | 日本通運　0982-56-1612 |

**志布志**

| CY | 志布志港指定保税地域　[7QDD1] |
| --- | --- |
| | 志布志市志布志町安楽296-1 |
| | 鹿児島海陸運送　099-473-3535 |

**門司**

| CY | 太刀浦第2コンテナターミナル　[6CK63] |
| --- | --- |
| | 北九州市門司区太刀浦海岸11-3 |
| | ジェネック　093-331-3456 |

**八代**

| CY | 八代港コンテナターミナル　[7HDA5] |
| --- | --- |
| | 八代市新港町4-12 |
| | 松木運輸　0965-62-9798 |

**薩摩川内**

| CY | 京泊埠頭コンテナターミナル　[7RDC1] |
| --- | --- |
| | 薩摩川内市港町唐山6110-183 |
| | 鹿児島海陸運送　0996-26-2200 |

**那覇**

| CY | 那覇新港埠頭地区沖縄港運DHA　[9AD08] |
| --- | --- |
| | 那覇市港町1-208 |
| | 沖縄港運　098-862-1750 |

---

# EUKOR Car Carriers Inc.
## ユーコー・カーキャリアーズ　株式会社

| 設立 | 2002年9月9日 |
| --- | --- |
| 従業員数 | 9 |
| 代表者 | 日本における代表者 土谷真太郎 |
| 主要取引銀行 | 三菱UFJ銀行 |
| 主要株主 | Wallenius Wilhelmsen ASA、Hyundai Motor Group |
| URL | https://www.eukor.com/ |

**公開E-Mail**

セールスサポート：CGJPNSalesSupport@walwil.com

**日本支店**

〒104-0028 東京都中央区八重洲2-2-1
東京ミッドタウン八重洲
八重洲セントラルタワー10階
お問い合わせはメールにてお願いいたします。

# Evergreen Shipping Agency (Japan) Corporation
## エバーグリーン・シッピング・エージェンシー・ジャパン　株式会社

| 設立 | 1972年4月13日 |
| --- | --- |
| 資本金 | 180,000,000円 |
| 従業員数 | 150 |
| 代表者 | 代表取締役社長 浅沼裕 |
| 主要取引銀行 | 三井住友銀行、みずほ銀行、三菱UFJ銀行、台湾銀行 |
| 主要株主 | Evergreen Marine (Asia) Pte. Ltd. |

**代理店引受船社**

Evergreen Marine Corp. (Taiwan) Ltd.
Italia Marittima S.p.A.
Evergreen Marine (Hong Kong) Ltd.
Evergreen Marine (U.K.) Ltd.
Evergreen Marine (Singapore) Pte. Ltd.
Evergreen Marine (Asia) Pte. Ltd.

| URL | https://www.shipmentlink.com/jp/ |
| --- | --- |
| 公開E-Mail | tyobiz@evergreen-shipping.co.jp |

**本社**

〒108-0074 東京都港区高輪2-15-13
エバーグリーンビル

| 役員室 | 03-6408-3500 | FAX 03-6408-3549 |
| --- | --- | --- |
| 監理部 | 03-6408-3300 | FAX 03-6408-3549 |
| 財務部 | 03-6408-3310 | FAX 03-6408-3399 |
| 品質管理部 | 03-6408-3314 | FAX 03-6408-3399 |
| 営業部 | | |
| 　米州課 | 03-6408-3400 | FAX 03-6408-3439 |
| 　欧州・中近東課 | 03-6408-3410 | FAX 03-6408-3439 |
| 　アジア課 | 03-6408-3420 | FAX 03-6408-3439 |
| 　輸入1課 | 03-6408-3470 | FAX 03-6408-3489 |
| 　輸入2課 | 03-6408-3490 | FAX 03-6408-3489 |
| カスタマーサービス部 | | |
| 　輸出課 | 03-6408-3510 | |
| | Fx.03-6408-3469/3479 | |
| 　輸入課 | 03-6408-3450 | FAX 03-6408-3489 |
| 　業務課 | 03-6408-3440 | FAX 03-6408-3439 |

**青海事務所**

〒135-0064 東京都江東区青海3-1-1
エバーグリーンターミナル

| 運輸管理部 | | |
| --- | --- | --- |
| 　運務課 | 03-3528-0340 | FAX 03-3528-0350 |
| 　工務課 | 03-3528-0341 | FAX 03-3528-0350 |
| 　コンテナー業務課 | | |
| | 03-3528-0342 | FAX 03-3528-0350 |
| 　船務課 | 03-3528-0343 | Fx.03-3528-0350 |

**大阪支店**

〒541-0052 大阪府大阪市中央区安土町2-3-13
大阪国際ビルディング7階

| 営業課 | 06-6264-6708 | FAX 06-6264-6725 |
| --- | --- | --- |
| カスタマーサービス課 | | |
| | 06-6264-6726 | FAX 06-6264-6725 |

**名古屋支店**

〒460-0008 愛知県名古屋市中区栄2-2-12
NUP伏見ビル7階

| 営業課 | 052-857-2333 | FAX 052-232-2692 |
| --- | --- | --- |

カスタマーサービス課
052-232-2651 　　FAX052-232-2692

**福岡支店**
〒813-0019 福岡県福岡市東区みなと香椎2-5-6
092-674-1400 　　FAX092-674-1414

**東京代理店**
鈴江コーポレーション
03-3529-3603/02 　　FAX03-3529-3610

**横浜代理店**
京濱港運 　　045-623-3752 　　FAX045-623-1275
鈴江コーポレーション
045-625-5551/2 　　FAX045-625-2122/7

**清水代理店**
駿河シッピング 　　050-9002-4423 　　FAX054-352-8690

**名古屋代理店**
名港海運 　　052-661-8143/23 　　FAX052-661-8440

**四日市代理店**
日本トランスシティ
059-361-7701/2 　　FAX059-361-7705/8

**大阪代理店**
辰巳商会 　　06-6612-3151/2
FAX06-6612-5215/5350

**神戸代理店**
上組 　　078-306-3907 　　FAX078-306-3925

**福岡代理店**
相互運輸 　　092-663-3210 　　FAX092-663-3203

**門司代理店**
門司港運 　　093-321-3265 　　FAX093-331-8240

**仙台代理店**
三陸運輸 　　022-254-2101 　　FAX022-254-2005

**小名浜代理店**
いわき小名浜コンテナサービス
0246-75-0210 　　FAX0246-75-0280

**岩国代理店**
千代田シッピング 　　0827-22-3914 　　FAX0827-24-2576

# Haihua Shipping (Japan) Co., Ltd.
**海華シッピングジャパン　株式会社**

設立 　　2023年
代表者 　　代表取締役 張勇
主要取引銀行 　　三井住友銀行
**代理店引受船社**
上海海華輪船有限公司(Shanghai Hai Hua Shipping
Co., Ltd.(HASCO))

**東京本社**
〒105-0003 東京都港区西新橋1-15-4
銀泉西新橋ビル3階
営業部(輸出カスタマー、B/L)

03-3519-8600
営業部(輸入) 　　03-3519-8601
運航部、インベントリー
03-3519-8602
総務部 　　03-3519-8603

**東京代理店**
山九 　　03-3529-3944 　　FAX03-3529-1028

**横浜代理店**
山九 　　03-3529-3944 　　FAX03-3529-1028
B/L 　　045-681-1204 　　FAX045-662-8741

**名古屋代理店**
日本通運 　　052-433-1512 　　FAX052-433-1559

**大阪支店**
〒550-0002 大阪府大阪市西区江戸堀1-19-10
三共肥後橋ビル2階
輸出BOOKING 　　06-6479-3800 　　FAX06-6479-3802

**大阪代理店**
山九 　　06-6577-3901 　　FAX06-6574-3911

**神戸代理店**
山九 　　06-6577-3901 　　FAX06-6574-3911
B/L 　　078-371-3091 　　FAX078-371-3094

**門司代理店**
日本通運 　　093-332-6020 　　FAX093-332-6021

**博多代理店**
山九 　　092-633-3960 　　FAX092-633-3940

**ひびき代理店**
山九 　　093-342-7993 　　FAX093-332-7032

＊＊＊＊＊＊＊＊＊＊＊＊＊＊＊

**貨物搬入先**
**東京**
**CY**
[HASCO船]
大井3/4号 　[1FD03]
品川区八潮2-3-10
宇徳 　　(輸出)03-3790-1140
(輸入)03-3790-1142
[SITC船-T2(輸入)]
大井 No.2 　[1FD01]
品川区八潮2-1-2
ダイトーコーポレーション 　03-3790-8062
[SITC船-T22]
中防Y2ターミナル 　[1AD14]
大田区令和島1-1-1
三井倉庫 　　03-3599-3700

**横浜**
**CY**
[HASCO船]
本牧BCターミナル 　[2EKF5]
中区本牧埠頭1-195
山九 　　045-623-2933
[SITC船-T2(輸入)]
大黒C4コンテナターミナル 　[2HDV4]
鶴見区大黒ふ頭22, 24番
ダイトーコーポレーション 　045-500-6070
[SITC船-T22]
南本牧MC1/2 　[2EKE1]
中区南本牧1
日新 　　045-624-5896

名古屋
CY

[HASCO船]
鍋田NUCT　[5ED12]
弥富市富浜5-1
日本通運　　　　　　　　　0567-66-3410

[JJSCO船]　鍋田NUCT　[5ED12]
弥富市富浜5-1
三井倉庫　　　　　　　　　0567-66-3393

大阪
CY

[HASCO船]
南港 C-4　[4ID05]
住之江区南港東6-2-84
辰巳商会　　　　　　（輸出)06-6612-3151
　　　　　　　　　　（輸入)06-6612-3152

[JJSCO船]　夢洲 C-10/12　[4ED71]
此花区夢洲東1
住友倉庫　　　　　　　　　06-6612-1324

[SITC船]　夢洲 C-10/12　[4ED74]
此花区夢洲東1
日新　　　　　　　　　　　06-4804-8130

神戸
CY

[HASCO船]
PC 16/17 KICT　[3FDU1]
中央区港島9-10
山九　　　　　　　（輸出)078-304-1216
　　　　　　　　　　（輸入)078-304-1214

[JJSCO船]　PC 16/17 KICT　[3FDU1]
中央区港島9-10
住友倉庫　　　　　　　　　078-304-1214

[SITC船]　PC-14　[3FDN4]
中央区港島9-3
日新　　　　　　　　　　　078-306-5682

門司
CY

[HASCO船]
太刀浦第一CY　[6CJ65]
門司区太刀浦海岸
日本通運　　　　　　　　　093-332-6020

[JJSCO船]　太刀浦第一CY　[6CJ66]
門司区太刀浦海岸
三井倉庫九州　　　　　　　093-332-5328

博多
CY

[HASCO船/JJSCO船]
香椎パークポートCY　[6TK26]
東区香椎浜ふ頭4-2-2
博多港運　　　　　　　　　092-663-3131

ひびき
CY
ひびきコンテナターミナル　[6SJ01]
若松区響町3丁目地先
山九　　　　　　　　　　　093-752-0860

# Hapag-Lloyd (Japan) K.K.

ハパック　ロイド　ジャパン　株式会社

| | |
|---|---|
| 設立 | 1964年4月1日 |
| 資本金 | 100,000,000円 |
| 従業員数 | 90 |
| 代表者 | 代表取締役 ニルス・マイヤー |
| 主要取引銀行 | 香港上海銀行 |
| 主要株主 | Hapag-Lloyd AG |
| ISO取得 | 1994年(ISO9002) |
| | 2003年(ISO9001, ISO14001) |
| URL | https://www.hapag-lloyd.com/ |

**東京本社**
〒102-0083 東京都千代田区麹町1-12-1
　　　　　　 住友不動産ふくおか半蔵門ビル 2階
代表電話番号　　　03-5212-6155
（自動音声につながります。）
カスタマーサービス グループ
(ブッキング、輸出入ドキュメント、B/L, D/Oカウンター)
　共通アドレス：japan@service.hlag.com
お電話でのお問い合わせの場合：
　ケース番号・ブッキング番号をお持ちの場合はご用意ください。
　お持ちでない場合は音声案内に従って操作をお願いいたします。
その他部門へのお問い合わせ
　音声案内に従って操作をお願いいたします。

**清水代理店**
清水運送　　　　　054-364-2557　　　FAX054-366-5146

**名古屋支店**
〒460-0002 愛知県名古屋市中区丸の内1-9-16
　　　　　　 丸の内ONEビルディング 6階
カスタマーサービス グループ
(ブッキング、輸出入ドキュメント、B/L, D/Oカウンター)
代表電話番号　　　03-5212-6155
　共通アドレス：japan@service.hlag.com

**大阪支店**
〒541-0053 大阪府大阪市中央区本町4-3-9
　　　　　　 本町サンケイビル 8階
カスタマーサービス グループ
(ブッキング、輸出入ドキュメント、B/L, D/Oカウンター)
代表電話番号　　　03-5212-6155
　共通アドレス：japan@service.hlag.com

**門司代理店**
昭和マリン　　　　093-331-0687　　　FAX093-331-1032

＊＊＊＊＊＊＊＊＊＊＊＊＊＊＊＊

**貨物搬入先**
東京
CY

[FFE, PS3, JSJ]
大井3/4号　[1FD03]
品川区八潮2-3-10
TICT　　　　　　　　　　03-3790-1140

[FTP, PN1]　大井6/7号　[1FD04]
品川区八潮2-5-2
NYTT　　　　　　　　　　03-5492-7503

[PN2]　　　大井1/2号　[1FD01]
品川区八潮2-1-2

|  | ダイトーコーポレーション | 03-3790-8062 |
|---|---|---|
| [Off Dock] | NX 大井バンプール　[1FWJ4] | |
|  | 太田区東海6 | |
|  | 日本通運 | 03-3799-3005 |

### 横浜
**CY**

| [JSJ:Hapag船, AME:Hapag船, AN2] | | |
|---|---|---|
|  | 南本牧MC-1/2/3/4　[2EKE1] | |
|  | 中区南本牧2 | |
|  | 三菱倉庫 | 045-624-5922 |
| [AME:ONE船] | | |
|  | 南本牧MC-1/2/3/4　[2EKE1] | |
|  | 中区南本牧2 | |
|  | NYYT | 045-624-5830 |
| [JSJ:ONE船] | 南本牧MC-1/2　[2EKE1] | |
|  | 中区南本牧2 | |
|  | 宇徳 | 045-624-5736 |
| [Off-Dock] | 南本牧MC-1/2/3/4　[2EKE1] | |
|  | 中区南本牧2 | |
|  | 三菱倉庫 | 045-624-5922 |

### 清水
**CY**

| [FFE, JP1] | 新興津CT　[5ND08] | |
|---|---|---|
|  | 清水区興津清見寺町1380 | |
|  | 鈴与 | 054-395-8271 |

### 名古屋
**CY**

| [FFE] | TCB　[5ED15] | |
|---|---|---|
|  | 海部郡飛島村東浜3-1-4 | |
|  | 名港海運 | 0567-57-2402 |
|  | 上組 | 0567-57-2406 |
| [FTP] | TCB　[5ED15] | |
|  | 海部郡飛島村東浜3-1-4 | |
|  | 旭運輸 | 0567-57-2404 |
|  | 伊勢湾海運 | 0567-57-2405 |
| [JSJ:Hapag船] | | |
|  | 飛島南CT　[5ED16] | |
|  | 海部郡飛島村東浜3-6 | |
|  | フジトランス | 0567-55-3145 |
| [PN1] | TCB　[5ED15] | |
|  | 海部郡飛島村東浜3-1-4 | |
|  | 上組 | 0567-57-2406 |
| [JP1] | NCB R3　[5ED16] | |
|  | 海部郡飛島村東浜2-10 | |
|  | フジトランス | 0567-55-3145 |
| [JSJ:ONE船] | NCB　[5ED16] | |
|  | 海部郡飛島村東浜2-10 | |
|  | 上組 | 0567-55-3143 |

### 大阪
**CY**

| [Off-Dock] | DICT C-11/12　[4ED74] | |
|---|---|---|
|  | 此花区夢洲東1 | |
|  | 日新 | 06-4804-8130 |

### 神戸
**CY**

| [FFE, PN2] | 六甲6/7号　[3GDP1] | |
|---|---|---|
|  | 東灘区向洋町東4-25 | |
|  | NYKT | 078-857-7550 |
| [FTP, PS6] | ポートアイランド15/16/17号　[3FDU1] | |
|  | 中央区港島9-10 | |
|  | 商船港運 | 078-304-1216 |
| [JSJ:Hapag船, JP1] | | |
|  | 六甲4/5号　[3GDK4] | |

|  | 東灘区向洋町西6-4 | |
|---|---|---|
|  | 三菱倉庫 | 078-857-0260 |
| [JSJ:ONE船] | 六甲4/5号　[3GDL1] | |
|  | 東灘区向洋町西6-4 | |
|  | 日東物流 | 078-857-1334 |

### 博多
**CY**

| [JP1] | アイランドシティCT　[6TK65] | |
|---|---|---|
|  | 東区みなと香椎1-1-4 | |
|  | 日本通運 | 092-663-3051 |

### 門司
**CY**

| [Feeder] | 太刀浦海岸28号岸壁　[6CK4A] | |
|---|---|---|
|  | 門司区太刀浦海岸28号岸壁 | |
|  |  | 093-332-1607 |

### 苫小牧
**CY**

| [KHS] | 苫小牧東港国際CT　[8UW71] | |
|---|---|---|
|  | 苫小牧市弁天534-2 | |
|  | 栗林商会 | 0144-32-5161 |

### 四日市
**CY**

| [JSJ] | 霞ヶ浦北埠頭W80CT　[5WD09] | |
|---|---|---|
|  | 四日市市霞2-26-2 | |
|  | 日本トランスシティ | 059-361-7701 |

---

# Hasco Japan Co., Ltd.
**Hasco Japan　株式会社**

| 設立 | 2009年7月27日 |
|---|---|
| 資本金 | 10,000,000円 |
| 従業員数 | 20 |
| 代表者 | 代表取締役 楊慶社 |
| 主要取引銀行 | 三井住友銀行 |
| 主要株主 | 上海国際港務（集団）股份有限公司（SIPG） |

**代理店引受船社**
EMIRATES SHIPPING LINE DMCEST
Matson Navigation Company, Inc.

| URL | https://www.hascojapan.co.jp/ |
|---|---|

**東京本社**
〒105-0004 東京都港区新橋4-25-6
　　　　　　　　　ヤスキビル2 7階

| 代表、船舶代理店 | 03-5843-7184 | ℻03-5843-7185 |
|---|---|---|
| 総務 | 03-5843-7194 | |

**東京代理店**

| 山九 | 03-3529-3944 | ℻03-3529-1028 |
|---|---|---|

**横浜代理店**

| 山九 | 03-3529-3944 | ℻03-3529-1028 |
|---|---|---|
| B/L | 045-681-1204 | ℻045-662-8741 |

**名古屋代理店**

| 日本通運 | 052-433-1512 | ℻052-433-1559 |
|---|---|---|

**大阪支店**
〒550-0002 大阪府大阪市西区江戸堀1-19-10
　　　　　　　　　三共肥後橋ビル2階

| 輸出BOOKING | 06-6479-3800 | ℻06-6479-3802 |
|---|---|---|

**大阪代理店**

| 山九 | 06-6577-3901 | ℻06-6574-3911 |
|---|---|---|

**神戸代理店**

| | | |
|---|---|---|
| 山九 | 06-6577-3901 | FAX 06-6574-3911 |
| B/L | 078-371-3091 | FAX 078-371-3094 |

**門司代理店**

| | | |
|---|---|---|
| 日本通運 | 093-332-6020 | FAX 093-332-6021 |

**博多代理店**

| | | |
|---|---|---|
| 山九 | 092-633-3960 | FAX 092-633-3940 |

**ひびき代理店**

| | | |
|---|---|---|
| 山九 | 093-342-7993 | FAX 093-332-7032 |

＊＊＊＊＊＊＊＊＊＊＊＊＊＊＊

**貨物搬入先**

**東京**
**CY**

[HASCO船]

大井3/4号　[1FD03]
品川区八潮2-3-10
宇徳　　　　　　　　　　　03-3790-1140

**横浜**
**CY**

[HASCO船]

本牧BCターミナル　[2EKF5]
中区本牧埠頭1-195
山九　　　　　　　　　　　045-623-2933

**名古屋**
**CY**

[HASCO船]

鍋田NUCT　[5ED12]
弥富市富浜5-1
日本通運　　　　　　　　0567-66-3410

**大阪**
**CY**

[HASCO船]

南港 C-4　[4ID05]
住之江区南港東6-2-84
辰巳商会　　　　　　　　06-6612-3151

**神戸**
**CY**

[HASCO船]

PC 16/17 KICT　[3FDU1]
中央区港島9-10
山九　　　　　　　　　　　078-304-1216

**門司**
**CY**

[HASCO船]

太刀浦第一CY　[6CJ65]
門司区太刀浦海岸
日本通運　　　　　　　　093-332-6020

**博多**
**CY**

[HASCO船]

香椎パークポートCY　[6TK26]
東区香椎浜ふ頭4-2-2
博多港運　　　　　　　　092-663-3131

**ひびき**
**CY**

[HASCO船]

ひびきコンテナターミナル　[6SJ01]
若松区響町3丁目地先
山九　　　　　　　　　　　093-752-0860

# Hesco Agencies Ltd.
## 株式会社　ヘスコ・エージェンシーズ

| | |
|---|---|
| 設立 | 1973年 |
| 資本金 | 10,000,000円 |
| 代表者 | 代表取締役 中上英之 |
| 主要取引銀行 | 三菱UFJ銀行 |
| 主要株主 | ベン ライン エージェンシーズ |

**代理店引受船社**

Sea Consortium Pte. Ltd.(X-press Feeders)
The Shipping Corporation of India Ltd.

**東京本社**
〒108-0075 東京都港区港南2-13-40
　　　　　　品川TSビル4階

| | | |
|---|---|---|
| | 03-6718-0712 | FAX 03-6718-1814 |
| X-Press Feeders | 03-6718-0738 | FAX 03-6718-1814 |
| SCI | 03-6718-0712 | FAX 03-6718-1814 |

**横浜代理店**

| | | |
|---|---|---|
| SCI：三井倉庫 | 045-201-6902 | FAX 045-212-3039 |

**清水代理店**

| | | |
|---|---|---|
| SCI：清水海運 | 054-353-3201 | FAX 054-352-8323 |

**大阪支店**
〒541-0054 大阪府大阪市中央区南本町1-7-15
　　　　　　明治生命堺筋本町ビル5階

| | | |
|---|---|---|
| | 03-6718-0702 | FAX 03-6718-0731 |

**神戸代理店**

| | | |
|---|---|---|
| SCI：三井倉庫 | 078-232-2285 | FAX 078-232-2354 |

**門司営業所**
〒801-0852 福岡県北九州市門司区港町7-8
　　　　　　門司郵船ビル4階

| | | |
|---|---|---|
| | 093-342-7164 | FAX 093-342-7165 |

# HMM Japan Co., Ltd.
## HMMジャパン　株式会社

| | |
|---|---|
| 設立 | 1989年3月1日 |
| 資本金 | 300,000,000円 |
| 従業員数 | 58 |
| 代表者 | 代表取締役 沈太龍 |
| 主要取引銀行 | 香港上海銀行東京支店 |
| 主要株主 | 韓国　現代商船 |
| ISO取得 | 1993年 9002, 1996年 14001 |
| URL | http://www.hmm21.com/japan/ |
| 公開E-Mail | 北米・欧州： |
| | org.hmm-jp-01013100@hmm21.com |
| | アジア： |
| | org.hmm-jp-01012100@hmm21.com |

**東京本社**
〒140-0002 東京都品川区東品川2-3-12
　　　　　　シーフォートスクエアセンター
　　　　　　ビルディング14階

| | | |
|---|---|---|
| 代表 | 03-6732-1200 | FAX 03-6732-1787 |
| ロジスティック | 03-6732-1345 | FAX 03-6732-1789 |
| 北米・欧州(Sales) | 03-6732-1440 | FAX 03-6732-1789 |

北米・欧州(Booking/CSR)
　　　　　　　03-6732-1474　　FAX03-6732-1789
アジア(Sales)　03-6732-1477　　FAX03-6732-1789
アジア(Booking/CSR)
　　　　　　　03-6732-1505　　FAX03-6732-1789
輸出ドキュメント　03-6732-1575　　FAX03-6732-1788
輸入　　　　　　03-6732-1703　　FAX03-6732-1788
総務管理　　　　03-6732-1200　　FAX03-6732-1787
OA ROOM　　　　　　　　　　FAX03-6732-1789

## 大阪支店
〒550-0002 大阪府大阪市西区江戸堀1-10-2
　　　　　　肥後橋ニッタイビル9階
カスタマーサービス、ブッキング、B/L発行
　　　　　　　06-6449-0888　　FAX06-6449-0889
輸出
　(北米・欧州)　06-6449-0885　　FAX06-6449-0889
　(アジア)　　　06-6449-0886　　FAX06-6449-0889
輸入　　　　　　06-6449-0887　　FAX06-6449-0889

## 清水代理店
静岡シッピング　054-376-5611　　FAX054-371-5532

## 名古屋代理店
中部マリンエージェンシー
　　　　　　　052-231-7991　　FAX052-231-7935

## 博多代理店
三菱倉庫　　　　092-663-1225　　FAX092-663-1226

＊＊＊＊＊＊＊＊＊＊＊＊＊＊＊＊

## 貨物搬入先
### 東京
CY
[FP1:欧州]　大井3/4号　[1FD03]
　　　　　　品川区八潮2-3-10
　　　　　　宇徳　　　　　　　　　03-3790-1140
[FP1:北米/PN1/JKP/JPH]
　　　　　　大井6/7号　[1FD04]
　　　　　　品川区八潮2-5-2
　　　　　　ユニエツクスNCT(NYTT)　03-5492-7503
[PN2]　　　大井1/2号　[1FD01]
　　　　　　品川区八潮2-1-2
　　　　　　ダイトーコーポレーション　03-3790-8062

### 横浜
CY
[NW3]　　　南本牧MC-3　[2EKE1]
　　　　　　中区南本牧1
　　　　　　ユニエツクスNCT(NYTT)(ONE船)
　　　　　　　　　　　　　　　　045-624-5830
　　　　　　南本牧MC-1/2　[2EKE1]
　　　　　　中区南本牧1
　　　　　　三菱倉庫(HMM船/Hapag船/MSC船)
　　　　　　　　　　　　　　　　045-624-5922
[JKP]　　　南本牧MC-1/2　[2EKE1]
　　　　　　中区南本牧1
　　　　　　ダイトーコーポレーション　045-624-5733

### 清水
CY
[JKP/FP1]　新興津コンテナターミナル　[5ND08]
　　　　　　清水区興津清見寺町1380
　　　　　　鈴与　　　　　　　　　054-395-8271

### 名古屋
CY
[FP1/PN1/JKP/JPH]
　　　　　　飛島ふ頭南側コンテナターミナル(TCB)

海部郡飛島村東浜3-1-4
上組　　　　　　　　　　　　0567-57-2406
名港海運　　　　　　　　　　0567-57-2402
旭運輸　　　　　　　　　　　0567-57-2404
伊勢湾海運　　　　　　　　　0567-57-2405

### 大阪
CY
[JKP]　　　大阪南港 C-8　[4ID29]
　　　　　　住之江区南港東9-2-97
　　　　　　日東物流　　　　　　06-6612-6241

### 神戸
CY
[FP1:欧州]　六甲C-6/7号　[3GDP1]
　　　　　　東灘区向洋町東4-25
　　　　　　ユニエツクスNCT(NYKT)　078-857-7550
[JKP/FP1:北米/PN2]
　　　　　　ポートアイランドPC15/16/17号　[3FDU1]
　　　　　　中央区港島9-10
　　　　　　商船港運(KICT)　　　078-304-1216
[PN1]　　　ポートアイランド PC15/16/17号　[3FDU1]
　　　　　　中央区港島9-10
　　　　　　商船港運(KICT)　　　078-304-1216

### 四日市
CY
[JKP]　　　霞ヶ浦北埠頭コンテナターミナル
　　　　　　四日市市霞2-26
　　　　　　日本トランスシティ　　059-361-7701/5

---

# Höegh Autoliners K.K.
**ホーグオートライナーズ　株式会社**

| | |
|---|---|
| 設立 | 1986年3月18日 |
| 資本金 | 10,000,000円 |
| 従業員数 | 20 |
| 代表者 | 代表取締役 フランソワ・ディヴィリアーズ |
| 主要取引銀行 | シティバンク、三井住友銀行 |
| 主要株主 | Höegh Autoliners AS |
| URL | https://www.hoeghautoliners.com/ |
| 公開E-Mail | autoliners.japan@hoegh.com |

### 本社
〒105-6318 東京都港区虎ノ門1-23-1
　　　　　　虎ノ門ヒルズ森タワー18階
Administration　03-5501-9150　FAX050-3156-3040
Sales　　　　　03-5501-9155　FAX050-3156-3040
Customer Services 03-5501-9162　FAX050-3156-3040
Trade Management
　　　　　　　03-5501-9163　FAX050-3156-3040
Port Operations　03-5501-9161　FAX050-3156-3040
Vessel Operations 03-5501-9169　FAX050-3156-3040

船社・代理店

H

# IINO KAIUN KAISHA, LTD.
飯野海運　株式会社

| | |
|---|---|
| 設立 | 1918年12月(創業1899年7月) |
| 資本金 | 13,091,775,488円 |
| 従業員数 | 183(2023年3月31日時点) |
| 代表者 | 代表取締役社長 大谷祐介 |
| 主要取引銀行 | みずほ銀行、日本政策投資銀行、三井住友信託銀行、三井住友銀行、他 |
| 主要株主 | 日本マスタートラスト信託銀行（信託口）、飯野海運取引先持株会、みずほ銀行、東京海上日動火災保険、三井住友信託銀行、竹中工務店、日本カストディ銀行（信託口）、日本生命保険相互会社、トーア再保険、池田泉州銀行 |
| ISO取得 | 2004年3月22日 ISO9001、ISO14001取得 |
| URL | https://www.iino.co.jp/kaiun/index.html |
| 公開E-Mail | drybulk@ex.iino.co.jp |

**本社**
〒100-0011 東京都千代田区内幸町2-1-1
　　　　　飯野ビルディング

| | | |
|---|---|---|
| 専用船課 | 03-6273-3140 | 𝔽𝔸𝕏03-6273-3108 |
| 不定期船課 | 03-6273-3223 | 𝔽𝔸𝕏03-6273-3108 |

# Interasia Lines, Ltd.
インターエイシアライン　株式会社

| | |
|---|---|
| 設立 | 1967年9月14日 |
| 資本金 | 98,000,000円 |
| 従業員数 | 45 |
| 代表者 | 代表取締役社長 陳力 |
| 主要取引銀行 | 三井住友銀行 |
| 主要株主 | Interasia Lines Singapore Pte. Ltd. |

**本社**
〒100-0011 東京都千代田区内幸町2-2-2
　　　　　富国生命ビル3階
　　　　　03-3580-6555　　　𝔽𝔸𝕏03-3580-6575

**横浜代理店**
YSエージェンシー　045-212-2671　　𝔽𝔸𝕏045-212-2618

**清水代理店**
天野回漕店　　　　054-364-1850　　𝔽𝔸𝕏054-364-1838

**名古屋代理店**
セントラルシッピング
　　　　　　　　052-651-6211　　𝔽𝔸𝕏052-651-5858

**大阪支店**
〒541-0053 大阪府大阪市中央区本町3-3-8
　　　　　山口興産ビル 8階
　　　　　06-4704-8210　　　𝔽𝔸𝕏06-4704-8213

**神戸代理店**
三井倉庫　　　　　078-232-2286　　𝔽𝔸𝕏078-232-2282

**博多代理店**
ジェネック　　　　092-663-3015　　𝔽𝔸𝕏092-663-3017

**門司代理店**
セントラルシッピング
　　　　　　　　093-332-3232　　𝔽𝔸𝕏093-332-3282

**苫小牧代理店**
苫小牧埠頭　　　　0144-57-6991　　𝔽𝔸𝕏0144-57-7424

**八戸代理店**
八戸港湾運送　　　0178-29-3177　　𝔽𝔸𝕏0178-29-3130

**仙台代理店**
NX仙台塩竈港運　022-254-0948　　𝔽𝔸𝕏022-254-2983

**新潟代理店**
リンコーコーポレーション
　　　　　　　　025-257-5580　　𝔽𝔸𝕏025-256-4150

**四日市代理店**
セントラルシッピング
　　　　　　　　052-651-6211　　𝔽𝔸𝕏052-651-5858

＊＊＊＊＊＊＊＊＊＊＊＊＊＊＊＊

**貨物搬入先**
**東京**
**CY**
[NS1, NS3, JCV, JTS]
　　　　　大井 No.5　[1FD24]
　　　　　品川区八潮2-4-9
　　　　　東海運　　　　　　　03-5755-8366
[NS5]　　Y2　[1AD14]
　　　　　大田区令和島1-1-1
　　　　　三井倉庫　　　　　　03-3599-3700
[JSM(SP2), JT1]
　　　　　大井 No.1/2　[1FD01]
　　　　　品川区八潮2-1-2
　　　　　ダイトーコーポレーション
　　　　　　　　　(輸出)03-3790-8062
　　　　　　　　　(輸入)03-3790-8063

**横浜**
**CY**
[NS1, NS3, NS5, JCV, JTS]
　　　　　本牧 BC-2　[2EK51]
　　　　　中区本牧埠頭1-198
　　　　　鈴江コーポレーション　(輸出)045-625-5552
　　　　　　　　　　　　　　　(輸入)045-625-5551
[JSM(SP2)]　南本牧 MC-3/4　[2EKE1]
　　　　　中区南本牧2
　　　　　NYYT　　　　　　　045-624-5830
[JT1]　　南本牧　[2EKE1]
　　　　　中区南本牧2
　　　　　宇徳　　　　　(輸出)045-624-5736
　　　　　　　　　　　(輸入)045-624-5735

**清水**
**CY**
[JTS, JSM(SP2), JT1]
　　　　　清水港CT　[5ND08]
　　　　　清水区興津清見寺町1380
　　　　　鈴与　　　　　　　　054-395-8271

**名古屋**
**CY**
[NS1, NS3, JTS, JSM(SP2)]
　　　　　飛島埠頭東側CT　[5ED16]

海部郡飛島村東浜2-10
名港海運 056-755-2280

## 大阪
**CY**
[NS1, NS3, JSV]
南港 C-9 [4ID24]
住之江区南港東9-3
三菱倉庫 (輸出)06-6612-7721
(輸入)06-6612-4861
[JST] 北港 C-10/12 [4ED72]
此花区夢洲東1
三菱倉庫 06-6467-1888

## 神戸
**CY**
[NS1, NS3, JST, JSV]
RC-1/2 [3GDH6]
東灘区向洋町西6
三井倉庫 (輸出)078-845-9883
(輸入)078-845-9882
[JSM(SP2)] RC-6/7 [3GDP1]
中央区向洋町東4-25
ユニエックス (輸出)078-857-7550
(輸入)078-857-7760

## 博多
**CY**
[JST, JSV]
アイランドシティCT [6TK63]
東区香椎浜4-2-2
ジェネック 092-663-3015

## 門司
**CY**
[JST]
太刀浦第一CY [6CJ66]
門司区太刀浦海岸19
三井倉庫九州 093-332-5328

## 苫小牧
**CY**
苫小牧東港CT [8UW71]
苫小牧市字弁天534-2
苫小牧埠頭 0145-26-8651

## 八戸
**CY**
八戸港多目的国際物流ターミナル [8DD04]
八戸市大字河原木字海岸42
八戸港湾運送 0178-29-3121

## 仙台
**CY**
高砂CT [2YD02]
仙台市宮城野区蒲生字町105
NX仙台塩竈港運 022-254-0948

## 新潟
**CY**
新潟東港CT [1OD01]
新潟市北横土居3228-2
リンコーコーポレーション 025-388-1011

## 四日市
**CY**
[JTS]
四日市CT [5WD09]
四日市市霞2-6-1
三井倉庫 059-363-3521

# Interocean Shipping Corporation
株式会社 インターオーシャン シッピング コーポレーション

| | |
|---|---|
| 設立 | 1948年7月 |
| 資本金 | 20,000,000円 |
| 従業員数 | 14 |
| 代表者 | 代表取締役社長 菅井重隆 |
| 主要取引銀行 | みずほ銀行 |
| URL | https://www.interoceanshipping.co.jp/ |
| 公開E-Mail | car@interoceanshipping.co.jp |

**本社**
〒104-0033 東京都中央区新川1-25-12
ルーシッドスクエア2階
管理グループ 03-5117-3811 ℻03-5117-3816
営業グループ 03-5117-3813 ℻03-5117-3816

# Japan-China International Ferry Co., Ltd.
日中国際フェリー 株式会社

| | |
|---|---|
| 設立 | 1984年9月29日 |
| 資本金 | 1,000,000,000円 |
| 従業員数 | 10 |
| 代表者 | 代表取締役社長 村上光一 |
| 主要取引銀行 | みずほ銀行、三菱UFJ銀行、三井住友銀行 |
| 主要株主 | 昭和企業、太平洋汽船、尾道造船、関西電力 |
| URL | https://www.shinganjin.com/ |
| 公開E-Mail | (旅客) jifco@shinganjin.com |
| | (貨物) jifco.cargo@shinganjin.com |

**総代理店**
〒541-0054 大阪府大阪市中央区南本町1-8-14
JRE堺筋本町ビル9階
06-6262-6541 ℻06-6262-6542

**大阪副代理店**
辰巳商会 06-6614-1386 ℻06-6614-1243
B/L発行
日本通運 06-6615-8540 ℻06-6615-8710

**神戸副代理店**
上組
　輸出 078-306-3908 ℻078-306-3926
　輸入 078-306-3907 ℻078-306-3925
B/L発行
日本通運 078-230-6107 ℻078-230-6108

＊＊＊＊＊＊＊＊＊＊＊＊＊＊

**貨物搬入先**
## 大阪
**CY**
辰巳商会 KFコンテナターミナル [4IDG6]
住之江区南港北1-20-52

| CFS | 辰巳商会 | 06-6614-1386 |
| | 辰巳商会 南港KF倉庫　[4IDG2] | |
| | 住之江区南港北1-20-52 | |
| | 辰巳商会 | 06-6614-1386 |
| 神戸 | | |
| CY | 上組 新港第4突堤出張所　[3ADV1] | |
| | 中央区新港町4 | |
| | 上組 | 078-599-5131 |
| CFS | 上組 ポートアイランド多目的物流センター(KMDC)　[3FW50] | |
| | 中央区港島8-14 | |
| | 上組 | 078-306-3904 |

# Jinjiang Shipping (Japan) Co., Ltd.
## 錦江シッピングジャパン　株式会社

| | |
| --- | --- |
| 設立 | 2001年2月 |
| 資本金 | 20,000,000円 |
| 従業員数 | 8 |
| 代表者 | 代表取締役 張勇 |
| 主要取引銀行 | 三井住友銀行 |
| 主要株主 | 上海錦江航運(集団)股份有限公司、住友倉庫 |

### 代理店引受船社
上海錦江航運(集団)股份有限公司(Shanghai Jinjiang Shipping (Group) Co., Ltd.)

URL　　　http://jinjiangshipping.com/

### 本社
〒105-0003 東京都港区西新橋1-15-4
　　　　　銀泉西新橋ビル3階
　　　　　03-6214-3080　　FAX03-6214-3070

### 大阪支店
〒541-0056 大阪府大阪市中央区久太郎町2-1-30
　　　　　船場ダイヤモンドビル14階6号
　　　　　06-6262-0797　　FAX06-6262-0795

### 東京代理店
B/L：センワマリタイムエージェンシー
　　(B/L No.8ケタ目がJ,K,S,T,U,WのB/L発行)
　　　　　03-6860-7218　　FAX03-5733-7201
B/L：三井倉庫
　　(B/L No.8ケタ目がM,R,N,P,QのB/L発行)
　　　　　03-6400-8180　　FAX03-6400-8188
D/O：センワマリタイムエージェンシー
　　　　　03-5733-7207　　FAX03-6689-7066

### 横浜代理店
三井倉庫　　045-226-5035　　FAX045-226-5075

### 清水代理店
清水倉庫　　054-371-5510　　FAX054-371-5532

### 名古屋代理店
三井倉庫　　078-232-2286　　FAX078-232-2282

### 大阪代理店
B/L：センワマリタイムエージェンシー
　　(B/L No.8ケタ目がJ,K,S,T,U,WのB/L発行)
　　　　　06-6262-5321　　FAX06-6266-0571
B/L：三井倉庫港運
　　(B/L No.8ケタ目がM,R,N,P,QのB/L発行)
　　　　　06-6613-3205　　FAX06-6612-2019
D/O：センワマリタイムエージェンシー
　　　　　06-6252-5324　　FAX06-6210-3551

### 神戸代理店
住友倉庫　　078-371-1219　　FAX078-371-1259

### 博多代理店
博多港運　　092-663-3130　　FAX092-663-3134

### 門司代理店
三井倉庫九州　093-332-5328　　FAX093-321-3873

### 那覇代理店
沖縄国際海運　098-869-6618　　FAX098-869-6619

＊＊＊＊＊＊＊＊＊＊＊＊＊＊＊＊

### 貨物搬入先
#### 東京
CY
[上海航路：月曜入出港船、青島航路：自社船]
　　青海公共コンテナターミナルA-2
　　[1CD44]
　　江東区青海3-4-19
　　住友倉庫　　　　　(輸出)03-3528-0850
　　　　　　　　　　　(輸入)03-3520-1908
[上海航路：木曜入出港船]
　　品川公共コンテナターミナル　[1AD31]
　　品川区東品川5-4-36
　　住友倉庫　　　　　03-3472-4220
[上海航路：水曜入出港船]
　　大井3/4号　[1FD03]
　　品川区八潮2-3-10
　　宇徳　　　　　　　(輸出)03-3790-1140
　　　　　　　　　　　(輸入)03-3790-1142
[青島航路：CCL船]
　　青海公共コンテナターミナルA-1　[1CD39]
　　江東区青海3-4-19
　　山九　　　　　　　03-3529-3915
CFS　大井倉庫H/W　[1FW18]
　　大田区東海4-5-18
　　住友倉庫　　　　　03-3790-0071

#### 横浜
CY
[上海航路：月/火・木/金入出港船、青島航路：自社船]
　　大黒T-9 DHA　[2HDU2]
　　鶴見区大黒埠頭25
　　三井倉庫　　　　　045-502-9311
[上海航路：水/木入出港船、青島航路：CCL船]
　　本牧埠頭BC　[2EKF5]
　　中区本牧埠頭1-195
　　山九　　　　　　　045-623-2933
[東南アジア航路：Maersk船]
　　南本牧MC-3/4ターミナル　[EKE1]
　　中区南本牧1
　　三菱倉庫　　　　　(輸出)045-624-5922
　　　　　　　　　　　(輸入)045-624-5923
CFS　本牧B-9　[2EDH2]
　　中区本牧埠頭3　本牧B-9上屋
　　三井倉庫　　　　　045-622-6591

#### 清水
CY　清水コンテナターミナル　[5ND08]
　　清水区興津清見寺町1380
　　鈴与　　　　　　　(輸出)054-395-8271
　　　　　　　　　　　(輸入)054-395-8272

#### 名古屋
CY
[上海航路、青島航路]

NUCT [5ED12]
弥富市富浜4-1, 5-1
三井倉庫 0567-66-3393
[東南アジア航路：Maersk船]
飛島ふ頭東側コンテナターミナル [5ED16]
海部郡飛島村飛島東浜3-6
三菱倉庫 0567-55-3157
CFS 三井倉庫 金城事務所 [5DW10]
名古屋市港区金城埠頭1-1 052-398-1781

**大阪**
**CY**
[上海航路、青島航路、東南アジア航路：自社船]
夢洲C-10/12 [4ED71]
此花区夢洲東1
住友倉庫 06-6612-1324
[青島航路：CCL船]
夢洲C-10/12 [4ED77]
此花区夢洲東1
山九 06-6612-4592
[東南アジア航路：Maersk船]
夢洲C-10/12 [4ED72]
此花区夢洲東1
三菱倉庫 06-6612-7721
[東南アジア航路：SNL船]
南港C-1 [4ID03]
住之江区南港東6-5-89
辰巳商会 06-6612-5111
[東南アジア航路：SITC船]
夢洲C-10/12 [4ED74]
此花区夢洲東1
日新 06-4804-8130
[東南アジア航路：HASCO船]
南港C-2/4 [4ID05]
住之江区南港東6-2-84
辰巳商会 (輸出)06-6612-3151
(輸入)06-6612-3152
**CFS** KF-1号(住友) [4IDG1]
住之江区南港北1 KF-1号上屋
住友倉庫 06-6612-3701

**神戸**
**CY**
[上海航路、青島航路、東南アジア航路：自社船]
PC-16/17(KICT) [3FDU1]
中央区港島9-10
住友倉庫 (輸出)078-304-1216
(輸入)078-304-1214
[東南アジア航路：Maersk船]
RC-4/5 [3GDK4]
東灘区向洋町西6-4
三菱倉庫 078-857-0260
[東南アジア航路：SNL船]
PC-14 [3FDN4]
中央区港島9-3
日新 078-306-5682
[東南アジア航路：SITC船]
PC-14 [3FDN4]
中央区港島9-3
日新 078-306-5682
[東南アジア航路：HASCO船]
PC-16/17(KICT) [3FDU1]
中央区港島9-10
山九 (輸出)078-304-1216
(輸入)078-304-1214

**博多**
**CY** 香椎パークポート [6TK26]
東区香椎浜ふ頭4-2-2
博多港運 092-663-3131
**門司**
**CY**
[上海航路：火曜入出港船]
太刀浦第一CY [6CJ66]
門司区太刀浦海岸
三井倉庫九州 093-332-5328
[上海航路：金曜入出港船]
太刀浦第一CY [6CJ65]
門司区太刀浦海岸
日本通運 093-332-6020
[青島航路] 太刀浦第二CY [6CK64]
門司区太刀浦海岸72
山九 093-332-4292
**那覇**
**CY** 那覇国際コンテナターミナル [9AD06]
那覇市港町1-207
沖縄国際海運 098-869-6618

# K

# Kambara Kisen Co., Ltd.
**神原汽船　株式会社**

| | |
|---|---|
| 設立 | 2011年1月 |
| 資本金 | 100,000,000円 |
| 従業員数 | 59(2023年9月時点) |
| 代表者 | 代表取締役社長 神原宏達 |
| 主要取引銀行 | 広島銀行 |
| 主要株主 | ツネイシホールディングス |
| URL | https://www.kambara-kisen.co.jp/ |

**本社**
〒720-0313 広島県福山市沼隈町常石1083
定期コンテナ船部 084-987-1500
船舶管理統括部 084-987-5040
船体企画・資機材輸送部
084-987-1143
総務・人事部 084-987-5500
財務・経理部 084-987-0778 ℻084-987-2729

**東京支店**
〒102-0082 東京都千代田区一番町2-2
一番町第二TGビル3階
定期コンテナ船部 03-3264-8805
備船営業部 03-3264-8801 ℻03-3264-8808

**阪神事務所**
〒550-0004 大阪府大阪市西区靭本町1-5-15
第二富士ビル7階
06-6443-1025 ℻06-6443-1026

**小樽代理店**
ノーススタートランスポート
0134-22-5101 ℻0134-25-3831

**新潟代理店**
リンコーコーポレーション
025-257-5580　　FAX025-257-5300

**金沢代理店**
金沢港運　　076-256-0543　　FAX076-256-0544

**富山代理店**
伏木海陸運送　0766-45-1174　　FAX0766-45-1186

**広島代理店**
マツダロジスティクス
082-250-1916　　FAX082-250-1917

**福山代理店**
神原ロジスティクス　084-981-3636　　FAX084-981-3667

**水島代理店**
日本通運　　086-523-0204　　FAX086-523-1755

**伊万里代理店**
伊万里湾運輸　0955-20-7110　　FAX0955-20-7133

**大分代理店**
鶴崎海陸運輸　097-529-7607　　FAX097-521-5200

**細島代理店**
八興運輸　　0982-56-0052　　FAX0982-56-0310

**志布志代理店**
山下回漕店　099-472-1401　　FAX099-473-2694

＊＊＊＊＊＊＊＊＊＊＊＊＊＊＊＊

**貨物搬入先**
**小樽**
CY　　　港町コンテナヤード
　　　　小樽市港町183-2
　　　　ノーススタートランスポート　0134-31-6880
CFS　　港町倉庫
　　　　小樽市港町1-1
　　　　ノーススタートランスポート　0134-22-5101

**新潟**
CY　　　新潟東港コンテナターミナル
　　　　新潟市北区横土居3228-2
　　　　リンコーコーポレーション　025-388-1011
CFS　　新潟東港コンテナ埠頭第1・第2CFS
　　　　新潟市北区横土居3228-2
　　　　リンコーコーポレーション　025-388-1011

**金沢**
CY　　　金沢港御供田国際コンテナターミナル
　　　　金沢市近岡町613
　　　　金沢港運　　　　　　076-256-0738
CFS　　戸水埠頭事務所　戸水ふ頭CFS
　　　　金沢市戸水町夕73-2
　　　　金沢港運　　　　　　076-238-7345

**富山**
CY　　　伏木富山港新湊地区多目的国際ターミナル
　　　　射水市越の潟町1003
　　　　伏木海陸運送　　　　0766-82-5685
CFS
　（輸入）伏木海陸運送第2CFS 2号棟
　　　　高岡市石丸705-1
　　　　伏木海陸運送　　　　0766-83-0707
　（輸出）伏木海陸運送第1CFS
　　　　高岡市石丸705-4
　　　　伏木海陸運送　　　　0766-84-6950

**広島**
CY　　　広島港国際コンテナターミナル
　　　　広島市南区出島3-1-67

CFS　　広島港国際コンテナターミナルTHA
　　　　広島市南区出島3-1-67
　　　　マツダロジスティクス　082-250-1916

**福山**
CY　　　福山港国際コンテナターミナル上組CY
　　　　福山市箕沖町109-3
　　　　上組　　　　　　　　084-981-3235
CFS　　福山港国際コンテナターミナル上組CFS
　　　　福山市箕沖町109-3
　　　　上組　　　　　　　　084-981-3235

**水島**
CY　　　日本通運水島海運支店4号コンテナ埠頭保税
　　　　蔵置場
　　　　倉敷市玉島乙島新湊8259
　　　　日本通運　　　　　　086-523-0204
CFS　　日本通運水島海運支店4号物流センター保税
　　　　蔵置場
　　　　倉敷市玉島乙島新湊8259-15
　　　　日本通運　　　　　　086-523-0204

**伊万里**
CY　　　伊万里港コンテナターミナル
　　　　伊万里市黒川町塩屋七つ島5-14
　　　　奈雅井　　　　　　　0955-27-1520
CFS　　伊万里港コンテナターミナルCFS倉庫
　　　　伊万里市黒川町塩屋七つ島5-14
　　　　奈雅井　　　　　　　0955-27-1300

**大分**
CY　　　大分港大在コンテナターミナル
　　　　大分市大字大在6　大分国際貿易センター1階
　　　　鶴崎海陸運輸　　　　097-524-2088
CFS　　大在倉庫
　　　　大分市大字大在2-9　大在倉庫
　　　　鶴崎海陸運輸　　　　097-529-7230

**細島**
CY　　　細島港国際コンテナターミナル
　　　　日向市竹島町3
　　　　八興運輸　　　　　　0982-56-0052
CFS　　八興運輸　白浜倉庫
　　　　日向市竹島町3
　　　　八興運輸　　　　　　0982-56-0052

**志布志**
CY　　　志布志港指定保税地域
　　　　志布志市志布志町安楽字潮掛296-1
　　　　東洋埠頭　　　　　　099-472-8270
CFS　　志布志東洋埠頭H/W
　　　　志布志市志布志町安楽字潮掛296-1
　　　　東洋埠頭　　　　　　099-472-8270

マツダロジスティクス　082-250-1916

# Kanko Kisen Co., Ltd.
関光汽船　株式会社

| | |
|---|---|
| 設立 | 1948年9月1日 |
| 資本金 | 250,000,000円 |
| 従業員数 | 200 |
| 代表者 | 代表取締役社長 入谷一成 |
| 主要取引銀行 | 山口銀行、商工中金、十八親和銀行、みずほ銀行 |
| 主要株主 | 新日本海フェリー、損害保検ジャパン、マリンビジネス |
| 代理店引受船社 | 関釜フェリー株式会社(Kampu Ferry Co., Ltd.)<br>蘇州下関フェリー株式会社(Suzhou Shimonoseki Ferry Co., Ltd.) |
| URL | https://www.kankokisen.co.jp/ |

**本社**
〒750-0025 山口県下関市竹崎町4-6-8
国際営業課　083-234-1855　FAX083-228-6925

**東京支店**
〒103-0024 東京都中央区日本橋小舟町4-1
　　　　　　伊場仙ビル6階
国際営業課　03-6661-7103　FAX03-6661-7763

**大阪支店**
〒530-0001 大阪府大阪市北区梅田1-1-3-2300
　　　　　　大阪駅前第3ビル23階1号
国際営業課　06-6343-1924　FAX06-6344-2819

# Kansai Steamship Co., Ltd.
株式会社　関西ライン

| | |
|---|---|
| 設立 | 1990年12月 |
| 資本金 | 100,000,000円 |
| 従業員数 | 26 |
| 代表者 | 代表取締役社長 岡田高明 |
| 主要取引銀行 | 三菱UFJ銀行、三井住友銀行、りそな銀行、商工組合中央金庫 |
| 主要株主 | 関西ライン役員持株会、三井住友海上火災保険 |
| URL | https://www.kansai-line.co.jp/ |

**本社**
〒104-0033 東京都中央区新川1-16-14
　　　　　　アクロス新川ビル　アネックス6階
管理部管理課　03-5542-0661　FAX03-5542-3222
管理部経理課　03-5542-0663　FAX03-5542-3222
営業部
　鋼材グループ　03-5542-0664　FAX03-5542-3222
　バルクグループ　03-6222-8996　FAX03-5542-3222
業務部船舶室　03-5542-0667　FAX03-5542-3222
業務部業務課　03-5542-0668　FAX03-5542-3222

**横浜代理店**
相模運輸倉庫　045-211-1920　FAX045-212-1953

**清水代理店**
アオキトランス　054-353-6434　FAX054-353-6562

**名古屋代理店**
名古屋船舶　052-652-6610　FAX052-661-5792

**大阪代理店**
大運　06-6575-0924　FAX06-6612-0934

**神戸代理店**
富士テクノトランス
　　　　078-857-8869　FAX078-857-5706

**門司代理店**
グリーンシッピング
　　　　093-321-4261　FAX093-331-4288

**大分代理店**
鶴崎海陸運輸　0975-21-1661　FAX0975-21-5200

**広畑代理店**
上組　0792-36-0981　FAX0792-36-0491

**鹿島代理店**
日鉄物流鹿島　0299-84-3330　FAX0299-84-3398

**君津代理店**
日鉄物流君津　0439-52-2320　FAX0439-52-2688

**和歌山代理店**
日鉄物流和歌山支店　0734-51-5156　FAX0734-51-2193

**東播磨代理店**
神鋼物流　0794-36-2467　FAX0794-36-2471

**灘浜代理店**
神鋼物流　078-882-0061　FAX078-882-0971

**福山代理店**
JFE物流　0849-41-0535　FAX0849-43-1104

**新居浜代理店**
森実運輸　0897-32-6119　FAX0897-32-3322

**小倉代理店**
日鉄物流小倉　093-583-8845　FAX093-591-2822

# Kawasaki Kinkai Kisen Kaisha, Ltd.
川崎近海汽船　株式会社

| | |
|---|---|
| 設立 | 1966年5月1日 |
| 資本金 | 2,368,650,000円 |
| 従業員数 | 245 |
| 代表者 | 代表取締役社長 久下豊 |
| 主要取引銀行 | 日本政策投資銀行、みずほ銀行、農林中央金庫、三井住友銀行、日本生命保険相互会社、りそな銀行、信金中央金庫、みちのく銀行、北海道銀行、三井住友信託銀行 |
| 主要株主 | 川崎汽船 |
| ISO取得 | ISO 14001(2002年2月26日取得) |
| URL | https://www.kawakin.co.jp/ |

**本社**
〒100-0013 東京都千代田区霞ヶ関3-2-1
　　　　　　霞ヶ関コモンゲート西館25階
外航営業部　050-3821-1374　FAX03-3592-5917

**清水支店**
〒424-0943 静岡市清水区港町1-5-1
清水川崎運輸株式会社本社ビル 2階
　　　　050-3821-1535　FAX054-397-0952

**北海道支社**
〒060-0003 札幌市中央区北三条西4-1-1
日本生命札幌ビル6階
　　　　　　　050-3821-1452　　FAX011-222-0593

**苫小牧支店**
〒053-0003 苫小牧市入船町3-2-1
　　　　　　　050-3821-1486　　FAX0144-34-5013

**苫小牧フェリー埠頭事務所**
〒053-0003 苫小牧市入船町1-2-34
　　　　　　　050-3821-1490　　FAX0144-34-2634

**釧路支店**
〒084-0914 釧路市西港2-101-11
　　　　　　　050-3821-1505　　FAX0154-52-5546

**八戸支社**
〒039-1161 八戸市大字河原木字海岸25
　　　　　　　050-3821-1478　　FAX0178-28-1988

**日立支店**
〒319-1113 那珂郡東海村照沼768-46
(日立埠頭株式会社 日立埠頭常陸那珂事務所2階)
　　　　　　　050-3821-1495　　FAX029-200-4015

**九州支店**
〒802-0003 北九州市小倉北区米町1-3-1
明治安田生命北九州ビル 4階
　　　　　　　050-3821-1510　　FAX093-512-0066

**大分支店**
〒870-0266 大分市大字大在2
センコー株式会社 大在物流センター内 2階
　　　　　　　050-3821-1540　　FAX097-592-9227

**東京・横浜・千葉代理店**
ダイトーコーポレーション
　　　　　　　03-3452-6282　　FAX03-3451-2926

**名古屋代理店**
上組
　　　　　　　052-652-8911　　FAX052-652-3584

**神戸・大阪代理店**
日東物流　　　078-857-4370　　FAX078-857-4374

**苫小牧・釧路代理店**
北海運輸　　　011-241-5281　　FAX011-221-5099

**新潟代理店**
リンコーコーポレーション
　　　　　　　025-274-5181　　FAX025-271-4706

**北九州・関門・博多代理店**
シーゲートコーポレーション
　　　　　　　093-331-2161　　FAX093-321-6865

---

# Kawasaki Kisen Kaisha, Ltd. ("K" LINE)
川崎汽船　株式会社

| | |
|---|---|
| 設立 | 1919年4月5日 |
| 資本金 | 754億5,764万円 |
| 従業員数 | 852 |
| 代表者 | 代表取締役社長 明珍幸一 |
| 主要取引銀行 | みずほ銀行、日本政策投資銀行、三井住友信託銀行、三菱UFJ銀行、農林中央金庫 |

| | |
|---|---|
| 主要株主 | イーシーエム　エムエフ、日本マスタートラスト信託銀行(信託口) 、ゴールドマン　サックス　インターナショナル、エムエルアイ　フオー　セグリゲーテイツド　ピービー　クライアント、J.P. MORGAN SECURITIES PLC FOR AND ON BEHALF OF ITS CLIENTS JPMSP RE CLIENT ASSETS-SEGR ACCT、CGML PB CLIENT ACCOUNT/COLLATERAL、今治造船、日本カストディ銀行（信託口）、みずほ銀行、損害保険ジャパン |
| ISO取得 | ISO 14001(2002年取得) ISO 9001(2007年取得) |
| URL | https://www.kline.co.jp/ |

**本社**
〒100-8540 東京都千代田区内幸町2-1-1
　　　　　　飯野ビルディング
代表　　　　03-3595-5000　　FAX03-3595-5001

**本店**
〒650-0024 兵庫県神戸市中央区海岸通8
　　　　　　神港ビルヂング
　　　　　　078-332-8020　　FAX078-393-2676

**名古屋支店**
〒450-0001 愛知県名古屋市中村区那古野1-47-1
　　　　　　名古屋国際センタービル
　　　　　　052-589-4510　　FAX052-589-4585

**関西支店**
〒650-0024 兵庫県神戸市中央区海岸通8
　　　　　　神港ビルヂング
　　　　　　078-325-8727　　FAX078-393-2676

---

# KMTC (JAPAN) Co., Ltd.
高麗海運　ジャパン　株式会社

| | |
|---|---|
| 設立 | 1986年12月1日 |
| 資本金 | 50,000,000円 |
| 従業員数 | 35 |
| 代表者 | 代表取締役 金智泰 |
| 主要取引銀行 | みずほ銀行東京営業部 |
| 主要株主 | 高麗海運、日本通運 |
| 代理店引受船社 | 高麗海運株式会社(Korea Marine Transport Co.,Ltd.) |
| URL | https://www.ekmtc.com/ |

**東京本社**
〒105-0004 東京都港区新橋1-18-16
　　　　　　日本生命新橋ビル4階
営業チーム　03-3500-5055　　FAX03-3500-5095
カスタマーサービス
　　　　　　03-3500-5051　　FAX03-3500-5095

**東京代理店**
日本通運
D/O・A/N　045-623-3024　　FAX045-623-3354

**横浜代理店**
日本通運　　045-623-3024　　FAX045-623-3354

**清水代理店**
柏栄トランス　054-352-1785　　FAX054-352-8323

**名古屋代理店**
五洋海運　　　052-652-2181　　FAX052-651-5168

**大阪支店**
〒541-0053 大阪府大阪市中央区本町4-4-17
　　　　　　新南泰ビル2階
　　　　　　06-6243-1661　　FAX06-6243-1664

**大阪代理店**
日本通運
D/O・A/N　　06-6615-8540　　FAX06-6615-8710

**神戸代理店**
日本通運　　　078-230-6107　　FAX078-230-6108

**門司代理店**
山九　　　　　093-321-3999　　FAX093-332-7032

**博多代理店**
日本通運　　　092-663-3511　　FAX092-663-3217

**石狩湾新港代理店**
ナラサキスタックス011-261-7889　FAX011-241-0730

**室蘭代理店**
ナラサキスタックス0143-24-1311　FAX0143-22-8501

**苫小牧代理店**
ナラサキスタックス0145-26-8511　FAX0145-26-8515

**八戸代理店**
ナラサキスタックス0178-21-6000　FAX0178-21-6050

**秋田代理店**
秋田海陸　　　018-880-6770　　FAX018-880-6771

**仙台代理店**
NX仙台塩竈港運　022-254-0948　FAX022-254-2983

**酒田代理店**
日本通運　　　0234-35-1288　　FAX0234-34-2811

**小名浜代理店**
小名浜海陸運送　0246-75-0210　FAX0246-75-0280

**新潟代理店**
日本通運　　　025-256-1177　　FAX025-256-3354

**直江津代理店**
日本通運　　　025-544-1089　　FAX025-544-1090

**常陸那珂代理店**
日立埠頭　　　029-265-5539　　FAX029-200-3870

**千葉代理店**
日本通運　　　043-238-7311　　FAX043-238-7313

**豊橋代理店**
愛知海運産業　0532-32-1048　　FAX0532-32-0945

**四日市代理店**
日本トランスシティ059-361-7701　FAX059-361-7705

**金沢代理店**
金沢港運　　　076-256-0543　　FAX076-256-0544

**富山代理店**
日本通運　　　0766-83-7325　　FAX0766-83-7326

**敦賀代理店**
敦賀海陸運輸　0770-24-5522　　FAX0770-24-3065

**舞鶴代理店**
飯野港運　　　0773-75-5371　　FAX0773-75-5681

**広島代理店**
ヒロクラ　　　082-253-2111　　FAX082-253-2110

**岩国代理店**
日本通運　　　0827-52-4311　　FAX0827-52-5297

**徳山代理店**
日本通運　　　0834-27-0202　　FAX0834-27-0205

**福山代理店**
NX備通　　　　084-981-0205　　FAX084-981-0188

**境港代理店**
NX境港海陸　　0859-42-2124　　FAX0859-47-0088

**水島代理店**
中谷興運　　　086-523-5551　　FAX086-523-0602

**高松代理店**
高松商運　　　087-822-5184　　FAX087-851-0234

**徳島代理店**
共同港運　　　0885-35-7010　　FAX0885-35-7050

**伊予三島代理店**
大王海運　　　0896-24-9240　　FAX0896-24-9229

**今治代理店**
日本通運　　　0898-48-6900　　FAX0898-47-2900

**松山代理店**
日本通運　　　089-952-2341　　FAX089-952-9657

**長崎代理店**
日本通運　　　095-895-7651　　FAX095-878-1110

**伊万里代理店**
伊万里湾運輸　0955-20-7110　　FAX0955-20-7133

**熊本代理店**
三角海運　　　096-223-5497　　FAX096-223-5498

**八代代理店**
日本通運　　　0965-37-0011　　FAX0965-37-0034

**大分代理店**
日本通運　　　097-524-2118　　FAX097-524-2717

**細島代理店**
日本通運　　　0982-56-1612　　FAX0982-56-1328

**志布志代理店**
日本通運　　　099-472-1121　　FAX099-472-0769

**薩摩川内代理店**
中越物産　　　0996-26-3335　　FAX0996-26-3310

＊＊＊＊＊＊＊＊＊＊＊＊＊＊

**貨物搬入先**
**東京**
**CY**
　[KMTC船/CK船]
　　　京浜港品川埠頭地区 H-A東
　　　品川区東品川5-4-36
　　　東海運　　　　　　　03-3471-6335
　[PanCon船/Tai Young船]
　　　京浜港品川埠頭区 H/A
　　　品川区東品川5-4-36
　　　住友倉庫　　　　　　03-3472-4220
　[JTV1-ONE船]
　　　大井埠頭3/4号
　　　品川区八潮2-3-10
　　　宇徳　　　　　　　　03-3790-1140
　[VTX3]　中防Y2ターミナル
　　　大田区令和島1-1-1
　　　三井倉庫　　　　　　03-3599-3700
**CFS**　日通大井国際 No.2H/W

品川区八潮2-6-2
日本通運　　　　　　　　03-3799-9920

## 横浜
### CY
[KMTC船/CK船]
本牧D-1(日通)
中区本牧埠頭1-10
日本通運　　　　　　　　045-623-3022
[Tai Young船]
本牧BC-1
中区本牧埠頭1-195
山九　　　　　　　　　　045-623-2933
[JTV1-ONE船]
南本牧MC-1/2/3/4
中区南本牧2
宇徳　　　　　　　　　　045-624-4735
[VTX3]
南本牧MC-1
中区南本牧1
日新　　　　　　　　　　045-624-5896

### CFS
(輸出)　本牧埠頭C-9DHA
中区本牧埠頭1
日本通運　　　　　　　　045-621-1225

## 清水
### CY
新興津コンテナターミナル
清水区興津清見寺町1380
鈴与　　　　　　　　　　054-395-8271

### CFS
袖師第一保税蔵置場
清水区袖師408-18袖師連合上屋
鈴与　　　　　　　　　　054-364-4566

## 名古屋
### CY
[KMTC船/CK船/Tai Young船]
鍋田埠頭コンテナターミナル(NUCT)
弥富市富浜5-1
伊勢湾海運　　　　　　　0567-68-5924
[PanCon船]
名港海運　　　　　　　　0567-66-3373
[VTX3-SITC船]
三井倉庫　　　　　　　　0567-66-3393

### CFS
伊勢湾海運 西名港現業所
海部郡飛島村東浜1-6-1
伊勢湾海運　　　　　　　0567-55-2711

## 大阪
### CY
[KMTC船/PanCon船]
南港C-2/4
住之江区南港東6-2-84
辰巳商会　　　　　(輸出)06-6612-3151
　　　　　　　　　(輸入)06-6612-3152
[CK船]　南港C-9
住之江区南港東9-3
三菱倉庫　　　　　(輸出)06-6612-7721
　　　　　　　　　(輸入)06-6612-4861

### CFS
南港保税蔵置場
住之江区南港中8-7-21
日本通運　　　　　　　　06-6612-4811

## 神戸
### CY
RC-6/7
東灘区向洋町東4-25
ユニエックスNCT　(輸出)078-857-7550
　　　　　　　　　(輸入)078-857-7560
[PanCon船]

PC-16/17
中央区港島9-10
商船港運　　　　　(輸出)078-304-1216
　　　　　　　　　(輸入)078-304-1214
[CK船]　RC-4
東灘区向洋町西6-4
三菱倉庫　　　　　(輸出)078-857-0260
　　　　　　　　　(輸入)078-857-0261

### CFS
六甲日通H/W
東灘区向洋町東3
日本通運　　　　　　　　078-857-1827

## 門司
### CY
太刀浦第二CY
門司区太刀浦海岸72　太刀浦6号
山九　　　　　　　　　　093-332-4292
太刀浦第一CY
門司区太刀浦海岸19
[CK船]　門菱港運　　　　093-332-4292
[Dongjin船/Namsung船]
門司港運　　　　　　　　093-332-4292

### CFS
山九太刀浦保税蔵置場
門司区太刀浦海岸66
山九　　　　　　　　　　093-331-1950

## 博多
### CY
アイランドシティCT
東区みなと香椎1-1-3
日本通運　　　　　　　　092-663-3051
[CK船]　三菱倉庫　　　　092-663-3051
[Dongjin船]相互運輸　　092-663-3051
[Namsung船]
博多港運　　　　　　　　092-663-3051

### CFS
(輸出)　アイランドシティ
東区みなと香椎1-1-2
日本通運　　　　　　　　092-663-3511

## 石狩湾新港
### CY/CFS
石狩湾新港サービス　花畔ふ頭コンテナヤード
石狩市新港中央1-475-9
ナラサキスタックス　　　0133-77-5121

## 室蘭
### CY/CFS
室蘭港崎守埠頭コンテナヤード保税蔵置場
室蘭市崎守町389-11
ナラサキスタックス　　　0143-50-3430

## 苫小牧
### CY/CFS
苫小牧東港コンテナターミナル保税蔵置場
苫小牧市弁天534-2
ナラサキスタックス　　　0145-26-8511

## 八戸
### CY
八戸港八太郎2号埠頭
八戸市大字河原木字海岸42
八戸港湾運送　　　　　　0178-29-3121

## 秋田
### CY
秋田港外港地区コンテナターミナル指定保税
地域
秋田市土崎港相染町字大浜14
秋田海陸　　　　　　　　018-880-5600

### CFS
秋田海陸大浜保税蔵置場
秋田市土崎港相染町字大浜1-6地内
秋田海陸　　　　　　　　018-845-0185

## 仙台
### CY
仙台塩釜港仙台港区高砂埠頭地区
仙台市宮城野区蒲生字町105
NX仙台塩竈港運　　　　　022-254-0948

| | | | |
|---|---|---|---|
| **CFS** | 仙台塩釜港高砂ふ頭地区<br>仙台市宮城野区中野字高松80-2<br>NX仙台塩竈港運 | 022-254-0948 | |

**酒田**
| | | |
|---|---|---|
| **CY/CFS** | 酒田港外港地区指定保税地域<br>酒田市高砂232<br>日本通運 | 0234-35-1288 |

**小名浜**
| | | |
|---|---|---|
| **CY** | 大剣コンテナターミナル保税蔵置場<br>いわき市泉町下川字大剣196<br>いわき小名浜コンテナサービス | 0246-75-0210 |
| **CFS** | 小名浜海陸運送大剣CFS保税蔵置場<br>いわき市泉町下川字大剣1-32<br>小名浜海陸運送 | 0246-56-1566 |

**新潟**
| | | |
|---|---|---|
| **CY** | 新潟港東港区指定保税地域CY日通<br>新潟市北区横土居3228-2<br>日本通運 | 025-388-1020 |
| **CFS** | 新潟港東港区コンテナ埠頭日通CFS<br>新潟市北区横土居1905-2<br>日本通運 | 025-388-1020 |

**直江津**
| | | |
|---|---|---|
| **CY/CFS** | 直江津支店コンテナ保税蔵置場<br>上越市黒井添2922<br>日本通運 | 025-544-1089 |

**常陸那珂**
| | | |
|---|---|---|
| **CY** | 常陸那珂港北CT 保税蔵置場<br>那珂郡東海村照沼768-30<br>常陸那珂コンテナターミナル | 029-265-7030 |

**千葉**
| | | |
|---|---|---|
| **CY/CFS** | 千葉港港湾運送事業協同組合保税蔵地場<br>千葉市中央区中央港1-174<br>日本通運 | 043-238-7311 |
| **CY**<br>[Tai Young船] | 千葉県営千葉港中央保税置場<br>千葉市中央区中央港1-174<br>山九 | 043-238-7720 |

**豊橋**
| | | |
|---|---|---|
| **CY** | 三河港豊橋コンテナターミナル<br>豊橋市神野西町1-2, 3<br>愛知海運産業 | 0532-33-8662 |
| **CFS** | 愛知海運産業CFS保税蔵置場<br>豊橋市神野西町1-8<br>愛知海運産業 | 0532-34-7980 |

**四日市**
| | | |
|---|---|---|
| **CY** | 霞26コンテナターミナル<br>四日市市霞2-6<br>日本トランスシティ | 059-364-1312 |
| **CFS** | 日本トランスシティ霞HW<br>四日市市霞2-2<br>日本トランスシティ | 059-364-1311 |

**金沢**
| | | |
|---|---|---|
| **CY** | 金沢港DHA<br>金沢市近岡町613<br>金沢港運 | 076-256-0738 |
| **CFS** | 金沢港運東部業務センター<br>金沢市湊3-1-29<br>金沢港運 | 076-238-5933 |

**富山新港**
| | |
|---|---|
| **CY** | 富山新港DHA<br>新湊市越ノ潟町1003 |

| | | |
|---|---|---|
| | 日本通運 | 0766-83-7325 |
| **CFS** | 日通富山新港流通センター<br>高岡市石丸704-11<br>日本通運 | 0766-83-7325 |

**舞鶴**
| | | |
|---|---|---|
| **CY/CFS** | (CY)舞鶴国際ふ頭CY<br>(CFS)舞鶴国際ふ頭CFS<br>舞鶴市下安久<br>飯野港運 | 0773-75-8805 |

**敦賀**
| | | |
|---|---|---|
| **CY** | 敦賀港鞠山南コンテナターミナル<br>敦賀市金ヶ崎町49-1<br>敦賀海陸運輸 | 0770-47-5140 |
| **CFS** | 敦賀港CFS倉庫<br>敦賀市川崎松栄261/262<br>敦賀海陸運輸 | 0770-20-0172 |

**広島**
| | | |
|---|---|---|
| **CY** | 広島港国際コンテナターミナル<br>広島市南区出島3-1-67 | |
| [KMTC船] | 日本通運 | 082-253-4228 |
| [PanCon船] | マツダロジスティクス | 082-250-1916 |
| [Namsung船] | シーゲートコーポレーション | 082-256-0813/4 |
| **CFS**<br>(輸出) | ヒロクラ保税蔵置場<br>広島市南区宇品海岸3-1-35<br>ヒロクラ | 082-253-6193 |

**岩国**
| | | |
|---|---|---|
| **CY** | 岩国新港CY<br>岩国市新港町3丁目地先<br>山九 | 0827-24-4639 |

**徳山**
| | | |
|---|---|---|
| **CY/CFS** | 県営晴海コンテナヤード<br>周南市晴海町6-51<br>日本通運 | 0834-27-0202 |
| **CY**<br>[Dongjin船] | 晴海ふ頭CY<br>周南市晴海町6<br>トクヤマ海陸運送 | 0834-31-4116 |

**福山**
| | | |
|---|---|---|
| **CY/CFS** | 福山港国際コンテナターミナル指定保税地域<br>福山市箕沖町109-3<br>NX備通 | 084-981-1803 |

**境港**
| | | |
|---|---|---|
| **CY/CFS** | NX境港海陸保税蔵置場<br>境港市昭和町52<br>NX境港海陸 | 0859-21-3733 |

**水島**
| | | |
|---|---|---|
| **CY** | 水島港国際コンテナターミナル指定保税地域<br>倉敷市玉島乙島字新湊8262-2<br>中谷興運 | 086-436-7680 |
| **CFS** | 中谷興運玉島支店保税蔵置場<br>倉敷市玉島乙島字新湊8262-2<br>中谷興運 | 086-522-6494 |

**高松**
| | | |
|---|---|---|
| **CY/CFS** | 高松港コンテナターミナル保税蔵置場<br>高松市朝日新町13-2<br>高松商運 | 087-822-5184 |

**徳島**
| | |
|---|---|
| **CY/CFS** | 徳島小松島港コンテナターミナル |

小松島市和田津開町字北401
共同港運　　　　　　　　0885-35-7010

**伊予三島**
**CY**
金子国際コンテナヤード
四国中央市三島宮川一丁目字神之元2341
大王海運　　　　　　　　0896-24-4380

**今治**
**CY/CFS**
富田コンテナヤード
今治市富田新港1-1-5
日本通運　　　　　　　　0898-48-6900

**松山**
**CY**
松山港DHA日通CY
松山市大可賀3丁目地先
日本通運　　　　　　　　089-968-3011
**CFS**
日通松山トータルロジスティクス事業所第1
松山市海岸通1456-3
日本通運　　　　　　　　089-952-2341

**長崎**
**CY/CFS**
長崎港小ケ倉柳地区指定保税地域
長崎市小ケ倉町3-76　小ケ倉柳埠頭西海岸壁
日本通運　　　　　　　　095-822-5157

**伊万里**
**CY/CFS**
伊万里港コンテナターミナル
伊万里市黒川町塩屋5-22
奈雅井　　　　　　　　　0955-27-1300

**熊本**
**CY**
熊本港指定保税地域
熊本市西区新港2-2
くまもとファズ　　　　　096-212-2577
**CFS**
熊本港指定保税地域
熊本市西区新港1-4-5
三角海運　　　　　　　　096-223-5497

**八代**
**CY**
八代コンテナヤード
八代市新港町3-12
日本通運　　　　　　　　0965-37-0011
**CFS**
八代CFS
八代市新港町2-4-1
日本通運　　　　　　　　0965-37-0011

**大分**
**CY/CFS**
大分市大字大在6
日本通運　　　　　　　　097-524-2118

**細島**
**CY**
工業港白浜港地区10号岸壁荷捌地
日向市竹島町3
日本通運　　　　　　　　0982-56-1612

**志布志**
**CY**
志布志市志布志町志布志若浜3276-1
日本通運　　　　　　　　099-472-1121

**薩摩川内**
**CY**
薩摩川内港CY
薩摩川内市港町字唐山6110
中越物産　　　　　　　　0996-26-3335

# Konoike Shipping Co., Ltd.
**コウノイケ・シッピング　株式会社**

| | |
|---|---|
| 設立 | 2001年9月26日 |
| 資本金 | 30,000,000円 |
| 従業員数 | 43 |
| 代表者 | 代表取締役 藤原宏司 |
| 主要取引銀行 | 三井住友銀行 |
| 主要株主 | 鴻池運輸 |
| URL | https://www.konoike-ship.com/ |
| 公開E-Mail | ksctyobiz@jpa.konoike.net |
| | kscoskbiz@jpa.konoike.net |

**東京本社**
〒104-0033 東京都中央区新川2-3-1
　　　　　　セントラルスクエア2階
　　　　　　03-6738-2960　　FAX03-6738-2970

**大阪営業部**
〒541-0053 大阪府大阪市中央区本町2-1-6
　　　　　　堺筋本町センタービル7階
　　　　　　06-6263-3835　　FAX06-6263-3922

# Konoike Transport Co., Ltd.
**鴻池運輸　株式会社**

| | |
|---|---|
| 設立 | 1945年5月30日 |
| 資本金 | 1,723,000,000円(2023年3月31日現在) |
| 従業員数 | 約24,000(連結) |
| 代表者 | 代表取締役会長兼社長執行役員 鴻池忠彦 |
| 主要取引銀行 | 三井住友銀行、三菱UFJ銀行、みずほ銀行 |
| URL | https://www.konoike.net/ |
| 公開E-Mail | ocean@jpb.konoike.net |

**本社**
〒541-0044 大阪府大阪市中央区伏見町4-3-9
　　　　　　HK淀屋橋ガーデンアベニュー2階
　　　　　　(総合受付)
代表　　　　06-6227-4600　　FAX06-6227-4650

**東京本社**
〒104-0061 東京都中央区銀座6-10-1
　　　　　　GINZA SIX7階
　　　　　　03-3575-5751　　FAX03-3575-5656

**国際物流関西支店**
〒552-0021 大阪府大阪市港区築港2-1-23
外航海運課　06-6572-6481　　FAX06-6574-6033

＊＊＊＊＊＊＊＊＊＊＊＊＊＊

**貨物搬入先**
**大阪**
**TRS**
住之江区南港中8-2-31
鴻池運輸南港外貿営業所 (L-1)
　　　　　　　　　　　　06-6612-3421

# Kyowa Shipping Co., Ltd.
協和海運　株式会社

| | |
|---|---|
| 設立 | 1974年6月29日 |
| 資本金 | 99,500,000円 |
| 従業員数 | 32 |
| 代表者 | 代表取締役社長 髙松裕満 |
| 主要取引銀行 | 三菱UFJ銀行、りそな銀行、商工組合中央金庫、きらぼし銀行 |
| 主要株主 | 髙松裕満、山九、金原政美 |
| URL | http://www.kyowa-line.co.jp/ |
| 公開E-Mail | inquiry@kyowa-line.co.jp |

**東京本社**
〒105-0004 東京都港区新橋1-1-1
　　　　　　日比谷ビルディング4階
　　　　　　03-5510-1991　　FAX03-5510-2002

**大阪支店**
〒550-0011 大阪府大阪市西区阿波座1-13-16
　　　　　　松本フォレストビル7階
　　　　　　06-6533-5821　　FAX06-6533-2352

**横浜代理店**
山九　　　　　　　045-623-2915　　FAX045-623-2921
B/L(ウィンテック)　045-226-5025

**名古屋代理店**
愛知海運　　　　　052-651-3233　　FAX052-655-9030
東海協和　　　　　052-398-1211　　FAX052-398-1216

**神戸代理店**
山九　　　　　　　078-371-3091　　FAX078-371-3094

**門司代理店**
山九　　　　　　　093-321-3999　　FAX093-332-7032

**静岡代理店**
アオキトランス　　054-353-6434　　FAX054-353-6562

＊＊＊＊＊＊＊＊＊＊＊＊＊＊

**貨物搬入先**
**横浜**
**CY**　　大黒T-9三井倉庫ターミナル
　　　　　鶴見区大黒埠頭25
　　　　　三井倉庫　　　　　　045-502-9311
**CFS**　大黒埠頭L-4
　　　　　鶴見区大黒埠頭5-4
　　　　　山九　　　　　　　　045-502-3921

**名古屋**
**CFS**　名古屋市港区金城埠頭3-1
　　　　　東海協和　　　　　　052-398-1214

**神戸**
**CY/CFS**　六甲アイランド輸出入センター
　　　　　東灘区向洋町西2
　　　　　山九　　　　　　　　078-857-1981

**門司**
**CY**　　太刀浦海岸34号岸壁
　　　　　門司区太刀浦海岸66
　　　　　山九　　　　　　　　093-332-4292

# Maersk A/S
マースク　AS

| | |
|---|---|
| 設立 | 2013年12月4日 |
| 従業員数 | 100,000(日本:500) |
| 代表者 | 日本支社長 西山徹 |
| 主要取引銀行 | シティバンク、三菱UFJ銀行 |
| URL | https://www.maersk.com/local-information/japan/ |

**東京**
〒107-0052 東京都港区赤坂2-17-7
　　　　　　赤坂溜池タワー10階
カスタマーサービス
　(輸出入)　　　　　050-4560-2762

**大阪**
〒550-0003 大阪府大阪市西区京町堀1-6-2
　　　　　　肥後橋ルーセントビル5階
カスタマーサービス
　(輸出入)　　　　　050-4560-2762

＊＊＊＊＊＊＊＊＊＊＊＊＊＊

**貨物搬入先**
**東京**
**CY**
[東京積み/揚げ]
　　　　NYTT 大井6/7号　[1FD04]
　　　　品川区八潮2-5-2
　　　　ユニエックスNCT　　　03-5492-7502/3
[東京積み/揚げ]
　　　　TICT 大井4号　[1FD03]
　　　　品川区八潮2-3-10
　　　　宇徳　　　　　　　　　03-3790-1140/2
[横浜積み/揚げ]
　　　　三菱倉庫大井CY H/W　[1FWA8]
　　　　品川区八潮2-6
　　　　三菱倉庫　　　　　　　03-3799-6771
[ONE船]
　　　　TICT 大井3/4号　[1FD03]
　　　　品川区八潮2-3-10
　　　　宇徳　　　　　　　　　03-3790-1140/2
[COSCO船]
　　　　中坊Y2　[1AD14]
　　　　江東区青海3先地
　　　　三井倉庫　　　　　　　03-3599-3700

**横浜**
**CY**　　南本牧MC-3/4　[2EKE1]
　　　　　中区南本牧1
　　　　　三菱倉庫　　　　　　045-624-5922/3

**清水**
**CY**　　アオキトランスCT
　　　　　清水区入船町14-12
　　　　　アオキトランス　　　054-353-6434/8
　　　　　清水港CT　[5ND08]
　　　　　清水区興津清見寺町1380
　　　　　鈴与　　　　　　　　054-395-8271/2

## 名古屋

| | | | |
|---|---|---|---|
| CY | 三菱西4区CT　[5ED16]<br>海部郡飛島村東浜1-4-1<br>三菱倉庫 | 0567-55-2781 | |
| | 飛島ふ頭東側CT　[5ED16]<br>海部郡飛島村東浜3-6<br>三菱倉庫 | 0567-55-3156/7 | |

## 大阪

| | | |
|---|---|---|
| CY | 夢洲C10/12　[4ED72]<br>此花区夢洲東1-1<br>三菱倉庫 | 06-6612-1888/7721/4861 |

## 神戸

| | | |
|---|---|---|
| CY | 神戸六甲アイランドRC-4　[3GDK4]<br>東灘区向洋町南6-4<br>三菱倉庫 | 078-857-0260/1 |
| [ONE船] | 神戸ポートアイランドPC-15/16/17<br>[3FDU1]<br>中央区港島9-10<br>商船港運 | 078-304-1214/6 |
| [COSCO船] | 神戸ポートアイランドPC-13　[3FDW6]<br>中央区港島9-2-11<br>上組 | 078-302-0502 |

## 門司

| | | |
|---|---|---|
| CY | 太刀ノ浦CT<br>第一ターミナル(門菱)　[6CJ69]<br>門司区太刀ノ浦海岸<br>太刀ノ浦第一コンテナヤード管理棟<br>門菱港運 | 093-331-8347 |

## 博多

| | | |
|---|---|---|
| CY | アイランドシティCT　[6TK67]<br>東区みなと香椎1<br>三菱倉庫 | 092-663-3200 |

## ひびき

| | | |
|---|---|---|
| CY | ひびきコンテナターミナル　[6SJ04]<br>若松区響町3<br>日本通運 | 093-752-0510 |

---

# Mariana Shipping Japan Co., Ltd.
## マリアナ　シッピング　ジャパン　株式会社

| | |
|---|---|
| 設立 | 2011年2月18日 |
| 従業員数 | 30 |
| 代表者 | 代表取締役社長 本田誠二 |
| 主要取引銀行 | 三菱UFJ銀行 |
| 主要株主 | Mariana Express Lines (Pte) Ltd.、<br>グローバルフレイト株式会社 |

**代理店引受船社**
Mariana Express Lines (Pte) Ltd.
Pacific International Lines

**URL**　　　　https://global-freight.jp/

**本社**
〒104-0032 東京都中央区八丁堀3-2-4
三重ビル
総務・経理・輸入・運航業務・輸出カスタマーサービス
03-5541-2100　　FAX 03-5541-2101
営業部　　　03-5541-2110　　FAX 03-6280-3565

**名古屋代理店**
[Mariana]
　中京海運　　052-651-1299　　FAX 052-653-6683
[PIL]

中部マリンエージェンシー
052-231-7991　　FAX 052-231-7935

**大阪代理店**
[Mariana, PIL]
　センワマリタイムエージェンシー
06-6262-5321　　FAX 06-6266-0571

**神戸代理店**
[Mariana, PIL]
　センワマリタイムエージェンシー
06-6262-5321　　FAX 06-6266-0571

**苫小牧代理店**
栗林商会　　0144-32-5161　　FAX 0144-36-6839

**八戸代理店**
八戸港湾運送　0178-29-3114　　FAX 0178-29-3119

**仙台代理店**
NX仙台塩竈港運　022-254-0948　　FAX 022-254-2983

**新潟代理店**
リンコーコーポレション
025-257-5580　　FAX 025-256-4150

**富山代理店**
伏木海陸運送　0766-45-1111　　FAX 0766-45-1186

＊＊＊＊＊＊＊＊＊＊＊＊＊＊＊＊

## 貨物搬入先
### 東京

| | | |
|---|---|---|
| CY | | |
| [HASCO船] | 大井3/4号<br>品川区八潮2-3-10<br>宇徳 | 03-3790-1140 |
| [Maersk船] | 大井6/7号<br>品川区八潮2-5-2<br>ユニエツクス | 03-5492-7503 |
| [WHL船, IAL船] | 大井5号<br>品川区八潮2-4-9<br>東海運 | 03-5755-8366 |

### 横浜

| | | |
|---|---|---|
| CY | | |
| [HASCO船] | 本牧BC1<br>中区本牧埠頭1-195<br>山九 | 045-623-2933 |
| [Maersk船] | 南本牧MC-3/4<br>中区南本牧1<br>三菱倉庫 | 045-624-5922 |
| [WHL船, IAL船] | 本牧埠頭BC-2<br>中区本牧埠頭1-198<br>鈴江コーポレーション | 045-625-5552 |

### 名古屋

| | | |
|---|---|---|
| CY | | |
| [HASCO船] | NUCT<br>弥富市富浜5-1<br>日本通運 | 0567-66-3410 |
| [Maersk船] | 飛島ふ頭東側CT<br>海部郡飛島村東浜3-6<br>三菱倉庫 | 0567-55-3157 |
| [WHL船, IAL船] | NCB<br>海部郡飛島村東浜2-10<br>名港海運 | 0567-55-2280 |

**大阪**
**CY**

| [HASCO船] | 南港 C-4 |  |
|  | 住之江区南港東6-2-84 |  |
|  | 辰巳商会 | 06-6612-3152 |
| [Maersk船] | 夢洲CT C-10/11/12 |  |
|  | 此花区夢洲東1-1 |  |
|  | 三菱倉庫 | 06-6612-7721 |
| [WHL船, IAL船] |  |  |
|  | 南港 C-9 |  |
|  | 住之江区南港東9-3 |  |
|  | 三菱倉庫 | 06-6612-7721 |

**神戸**
**CY**

| [HASCO船] | PC-16/17 |  |
|  | 中央区港島9-10 |  |
|  | 山九 | 078-304-1216 |
| [Maersk船] | 六甲アイランドRC-4/5 |  |
|  | 東灘区向洋町西6-4 |  |
|  | 三菱倉庫 | 078-857-0260 |
| [WHL船, IAL船] |  |  |
|  | RC-1/2 |  |
|  | 東灘区向洋町西6 |  |
|  | 三井倉庫 | 078-845-9883 |

**博多**
**CY**

| [HASCO船] | 香椎パークポートCT |  |
|  | 東区箱崎ふ頭4-2-2 |  |
|  | 博多港運 | 092-663-3131 |
| [WHL船, IAL船] |  |  |
|  | 香椎パークポートCT |  |
|  | 東区箱崎ふ頭4-2-2 |  |
|  | ジェネック | 092-663-3015 |

**門司**
**CY**

| [HASCO船] | 太刀浦第2CY |  |
|  | 門司区太刀浦海岸地先19 |  |
|  | 日本通運 | 093-332-6020 |
| [WHL船, IAL船] |  |  |
|  | 太刀浦No.1 CY |  |
|  | 門司区太刀浦海岸 |  |
|  | 三井倉庫九州 | 093-332-5328 |

**苫小牧**
**CY** 苫小牧東港CT
苫小牧市弁天534-2
栗林商会　　　　　　0145-26-8333

**八戸**
**CY** 八戸港八太郎2号埠頭指定保税地域
八戸市大字河原木字海岸42
八戸港湾運送　　　　0178-29-3121

**仙台**
**CY** 塩竈港運送CY (仙台塩竈港高砂埠頭地区)
仙台市宮城野区蒲生字町105
　NX仙台塩竈港運　　022-254-0948

**新潟**
**CY** 新潟港CT(新潟港東港区指定保税地域)
新潟市北区横土居3228-2
リンコーコーポレーション　025-388-1011

**富山**
**CY** 伏木富山港新湊地区指定保税地域
射水市越の潟町1003
富山新港多目的国際ターミナル
　　　　　　　　　　0766-82-5685

# Mikasa Maritime Ltd.
三笠マリタイム

| 設立 | 1999年4月 |
| 資本金 | 10,000,000円 |
| 従業員数 | 6 |
| 代表者 | 代表取締役 伊藤淳 |
| 主要取引銀行 | きらぼし銀行、三菱UFJ銀行 |
| 公開E-Mail | mikasa@gol.com |

**東京本社**
〒104-0032 東京都中央区八丁堀3-2-4
　　　　　三重ビル4階
　　　　　03-3555-3338　　FAX 03-3555-3375

# Mitsui O.S.K. Lines, Ltd.
株式会社　商船三井

| 設立 | 1942年12月28日 |
| 資本金 | 65,589,827,533円 |
| 従業員数 | 1168 |
| 代表者 | 代表取締役社長 橋本剛 |
| 主要取引銀行 | 三井住友銀行、三菱UFJ銀行 |
| 主要株主 | 日本マスタートラスト信託銀行（信託口）、ステート ストリート バンク ウェスト クライアント トリーティ 505234、日本カストディ銀行（信託口）、三井住友銀行、三井住友海上火災保険、みずほ銀行、ステート ストリート バンク アンド トラスト カンパニー 505225、ザ バンク オブ ニューヨーク メロン 140044、三井住友信託銀行、住友生命保険 |
| ISO取得 | ISO9001-2000(1994年) ISO14001(2003年) |
| URL | https://www.mol.co.jp/ |

**本社**
〒105-8688 東京都港区虎ノ門2-1-1
　　　　　03-3587-7111

**名古屋支店**
〒450-0003 愛知県名古屋市中村区名駅南1-24-30
　　　　　名古屋三井ビル本館15階
　　　　　052-564-7000

**関西支店**
〒530-6125 大阪府大阪市北区中之島3-3-23
　　　　　中之島ダイビル25階
　　　　　06-6446-6500

**九州支店**
〒812-0024 福岡県福岡市博多区網場町8-31
　　　　　はっこう福岡ビル8階
　　　　　092-262-0701

**広島支店**
〒734-0011 広島県広島市南区宇品海岸3-8-44
　　　　　P-CUBE広島ビル4階
　　　　　082-252-6020

# Mitsui-Soko Co., Ltd.
## 三井倉庫　株式会社

設立　　　　　　　2014年10月
資本金　　　　　　5,000,000,000円
従業員数　　　　　799
代表者　　　　　　代表取締役社長　久保高伸
主要取引銀行　　　三井住友銀行
代理店引受船社
　- 総代理店 -
　上海民生輪船有限公司(Shanghai Minsheng Shipping Co., Ltd.)
　G2 OCEAN A/S
　- 副代理店 -
　瑞洋海運(Starocean Marine Co., Ltd.)
　上海錦江航運(集団)股份有限公司(Shanghai Jinjiang Shipping (Group) Co., Ltd.)
　新海豊集装箱運輸有限公司(SITC Container Lines Co., Ltd.)
URL　　　　　　https://www.mitsui-soko.com/

**港運統括部・港運営業部**
〒108-0022 東京都港区海岸3-22-23
　　　　　　　MSCセンタービル
港運営業部
船舶代理店課
　(民生輪船総代理店)　　minsheng@mitsui-soko.co.jp
　(G2 OCEAN総代理店)　g2ocean@mitsui-soko.co.jp
営業課(関東地区　見積り、サービスのお問い合わせ、ブッキング受付)
　　　　　03-6400-8180　　FAX03-6400-8188

**清水代理店**
清水倉庫(B/L・D/O発行)
　　　　　054-371-5510　　FAX054-371-5532

**名古屋**
〒460-0002 愛知県名古屋市中区丸の内3-22-24
　　　　　　　名古屋桜通ビル10階
港運営業部　営業課(中部地区　見積り、サービスのお問い合わせ)
　　　　　052-972-0639　　FAX052-972-0646

**大阪代理店**
〒559-0031 大阪府大阪市住之江区南港東9-3-61
三井倉庫港運(B/L発行)
　　　　　06-6613-3205　　FAX06-6612-2019
〒651-0084 兵庫県神戸市中央区磯辺通3-1-7
　　　　　　　コンコルディア神戸11階
オフサイトセンター事務所(B/L発行)
　　　　　078-232-2289　　FAX078-232-2354
港運営業部　営業課(関西地区　見積り、サービスのお問い合わせ、ブッキング受付)
〒530-0004 大阪府大阪市北区堂島浜1-4-4
　　　　　　　アクア堂島東館9階
　　　　　070-3355-9068　　FAX06-4796-6836

**神戸**
〒651-0084 兵庫県神戸市中央区磯辺通3-1-7
　　　　　　　コンコルディア神戸11階
オフサイトセンター事務所(B/L発行)
　　　　　078-232-2289　　FAX078-232-2354
オフサイトセンター事務所(D/O発行)
　　　　　078-232-2286　　FAX078-232-2282

**門司代理店**
〒801-0805 福岡県北九州市門司区太刀浦海岸
　　　　　　　太刀浦ターミナル事務所
三井倉庫九州　　　093-332-5328　　FAX093-332-1975

### ＜Minsheng代理店＞

**広島代理店**
シーゲートコーポレーション
　　　　　　　082-254-5002　　FAX082-255-2878
**岩国代理店**
山九　　　　　　0827-22-3915　　FAX0827-24-2576
**中関代理店**
日本通運　　　　0835-24-1910　　FAX0835-24-1934
**福山代理店**
NX備通　　　　084-981-0205　　FAX084-981-0188
**水島代理店**
上組　　　　　　086-525-8670　　FAX086-525-0890
**高松代理店**
日本通運　　　　087-823-0223　　FAX087-821-4593
**伊予三島代理店**
日本興運　　　　0896-24-2551　　FAX0896-24-2559
**伊万里代理店**
西松浦通運　　　0955-23-3155　　FAX0955-23-3197

＊＊＊＊＊＊＊＊＊＊＊＊＊＊＊＊

**貨物搬入先**

### ＜Minsheng搬入先＞

**広島**
**CY**　　広島港国際コンテナターミナル指定保税地域
　　　　広島市南区出島3-4-1
　　　　シーゲートコーポレーション　082-256-0813
**岩国**
**CY**　　岩国コンテナヤード
　　　　岩国市新港町3-10-17
　　　　山九　　　　　　　　　　0827-22-3915
**中関**
**CY**　　日通中関コンテナヤード
　　　　防府市大字浜方字大浜二の桝415-28
　　　　日本通運　　　　　　　　0835-24-1910
**福山**
**CY**　　福山港国際コンテナターミナル
　　　　福山市箕沖町109-3
　　　　NX備通　　　　　　　　084-981-1803
**水島**
**CY**　　上組ハーバーアイランドコンテナターミナル
　　　　倉敷市玉島乙島字新湊8262-1
　　　　上組　　　　　　　　　　086-525-8670
**CFS**　水島港国際物流センターCFS倉庫B-1
　　　　倉敷市玉島乙島字新湊8262-1
　　　　上組　　　　　　　　　　086-525-8670
**高松**
**CY**　　高松港コンテナターミナル
　　　　高松市朝日新町13-2
　　　　日本通運　　　　　　　　087-821-6293
**伊予三島**
**CY**　　金子国際ターミナル
　　　　四国中央市三島宮川1丁目2341番地内
　　　　日本興運　　　　　　　　0896-24-2551
**伊万里**
**CY**　　伊万里港コンテナターミナル
　　　　伊万里市黒川町塩屋七ッ島5-14

# MOL Drybulk Ltd.
## 商船三井ドライバルク　株式会社

| | |
|---|---|
| 設立 | 1972年3月 |
| 資本金 | 660,000,000円 |
| 代表者 | 代表取締役社長 菊池和彦 |
| 主要取引銀行 | 三井住友銀行、三菱UFJ銀行 |
| 主要株主 | 商船三井 |
| URL | https://www.moldrybulk.co.jp/ |
| 公開E-Mail | zzusr-STLPA@molgroup.com |

**本社**
〒105-0001 東京都港区虎ノ門2-1-1
　　　　　　　　　商船三井ビル8階
多目的部　プロジェクト貨物輸送チーム
　　　　　　　03-3587-6704　　FAX03-3587-6024
鋼材営業部　近海鋼材チーム
　　　　　　　03-3587-6111　　FAX03-3587-6024

**横浜代理店**
東海運　　　　045-661-0180　　FAX045-633-2049

**名古屋集荷代理店**
中京海運(香港・南中国・東南アジア)
　　　　　　　052-651-1299　　FAX052-653-6683

**大阪集荷代理店**
エルプランニング　06-6264-6177　　FAX06-6264-6377

**阪神事務所**
〒651-0083 兵庫県神戸市中央区浜辺通4-1-23
　　　　　　　　　三宮ベンチャービル426号
　　　　　　　078-272-5711　　FAX078-272-5712

# MSC Mediterranean Shipping Company SA, Japan Branch Office
## エム エス シー ジャパン

| | |
|---|---|
| 設立 | 1999年2月19日 |
| 資本金 | 35,000,000円 |
| 従業員数 | 122 |
| 代表者 | 代表取締役 甲斐督英 |
| 主要取引銀行 | CITI BANK |
| 主要株主 | Mediterranean Shipping Company SA |
| 代理店引受船社 | Mediterranean Shipping Company SA |
| URL | https://www.msc.com/ |

**東京**
〒107-6023 東京都港区赤坂1-12-32
　　　　　　　　　アーク森ビル23階
　　　　　　　03-4589-5290
　　　　　　　―全国共通連絡先―
輸出運賃見積もり　03-4578-7687
輸出カスタマーサービス
　　　　　　　03-4578-2774
B/L発行・マニフェスト訂正
　　　　　　　03-4578-7290

サポートデスク　　03-4578-7684
輸入DOR　　　　　03-4589-5283
輸入カスタマーサービス
　　　　　　　03-4589-5283
S/I差し入れ　　JP206-japan.documentation@msc.com

**横浜代理店**
上組(輸出入業務)　045-211-2555

**清水代理店**
清水シッピング　054-354-1910

**名古屋支店**
〒460-0003 愛知県名古屋市中村区椿町1-16
　　　　　　　　　井門名古屋ビル3階
　　　　　　　03-4589-5290

**大阪代理店**
住友倉庫　　　　03-4578-7290

**神戸代理店**
上組(輸出入業務)　078-306-3907

**博多代理店**
ホームリンガ商会(輸出業務)
　　　　　　　092-271-1292

**門司代理店**
ホームリンガ商会(輸出業務)
　　　　　　　093-331-1311

＊＊＊＊＊＊＊＊＊＊＊＊＊＊＊

**貨物搬入先**
**東京**
CY　　　　Y2CT　[IAD14]
　　　　　大田区令和島1-1-1
　　　　　住友倉庫　　　　03-3599-3700
　　[Off Dock] 住友倉庫大井バンプール
　　　　　大田区東海6-18
　　　　　住友倉庫　　　　03-3528-0850
**横浜**
CY　　　　本牧D-1　[2EJX3]
　　　　　中区本牧埠頭1-10
　　　　　上組　　　　　　045-228-9756
　　[Hapag船, Maersk船]
　　　　　南本牧CT　[2EKE1]
　　　　　中区南本牧埠頭1
　　　　　三菱倉庫　　　　045-624-5922
　　[ONE船:Andes Service]
　　　　　南本牧MC1, 2, 3, 4　[2EKE1]
　　　　　中区南本牧埠頭2
　　　　　ダイトーコーポレーション
　　　　　　　　(輸出)045-624-5742
　　　　　　　　(輸入)045-624-5743
　　[ONE船:Aztec Service]
　　　　　南本牧MC1, 2, 3, 4　[2EKE1]
　　　　　中区南本牧埠頭1
　　　　　ユニエックスNCT(NYYT)
　　　　　　　　(輸出)045-624-5830
　　　　　　　　(輸入)045-624-5829
**清水**
CY　　　　興津袖師地区DHA CY　[5ND08]
　　　　　清水区興津清見寺町1380
　　　　　鈴与　　　　　　054-395-8271
**名古屋**
CY　　　　TCB　[5ED15]
　　　　　海部郡飛島村東浜3-1-4
　　　　　上組　　　　　　0567-55-0143

| | | | |
|---|---|---|---|
| [Off Dock] | 飛島コンテナセンターKTCC | | |
| | 海部郡飛島村西浜27-2 | | |
| | 上組 | 0567-31-9003 | |

**大阪**
**CY**　　DICT　C10/12　[4ED71]
　　　　此花区夢洲東1-1
　　　　住友倉庫　　　　　　　　06-6612-1324
　[Off Dock]　南港C-6 CT　[4ID17]
　　　　住之江区南港中7-4-75
　　　　住友倉庫　　　　　　　　06-6612-1324

**神戸**
**CY**　　PC-18　[3FDW2]
　　　　中央区南港島8-14
　　　　上組　　　　　　　　　　078-306-3901

**博多**
**CY**　　アイランドシティCT　[6TK62]
　　　　東区みなと香椎1-1-3
　　　　上組　　　　　　　　　　092-663-3018
　[Off Dock]　アイランドシティバンプール　[6TK62]
　　　　東区みなと香椎2-25-7
　　　　上組　　　　　　　　　　092-663-3018

**四日市**
**CY**　　霞ヶ浦北埠頭CT　[5WD09]
　　　　四日市市霞2-26-2
　　　　日本トランスシティ　　　059-361-7701

# N

# Namsung Shipping Japan, Ltd.
### 南星海運ジャパン　株式会社

| | |
|---|---|
| 設立 | 1998年10月1日 |
| 資本金 | 50,000,000円 |
| 従業員数 | 36 |
| 代表者 | 代表取締役社長 平田優治 |
| 主要取引銀行 | 三菱UFJ銀行、みずほ銀行 |
| 主要株主 | 南星海運(韓国)、南星海運ジャパン |

**代理店引受船社**
　南星海運株式会社(Namsung Shipping Co.,Ltd.)
　東暎海運株式会社(Dongyoung Shipping Co., Ltd.
　[Pegasus Container Service])
　SeaLead Shipping Pte. Ltd.

| | |
|---|---|
| URL | http://www.nsl-japan.co.jp/ |
| 公開E-Mail | salesmen@namsung.co.jp |

**本社**
〒101-0044 東京都千代田区鍛冶町2-9-12
　　　　　　神田徳力ビル1階
セールス　　　　03-5843-6140
輸出カスタマー　03-5843-6141
B/Lカウンター　03-5843-6142
輸入カスタマー　03-5843-6143
オペレーション　03-5843-6144
代理店：第一港運
　輸出　03-3474-9223　　Fx.03-3474-9250
　輸入　03-3474-9222　　Fx.03-3474-9245

**大阪支店**
〒550-0005 大阪府大阪市西区西本町1-3-15
　　　　　　大阪建大ビル9階
セールス・輸出カスタマー
　　　　　06-6535-9011　　FAX 06-6535-9013
輸入カスタマー・B/Lカウンター
　　　　　06-6535-7621　　FAX 06-6535-9013
代理店：辰巳商会
　輸出　06-6612-3151　　FAX 06-6612-5319
　輸入　06-6612-3152　　FAX 06-6612-5350

**横浜支店**
〒231-0021 神奈川県横浜市中区日本大通18
　　　　　　KRCビルディング302A号室
　　　　　045-228-2080　　FAX 045-228-2082
代理店：東京国際埠頭
　　　　　045-621-6601　　FAX 045-621-6617

**清水代理店**
南星代理店：天野回漕店
　　　　　054-364-1850　　FAX 054-364-1838
ペガサス代理店：清水倉庫
　　　　　054-371-5510　　FAX 054-371-5532

**名古屋代理店**
南星代理店：東亜シッピング
　　　　　052-659-1550　　FAX 052-659-1551
ペガサス代理店：名城シッピング
　　　　　052-661-8241　　FAX 052-654-0900

**神戸代理店**
ニッケルエンドライオンス
　　　　　078-341-7789　　FAX 078-341-7319

〈南星代理店〉

**石狩代理店**
栗林商会　　　011-231-8171　　FAX 011-222-1394

**函館代理店**
青函フェリー　0138-42-4121　　FAX 0138-42-4120

**苫小牧代理店**
栗林商会　　　0144-32-5161　　FAX 0144-36-6839

**釧路代理店**
三ツ輪運輸　　0154-54-3121　　FAX 0154-52-4761

**八戸代理店**
八戸港湾運送　0178-29-3177　　FAX 0178-29-3252

**秋田代理店**
秋田海陸　　　018-880-6770　　FAX 018-880-6771

**釜石代理店**
日鉄物流 北日本支店
　　　　　0193-24-3738　　FAX 0193-22-2679

**仙台代理店**
NX仙台塩竈港運　022-254-0948　　FAX 022-254-2983

**酒田代理店**
日本通運　　　0234-35-1288　　FAX 0234-34-2811

**小名浜代理店**
いわき小名浜コンテナサービス
　　　　　0246-75-0210　　FAX 0246-75-0280

**新潟代理店**
リンコー港運倉庫　025-256-1061　　FAX 025-256-1063

**常陸那珂代理店**
日立埠頭　　　029-265-5539　　FAX 029-200-3870

## 川崎代理店
東洋埠頭
| | | |
|---|---|---|
| 輸出 | 044-270-1019 | FAX044-270-1052 |
| 輸入 | 044-270-1018 | FAX044-270-1052 |

## 和歌山代理店
浅川組運輸　073-445-2121　FAX073-445-2070

## 金沢代理店
金沢港運　076-256-0542　FAX076-256-0544

## 富山代理店
伏木海陸運送　0766-45-1139　FAX0766-45-1186

## 広島代理店
シーゲートコーポレーション
082-254-5002　FAX082-255-1042

## 大竹/岩国代理店
日本通運　0827-52-4311　FAX0827-52-5297

## 浜田代理店
浜田港運　0855-26-0515　FAX0855-27-3409

## 境港代理店
NX境港海陸　0859-44-1652　FAX0859-47-0088

## 水島代理店
日本通運　086-523-0204　FAX086-523-1755

## 伊予三島代理店
大王海運　0896-24-9240　FAX0896-24-9229

## 今治代理店
一宮運輸　0898-48-8366　FAX0898-48-0090

## 松山代理店
伊予商運　089-951-1501　FAX089-951-1317

## 博多代理店
博多港運　092-663-3131　FAX092-663-3123

## 門司代理店
日本通運　093-332-6020　FAX093-332-6021

## ひびき代理店
日鉄物流八幡　093-771-0010　FAX093-771-0020

## 大分代理店
日本通運　097-524-2118　FAX097-524-2717

## 細島代理店
日本通運　0982-56-1612　FAX0982-56-1328

## 志布志代理店
東洋埠頭　099-472-8270　FAX099-472-8658

### 〈Pegasus代理店〉

## 苫小牧代理店
栗林商会　0144-32-5161　FAX0144-36-6839

## 八戸代理店
八戸港湾運送　0178-29-3177　FAX0178-29-3252

## 仙台代理店
NX仙台塩竈港運　022-254-0948　FAX022-254-2983

## 小名浜代理店
いわき小名浜コンテナサービス
0246-75-0210　FAX0246-75-0280

## 新潟代理店
リンコー港運倉庫　025-256-1061　FAX025-256-1063

## 常陸那珂代理店
日立埠頭　029-265-5539　FAX029-200-3870

## 和歌山代理店
浅川組運輸　073-445-2121　FAX073-445-2070

## 博多/門司代理店
スターエクスプレス　092-671-7730　FAX092-663-3202

**＊＊＊＊＊＊＊＊＊＊＊＊＊＊＊**

### 貨物搬入先
### 東京
### CY
[Namsung/Pegasus]
京浜港品川埠頭地区H/A
品川区東品川5-4-36
第一港運　03-3474-9223

[Namsung-Sinokor船/Pan Ocean船]
京浜港品川埠頭地区H/A
品川区東品川5-4-36
住友倉庫　03-3472-4220

[Namsung-CNC船]
大井3/4号
品川区八潮2-3-10
宇徳　03-3790-1140

[Pegasus-HEUNG A船]
京浜港品川埠頭地区H/A
品川区東品川5-4-36
住友倉庫　03-3472-4220

[Pegasus-Dongjin船]
京浜港品川埠頭地区H/A
品川区東品川5-4-36
第一港運　03-3474-9223

### CFS
[Namsung/Pegasus]
京浜港品川埠頭地区指定保税地域
大田区東海5-1-1
第一港運　03-5492-7443

### 横浜
### CY
[Namsung/Pegasus]
本牧埠頭BC
中区本牧埠頭1-195 本牧埠頭BC1管理棟4階
東京国際埠頭　045-621-6601

[Namsung-Sinokor船]
本牧埠頭BC
中区本牧埠頭1-195 本牧埠頭BC1管理棟3階
住友倉庫　045-622-1824

[Namsung-Pan Ocean船]
南本牧埠頭MC-3
中区南本牧2
三菱倉庫　045-624-5922

[Namsung-CNC船]
本牧D-4
中区本牧埠頭1-10
APL横浜支店　045-625-4321

[Pegasus-HEUNG A船]
本牧埠頭BC
中区本牧埠頭1-195 本牧埠頭BC1管理棟3階
住友倉庫　045-622-1824

[Pegasus-Dongjin船]
本牧埠頭D-1
中区本牧埠頭1-10
日本通運　045-623-3022

### CFS
[Namsung/Pegasus]
本牧埠頭C-4 DHA

中区本牧埠頭1
互興運輸 045-621-3336
互興運輸(危険品) 045-212-3381

**清水**
**CY**
[Namsung/Pegasus]
清水港興津袖師地区 DHA CY
清水区興津清水寺町1380
鈴与 054-395-8121
**CFS**
[Namsung/Pegasus]
袖師第一保税蔵置場
清水区横砂408-18 袖師連合上屋内
鈴与 054-395-8121

**名古屋**
**CY**
[Namsung/Pegasus]
鍋田埠頭 DHA
弥富市富浜5-1
フジトランスコーポレーション 0567-66-3380
[Namsung-Sinokor船]
鍋田埠頭 DHA
弥富市富浜5-1
上組 0567-66-3390
[Namsung-Pan Ocean船]
鍋田埠頭 DHA
弥富市富浜5-1
伊勢湾海運 0567-66-3640
[Namsung-CNC船]
飛島埠頭南側
海部郡飛島村東浜3-1-4
上組 0567-57-2413
フジトランスコーポレーション 0567-57-2409
[Pegasus-HEUNG A船]
鍋田埠頭 DHA
弥富市富浜5-1
上組 0567-66-3390
[Pegasus-Dongjin船]
鍋田埠頭 DHA
弥富市富浜5-1
フジトランスコーポレーション 0567-66-3380
**CFS**
[Namsung/Pegasus]
フジトランス流通センター保税蔵置場
海部郡飛島村東浜2-15-2
フジトランスコーポレーション 0567-57-2271

**大阪**
**CY**
[Namsung船/Pegasus船/Dongjin船/HEUNG A船/
Pan Ocean船/Sinokor船]
南港C-2/4 DHA
住之江区南港東6-2-84
辰巳商会 06-6612-3151
**CFS**
[Namsung] 南港ターミナルNo.1 H/W
住之江区南港東7-1-24
辰巳商会 06-6612-3153
[Pegasus] 南港I-7 DHA
住之江区南港東5-3-66
新洋海運 06-6612-1301

**神戸**
**CY**
[Namsung船/Pegasus船/Pan Ocean船/Sinokor船]
PC-15/16/17

中央区港島9-10
ニッケルエンドライオンス
(Namsung船/Pegasus船) 078-304-1216
住友倉庫(Pan Ocean船/Sinokor船)
078-304-1216
[Dongjin船/HEUNG A船]
PC-18
中央区港島8-14
上組 078-306-3901
[Namsung-CNC船]
PC-18
中央区港島8-14
上組 078-306-3908
**CFS**
[Namsung/Pegasus]
P.I.L-11/12
中央区港島7-9
ニッケルエンドライオンス 078-302-0521

〈Namsung搬入先〉

**石狩**
**CY**
石狩湾新港花畔ふ頭コンテナヤード保税蔵置場
石狩市新港中央1-577-6
栗林商会 011-231-8171
**函館**
**CY**
函館港港町ふ頭コンテナヤード
函館市港町2-14-53
函館丸和港運 0138-41-5020
**苫小牧**
**CY**
苫小牧東港コンテナターミナルH/W
苫小牧市弁天534-2
栗林商会 0145-26-8333
[KMTC船] 苫小牧東港コンテナターミナル保税蔵置場
苫小牧市弁天534-2
ナラサキスタックス 0145-26-8511
**釧路**
**CY**
西港第3埠頭コンテナヤード保税蔵置場
釧路市西港2-101-4
三ッ輪運輸 0154-54-3121
**八戸**
**CY**
八戸港八太郎2号埠頭指定保税地域（八戸港
多目的国際物流ターミナル）
八戸市大字河原木字海岸42
八戸港湾運送 0178-29-3121
**秋田**
**CY**
秋田港外港地区コンテナターミナル指定保税地域
秋田市土崎港相染町字大浜14
日本通運 018-880-6770
**釜石**
**CY**
日鉄物流釜石 公共埠頭保税蔵置場
釜石市港町1-22-1
日鉄物流釜石 0193-24-3738
**仙台**
**CY**
仙台塩竈港高砂埠頭地区
仙台市宮城野区蒲生字門105
NX仙台塩竈港運 022-254-0948
**酒田**
**CY**
酒田港外港地区指定保税地域
酒田市高砂232
日本通運 0234-35-1288
**小名浜**
**CY**
大剣コンテナターミナル保税蔵置場
いわき市泉町下川字大剣196
いわき小名浜コンテナサービス 0246-75-0210

新潟
CY　　　新潟港東港区指定保税地域
　　　　新潟市北区横土居3228-2
　　　　リンコーコーポレーション　　025-388-1011

常陸那珂
CY　　　茨城ポートオーソリティ常陸那珂港北CT
　　　　保税蔵置場
　　　　那珂郡東海村照沼768-30
　　　　常陸那珂コンテナターミナル　029-265-7030

川崎
CY　　　川崎港コンテナターミナル
　　　　川崎区東扇島92
　　　　東洋埠頭　　　　　　　　　　044-270-1029

和歌山
CY　　　西浜第5岸壁
　　　　和歌山市西浜1660-489
　　　　浅川組運輸　　　　　　　　073-445-2121

金沢
CY　　　御供田ふ頭金沢港運CY
　　　　金沢市近岡町613
　　　　金沢港運　　　　　　　　　076-256-0738

富山
CY　　　伏木富山港新湊地区指定保税地域
　　　　射水市越の潟町1003
　　　　富山新港国際物流ターミナル 0766-82-5685

CFS　　伏木海陸運送CFS
　　　　高岡市石丸705-4
　　　　伏木海陸運送　　　　　　　0766-84-6950

広島
CY　　　広島港国際コンテナターミナル指定保税地域
　　　　広島市南区出島3-4-1
　　　　シーゲートコーポレーション　082-256-0813/4
　[KMTC船]　広島港国際コンテナターミナル
　　　　広島市南区出島3-1-67
　　　　日本通運　　　　　　　　　082-253-4228

大竹
CY　　　大竹物流センター保税蔵置場
　　　　大竹市東栄3-38-1
　　　　日本通運　　　　　　　　　0827-52-4311

岩国
CY　　　新港北保税蔵置場
　　　　岩国市新港町3-4001-4
　　　　日本通運　　　　　　　　　0827-30-3129

浜田
CY/CFS　浜田港コンテナターミナル
　　　　浜田市熱田町2135-1
　　　　浜田港運　　　　　　　　　0855-27-0073

水島
CY　　　水島港国際コンテナターミナル
　　　　倉敷市玉島乙島新湊8259-15
　　　　日本通運　　　　　　　　　086-523-0204
　[KMTC船]　玉島ハーバーアイランド6号埠頭指定保税地域
　　　　倉敷市玉島乙島字新湊8259-15
　　　　中谷興運　　　　　　　　　086-523-5551

伊予三島
CY　　　金子国際コンテナヤード保税蔵置場
　　　　四国中央市三島宮川一丁目字神之元2341
　　　　大王海運　　　　　　　　　0896-29-5570
　[KMTC船]　大王海運　　　　　　0896-24-4380

今治
CY　　　一宮運輸 今治支店コンテナヤード保税蔵置場
　　　　今治市富田新港1-5
　　　　一宮運輸　　　　　　　　　0898-48-8366

[KMTC船]　富田コンテナヤード
　　　　今治市富田新港1-1-5
　　　　日本通運　　　　　　　　　0898-48-6900

松山
CY　　　松山外港新埠頭1号岸壁
　　　　松山市大可賀3丁目地先
　　　　伊予商運　　　　　　　　　089-953-3335

博多
CY　　　アイランドシティCY
　　　　東区みなと香椎1-1-4
　　　　博多港運　　　　　　　　　092-663-3131
　[Dongjin船]　相互運輸　　　　092-663-3210
　[KMTC船]　アイランドシティCY
　　　　東区みなと香椎1-1-3
　　　　日本通運　　　　　　　　　092-663-3051

門司
CY　　　太刀浦第一CY
　　　　門司区太刀浦海岸地先19
　　　　日本通運　　　　　　　　　093-332-6020
　[Dongjin船]　太刀浦第28号岸壁
　　　　門司区太刀浦海岸60-3
　　　　門司港運　　　　　　　　　093-321-0435

ひびき
CY　　　ひびきコンテナターミナル
　　　　若松区響町3
　　　　日鉄物流八幡　　　　　　　093-771-0010

大分
CY　　　大在コンテナターミナル
　　　　大分市大字大在6
　　　　日本通運　　　　　　　　　097-524-2120

細島
CY　　　工業港白浜港地区10-14号岸壁荷捌地
　　　　日向市竹島町3
　　　　日本通運　　　　　　　　　0982-56-1612

志布志
CY　　　志布志港指定保税地域
　　　　志布志市志布志町安楽296-1
　　　　東洋埠頭　　　　　　　　　099-472-8270
　[KMTC船]　志布志港指定保税地域
　　　　志布志市志布志町志布志若浜3276-1
　　　　日本通運　　　　　　　　　099-472-1121

〈Pegasus搬入先〉

苫小牧
CY　　　苫小牧東港コンテナターミナルH/W
　　　　苫小牧市弁天534-2
　　　　栗林商会　　　　　　　　　0145-26-8333
　[KMTC船]　ナラサキスタックス　0145-26-8511

八戸
CY　　　八戸港八太郎2号埠頭指定保税地域（八戸港
　　　　多目的国際物流ターミナル）
　　　　八戸市大字河原木字海岸42
　　　　八戸港湾運送　　　　　　　0178-29-3121

仙台
CY　　　仙台塩竈港高砂埠頭地区
　　　　仙台市宮城野区蒲生字町105
　　　　NX仙台塩竈港運　　　　　022-254-0948

小名浜
CY　　　大剣コンテナターミナル保税蔵置場
　　　　いわき市泉町下川字大剣196
　　　　いわき小名浜コンテナサービス 0246-75-0210

新潟
CY　　　新潟港東港区指定保税地域
　　　　新潟市北区横土居3228-2

リンコーコーポレーション　025-388-1011

**和歌山**
**CY**
西浜第5岸壁
和歌山市西浜1660-489
浅川組運輸　073-445-2121
**CFS**
浅川組運輸大浦倉庫
和歌山市雑賀崎字泊り新開2000
浅川組運輸　073-444-2050
**博多**
**CY**
[Dongjin船]博多港指定保税地域香椎CY
東区香椎浜3-13
相互運輸　092-663-3210
**門司**
**CY**
[Dongjin船]太刀浦第28号岸壁
門司区太刀浦海岸60-3
門司港運　093-321-0435

# Nippon Yusen Kabushiki Kaisha
**日本郵船　株式会社**

| | |
|---|---|
| 設立 | 1885年9月29日 |
| 資本金 | 144,319,833,730円 |
| 従業員数 | 1852 |
| 代表者 | 代表取締役社長 曽我貴也 |
| 主要取引銀行 | 三菱UFJ銀行　他 |
| 主要株主 | 日本マスタートラスト信託銀行(信託口)、日本カストディ銀行(信託口)、State Street Bank West Client-Treaty 505234、明治安田生命保険、The Bank of New York Mellon 140044、State Street Bank and Trust Company 505103、三菱重工業、東京海上日動火災保険、SMBC日興証券、State Street Bank and Trust Company 505225 |
| URL | https://www.nyk.com/ |

**東京本社**
〒100-0005 東京都千代田区丸の内2-3-2
郵船ビル
03-3284-5151
**横浜支店**
〒231-0062 神奈川県横浜市中区桜木町1-1-8
日石横浜ビル19階
045-671-8421
**名古屋支店**
〒460-0003 愛知県名古屋市中区錦2-3-4
名古屋錦フロントタワー8階
052-229-1850
**関西支店**
〒650-0024 兵庫県神戸市中央区海岸通1-1-1
神戸メリケンビル3階
078-326-7061
**九州支店**
〒812-0018 福岡県福岡市博多区住吉4-3-2
博多エイトビル2階
092-483-1530
**秋田支店**

〒010-0001 秋田県秋田市中通2-5-1
クロッセ秋田2階
018-811-6118

---

# Nissin Corporation
**株式会社　日新**

| | |
|---|---|
| 設立 | 1938年12月14日 |
| 資本金 | 6,097,000,000円 |
| 従業員数 | 1,636 |
| 代表者 | 代表取締役社長 筒井雅洋 |
| 主要取引銀行 | 三菱UFJ銀行、横浜銀行 |
| 代理店引受船社 | 中外運集装箱運輸有限公司(Sinotrans Container Lines Co., Ltd.) 新海豊集装箱運輸有限公司(SITC Container Lines Co., Ltd.) 武漢新港大通国際航運有限公司(Wuhan New Port Datong International Shipping Co., Ltd.) |
| ISO取得 | 1996年12月12日(9001-No.956413) 1997年9月24日(9002-No.110724) 2001年3月9日(14001-No.772885) |
| URL | https://www.nissin-tw.com/ |
| 公開E-Mail | sagency@nissin-tw.com |

**横浜本店**
〒231-8477 神奈川県横浜市中区尾上町6-81
ニッセイ横浜尾上町ビル
045-671-6111(代表)　FAX045-671-6118
**東京本社**
〒102-8350 東京都千代田区麹町1-6-4
港運部　船舶代理店室　東京代理店課
B/Lカウンター　03-3238-6377
中国・東南アジア向(関東窓口)
03-3238-6560　　FAX03-3238-6378
**大阪事務所**
〒541-0048 大阪府大阪市中央区瓦町1-7-7
港運部　船舶代理店室　大阪代理店課
中国・東南アジア向(関西窓口)
06-6228-4509　　FAX06-6228-4556
**横浜**
〒231-0816 神奈川県横浜市中区南本牧2
港運部港運課　045-624-5896　FAX045-624-5954
**大阪**
〒559-0033 大阪府大阪市住之江区南港中6-4-58
阪神港運部　大阪港運課(大阪南港倉庫)
06-6613-7301　　FAX06-6613-7305
**神戸**
〒650-0045 兵庫県神戸市中央区港島9-3
阪神港運部本部　078-381-8810　FAX078-381-8832
阪神港運部　神戸海運課　本船業務
078-381-8402　　FAX078-381-8447
〒650-0034 兵庫県神戸市中央区京町83
阪神港運部　神戸海運課
輸出業務　078-392-5560　FAX078-392-5523
輸入業務　078-392-5518　FAX078-392-5520
**千葉支店**
〒260-0024 千葉県千葉市中央区中央港1-9-1

# Nitto Total Logistics Ltd.

**日東物流　株式会社**

| | |
|---|---|
| 設立 | 1943年3月 |
| 資本金 | 1,596,000,000円 |
| 従業員数 | 338(2023年4月現在) |
| 代表者 | 代表取締役社長 三木田博史 |
| 主要取引銀行 | 三井住友銀行、みずほ銀行、三菱UFJ銀行 |
| 主要株主 | KLKGホールディングス |

**代理店引受船社**

寧波遠洋運輸股份有限公司(Ningbo Ocean Shipping Co., Ltd.)(略称NOS)
新海豊集装箱運輸有限公司(SITC Container Lines Co., Ltd.)(略称SITC)
中外運集装箱運輸有限公司(Sinotrans Container Lines Co., Ltd.)(略称SCL)
中外運集装箱運輸有限公司江蘇分公司(Sinotrans Container Lines Co., Ltd. Jiangsu Branch)(略称SCL江蘇)

**URL**　　　　http://www.nitto-ntl.co.jp/

**本社**
〒650-0045 兵庫県神戸市中央区港島4-6
B/L・D/O　　　078-302-0151　　🅕078-302-0159

**東京営業所**
〒101-0032 東京都千代田区岩本町2-1-3
　　　　　　　和光ビル9階
関東営業チーム　03-5823-4958　　🅕03-5825-7860

**名古屋営業所**
〒455-0037 愛知県名古屋市港区名港2-9-27
　　　　　　　ポートプラザビル5階
名古屋運航チーム　052-653-6251　🅕052-655-8050
中京営業チーム　　052-653-6251　🅕052-655-8050

**大阪営業所**
〒541-0043 大阪府大阪市中央区高麗橋4-3-7
　　　　　　　北ビル8階
関西営業チーム　06-6202-8514　　🅕06-6202-6076
運航チーム　　　06-6202-5779　　🅕06-6202-5751
NOS運航チーム　06-6202-5778　　🅕06-6202-5751

＊＊＊＊＊＊＊＊＊＊＊＊＊＊＊＊

**貨物搬入先**
**東京**
**CY**
　[NOS/SITC] 大井2号
　　　　　　品川区八潮2-1-2
　　　　　　ダイトーコーポレーション　03-3790-8062
　[NOS/SITC/SCL]
　　　　　　中防Y2ターミナル
　　　　　　大田区令和島1-1-1
　　　　　　三井倉庫　　　　　　　　03-3599-3700
　[NOS/SITC/SCL]
　　　　　　東京コンテナターミナルY1
　　　　　　大田区令和島1-1-1
　　　　　　上組　　　　　　　　　　03-6457-2381
　[SCL]　　品川コンテナセンター
　　　　　　品川区東品川5-2
　　　　　　東海運　　　　　　　　　03-3471-6335
　[SCL]　　青海公共コンテナターミナル
　　　　　　江東区青海3-4-19
　　　　　　伊勢湾海運　　　　　　　03-3520-1851
**CFS**
　[NOS/SITC] 大井B/A No.2 CFS
　　　　　　品川区八潮2-1-2
　　　　　　ダイトーコーポレーション　03-3790-8068
　[SITC]　　大井W/H
　　　　　　大田区東海4-3-8
　　　　　　三井倉庫　　　　　　　　03-3790-9011
**横浜**
**CY**
　[NOS/SITC] 南本牧
　　　　　　中区南本牧2
　　　　　　ダイトーコーポレーション　045-624-5746
　[NOS/SITC/SCL]
　　　　　　本牧BC-2
　　　　　　中区本牧埠頭1-198
　　　　　　鈴江コーポレーション　　045-625-5552
　[NOS/SITC/SCL]
　　　　　　南本牧MC-1, 2
　　　　　　中区南本牧1
　　　　　　日新　　　　　　　　　　045-624-5896
　[SCL]　　南本牧MC-1, 2, 3, 4
　　　　　　中区南本牧1
　　　　　　日新　　　　　　　　　　045-624-5896
**清水**
**CY**
　[NOS]　　清水区興津清見寺町1380
　　　　　　清水コンテナターミナル　054-395-8271
　[SITC]　　袖師第一埠頭(6, 7, 8バース)
　　　　　　清水区横砂408-17
　　　　　　鈴与　　　　　　　　　　054-395-8271
**名古屋**
**CY**
　[NOS/SITC/SCL]
　　　　　　鍋田埠頭(NUCT)
　　　　　　弥富市富浜5-1
　　　　　　上組　　　　　　　　　　0567-66-3396
　[SITC/NOS/SCL]
　　　　　　鍋田埠頭(NUCT)
　　　　　　弥富市富浜5-1
　　　　　　三井倉庫　　　　　　　　0567-66-3393
　[SCL]　　鍋田埠頭(NUCT)
　　　　　　弥富市富浜5-1
　　　　　　伊勢湾海運　　　　　　　0567-68-5771
　[SCL]　　鍋田埠頭(NUCT)
　　　　　　弥富市富浜5-1
　　　　　　名港海運　　　　　　　　0567-66-3373
**CFS**
　[NOS]　　海部郡飛島村東浜1-5-4
　　　　　　上組　　　　　　　　　　0567-55-2997
　[SITC]　　名古屋港国際総合流通センター
　　　　　　海部郡飛島村東浜2-25
　　　　　　三井倉庫　　　　　　　　0567-55-2410
**大阪**
**CY**
　[NOS/SITC/SCL]
　　　　　　南港C-8
　　　　　　住之江区南港東9-2-97
　　　　　　日東物流　　　　　　　　06-6612-6241
　[NOS/SITC/SCL]
　　　　　　南港C-2/4
　　　　　　住之江区南港東6-2-84
　　　　　　辰巳商会　　　　　　　　06-6612-3151

|  |  |  |
|---|---|---|
| [SITC/SCL] | 夢洲C-10/12 | |
| | 此花区夢洲東1 | |
| | 日新 | 06-4808-8130 |
| [SCL] | 南港C-1(辰巳商会) | |
| | 住之江区南港東6-5-89 | |
| | 辰巳商会 | 06-6612-5111 |
| [SCL] | 南港C-8 | |
| | 住之江区南港東9-2-97 | |
| | 上組 | 06-4703-4556 |

**CFS**

|  |  |  |
|---|---|---|
| [NOS/SITC] | 大阪総合物流センター | |
| | 住之江区南港東9-4-36 | |
| | 日東物流 | 06-6612-2600 |

**神戸**
**CY**

|  |  |  |
|---|---|---|
| [NOS/SITC] | 六甲C-4/5 | |
| | 東灘区向洋町西6-4 | |
| | 日東物流 | 078-857-2311 |
| [SITC/SCL] | PC-14 | |
| | 中央区港島9-3 | |
| | 日新 | 078-306-5682 |
| [SITC/SCL] | PC-13 | |
| | 中央区港島9-2-11 | |
| | 上組 | 078-302-0502 |

**CFS**

|  |  |  |
|---|---|---|
| [NOS/SITC] | 六甲C-4/5 | |
| | 東灘区向洋町西6-4 | |
| | 日東物流 | 078-857-1361 |
| [SCL/SITC] | PIL-13 | |
| | 中央区港島7-10 | |
| | 日新 | 078-303-0551 |

**門司**
**CY**

|  |  |  |
|---|---|---|
| [NOS] | 太刀浦第二CY | |
| | 門司区太刀浦海岸66 | 093-332-4292 |
| [SITC/SCL] | 太刀浦第二コンテナターミナル | |
| | 門司区太刀浦海岸61 | |
| | 東海運 | 093-332-4660 |

**CFS**

|  |  |  |
|---|---|---|
| [SITC] | 太刀浦倉庫営業所 | |
| | 門司区太刀浦海岸61 | |
| | 東海運 | 093-332-1102 |

**博多**
**CY**

|  |  |  |
|---|---|---|
| [NOS] | アイランドシティCT | |
| | 東区みなと香椎1-1-3 | 092-663-3018 |
| [SCL/SITC] | アイランドシティCT | |
| | 東区みなと香椎1-1-4 | |
| | 日本通運 | 092-663-3511 |
| [SITC/SCL] | アイランドシティCT | |
| | 東区みなと香椎1-1-4 | |
| | 博多港運 | 092-663-3131 |

**CFS**

|  |  |  |
|---|---|---|
| [SITC] | 博多港運ロジスティクスセンター | |
| | 東区箱崎4-14-19 | |
| | 博多港運 | 092-292-1017 |

**仙台**
**CY**

|  |  |  |
|---|---|---|
| [SITC] | 仙台塩釜港コンテナターミナル | |
| | 仙台市宮城野区蒲生字町105 | |
| | 三陸運輸 | 022-254-2101 |

**川崎**
**CY**

|  |  |  |
|---|---|---|
| [SITC] | 川崎港コンテナターミナル | |
| | 川崎区東扇島92 | |
| | 東洋埠頭 | 044-270-1029 |

**四日市**
**CY**

|  |  |  |
|---|---|---|
| [SITC] | 霞ヶ浦埠頭W27 | |
| | 四日市市霞2-2 | |
| | 日本トランスシティ | 059-364-1313 |

**泉北**
**CY**

|  |  |  |
|---|---|---|
| [SITC] | 助松8号 | |
| | 泉大津市小津島町4-1 | |
| | 山九 | 0725-31-3931 |
| | 日新 | 0725-20-5401 |

**徳山**
**CY**

|  |  |  |
|---|---|---|
| [SITC] | 徳山コンテナターミナル | |
| | 周南市晴海町6-51 | |
| | 日本通運 | 0834-27-0202 |

**松山**
**CY**

|  |  |  |
|---|---|---|
| [SITC] | 松山市大可賀3丁目地先 | |
| | 松山コンテナターミナル | 089-953-3335 |

# NS United Kaiun Kaisha, Ltd.
**NSユナイテッド海運　株式会社**

| | |
|---|---|
| 設立 | 1950年4月 |
| 資本金 | 10,300,000,000円 |
| 従業員数 | 232 |
| 代表者 | 代表取締役社長 社長執行役員 山中一馬 |
| 主要取引銀行 | みずほ銀行、日本政策投資銀行、三菱UFJ銀行、農林中央金庫、三井住友銀行、三井住友信託銀行 |
| 主要株主 | 日本製鉄、日本郵船 |
| ISO取得 | 2003年4月(ISO14001) |
| URL | https://www.nsuship.co.jp/ |

**本社**
〒100-8108 東京都千代田区大手町1-5-1
　　　　　　大手町ファーストスクエア
　　　　　　ウェストタワー21、22階
近海グループ　　03-6895-6400

# NYK Bulk & Projects Carriers Ltd.
**NYKバルク・プロジェクト　株式会社**

| | |
|---|---|
| 設立 | 1912年11月 |
| 資本金 | 2,100,000,000円 |
| 従業員数 | 200 |
| 代表者 | 代表取締役社長 須田雅志 |
| 主要取引銀行 | みずほ銀行、三菱UFJ銀行 |
| 主要株主 | 日本郵船 （100%） |
| URL | https://nbpc.co.jp/ |

**本社**
〒100-0005 東京都千代田区丸の内2-3-2
　　　　　　郵船ビル12階
代表　　　　03-3284-6911　　FAX03-3284-6901

# Ocean Network Express(Japan)Ltd.

オーシャン　ネットワーク　エクスプレス　ジャパン　株式会社

船社・代理店

| | |
|---|---|
| 設立 | 2017年10月1日 |
| 資本金 | 1億円 |
| 従業員数 | 600 |
| 代表者 | 代表取締役社長執行役員 中井拓志 |
| 主要株主 | Ocean Network Express Holdings, Ltd. |
| URL | https://www.one-line.com/ja/ |
| 公開E-Mail | 本社・営業本部　運賃見積り：<br>jp.sales.kanto.exp.quotation@one-line.com<br>関西支店　運賃見積り：<br>jp.sales.kansai_inquiry@one-line.com |

**本社・営業本部**
〒108-0075 東京都港区港南1-8-15
　　　　　　Wビル12階
輸出
　Booking
　　自動車、タイヤメーカー
　　　　　　03-5843-4030
　　電子機器、化学品、製紙
　　　　　　03-5843-4031
　　NVOCC、フォワーダー
　　　　　　03-5843-4032
　　商社、リーファー貨物、鉄鋼特殊貨物、古紙、中古車、その他
　　　　　　03-5843-4034
　ACL、B/L　03-5843-4039
輸入
　スケジュール関連 03-5843-4037
　A/N(輸入)・D/O 03-5843-4040

**清水代理店**
清水ユナイテッドエージェンシー
　　　　　　054-355-5055

**中部支店**
〒460-0003 愛知県名古屋市中区錦1-10-1
　　　　　　MIテラス名古屋伏見3階
　メーカー　　052-253-7409
　NVOCC/フォワーダー
　　　　　　052-253-7463
　商社/商社系NVOCC/輸入
　　　　　　052-253-7519
　B/L(輸出)・A/N(輸入)・D/O
　　　　　　052-253-7524

**関西支店**
〒550-0002 大阪市西区江戸堀1-3-15
　　　　　　新石原ビル8階
輸出
　Booking　06-6131-8458
　ACL　　　06-6131-8359
　B/L　　　06-6131-8359
輸入
　運賃見積り　06-6131-8456

A/N(輸入)・D/O　06-6131-8474
スケジュール関連　06-6131-8456

**九州支店**
〒812-0013 福岡市博多区博多駅東2-6-26
　　　　　　安川産業ビル2階
Booking　　　092-710-9001
B/L(輸出)　　092-710-4225
A/N(輸入)・D/O　092-710-4224

**苫小牧代理店**
ノーススタートランスポート
　　　　　　0144-53-7301　🄵🄐🄧0144-55-9867

**石狩湾新港代理店**
ノーススタートランスポート
　　　　　　0144-53-7301　🄵🄐🄧0144-55-9867

**仙台代理店**
近海郵船　　　022-786-1890　🄵🄐🄧022-786-1891

**新潟代理店**
リンコーコーポレーション　東港支店
　　　　　　025-257-5580

**富山新港代理店**
伏木海陸運送　0766-45-1134

**水島代理店**
中谷興運　　　086-523-5551

**伊予三島代理店**
アイラインロジスティクス
　　　　　　089-952-2680

**松山代理店**
アイラインロジスティクス
　　　　　　089-952-2680

**鹿児島代理店**
共進組　　　　099-203-0022

**細島代理店**
八興運輸　　　0982-56-0052　🄵🄐🄧0982-56-0310

**那覇代理店**
OTK　　　　　098-862-0021

＊＊＊＊＊＊＊＊＊＊＊＊＊＊＊＊

**貨物搬入先**
**東京**
**CY**
[ONE船/Hapag船/YM船]
　　　　　　大井1/2号　[1FD01]
　　　　　　品川区八潮2-1-2
　　　　　　ダイトーコーポレーション
　　　　　　　　(輸出)03-3790-8062
　　　　　　　　(輸入)03-3790-8063
[ONE船]　　大井3/4号　[1FD03]
　　　　　　品川区八潮2-3-10
　　　　　　宇徳　　　(輸出)03-3790-1140
　　　　　　　　　　　(輸入)03-3790-1142
[ONE船/Maersk船]
　　　　　　大井6/7号　[1FD04]
　　　　　　品川区八潮2-5-2
　　　　　　ユニエックスNCT　(輸出)03-5492-7503
　　　　　　　　　　　　　　(輸入)03-5492-7502
[IAL船/OOCL船/WHL船]
　　　　　　大井5号　[1FD24]
　　　　　　品川区八潮2-4-9
　　　　　　東海運　　　　　03-3790-8366

船社・代理店

[YM船]　青海A0/A1/A2青海公共　[1CD40]
　　　江東区青海3-4-19
　　　日本通運　　　　　　　03-3520-2922
[COSCO船]　中防Y2　[1AD14]
　　　大田区令和島1-1-1
　　　三井倉庫　　　　　　　03-3599-3700

**横浜**
**CY**
[ONE船/Hapag船/HMM船/Maersk船/MSC船]
　　　南本牧MC-1/2/3/4　[2EKE1]
　　　中区南本牧2
　　　宇徳(ONE船)　　(輸出)045-624-5736
　　　　　　　　　　　(輸入)045-624-5735
　　　ダイトーコーポレーション(ONE船)
　　　　　　　　　　　(輸出)045-624-5742
　　　　　　　　　　　(輸入)045-624-5743
　　　ユニエツクスNCT(ONE船)
　　　　　　　　　　　(輸出)045-624-5830
　　　　　　　　　　　(輸入)045-624-5829
　　　三菱倉庫(Hapag船/HMM船/Maersk船/MSC船)
　　　　　　　　　　　(輸出)045-624-5922
　　　　　　　　　　　(輸入)045-624-5923
[IAL船/OOCL船/WHL船]
　　　本牧埠頭BC-2　[2EK51]
　　　中区本牧埠頭1-198
　　　鈴江コーポレーション　(輸出)045-625-5552
　　　　　　　　　　　(輸入)045-625-5551
**CFS**　南本牧ターミナル　[2EW51]
　　　中区南本牧1
　　　三菱倉庫　　　　　　　045-624-5961

**清水**
**CY**　新興津コンテナターミナル　[5ND08]
　　　清水区興津清見寺町1380
　　　鈴与　　　　　　(輸出)054-395-8271
　　　　　　　　　　　(輸入)054-395-8272

**名古屋**
**CY**
[ONE船/Hapag船/IAL船/OOCL船/WHL船]
　　　NCB　[5ED16]
　　　海部郡飛島村東浜2-10
　　　上組(ONE船)　　　　0567-55-0143
　　　旭運輸(ONE船)　　　0567-55-0101
　　　名港海運(ONE船/IAL船/OOCL船/WHL船)
　　　　　　　　　　　　0567-55-2280
　　　フジトランス(Hapag船)　0567-55-3145
[ONE船]　TCB　[5ED15]
　　　海部郡飛島村東浜3-1-4
　　　旭運輸　　　　　　　0567-57-2404
　　　伊勢湾海運　　　　　0567-57-2405
　　　上組　　　　　　　　0567-57-2406
　　　名港海運　　　　　　0567-57-2402
[Pan Con船]　鍋田コンテナターミナル(NUCT)　[5ED12]
　　　弥富市富浜5-1
　　　名港海運(Pan Con船)　0567-66-3373
[Hapag船/Maersk船]
　　　飛島埠頭南（西部南）　[5ED16]
　　　海部郡飛島村東浜2-10
　　　フジトランス(Hapag船)　0567-55-3145
　　　三菱倉庫(Maersk船)　0567-55-3155

**大阪**
**CY**
[ONE船]　南港C-1　[4ID03]
　　　住之江区南港東6-5-89

　　　郵船港運　　　　　　06-6614-5195
[ONE船]　南港C-2　[4ID04]
　　　住之江区南港東6-3-59
　　　商船港運　　　　　　06-6612-1701
[Pan Con船]　南港C-2/4　[4ID05]
　　　住之江区南港東6-2-84
　　　辰巳商会　　　　　　06-6612-3151
[ONE船]　南港C-8　[4ID29]
　　　住之江区南港東9-2-97
　　　日東物流　　　　　　06-6612-6241
[IAL船/OOCL船/WHL船]
　　　南港C-9　[4ID24]
　　　住之江区南港東9-3
　　　三菱倉庫　　　　(輸出)06-6612-1888
　　　三菱倉庫　　　　(輸入)06-6612-4861
[Camellia船/Maersk船]
　　　夢洲C-10/12　[4ED72]
　　　此花区夢洲東1
　　　三菱倉庫　　　　(輸出)06-6612-7721
　　　三菱倉庫　　　　(輸入)06-6612-4861
[ONE船]　夢洲C-11　[4ED60]
　　　此花区夢洲東1
　　　辰巳商会　　　　　　06-6468-5201

**神戸**
**CY**
[COSCO船]　ポートアイランドPC-13　[3FDW6]
　　　中央区港島9-2-11
　　　上組　　　　　　　　078-302-0502
[ONE船/Hapag船/YM船]
　　　神戸ポートアイランドPC-15/16/17　[3FDU1]
　　　中央区港島9-10
　　　商船港運　　　　(輸出)078-304-1216
　　　　　　　　　　　(輸入)078-304-1214
[IAL船/OOCL船/WHL船]
　　　神戸六甲アイランドC-1/2　[3GDH6]
　　　東灘区向洋町西6
　　　三菱倉庫　　　　(輸出)078-845-9883
　　　　　　　　　　　(輸入)078-845-9882
[Hapag船/Maersk船]
　　　神戸六甲アイランドC-4　[3GDK4]
　　　東灘区向洋町西6-4
　　　三菱倉庫　　　　(輸出)078-857-0260
　　　　　　　　　　　(輸入)078-857-0261
[ONE船]　神戸六甲アイランドC-4/5　[3GDL1]
　　　東灘区向洋町西6-4
　　　日東物流　　　　(輸出)078-857-1334
　　　　　　　　　　　(輸入)078-857-1341
[ONE船/Hapag船/YM船]
　　　神戸六甲アイランドC-6/7　[3GDP1]
　　　東灘区向洋町東4-25
　　　ユニエツクスNCT　(輸出)078-857-7550
　　　　　　　　　　　(輸入)078-857-7560
**CFS**　商船港運神戸フレートセンター(KFC)　[3FDU2]
　　　中央区港島9-12
　　　商船港運　　　　　　078-302-1211

**博多**
**CY**
[ONE船]　香椎コンテナターミナル　[6TK26]
　　　東区香椎浜ふ頭4-2-2
　　　博多港運　　　　　　092-663-3131
[Hapag船]　アイランドシティCT　[6TK66]
　　　東区みなと香椎1-1-3
　　　博多港運　　　　　　092-663-3131

門司
CY
[ONE船]　　太刀浦CT　[門司港運:6CJ68,
　　　　　　　門菱港運:6CJ69, ジェネック:6CJ63]
　　　　　　　門司区太刀浦海岸20
　　　　　　　門司港運　　　　　　　093-332-1607
　　　　　　　門菱港運　　　　　　　093-331-8347
　　　　　　　ジェネック　　　　　　093-331-3456

ひびき
CY
　　　　　　　ひびきコンテナターミナル
　　　　　　　若松区響町3
　　　　　　　日鉄住金物流八幡　　　093-771-0010

石狩
CY
　　　　　　　花畔埠頭コンテナヤード
　　　　　　　石狩市新港中央1-15-14
　　　　　　　ナラサキスタックス(KMTC船)　0133-64-7255
　　　　　　　日本通運(HEUNG A船)　0133-74-8844

釧路
CY
　　　　　　　釧路西港
　　　　　　　釧路市西港3
　　　　　　　三ツ輪運輸　　　　　　0154-54-3121

苫小牧
CY
[ONE船]　　東港区中央ふ頭国際コンテナターミナル　[8UW71]
　　　　　　　苫小牧市弁天534-2
　　　　　　　ナラサキスタックス　　0145-26-8511

秋田
CY
[X-Press Feeder船]
　　　　　　　秋田港国際コンテナターミナル　[8ED01]
　　　　　　　秋田市土崎港相染町字大浜14
　　　　　　　秋田海陸　　　　　　　018-880-6770

八戸
CY
　　　　　　　八戸港多目的国際物流ターミナル
　　　　　　　八戸市大字河原木字海岸42
　　　　　　　八戸港湾運送　　　　　0178-29-3177

大船渡
CY
　　　　　　　野々田CT
　　　　　　　大船渡市大船渡町宇野々田124-3
　　　　　　　東北汽船港運　　　　　0192-47-5660

直江津
CY
　　　　　　　日本通運直江津支店コンテナ保税蔵置場
　　　　　　　上越市黒井添2922
　　　　　　　日本通運 直江津支店(CK船/KMTC船)
　　　　　　　　　　　　　　　　　　025-544-5765
　　　　　　　日本通運直江津支店コンテナ保税蔵置場
　　　　　　　上越市黒井添2886
　　　　　　　直江津海陸運送(Sinokor船)　025-531-0170

仙台
CY
　　　　　　　仙台塩釜港高砂コンテナターミナル
　　　　　　　仙台市宮城野区蒲生字町105
　　　　　　　三陸運輸　　　　　　　022-254-2101

新潟
CY
[X-Press Feeder船]
　　　　　　　新潟東港コンテナターミナル
　　　　　　　新潟市北区横土居3228-2
　　　　　　　リンコーコーポレーション　025-388-1011

常陸那珂
CY
　　　　　　　茨城ポートオーソリティ常陸那珂港北CT
　　　　　　　保税蔵置場
　　　　　　　那珂郡東海村照沼768-30
　　　　　　　常陸那珂コンテナターミナル　029-265-7030

鹿島
CY
　　　　　　　鹿島港北公共埠頭
　　　　　　　神栖市居切480
　　　　　　　鹿島港湾運送　　　　　0299-94-3308

川崎
CY
[ONE船/Hapag船]
　　　　　　　川崎港コンテナターミナル　[2ND03]
　　　　　　　川崎市川崎区東扇島92
　　　　　　　東洋埠頭　　　　　　　044-270-1019

富山新港
CY
[X-Press Feeder船]
　　　　　　　富山新港多目的国際ターミナル　[43D71]
　　　　　　　射水市越の潟町1003
　　　　　　　伏木海陸運送　　　　　0766-45-1134

金沢
CY
[X-Press Feeder船]
　　　　　　　金沢港御供田国際コンテナターミナル　[4ZD11]
　　　　　　　金沢市近岡町613
　　　　　　　金沢港運　　　　　　　076-256-0738

敦賀
CY
　　　　　　　敦賀港鞍山南地区多目的国際ターミナル
　　　　　　　敦賀市金ヶ崎町49-1
　　　　　　　敦賀海陸運輸　　　　　0770-24-5522

四日市
CY
[ONE船/Hapag船]
　　　　　　　霞ヶ浦北埠頭コンテナターミナル　[5WD09]
　　　　　　　四日市市霞2-26-2
　　　　　　　日本トランスシティ　　(輸出)059-361-7701
　　　　　　　　　　　　　　　　　　(輸入)059-361-7702

豊橋
CY
　　　　　　　三河港豊橋コンテナターミナル
　　　　　　　豊橋市神野西町1-2, 3
　　　　　　　愛知海運産業　　　　　0532-43-5008
　　　　　　　日本通運(HEUNG A船)　0532-32-6229

水島
CY
　　　　　　　水島国際CT　[3QD02]
　　　　　　　倉敷市玉島乙島字新湊8262-1
　　　　　　　中谷興運(KMTC船/CK Line船/Camellia船)
　　　　　　　　　　　　　　　　　　086-523-5551

松山
CY
　　　　　　　松山港外港新埠頭コンテナヤード
　　　　　　　松山市大可賀3-1464
　　　　　　　松山コンテナサービス　089-953-3335

伊予三島
CY
　　　　　　　日本興運金子国際コンテナヤード
　　　　　　　四国中央市三島宮川1字神之元2341
　　　　　　　日本興運　　　　　　　0896-23-2271

高知
CY
　　　　　　　高知港運新港CY
　　　　　　　高知市仁井田字新港4700
　　　　　　　高知港運　　　　　　　088-847-6881

高松
CY
　　　　　　　高松港コンテナターミナル保税蔵置場
　　　　　　　高松市朝日新町1-10
　　　　　　　高松商運　　　　　　　087-822-5184

広島
CY
　　　　　　　海田コンテナターミナル
　　　　　　　安芸郡坂町北新地3-3-8
　　　　　　　マツダロジスティクス　082-884-0233

| | | |
|---|---|---|
| **中関** | | |
| CY | 防府中関保税蔵置場　[6HW07] | |
| | 防府市大字浜方字大浜一ノ枡415-2/22/24 | |
| | マツダロジスティクス | 0835-24-1532 |
| **徳山** | | |
| CY | 徳山CT　[6GJ81] | |
| | 周南市晴海町6 | |
| | 日本通運周南支店(Camellia船/KMTC船) | |
| | | 0834-27-0202 |
| | トクヤマ海陸運送(Donjin船/Min Sheng船) | |
| | | 0834-31-4116 |
| | 山九周南支店(Sinokor船/HEUNG A船) | |
| | | 0834-21-0393 |
| **大分** | | |
| CY | 大在コンテナターミナル | |
| | 大分市大字大在6 | |
| | 鶴崎陸海運輸 | 097-524-2088 |
| **細島** | | |
| CY | 細島港国際CT | |
| | 日向市竹島町3 | |
| | 八興運輸 | 0982-56-0052 |
| **八代** | | |
| CY | 八代コンテナヤード | |
| | 八代市新港町2-4-3 | |
| | 八代港運 | 0965-37-3131 |
| **熊本** | | |
| CY | 熊本港コンテナターミナル | |
| | 熊本市西区新港2-2 | |
| | 三角海運 | 096-223-5497 |
| **志布志** | | |
| CY | 志布志港新若浜地区国際CT　[7QDA1] | |
| | 志布志市志布志町安楽字汐掛296-1 | |
| | 日本通運志布志支店 | 099-472-1121 |
| **鹿児島** | | |
| CY | 鹿児島港国際コンテナヤード | |
| | 鹿児島市谷山港1-24 | |
| | 共進組 | 099-203-0022 |
| **那覇** | | |
| CY | 那覇国際コンテナターミナル　[9AD06] | |
| | 那覇市港町1-27-1 | |
| | オウ・ティ・ケイ | 098-862-0021 |

# Orient Overseas Container Line Limited Japan Branch

オリエント　オーバーシーズ　コンテナ　ライン　リミテッド　日本支社

| | |
|---|---|
| 設立 | 1975年3月27日 |
| 資本金 | 1,000,000香港ドル |
| 従業員数 | 133 |
| 代表者 | 日本代表 藤江成宏 |
| 主要取引銀行 | みずほ銀行、三井住友銀行 |
| 主要株主 | Orient Overseas (International) Ltd. |
| ISO取得 | 日本支社　1995年7月18日 (ISO9001) |
| URL | https://www.oocl.com/japan/jpn/ |

**東京本社**
〒141-0032 東京都品川区大崎1-11-2
ゲートシティ大崎イーストタワー8階

| | |
|---|---|
| 人事・総務 | 03-3493-6001 |
| アジア | 03-3493-6188 |
| 欧州 | 03-3493-6122 |

| | | |
|---|---|---|
| 豪州 | 03-3493-6310 | |
| 北米・中南米・アフリカ | | |
| | 03-3493-6155 | |
| 輸出 | 03-3493-6260 | FAX03-3493-6405 |
| 輸入 | 03-3493-6262 | FAX03-3493-5797 |

**東京代理店**
| | | |
|---|---|---|
| 日証貿 | | |
| (B/L, D/O) | 03-5289-4551 | FAX03-5256-8701 |

**横浜代理店**
| | | |
|---|---|---|
| 山九 | 045-662-5983 | FAX045-681-4703 |

**清水代理店**
| | | |
|---|---|---|
| 清水倉庫 | 054-371-5510 | FAX054-371-5532 |

**名古屋支店**
〒460-0003 愛知県名古屋市中区錦1-4-6
大樹生命名古屋ビル4階
| | | |
|---|---|---|
| | 052-231-6565 | FAX052-231-6569 |

**大阪支店**
〒541-0053 大阪府大阪市中央区本町2-3-8
三甲大阪本町ビル4階
| | | |
|---|---|---|
| | 06-6266-6028 | |
| 輸出 | 06-6266-0344 | FAX06-6266-0777 |
| 輸入 | 078-303-8103 | FAX078-303-7366 |

**大阪代理店**
| | | |
|---|---|---|
| 山九 | | |
| (B/L, D/O) | 06-6573-3888 | FAX06-6573-3889 |

**神戸支店**
〒650-0001 兵庫県神戸市中央区加納町4-4-17
ニッセイ三宮ビル2階
| | | |
|---|---|---|
| 輸出 | 078-335-2630 | FAX078-333-8060 |
| 輸入 | 078-335-2632 | FAX078-333-8060 |

**中国・四国営業事務所**
〒734-0011 広島県広島市南区宇品海岸2-23-27
広島荷役ビル 4階
| | | |
|---|---|---|
| | 082-250-6920 | FAX082-255-3827 |

**博多代理店**
| | | |
|---|---|---|
| 山九 | 092-633-3960 | FAX092-633-3940 |

**門司代理店**
| | | |
|---|---|---|
| 山九 | 093-321-3999 | FAX093-332-7032 |

**響代理店**
| | | |
|---|---|---|
| 山九 | 093-752-0860 | FAX093-752-0869 |

**北九州代理店**
| | | |
|---|---|---|
| 山九 | 093-861-3939 | FAX093-884-9839 |

**苫小牧代理店**
| | | |
|---|---|---|
| 栗林商会 | 0144-32-5161 | FAX0144-35-0608 |

**八戸代理店**
| | | |
|---|---|---|
| 八戸港湾運送 | 0178-29-3177 | FAX0178-29-3130 |

**秋田代理店**
| | | |
|---|---|---|
| 秋田海陸 | 018-845-2278 | FAX018-845-4229 |

**釜石代理店**
| | | |
|---|---|---|
| 日鉄物流釜石 | 0193-22-2677 | FAX0193-22-2679 |

**仙台代理店**
| | | |
|---|---|---|
| NX仙台塩竈港運 | 022-254-0948 | FAX022-254-2983 |

**新潟代理店**
| | | |
|---|---|---|
| 日本通運 | 025-380-1020 | FAX025-388-1022 |

**常陸那珂代理店**
| | | |
|---|---|---|
| 東洋埠頭 | 029-265-5840 | FAX029-265-5845 |

**鹿島代理店**
鹿島港湾運送　0299-94-3308　🅵0299-94-6082

**千葉代理店**
山九　043-238-7720　🅵043-238-7722

**川崎代理店**
東洋埠頭
　輸出　044-270-1019
　輸入　044-270-1018　🅵044-270-1052

**御前崎代理店**
鈴与　0548-63-3033　🅵0548-63-4156

**四日市代理店**
日本トランスシティ
　輸出　059-361-7701　🅵059-361-7705
　輸入　059-361-7702　🅵059-361-7708

**泉北代理店**
山九　0725-31-3931　🅵0725-31-3937

**和歌山代理店**
浅川組運輸　073-422-7118　🅵073-428-1700

**富山代理店**
伏木海陸運送　0766-82-5685

**敦賀代理店**
敦賀海陸運輸　0770-24-5522　🅵0770-24-3065

**舞鶴代理店**
飯野港運　0773-75-5371　🅵0773-75-5681

**境港代理店**
NX境港海陸　0859-42-2126　🅵0859-47-0099

**広島代理店**
マツダロジスティクス
　　082-884-0233　🅵082-884-0239

**岩国代理店**
山九　0827-22-3915　🅵0827-24-2576

**下関代理店**
下関海陸運送　0832-34-1555　🅵0832-34-5201

**徳山(周南)代理店**
山九　0834-22-1998　🅵0834-31-0039

**中関代理店**
マツダロジスティクス
　　0835-24-1577　🅵0835-24-4507

**宇部代理店**
宇部興産海運　0836-34-5512　🅵0836-21-3138

**福山代理店**
上組　084-981-3235　🅵084-981-3261

**水島代理店**
上組　086-525-8670　🅵086-525-0890

**高松代理店**
日本通運　087-821-6293　🅵087-823-5161

**徳島代理店**
日本通運　0885-35-6231　🅵0885-35-6232

**松山代理店**
日本通運　089-952-2341　🅵089-952-9657

**四国中央(伊予三島)代理店**
大王海運　0896-24-9240　🅵0896-24-9229

**今治代理店**
日本通運　0898-48-6900　🅵0898-47-2900

**長崎代理店**
日本通運　095-895-7651　🅵095-878-1110

**伊万里代理店**
奈雅井　0955-27-1520　🅵0955-27-1310

**熊本代理店**
三角海運　096-329-3311

**八代代理店**
日本通運　0965-37-0011　🅵0965-37-0034

**大分代理店**
日本通運　097-524-2120　🅵097-592-1943

**油津代理店**
日本通運　098-723-2148　🅵098-722-3638

**細島代理店**
センコー　0982-52-3151　🅵0982-55-9302

**志布志代理店**
東洋埠頭　099-472-8270　🅵099-472-8658

**薩摩川内代理店**
日本通運　0996-22-4171　🅵0996-20-3463

**沖縄代理店**
さき商会　098-877-7838　🅵098-876-7182

＊＊＊＊＊＊＊＊＊＊＊＊＊＊＊＊

貨物搬入先
東京
CY
[JPX]　大井7号
　　品川区八潮2-5-2
　　NYTT　(輸出)03-5492-7503
　　　　　(輸入)03-5492-7502

[KTX1/2/3, SKT4]
　　青海A-1
　　江東区青海3-4-19
　　山九　(輸出)03-3529-3944
　　　　　(輸入)03-3529-3944

[KTX5]　大井1/2号
　　品川区八潮2-1-2
　　ダイトーコーポレーション　03-3790-8062

[KTX6]　大井5号
　　品川区八潮2-4-9
　　東海運　03-5755-8366

[JCV]　上青海A-1
　　江東区青海3-4-19
　　上組　03-6457-2381

横浜
CY
[A3N]
　(OOCL船)　本牧BC-1
　　中区本牧埠頭1-195
　　山九　045-623-2933
　(ANL船)　本牧D-4
　　中区本牧埠頭1-10
　　APL　045-625-4321
　(COSCO船)　本牧埠頭BC
　　中区本牧埠頭1-198
　　鈴江コーポレーション　045-625-5552
[JPX, KTX1/2/3, SKT4]
　　本牧BC-1
　　中区本牧埠頭1-195
　　山九　(輸出)045-623-2933
　　　　　(輸入)045-623-1924

**[KTX5]** 南本牧MC-3/4
中区南本牧2
NYYT　　　　　　　　　(輸出)045-624-5830
　　　　　　　　　　　　(輸入)045-624-5829

**[KTX6, JCV]** 本牧BC
中区本牧埠頭1-198
鈴江コーポレーション　(輸出)045-625-5552
　　　　　　　　　　　　(輸入)045-625-5551

## 清水
**CY**

**[KTX5]** 新興津CT
清水区興津清見寺町1380
鈴与　　　　　　　　　054-395-8271

**[A3N]** 清水港公共CT　袖師第１埠頭
清水区横砂408-17
鈴与　　　　　　　　　054-395-8271

## 名古屋
**CY**

**[JPX]** TCB
海部郡飛島村東浜3-1-4
旭運輸　　　　　　　(輸出)052-661-8143
　　　　　　　　　　(輸入)052-661-8123

**[KTX1/3]** 飛島埠頭南
海部郡飛島村東浜3-6
上組　　　　　　　　0567-55-0143

**[KTX2/5/6]** NCB
海部郡飛島村東浜2-10
名港海運　　　　　　0567-55-2280

**[JCV, N7]** NUCT
弥富市富浜5-1
　(JCV)　名港海運　　052-661-8143
　(N7)　日本通運　　0567-66-3410

## 大阪
**CY**

**[A3N]** 夢洲 C-10/12
此花区夢洲東1-1
　(OOCL船)　山九　　06-6612-4984
　(ANL船, COSCO船)
　　　　　上組　　　06-6467-1821

**[KTX1/2]** 南港C-2/4
住之江区南港東6-3-59
山九　　　　　　　　06-6612-4984

**[KTX3, JPX]** 南港C-7
住之江区南港中7
山九　　　　　　　　06-6612-4590

**[KTX6]** 南港C-9
住之江区南港東9-3
三菱倉庫　　　　　　06-6612-7721

**[S2]** 南港 C-4
住之江区南港東6-2-84
辰巳商会　　　　　　06-6612-3152

## 神戸
**CY**

**[A3N]** 東灘区向洋町西2
山九　　　　　　　　078-857-1981

**[JPX]** PC-16/17
中央区港島9-10
商船港運　　　　　　078-304-1216

**[KTX1/2/3, S2]**
PC-16/17
中央区港島9-10
KICT　　　　　　　(輸出)078-304-1216
　　　　　　　　　　(輸入)078-304-1214

---

**[KTX5]** RC-6/7
東灘区向洋町東4-25
NYKT　　　　　　　(輸出)078-857-7550
　　　　　　　　　　(輸入)078-857-7560

**[KTX6]** RC-2
東灘区向洋町西6
三井倉庫　　　　　　(輸出)078-845-9883
　　　　　　　　　　(輸入)078-845-9886

## 博多
**CY**

香椎パークポートCT
東区香椎浜4-2-2
博多港運　　　　　　092-633-3960

## 門司
**CY**

門司区太刀浦海岸地先
山九　　　　　　　　093-332-4292

**[JCV]** 門司区太刀浦海岸72
山九　　　　　　　　093-321-3999

## 苫小牧
**CY**

苫小牧市元中野町2-13-16
栗林商会　　　　　　0144-32-5161

## 八戸
**CY**

八戸市大字河原木字海岸16-4
八戸港湾運送　　　　0178-29-3177

## 秋田
**CY**

秋田市土崎港西2-5-9
秋田海陸　　　　　　018-845-2278

## 釜石
**CY**

釜石市鈴子町23-15
日鉄物流釜石　　　　0193-22-2677

## 仙台
**CY**

宮城野区蒲生字町105
NX仙台塩釜港運　　　022-254-0948

## 新潟
**CY**

北区横土居3228-2
日本通運　　　　　　025-388-1020

## 常陸那珂
**CY**

那珂郡東海村照沼768-30
東洋埠頭　　　　　　0292-65-5840

## 鹿島
**CY**

神栖市居切660-4
鹿島港湾運送　　　　0299-90-0777

## 千葉
**CY**

中央区中央区港1-174
山九　　　　　　　　043-238-7720

## 川崎
**CY**

川崎区東扇島92
東洋埠頭　　　　　　044-270-1019

## 豊橋
**CY**

三河港豊橋CT
豊橋市明海町5-74
上組　　　　　　　　0532-22-1982

## 御前崎
**CY**

御前崎市港6620-42
御前崎国際コンテナターミナル
　　　　　　　　　　0548-63-3033

## 四日市
**CY**

四日市市霞2-2
日本トランスシティ　059-361-7701

## 泉北
**CY**

泉大津市小津島4-1
山九　　　　　　　　0725-31-3931

## 和歌山
**CY**

和歌山市築港5-4

|  |  |  |
|---|---|---|
|  | 浅川組運輸 | 073-445-2121 |

**富山**
CY　射水市越の潟町1003
　　伏木海陸運送　0766-82-5685

**敦賀**
CY　敦賀市金ケ崎町49-1
　　敦賀海陸運輸　0770-24-5522

**舞鶴**
CY　舞鶴市下安久1040
　　飯野港運　0773-75-5371

**境港**
CY　境港市昭和町12-8-1
　　NX境港海陸　0859-21-3733

**広島**
CY　広島港国際CT
　　南区出島2-1-67
　　広島港CT
　　安芸郡坂町北新地3-3-8
　　マツダロジスティクス　082-250-1916

**岩国**
CY　岩国市新港町3-10-17
　　山九　0827-22-3915

**下関**
CY　下関市岬之町20-15
　　下関海陸運送　0832-34-1555

**徳山**
CY　周南市晴海町6-51
　　山九　0834-21-0393

**中関**
CY　防府市大字浜方字鶴浜351-12
　　マツダロジスティクス　0835-24-1577

**宇部**
CY　宇部市大字沖宇部字沖ノ山5272-8・9・10
　　宇部興産海運　0836-34-5512

**福山**
CY　福山市箕沖町109-3
　　上組　084-981-3235

**水島**
CY　倉敷市玉島乙島字新湊8262-1
　　上組　086-525-8670

**高松**
CY　高松港CT
　　高松市朝日新町13-2
　　日本通運　087-821-6293

**徳島**
CY　徳島小松島港CT
　　小松島市和田津開町字北401
　　日本通運　0885-35-6231

**松山**
CY　松山市大可賀3地先
　　日本通運　089-952-2341

**四国中央**
CY　四国中央市三島紙屋町7-35
　　大王海運　0896-24-9240

**今治**
CY　今治市冨田新港1-1-5
　　日本通運　0898-48-6900

**長崎**
CY　長崎市小ケ倉町3-76-91
　　日本通運　095-895-7651

**伊万里**
CY　伊万里市黒川町塩屋5-22
　　奈雅井　0955-27-1520

**熊本**
CY　熊本市新港1-4-5
　　三角海運　096-329-3311

**八代**
CY　八代市新港町2-4-1
　　日本通運　0965-37-0011

**大分**
CY　大在CT
　　大分市大在6
　　日本通運　097-524-2120

**細島**
CY　日向市竹島町3
　　センコー　0982-52-3151

**油津**
CY　日南市大字平野字大節8338-41
　　日本通運　0987-23-2148

**志布志**
CY　志布志市志布志町安楽字潮掛296-1
　　東洋埠頭　099-472-8270

**薩摩川内**
CY　薩摩川内市百次町14-1
　　日本通運　0996-22-4171

**那覇**
CY　那覇市港町1-16-10
　　さき商会　098-877-7838

# Pan Ocean Container (Japan) Co., Ltd.
**Pan Oceanコンテナ日本　株式会社**

| | |
|---|---|
| 設立 | 2011年8月11日 |
| 資本金 | 10,000,000円 |
| 従業員数 | 15 |
| 代表者 | 代表取締役社長 羅炳哲 |
| 主要取引銀行 | 三菱UFJ銀行 |

**代理店引受船社**
　　Pan Ocean Co., Ltd.

| URL | https://container.panocean.com/ |
|---|---|
| 公開E-Mail | @panocean-container.co.jp |

**東京本社**
〒105-0021 東京都港区東新橋2-4-6
　　　　　　　　パラッツォ　シエナ6階
営業チーム　　　03-5425-3702
カスタマーサービス　03-5425-3701
オペレーションチーム　03-6680-2519
管理チーム　　　03-5425-3703

**大阪支店**
〒541-0047 大阪府大阪市中央区淡路町3-2-8
　　　　　　　　トーア紡第2ビル203号
　　　　　　06-4707-7900　　℻06-4707-7901

**東京代理店**
住友倉庫　　　03-3472-4220　　℻03-3472-4343

**横浜代理店**
住友倉庫　　　　　　045-628-1527　　　💻045-628-1559

**名古屋代理店**
東陽倉庫　　　　　　052-661-5233　　　💻052-653-3857

**大阪代理店**
辰巳商会　　　　　　06-6612-3151　　　💻06-6612-5319

**神戸代理店**
住友倉庫　　　　　　078-371-1219　　　💻078-371-1259

**四日市代理店**
日本トランスシティ　059-361-7701/2　💻059-361-7705

＊＊＊＊＊＊＊＊＊＊＊＊＊＊＊

**貨物搬入先**
**東京**
**CY**
[Pan Ocean船/Sinokor船]
　　住友倉庫品川コンテナターミナル
　　品川区東品川5-4-36
　　住友倉庫　　　　　　　　　03-3472-4220
[Namsung船]
　　第一港運品川コンテナヤード
　　品川区東品川5-4-36
　　第一港運　　　　　　(輸出)03-3474-9223
　　　　　　　　　　　　(輸入)03-3474-9222

**横浜**
**CY**
[Pan Ocean船]
　　南本牧埠頭コンテナターミナル
　　中区南本牧2
　　三菱倉庫　　　　　　(輸出)045-624-5922
　　　　　　　　　　　　(輸入)045-624-5923
[Sinokor船]本牧埠頭BCコンテナターミナル
　　中区本牧埠頭1-195
　　住友倉庫　　　　　　　　　045-622-1824
[Namsung船]
　　本牧埠頭BCコンテナターミナル
　　中区本牧埠頭1-195
　　東京国際埠頭　　　　　　　045-621-6601

**名古屋**
**CY**
[Pan Ocean船]
　　鍋田埠頭コンテナターミナル(NUCT)
　　弥富市富浜5-1
　　伊勢湾海運　　　　　　　　0567-66-3640
[Sinokor船]鍋田埠頭コンテナターミナル(NUCT)
　　弥富市富浜5-1
　　上組　　　　　　　　　　　0567-66-3390
[Namsung船]
　　鍋田埠頭コンテナターミナル(NUCT)
　　弥富市富浜5-1
　　フジトランスコーポレーション0567-66-3380

**大阪**
**CY**　　南港C-2/4DHA
　　住之江区南港東6-2-84
　　辰巳商会　　　　　　(輸出)06-6612-3151
　　　　　　　　　　　　(輸入)06-6612-3152

**神戸**
**CY**
[Pan Ocean船/Namsung船/Pegasus船/Sinokor船]
　　PC-15/16/17
　　中央区港島9-10
　　住友倉庫(Pan Ocean船/Sinokor船)

　　　　　　　　　　　　　　　078-304-1216
　　ニッケルエンドライオンス
　　　(Namsung船/Pegasus船)　078-304-1216
[Dongjin船/HEUNG A船]
　　PC-18
　　中央区港島8-14
　　上組　　　　　　　　　　　078-306-3901

**四日市**
**CY**　　霞ヶ浦南埠頭W27コンテナターミナル
　　四日市市霞2-6-1　霞26埠頭事務所2階
　　日本トランスシティ　　　　059-364-1313

# R

# Ryukyu Kaiun Kaisha
**琉球海運　株式会社**

| | |
|---|---|
| **設立** | 1950年1月23日 |
| **資本金** | 499,800,000 |
| **代表者** | 代表取締役社長　宮城茂 |
| **主要株主** | 沖縄県、宮古島市、石垣市、竹富町、琉球海運共済会、大同火災海上保険、東京海上日動火災保険、あいおいニッセイ同和損害保険、尾道造船、りゅうせき、日本郵船、沖縄電力、共進組、琉球銀行 |
| **URL** | https://www.rkkline.co.jp/ |

**本社**
〒900-0036 沖縄県那覇市西1-24-11
　　　　　098-868-8161　　　💻098-868-8561

**東京支店**
〒103 0027 東京都中央区日本橋2-15-5
　　　　　PMO日本橋2 3階
　　　　　03-3281-1831　　　💻03-3281-1838

**大阪支店**
〒559-0011 大阪府大阪市住之江区北加賀屋2-11-8
　　　　　北加賀屋千鳥ビル4階
　　　　　06-4702-0151　　　💻06-4702-0159

**福岡支店**
〒810-0802 福岡県福岡市博多区中洲中島町3-8
　　　　　福岡パールビル7階
　　　　　092-271-5313　　　💻092-271-5341

**鹿児島営業所**
〒892-0141 鹿児島県鹿児島市谷山中央2-4189
　　　　　フミビル4階
　　　　　099-204-0145　　　💻099-204-0146

**宮古支店**
〒906-0012 沖縄県宮古島市平良字西里13-4
　　　　　0980-72-2047　　　💻0980-72-3216

**八重山支店**
〒907-0013 沖縄県石垣市浜崎町1-2
　　　　　0980-82-2050　　　💻0980-82-3774

**福岡代理店**
博多港運　　　　　　092-672-0600

**鹿児島代理店**
共進組 099-203-0390

**那覇代理店**
沖縄荷役サービス 098-860-1926

**宮古代理店**
宮古港運 0980-72-2046

**石垣代理店**
八重山港運 0980-82-2050

＊＊＊＊＊＊＊＊＊＊＊＊＊＊＊＊

**貨物搬入先**
**博多**
**CY**
［ドライコンテナ］
博多港運香椎コンテナターミナル(香椎第一CY)
[6TK26]
東区香椎浜ふ頭4-2-2
博多港運 092-672-0600
［リーファーコンテナ］
上組香椎総合物流センター(香椎第二CY)
[6TWN1]
東区香椎浜ふ頭3-2-1
博多港運 092-672-0600

**鹿児島**
**CY**
鹿児島国際CY [7MW74]
鹿児島市谷山港1-27
共進組 099-203-0390

**那覇**
**CY**
ONS-DHA 那覇港新港ふ頭地区 [9AD03]
那覇市港町1-27
沖縄荷役サービス 098-860-1926

**宮古**
**CY**
平良港漲水ふ頭 MSF1-DHA 平良港宮古
港運DHA [9FD03]
宮古島市平良字西里57-56
宮古港運 0980-72-2046

**石垣**
**CY**
YAEYAMA-DHA 石垣港八重山港運DHA
[9GD03]
石垣市浜崎町3-4
八重山港運 0980-82-2050

# Sankyu Shipping Inc.
**株式会社 サンキュウシッピング**

| | |
|---|---|
| **設立** | 1980年5月1日 |
| **資本金** | 70,000,000円 |
| **従業員数** | 70 |
| **代表者** | 代表取締役社長 磯貝昌之 |
| **主要取引銀行** | みずほ銀行八重洲口支店、三菱UFJ銀行月島支店、三井住友銀行東京中央支店 |
| **主要株主** | 山九 |

**代理店引受船社**
太倉港集装箱海運有限公司(Taicang Container Lines Co., Ltd.)
亜海航運有限公司(Asean Seas Line Co., Ltd.)
**URL** http://www.tclcjpagent.com/
http://www.aslagentjp.com/

**本社**
〒104-0054 東京都中央区勝どき6-5-23
山九ビル4階
輸出営業・カスタマーサービス
03-4334-3801 ℻03-3536-2279
輸出B/L・ドキュメント
03-4334-3794 ℻03-3536-2279
輸入営業・業務 03-4334-3803 ℻03-3536-3886
運航・コンテナ管理 03-4334-3802 ℻03-3536-2279

**東京代理店**
山九 03-3529-3915 ℻03-3529-1028

**横浜代理店**
山九 045-623-2933 ℻045-623-8625

**名古屋代理店**
(TCLC船)
名古屋船舶 052-652-6618 ℻052-661-5751
(ASL船)
フジトランス 052-652-7597 ℻052-653-4746

**大阪営業所**
〒550-0002 大阪府大阪市西区江戸堀1-9-1
肥後橋センタービル10階
06-7711-0691 ℻06-7711-0693

**大阪代理店**
山九 06-6577-3901 ℻06-6574-3911

**神戸代理店**
山九 078-371-3091 ℻078-371-3094

**博多代理店**
山九 092-633-3960 ℻092-633-3940

**門司代理店**
山九 093-321-3999 ℻093-332-7032

**川崎代理店**
東洋埠頭 044-270-1019 ℻044-270-1052

**広島代理店**

山九　　　　　　082-250-3912　　　FAX082-250-3949

＊＊＊＊＊＊＊＊＊＊＊＊＊＊＊＊

**貨物搬入先**
**東京**
**CY**
　[TCLC船]　Y2ターミナル　[1AD14]
　　　　　大田区令和島1-1-1
　　　　　山九　　　　　　　　　　03-3529-3915
　[ASL船]　青海公共A-1　[1CD39]
　　　　　江東区青海3-4-19
　　　　　山九　　　　　　　　　　03-3529-3944

**横浜**
**CY**
　　　　　本牧埠頭BC(山九)　[2EKF5]
　　　　　中区本牧埠頭1-195
　[TCLC船]　山九　　　　　　　　045-623-2933
　[ASL船]　山九　　　　(輸出)045-623-2933
　　　　　　　　　　　　(輸入)045-623-1924

**名古屋**
**CY**
　　　　　鍋田埠頭NUCT　[5ED12]
　　　　　弥富市富浜5-1
　[TCLC船]　名港海運　　　　　　0567-66-3373
　[ASL船]　フジトランス　　　　0567-66-3380

**大阪**
**CY**
　　　　　夢洲CT (DICT)　[4ED77]
　　　　　此花区夢洲東1
　　　　　山九　　　　　　　　　　06-6612-4592

**神戸**
**CY**
　　　　　PC-16/17 KICT　[3FDU1]
　　　　　中央区港島9-10
　　　　　山九　　　　(輸出)078-304-1216
　　　　　　　　　　　　(輸入)078-304-1214

**博多**
**CY**
　　　　　香椎パークポート　[6TK26]
　　　　　東区香椎浜ふ頭4-2-2
　[TCLC船]　博多港運　　　　　　092-663-3131
　[ASL船]　山九　　　　　　　　092-663-3960

**門司**
**CY**
　[TCLC船]　太刀浦第二CY　[6CK64]
　　　　　門司区太刀浦海岸
　　　　　山九　　　　　　　　　　093-332-4292

**川崎**
**CY**
　[TCLC船]　川崎港コンテナターミナル　[2ND03]
　　　　　川崎区東扇島92
　　　　　東洋埠頭　　　　　　044-270-1019

**広島**
**CY**
　[TCLC船]　広島港国際コンテナターミナル　[3WDA1]
　　　　　広島市南区出島3-4
　　　　　山九　　　　　　　　　082-250-3912

---

# Sanstar Line Co., Ltd.
**株式会社　サンスターライン**

| | |
|---|---|
| 設立 | 1999年8月 |
| 資本金 | 90,000,000円 |
| 従業員数 | 103 |
| 代表者 | 代表取締役社長　舍野祝光 |
| 主要取引銀行 | 三井住友銀行、みずほ銀行、三菱UFJ銀行、りそな銀行 |
| 主要株主 | 金泫謙 |

**代理店引受船社**
　PanStar Line
**URL**　　　　http://www.panstar.jp/cargo/
**本社**
〒541-0052 大阪府大阪市中央区安土町2-3-13
　　　　　　大阪国際ビルディング7階
　(貨物)　　06-6267-9778　　FAX06-6267-9766
**東京支店**
〒104-0061 東京都中央区銀座7-12-18
　　　　　　第一銀座ビル7階
　営業部　　03-3544-5123　　FAX03-3544-5126
**名古屋営業所**
〒460-0002 愛知県名古屋市中区丸の内3-21-23
　　　　　　宇佐美丸の内ビル6階
　　　　　　052-950-6630　　FAX052-950-6631
**南港ターミナル**
〒559-0034 大阪府大阪市住之江区南港北1-20-52
　　　　　　大阪港国際フェリーターミナル2階
　(旅客)　　06-6614-2516　　FAX06-6614-2518
**北陸営業所**
〒920-0332 石川県金沢市無量寺町リ65
　　　　　　金沢港クルーズターミナル3階
　　　　　　076-254-6884　　FAX076-254-6885
**対馬営業所**
〒817-1701 長崎県対馬市上対馬町比田勝958-11
　　　　　　対馬比田勝国際ターミナル2階
　　　　　　0920-88-6060

＊＊＊＊＊＊＊＊＊＊＊＊＊＊＊＊

**貨物搬入先**
**東京**
**CY**　　　品川CY
　　　　　品川区東品川5-4-36
　　　　　住友倉庫　　　　　　03-3472-4220
**CFS**　　品川区八潮3-2-34　ダイワコーポレーション内
　　　　　ブルーウイング　　　03-3799-5111
**BULK**　お台場営業所第一倉庫
　　　　　江東区青海4-6-16
　　　　　住友倉庫　　　　　　03-3528-0851

**名古屋**
**CY/BULK**　飛島北コンテナターミナル
　　　　　海部郡飛島村東浜2-25
　　　　　上組　　　　　　　　0567-55-0143
**大阪**
**CY**
　(輸出)　　南港KF2
　　　　　住之江区南港北1-20-52

| | | | |
|---|---|---|---|
| (輸出入) | 日本通運<br>南港C-6<br>住之江区南港中7-4 | 06-4395-3831 | |
| (輸入) | 日本通運<br>南港KF1<br>住之江区南港北1-20-52 | 06-4395-3831 | |
| CFS | 上組<br>南港L-7<br>住之江区南港中8-7-21 | 06-4703-4556 | |
| BULK | 日本通運 | 06-6612-4811 | |
| (輸出) | L-3<br>住之江区南港中8-4-13 | | |
| | 上組 | 06-6612-0681 | |
| (輸入S.DREAM) | L-3<br>住之江区南港中8-7-21 | | |
| | 上組 | 06-6612-4811 | |
| (輸入P.DREAM/P.GENIE NO.2) | L-7<br>住之江区南港中8-7-21 | | |
| | 日本通運 | 06-6612-4811 | |

**金沢**

| | | |
|---|---|---|
| CY | 御供田CY<br>金沢市近岡町613<br>金沢港運 | 076-256-0738 |
| CFS | 金沢港運 東部上屋<br>金沢市湊3-1-1<br>金沢港運 | 076-238-5931 |
| BULK | 金沢港運 テント上屋<br>金沢市戸水夕73-1<br>金沢港運 | 076-238-7505 |

**敦賀**

| | | |
|---|---|---|
| CY | 敦賀港川崎コンテナヤード<br>敦賀市川崎町261, 262<br>敦賀海陸運輸 | 0770-24-5522 |
| CFS | 敦賀港CFS倉庫<br>敦賀市川崎町261, 262<br>敦賀海陸運輸 | 0770-24-5522 |
| BULK | 敦賀港指定保税地域H上屋・I上屋<br>敦賀市川崎町261, 262<br>敦賀海陸運輸 | 0770-24-5522 |

# Senwa Maritime Agency, Ltd.

センワマリタイムエージェンシー　株式会社

| | |
|---|---|
| 設立 | 2005年10月1日 |
| 資本金 | 55,000,000円 |
| 従業員数 | 50 |
| 代表者 | 代表取締役社長 堀内浩 |
| 主要取引銀行 | 三井住友銀行 |
| 主要株主 | 住友倉庫 |

**代理店引受船社**
上海錦江航運(集団)股份有限公司
Brointermed Lines Ltd.
Nirint Shipping B.V.
Westwind Shipping Corporation
Westwood Shipping Lines
日照海運班輪有限公司

| | |
|---|---|
| URL | http://www.senwa.co.jp/ |

公開E-Mail　　slc@senwa.co.jp

**東京本社**
〒105-0011 東京都港区芝公園1-3-1
留園ビル4階

| | | |
|---|---|---|
| 営業課 | 03-5733-7211 | FAX03-5733-7201 |
| ドキュメント課 | 03-6860-7218 | FAX03-5733-7201 |
| 代理店課 | 03-6862-7219 | FAX03-5733-7201 |
| 管理部 | 03-5733-7200 | FAX03-5733-7201 |

**大阪支店**
〒541-0054 大阪府大阪市中央区南本町2-2-9
辰野南本町ビル10階

| | | |
|---|---|---|
| 営業課 | 06-6262-5323 | FAX06-6266-0571 |
| 北米営業課 | 06-6262-5323 | FAX06-6266-0571 |

# SEVEN SEALS Co., Ltd.

株式会社　SEVEN SEALS

| | |
|---|---|
| 設立 | 2020年1月24日 |
| 資本金 | 163,715,000円 |
| 従業員数 | 39 |
| 代表者 | 代表取締役社長 髙橋亮明 |
| URL | https://seven-seals.com/ |

**本社**
〒220-8101 神奈川県横浜市西区みなとみらい2-2-1
横浜ランドマークタワー31階
045-228-9310　　FAX045-228-9320

**名古屋営業所**
〒460-0002 名古屋市中区丸の内1-16-8
C-8ビル9階
052-212-5246

**中部西日本支店**
〒550-0003 大阪府大阪市西区京町堀1-8-35
四ツ橋鴻池ビル5階
06-6427-0411

# Shuwa Kaiun Kaisha, Ltd.

秀和海運　株式会社

| | |
|---|---|
| 設立 | 1969年5月 |
| 資本金 | 90,000,000円 |
| 従業員数 | 11 |
| 代表者 | 代表取締役社長 橋口一之 |
| 主要取引銀行 | 三井住友銀行、三菱UFJ銀行 |
| 主要株主 | ジョセフィーナシッピング、住友倉庫 |

**代理店引受船社**
Westwind Shipping Corporation

| | |
|---|---|
| URL | https://www.shuwaline.co.jp/ |
| 公開E-Mail | shuwa@shuwaline.co.jp |

**東京**
〒107-0052 東京都港区赤坂3-10-2
赤坂コマースビル5階

| | | |
|---|---|---|
| 代表 | 03-3582-1711 | FAX03-3589-0994 |
| 定期船部 | 03-3589-3862 | |

**横浜代理店**

| | | |
|---|---|---|
| 住友倉庫 | 045-628-1527 | FAX045-628-1559 |

名古屋代理店
五洋海運　　　　　　052-651-5171　　　℻052-651-5168
大阪代理店
センワ・マリタイム・エージェンシー
　　　　　　　　　　06-6262-5321　　　℻06-6266-0571
神戸代理店
住友倉庫　　　　　　078-371-1219　　　℻078-371-1259
門司代理店
山九　　　　　　　　093-884-3977　　　℻093-884-0339

# Simba Logistics Ltd.
## シンバロジスティクス　株式会社

| | |
|---|---|
| 設立 | 1986年7月 |
| 資本金 | 10,000,000円 |
| 代表者 | 代表取締役 中上英之 |
| 主要取引銀行 | 三菱UFJ銀行 |
| 主要株主 | ベン ライン エージェンシーズ |
| 公開E-Mail | tyo.general@simbalogistics.jp |

東京本社
〒108-0075 東京都港区港南2-13-40
　　　　　　　　　品川TSビル4階
　　　　　　　　　03-6718-0724　　　℻050-3156-0967
大阪支店
〒541-0054 大阪府大阪市中央区南本町1-7-15
　　　　　　　　　明治生命堺筋本町ビル5階
　　　　　　　　　03-6718-0702　　　℻03-6718-0731

# Sinokor Seihon Co., Ltd.
## 株式会社　シノコー成本

| | |
|---|---|
| 設立 | 2005年2月1日 |
| 資本金 | 30,000,000円 |
| 従業員数 | 72 |
| 代表者 | 代表取締役社長 李東勳 |
| 主要取引銀行 | 三菱UFJ銀行 |
| 主要株主 | 長錦商船 |

代理店引受船社
　　長錦商船株式会社(Sinokor Merchant Marine Co., Ltd.)
　　興亜LINE株式会社(HEUNG A LINE CO., LTD)

| | |
|---|---|
| URL | http://seihon.sinokor.co.kr/<br>http://www.heungaline.jp/ |
| 公開E-Mail | seihon@sinokor.co.jp (東京)<br>osaka@sinokor.co.jp (大阪) |

本社
〒103-0027 東京都中央区日本橋2-13-10
　　　　　　　　　日本橋サンライズビル2階
営業　　　　　　　　03-6281-8272　　　℻03-6281-8192
業務　　　　　　　　03-6281-8275
海務オペレーショングループ
　　　　　　　　　　03-6281-9056
総務・経理グループ　03-6281-8940　　　℻03-6281-8194
代理店：センワマリタイム（輸入A/N発行）
　　　　　　　　　　03-5733-7207　　　℻03-6689-7066
〈HEUNG A本社〉

〒103-0027 東京都中央区日本橋2-13-10
　　　　　　　　　日本橋サンライズビル2階
営業部　　　　　　　03-3273-4981　　　℻03-3273-4948
代理店：センワマリタイム（輸入A/N発行）
　　　　　　　　　　03-5733-7207　　　v03-6689-7066
横浜代理店
Sinokor/HEUNG A代理店：住友倉庫
　　　　　　　　　　045-628-1527　　　v045-628-1559
清水代理店
Sinokor/HEUNG A代理店：清水運送
　　　　　　　　　　054-364-2557　　　℻054-366-5146
名古屋代理店
Sinokor代理店：上組
　　　　　　　　　　052-652-8939　　　℻052-652-3584
HEUNG A代理店：富士トランスポート
　　　　　　　　　　052-652-7330　　　℻052-652-7360
大阪支店
〒541-0056 大阪府大阪市中央区久太郎町2-2-7
　　　　　　　　　山口興産堺筋ビル2階
〈Sinokor〉　　　　06-6253-7660　　　℻06-6253-7666
〈HEUNG A〉　　　06-6264-8390　　　℻06-6264-8391
神戸代理店
Sinokor代理店：住友倉庫
　　　　　　　　　　078-371-1219　　　℻078-371-1259
HEUNG A代理店：上組
　　　　　　　　　　078-306-3907　　　℻078-306-3925
九州営業所
〒801-0834 福岡県北九州市門司区本町1-5
　　　　　　　　　Port Moji壱番館6-4
〈Sinokor〉　　　　093-322-2722　　　℻093-322-2723
〈HEUNG A〉　　　093-322-2730　　　℻093-322-2723

〈Sinokor代理店〉
（北海道）
石狩代理店
栗林商会　　　　　　011-231-8171　　　℻011-222-1394
苫小牧/釧路代理店
北海運輸　　　　　　0144-55-8892　　　℻0144-55-8842
（東北）
八戸代理店
八戸通運　　　　　　0178-29-0202　　　℻0178-20-3281
仙台代理店
三陸運輸　　　　　　022-254-2101　　　℻022-254-2005
（日本海）
秋田代理店
日本通運　　　　　　018-845-2291　　　℻018-845-1844
酒田代理店
酒田海陸運送　　　　0234-22-1801　　　℻0234-22-2869
新潟代理店
新潟東洋埠頭　　　　025-278-1131　　　℻025-278-1132
直江津代理店
直江津海陸運送　　　025-543-3421　　　℻025-543-3417
富山新港代理店
富山港湾運送　　　　076-437-9231　　　℻076-437-9115
敦賀代理店
敦賀海陸運輸　　　　0770-24-5522　　　℻0770-24-3065

**舞鶴代理店**
飯野港運　0773-75-5371　ＦＡＸ0773-75-5681

**金沢代理店**
金沢港運　076-256-0543　ＦＡＸ076-256-0544

**境港代理店**
NX境港海陸　0859-42-2124　ＦＡＸ0859-47-0088

（関東）

**常陸那珂代理店**
日立埠頭　029-265-5539　ＦＡＸ029-200-3870

（関門・九州）

**下関代理店**
下関海陸運送　083-266-1117　ＦＡＸ083-266-8081

**博多/門司代理店**
シーゲートコーポレーション
092-271-5317　ＦＡＸ092-291-6818

**ひびき代理店**
山九　093-342-7993　ＦＡＸ093-332-7032

**伊万里代理店**
奈雅井　0955-27-1300　ＦＡＸ0955-27-1930

**長崎代理店**
長崎倉庫　095-824-1263　ＦＡＸ095-825-7110

**熊本代理店**
松木運輸　096-334-6633　ＦＡＸ096-334-6634

**八代代理店**
松木運輸　0965-62-9798　ＦＡＸ0965-62-9802

**大分代理店**
山九　097-558-3984　ＦＡＸ097-556-9997

**細島代理店**
八興運輸　0982-56-0052　ＦＡＸ0982-56-0310

**志布志代理店**
志布志貨物海運　099-472-8270　ＦＡＸ099-472-8658

（瀬戸内）

**広島代理店**
日本通運　082-253-4228　ＦＡＸ082-253-4229

**岩国代理店**
山九　0827-22-3915　ＦＡＸ0827-24-2576

**徳山代理店**
山九　0834-22-1998　ＦＡＸ0834-31-0039

**福山代理店**
NX備通　084-981-0205　ＦＡＸ084-981-0188

**浜田代理店**
浜田港運　0855-26-0515　ＦＡＸ0855-27-3409

**水島代理店**
山九　086-455-8133　ＦＡＸ086-455-8167

**高松代理店**
高松商運　087-822-5184　ＦＡＸ087-851-0234

**徳島代理店**
徳島港湾荷役　0885-35-7575　ＦＡＸ0885-35-7576

**高知代理店**
入交海運　088-831-5151　ＦＡＸ088-831-5155

**伊予三島代理店**
日本興運　0896-24-2551　ＦＡＸ0896-24-2559

**今治代理店**
一宮運輸　0898-48-8366　ＦＡＸ0898-48-0090

**松山代理店**
山九　089-951-2118　ＦＡＸ089-952-2720

〈HEUNG A代理店〉

（北海道）

**石狩代理店**
日本通運　0133-74-8844　ＦＡＸ0133-74-8847

**苫小牧代理店**
日本通運　0144-57-7011　ＦＡＸ0144-57-7040

**釧路代理店**
北海運輸　0144-55-8892　ＦＡＸ0144-55-8842

（東北）

**八戸代理店**
北日本ポートサービス
0178-20-2148　ＦＡＸ0178-29-3130

**仙台代理店**
三陸運輸　022-254-2101　ＦＡＸ022-254-2005

**小名浜代理店**
小名浜海陸運送　0246-75-0210　ＦＡＸ0246-75-0280

（日本海）

**秋田代理店**
日本通運　018-845-2291　ＦＡＸ018-845-1844

**新潟代理店**
リンコーコーポレーション
025-256-4120　ＦＡＸ025-257-5300

**直江津代理店**
リンコーコーポレーション
025-543-4207　ＦＡＸ025-543-3623

**富山新港代理店**
伏木海陸運送　0766-82-1121　ＦＡＸ0766-82-1181

**敦賀代理店**
敦賀海陸運輸　0770-24-5522　ＦＡＸ0770-24-3065

**舞鶴代理店**
日本通運　0773-75-3207　ＦＡＸ0773-75-2136

**金沢代理店**
金沢港運　076-256-0543　ＦＡＸ076-256-0544

**境港代理店**
上組　0859-45-8707　ＦＡＸ0859-45-7182

（関東・中京）

**常陸那珂代理店**
日立埠頭　029-265-5539　ＦＡＸ029-200-3870

**鹿島代理店**
鹿島港湾運送　0299-90-0777　ＦＡＸ0299-93-0367

**豊橋代理店**
日本通運　0532-32-1875　ＦＡＸ0532-32-6229

**四日市代理店**
日本トランスシティ　059-361-7702　ＦＡＸ059-361-7708

（関門・九州・沖縄）

**博多代理店**
日本通運　092-663-3511　ＦＡＸ092-663-3217

**門司代理店**
日本通運　093-332-6020　ＦＡＸ093-332-6021

**ひびき代理店**
山九　093-342-7993　FAX093-332-7032

**伊万里代理店**
奈雅井　0955-27-1300　FAX0955-27-1930

**長崎代理店**
長崎倉庫　095-824-1263　FAX095-825-7110

**熊本代理店**
松木運輸　096-334-6633　FAX096-334-6634

**八代代理店**
松木運輸　0965-62-9798　FAX0965-37-2794

**大分代理店**
山九　097-558-3984　FAX097-556-9997

**細島代理店**
八興運輸　0892-56-0052　FAX0892-56-0310

**志布志代理店**
東洋埠頭　099-472-8270　FAX099-472-8658

**薩摩川内代理店**
日本通運　0996-31-2521　FAX0996-31-2522

**三池代理店**
三池港物流　0944-41-2411　FAX0944-53-5950

**那覇代理店**
沖縄国際海運　098-869-6618　FAX098-869-6619

（瀬戸内）

**広島代理店**
山九　082-252-5539　FAX082-255-1439

**岩国代理店**
山九　0827-22-3915　FAX0827-24-2576

**徳山代理店**
東ソー物流　0834-63-0080　FAX0834-63-0079

**福山代理店**
福山通運　084-957-3000　FAX084-957-2900

**浜田代理店**
浜田港運　0855-26-0515　FAX0855-27-3409

**水島代理店**
日本通運　086-523-0204　FAX086-523-1755

**高松代理店**
日本通運　087-823-0223　FAX087-821-4593

**徳島代理店**
日本通運　0885-35-6231　FAX0885-35-6232

**高知代理店**
入交海運　088-831-5151　FAX088-831-5155

**伊予三島代理店**
辰巳商会　0896-24-3061　FAX0896-24-3230

**今治代理店**
日本通運　089-848-6900　FAX089-847-2900

**松山代理店**
日本通運　089-952-2341　FAX089-952-9657

＊＊＊＊＊＊＊＊＊＊＊＊＊＊＊＊

貨物搬入先
**東京**
**CY**
[Sinokor船/HEUNG A船/Pan Ocean船]
品川埠頭地区H/A

品川区東品川5-4-36
住友倉庫　03-3472-4220
[Dongjin船/Namsung船/Pegasus船]
品川埠頭地区H/A
品川区東品川5-4-36
第一港運　(輸出)03-3474-9223
(輸入)03-3474-9222

**横浜**
**CY**
本牧BC
中区本牧埠頭1-195
[Sinokor船/HEUNG A船]
住友倉庫　045-622-1824
[Namsung船/Pegasus船]
東京国際埠頭　045-621-6601
[Dongjin船]本牧埠頭D-1
中区本牧埠頭1-10
日本通運　045-623-3022
[Pan Ocean船]
南本牧埠頭MC-3
中区南本牧1
三菱倉庫　(輸出)045-624-5922
(輸入)045-624-5923

**清水**
**CY**
[Sinokor船/HEUNG A船]
鈴与コンテナターミナル
清水区興津清見寺町1380
鈴与　(輸出)054-395-8271
(輸入)054-395-8272

**名古屋**
**CY**
鍋田DHA
弥富市富浜5-1
[Sinokor船/HEUNG A船]
上組　0567-66-3390
[Namsung船]
フジトランス　0567-66-3380
[Pan Ocean船]
伊勢湾海運　0567-66-3640

**大阪**
**CY**
南港C-2/4
住之江区南港東6-2-84
辰巳商会　(輸出)06-6612-3151
(輸入)06-6612-3152

**神戸**
**CY**
[Sinokor船/Namsung船/Pan Ocean船/Pegasus船]
PC-15/16/17
中央区港島9-10
住友倉庫(Sinokor船/Pan Ocean船)
078-304-1216
ニッケルエンドライオンス
(Namsung船/Pegasus船)　078-304-1216
[Dongjin船/HEUNG A船]
PC-18
中央区港島8-14
上組　078-306-3901

**博多**
**CY**
[Sinokor船] 香椎コンテナターミナル
東区香椎浜ふ頭4-2-2
博多港運　092-663-3131
[HEUNG A船]
香椎コンテナターミナル

東区香椎浜ふ頭4-2-2　香椎パークポート3階
日本通運　　　　　　　092-663-3051
[Dongjin船] アイランドシティCY
東区みなと香椎1-1-4
相互運輸　　　　　　　092-663-3210

門司
CY
　[Sinokor船] 太刀浦第一CY
門司区太刀浦海岸
門司港運　　　　　　　093-332-1607
　[HEUNG A船]
太刀浦第一CY
門司区太刀浦海岸地先19
日本通運　　　　　　　093-332-6020
　[Dongjin船] 門司港運　　　　　093-332-1607

ひびき
CY
　[Sinokor船/HEUNG A船]
ひびきコンテナターミナル
若松区響町3
山九　　　　　　　　　093-752-0860

石狩湾新港
CY
　[Sinokor船] 日本通運 小樽支店 花畑ふ頭コンテナヤード
石狩市新港中央1-15-14
栗林商会　　　　　　　011-231-8171
　[HEUNG A船]
日本通運 小樽支店 石狩湾新港事業所
石狩市新港西2-744-3
日本通運　　　　　　　0133-74-8844

苫小牧
CY　　　　苫小牧東港国際コンテナターミナル
苫小牧市弁天534-2
　[Sinokor船] 栗林商会　　　　　0145-26-8333
　[HEUNG A船]
日本通運　　　　　　　0145-26-8282

釧路
CY
　[HEUNG A船]
西港区第3埠頭コンテナヤード
釧路市西港3丁目地先
公有水面埋立地103-6
三ッ輪運輸　　　　　　0154-54-3121

八戸
CY
　[Sinokor船] 八戸港多目的国際物流ターミナル
八戸市大字河原木字海岸42
八戸港湾運送　　　　　0178-29-3121
　[HEUNG A船]
八戸港コンテナターミナル協同事業体
八戸市大字河原木海岸42
八戸港湾運送　　　　　0178-29-3121

秋田
CY
　[Sinokor船] 秋田港国際コンテナターミナル
秋田市土崎港相染町12
日本通運　　　　　　　018-880-5720
　[HEUNG A船]
秋田港外港地区コンテナターミナル指定保税地域
秋田市土崎港相染町字大浜14
日本通運　　　　　　　018-880-5600

仙台
CY

[Sinokor船/HEUNG A船]
高砂コンテナターミナル
仙台市宮城野区蒲生字町105
三陸運輸　　　　　　　022-254-2101

酒田
CY
　[Sinokor船] 酒田港国際コンテナターミナル
酒田市高砂232
日本通運　　　　　　　0234-35-1288

小名浜
CY
　[HEUNG A船]
大剣コンテナターミナル
いわき市泉町下川字大剣196
いわき小名浜コンテナサービス 0246-75-0210

新潟
CY
　[Sinokor船] 新潟港国際貿易コンテナターミナル
新潟市北区横土居3228-2
富士運輸　　　　　　　025-388-1031
　[HEUNG A船]
新潟東港区指定保税地域
新潟市北区横土居3228-2
リンコーコーポレーション　025-388-1011

直江津
CY
　[Sinokor船] 直江津コンテナターミナル
上越市港町大字黒井字添2886
直江津海陸運送　　　　025-543-3421
　[HEUNG A船]
直江津コンテナヤード
上越市黒井添2886
直江津海陸運送　　　　025-531-0170

常陸那珂
CY
　[Sinokor船/HEUNG A船]
那珂郡東海村照沼768-30
常陸那珂コンテナターミナル 029-265-7030

鹿島
CY
　[HEUNG A船]
神栖市奥野谷2090-2
鹿島港湾運送　　　　　0299-90-0777

豊橋
CY
　[HEUNG A船]
三河港豊橋コンテナターミナル
豊橋市神野西町1-3
日本通運　　　　　　　0532-33-8662

四日市
CY
　[HEUNG A船]
四日市霞ヶ浦地区指定保税地域霞DHA
27番公共ターミナル
四日市市霞2-2
日本トランスシティ　　059-361-7701

金沢
CY
　[Sinokor船/HEUNG A船]
金沢港御供田コンテナターミナル
金沢市近岡町613
金沢港運　　　　　　　076-256-0738

富山

CY
[Sinokor船] 富山新港多目的国際ターミナル
　　　　射水市越の潟町地内及び地先
　　　　富山港湾運送　　　　　　　0766-73-6888
[HEUNG A船]
　　　　富山新港新国際コンテナターミナル
　　　　射水市越の潟町1003　富山新港公共北1号岸壁
　　　　伏木海陸運送　　　　　　　0766-82-5685
[KMTC船] 富山新港多目的国際ターミナル
　　　　射水市越の潟町地内及び地先
　　　　伏木海陸運送　　　　　　　0766-82-5685

敦賀
CY
[Sinokor船/HEUNG A船]
　　　　敦賀港鞠山南コンテナターミナル
　　　　敦賀市金ヶ崎町49-1
　　　　敦賀海陸運輸　　　　　　　0770-24-5522

舞鶴
CY
[Sinokor船] 舞鶴国際埠頭コンテナターミナル
　　　　舞鶴市下安久
　　　　飯野港運　　　　　　　　　0773-75-8805
[HEUNG A船]
　　　　舞鶴国際埠頭コンテナターミナル
　　　　舞鶴市字松陰嶋崎19-5
　　　　日本通運　　　　　　　　　0773-75-3207

広島
CY
[Sinokor船/HEUNG A船]
　　　　広島港国際コンテナターミナル
　　　　広島市南区出島3-4-1
　　　　日本通運　　　　　　　　　082-253-4228
　　　　広島市南区出島3-1-67
　　　　山九　　　　　　　　　　　082-250-3912
[PanCon船] 広島港国際コンテナターミナル
　　　　広島市南区出島2-1-67
　　　　マツダロジスティクス　　　082-250-1916

岩国
CY
[Sinokor船] 岩国コンテナヤード
　　　　岩国市新港町3-10-17
　　　　山九　　　　　　　　　　　0827-24-4639
[HEUNG A船]
　　　　新港保税蔵置場
　　　　岩国市新港町3丁目地先
　　　　山九　　　　　　　　　　　0827-24-4639

下関
CY/CFS
[Sinokor船] (CY)関門港下関新港地区国際ターミナル
　　　　(CFS)長州出島国際物流ターミナル第1上屋
　　　　下関市長州出島1番先
　　　　下関海陸運送　　　　　　　083-227-4441

徳山
CY
[Sinokor船] 徳山港コンテナターミナル
　　　　周南市晴海町6-51
　　　　山九　　　　　　　　　　　0834-21-0393
[HEUNG A船]
　　　　周南市野村1-23-15
　　　　東ソー物流　　　　　　　　0834-63-0080

福山
CY
[Sinokor船/HEUNG A船]

福山港国際コンテナターミナル
　　　　福山市箕島町109-3
[水曜入港船] NX備通　　　　　　　084-981-1803
[木曜入港船] 上組　　　　　　　　084-981-3235

浜田
CY
[Sinokor船/HEUNG A船]
　　　　浜田港コンテナターミナル
　　　　浜田市熱田町2135-1
　　　　浜田港運　　　　　　　　　0855-27-0073

境港
CY
[Sinokor船] 境港国際コンテナターミナル
　　　　境港市昭和町96
　　　　NX境港海陸　　　　　　　　0859-21-3733
[HEUNG A船]
　　　　境港国際コンテナターミナル
　　　　境港市昭和町103
　　　　上組　　　　　　　　　　　0859-45-8707

水島
CY
[Sinokor船/PanCon船]
　　　　水島港国際コンテナターミナル
　　　　倉敷市玉島乙島字新湊8262-1
　　　　中谷興運　　　　　　　　　086-523-5551
[HEUNG A船]
　　　　水島港国際コンテナターミナル
　　　　倉敷市玉島乙島字新湊8259-15
　　　　日本通運　　　　　　　　　086-523-0204

高松
CY
[Sinokor船] 高松港コンテナターミナル
　　　　高松市朝日新町1-10
　　　　高松商運　　　　　　　　　087-822-5184
[HEUNG A船]
　　　　高松港コンテナターミナル
　　　　高松市朝日新町13-2
　　　　日本通運　　　　　　　　　087-823-0223

徳島
CY
[Sinokor船] 徳島小松島港コンテナターミナル
　　　　小松島市和田津開町字北401
　　　　徳島港湾荷役　　　　　　　0885-35-7575
[HEUNG A船]
　　　　日本通運　　　　　　　　　0885-35-6231

高知
CY
[Sinokor船/HEUNG A船]
　　　　高知新港コンテナターミナル
　　　　高知市仁井田字新港4700
　　　　高知港運　　　　　　　　　088-847-6881

伊予三島
CY
[Sinokor船/HEUNG A船]
　　　　金子国際コンテナターミナル
　　　　四国中央市三島宮川1丁目字神之元2341
　　　　日本興運　　　　　　　　　0896-23-2271

今治
CY
[Sinokor船] 一宮運輸 今治支店コンテナヤード
　　　　今治市富田新港1-1-5
　　　　一宮運輸　　　　　　　　　0898-48-8366
[HEUNG A船]

富田CY
今治市富田新港1-1-51
日本通運　　　　　　　089-848-6900

**松山**
**CY**
[Sinokor船] 松山コンテナサービス
松山市大可賀3丁目地先　新埠頭埋立地内
山九　　　　　　　　　089-953-3335
[HEUNG A船]
外港新埠頭1号岸壁
松山市大可賀3丁目地先
日本通運　　　　　　　089-968-3011

**三池**
**CY**
[HEUNG A船]
三池コンテナターミナル
大牟田市新港町1
三池港物流　　　　　　0944-41-1157

**伊万里**
**CY**
[Sinokor船] 伊万里国際コンテナターミナル
伊万里市黒川町塩屋5-22
奈雅井　　　　　　　　0955-27-1520
[HEUNG A船]
伊万里港コンテナヤード保税蔵置場
伊万里市黒川町塩屋5-14
奈雅井　　　　　　　　0955-27-1300

**長崎**
**CY**
[Sinokor船] 小ヶ倉柳埠頭西岸壁
長崎市小ヶ倉町3-76
長崎倉庫　　　　　　　095-824-1263
[HEUNG A船]
長崎市出島町2-13
長崎倉庫　　　　　　　095-824-1263

**熊本**
**CY**
[Sinokor船/HEUNG A船]
熊本港コンテナターミナル
熊本市西区新港2-2
くまもとファズ　　　　096-212-2577

**八代**
**CY**
[Sinokor船/HEUNG A船]
八代港コンテナターミナル
八代市新港町4-12
松木運輸　　　　　　　0965-37-1101

**大分**
**CY**
[Sinokor船] 大在コンテナターミナル
大分市大字大在6　大分国際貿易センター2階
鶴崎海陸運輸　　　　　097-524-2088
[HEUNG A船]
大分市原川3-1-30
山九　　　　　　　　　097-558-3984

**細島**
**CY**
[Sinokor船/HEUNG A船]
細島港コンテナターミナル
日向市竹島町3
八興運輸　　　　　　　0982-56-0052

**志布志**
**CY**

[Sinokor船/HEUNG A船]
新若浜地区国際コンテナターミナル
志布志市志布志町安楽296-1
東洋埠頭　　　　　　　099-472-8270

**薩摩川内**
**CY**
[HEUNG A船]
薩摩川内港コンテナヤード
薩摩川内市港町6110-180
日本通運　　　　　　　0996-31-2521

---

# Sinotrans Japan Co., Ltd.
シノトランス　ジャパン　株式会社

| | |
|---|---|
| 設立 | 1997年4月1日 |
| 資本金 | 50,000,000円 |
| 従業員数 | 36 |
| 代表者 | 代表取締役社長 高晨 |
| 主要取引銀行 | 三井住友銀行日比谷支店 |
| 主要株主 | シノトランス |

**代理店引受船社**
中外運集装箱運輸有限公司(Sinotrans Container Lines Co., Ltd.)
中外運集装箱運輸有限公司江蘇分公司(Sinotrans Container Lines Co., Ltd. Jiangsu Branch)

**URL**　　　http://www.sinotrans.co.jp/
**公開E-Mail**　buisiness@sinotrans.co.jp

**本社**
〒105-0003 東京都港区西新橋1-13-1
　　　　　　DLXビル7階
Booking・B/L　　03-3595-6321　　FAX 03-3595-6324
Import・Operation　03-3595-6322　FAX 03-3595-6320

**東京集荷代理店**
日新　　　　　　　03-3238-6560　　FAX 03-3238-6378
日東物流　　　　　03-5823-4958　　FAX 03-5825-7860
ダイトーコーポレーション
　　　　　　　　　03-3452-6277　　FAX 03-3451-2931
セブンシーズ　　　03-6226-5727　　FAX 03-3523-3699
東海運　　　　　　03-6221-2210　　FAX 03-3474-8477

**名古屋集荷代理店**
伊勢湾海運　　　　052-653-3331　　FAX 052-651-1721
日東物流　　　　　052-653-6251　　FAX 052-653-8050

**関西支店**
〒541-0045 大阪市中央区道修町2-1-10
　　　　　　T.M.B.道修町ビル4階
Booking・B/L　　06-6202-5823　　FAX 06-4706-7513
Import　　　　　06-6202-5824　　FAX 06-4706-7513

**大阪集荷代理店**
日新　　　　　　　06-6228-4509　　FAX 06-6228-4556
日東物流　　　　　06-6202-8514　　FAX 06-6202-5705
近畿港運　　　　　06-6532-0551　　FAX 06-6572-4598
セブンシーズ　　　06-6264-7541　　FAX 06-6264-7095

**博多集荷代理店**
日本通運　　　　　092-663-3007　　FAX 092-663-3217

＊＊＊＊＊＊＊＊＊＊＊＊＊＊

貨物搬入先
## 東京
**CY**
[SNL船:SKT7/LQKT1]
[SNL-江蘇船] 品川コンテナセンター [1AD21]
品川区東品川5-2
東海運 03-3471-6335
[SNL船:NCKT1]
Y2ターミナル [1AD14]
大田区令和島1-1-1
日本通運 03-3599-3700
[COSCO船:NCKT2/NKT1/SKT2/SKT5/SKT6]
東京コンテナターミナルY1 [1AD13]
大田区令和島1-1-1
上組 03-6457-2381
[SNL船:SKT4]
[COSCO船:LQKT1]
青海公共ターミナル [1CD41]
江東区青海3-4-19
伊勢湾海運(SNL船) 03-3520-1851
上組(COSCO船) 03-6457-2381
[SITC船:NJ1/NJW2]
青海 A3 [1CD37]
江東区青海3-4-7
三井倉庫 03-3520-2789

## 横浜
**CY**
[SNL船:LQKT1/NCKT1/SKT4/SKT7]
[SNL-江蘇船]
[SITC船:NJ1/NJW2]
南本牧 MC-1,2,3,4 [2EKE1]
中区南本牧2
日新 045-624-5896
[COSCO船:LQKT1/NCKT2/NKT1/SKT2/SKT5/SKT6]
本牧埠頭BC-2 [2EK51]
中区本牧埠頭1-198
鈴江コーポレーション 045-625-5552

## 名古屋
**CY**
[SNL船:LQNG1/SNG5/NCKT1]
[SNL-江蘇船]
[SITC船:NJ1/NJW2]
[COSCO船:SNG7/NCKT2]
鍋田NUCT [5ED12]
弥富市富浜5-1
伊勢湾海運(SNL船:LQNG1/SNG5, SNL-江蘇船)
0567-68-5771
上組(SNL船:NCKT1) 0567-66-3390
三井倉庫(SITC船) 0567-66-3393
名港海運(COSCO船) 0567-66-3373

## 大阪
**CY**
[SNL船:CJV/LQKS1/NCKS1/NCKS2]
大阪南港 C-1 DHA(タツミ) [4ID03]
住之江区南港東6-5-89
辰巳商会 06-6612-5111
[SNL-江蘇船] 大阪南港 C-2/4 DHA [4ID05]
住之江区南港東6-2-84
辰巳商会 06-6612-3152
[SITC船:CJV/NA1/NCKS1/NCKS2]
[Jinjiang船]
[COSCO船:NCKS3/QKSY1]
夢洲 C-10/11/12 [4ED74]

此花区夢洲東1-1
日新(SITC船) 06-4804-8130
住友倉庫(Jinjiang船) 06-6612-1324
上組(COSCO船) 06-4703-4555/6
[COSCO船:SKS2/SKS7]
大阪南港 C-8 DHA [4ID30]
住之江区南港東9-2-97
上組 06-4703-4556
[SITC船:QA2]大阪南港 C-2/3/4 DHA [4ID05]
住之江区南港東6-2-84
日東物流 06-6612-3151

## 神戸
**CY**
[SNL船:CJV/NA1/LQKS1/NCKS1/NCKS2]
[SNL-江蘇船] PC-14 DHA [3FDN4]
中央区港島9-3
日新 078-306-5682
[Jinjiang船] PC-16/17 [3FDU1]
中央区港島9-10
住友倉庫 078-304-1216
[COSCO船:NCKS3/SKS2/SKS7]
PC-13 DHA [3FDW6]
中央区港島9-2-11
上組 078-302-0502
[SITC船:QA2]RC-4, 5 THA(日東)
東灘区向洋町西6-4
日東物流 078-857-1334

## 門司
**CY**
[SNL船:NCKY1/SKY1]
[SITC船:NCKY1/SKY1]
太刀浦 DHA No.2 CY [6CK60]
門司区太刀浦海岸61
東海運 093-332-4660
[COSCO船:QKSY1]
太刀浦第2コンテナターミナル [6CK64]
門司区太刀浦海岸72
山九 093-332-3999

## 博多
**CY**
[SNL船:NCKY1/SKY1]
アイランドシティ外貿CY(日通) [6TK65]
東区みなと香椎1-1-4
日本通運 092-663-3511
[SITC船:NCKY1/SKY1]
アイランドシティ外貿CY(博多港運) [6TK66]
博多区沖浜町11-10 サンイースト
シーゲートコーポレーション 092-271-5317
[COSCO船:QKSY1]
アイランドシティ外貿CY(博多港運) [6TK66]
東区みなと香椎1-1-4
博多港運 092-663-3131

# SITC Japan Co., Ltd.

**SITC JAPAN 株式会社**

| | |
|---|---|
| 設立 | 1995年 |
| 資本金 | 10,000,000円 |
| 従業員数 | 50 |
| 代表者 | 代表取締役社長 張立潔 |
| 主要取引銀行 | CITI BANK、三井住友銀行 |
| 主要株主 | SITC Container Lines Co., Ltd. |

代理店引受船社
　SITC Container Lines Co., Ltd.

| | |
|---|---|
| **URL** | https://sitc.co.jp/ |
| **公開E-Mail** | sales@sitc.co.jp |

**東京本社**
〒104-0031 東京都中央区京橋2-2-1
　　　　　　京橋エドグラン16階

| | | |
|---|---|---|
| 代表 | 03-6262-7778 | ℻03-6262-7117 |
| Booking | 03-6262-7069 | |
| B/L | 03-6262-7067 | ℻03-6262-7118 |

**関西営業所**
〒541-0042 大阪府大阪市中央区今橋4-3-22
　　　　　　淀屋橋山本ビル3階

| | | |
|---|---|---|
| セールス | 06-6210-1180 | ℻06-6201-8582 |
| カスタマー | 06-6201-8581 | ℻06-6201-8582 |

**関東地区集荷代理店**
ダイトーコーポレーション

| | | |
|---|---|---|
| | 03-3452-6277 | ℻03-3451-2931 |
| 日新 | 03-3238-6560 | ℻03-3238-6378 |
| 日東物流 | 03-5823-4958 | ℻03-5825-7860 |
| 東海運 | 03-6221-2227 | ℻03-6221-2243 |
| 日本トランスシティ | 03-6409-0384 | ℻03-6409-0388 |
| 三井倉庫 | 03-6400-8180 | ℻03-6400-8188 |
| 日本通運 | 043-238-7311 | ℻043-238-7313 |

**清水集荷代理店**

| | | |
|---|---|---|
| 清水運輸 | 054-355-0808 | ℻054-355-0809 |

**名古屋集荷代理店**

| | | |
|---|---|---|
| 日東物流 | 052-653-6251 | ℻052-655-8050 |
| 三井倉庫 | 052-972-0639 | ℻052-972-0646 |

**大阪集荷代理店**

| | | |
|---|---|---|
| 日新 | 06-6228-4509 | ℻06-6228-4545 |
| 日東物流 | 06-6202-8514 | ℻06-6202-6076 |
| 三井倉庫 | 070-3355-9068 | ℻06-4796-6836 |

**神戸集荷代理店**

| | | |
|---|---|---|
| SITC LOGISTICS | 078-334-7080 | ℻078-333-8222 |
| 日新 | 078-392-5562 | ℻078-392-5523 |

**門司集荷代理店**

| | | |
|---|---|---|
| 東海運 | 093-321-1834 | ℻093-332-4659 |

**博多集荷代理店**
シーゲートコーポレーション

| | | |
|---|---|---|
| | 092-271-5317 | ℻092-271-6337 |

**苫小牧集荷代理店**

| | | |
|---|---|---|
| 北海運輸 | 0144-55-8892 | ℻0144-55-8842 |

**八戸集荷代理店**
北日本ポートサービス

| | | |
|---|---|---|
| | 0178-20-2148 | ℻0178-29-3130 |

**仙台集荷代理店**

| | | |
|---|---|---|
| 三陸運輸 | 022-254-2101 | ℻022-254-2005 |

**川崎集荷代理店**

| | | |
|---|---|---|
| 東洋埠頭 | 03-5560-0201 | ℻03-5560-0205 |

**豊橋集荷代理店**

| | | |
|---|---|---|
| 愛知海運産業 | 0532-43-5008 | ℻0532-32-0945 |

**四日市集荷代理店**

| | | |
|---|---|---|
| 日本トランスシティ | 059-361-7701 | ℻059-361-7705 |

**松山集荷代理店**

| | | |
|---|---|---|
| 山九 | 089-951-2118 | ℻089-952-2720 |

**徳山集荷代理店**

| | | |
|---|---|---|
| 東ソー物流 | 03-5446-0879 | ℻03-5446-0878 |

＊＊＊＊＊＊＊＊＊＊＊＊＊＊＊

**貨物搬入先**
**東京**
**CY**
　[CJV3, CJV6, PBT1, PBT2, PST2, REX-T, SKT2,
　　SKT6, NOS船]
　　　大井 B/A NO.2 CY　[1FD01]
　　　品川区八潮2-1-2
　　　ダイトーコーポレーション　03-3790-8062
　[LKT, VTX2, VTX3]
　　　中防Y2ターミナル　[1AD14]
　　　大田区令和島1-1-1
　　　三井倉庫　　　　　　　　03-3599-3700
　[SNL船-SKT4]
　　　青海公共ターミナル　[1CD41]
　　　江東区青海3-4-19
　　　伊勢湾海運　　　　　　　03-3520-1851
　[COSCO船] 上組東京コンテナターミナルY1　[1AD13]
　　　江東区青海3丁目地先 中央防波堤 外側埋立地
　　　上組　　　　　　　　　　03-3599-2381
　[HASCO船] 大井3/4号　[1FD03]
　　　品川区八潮2-3-10
　　　宇徳　　　　　　　　　　03-3790-1140
　[ONE船-JTV1]
　　　大井埠頭3/4号　[1FD03]
　　　品川区八潮2-3-10
　　　宇徳　　　　　　　　　　03-3790-1140
**CFS**　大井 B/A NO.2 CFS　[1FD07]
　　　品川区八潮2-1-2
　　　ダイトーコーポレーション　03-3790-8068
　　　大井H/W　[1FWA7]
　　　大田区東海4-3-8
　　　三井倉庫　　　　　　　　03-3790-9011

**横浜**
**CY**
　[CJV3, LKT, PBT1, REX-T]
　　　南本牧MC-1,2,3,4　[2EKE1]
　　　中区南本牧2 中央管理棟2階
　　　ダイトーコーポレーション　045-624-5746
　[ONE船-JTV1]
　　　宇徳　　　　　　　　　　045-623-1207
　[CJV6, PBT2, PST2, SKT2, VTX2, VTX3, SNL船-SKT4]
　　　南本牧MC-1,2　[2EKE1]
　　　中区南本牧1
　　　日新　　　　　　　　　　045-624-5896
　[COSCO船] 本牧BC-2　[2EK51]
　　　中区本牧埠頭1-198
　　　鈴江コーポレーション　　045-625-5552

[HASCO船] 本牧BC-1 [2EKF5]
中区本牧埠頭1-195
山九　　　　　　　　　　　　045-623-2933

## 清水
**CY**
袖師第一埠頭(6, 7, 8バース) [5ND08]
清水区横砂408-17
鈴与　　　　　　　　　　　　054-395-8271
[ONE船-JTV1]
清水港コンテナターミナル(新興津埠頭) [5ND08]
清水区興津清見寺町1380
鈴与　　　　　　　　　　　　054-395-8271

## 名古屋
**CY**
[CJV2, CJV6, LKT, LTT, PBT1, PBT2, PBT3, PST2, SKT2, SKT6, NOS船]
鍋田コンテナターミナル [5ED12]
弥富市富浜5-1
日東物流　　　　　　　　　　0567-66-3390
[VTX2, VTX3]
鍋田コンテナターミナル [5ED12]
弥富市富浜5-1
三井倉庫　　　　　　　　　　0567-66-3393
[SNL船] 鍋田コンテナターミナル [5ED12]
弥富市富浜5-1
伊勢湾海運　　　　　　　　　0567-68-5771
[ONE船-JTV2]
NCBコンテナターミナル [5ED16]
海部郡飛島村東浜2-10
旭運輸　　　　　　　　　　　0567-55-0101
**CFS** 名古屋港国際総合流通センター [5EW88]
海部郡飛島村東浜2-25
上組　　　　　　　　　　　　0567-55-2997
名古屋港国際総合流通センター [5EW80]
海部郡飛島村東浜2-25
三井倉庫　　　　　　　　　　0567-55-2410

## 大阪
**CY**
[CJV4-S/B, CVS2, S7, TYS/WDS, VTX1, VTX5]
夢洲 C-10/12 [4ED74]
此花区夢洲東1
日新　　　　　　　　　　　　06-4804-8130
[COSCO船] 上組　　　　　　　06-4703-4556
[SJJ船-CVS2, VTX5]
住友倉庫　　　　　　　　　　06-6612-1324
[CJV2, PBT3]
南港 C-8 [4ID29]
住之江区南港9-2-97
日東物流　　　　　　　　　　06-6612-6241
[CJV4-N/B, HASCO船]
南港 C-2/4 DHA [4ID05]
住之江区南港東6-2-84
辰巳商会　　　　　　　　　　06-6612-3151
[SNL船] 南港 C-1 DHA [4ID03]
住之江区南港東6-5-89
辰巳商会　　　　　　　　　　06-6612-5111
[ONE船-JTV2]
南港 C-2 [4ID04]
住之江区南港東6-3-59
商船港運　　　　　　　　　　06-6612-1701
**CFS** 大阪総合物流センター [4IWM4]
住之江区南港東9-4-36
日東物流　　　　　　　　　　06-6612-2600

南港倉庫 [4IW75]
住之江区南港中6-4-58
日新　　　　　　　　　　　　06-6614-6861

## 神戸
**CY**
[CJV2, CJV4-N/B, VTX5]
RC-4/5 DHA [3GDL1]
東灘区向洋町6-4
日東物流　　　　　　　　　　078-857-2311
[ONE船-JTV2]
日東物流　　　　　　　　　　078-857-1334
[CJV4-S/B, CVS2, PBT3, S7, TYS/WDS, VTX1, SNL船]
PC-14 DHA [3FDN4]
中央区港島9-3
日新　　　　　　　　　　　　078-306-5682
[COSCO船] PC-13 (KGKT) [3FDW6]
中央区港島9-2-11
上組　　　　　　　　　　　　078-302-0502
[SJJ船-CVS2, VTX5]
PC 16/17 KICT [3FDU1]
中央区港島9-10
住友倉庫　　　　　　　　　　078-304-1216
[HASCO船] 山九　　　　　　　078-304-1216
**CFS** RC-4/5 [3GDL2]
東灘区向洋町6-4
日東物流　　　　　　　　　　078-857-1361
PIL-13 [3FDN3]
中央区港島7-10
日新　　　　　　　　　　　　078-303-0551

## 門司
**CY**
[SITC船, SNL船]
太刀浦第二CY [6CK60]
門司区太刀浦海岸61
東海運　　　　　　　　　　　093-332-4660
**CFS** 太刀浦倉庫営業所 [6CW33]
門司区太刀浦海岸61
東海運　　　　　　　　　　　093-332-1102

## 博多
**CY**
[SITC船, SJJ船]
アイランドシティCT [6TK66]
東区みなと香椎1-1-4
博多港運　　　　　　　　　　092-663-3131
[SNL船] アイランドシティCT [6TK65]
東区みなと香椎1-1-4
日本通運　　　　　　　　　　092-663-3511
**CFS** 博多港運ロジスティクスセンター [6TWW2]
東区箱崎4-14-19
博多港運　　　　　　　　　　092-292-1017

## 苫小牧
**CY** 苫小牧港・国際コンテナターミナル [8UW71]
苫小牧市字弁天534-2
苫小牧埠頭　　　　　　　　　0144-57-6991

## 八戸
**CY** 八戸港コンテナターミナル [8DD02]
八戸市大字河原木字海岸42
八戸港湾運送　　　　　　　　0178-29-3121

## 釜石
**CY** 釜石港公共ふ頭 [8HW03]
釜石市港町1-22-1　　　　　　0193-22-2677

## 仙台
**CY** 仙台塩釜港コンテナターミナル [2YD04]

仙台市宮城野区蒲生字町105
三陸運輸　　　　　　　022-254-2101

### 川崎
**CY**　川崎港コンテナターミナル　[2ND03]
川崎市川崎区東扇島92
東洋埠頭　　　　　　　044-270-1029

### 四日市
**CY**　霞ヶ浦南埠頭W27　[5WD09]
四日市市霞2-2
日本トランスシティ　　059-364-1313
[ONE船-JTV2]
霞ヶ浦北埠頭コンテナターミナル　[5WD09]
四日市市霞2-62-2
日本トランスシティ　　059-361-7701

### 松山
**CY**　松山市大可賀3地先　[39D03]
松山コンテナターミナル　089-953-3335

### 堺泉北
**CY**
[PBT3]　助松8A　[4KDK2]
泉大津市小津島4-1
山九　　　　　　　　　0725-31-3931
[VTX1]　助松8A　[4KDK9]
泉大津市小津島4-1
日新　　　　　　　　　0725-20-5401

### 徳山
**CY**　徳山コンテナターミナル　[6GJ85]
周南市晴海町6-51
日本通運　　　　　　　0834-27-0202

---

# Starocean Marine Co., Ltd.
**株式会社　瑞洋海運**

| | |
|---|---|
| 設立 | 2009年4月1日 |
| 資本金 | 100,000,000円 |
| 従業員数 | 9、海外:95 |
| 代表者 | 代表取締役 五十嵐明 |
| 主要取引銀行 | 三井住友銀行兵庫支店 |

**代理店引受船社**
吉舟船務有限公司(Ji Zhou Shipping Co., Ltd.)
**URL**　http://www.staroceanmarine.com/
**公開E-Mail**　hqkobe@star-ocean.co.jp

**本社**
〒650-0034 兵庫県神戸市中央区京町67
KANJUビル6階
078-321-5515　　FAX078-325-1641

**東京代理店**
三井倉庫
　輸出　　　045-226-5035　FAX045-226-5076
　輸入　　　078-232-2286　FAX078-232-2282
第一港運　　03-3474-9223　FAX03-3474-9250

**横浜代理店**
三井倉庫
　輸出　　　045-226-5035　FAX045-226-5076
　輸入　　　078-232-2286　FAX078-232-2282
京濱港運　　045-623-3752　FAX045-623-1275

**清水代理店**
鈴与　　　　054-354-3091　FAX054-354-3109

**名古屋代理店**
三井倉庫
　輸出ドキュメント　078-232-2286　FAX078-232-2282
　B/L発行　　052-972-0639　FAX052-972-0646
上組　　　　052-652-8932　FAX052-652-3584

**神戸代理店**
三井倉庫　　　078-232-2286　FAX078-232-2282

**門司代理店**
三井倉庫九州　093-285-3600　FAX093-332-1975

**博多代理店**
博多港運　　　092-663-3131　FAX092-663-3123

＊＊＊＊＊＊＊＊＊＊＊＊＊＊＊＊

**貨物搬入先**
### 東京
**CY**　中防Y2ターミナル　[1AD14]
大田区令和島1-1-1
三井倉庫　　　　　　　03-3599-3700
[Ji Zhou船] 第一港運　　03-3474-9223
[CCL船]　青海A-1　[1CD39]
江東区青海3-4-19
山九　　　　　　　　　03-3529-3915
[JJSCO船]青海 A-2　[1CD44]
江東区青海3-4-19
住友倉庫　　　　　　　03-3528-0850
[TSL船]　大井7号　[1FD04]
品川区八潮2-5-2
住友倉庫　　　　　　　03-3528-0850

### 横浜
**CY**
[自社船/JJSCO船]
大黒T-9ターミナル　[2HDU2]
鶴見区大黒埠頭25
三井倉庫　　　　　　　045-502-9311
[Ji Zhou船] 南本牧MC-3/4　[2EKE1]
中区南本牧2
京濱港運　　　　　　　045-623-3752
[CCL船]　本牧埠頭BC　[2EKF5]
中区本牧埠頭1-195
山九　　　　　　　　　045-623-2933
[TSL船]　本牧 BC　[2EK51]
中区本牧埠頭1-198
鈴江　　　　　　　　　045-625-5552/1
**CFS**
[Ji Zhou船]
京濱港運大黒営業所　[2HW27]
鶴見区大黒ふ頭7-3　2階
京濱港運　　　　　　　045-500-2170

### 名古屋
**CY**　NUCT　[5ED12]
弥富市富浜5-1
三井倉庫　　　　　　　0567-66-3393
[Ji Zhou船] 上組　　　0567-66-3396
**CFS**
[Ji Zhou船] 上組飛島複合倉庫(KTLB)　[5EW60]
海部郡飛島村東浜1-5-4
上組　　　　　　　　　0567-31-7501

### 大阪
**CY**
[大連・新港航路/JJSCO船]
夢洲 C-10/12　[4ED71]
此花区夢洲東1-1

| | | |
|---|---|---|
| | 住友倉庫 | 06-6612-1324 |
| [上海航路/青島航路] | | |
| | 夢洲 C-10/12　[4ED73] | |
| | 此花区夢洲東1-1 | |
| | 近畿港運 | 06-6460-6110 |
| [Ji Zhou船] | 夢洲 C-10/12　[4ED77] | |
| | 此花区夢洲東1-1 | |
| | 山九 | 06-6464-3920 |
| [CCL船] | 山九 | 06-6612-4590/1 |
| [DCL船] | 山九 | 06-6612-4592 |
| [TSL船] | 夢洲 C-10/12　[4ED76] | |
| | 此花区夢洲東1-1 | |
| | 上組 | 06-6467-1821 |

**CFS**

| | | |
|---|---|---|
| [Ji Zhou船] | 大阪港総合物流センター　[4IWB8] | |
| | 住之江区南港中7-3-109 | |
| | 山九 | 06-6614-3911 |

**神戸**
**CY**

| | | |
|---|---|---|
| | 六甲アイランド RC-1/2　[3GDH6] | |
| | 東灘区向洋町西6 | |
| | 三井倉庫 | 078-845-9883 |
| [CCL船/DCL船] | | |
| | KICT PC-16/17　[3FDU1] | |
| | 中央区港島9-10 | |
| | 山九 | 078-304-1218 |
| [JJSCO船] | KICT PC-16/17　[3FDU1] | |
| | 中央区港島9-10 | |
| | 住友倉庫 | 078-304-1216 |
| [TSL船] | PC-18　[3FDW2] | |
| | 中央区港島8-14 | |
| | 上組 | 078-306-3901 |

**門司**
**CY**

| | | |
|---|---|---|
| | 太刀浦第二CY　[6CK66] | |
| | 門司区太刀浦海岸 | |
| | 三井倉庫九州 | 093-332-5328 |
| [CCL船] | 太刀浦第二CY　[6CK64] | |
| | 門司区太刀浦海岸地先 | |
| | 山九 | 093-331-7160 |

**博多**
**CY**

| | | |
|---|---|---|
| | 香椎パークポート　[6TK26] | |
| | 東区香椎浜ふ頭4-2-2 | |
| | 博多港運 | 092-663-3130/1 |

# T.S. Lines (Japan) Ltd.
## ティ・エス・ラインズ　ジャパン　株式会社

| | |
|---|---|
| 設立 | 2006年3月28日 |
| 資本金 | 50,000,000円 |
| 従業員数 | 80 |
| 代表者 | 日本社長 黃崇碩 |
| 主要株主 | T. S. Lines Ltd. |
| 代理店引受船社 | |
| | T. S. Lines Ltd. |
| URL | https://www.tslines.com/jp/ |

**東京本社**
〒110-0005 東京都台東区上野5-8-5
　　　　　　フロンティア秋葉原6階
　　　　　　03-5826-8730

| | | |
|---|---|---|
| 輸出部 | 03-5826-8731 | |
| 輸出部(B/L) | 03-5826-8732 | |
| 輸入部 | 03-5826-8734 | |
| 海務部 | 03-5826-8735 | |
| 経理部 | 03-5826-8736 | FAX 03-5826-8955 |

**大阪支店**
〒550-0004 大阪府大阪市西区靭本町1-10-24
　　　　　　三共本町ビル11階

| | | |
|---|---|---|
| 輸出 | 06-6447-4600 | |
| 輸入 | 06-6447-4700 | FAX 06-6447-5666 |

**東京代理店**

| | | |
|---|---|---|
| 住友倉庫 | 03-3528-0850 | FAX 03-3528-0867 |

**横浜代理店**

| | | |
|---|---|---|
| 上組 | 045-211-2555 | FAX 045-211-2820 |

**名古屋代理店**

| | | |
|---|---|---|
| 愛知海運 | 052-651-3233 | FAX 052-655-9030 |

**大阪代理店**

| | | |
|---|---|---|
| 上組 | 06-6613-1804 | FAX 06-6613-1893 |

**神戸代理店**

| | | |
|---|---|---|
| 上組 | 078-306-3907 | FAX 078-306-3925 |

**門司・博多代理店**

| | | |
|---|---|---|
| ホームリンガ商会 | 093-331-1311 | FAX 093-332-0606/1068 |

＊＊＊＊＊＊＊＊＊＊＊＊＊＊＊＊

**貨物搬入先**
**東京**
**CY**

| | | |
|---|---|---|
| [JTK, JHT, CSJ3] | | |
| | 青海No.1/2 | |
| | 江東区青海3-4-19 | |
| (JTK, JHT) | [1CD44] | |
| | 住友倉庫 | 03-3528-0850 |
| (CSJ3) | [1CD39] | |
| | 山九 | 03-3529-3944 |
| [JTK2, SJX5] | 大井7号　[1FD04] | |
| | 品川区八潮2-5-2 | |
| | NYTT | 03-5492-7503 |
| [JSM] | 大井1/2号　[1FD01] | |
| | 品川区八潮2-1-2 | |
| | ダイトーコーポレーション | 03-3520-2922 |

**横浜**
**CY**

| | | |
|---|---|---|
| [JTK, JTK2, JMV] | | |
| | 本牧D-1　[2EJX3] | |
| | 中区本牧埠頭1-10 | |
| | 上組 | 045-228-9756 |
| [JHT] | 南本牧 MC-1, 2　[2EKE1] | |
| | 中区南本牧1 | |
| | ダイトーコーポレーション | 045-624-5742 |
| [SJX5] | 本牧 BC　[2EK51] | |
| | 中区本牧埠頭1-198 | |
| | 鈴江コーポレーション | 045-625-5552 |
| [CSJ3] | 本牧 BC　[2EKF5] | |
| | 中区本牧埠頭1-198 | |
| | 山九 | 045-623-2933 |
| [JSM] | 南本牧 MC-1/2/3/4　[2EKE1] | |
| | 中区南本牧2 | |

| | ユニエツクス | 045-624-5830 |
|---|---|---|

**名古屋**

**CY**

[JTK, JTK2, JHT, SJX5]
NUCT [5ED12]
弥富市富浜5-1
東海協和 0567-66-3363

[JSM] NCB [5ED16]
海部郡飛島村東浜2-10
名港海運 0567-55-2280

[IA9] 飛島埠頭東側コンテナターミナル
海部郡飛島村東浜3-6
三菱倉庫 0567-55-3157

**大阪**

**CY**

[JTK, JTK2, JTK3, SJX2]
DICT C-10/12 [4ED76]
此花区夢洲東1
上組 06-6467-1821

[CSJ1, SKS] DICT C-10/12
此花区夢洲東1
(CSJ1) [4ED77]
山九 06-6612-4590

(SKS) [4ED73]
近畿港運 06-6460-6110

**神戸**

**CY**

[JTK, JTK2, JTX3, JHT, SJX2]
PC-18 [3FDW2]
中央区港島8-14
上組 078-306-3901

[CSJ1] PC-16/17 [3FDU1]
中央区港島9-3
KICT 078-304-1218

[SKS] RC-1/2 [3GDH6]
東灘区向洋町西6
三井倉庫 078-845-9882

[JSM] PC-15/16/17 [3GDP1]
東灘区向洋町東4-25
ユニエツクスNCT 078-857-7550

**博多**

**CY**

[PAS] アイランドシティCT
東区みなと香椎1-1-4
(TSL船) [6TK62]
上組 092-663-3018

(YM船) [6TK67]
三菱倉庫 092-663-3200

[SKU] 香椎パークポートCT [6TK26]
東区香椎ふ頭4-2-2
博多港運 092-663-3131

**門司**

**CY**

[JTK3, PAS] 太刀浦 No.1 CT [6CJ69]
門司区太刀浦海岸29-4
門菱港運 093-331-8347

[SKU] 太刀浦 No.2 CT [6CK66]
門司区太刀浦海岸地先
三井倉庫 093-332-5328

# The Sumitomo Warehouse Co., Ltd.

**株式会社　住友倉庫**

| | |
|---|---|
| 設立 | 1899年7月1日 |
| 資本金 | 14,922,000,000円 |
| 従業員数 | 835(2023年3月末現在) |
| 代表者 | 代表取締役社長 小野孝則 |
| 主要取引銀行 | 三井住友銀行 |

**代理店引受船社**

上海錦江航運(集団)股份有限公司(JJSCO/Shanghai Jinjiang Shipping (Group) Co., Ltd.)

URL https://www.sumitomo-soko.co.jp/

**本社**

〒530-0005 大阪市北区中之島3-2-18
住友中之島ビル
総務部 06-6444-1181 FAX06-6444-1281

**東京本社**

〒105-0011 東京都港区芝公園2-11-1
住友不動産芝公園タワー
海上営業課(JJSCO集貨代理店)
03-6430-2654 FAX03-6430-2703

**大阪支店(JJSCO副代理店)**

〒552-0022 大阪府大阪市港区海岸通2-6-15
海上業務課 06-6571-5002 FAX06-6572-2215

**神戸支店(JJSCO副代理店)**

〒650-0042 兵庫県神戸市中央区波止場町6-4
海上業務課 078-371-1172 FAX078-371-1109

**東京支店(JJSCO副代理店)**

〒140-0002 東京都品川区東品川5-4-36
海上業務課　品川CY
03-3472-4220 FAX03-3472-4343

**横浜支店**

〒231-0811 神奈川県横浜市中区本牧埠頭1-195
本牧埠頭BCコンテナターミナル
045-622-1824 FAX045-623-3991

**名古屋支店**

〒460-0003 愛知県名古屋市中区錦1-10-20
アーバンネット伏見ビル
管理課 052-220-2521 FAX052-220-2517

＊＊＊＊＊＊＊＊＊＊＊＊＊＊＊

**貨物搬入先**

**東京**

**CY**

[JJSCO-上海航路:月入出港船、青島航路]
青海公共コンテナターミナルA-2 [1CD44]
江東区青海3-4-19
住友倉庫 (輸出)03-3528-0850
(輸入)03-3528-1908

[JJSCO-上海航路:水入出港船]
大井3/4号 [1FD03]
品川区八潮2-3-10
宇徳 (輸出)03-3790-1140
(輸入)03-3790-1142

[JJSCO-上海航路:木入出港船]
品川公共コンテナターミナル [1AD31]
品川区東品川5-4-36

## 左段

住友倉庫　　　　　　　03-3472-4220

**CFS**

[JJSCO]　大井倉庫HW　[1FW18]
　　　　　大田区東海4-5-18
　　　　　住友倉庫　　　　　　　03-3790-0071

**横浜**

**CY**

[JJSCO-上海航路：月/火・木/金入出港船]
　　　　　大黒T-9 DHA　[2HDU2]
　　　　　鶴見区大黒埠頭25
　　　　　三井倉庫　　　　　　　045-502-9311
[JJSCO-上海航路：水/木入出港船、青島航路：CCL船]
　　　　　本牧埠頭BC　[2EKF5]
　　　　　中区本牧埠頭1-195
　　　　　山九　　　　　　　　　045-623-2933

**CFS**

[JJSCO]　本牧B-9　[2EDH2]
　　　　　中区本牧埠頭3　本牧B-9上屋
　　　　　三井倉庫　　　　　　　045-622-6591

**清水**

**CY**

[JJSCO]　清水コンテナターミナル　[5ND08]
　　　　　清水区興津清見寺町1380
　　　　　鈴与　　　　　(輸出)054-395-8271
　　　　　　　　　　　(輸入)054-395-8272

**名古屋**

**CY**

[JJSCO]　NUCT　[5ED12]
　　　　　弥富市富浜4-1,5-1
　　　　　三井倉庫　　　　　　　0567-66-3393

**CFS**

[JJSCO]　三井倉庫 金城事務所　[5DW10]
　　　　　名古屋市港区金城埠頭1-1　052-398-1781

**大阪**

**CY**

[JJSCO]　夢洲 C-10/12　[4ED71]
　　　　　此花区夢洲東1
　　　　　住友倉庫　　　　　　　06-6612-1324

**CFS**

[JJSCO]　KF-1号(住友)　[4IDG1]
　　　　　住之江区南港北1　KF-1号上屋
　　　　　住友倉庫　　　　　　　06-6612-3701

**神戸**

**CY**

[JJSCO]　PC-16/17(KICT)　[3FDU1]
　　　　　中央区港島9-10
　　　　　住友倉庫　　　(輸出)078-304-1216
　　　　　　　　　　　(輸入)078-304-1214

**門司**

**CY**

[JJSCO-上海航路：火入出港船]
　　　　　太刀浦第一CY　[6CJ66]
　　　　　門司区太刀浦海岸
　　　　　三井倉庫九州　　　　　093-332-5328
[JJSCO-上海航路：金入出港船]
　　　　　太刀浦第一CY　[6CJ65]
　　　　　門司区太刀浦海岸
　　　　　日本通運　　　　　　　093-332-6020
[JJSCO-青島航路]
　　　　　太刀浦第二CY　[6CK64]
　　　　　門司区太刀浦海岸72
　　　　　山九　　　　　　　　　093-332-4292

**博多**

## 右段

**CY**

[JJSCO]　香椎パークポート　[6TK26]
　　　　　東区香椎浜ふ頭4-2-2
　　　　　博多港運　　　　　　　092-663-3131

**那覇**

**CY**

[JJSCO]　那覇国際コンテナターミナル　[9AD06]
　　　　　那覇市港町1-207
　　　　　沖縄国際海運　　　　　098-869-6618

---

# Toko Kaiun Kaisha, Ltd.

**東興海運　株式会社**

| | |
|---|---|
| 設立 | 1935年7月10日 |
| 資本金 | 49,100,000円 |
| 従業員数 | 100 |
| 代表者 | 代表取締役社長 井高英輔 |
| 主要取引銀行 | 三井住友銀行、みずほ銀行、三菱UFJ銀行 |
| 主要株主 | トーコーライナーサービス |
| URL | https://www.tokoline.co.jp/ |

**本社**
〒650-0037 兵庫県神戸市中央区明石町32
　　　　　明海ビル
　　　　　078-331-1511　　FAX078-331-6444

**東京事務所**
〒103-0022 東京都中央区日本橋室町1-8-10
　　　　　東興ビル
営業第一部
　アジア一般貨物チーム
　　　　　　　03-3281-6664　　FAX03-3271-3130
　アジア鋼材チーム 03-3281-6664　　FAX03-3271-3130
　中東インドチーム 03-3281-6664　　FAX03-3271-3130
　北米西岸チーム/北米東岸・ガルフチーム
　　　　　　　03-3281-6663　　FAX03-3271-3908
　海務監督チーム　03-3281-6791　　FAX03-3278-9643
　B/Lチーム　　　03-3281-6666　　FAX03-3278-9630
営業第二部
　遠洋不定期船チーム/アジア不定期船チーム
　　　　　　　03-3281-6662　　FAX03-3281-6398
BOOKING AGENT
　トーコーライナーサービス（東京）
　　　　　　　03-3274-3668　　FAX03-3278-9643
　トーコーライナーサービス（大阪）
　　　　　　　06-6202-8110　　FAX06-6202-6783

**横浜代理店**
渋沢倉庫 (TRS Acceptable)
　　　　　　　045-211-6336　　FAX045-212-1732

**名古屋代理店**
五洋海運　　　052-651-5171　　FAX052-651-5168

**大阪代理店**
渋沢倉庫　　　06-6626-4660　　FAX06-6626-4663

**神戸代理店**
日新 (TRS Acceptable)
　　　　　　　078-392-5560　　FAX078-392-5523

**博多代理店**
博多港運　　　092-663-3131　　FAX092-663-3123

**門司代理店**

| | | | |
|---|---|---|---|
| 東海運 | 093-321-1834 | 📠 | 093-332-4659 |

**苫小牧代理店**

| | | | |
|---|---|---|---|
| ナラサキスタックス | 0144-36-3636 | 📠 | 0144-36-1663 |

\* \* \* \* \* \* \* \* \* \* \* \* \* \*

**貨物搬入先**

**横浜**

| | | |
|---|---|---|
| TRS | 中区本牧埠頭B突堤1号上屋 | |
| | 宇徳 | 045-621-6070 |

**神戸**

| | | |
|---|---|---|
| TRS | 中央区港島7-10　P.I. L-13 D.H.A. | |
| | 日新 | 078-303-0551 |

---

# Toko Liner Services Co., Ltd.

**トーコーライナーサービス　株式会社**

| | |
|---|---|
| 設立 | 1988年9月20日 |
| 資本金 | 24,000,000円 |
| 従業員数 | 20 |
| 代表者 | 代表取締役社長　外海達也 |
| 主要取引銀行 | 三井住友銀行 |
| 主要株主 | トーコーホールディングス |
| URL | https://www.tokoline.co.jp/ |

**東京事務所**

〒103-0022 東京都中央区日本橋室町1-8-10
　　　　　東興ビル1階

| | | |
|---|---|---|
| | 03-3274-3668 | 📠03-3278-9643 |

**大阪事務所**

〒541-0044 大阪府大阪市中央区伏見町4-2-14
　　　　　WAKITA藤村御堂筋ビル9階

| | | |
|---|---|---|
| | 06-6202-8110 | 📠06-6202-6783 |

---

# Trans Russia Agency Japan Company Ltd.

**トランスロシア エージェンシー ジャパン　株式会社**

| | |
|---|---|
| 設立 | 2008年2月4日 |
| 資本金 | 50,000,000円 |
| 従業員数 | 11 |
| 代表者 | 代表取締役 コンスタンチン・プリバロフ |
| 主要取引銀行 | 三菱UFJ銀行、三井住友銀行 |
| 主要株主 | FESCO |
| 代理店引受船社 | |
| 　FESCO | |
| URL | http://www.transrussia.co.jp/ |

**東京**

〒104-6233 東京都中央区晴海1-8-12
　　　　　晴海アイランド トリトン スクエア オ
　　　　　フィスタワーZ 33階

| | | |
|---|---|---|
| 業務部 | 03-3532-0361 | 📠03-3532-1182 |
| 営業部 | 03-3532-0362 | 📠03-3532-1181 |

**横浜代理店**

| | | |
|---|---|---|
| 住友倉庫 | 045-622-1824 | 📠045-623-3991 |

**清水代理店**

| | | |
|---|---|---|
| 清水運輸 | 054-355-0808 | 📠054-355-0809 |

**名古屋代理店**

フジトランスコーポレーション

| | | |
|---|---|---|
| | 052-652-7597 | 📠052-653-4746 |

**神戸代理店**

| | | |
|---|---|---|
| 上組 | 078-306-3908 | 📠078-306-3926 |

**博多代理店**

| | | |
|---|---|---|
| 日本通運 | 092-663-3511 | 📠092-663-3217 |

**仙台代理店**

| | | |
|---|---|---|
| NX仙台塩竈港運 | 022-254-0948 | 📠022-254-2893 |

**富山代理店**

| | | |
|---|---|---|
| 伏木海陸運送 | 0766-45-1139 | 📠0766-45-1186 |

\* \* \* \* \* \* \* \* \* \* \* \* \* \*

**貨物搬入先**

**横浜**

| | | |
|---|---|---|
| CY | 本牧BC　[2EKF4] | |
| | 中区本牧1-4 | |
| | 住友倉庫 | 045-622-1824 |

**清水**

| | | |
|---|---|---|
| CY | 清水港公共コンテナバース（袖師第1埠頭）[5ND08] | |
| | 清水区横砂408-17 | |
| | 鈴与 | 054-366-3311 |

**名古屋**

| | | |
|---|---|---|
| CY | NCB　[5ED16] | |
| | 海部郡飛島村東浜2-10 | |
| | フジトランス | 0567-55-2666 |

**神戸**

| | | |
|---|---|---|
| CY | ポートアイランドPC-18　[3FDW2] | |
| | 中央区港島8-14 | |
| | 上組 | 078-306-3908 |

**博多**

| | | |
|---|---|---|
| CY | アイランドシティCT　[6TK65] | |
| | 東区みなと香椎1-1-4 | |
| | 日本通運 | 092-663-3051 |

**仙台**

| | | |
|---|---|---|
| CY | 高砂1号埠頭2号埠頭　[2YD02] | |
| | 仙台市宮城野区港1-1-3 | |
| | NX仙台塩竈港運 | 022-254-0948 |

**富山**

| | | |
|---|---|---|
| CY | 富山新港多目的国際ターミナル　[43D71] | |
| | 射水市越の潟1003 | |
| | 伏木海陸運送 | 0766-82-5685 |

# Wallem Shipping Ltd.
ウォーレム シッピング リミテッド

| | |
|---|---|
| 設立 | 1997年4月1日 |
| 従業員数 | 10 |
| 代表者 | 社長 設楽徹 |
| 主要取引銀行 | 三菱UFJ銀行 |
| 主要株主 | Wallem Group |
| 代理店引受船社 | |
| | MSC Cruise(Italy) |
| | United O7 |
| URL | https://www.wallem.com/ |

**東京事務所**
〒105-0014 東京都港区芝1-14-4
　　　　　芝桝田ビル6階

| | | |
|---|---|---|
| United O7 | 03-5442-6841 | ℻03-5442-6875 |
| MSC Cruise | 03-5442-6880 | ℻03-5442-6926 |

# Wallenius Wilhelmsen Ocean AS
ワレニウス・ウィルヘルムセン・オーシャン・エーエス

| | |
|---|---|
| 設立 | 1999年7月1日 |
| 資本金 | 721,600,000ノルウェークローネ |
| 従業員数 | 8875(グループ全体) / 51(日本) |
| 代表者 | 日本における代表者 土谷真太郎 |
| 主要取引銀行 | 三菱UFJ銀行 |
| 主要株主 | Wallenius Wilhelmsen ASA |
| URL | https://www.walleniuswilhelmsen.com/ |
| 公開E-Mail | セールスサポート： |
| | CGJPNSalesSupport@walwil.com |

**日本支店**
〒104-0028 東京都中央区八重洲2-2-1
　　　　　東京ミッドタウン八重洲
　　　　　八重洲セントラルタワー10階
　お問い合わせはメールにてお願いいたします。

**横浜代理店**
宇徳（B/L発行）　045-501-2571　℻045-506-3757

**名古屋代理店**
名古屋船舶（B/L発行）
　　　　　052-652-6618　℻052-661-5751

**神戸代理店**
川西倉庫（B/L発行）
　　　　　078-857-1659　℻078-857-1656

# Wan Hai Lines (Japan), Ltd.
ワンハイラインズ　株式会社

| | |
|---|---|
| 設立 | 1986年7月1日 |
| 資本金 | 100,000,000円 |
| 従業員数 | 93 |
| 代表者 | 代表取締役社長 陳致遠 |
| 主要取引銀行 | 三菱UFJ銀行、三井住友銀行、りそな銀行 |
| 主要株主 | Wan Hai Steamship Company Inc. Liberia, First Marine Corp. |
| URL | https://www.wanhai.com/ |

**東京本社**
〒100-0011 東京都千代田区内幸町2-2-2
　　　　　富国生命ビル3階
　　　　　03-5511-1561　℻03-5511-0662
営業部
　プロジェクトビジネス課
　　　　　03-5511-1563
　東南アジア課　03-5511-1564
　東アジア課　03-5511-1562
　遠洋課　03-5511-1588
　輸入課　03-5511-1565　℻03-5511-1572
　業務課　03-5511-1575　℻03-5511-1576
運航部
　運航課・コンテナ課
　　　　　03-5511-1571　℻03-5511-1574
総務部
　総務課・経理課・情報技術課
　　　　　03-5511-1581　℻03-5511-0662

**大阪支店**
〒541-0054 大阪府大阪市中央区南本町4-1-10
　　　　　DPスクエア本町6階
イントラアジア課　06-4963-8601
遠洋課　06-4963-8609
輸入課　06-4963-8602
業務課　06-4963-8603　℻06-4963-8600

**東京代理店**
東海運　03-5755-8364　℻03-5755-8374

**横浜代理店**
ワイエスエージェンシー
　　　　　045-212-2671　℻045-212-2618

**清水代理店**
天野回漕店　054-364-1850　℻054-364-1838

**名古屋代理店**
セントラル シッピング
　　　　　052-651-6211　℻052-651-5858

**大阪代理店**
三菱倉庫　06-6612-7721　℻06-6613-7214

**神戸代理店**
三井倉庫　078-232-2288　℻078-232-2354

**博多代理店**
ジェネック　092-483-1324　℻092-688-0044

**門司代理店**
セントラル シッピング
　　　　　093-332-3232　℻093-332-3282

**千葉代理店**
相模運輸倉庫　　　043-243-6881　　　FAX043-243-6885

**川崎代理店**
東海運　　　　　　044-277-3811　　　FAX044-277-3814

**四日市代理店**
セントラル シッピング
　　　　　　　　　059-366-1000　　　FAX059-366-1001

**広島代理店**
日本通運　　　　　082-250-8425　　　FAX082-251-1554

**徳山・岩国代理店**
トクヤマ海陸運送　0834-31-4116　　　FAX0834-31-8959

**福山代理店**
NX備通　　　　　　084-981-0205　　　FAX084-981-0188

**水島代理店**
中谷興運　　　　　086-523-5551　　　FAX086-523-0602

**那覇代理店**
沖縄港運　　　　　098-862-1750　　　FAX098-864-2204

＊＊＊＊＊＊＊＊＊＊＊＊＊＊＊

**貨物搬入先**
**東京**
**CY**
[WHL船]　　　大井5号　[1FD24]
　　　　　　　品川区八潮2-4-9
　　　　　　　東海運　　　　　　　　03-5755-8366
[WHL船:NS5]Y2ターミナル　[1AD14]
　　　　　　　大田区令和島1-1-1
　　　　　　　東海運　　　　　　　　03-5755-8366
[EMC船]　　　青海C-4　[1CD43]
　　　　　　　江東区青海3-1-1
　　　　　　　鈴江コーポレーション　03-3529-3601
[ONE船]　　　大井1/2号　[1FD01]
　　　　　　　品川区八潮2-1-2
　　　　　　　ダイトーコーポレーション　03-3790-8062
**CFS**　　　東海運大井R.C. H/W　[1FW02]
　　　　　　　大田区東海4-8-15
　　　　　　　東海運　　　　　　　　03-3790-5166

**横浜**
**CY**
[WHL船]　　　本牧BC　[2EK51]
　　　　　　　中区本牧埠頭1-198
　　　　　　　鈴江コーポレーション　045-625-5552
[EMC船]　　　南本牧MC-3/4　[2EKE1]
　　　　　　　中区南本牧2
　　　　　　　京濱港運　　　　　　　045-623-3752
[ONE船]　　　南本牧MC-1/2　[2EKE1]
　　　　　　　中区南本牧2
　　　　　　　NYYT　　　　　　　　045-624-5830
**CFS**　　　本牧A-3　[2EDZ2]
　　　　　　　中区本牧埠頭6
　　　　　　　鈴江コーポレーション　045-625-5432

**清水**
**CY**　　　　清水港CT　[5ND08]
　　　　　　　清水区興津清見寺町1380
　　　　　　　鈴与　　　　　　　　　054-395-8121
**CFS**　　　天野回漕店興津埠頭事務所
　　　　　　　清水区興津清見寺町1375-40
　　　　　　　天野回漕店　　　　　　054-369-2231

**名古屋**
**CY**
[WHL船, ONE船]

NCB　[5ED16]
海部郡飛島村東浜2-10
名港海運　　　　　　　　　　　0567-55-2280

**CFS**
（輸出）　　　名港海運西4区物流センター
　　　　　　　海部郡飛島村東浜2-15
　　　　　　　名港海運　　　　　　　0567-55-2430
（輸入）　　　名港海運西2区物流センター
　　　　　　　海部郡飛島村木場1-94-3
　　　　　　　名港海運　　　　　　　0567-55-1522

**大阪**
**CY**
[WHL船:NS3, JSV, JH2, JSH, JTH]
　　　　　　　南港C-9　[4ID24]
　　　　　　　住之江区南港東9-3
　　　　　　　三菱倉庫　　　　　　　06-6612-1888
[WHL船:JST]　夢洲C10/12　[4ED72]
　　　　　　　此花区夢洲東1-1
　　　　　　　三菱倉庫　　　　　　　06-6612-1888
[EMC船]　　　北港C-11　[4ED60]
　　　　　　　此花区夢洲東1
　　　　　　　辰巳商会　　　　　　　06-6468-5201
**CFS**　　　南港R物流センター　[4IWS4]
　　　　　　　住之江区南港北3-2-46
　　　　　　　日東物流　　　　　　　06-6612-8711

**神戸**
**CY**
[WHL船]　　　RC-1/2　[3GDH6]
　　　　　　　東灘区向洋町西6
　　　　　　　三井倉庫　　（輸出）078-845-9883
　　　　　　　　　　　　　（輸入）078-845-9882
[EMC船]　　　PC-18　[3FDW2]
　　　　　　　中央区港島8-14
　　　　　　　上組　　　　（輸出）078-306-3901
　　　　　　　　　　　　　（輸入）078-306-3900
[ONE船]　　　RC-6/7　[3GDP1]
　　　　　　　東灘区向洋町東4-25
　　　　　　　NYKT　　　　　　　　078-857-7550
**CFS**　　　三井倉庫六甲ターミナル事務所
　　　　　　　東灘区向洋町西2-20-3
　　　　　　　三井倉庫　　　　　　　078-845-9884

**博多**
**CY**　　　　ICCT　[6TK61]
　　　　　　　東区香椎浜4-2-2
　　　　　　　ジェネック(WHL船)　　092-663-3015
　　　　　　　相互運輸(EMC船)　　　092-663-3210

**門司**
**CY**
[WHL船]　　　太刀浦No.1 CY　[6CJ66]
　　　　　　　門司区太刀浦海岸
　　　　　　　三井倉庫九州　　　　　093-332-5328
[EMC船]　　　太刀浦 No.1　[6CJ68]
　　　　　　　門司区太刀浦海岸19
　　　　　　　門司港運　　　　　　　093-332-1607
**CFS**　　　三井倉庫太刀浦CFS　[6CW27]
　　　　　　　門司区太刀浦海岸22-5
　　　　　　　三井倉庫九州　　　　　093-331-6824

**仙台**
**CY**　　　　高砂CT
　　　　　　　仙台市宮城野区港1-7-1
　　　　　　　三陸運輸　　　　　　　022-254-2101

**千葉**
**CY**　　　　千葉中央埠頭CT　[2OWT0]

中央区中央港1-174
相模運輸倉庫　　　　　　043-243-6881

**川崎**
**CY**
川崎港CT　[2ND03]
川崎区東扇島92
東洋埠頭　　　　　(輸出)044-270-1019
　　　　　　　　　(輸入)044-270-1018

**四日市**
**CY**
霞ヶ浦北埠頭CT　[5WD09]
四日市霞2-6-1 W26
三井倉庫　　　　　　　　059-363-3521

**広島**
**CY**
広島国際CT　[3WDC1]
広島市南区出島2-1-67
日本通運　　　　　　　　082-253-4228

**福山**
**CY**
福山国際CT　[3SDB1]
福山市箕沖町109-3
NX備通　　　　　　　　084-981-1803

**水島**
**CY**
水島港国際CT　[3QD02]
倉敷市玉島乙島字新湊8262-1
中谷興運　　　　　　　　086-523-5551

**徳山**
**CY**
晴海埠頭　[6GJ81]
周南市築港町2-18
トクヤマ海陸運送　　0834-31-4116/7

**松山**
**CY**
松山港CT
松山市大可賀３丁目地先
松山コンテナーサービス　089-953-3335

**伊予三島**
**CY**
金子CY
四国中央市三島宮川1字神之元2341
村松CY
四国中央市村松町字柳田縄937-4
大王海運　　　　　　　　0896-24-4380

**志布志**
**CY**
新若浜地区国際CT
志布志市志布志町安楽296-1
鹿児島海陸運送　　　　　099-473-3535

**那覇**
**CY**
那覇国際CT　[9AKHO]
那覇市港町1-27-1
海邦港運　　　　　　　　098-861-9344

---

# Westwood Shipping Lines Japan, INC.

ウエストウッドシッピングラインズジャパン　株式会社

| | |
|---|---|
| 設立 | 2023年10月1日 |
| 資本金 | 2,000,000円 |
| 従業員数 | 19 |
| 代表者 | 代表取締役社長 ジェレミー・デイビット・チャーチル・サタン |
| 主要取引銀行 | 三井住友銀行 |
| URL | https://www.wsl.com/jp/ |

**東京本社**
〒105-0011 東京都港区芝公園1-3-1
　　　　　　留園ビル4階

営業・カスタマーサービス
　　　　　03-5733-7203　　📠03-5733-7213
ドキュメンテーション
　　　　　03-5733-7204　　📠03-5733-7213

**横浜代理店**
住友倉庫　　　045-628-1527　　📠045-628-1559

**清水代理店**
サンライズ　　054-364-1837　　📠054-364-1838

**名古屋代理店**
ミレニアムシッピング
　　　　　052-202-9553　　📠052-202-9567

**大阪代理店**
センワマリタイムエージェンシー
　　　　　06-6262-5323　　📠06-6266-0571

**神戸代理店**
住友倉庫　　　078-371-1219　　📠078-371-1259

＊＊＊＊＊＊＊＊＊＊＊＊＊＊＊

**貨物搬入先**
**東京**
**CY**
青海
江東区青海2-31-2
住友倉庫　　　　　　　　03-3528-0850

**横浜**
**CY**
本牧埠頭BC-1
中区本牧埠頭1-195
山九　　　　　　　(輸出)045-622-1824
東京国際埠頭　　　(輸入)045-453-2943

**清水**
**CY**
袖師/新興津コンテナターミナル
清水区横砂408-17
鈴与　　　　　　　　　　054-395-8121

**名古屋**
**CY**
NCBコンテナターミナル
海部郡飛島村東浜2-10
フジトランス　　　　　　0567-55-3145
**ECY**
フジトランス西浜コンテナヤード保税蔵置場
海部郡飛島村西浜27-2
フジトランス　　　　　　0567-57-0511

**大阪**
**CY**
南港C-6
住之江区南港中7-4-75
住友倉庫　　　　　　　　06-6612-1324

**神戸**
**CY**
神戸ポートアイランドPC-15/16/17
中央区港島9-10
KICT　　　　　　　　　078-304-1225

**博多**
**CY**
香椎パークポートコンテナターミナル
東区香椎浜埠頭4-2-2
三菱倉庫　　　　　　　　092-663-3210

**八戸**
**CY**
八戸港八太郎2号埠頭指定保税地域
八戸市大字河原木字海岸42
八戸港湾運送　　　　　　0178-29-3121

**仙台**
**CY**
仙台塩釜港高砂コンテナターミナル
仙台市宮城野区蒲生字町105
NX仙台塩竃港運　　　　022-254-0948

**常陸那珂**
**CY**
茨城ポートオーソリティ常陸那珂港北埠頭外
資ターミナル保税蔵置場

那珂郡東海村照沼768-30
鈴与 029-265-7030

---

# Wilhelmsen Port Services (Japan) Pte. Ltd.
ウィルヘルムセン・ポート・サービシズ・ジャパン・
プライベイト・リミテッド

| | |
|---|---|
| 設立 | 2005年8月 |
| 資本金 | U.S.$4,500,000 |
| 従業員数 | 30 |
| 代表者 | 日本における代表者 金田善則 |
| 主要取引銀行 | シティバンク銀行 |
| 主要株主 | バーウィル・エージェンシー |

代理店引受船社
　BW Gas
　Cargill
　Princess Cruises
　Wilhelmsen Ship Management等

| | |
|---|---|
| ISO取得 | 2002年10月16日(ISO 9001) |
| URL | https://www.wilhelmsen.com/ |
| 公開E-Mail | wps.tokyo.cruise@wilhelmsen.com |
| | 　　(For Cruise Agency) |
| | wps.tokyo.drybulk@wilhelmsen.com |
| | 　　(For Drybulk Agency) |
| | wps.tokyo.tanker@wilhelmsen.com |
| | 　　(For Tanker Agency) |
| | wps.tokyo.husbandry@wilhelmsen.com |
| | 　　(For Husbandry Agency) |

東京営業事務所
〒140-0001 東京都品川区北品川4-7-35
　　　　　御殿山トラストタワー13階
　　　　　03-6386-0178　　　FAX03-6386-0182

# YANGMING (JAPAN) CO., LTD.
陽明日本　株式会社

| | |
|---|---|
| 設立 | 1996年12月6日 |
| 資本金 | 150,000,000円 |
| 従業員数 | 90 |
| 代表者 | 代表取締役社長 蔡泰奇 |
| 主要取引銀行 | 三菱UFJ銀行, シティバンク　エヌ・エイ |
| 主要株主 | Yang Ming 台湾 |
| ISO取得 | 1996年 |
| URL | https://www.yangming.com/japan/ |

東京本社
〒105-0014 東京都港区芝2-28-8
　　　　　芝2丁目ビル8階

---

営業部
| | | |
|---|---|---|
| 　輸入 | 03-5440-2639 | FAX03-5440-2689 |
| 　輸出(欧州) | 03-5440-2680 | FAX03-5440-2690 |
| 　　(北米) | 03-5440-2681 | FAX03-5440-2690 |
| 　(南亜/中東/南米/豪州) | | |
| | 03-5440-2677 | FAX03-5440-2690 |
| 　　(近海) | 03-5440-2683 | FAX03-5440-2690 |

ドキュメント
| | | |
|---|---|---|
| 　輸入 | 03-5440-2684 | FAX03-5440-2689 |
| 　輸出 | 03-5440-2682 | FAX03-5440-2689 |
| 運輸部 | 03-5440-2694 | FAX03-5440-2689 |

関西支店
〒541-0053 大阪府大阪市中央区本町4-4-25
　　　　　本町オルゴビル8階
　　　　　06-6244-9531　　FAX06-6244-9535

横浜代理店
日本通運　　　　045-623-3023　　FAX045-623-3340

千葉代理店
日本通運　　　　043-238-7311　　FAX043-238-7313

名古屋代理店
名城シッピング　052-661-8241　　FAX052-654-0900

清水代理店
親栄産業　　　　054-355-3060　　FAX054-352-8323

神戸代理店
三井倉庫　　　　078-232-2286　　FAX078-232-2282

門司代理店
西邦海運　　　　093-321-5061　　FAX093-331-1055

博多代理店
三菱倉庫　　　　092-663-3200　　FAX092-663-3202

広島代理店
シーゲートコーポレーション
　　　　　　　　082-254-5002　　FAX082-255-2878

新潟代理店
富士運輸　　　　025-256-1811　　FAX025-256-3258

秋田代理店
秋田海陸　　　　018-880-6770　　FAX018-880-6771

志布志代理店
東洋埠頭　　　　099-472-1771　　FAX099-473-1774

＊＊＊＊＊＊＊＊＊＊＊＊＊＊＊＊

貨物搬入先
東京
CY
[YM船]　　　青海A0/A1/A2
　　　　　　　江東区青海3-4-19
　　　　　　　日本通運　　　　　03-3520-2922
[CMA船/CNC船]
　　　　　　　品川コンテナ埠頭
　　　　　　　品川区東品川5-4-36
　　　　　　　第一港運　　　　　03-3474-9222/3
[COSCO船]　東京上組コンテナターミナル Y1
　　　　　　　大田区令和島1-1-1
　　　　　　　上組　　　　　　　03-6457-2380
[EMC船]　　青海A4
　　　　　　　江東区青海3-1-1
　　　　　　　鈴江コーポレーション 03-3529-3602/3
[ONE船]　　大井 NO.3, 4
　　　　　　　品川区八潮2-3-10
　　　　　　　宇徳　　　　　　　03-3790-1142/0

[ONE船]　　　大井 NO.6/7
　　　　　　　品川区八潮2-5-2
　　　　　　　日本郵船東京コンテナターミナル
　　　　　　　　　　　　　　　　　　03-5492-7502/3
[ONE船/Hapag船/YM船]
　　　　　　　大井 NO.2
　　　　　　　品川区八潮2-1-2
　　　　　　　ダイトーコーポレーション　03-3790-8063/2

**横浜**
**CY**
[EMC船]　　　南本牧MC-1/2/3/4
　　　　　　　中区南本牧2
　　　　　　　京濱港運　　　　　　　045-623-3752
[YM船]　　　本牧埠頭D-1
　　　　　　　本牧埠頭1-10
　　　　　　　日本通運　　　　　　　045-623-3023
[CMA船/CNC船]
　　　　　　　本牧D4 APL横浜ターミナル
　　　　　　　中区本牧埠頭1-10
　　　　　　　ATS　　　　　　　　　045-625-4321
[COSCO船]　　本牧埠頭BC-2
　　　　　　　中区本牧1-198
　　　　　　　鈴江コーポレーション　　045-625-5551/2

**千葉**
**CY**
[YM船]　　　中央埠頭コンテナターミナル
　　　　　　　千葉市中央区中央港1-174
　　　　　　　日本通運　　　　　　　043-238-7311

**名古屋**
**CY**
[YM船/COSCO船]
　　　　　　　鍋田埠頭コンテナターミナル (NUCT)
　　　　　　　弥富市富浜5-1
　　　　　　　東海協和(YM船)　　　　0567-66-3363
　　　　　　　名港海運(COSCO船)　　0567-66-3373
[YM船/ONE船]
　　　　　　　TCBコンテナターミナル
　　　　　　　海部郡飛島村東浜3-1-4
　　　　　　　東海協和(YM船)　　　　0567-57-2403
　　　　　　　上組(ONE船)　　　　　0567-57-2406
　　　　　　　名港海運(ONE船)　　　0567-57-2402
　　　　　　　旭運輸(ONE船)　　　　0567-57-2404
[EMC船]　　　飛島埠頭北ターミナル
　　　　　　　海部郡飛島村東浜2-25
　　　　　　　名港海運　　　　　　　0567-55-2280
[CMA船/CNC船]
　　　　　　　NCBコンテナターミナル
　　　　　　　海部郡飛島村東浜2-25
　　　　　　　上組　　　　　　　　　0567-55-0143
[ONE船]　　　NCBコンテナターミナル
　　　　　　　海部郡飛島村東浜2-10
　　　　　　　上組　　　　　　　　　0567-55-0143

**清水**
**CY**
[ONE船]　　　清水港コンテナターミナル
　　　　　　　清水区横砂408-17
　　　　　　　鈴与　　　　　　　　　054-395-8272

**大阪**
**CY**
[YM船]　　　南港C-9ターミナル
　　　　　　　住之江区南港東9-3-61
　　　　　　　三井倉庫港運　　　　　06-6613-3879
[YM船]　　　大阪南港C-3/4

住之江区南港東6-2-84
三井倉庫港運/辰巳商会　　06-6613-3879
[CMA船/CNC船/TSL船]
　　　　　　　夢洲コンテナターミナルC-10/12
　　　　　　　此花区夢洲東1-1
　　　　　　　上組　　　　　　　　　06-6467-1821
[EMC船/WHL船]
　　　　　　　夢洲コンテナターミナルC-11
　　　　　　　此花区夢洲東1
　　　　　　　辰巳商会(EMC船)　　　06-6468-5201
　　　　　　　三菱倉庫(WHL船)　　　06-6612-4861

**神戸**
**CY**
[YM船]　　　六甲アイランドコンテナターミナル　RC-1/2
　　　　　　　東灘区向洋町西6
　　　　　　　三井倉庫　　　　　　　078-845-9882/3
[YM船/Hapag船/ONE船]
　　　　　　　ポートアイランドコンテナターミナルPC-
　　　　　　　15/16/17
　　　　　　　中央区港島9-10
　　　　　　　商船港運　　　　　　　078-304-1214/6
[CMA船/CNC船/EMC船/TSL船]
　　　　　　　ポートアイランドコンテナターミナルPC-18
　　　　　　　中央区港島8-14
　　　　　　　上組　　　　　　　　　078-306-3900/1
[YM船/Hapag船/ONE船]
　　　　　　　六甲アイランドコンテナターミナルRC-6/7
　　　　　　　東灘区向洋町東4-25
　　　　　　　日本郵船神戸コンテナターミナル
　　　　　　　　　　　　　　　　　　078-857-7560/7550

**門司**
**CY**
[YM船/CNC船/EMC船/TSL船/WHL船]
　　　　　　　太刀浦コンテナターミナルNo.1
　　　　　　　門司区太刀浦海岸29-4
　　　　　　　門菱港運(YM船/CNC船/TSL船)
　　　　　　　　　　　　　　　　　　093-331-8347
　　　　　　　門司港運(EMC船)　　　093-332-1607
　　　　　　　三井倉庫九州(WHL船)　093-332-5328
[COSCO船]　　太刀浦コンテナターミナルNo.2
　　　　　　　門司区太刀浦海岸72
　　　　　　　山九　　　　　　　　　093-321-3999

**博多**
**CY**
[YM船/EMC船/TSL船/WHL船]
　　　　　　　アイランドシティコンテナターミナル
　　　　　　　東区みなと香椎1-1-4
　　　　　　　三菱倉庫(YM船)　　　　092-663-3200
　　　　　　　相互運輸(EMC船)　　　092-663-3210
　　　　　　　上組(TSL船)　　　　　092-663-3018
　　　　　　　ジェネック(WHL船)　　092-663-3015

# YCS Co., Ltd.

### 郵船コーディアルサービス　株式会社

| | |
|---|---|
| 設立 | 1971年3月 |
| 資本金 | 35,000,000円 |
| 従業員数 | 521(2023年4月1日現在) |
| 代表者 | 代表取締役社長 谷田治郎 |
| 主要取引銀行 | 三菱UFJ銀行 |
| 主要株主 | 鈴与、日本郵船 |

代理店引受船社
　日本郵船株式会社
　NYKバルク・プロジェクト株式会社
　郵船クルーズ株式会社

URL　　　　　https://www.ycsco.com/

**本社**
〒101-0054 東京都千代田区神田錦町1-6
　　　　　　住友商事錦町ビル10階
　　　　　03-6759-8800　　　FAX03-6759-8815

**横浜支店**
〒221-0011 神奈川県横浜市西区高島1-1-2
　　　　　　横浜三井ビルディング13階
船舶代理店センター
　　　　　045-671-8434　　　FAX045-671-8341

**阪神支店**
〒650-0024 兵庫県神戸市中央区海岸通1-1-1
　　　　　　神戸メリケンビル3階
船舶代理店チーム　078-332-9020　　FAX078-332-9022
営業チーム　　　　078-332-9897　　FAX078-332-9895

**阪神支店(六甲事務所)**
〒658-0031 兵庫県神戸市東灘区向洋町東4-25
　　　　　　日本郵船神戸ターミナルビル4階
　　　　　078-857-7570　　　FAX078-857-7569

# ZIM JAPAN LTD.

### ZIM　ジャパン　株式会社

| | |
|---|---|
| 設立 | 2003年2月 |
| 資本金 | 10,000,000円 |
| 従業員数 | 30 |
| 代表者 | Japan Country Manager 加藤寛祥 |
| 主要株主 | Zim Integrated Shipping Services Ltd. |

代理店引受船社
　Gold Star Line
　Zim Integrated Shipping Services Ltd.

URL　　　　　https://www.zim.com/

**東京本社**
〒140-0002 東京都品川区東品川4-10-27
　　　　　　住友不動産品川ビル2階

---

| | | |
|---|---|---|
| | 03-5781-1055 | |
| 営業本部 | 03-5781-1053 | |

カスタマーサービス部
| | | |
|---|---|---|
| （輸出） | 03-5781-1044 | |
| （輸入） | 03-5781-1043 | |
| ロジスティックス | 03-5781-1046 | |
| 人事総務部 | 03-5781-1048 | FAX03-5781-1054 |

**横浜代理店**
ワイエスエージェンシー
　　　　　045-212-2614　　　FAX045-212-2618

**清水代理店**
清水倉庫　　　054-371-5510　　FAX054-371-5532

**名古屋代理店**
東亜シッピング　052-659-1550　　FAX052-659-1551

**大阪・神戸代理店**
ニッケルエンドライオンス
　　　　　078-341-7789　　　FAX078-341-7319

＊＊＊＊＊＊＊＊＊＊＊＊＊＊

**貨物搬入先**
**東京**
**CY**
| | | |
|---|---|---|
| [JJSCO船] | 青海 A-2　[1CD44] | |
| | 江東区青海3-4-19 | |
| | 住友倉庫 | 03-3528-0850 |
| [NOS船] | 大井No.2　[1FD01] | |
| | 品川区八潮2-1-2 | |
| | ダイトーコーポレーション | 03-3790-8062 |
| [Maersk船] | 大井No.6/7　[1FD04] | |
| | 品川区八潮2-5-2 | |
| | ユニエックスNCT | 03-5492-7503 |
| ECD | 青海 C-4 | |
| | 江東区青海3-1-1 | |
| | 鈴江コーポレーション | 03-3529-3603 |

**横浜**
**CY**
| | | |
|---|---|---|
| [CCL船] | 本牧BC　[2EKF5] | |
| | 中区本牧1-195 | |
| | 山九 | 045-623-2933 |
| [NOS船] | 南本牧　[2EKE1] | |
| | 中区南本牧2 | |
| | ダイトーコーポレーション | 045-624-5742 |
| ECD | 本牧BC | |
| | 中区本牧埠頭1-198 | |
| | 鈴江コーポレーション | 045-625-5552 |

**名古屋**
**CY**
| | | |
|---|---|---|
| [JJSCO船] | NUCT　[5ED12] | |
| | 弥富市富浜5-1 | |
| | 三井倉庫 | 0567-66-3393 |
| [NOS船] | NUCT　[5ED12] | |
| | 弥富市富浜5-1 | |
| | 上組 | 0567-66-3396 |
| [Maersk船] | 飛島ふ頭東側CT　[5ED16] | |
| | 海部郡飛島村浜3-6 | |
| | 三菱倉庫 | 0567-55-3157 |
| ECD | NUCT | |
| | 弥富市富浜5-1 | |
| | フジトランスコーポレーション | |
| | | 0567-66-3380 |

**大阪**
**CY**

| | | |
|---|---|---|
| [JJSCO船] | 夢洲C10/12 [4ED71] | |
| | 此花区夢洲東1 | |
| | 住友倉庫 | 06-6612-1324 |
| [NOS船] | 南港 C-2/4 [4ID05] | |
| | 住之江区南港東6-2-84 | |
| | 辰巳商会 | 06-6612-3151 |
| [Maersk船] | 夢洲C-10/11/12 [4ED72] | |
| | 此花区夢洲東1 | |
| | 三菱倉庫 | 06-6612-7721 |
| ECD | 南港 C-2/3/4 | |
| | 住之江区南港東6-2-84 | |
| | 辰巳商会 | 06-6612-3151 |

**神戸**
**CY**

| | | |
|---|---|---|
| [JJSCO船] | ポートアイランドPC16/17 [3FDU1] | |
| | 中央区港島9-10 | |
| | 住友倉庫 | 078-304-1216 |
| [NOS船] | 六甲アイランドRC-4/5 [3GDL1] | |
| | 東灘区向洋町西6-4 | |
| | 日東物流 | 078-857-1334 |
| ECD | KICT(PC15/17) | |
| | 中央区港島9-10 | |
| | 神戸国際コンテナターミナル | |
| | ニッケルエンドライオンス | 078-341-7789 |

# リスト編

2024

## 愛知海運　株式会社
### AICHI KAIUN CO., LTD.

455-0036 愛知県名古屋市港区浜2-1-11
TEL 052-651-3221 FAX: 052-661-0801
https://www.aikai.co.jp/

［主な営業種目］　港湾運送事業　港湾荷役事業
はしけ運送事業　倉庫業　内航海運業　通関業
船舶代理店業　産業廃棄物運搬及び処理業　土
木建築請負業　機械器具設置工事業　貨物利用
運送事業

［貨物運送取扱事業法上の事業区分(外航海運)］
利用運送事業

［加入団体名］　JIFFA　JAFA　JFFF

［国内営業所および代理店名］
半田：半田支店 0569-21-3241　FAX 0569-21-4752
碧南：碧南支店 0566-41-0698　FAX 0566-41-2705
蒲郡：蒲郡支店 0533-68-4646　FAX 0533-68-2985
豊橋：豊橋営業所
　　　　　　 0532-32-7411　FAX 0532-33-8411
東京：東京支店 03-3295-7421　FAX 03-3295-7429
大阪：関西営業所
　　　　　　 06-6795-9399　FAX 06-6795-9388

［海外営業所及び代理店又は提携先］
ASIA & OCEANIA
| | | | |
|---|---|---|---|
| China | Dalian | 上海愛海国際貨運代理有限公司大連分公司 | 86-411-8255-1626 |
| China | Shanghai | 上海愛海国際貨運代理有限公司 | 86-21-6309-2090 |
| China | Tianjin | 上海愛海国際貨運代理有限公司天津分公司 | 86-22-5868-3998 |
| Malaysia | Kuala Lumpur | AICHI KAIUN (MALAYSIA) SDN.BHD. | 60-7932-7073 |
| Thailand | Bangkok | AICHI KAIUN (THAILAND) CO., LTD. | 66-2-398-5696 |
| Thailand | Bangkok | AIKAI LOGISTICS (THAILAND) CO., LTD. | 66-38-109-320 |

## 株式会社　アイティエス
### ITS CORPORATION

541-0057 大阪府大阪市中央区北久宝寺町1-7-9
堺筋本町プラザビル4階402号
TEL 06-6262-8000 FAX: 06-6262-8008
http://its-corporation.co.jp/

［主な営業種目］　外航海運利用運送事業　国際複
合一貫輸送　輸出入貿易業務　航空貨物の取り
扱い　問屋業　仲立業　通関業

［貨物運送取扱事業法上の事業区分(外航海運)］
第一種利用運送事業　貨物運送取扱事業

［加入団体名］　JIFFA　大阪通関業会　日本関税
業会

## アオキトランス　株式会社
### AOKI TRANS CORPORATION

424-8760 静岡県静岡市清水区入船町14-12
TEL 054-353-2111 FAX: 054-353-6630
http://www.aoki-trans.co.jp

［主な営業種目］　国際複合運送業　海運貨物取扱
業　船舶代理店業　倉庫業

［貨物運送取扱事業法上の事業区分(外航海運)］
利用運送事業

［加入団体名］　JIFFA

［国内営業所および代理店名］
東京：東京支店 03-6693-5931　FAX 03-6866-1009
横浜：横浜事務所
　　　　　　 045-640-0123　FAX 045-640-0127
浜松：浜松支店 053-422-2151　FAX 053-422-2150
焼津：焼津支店 054-626-8282　FAX 054-626-8280
豊橋：豊橋支店 0532-32-3880　FAX 0532-32-5200
沼津：東部事務所
　　　　　　 055-920-4610　FAX 055-920-4611
御前崎：御前崎支店
　　　　　　 0548-55-2078　FAX 0548-55-2079
湖西：湖西事務所
　　　　　　 053-579-1200　FAX 053-579-1261

［海外営業所及び代理店又は提携先］
ASIA & OCEANIA
| | | | |
|---|---|---|---|
| China | Qingdao | Aoki Trans Corporation Qingdao Office | 86-532-8575-4291 |
| China | Shanghai | Shinewell Logistics Ltd. | 86-21-65012121 |
| Hongkong | Hongkong | BLUE CARGO LOGISTICS (HK) LIMITED | 852-2545-8233 |
| Hongkong | Hongkong | Shinewell Aoki Logistics Ltd. | 852-2612-9986 |
| Korea | Busan | Molax Line, Ltd. | 82-2-310-4402 |
| Taiwan | Taipei | Keihin Multi-Trans Taiwan Co., Ltd. | 886-2-25810533 |
| Thailand | Bangkok | Aoki Logistics (Thailand) Co., Ltd. | 662-053-8844 45 |

## 東海運　株式会社
### AZUMA SHIPPING CO., LTD.

104-6233 東京都中央区晴海1-8-12
晴海アイランド トリトンスクエア
オフィスタワーZ　33階
TEL 03-6221-2200 FAX: 03-6221-2243
http://www.azumaship.co.jp

［主な営業種目］　港湾運送業　陸上運送業　倉庫
業　倉庫・工場内作業請負業　通関業　航空貨
物取扱業　船舶代理店業　国際複合一貫輸送業

［貨物運送取扱事業法上の事業区分(外航海運)］
利用運送事業

［加入団体名］　JIFFA

［国内営業所および代理店名］
東京：京浜事業部東京輸出入課
　　　　　　 03-3790-5171　FAX 03-3790-5168

横浜：京浜事業部横浜輸出入課
　　　　045-661-0131　℻045-661-0197
名古屋：中部事業部輸出入課
　　　　0567-69-0811　℻0567-69-0812
大阪：関西営業所
　　　　06-6599-1799　℻06-6599-1770
千葉：関東事業部京葉営業所
　　　　043-246-1187　℻043-247-6200
門司：九州事業部門司営業所
　　　　093-321-3131　℻093-331-6661
福岡：九州事業部福岡営業所
　　　　092-674-1277　℻092-674-1279
大分：九州事業部大分営業所
　　　　097-558-4488　℻097-558-4519
宮城：京浜事業部東北営業所
　　　　0223-34-8213　℻0223-34-8214
太田：関東事業部北関東営業所
　　　　0276-50-2771　℻0276-50-2780

[海外営業所及び代理店又は提携先]

<u>EUROPE</u>

| | | | |
|---|---|---|---|
| Kazakhstan | Almaty | Azuma Shipping Co., Ltd., Almaty Rep.Office | 7-727-355-0187 |
| Netherlands | Amsterdam | Tandem Global Logistics Netherlands B.V., Amsterdam Office | 31-10-240-4894 |
| Netherlands | Rotterdam | Tandem Global Logistics Netherlands B.V. | 31-10-240-4880 |
| Russia | Moscow | Azuma CIS LLC. | 7-495-651-6724 |
| Russia | Moscow | Azuma Shipping Co., Ltd., Moscow Rep. Office | 7-495-651-6724 |

<u>ASIA & OCEANIA</u>

| | | | |
|---|---|---|---|
| China | Guangzhou | Azuma Shipping (Qingdao) Co., Ltd., Guangzhou Branch | 86-20-2211-6297 |
| China | Qingdao | Azuma Shipping (Qingdao) Co., Ltd. | 86-532-8286-8908 |
| China | Shanghai | Azuma Shipping (Qingdao) Co., Ltd., Shanghai Branch | 86-21-6669-0039 |
| China | Shanghai | Shanghai Longfei Int'l Logistics Co., Ltd. | 86-21-2356-0722 |
| Mongolia | Ulaan Baatar | Azuma Shipping Mongolia LLC | 976-7011-5333 |
| Thailand | Bangkok | Azuma Transport Services (Thailand) Co., Ltd. | 662-238-5303 6 |
| Thailand | Bangkok | Siam Azuma Multi-Trans Co., Ltd. | 662-238-5303 6 |

## 株式会社　天野回漕店
## AMANO KAISOTEN, LTD.

424-0943 静岡県静岡市清水区港町2-9-5
　　　　TEL 054-353-2163 FAX: 054-353-2307
　　　　　　　　http://www.amanok.co.jp/

[主な営業種目]　海運貨物取扱業　貨物自動車運送取扱業　倉庫業　船舶代理店業　通関業

[貨物運送取扱事業法上の事業区分(外航海運)]
　利用運送事業

[加入団体名]　JIFFA　JFFF

[国内営業所および代理店名]
　東京：東京支店 03-3500-3590　℻03-3501-3990

---

浜松：浜松支店 053-421-1171　℻053-421-2126
沼津：沼津支店 055-987-9100　℻055-987-1196
諏訪：諏訪営業所
　　　　0266-22-2533　℻0266-22-1350

[海外営業所及び代理店又は提携先]

<u>ASIA & OCEANIA</u>

| | | | |
|---|---|---|---|
| China | Hangzhou | Shanghai Orient Amano Int'l Transportation Forwarding Co., Ltd., Hangzhou Branch | 86-571-2811-3366 |
| China | Ningbo | Shanghai Orient Amano Int'l Transportation Forwarding Co., Ltd., Ningbo Branch | 86-574-8726-9103 |
| China | Shanghai | Shanghai Orient Amano Int'l Transportation Forwarding Co., Ltd., Shanghai Head Office | 86-21-5606-9938 |
| China | Taizhou | Shanghai Orient Amano Int'l Transportation Forwarding Co., Ltd.,Taizhou Branch | 86-523-8646-2051 |
| Thailand | Bangkok | Amano (Thailand) Ltd., Bangkok Head Office | 66-2-361-3690 |
| Thailand | Laem Chabang | Amano (Thailand) Ltd., Laem Chabang Branch | 66-38-493-983 |

## 株式会社 アリスペッド ジャパン
## ALISPED JAPAN LTD.

102-0093 東京都千代田区平河町1-2-10
　　　　平河町第一生命ビル6階
　　　　TEL 03-3511-2831 FAX: 03-3511-2835
　　　　　　　http://alisped.co.jp

[主な営業種目]　国際貨物運送代理店業　通関代理店業　他

[貨物運送取扱事業法上の事業区分(外航海運)]
　航空二種（混載）免許　外航（海運）一種免許　外航二種

[加入団体名]　JIFFA　JAFA　IATA

[国内営業所および代理店名]
　成田：成田支店 0476-33-5801　℻0476-33-5803
　大阪：大阪支店 06-6459-5731　℻06-6459-5732
　福岡：福岡支店 092-720-5370　℻092-720-5371

[海外営業所及び代理店又は提携先]

<u>NORTH AMERICA</u>

| | | | |
|---|---|---|---|
| USA | Chicago | Alisped USA Inc | 1-312-6249962 |
| USA | Los Angeles | Alisped USA Inc | 1-310-5689503 |
| USA | Miami | Alisped USA Inc | 1-786-7622749 |
| USA | New York | Alisped USA Inc | 718-949-1204 |

<u>EUROPE</u>

| | | | |
|---|---|---|---|
| Italy | Civitanova Marche | Alisped Spa | 39-0733 866310 |
| Italy | Milano | Alisped Spa | 39-02-3700611 |
| Italy | Modena | Alisped Spa | 39-059-526558 |
| Italy | Prato | Alisped Spa | 39-0574-6391 |
| Italy | Turin | Alisped Spa | 39-011-0240769 |
| Italy | Venice | Alisped Spa | 39-0422-823130 |
| Italy | Vicenza | Alisped Spa | 39-0444 371172 |
| UK | Heathrow | Alisped UK Ltd | 44 1753 378886 |

フォワーダー

ア

| UK | London | Alisped UK Ltd | 44 1279 944988 |

| China | Guangzhou | Alisped Int'l Forwarding Ltd. | 86-20-22890200 |
| China | Ningbo | Alisped China Ltd | 86-0574-27892662 |
| China | Qingdao | Alisped China Ltd | 86-532-66707066 |
| China | Shanghai | Alisped China Ltd | 86-21-61177920 |
| China | Shenzhen | Alisped Int'l Forwarding Ltd. | 86-755-8237-5098 |
| Hong Kong | Hong Kong | Alisped Int'l Forwarding Ltd. | 852-27559236 |
| India | Ahmedabad | Alisped India Pvt Ltd | 91-9916049910 |
| India | Bangalore | Alisped India Pvt Ltd | 91 80-41109019 |
| India | Chennai | Alisped India Pvt Ltd | 91-44-42155255 |
| India | Gandhidham | Alisped India Pvt Ltd | 91-73591923 |
| India | Indore | Alisped India Pvt Ltd | 91-9630609632 |
| India | Jaipur | Alisped India Pvt Ltd | 91-141-4001031 |
| India | Munbai | Alisped India Pvt Ltd | 91-22-42235050 |
| India | Nashik | Alisped India Pvt Ltd | 91-9922065942 |
| India | Nellore | Alisped India Pvt Ltd | 91-861-2348409 |
| India | New Delhi | Alisped India Pvt Ltd | 91-11-47310000 |
| India | Pune | Alisped India Pvt Ltd | 91-20-60501008 |
| Thailand | Bangkok | Alisped (Thailand) Co.Ltd | 662-196-1901-04 |
| Vietnam | Ho Chi Minh | Alisped Vietnam Co., Ltd | 84-28-3535-555 |

# 株式会社　アルファ グローバル ロジスティクス
## ALPHA GLOBAL LOGISTICS, INC.

103-0025 東京都中央区日本橋茅場町2-7-1
CCICビル5階
TEL 03-5642-7251 FAX: 03-5642-7250
*http://www.aglog.jp*

［主な営業種目］ 海運貨物取扱業　海上運送業
国際利用航空運送事業　損害保険代理店業
NVOCC

［貨物運送取扱事業法上の事業区分(外航海運)］
利用運送事業

［加入団体名］ JIFFA JAFA IATA

［国内営業所および代理店名］
大阪：大阪支店 06-6121-5281　FAX 06-6121-5280

# アルフォート　株式会社
## ALIFORT CO., INC.

104-0061 東京都中央区銀座2-3-5
三木ビル本館3階
TEL 03-3561-1631 FAX: 03-3561-1632
*http://www.allfort.com*

［主な営業種目］ NVOCC

［貨物運送取扱事業法上の事業区分(外航海運)］
利用運送事業

［加入団体名］ JIFFA WWPC EPN XLP

# 株式会社　アルプス物流
## ALPS LOGISTICS CO., LTD.

223-0057 神奈川県横浜市港北区新羽町1756
TEL 045-531-4133 FAX: 045-543-3011
*https://www.alps-logistics.com*

［主な営業種目］ 海運貨物取扱業　貨物自動車運送事業　倉庫業　NVOCC　国際複合運送業
航空貨物混載業

［貨物運送取扱事業法上の事業区分(外航海運)］
利用運送事業　航空貨物混載業

［加入団体名］ JIFFA JAFA IATA

［国内営業所および代理店名］
横浜：本社 045-531-4133 FAX 045-543-3011
東京：大井営業所
03-3790-0056 FAX 03-3790-4070
　　：輸出入センター
03-6775-7288 FAX 03-6683-0011
成田：成田営業所
0479-78-6366 FAX 0479-77-3833
北上：北上営業所
0197-88-2795 FAX 0197-81-5099
秋田：秋田営業所
0184-43-4961 FAX 0184-43-4976
庄内：庄内営業所
0235-29-1175 FAX 0235-22-1245
古川：古川営業所
0229-28-4131 FAX 0229-28-4136
相馬：相馬営業所
0244-62-4555 FAX 0244-62-4695
小名浜：小名浜営業所
0246-58-8151 FAX 0246-58-8340
郡山：郡山営業所
0243-34-4111 FAX 0243-34-3885
新潟：新潟営業所
0258-21-2277 FAX 0258-21-2278
石川：金沢営業所
070-3994-3605 FAX 076-256-5064
加須：加須営業所
0480-78-1212 FAX 0480-78-1222
高崎：高崎営業所
0274-24-5611 FAX 0274-24-5612
横浜：横浜営業所
045-531-4135 FAX 045-542-6189
長野：長野営業所
0265-78-7992 FAX 0265-78-7993
松戸：松戸営業所
047-394-8829 FAX 047-394-8820
静岡：静岡営業所
0538-44-3450 FAX 0538-44-3880
名古屋：名古屋営業所
0568-85-1030 FAX 0568-85-1023
瀬戸：瀬戸営業所
0561-86-8731 FAX 0561-86-8732
大阪：大阪営業所
072-634-4551 FAX 072-634-7137
福岡：福岡営業所
092-691-7321 FAX 092-691-7324

［海外営業所及び代理店又は提携先］
NORTH AMERICA

フォワーダー

ア

| | | | |
|---|---|---|---|
| USA | California | Alps Logistics (USA), Inc. | 1-310-618-1220 |
| USA | Texas | Alps Logistics (USA), Inc. McAllen Branch | 1-956-217-6500 |

CENTRAL SOUTH AMERICA

| | | | |
|---|---|---|---|
| Mexico | Irapuato | Alps Logistics Mexico, S.A. de C.V. Irapuato Branch | 52-462-490-4854 |
| Mexico | Queretaro | Alps Logistics Mexico, S.A. de C.V. Queretaro Branch | 52-442-253-1301 |
| Mexico | Reynosa | Alps Logistics Mexico, S.A. de C.V. | 52-899-921-0800 |
| Mexico | Reynosa | Alps Logistics Mexico Express, S.A. de C.V. | 52-899-921-0800 |

EUROPE

| | | | |
|---|---|---|---|
| Germany | Dortmund | Alps Logistics Europe GmbH | 49-231-2188-4 |
| Hungary | Budapest | Alps Logistics Europe GmbH Hungary Office | |

ASIA & OCEANIA

| | | | |
|---|---|---|---|
| China | Chongqing | Alps Logistics (Chongqing) Co., Ltd. | 86-23-6590-3102 |
| China | Chongqing | Shanghai Alps Logistics Co., Ltd., Chongqing Branch | 86-23-6590-3102 |
| China | Dalian | Dalian Alps Teda Logistics Co., Ltd. | 86-411-8732-8570 |
| China | Dalian | Tianjin Alps Teda Logistics Co., Ltd., Dalian Branch | 86-411-8273-6711 |
| China | Guangdong | Alps Logistics (Guangdong) Co., Ltd. | 86-769-3895-6888 |
| China | Guangzhou | Shanghai Alps Logistics Co., Ltd., Guangzhou Branch | 86-20-3679-8065 |
| China | Hangzhou | Tianjin Alps Teda Logistics Co., Ltd., Hangzhou Branch | 86-571-8673-7024 |
| China | Ningbo | Shanghai Alps Logistics Co., Ltd., Ningbo Branch | 86-574-8731-0481 |
| China | Shanghai | Alps Logistics (Shanghai) Co., Ltd. | 86-21-5046-1700 |
| China | Shanghai | Shanghai Alps Logistics Co., Ltd. | 86-21-5046-1700 |
| China | Shanghai | Teda Alps Logistics Shanghai Co., Ltd. | 86-21-5760-0552 |
| China | Shanghai | Tianjin Alps Teda Logistics Co., Ltd., Shanghai Branch | 86-21-5046-0516 |
| China | Shenzhen | Shanghai Alps Logistics Co., Ltd., Shenzhen Branch | 86-755-8202-2181 |
| China | Suzhou | Tianjin Alps Teda Logistics Co., Ltd. Suzhou Xinqu Branch | 86-512-8686-1288 |
| China | Suzhou | Tianjin Alps Teda Logistics Co., Ltd., Suzhou Branch | 86-512-8186-6598 |
| China | Taicang | Shanghai Alps Logistics Co., Ltd., Taicang Branch | 86-512-5383-5801 |
| China | Tianjin | Teda Alps Logistics Tianjin Customs Co., Ltd. | 86-22-5988-3500 |
| China | Tianjin | Tianjin Alps Teda Logistics Co., Ltd. | 86-22-5988-3500 |
| China | Wuxi | Tianjin Alps Teda Logistics Co., Ltd., Wuxi Branch | 86-510-8520-3202 |
| China | Xiamen | Shanghai Alps Logistics Co., Ltd., Xiamen Branch | 86-592-573-4617 |
| China | Yantai | Tianjin Alps Teda Logistics Co., Ltd., Yantai Branch | 86-535-637-5172 |
| Hongkong | Hongkong | Alps Logistics Hong Kong Ltd. | |

| | | | |
|---|---|---|---|
| | | | 85-2313-1133 |
| India | Gujarat | Alps Logicom India Private Limited | 91-84014-04890 |
| India | Gurugram | Alps Logistics India Private Limited | 91-124-408-7477 |
| Korea | Busan | Alps Logistics Korea Co., Ltd., Busan Branch | 82-70-7452-4031 |
| Korea | Gwangju | Alps Logistics Korea Co., Ltd., Gwangju Branch | 82-62-961-2461 |
| Korea | Incheon | Alps Logistics Korea Co., Ltd., Incheon Branch | 82-70-7452-7021 |
| Korea | Osan | Alps Logistics Korea Co., Ltd.,Osan Branch | 82-31-216-1931 |
| Korea | Seoul | Alps Logistics Korea Co., Ltd. | 82-2-587-7470 |
| Malaysia | | Alps Naigai Logistics (Malaysia) Sdn. Bhd. | 60-6-799-5059 |
| Malaysia | | Alps Naigai Logistics (Malaysia) Sdn. Bhd., Port Klamg Branch | 60-3-3323-4700 |
| Philippines | Manila | Alps Logistics Co., Ltd., Philippines Rep. Office | |
| Singapore | Singapore | Alps Logistics (S) Pte Ltd. | 65-6899-8500 |
| Taiwan | | Alps Logistics Taiwan Co., Ltd. | 886-2-2555-7653 |
| Thailand | Bangkok | Alps Logistics (Thailand) Co., Ltd. | 66-2-661-8085 |
| Vietnam | Hanoi | Alps Logistics Vietnam Co., Ltd., | 84-243-224-2474 |

## イーキューワールドワイド　株式会社
### ECU Worldwide (Japan) LTD.

103-0012 東京都中央区日本橋堀留町1-9-6
ゼネラルビル6階
TEL 03-5643-3600 FAX: 03-5643-3606
*http://www.ecuworldwide.co.jp*

［主な営業種目］ NVOCC

［貨物運送取扱事業法上の事業区分(外航海運)］
利用運送事業

［加入団体名］ JIFFA　東京商業会議所　大阪商
業会議所　名古屋商業会議所 福岡商工会議所
沖縄商工会議所

［国内営業所および代理店名］
名古屋：名古屋支店
052-269-2866
大阪：大阪支店 06-6120-6221
福岡：福岡支店 092-518-2121
沖縄：沖縄支店 050-2018-2205

［海外営業所及び代理店又は提携先］
NORTH AMERICA

| | | | |
|---|---|---|---|
| Canada | Montreal | Ecu Worldwide (Canada) Inc. | 1 514 631 3552 |
| Canada | Toronto | Ecu Worldwide (Canada) Inc. | 1 905 677 83 34 |

フォワーダー
イ

| | | | |
|---|---|---|---|
| Canada | Vancouver | Ecu Worldwide (Canada) Inc. | |
| | | | 1 514 631 3552 |
| USA | Atlanta | Ecu Worldwide (USA) Inc. | |
| | | | 1 404 559 88 60 |
| USA | Boston | Ecu Worldwide (USA) Inc. | |
| | | | 1 781 961 4200 |
| USA | Charleston | Ecu Worldwide (USA) Inc | |
| | | . | 1 843 744 0201 |
| USA | Chicago | Ecu Worldwide (USA) Inc. | |
| | | | 1 630 315 5500 |
| USA | Guam | TRIPLE B FORWARDERS (GUAM) INC. | |
| | | | 1 415 307 3633 |
| USA | Honolulu | Triple B Forwarders 1 281 446 2326 | |
| USA | Houston | Ecu Worldwide (USA) Inc. | |
| | | | 1 281 446 23 25 |
| USA | Los Angeles | Ecu Worldwide (USA) Inc. | |
| | | | 1 310 817 27 46 |
| USA | Miami | Ecu Worldwide (USA) Inc. | |
| | | | 1 305 693 51 33 |
| USA | New York | Ecu Worldwide (USA) Inc. | |
| | | | 1 908 925 8858 |

## CENTRAL SOUTH AMERICA

| | | | |
|---|---|---|---|
| Antigua and Barbuda | | | |
| | St.Johns | Consolidated Maritime Services | |
| | | | 1 268 462 12 24 |
| Argentina | Buenos Aires | Ecu Worldwide (Argentina) SA | |
| | | | 54 11 5353 0200 |
| Aruba | Oranjestad | S.E.L Maduro and Sons | |
| | | | 11-297-583-3249 |
| Bahamas | Freeport | Professional Brokers Agency Co. Ltd. | |
| | | | 1 242 351 38 39 |
| Bahamas | Nassau | Ocean Air Bahamas Ltd | |
| | | | 242-328-6872/4/5 |
| Barbados | Bridgetown | GEM Cargo Services 1 246 228 77 13 | |
| Belize | Belize City | Aimar Limted | 501 223 31 01 |
| Benin | Cotonou | Westport S.A. | 229 2131 7722 |
| Bermuda | Hamilton | BWS-BOSS LTD | 441-295-7090 |
| Bolivia | La Paz | Ecu-Line Chile S.A. | 562 2430 6600 |
| Bonaire, Saint Eustatius, Saba | | | |
| | Kralendijk (Bonaire) | | |
| | | Rocargo Services NV 599 7 17 57 91 | |
| Brazil | Belem | Ecu Worldwide Logistics Do Brasil | |
| | | Ltda | 55 13 3226 6000 |
| Brazil | Fortaleza | Ecu Worldwide Logistics Do Brasil | |
| | | Ltda | 55 13 3226 6000 |
| Brazil | Itajai - SC | Ecu Worldwide Logistics Do Brasil | |
| | | Ltda | 55 47 3344-1913 |
| Brazil | Manaus | Ecu Worldwide Logistics Do Brasil | |
| | | Ltda | 55 13 3226 6000 |
| Brazil | Paranagua | Ecu Worldwide Logistics Do Brasil | |
| | | Ltda | 55 41 3423 5592 |
| Brazil | Porto Alegre | Ecu Worldwide Logistics Do Brasil | |
| | | Ltda | 55 51 3072 4080 |
| Brazil | Recife | Ecu Worldwide Logistics Do Brasil | |
| | | Ltda | 55 13 3226 6000 |
| Brazil | Rio de Janeiro | Ecu Worldwide Logistics Do Brasil | |
| | | Ltda | 55 21 2203 1810 |
| Brazil | Rio Grande | Ecu Worldwide Logistics Do Brasil | |
| | | Ltda | 55 13 3226 6000 |
| Brazil | Salvador Bahia | Tratto Logistica | 55 71 3505 8825 |
| Brazil | Santos | Ecu Worldwide Logistics Do Brasil | |
| | | Ltda | 55 13 3226 6000 |
| Brazil | Sao Paulo | Ecu Worldwide Logistics Do Brasil | |
| | | Ltda | 55 11 2596 8100 |

| | | | |
|---|---|---|---|
| Brazil | Vitoria | Ecu Worldwide Logistics Do Brasil | |
| | | Ltda | 55 13 3226 6000 |
| Chile | Valparaiso | Ecu Worldwide (Chile) S.A. | |
| | | | 562 2430 6600 |
| Colombia | Bogota | Ecu Worldwide (Colombia) S.A.S. | |
| | | | 57 1 413 9640 |
| Costa Rica | San Jose, Puerto Limon | | |
| | | Ecu Worldwide Costa Rica S.A. | |
| | | | 506 4104 0000 |
| Cura ao | Willemstad | Seawings N.V. | 599 9 733 15 91 |
| Dominica | Roseau | Millenium Freight Services | |
| | | | 1 767 448 2181 |
| Dominican Republic | | | |
| | Santo Domingo | INTERTRANS | 1 809 565 2171 |
| Ecuador | Guayaquil | Ecu - Worldwide - (Ecuador) S.A. | |
| | | | 593 4 228 6225 |
| Ecuador | Quito | Ecu - Worldwide - (Ecuador) S.A. | |
| | | | 94 4 228 6225 |
| El Salvador | San Salvador | Ecu Worldwide (El Salvador) SA de CV | |
| | | | 503 2556 1359 / 2556 0360 / 2556 |
| | | | 0269 |
| French Guiana | | | |
| | Cayenne | SAMEG | 594 25 69 91 |
| Grenada | St. George's | Francis' Customs & Shipping Agents | |
| | | | 473 435-3164 |
| Guadeloupe | Pointe- -Pitre | SEALOGIS FREIGHT FORWADING | |
| | | | 590 92 42 37 |
| Guatemala | Guatemala C., Sto Tomas de Castilla | | |
| | | Ecu Worldwide Guatemala S.A. | |
| | | | 502 2314 5300 |
| Guyana | Georgetown | Guyana Freight Services Inc. | |
| | | | 592 225-7186 |
| Haiti | Port-au-Prince | ETS. J.B. VITAL S.A. | 509 2940-2640 |
| Honduras | San Pedro Sula | BKG LOGISTICS | 50425589176 |
| Jamaica | Kingston | Freight Handlers Ltd.1 876 937 58 58 | |
| Jamaica | Montego Bay | Freight Handlers Ltd.1 876 952 65 66 | |
| Martinique | Fort-de-France | AMT Somotrans | 011-596-484-848 |
| Mexico | Altamira | Ecu Worldwide Mexico, SA de CV | |
| | | | 52 83 3132 6100 |
| Mexico | Guadalajara | Ecu Worldwide Mexico, SA de CV | |
| | | | 52 33 3620 5087 |
| Mexico | Lazaro Cardenas | Ecu Worldwide Mexico, SA de CV | |
| | | | 52 75 3688 1164 |
| Mexico | Manzanillo | Ecu Worldwide Mexico, SA de CV | |
| | | | 52 31 4332 9308 |
| Mexico | Mexico City | Ecu Worldwide Mexico, SA de CV | |
| | | | 52 55 5340 0770 |
| Mexico | Mexico City Airport | | |
| | | Ecu Worldwide Mexico, SA de CV | |
| | | | 52 55 1560 3253 |
| Mexico | Monterrey | Ecu Worldwide Mexico, SA de CV | |
| | | | 52 81 8335 3223 |
| Mexico | Queretaro | Ecu Worldwide Mexico, SA de CV | |
| | | | 52 44 2688 8722 |
| Mexico | Veracruz | Ecu Worldwide Mexico, SA de CV | |
| | | | 52 22 9931 5569 |
| Panama | Colon | ECU Worldwide (Panam ) | |
| | | | 507 441 5566 |
| Panama | Panama City | ECU Worldwide (Panam ) | |
| | | | 507 2 36 1775 |
| Paraguay | Asuncion | Ecu-Line Paraguay S.A. | |
| | | | 595 21 600 081 |
| Peru | Lima | Ecu Worldwide Peru S.A.C. | |
| | | | 511 619 5100 |

| | | | |
|---|---|---|---|
| Puerto Rico | San Juan | Ecu Worldwide (USA) Inc. | |
| | | | 787 620 3085 |
| Saint Barth lemy | | | |
| | Gustavia | RMP Caraibes | 590 590 279 800 |
| Saint Kitts and Nevis | | | |
| | Basseterre, Charlestown | | |
| | | S.L. HORSFORD & CO LTD | |
| | | | 869 465-4086 |
| Saint Lucia | Castries | COX & COMPANY LIMITED | |
| | | | 1 758 456 5009 |
| Saint Vincent and the Grenadines | | | |
| | Kingstown | Trans-Ocean Shipping Agency | |
| | | | 1 784 457 14 35 |
| Sint Maarten | | | |
| | Philipsburg | CIRExpress | |
| | | 1-721-543-3518/1-721-553-3850 | |
| | | /19 Ext. 203 | |
| Trinidad and Tobago | | | |
| | Port of Spain | L.J.Williams, Ltd. | |
| | | | 1-868-674-1500/1600 |
| | | | /1700 1-868-625-7447 |
| Turks and Caicos Islands | | | |
| | Providenciales | Air and Sea Agency | 1 649 941 4125 |
| Uruguay | Montevideo | Ecu Worldwide (Uruguay) | |
| | | | 598 2 917 0603 |

## EUROPE

| | | | |
|---|---|---|---|
| Albania | Durres Tirana | SBA ALBANIA SH₀ P.K | |
| | | | 355 4 631 5724 |
| Belgium | Antwerp | Ecu Worldwide (Belgium) N.V. | |
| | | | 32 3 544 38 01 |
| Bosnia and Herzegovina | | | |
| | Sarajevo | General Logistic d.o.o. | |
| | | | 387 33 77 85 00 |
| Bulgaria | Sofia | ECU WORLDWIDE BULGARIA LTD | |
| | | | 359 2 850 30 74 |
| Canary Islands, Spain | | | |
| | Las Palmas de Gran Canari | | |
| | | Tiba Internacional S.A. | |
| | | | 34 928 47 43 00 |
| Canary Islands, Spain | | | |
| | Santa Cruz de Tenerife | | |
| | | Tiba Internacional S.A. | |
| | | | 34 922 20 68 04 |
| Croatia | Rijeka | Ecu-Line Croatia | 385 51 666923 |
| Cyprus | Limassol | Ecu Worldwide (Cyprus) Ltd. | |
| | | | 357 2 556 02 92 |
| Czech Republic | | | |
| | Praha | ECU WORLDWIDE (CZ) s.r.o. | |
| | | | 420 272 680 285 |
| Denmark | Copenhagen | Nordicon Denmark A/S | |
| | | | 45 88 73 73 13 |
| Estonia | Tallinn | ECU WORLDWIDE BALTICS SIA | |
| | | | 371 6780 7000 |
| Finland | Helsinki | NORDICON AB | 358 985634350 |
| France | Le Havre | Ecu Worldwide | 33 2 3553 3905 |
| France | Lyon | Ecu Worldwide | 33 4 7279 1234 |
| France | Marseilles | Ecu Worldwide | 33 4 9112 9400 |
| France | Paris | Ecu Worldwide | 33 1 4147 9880 |
| Germany | Bremen | ECU WORLDWIDE (Germany) GmbH | |
| | | | 49 421 33 02 03 0 |
| Germany | Hamburg | ECU WORLDWIDE (Germany) GmbH | |
| | | | 49 40 23 88 90 0 |
| Greece | Piraeus | TEU SA SHIPPING & FORWARDING CO | |
| | | | 30 2104 292280 |

| | | | |
|---|---|---|---|
| Greece | Thessaloniki | TEU SA SHIPPING & FORWARDING CO | |
| | | | 30 2310 566 788 |
| Hungary | Budapest | Kaff Logistic | 36 30 825 9209 |
| Iceland | Reykjavik | TVG-Zimsen | 354 5 60 07 21 |
| Ireland | Cork | IPS Groupage Services Ltd. | |
| | | | 353 21 489 57 77 |
| Ireland | Dublin | IPS Groupage Services Ltd. | |
| | | | 353 1 890 66 00 |
| Italy | Genova | Ecu Worldwide Italy S.r.l. | |
| | | | 39 010 469 41 62 |
| Italy | Milano | Ecu Worldwide Italy S.r.l. | |
| | | | 39 02 9565 641 |
| Latvia | Riga | ECU WORLDWIDE BALTICS SIA | |
| | | | 371 6780 7000 |
| Lithuania | Vilnius | ECU WORLDWIDE BALTICS SIA | |
| | | | 371 6780 7000 |
| Macedonia | Skopje | Deni Internacional | 389 2 2581 704 |
| Malta | La Valetta | Palm Shipping Agency Ltd. | |
| | | | 356 2134 0731 |
| Montenegro | Podgorica | Milsped Montenegro d.o.o. | |
| | | | 382 78 102 724 |
| Netherlands | Rotterdam | Ecu Worldwide (Netherlands) B.V. | |
| | | | 31 10 495 04 44 |
| Norway | Oslo | NORDICON NUF | 47 22405320 |
| Poland | Gdynia | Ecu Worldwide Polska SP. Z.o.o. | |
| | | | 48 58 660 64 95 |
| Portugal | Lisbon | TRANSCINCO | 351 21 868 15 17 |
| Portugal | Porto | TRANSCINCO | 351 22 939 99 00 |
| Romania | Bucharest | ECU WORLDWIDE CEE SRL | |
| | | | 40 756 350 350 |
| Russia | Moscow | Ecu-Line Russia c/o Tradex ltd. | |
| | | | 7 812 4014015 |
| Russia | St. Petersburg | Ecu-Line Russia c/o Tradex ltd. | |
| | | | 7 812 4014015 |
| Russia | Vladivostok | CONSOLIDATOR-DV LLC | |
| | | | 7 423 279-57-07 |
| Serbia | Belgrade | Ecu-Line Serbia c/o Milsped d.o.o. | |
| | | | 381 11 20 15 100 |
| Slovenia | Koper | Ecu-Line Slovenia | 386 5 6641 525 |
| Spain | Barcelona | Ecu-Line Spain S.L. | 34 93 412 0061 |
| Spain | Madrid | Ecu-Line Spain S.L. | 34 916 72 35 95 |
| Spain | Valencia | Ecu-Line Spain S.L. | 34 963 67 7672 |
| Sweden | Gothenburg | NORDICON AB | 46 31 722 26 00 |
| Switzerland | Basel | Ecu-Line Switzerland GmbH | |
| | | | 32 3 544 47 20 |
| UK | Belfast | Cargo Forwarding Ltd. | |
| | | | 44 28 9037 3700 |
| UK | Glasgow | Ecu Worldwide (U.K.) Ltd | |
| | | | 44 123 686 12 35 |
| UK | Southampton | Ecu Worldwide (U.K.) Ltd | |
| | | | 44 23 8062 6500 |

## AFRICA

| | | | |
|---|---|---|---|
| Algeria | Algiers | Ecu-Line Algerie sarl | 213 21 54 11 11 |
| Angola | Luanda | Tiba Angola Lda | 244 222447701 |
| Botswana | Gaborone | ECU WORLDWIDE SOUTH AFRICA | |
| | | (PTY) LTD. | 27 41 363 17 49 |
| Burkina Faso | | | |
| | Ouagadougou | FRACHT BURKINA FASO | |
| | | | 226 25 37 49 19 |
| Burundi | Bujumbura | BOLLORE TRANSPORT & LOGISTICS | |
| | | BURUNDI | 257 2222 6140 |
| Cameroon | Douala | Eagle Cameroun | 237 233 406 202 |
| Congo-Brazzaville | | | |

|  |  |  |  |
|---|---|---|---|
| | Pointe Noire | Bollore Transport & Logistics | 242 05 039 6710 |
| Congo-Kinshasa | Kinshasa | G.T.M. - Group Transport Multimodal | 243 99 80 18 900 |
| Djibouti | Djibouti | Transit Marill | 253 35 56 23 |
| Egypt | Alexandria | Ecu WorldWide Egypt Ltd | 20 3 3923338 |
| Egypt | Cairo | Ecu WorldWide Egypt Ltd | 202 27744904 |
| Egypt | Port Said | Ecu WorldWide Egypt Ltd | 20 66 335 2435 |
| Equatorial Guinea | Bata | Besora Maritima | 240 333084991 |
| Equatorial Guinea | Malabo | Besora Maritima | 240 333091246 |
| Eritrea | Asmara Massawa | DARKA HORN OF AFRICA | 00 291 711 2810 |
| Gabon | Libreville | Eagle S.A. | 241 0170 5174 |
| Gabon | Port Gentil | Eagle S.A. | 241 065 988 013 |
| Gambia | Banjul | BOLLORE TRANSPORT & LOGISTICS | 220 422 7518 |
| Ghana | Tema | ELWA Ghana Ltd | 233 303 224 603 |
| Guinea | Conakry | Soguifret Sarl | 224 622 694060 |
| Ivory Coast | Abidjan | ECU WORLDWIDE COTE D'IVOIRE | 225 21 25 71 79 |
| Kenya | Mombasa | Ecu Worldwide (Kenya) Ltd. | 254 41 2223035 |
| Kenya | Nairobi | Ecu Worldwide (Kenya) Ltd. | 254 20 2309 895 |
| Liberia | Monrovia | OBT Shipping Ltd. | 231 777 590 900 |
| Libya | Benghazi | AL MARFA SHIPPING & MARITIME SERVICES CO | 218 2 1478 0189 |
| Libya | Tripoli | AL MARFA SHIPPING & MARITIME SERVICES CO | 219 2 1478 0189 |
| Madagascar | Antananarivo | S.T.T.E (Soci t de Transit et Transport ETTRRAT) | 261 2022 57292 |
| Mauritius | Port Louis | Ecu Worldwide (Mauritius) Ltd. | 230 2063945/6/7 |
| Morocco | Casablanca | ECU Worldwide Morocco S.A. | 212 52 240 27 27 |
| Mozambique | Maputo | TIBA Mozambique Lda. | 258 21 304 954 |
| Namibia | Walvis Bay | Worker Freight Services (PTY) Ltd. | 264 64 201 2027 |
| Nigeria | Apapa | Hull Blyth Nigeria-HBK | 234 1 764 4946 |
| Nigeria | Port Harcout | Hull Blyth Nigeria-HBK | 234 814 231 4212 |
| Rwanda | Kigali | FRACHT RWANDA LIMITED | 250 788 301 195 |
| Senegal | Dakar | Maritalia S.A. | 221 33 849 4848 |
| Seychelles | Mahe | Pan Aviation Seychelles Ltd. | 248 4 373 734 |
| Sierra Leone | Freetown | OBT Shipping Ltd. | 232 30 777 068 |
| South Africa | Cape Town | Ecu Worldwide South Africa (Pty) Ltd. | 27 21 551 00 05 |
| South Africa | Durban | Ecu Worldwide South Africa (Pty) Ltd. | 27 31 312 2262 |
| South Africa | Johannesburg | Ecu Worldwide South Africa (Pty) Ltd. | 27 11 452 94 35 |
| South Africa | Port Elizabeth | Ecu Worldwide South Africa (Pty) Ltd. | 27 11 452 94 35 |
| Suriname | Paramaribo | Cimarron Airlines & Logistics N.V. | 597-520 640 |
| Tanzania | Dar Es Salaam | ECU Worldwide (TZ) LTD | 255 22 2129730/31 |
| Togo | Lom | TAAL S.A. | 228 22 23 19 00 / 22 22 02 43 |
| Tunisia | Tunis | Ecu-Line Tunisie Sarl | 216 71 434 087 |
| Zambia | Lusaka | ECU WORLDWIDE SOUTH AFRICA (PTY) LTD | 27 41 363 17 49 |
| Zimbabwe | Harare, Zimbabwe | ECU WORLDWIDE SOUTH AFRICA (PTY) LTD | 27 41 363 17 49 |

## MIDDLE EAST

|  |  |  |  |
|---|---|---|---|
| Bahrain | Bahrain | ECU WORLDWIDE (BAHRAIN) CO. W.L.L. | 973 17466874 |
| Israel | Ashdod | JACKY LINE N.V.O.C.C.LTD. | 972-3-5681700 |
| Israel | Haifa | JACKY LINE N.V.O.C.C.LTD. | 972-3-5681700 |
| Jordan | Amman | FOUR DIRECTIONS LOGISTICS SERVICES | 962 65004800 |
| Kuwait | Kuwait | Al-Rashed Int'l Shipping Co. WLL | 965 22912801 |
| Lebanon | Beirut | ECU Worldwide (Liban) | 961 1 56 29 55 |
| Oman | Sohar | Express Freight Services | 968 24 79 02 02 |
| Qatar | Doha | ECU LINE DOHA W.L.L. | 974 444 38 491/464 |
| Saudi Arabia | Dammam | Ecu-Line Saudi Arabia | 966 13 834 1309 / 832 6742 |
| Saudi Arabia | Jeddah | Ecu-Line Saudi Arabia | 966-012-6502512/012-6501097 012-6501193 |
| Saudi Arabia | Riyadh | Ecu-Line Saudi Arabia | 966 1 451 3029 |
| Turkey | Istanbul | Ecu Worldwide Turkey Tasimacilik Ltd Sirketi | 90 216 575 60 00 |
| Turkey | Izmir | Ecu Worldwide Turkey Tasimacilik Ltd Sirketi | 90 232 463 68 30-31 |
| UAE | Abu Dhabi | Ecu-Line Abu Dhabi LLC | 971 2 633 95 97 |
| UAE | Dubai | Ecu-Line Middle East LLC | 971 4 881 76 96 |
| Yemen | Aden | Al Halal Shipping Co. (Yemen) Ltd. | 967 2 243295 |
| Yemen | Hodeidah | Al Halal Shipping Co. (Yemen) Ltd. | 967 3 260042 |

## ASIA & OCEANIA

|  |  |  |  |
|---|---|---|---|
| American Samoa | Pago Pago | Polynesian Shipping Services Inc. | 1 684 633 5636 |
| Australia | Adelaide | Ecu Worldwide Australia Pty Ltd. | 61 8 8240 1977 |
| Australia | Brisbane | Ecu Worldwide Australia Pty Ltd. | 61 2 8336 4100 |
| Australia | Darwin | Ecu Worldwide Australia Pty Ltd. | 61 2 8336 4100 |
| Australia | Fremantle | Ecu Worldwide Australia Pty Ltd. | 61 8 9314 1011 |
| Australia | Melbourne | Ecu Worldwide Australia Pty Ltd. | 61 3 8336 8600 |
| Australia | Sydney | Ecu Worldwide Australia Pty Ltd. | |

フォワーダー

イ

|  |  |  |  |
|---|---|---|---|
| | | | 61 2 8336 4100 |
| Bangladesh | Chittagong | Ecu-Line (BD) Ltd. | 880 3172 6611 |
| Bangladesh | Dhaka | Ecu-Line (BD) Ltd. | 880 298 201 15-19 |
| Brunei | Kuala Belait | B.T. Forwading | 673 222 12933/223 1933 /222 1612/222 5120 |
| Brunei | Muara | B.T. Forwading | 673 222 12933/223 1933 /222 1612/222 5120 |
| Cambodia | Phnom Penh | ECULINE WORLDWIDE LOGISTICS CO. LTD. | 855 23 989559 |
| China | Dalian | Ecu Worldwide (Guangzhou) Ltd - Dalian Branch | 86 0411 3986 0111 |
| China | Fuzhou | Ecu Worldwide (Guangzhou) Ltd - Fuzhou Branch | 86 591 8761 6613 |
| China | Guangzhou | Ecu Worldwide (Guangzhou) Ltd | 86 20 8364 9778 |
| China | Hangzhou | HANGZHOU WING-LINE Int'l TRANSPORTATION CO., LTD. | 86 571 8580 8647 |
| China | Jiangmen | Sinotrans Guangdong Co., Ltd. (Jangmen Foreign Transportation Enterprises Co., Ltd.) | 86 750 7365620 |
| China | Jinan | Ecu Worldwide (Guangzhou) Ltd., Qingdao branch, Jinan Rep office | 86 531 81761567/8/9 |
| China | Nanjing | Nanjing Han Line Logistics Co., Ltd. | 86 25 8471 7537 |
| China | Ningbo | Ecu Worldwide (Guangzhou) Ltd., Ningbo Branch | 86 574 8719 3366 |
| China | Qingdao | Ecu Worldwide (Guangzhou) Ltd., Qingdao Branch | 86 532 8872 8970 |
| China | Shanghai | ECU WORLDWIDE CHINA LTD. | 86 21 6364 3399 |
| China | Shantou | Ocean Way Transportation Ltd. | 86 754 8855 6990 |
| China | Shenzhen | Ecu Worldwide (Guangzhou) Ltd., Shenzhen branch | 86 755 8282 9282 |
| China | Tianjin | ECU WORLDWIDE TIANJIN LTD. | 86 22 2334 6666 |
| China | Wuhan | Hubei Shijin Int'l Freight and Forwarding Co., Ltd. | 86 27 85554112/4113/4114 |
| China | Xiamen | Ecu Worldwide (Guangzhou) Ltd., Xiamen Branch | 86 592 5684 808/818/828 |
| China | Yantai | Ecu Worldwide (Guangzhou) Ltd., Yantai Branch | 86 0535-6860771 |
| China | Zhongshan | Ecu Worldwide (Guangzhou) Ltd., Zhongshan Branch | 86 760 8823 5002 |
| Cook Islanda | Rarotonga | Hawaii Pacific Maritime | 682 27 185 |
| Fiji | Suva | Export Freight Services (Fiji) Ltd. | 679 33 050 44 |
| French Polynesia | Papeete (Tahiti) | All Freight Polynesia | 689 53 41 41 |
| Guam | Guam | TRIPLE B FORWARDERS (GUAM) INC. | 1 671 649 0900 |
| Hongkong | Hongkong | Ecu Worldwide (Hong Kong) Ltd. | 852 2150 2888 |
| India | Ahmedabad | Allcargo Logistics Ltd. | 91 79 4039 5015 |
| India | Bangalore | Allcargo Logistics Ltd. | 91 80 2521 7067/68/69 |
| India | Baroda | Allcargo Logistics Ltd. | 91 265 308 3421 |
| India | Belgaum | Allcargo Logistics Ltd. | 91 87 2225 9898 |
| India | Chennai | Allcargo Logistics Ltd. | 044 4978 2200/01 |
| India | Cochin/Kochi | Allcargo Logistics Ltd. | 91 484 2664630 |
| India | Coimbatore | Allcargo Logistics Ltd. | 91 422 4958761 |
| India | Hyderabad | Allcargo Logistics Ltd. | 040 4003 5961/962 |
| India | Indore | Allcargo Logistics Ltd. | 88890 09777 |
| India | Jaipur | Allcargo Logistics Ltd. | 91 141 238 8663 |
| India | Kanpur | Allcargo Logistics Ltd. | 91 512 233 1668 |
| India | Kolkata | Allcargo Logistics Ltd. | 91 33 40030310/11 |
| India | Ludhiana | Allcargo Logistics Ltd. | 91 161 653 4041 |
| India | Mumbai | Allcargo Logistics Ltd. | 91 22 2263 8100 |
| India | Mumbai (Kalina) | Allcargo Logistics Ltd. (Corporate office) | 91 22 6679 8100 |
| India | Mundra | Allcargo Logistics Ltd. | 91 28 3827 1111 |
| India | Nagpur | Allcargo Logistics Ltd. | 91 712 6454662 |
| India | New Delhi | Allcargo Logistics Ltd. | 91 11 4120 0100 |
| India | Pune | Allcargo Logistics Ltd. | 91 20 4130 9272 |
| India | Tirupur | Allcargo Logistics Ltd. | 91 421 433 6150 |
| India | Tuticorin | Allcargo Logistics Ltd. | 91 461 400 0601 |
| Indonesia | Bandung | PT ECU WORLDWIDE INDONESIA | 62 22 87321032 |
| Indonesia | Batam | PT ECU WORLDWIDE INDONESIA | 62 778 453167 |
| Indonesia | Belawan | PT ECU WORLDWIDE INDONESIA | 62 61 4144352 |
| Indonesia | Jakarta | PT ECU WORLDWIDE INDONESIA | 62 24 76444100 |
| Indonesia | Semarang | PT ECU WORLDWIDE INDONESIA | 62 24 76444100 |
| Indonesia | Surabaya | PT ECU WORLDWIDE INDONESIA | 62 31 531 9780/547 0144 |
| Korea | Busan | ECU WORLDWIDE KOREA CO., LTD. | 82 51-463-8885 |
| Korea | Seoul | ECU WORLDWIDE KOREA CO., LTD. | 82 51-463-8885 |
| Laos | Vientiane | SOCIETE MIXTE DE TRANSPORT CO., LTD. | 856 21 417051-55 |
| Macau | Macau | Ag. Com. World Freight (Navegacao e Transportes) Lda. | 853 2833 3377 |
| Malaysia | Johor Bahru | Ecu Worldwide (Malaysia) SDN BHD | 60 7 361 91 88 |
| Malaysia | Penang | Ecu Worldwide (Malaysia) SDN BHD | 604 22666 90 |

|  |  |  |  |
|---|---|---|---|
| Malaysia | Port Klang | Ecu Worldwide (Malaysia) SDN BHD | 603 3325 3085 |
| Maldives | Male | Super Logistics Private Ltd | 960 3011 888 |
| Myanmar | Mandalay | OV Container (Myanmar) Ltd. | 95 1 38 5586/ 95 1 383531 / 95 1 387472 |
| Myanmar | Yangon | OV Container (Myanmar) Ltd. | 95 1 38 5586/ 95 1 383531 / 95 1 387472 |
| Nepal | Kathmandu | INTERNATIONAL FREIGHT LOGISTICS PVT. LTD. | 91 98308 95637 |
| New Zealand | | | |
| | Auckland | Ecu Worldwide New Zealand Ltd | 64 9 255 02 99 |
| Pakistan | Islamabad | Ecu-Line Pakistan (PVT) Ltd. | 92-51-8435613-4 |
| Pakistan | Karachi | Ecu-Line Pakistan (PVT) Ltd. | (92-21)35642740-9 |
| Pakistan | Lahore | Ecu-Line Pakistan (PVT) Ltd. | 92 42 35844412-4 |
| Papua New Guinea | | | |
| | Lae | Seafast Logistics | 675 472 51 93 |
| Philippines | Cagayan De Oro | | |
| | | Ecu Worldwide (Philippines) Inc | 63 088 8807083 |
| Philippines | Cebu | Ecu Worldwide (Philippines) Inc | 63 32 345 46 68 |
| Philippines | Davao | Ecu-Line Davao | 63 82 2876461 |
| Philippines | Laguna | Ecu Worldwide (Philippines) Inc | 62 2 838 3839 |
| Philippines | Manila | Ecu Worldwide (Philippines) Inc | 63 2 838 3839 |
| Philippines | Subic | Ecu Worldwide (Philippines) Inc | 63 47250 3341 |
| Samoa | Apia | PFL Samoa | 685 20 345 |
| Singapore | Singapore | Ecu-Worldwide (Singapore) Pte. Ltd. | 65 6220 3373 |
| Sri Lanka | Colombo | ECU WORLDWIDE LANKA PVT LTD | 94 (0)11 436 58 10/19 |
| Taiwan | Kaohsiung | Oriental Power Logistics Co., Ltd. | 886 7 535 2991 |
| Taiwan | Taichung | Oriental Power Logistics Co., Ltd. | 886 4 2298 9991 |
| Taiwan | Taipei | Oriental Power Logistics Co., Ltd. | 886 2 2523 5168 |
| Thailand | Bangkok | Ecu Worldwide (Thailand) Co. Ltd. | 662 681 8555 |
| Vietnam | Danang | Ecu Worldwide Vietnam Co., Ltd | 84 511 3888 534 |
| Vietnam | Haiphong | Ecu Worldwide Vietnam Co., Ltd | 84 31 3686 202 |
| Vietnam | Hanoi | Ecu Worldwide Vietnam Co., Ltd | 84 4 3944 9433 |
| Vietnam | Ho Chi Minh | Ecu Worldwide Vietnam Co., Ltd | 84 8 3773 3737 |

## 株式会社　石川組
## ISHIKAWA-GUMI, LTD.

231-0801 神奈川県横浜市中区新山下3-13-14
TEL 045-623-8851 FAX: 045-623-8850
http://www.ishikawa-gumi.co.jp/

［主な営業種目］　港湾運送事業　海運貨物取扱事業　倉庫業　通関業　国際複合運送業

［貨物運送取扱事業法上の事業区分(外航海運)］
利用運送事業

［加入団体名］　JIFFA　JFFF

［国内営業所および代理店名］
横浜：本社　　　　 045-623-8851　℻045-623-8850
東京：営業部（一般貨物）
　　　　　　　　　 03-3474-8101　℻03-3474-8191
　　　：国際部（見本市関係）
　　　　　　　　　 03-3474-8102　℻03-5460-9841
横浜：第二営業所
　　　　　　　　　 045-623-8235　℻045-623-8859

## 伊勢湾海運　株式会社
## ISEWAN TERMINAL SERVICE CO., LTD.

455-0032 愛知県名古屋市港区入船1-7-40
TEL 052-661-5181 FAX: 052-661-6121
https://www.isewan.co.jp

［主な営業種目］　港湾運送事業　倉庫業　貨物利用運送事業　海上運送業　陸上運送業　通関業　航空運送代理店業　梱包業　一般廃棄物および産業廃棄物の運送ならびに再生処理業　鉄鋼・非鉄金属およびこれらの原材料ならびに製品・鉱産物の購入および運搬ならびに販売　労働者派遣事業　各種代理業　土木・建築工事業

［貨物運送取扱事業法上の事業区分(外航海運)］
利用運送事業

［加入団体名］　JIFFA　JAFA　JFFF

［国内営業所および代理店名］
東京：東京支店 03-3520-1800　℻03-3520-1818
大阪：大阪支店 06-6531-5541　℻06-6541-3760
愛知：東海支店 052-604-8811　℻052-604-1589
　　：豊橋支店 0532-23-3816　℻0532-23-5343
　　：セントレア事業所
　　　　　　　 0569-38-7811　℻0569-38-7812
富山：富山支店 0766-55-2061　℻0766-55-2247
長野：信越支店 0266-58-4734　℻0266-58-4708

［海外営業所及び代理店又は提携先］

NORTH AMERICA

| USA | Atlanta | Isewan U.S.A. Inc., アトランタ事務所 | 1-404-305-7880 |
|---|---|---|---|
| USA | Charlotte | Isewan U.S.A. Inc. | 1-704-521-2825 |
| USA | Chicago | Isewan U.S.A. Inc., シカゴ事務所 | 1-630-561-2807 |
| USA | Los Angeles | Isewan U.S.A. Inc., ロサンゼルス事務所 | 1-310-329-7496 |
| USA | Norfolk | Isewan U.S.A. Inc., ノーフォーク事務所 | 1-757-673-2727 |

CENTRAL SOUTH AMERICA

| Mexico | Aguascalientes | ISEWAN DE MEXICO S.A. DE C.V. | 52-449-478-8200 |
|---|---|---|---|

EUROPE

| Belgium | Antwerpen | Isewan Europe GmbH., ベルギー支店 | 32-3-231-5938 |
|---|---|---|---|

フォワーダー

イ

| Germany | Düsseldorf | Isewan Europe GmbH |
|---|---|---|
| | | 49-2102-37007-00 |
| Russia | St. Petersburg | Isewan Europe GmbH., サンクトペ |
| | | テルブルク支店 7-812-643-45-65 |

<u>ASIA & OCEANIA</u>

| China | Dalian | 伊勢湾海運㈱大連事務所 |
|---|---|---|
| | | 86-411-8253-1230 |
| China | Guangzhou | 伊勢湾（広州）国際貨運代理有 |
| | | 限公司 86-20-3831-0161 |
| China | Shanghai | 伊勢湾（上海）国際貨運代理有 |
| | | 限公司 86-21-5108-8102 |
| China | Shenzhen | Isewan (H.K.) Ltd..,深圳テクノセン |
| | | ター事務所 86-755-2798-8392 |
| China | Tianjin | 伊勢湾（上海）国際貨運代理 |
| | | 天津支店 86-22-5983-1010 |
| Hongkong | Hongkong | Isewan (H.K.) Ltd. 852-2575-3026 |
| Indonesia | Bekasi | PT. IS JAYA LOGISTIK |
| | | 62-21-5055-5238 |
| Indonesia | Bekasi | PT. Isewan Indonesia |
| | | 62-21-5055-5230 |
| Indonesia | Jakarta | PT. IS JAYA LOGISTIK., ジャカルタ |
| | | 支店 62-21-2245-8807 |
| Taiwan | Taipei | 台湾伊勢湾股份有限公司 |
| | | 886-2-2765-5546 |
| Thailand | Bangkok | Isewan (Thailand) Co., Ltd. |
| | | 66-2-661-6404 |
| Thailand | Laem Chabang | Isewan (Thailand) Co., Ltd., レムチャ |
| | | バン　ロジスティクスセンター |
| | | 66-38-347-109 |
| Thailand | Suvarnabhumi | Isewan (Thailand) Co., Ltd., スワンナ |
| | | プーム ロジスティクスセンター |
| | | 66-2-136-4850 |

# 伊藤忠ロジスティクス　株式会社
## ITOCHU LOGISTICS CORP.

105-7113 東京都港区東新橋1-5-2
　　　　　汐留シティセンター13階

*http://www.itclogi.com*

［主な営業種目］倉庫事業　貨物運送取扱事業
国際貨物取扱事業　外航海運取扱業　国際航空
貨物取扱業

［貨物運送取扱事業法上の事業区分(外航海運)］
利用運送事業

［加入団体名］　JIFFA　JAFA

［国内営業所および代理店名］
東京：海上第一本部　生活資材・化学品部　物
　　　産・化学品課
　　　　　03-6254-6034　FAX03-6254-6534
　　：海上第一本部　生活資材・化学品部
　　　生活資材課
　　　　　03-6254-6035　FAX03-6254-6535
　　：海上第一本部　物流プロジェクト部
　　　営業第一課
　　　　　03-6254-6036　FAX03-6254-6536
　　：海上第一本部　物流プロジェクト部
　　　営業第二課
　　　　　03-6254-6037　FAX03-6254-6537
　　：海上第一本部　物流プロジェクト部

戦略物流課
　　　　　03-7638-3016　FAX03-7638-3017
　　：海上第一本部　物流プロジェクト部
　　　SCM開発課
　　　　　03-6254-6037　FAX03-6254-6537
　　：海上第二本部　機械・自動車部
　　　機械・自動車第一課
　　　　　03-6254-6038　FAX03-6254-6538
　　：海上第二本部　機械・自動車部
　　　機械・自動車第二課
　　　　　03-6254-6039　FAX03-6254-6539
　　：海上第二本部　金属・プラント部
　　　金属・プラント課
　　　　　03-6254-6040　FAX03-6254-6540
　　：航空本部　03-6254-6043　FAX03-6254-6543
　　：航空本部　営業第一部　輸出営業第一課
　　　　　03-6254-6045　FAX03-6254-6545
　　：航空本部　営業第一部　輸出営業第二課
　　　　　03-6254-6046　FAX03-6254-6546
　　：航空本部　営業第一部　営業第二部
　　　混載業務課
　　　　　03-6254-6047　FAX03-6254-6547
　　：航空本部　営業第二部　輸入営業課
　　　　　03-6254-6048　FAX03-6254-6548
　　：食料・食品物流本部
　　　　　03-6254-6054　FAX03-6254-6554
　　：食料・食品物流本部　食料営業第一部
　　　営業第一課
　　　　　03-6254-6054　FAX03-6254-6554
　　：食料・食品物流本部　食料営業第二部
　　　営業第四課
　　　　　03-6254-6057　FAX03-6254-6555
　　：食料・食品物流本部　食料営業第二部
　　　営業第三課
　　　　　03-6254-6054　FAX03-6254-6555
　　：食料・食品物流本部　食料営業第二部
　　　営業第二課
　　　　　03-6254-6058　FAX03-6254-6555
　大阪：航空本部　大阪国際営業部　戦略物流課
　　　　　06-7638-3016　FAX06-7638-3017
　　：航空本部　国際業務課
　　　　　06-7638-4077　FAX06-7638-4053

［海外営業所及び代理店又は提携先］
<u>NORTH AMERICA</u>

| USA | Chicago | ITOCHU LOGISTICS (USA) CORP. |
|---|---|---|
| | | 1-630-787-9781 |
| USA | Los Angeles | ITOCHU LOGISTICS (USA) CORP., |
| | | Head Office 1-310-787-6500 |
| USA | New York | ITOCHU LOGISTICS (USA) CORP., |
| | | Manhattan Office 1-646-862-6999 |
| USA | San Francisco | ITOCHU LOGISTICS (USA) CORP. |
| | | 1-650-737-3000 |

<u>CENTRAL SOUTH AMERICA</u>

| Mexico | Irapuato | ILCM LOGISTICS MEXICO S.A. DE C.V. |
|---|---|---|
| | | 52-462-624-3172 |

<u>EUROPE</u>

| France | Paris | ITOCHU LOGISTICS (EUROPE) GmbH., |
|---|---|---|
| | | Paris Branch 33-1-4538-9604 |
| Germany | Düsseldorf | ITOCHU LOGISTICS (EUROPE) GmbH., |
| | | Head Office 49-211-5367091-0 |
| Hungary | Esztergom | EURASIA LOGISTICS Kft. |
| | | 36-33-542-900 |
| Italy | Milano | ITOCHU LOGISTICS (EUROPE) GmbH., |

| | | | |
|---|---|---|---|
| | | Milano Branch | 39-02-9285-2196 |

| Country | City | Company | Tel |
|---|---|---|---|
| China | Beijing | ITOCHU LOGISTICS (CHINA) CO.,LTD. | 86-10-8730-5961 |
| China | Dalian | ITOCHU LOGISTICS CORP., Dalian Office | 86-411-8369-4482 |
| China | Guangzhou | Guangzhou Global Logistics Corporation | 86-20-3480-6858 |
| China | Guangzhou | i-LOGISTICS (Guangzhou) LTD. | 86-20-3878-1722 |
| China | Hangzhou | ITOCHU LOGISTICS FORWARDING (SHANGHAI) CORP., Hangzhou Office | 86-571-8685-2606 |
| China | Qingdao | SHANDONG i-LOGISTICS CO., LTD., Qingdao Head Office | 86-0532-8691-1888 |
| China | Qingdao | SHANDONG i-LOGISTICS CO., LTD., Qingdao Office | 86-0532-8666-2828 |
| China | Shanghai | i-LOGISTICS (SHANGHAI) CORP., Bonded Warehouse | 86-21-5046-0576 |
| China | Shanghai | ITOCHU LOGISTICS FORWARDING (SHANGHAI) CORP. | 86-21-6209-2184 |
| China | Suzhou | ITOCHU LOGISTICS FORWARDING (SHANGHAI) CORP., Suzhou Office | 86-512-6280-6292 |
| China | Tianjin | ITOCHU LOGISTICS FORWARDING (SHANGHAI) CORP., Tianjin Office | 86-22-8835-1508 |
| China | Xiamen | i-LOGISTICS (Guangzhou) LTD., Xiamen Office | 86-592-2217-723 |
| Hongkong | Kowloon | ITOCHU LOGISTICS (HK) LTD., Head Office | 852-2376-8185 |
| Hongkong | Kowloon | ITOCHU LOGISTICS (HK) LTD., Ocean Dept. | 852-2376-8142 |
| Hongkong | Tsuen Wan | ITOCHU LOGISTICS (HK) LTD., Air Dept. | 852-2376-8265 |
| India | Gurgaon | IP Integrated Services Private Limited | 91-124-4224834 |
| Indonesia | Bandung | PT. ITOCHU LOGISTICS INDONESIA, Bandung Office | 62-22-520-0798 |
| Indonesia | Jakarta | PT. ILC LOGISTICS INDONESIA, Head Office | 62-021-6470-0193 |
| Indonesia | Jakarta | PT. ITOCHU LOGISTICS INDONESIA | 62-021-6470-0181 |
| Indonesia | Surabaya | PT. ITOCHU LOGISTICS INDONESIA, Surabaya Office | 62-31-532-0623 |
| Korea | Seoul | ITOCHU LOGISTICS CORP., Seoul Rep. Office | 82-2-711-2668 |
| Thailand | Bangkok | SIAM i-LOGISTICS LTD. | 66-2-632-2922 |
| Thailand | Chonburi | Eurasia Auto Carrier (Thailand) Ltd. | 66-38-493-278 |
| Thailand | Chonburi | SIAM i-LOGISTICS LTD., Laem Chabang Office | 66-38-492-988 |
| Thailand | Samut Prakarn | SIAM i-LOGISTICS. LTD., Suvarnabhumi Airport Office | 66-0-2134-2642 |
| Vietnam | Ho Chi Minh | AITC LOGISTICS (VIETNAM) CO., LTD. | 84-2-8-3840-8255 |

## 株式会社 インターオーシャン シッピング コーポレーション
### INTEROCEAN SHIPPING CORPORATION

104-0033 東京都中央区新川1-25-12
TEL 03-5117-3811 FAX: 03-5117-3816
http://www.interoceanshipping.co.jp

[主な営業種目] 船舶代理店業　NVOCC　国際複合運送業　コンテナ・リース業

[貨物運送取扱事業法上の事業区分(外航海運)]
利用運送事業

[国内営業所および代理店名]
東京：管理グループ
03-5117-3811　FAX 03-5117-3816
：営業グループ
03-5117-3813　FAX 03-5117-3816

## インターナショナル エクスプレス　株式会社
### INTERNATIONAL EXPRESS CO., LTD.

105-0022 東京都港区海岸2-1-17
TEL 03-3452-5531 FAX: 03-3452-8774
http://www.iecjp.com/

[主な営業種目] 港湾運送事業　貨物自動車運送事業　倉庫業　通関業　NVOCC　国際航空貨物・旅客代理店業

[貨物運送取扱事業法上の事業区分(外航海運)]
利用運送事業

[加入団体名] JIFFA　JAFA　JFFF

[国内営業所および代理店名]
東京：東京支店 03-3452-4591　FAX 03-5232-5115
：羽田空港営業所
03-5579-7020　FAX 03-5708-3123
成田：成田空港営業所
0476-32-8171　FAX 0476-32-8177
大井：大井物流センター
03-3790-5311　FAX 03-3790-5314
：大井海貨上屋
03-3799-1031　FAX 03-3799-1038
名古屋：名古屋支店
052-323-2113　FAX 052-323-5548
：中部空港営業所
0569-38-7366　FAX 0569-38-7367
：名古屋海貨営業所
052-323-2113　FAX 052-323-5548
大阪：本町営業所（営業課）
06-6210-1407　FAX 06-6210-1432
（海運貨物）
06-6210-1409　FAX 06-6210-1432
：南港物流センター（航空貨物）
06-6613-5901　FAX 06-6613-5907
：関西空港営業所
0724-56-5533　FAX 072-456-5541
：関西運輸支店
06-6105-8902　FAX 06-6555-7600
九州：福岡支店 092-410-2501　FAX 092-410-2502
：博多営業所

フォワーダー
イ

|  |  |  |  |
|---|---|---|---|
| 092-410-2512 | FAX092-410-2514 | | |

：福岡空港営業所
092-477-7521　　FAX092-477-7522
：関門営業所
093-331-1341　　FAX093-331-1387
：運輸部　092-415-0231　　FAX092-415-0233
：福岡航空貨物センター（国内）
092-415-0231　　FAX092-415-0233

［海外営業所及び代理店又は提携先］

### EUROPE
| UK | London | IEC (Europe) Limited, Head Office |
|---|---|---|
| | | 44-175-329-0010 |

### ASIA & OCEANIA
| China | Shanghai | IEC Express (Shanghai) Ltd. |
|---|---|---|
| | | 86-21-6279-0011 |
| Hongkong | Hongkong | IEC Express (Hong Kong) Ltd. |
| | | 852-2317-1832 |
| Philippines | Paranaque | IEC Express Phils. Corp. |
| | | 63-2-5310-1164 |
| Taiwan | taipei | IEC Express Taiwan Ltd. |
| | | 886-2-2507-1666 |
| Vietnam | Ho Chi Minh | IEC Express (Vietnam) Co., Ltd. |
| | | 84-28-3528-2601 |

## ウ

## ヴァンガード・ロジスティックス・サーヴィセス日本　株式会社
### VANGUARD LOGISTICS SERVICES (JAPAN) LTD.

101-0065 東京都千代田区西神田3-3-12
西神田ビル4階
TEL 03-6272-9857 FAX: 03-6272-9997
*http://www.vanguardlogistics.jp*

［主な営業種目］　海運貨物取扱業　海上運送業
NVOCC　国際複合運送業

［貨物運送取扱事業法上の事業区分(外航海運)］
外国人国際利用運送事業　外国人国際運送取次
事業

［加入団体名］　JIFFA

［国内営業所および代理店名］
東京：東京本社03-6272-9857　　FAX03-6272-9997
大阪：大阪支店06-4256-1320　　FAX06-6978-8731

［海外営業所及び代理店又は提携先］

### NORTH AMERICA
| USA | Atlanta | Vanguard Logistics Services |
|---|---|---|
| | | 404-361-5587 |
| USA | Boston | Vanguard Logistics Services |
| | | 761-961-0030 |
| USA | Chicago | Vanguard Logistics Services |
| | | 630-250-1655 |
| USA | Los Angeles | Vanguard Logistics Services |
| | | 310-835-8900 |
| USA | Miami | Vanguard Logistics Services |
| | | 800-708-6950 |
| USA | New York | Vanguard Logistics Services |
| | | 732-802-4000 |
| USA | Philadelphia | Vanguard Logistics Services |
| | | 215-744-3725 |
| USA | San Francisco | Vanguard Logistics Services |
| | | 650-635-0235 |
| USA | Seattle | Vanguard Logistics Services |
| | | 206-623-6137 |

### CENTRAL SOUTH AMERICA
| Argentina | Buenos Aires | Vanguard Logistics Services (America) SA |
|---|---|---|
| | | 5411-4320-9900 |
| Brazil | Sao Paulo | Vanguard Logistics Services Do Brazil |
| | | 55-11-3068-2800 |
| Chile | Santiago | Vanguard Logistics Services Chile SA |
| | | 562-223-875-700 |
| Colombia | Santa Fe de Bogoda | |
| | | Vanguard Logistics Services Colombia SA　57-601-212-18-22 |
| Costa Rica | San Jose | Vanguard Logistics Services of Costa Rica SA　506-2288-1385 |

### EUROPE
| Belgium | Antwerp | Vanguard Logistics Services |
|---|---|---|
| | | 035-431-800 |
| France | Paris | Vanguard Logistics Services Belgium NV-France　331-4816-4925 |
| Germany | Hamburg | Vanguard Logistics Services |
| | | 49-4078-09-200 |
| Italy | Milano | Vanguard Logistics Services Italy |
| | | 39-0236-57-561 |
| Netherlands | Rotterdam | Vanguard Logistics Services |
| | | 31-10296-2600 |
| Portugal | Lisbon | All Ways Cargo Portugal Tansit Arios SA　351-21-861-0861 |
| Spain | Barcelona | Vanguard Logistics Services S.A. |
| | | 34-93262-5800 |
| Sweden | Gothenburg | Vanguard Logistics Swedem AB |
| | | 46-72-156-6640 |
| UK | Malden | Vanguard Logistics Service Ltd |
| | | 01-621-879-200 |

### AFRICA
| Egypt | Alexandria | Vanguard Logistics Services Egypt |
|---|---|---|
| | | 20-3-480-6147 |
| South Africa | Durban | Vanguard Logistics Services Pty Ltd |
| | | 27-31-001-6999 |

### MIDDLE EAST
| Turkey | Istanbul | Vanguard Turkey Logistik Hizmetler AS　90-216-410-8555 |
|---|---|---|

### ASIA & OCEANIA
| Australia | Adelaide | Vanguard Logistics Services (Aust) Pty. Ltd.　61-8-8273-3800 |
|---|---|---|
| Australia | Brisbane | Vanguard Logistics Services (Aust) Pty. Ltd.　61-7-3909-7600 |
| Australia | Melbourne | Vanguard Logistics Services (Aust) Pty. Ltd.　61-3-8318-5400 |
| Australia | Parth | Vanguard Logistics Services (Aust) Pty. Ltd.　61-8-6174-9800 |
| Australia | Sydney | Vanguard Logistics Services (Aust) Pty. Ltd.　61-2-9694-9900 |
| China | Chongqing | Vanguard Logistics Services (Zhuhai) Limited　86-23-8816-0666 |
| China | Dalian | Vanguard Logistics Services (Zhuhai) Limited　86-0411-3986-7000 |
| China | Fuzhou | Vanguard Logistics Services (Zhuhai) Limited　86-591-8781-0020 |
| China | Ningbo | Vanguard Logistics Services (Zhuhai) Limited　86-574-2766-6074 |
| China | Qingdao | Vanguard Logistics Services (Zhuhai) |

| | | | |
|---|---|---|---|
| | | Limited | |
| China | Shanghai | Vanguard Logistics Services (Zhuhai) Limited | 86-21-2603-6000 |
| China | Shenzhen | Vanguard Logistics Services (Zhuhai) Limited | 86-755-8231-6663 |
| China | Tianjin | Vanguard Logistics Services (Zhuhai) Limited | 86-22-5995-9300 |
| China | Wuhan | Vanguard Logistics Services (Zhuhai) Limited | 86-27-8544-5867 |
| China | Xiamen | Vanguard Logistics Services (Zhuhai) Limited | 86-592-2688-000 |
| China | Zhongshan | Vanguard Logistics Services (Zhuhai) Limited | 86-760-8866-8705 |
| China | Zhuhai | Vanguard Logistics Services (Zhuhai) Limited | 86-756-339-5851 |
| Hongkong | Hongkong | Vanguard Logistics Services (Hong Kong) Ltd. | 852-3744-0000 |
| India | Mumbai | Vanguard Logistics Services India | 91-22-4908-5000 |
| Indonesia | Jakarta | P.T. VARUNA LINTAS SARANA LOGISTIK | 62-21-628-0748 |
| Korea | Seoul | Maxpeed | 822-3708-3757 |
| Malaysia | Johor | Vanguard Logistics Services (Hong Kong) Ltd. | 607-554-9055 |
| Malaysia | Llang | Vanguard Logistics Services (Hong Kong) Ltd. | 603-3376-2088 |
| Malaysia | Port Kelang | Vanguard Logistics Services (Hong Kong) Ltd. | 60-3-3376-2088 |
| New Zealand | | | |
| | Auckland | Vanguard Logistics Services NZ Ltd | 64-9-916-0676 |
| Philippines | Pasay | Vanguard Logistics Services Philippines Inc. | 63-2556-7121 |
| Singapore | Singapore | Vanguard Logistics Services (Singapore) Ltd. | 63-114-133 |
| Sri Lanka | Colombo | F.S.L. Lanka (Pvt.) Ltd. | 94-11-205-6665 |
| Taiwan | Taipei | Oriental Vanguard Logistics Co., Ltd. | 886-2-2536-5115 |
| Thailand | Bangkok | Vanguard Logistics Services | 662-2365-0516 |
| Vietnam | Hanoi | Vanguard Logistics Services | 024-3941-8866 |
| Vietnam | Ho Chi Minh | Vanguard Logistics Services | 028-3845-9690 |

# 株式会社　ウエスタンシッピングジャパン
## WESTERN SHIPPING JAPAN LTD.

165-0032 東京都中野区鷺宮6-8-16
　　　　TEL 03-5848-5780 FAX: 03-5848-5783
　　　　*http://www.westshipjp.com*

［主な営業種目］　貨物運送取扱業

［貨物運送取扱事業法上の事業区分(外航海運)］
　第一種貨物利用運送事業（外航）運貨複第178
　号

［加入団体名］　JIFFA

［海外営業所及び代理店又は提携先］
<u>NORTH AMERICA</u>
USA　　　　California　　　Western Shipping America Inc.

---

310-834-7899
<u>ASIA & OCEANIA</u>
Hongkong　　Hongkong　　　Western Shipping (HK) Ltd.
　　　　　　　　　　　　　　　852-2556-0698

# 株式会社　宇徳
## UTOC CORPORATION

231-0007 神奈川県横浜市中区弁天通6-85
　　　　TEL 045-201-6891 FAX: 045-201-6939
　　　　http://www.utoc.co.jp/

［主な営業種目］　港湾運送事業　海上運送事業
　一般貨物自動車運送事業　貨物自動車運送事業
　倉庫業　通関業　建築業　不動産業

［貨物運送取扱事業法上の事業区分(外航海運)］
　利用運送事業

［加入団体名］　JIFFA　JFFF

［国内営業所および代理店名］
　横浜：本社　　　　　045-202-6625　 🆉045-201-6946
　大阪：関西営業所
　　　　　　　　　　　06-6147-8879　 🆉06-6147-8892
　九州：九州宇徳　092-643-8861　 🆉092-641-1232
　宮城：宇徳ロジスティクス㈱東北支店
　　　　　　　　　　　022-388-8381　 🆉022-388-8330
　北海道：宇徳ロジスティクス㈱北海道支店
　　　　　　　　　　　0144-52-5116　 🆉0144-57-2287

［海外営業所及び代理店又は提携先］
<u>NORTH AMERICA</u>
USA　　　　Los Angeles　Utoc America, Inc.　1-310-373-0110
<u>ASIA & OCEANIA</u>
China　　　Shanghai　　　㈱宇徳　上海駐在員事務所
　　　　　　　　　　　　　　　86-21-3366-5798
China　　　Tianjin　　　宇徳物流（天津）有限公司
　　　　　　　　　　　　　　　86-22-6529-0518
Singapore　Singapore　　Utoc Engineering Pte. Ltd.
　　　　　　　　　　　　　　　65-6861-0566
Thailand　　　　　　　　Utoc (Thailand) Co., Ltd.
　　　　　　　　　　　　　　　66-3891-8900

# エアーシーエクスプレス　株式会社
## AIR SEA EXPRESS LTD.

104-0061 東京都中央区銀座1-8-2
　　　　銀座プルミエビル5階
　　　　TEL 03-3538-6660 FAX: 03-3538-6661

［主な営業種目］　NVOCC

［貨物運送取扱事業法上の事業区分(外航海運)］
　外国人国際利用運送事業

［加入団体名］　JIFFA

［海外営業所及び代理店又は提携先］
<u>NORTH AMERICA</u>
Canada　　　　　　　　　ABCO Int'l Freight Inc.
USA　　　　　　　　　　　Euro-American Air Freight

| | |
|---|---|
| USA | New England Safe Systems, Inc. |

**CENTRAL SOUTH AMERICA**

| | |
|---|---|
| Argentina | Mercolog Argemtoma S.R.L |
| Brazil | O. Lisboa Despachos Internacionais Ltds |
| Chile | Andes Logistics de Chile S.A. |
| Colombia | Consolcargo S.A. |
| Mexico | Senator Int'l SA de CV |
| Uruguay | Flash Cargo S.r.L. |

**EUROPE**

| | |
|---|---|
| Austria | Lagermax Int'l Speditions GmbH |
| Belgium | S.F.T. Gondrand Freres N.V. |
| Denmark | Blue Water Shipping AS |
| Finland | Itella Logistics OY |
| France | Euro Overseas Logistics |
| Germany | SIS Internationale Speditions GmbH |
| Ireland | DMF Int'l Ltd. |
| Italy | Barbalini & Foglia S.r.L. |
| Latvia | Itella Logistics OY |
| Lithuania | Itella Logistics OY |
| Malta | Air Cargo Logistics |
| Netherlands | MI Milestone Logistics B.V. |
| Norway | APC Logistics AS |
| Portugal | Olicargo Transitario, Lda. |
| Russia | Multimodal LLC |
| Spain | DECOEXSA |
| Sweden | APC Logistics AB |
| Switzerland | Mat Transport AG |
| UK | ASG Logistics Ltd. |

**AFRICA**

| | |
|---|---|
| Egypt | Arabital Co For Cargo And Transport |
| South Africa | Santova Logistics (Oty) Ltd |

**MIDDLE EAST**

| | |
|---|---|
| Israel | Eilat Gateport Noga (1982) Ltd. |
| Kuwait | Freight Systems Co., Ltd. (WLL) |
| Turkey | Mars Hava de Denz Kargo Tasimaciligi AS |
| UAE | Arabital Shipping, Dubai, U.A.E. |

**ASIA & OCEANIA**

| | |
|---|---|
| Australia | Summit Global Logistics |
| China | APC Asia Pacific Cargo (China) Ltd. |
| Hongkong | APC Asia Pacific Cargo (H.K.) Ltd. |
| Hongkong | ASE Air Sea Express (HK) Ltd. |
| India | Freight System (India) Pvt. Ltd. |
| Indonesia | Pt. Cahaya Pundimas Indonusa |
| Korea | Daijin Express Co., Ltd. |
| Malaysia | United Logistics Sdn Bhd |
| New Zealand | APC Logistics (NZ) Ltd. |
| Philippines | All Transport Network Inc. |
| Singapore | APC Asia Pacific Cargo (S) Pte Ltd. |
| Taiwan | APC Asia Pacific Cargo (H.K.) Pte Ltd. |
| Thailand | APC Asia Pacific Cargo (Thai) Pte Ltd. |
| Thailand | ASE Air Sea Express (Thailand) Ltd. |
| Vietnam | Saigon Express Agency Ltd. |

## エイチ アンド フレンズ GTL ジャパン 株式会社
## H AND FRIENDS GTL (JAPAN) CO., LTD.

108-0023 東京都港区芝浦3-7-9
サニープレイス田町ビルディング9階
TEL 03-6865-1231 FAX: 03-6565-1235

---

*http://www.hnfriends.com*

［国内営業所および代理店名］
東京：代表・営業担当

| | | |
|---|---|---|
| | 03-6865-1231 | ᴬᴬ03-6865-1235 |

：業務部航空貨物課

| | | |
|---|---|---|
| | 03-6865-1232 | ᴬᴬ03-6865-1235 |

：業務部海上貨物課

| | | |
|---|---|---|
| | 03-6865-1233 | ᴬᴬ03-6865-1236 |
| ：管理部 | 03-6865-1230 | ᴬᴬ03-6865-1235 |

大阪：大阪営業所

| | | |
|---|---|---|
| | 06-7711-2371 | ᴬᴬ06-7711-2372 |

## エイ・ハートロッド・ジャパン 株式会社
## A. HARTRODT (JAPAN) CO., LTD.

105-0003 東京都港区西新橋3-6-10
マストライフ西新橋ビル8階
TEL 03-4500-9240 FAX: 03-5777-0255
*http://www.hartrodt.co.jp*

［主な営業種目］ 国際利用海上運送業 国際利用
航空運送事業 損害保険代理業 国際複合運送
業

［海外営業所及び代理店又は提携先］

**NORTH AMERICA**

| | | | |
|---|---|---|---|
| Canada | Montreal | a.hartrodt Canada Ltd. | (1-514) 6310833 |
| Canada | Toronto | a.hartrodt Canada Ltd. | (1-905) 6768806 |
| USA | Chicago | A. Hartrodt (u.s.a.), Inc. | (1-630) 7414256 |
| USA | Los Angeles | A. Hartrodt (u.s.a.), Inc. | (1-310) 6450357 |
| USA | New York | A. Hartrodt (u.s.a.), Inc. | (1-516) 2033100 |

**CENTRAL SOUTH AMERICA**

| | | | |
|---|---|---|---|
| Argentina | Buenos Aires | Caleu Cargo S.A. | (54-11) 43266325 |
| Bolivia | La Paz | A. H Bolivia S.R.L | (591-2) 2773903 |
| Bolivia | Santa Cruz | A. H Bolivia S.R.L | (591-2) 34504441 |
| Brazil | Sao Paulo | Clipper Transportes Internacionais Ltda. | (55-11) 32816900 |
| Brazil | Sao Paulo | Fiorde Logistica Int' l | (55-11) 32187000 |
| Chile | Santiago | A. Hartrodt Chile S.A. | (56-2) 4837000 |
| Colombia | Bogota | A. hartrodt Colombia S.A.S. | (57-1) 8054174 |
| Ecuador | Guayaquil | Tradinter | (593-4) 2202915 |
| Mexico | Mexico City | a.hartrodt Mexico S.A.de C.V. | (52-55) 52513818 |
| Peru | Lima | A. Hartrodt peru sac | (51-1) 6149090 |
| Peru | Paita | A. Hartrodt peru sac | (51-9) 46257739 |
| Uruguay | Montevideo | Jauser Cargo Ltd. | (598-2) 9168452 |
| Venezuela | Caracas | ULDV-Universal Logistics de Venezuela, C.A. | (58-212) 8390313 |

**EUROPE**

| | | | |
|---|---|---|---|
| Austria | Munich | A. Hartrodt (GmbH & Co) KG | (49-89) 975805-10 |
| Belgium | Antwerp | A. Hartrodt (Belgium) Airfreight N.V. | (32-3) 2816212 |
| Belgium | Antwerp | A. Hartrodt (Belgium) N.V. | (32-3) 2024050 |

| | | | |
|---|---|---|---|
| Belgium | Brussels | A. Hartrodt (Belgium) Airfreight N.V. | |
| | | | (32-2) 7519210 |
| Belgium | Menen-Rekkem | | |
| | | A. Hartrodt (Belgium) Airfreight N.V. | |
| | | | (32-56) 418274 |
| Bulgaria | Sofia | Atlas Cargo Inc | (359-24) 950378 |
| Cyprus | Limassol | Amathus Aegeas Ltd. | |
| | | | (357-25) 362145 |
| Czech Republic | | | |
| | Brno | a. hartrodt cz s.r.o. | (420) 545222564 |
| Czech Republic | | | |
| | Praha | a. hartrodt cz s.r.o. | (420) 246086467 |
| Denmark | Skanderborg | A. Hartrodt Denmark Aps | |
| | | | (45) 75101324 |
| Finland | Vaasa | OY AHA Logistics Ltd | |
| | | | (358-40) 5903837 |
| Finland | Vantaa | Beweship | (358-20) 7857313 |
| France | Lyon | A. Hartrodt (France) SASU | |
| | | | (33-4) 72239282 |
| France | Paris | A. Hartrodt (France) SASU | |
| | | | (33-1) 48949292 |
| Germany | Bremen | BHS Spestion und Logistik GmbH | |
| | | | (49-421) 5952-0 |
| Germany | Düsseldorf | A. Hartrodt (GmbH & Co.) KG | |
| | | | (49-2102) 3007-0 |
| Germany | Frankfurt | A. Hartrodt (GmbH & Co.) KG (Air | |
| | | Service Center) | (49-69) 697668-0 |
| Germany | Frankfurt | A. Hartrodt GmbH & Co. | |
| | | | (49-6107) 9010-0 |
| Germany | Hamburg | A. Hartrodt (GmbH & Co.) KG airfreight | |
| | | station | (49-40) 2390440 |
| Germany | Hamburg | A. Hartrodt (GmbH & Co.) KG | |
| | | corporate Headquarters | |
| | | | (49-40) 2390-0 |
| Germany | Hannover | A. Hartrodt (GmbH & Co.) KG | |
| | | | (49-511) 726097-0 |
| Germany | Muenchen | A. Hartrodt (GmbH & Co.) KG | |
| | | | (49-89) 975805-10 |
| Germany | Nuremberg | A. Hartrodt (GmbH & Co.) KG | |
| | | | (49-911) 95177-0 |
| Germany | Saarbrucken | A. Hartrodt (GmbH & Co.) KG | |
| | | | (49-6893) 9496-0 |
| Germany | Stuttgart | A. Hartrodt (GmbH & Co.) KG | |
| | | | (49-711) 451011-0 |
| Germany | Wuppertal | A. Hartrodt (GmbH & Co.) KG | |
| | | | (49-202) 26380-0 |
| Greece | Piraeus | AHG S.A. | (30-210) 4281818 |
| Hungary | Budapest | A. Hartrodt (Hungary) kft. | |
| | | | (36-1) 9201521 |
| Ireland | Dublin | Celtic Forwarding Limited | |
| | | | (353) 18656000 |
| Italy | Bologna | A. Hartrodt italiana s.r.l. | |
| | | | (39-051) 6466244 |
| Italy | Genoa | A. Hartrodt Italiana s.r.l. | |
| | | | (39-010) 2497-1 |
| Italy | Milan | A. Hartrodt Italiana s.r.l. | |
| | | | (39-02) 36708770 |
| Malta | Valletta | Salvo Grima (Freeport Operations) Ltd. | |
| | | | (356) 25607553 |
| Netherlands | Amsterdam | A. Hartrodt netherland Airfreight b.v. | |
| | | | (31-20) 4490715 |
| Netherlands | Rotterdam | A. Hartrodt netherland b.v. | |
| | | | (31-1804) 86222 |
| Norway | Oslo | Giske Logistics AS | (47) 23084998 |

| | | | |
|---|---|---|---|
| Poland | Gdynia | A. Hartrodt (Polska) Sp.z o.o | |
| | | | (48-58) 6272399 |
| Poland | Krakau | A. Hartrodt (Polska) Sp.z o.o | |
| | | | (48-12) 2579431 |
| Poland | Szczecin | A. Hartrodt (Polska) Sp.z o.o | |
| | | | (48-91) 4331670 |
| Poland | Warsaw | A. Hartrodt (Polska) Sp.z o.o | |
| | | | (48-22) 6096825 |
| Poland | Wroclaw | A. Hartrodt (Polska) Sp.z o.o | |
| | | | (48-71) 3532830 |
| Portugal | Lisbon | Neotrans-Transitarios (Porto) Lda. | |
| | | | (351-21) 9409990 |
| Romania | Bucharest | A. Hartrodt Romania srl | |
| | | | (40-21) 7782850 |
| Russia | St. Petersburg | A. Hartrodt Russia Ltd. | |
| | | | (7-812) 7185960 |
| Slovenia | Koper | Fersped d.d. | (386-5) 6120005 |
| Spain | Barcelona | A. Hartrodt Espana S.A. | |
| | | | (34) 933789970 |
| Spain | Valencia | A. Hartrodt Espana S.A. | |
| | | | (34) 902733895 |
| Sweden | Gothenburg | Enter Global Logistics AB | |
| | | | (46-31) 7608950 |
| Sweden | Stockholm | Enter Global Logistics AB | |
| | | | (46-84) 1093950 |
| Switzerland | Basel | A. Hartrodt AG | (44-61) 3378393 |
| UK | Liverpool | A. Hartrodt (UK) Ltd. | |
| | | | (44-151) 2362846 |
| UK | London | A. Hartrodt (UK) Ltd. | |
| | | | (44-208) 8483545 |
| UK | Midlands | A. Hartrodt (UK) Ltd. | |
| | | | (44-1889) 586148 |

AFRICA

| | | | |
|---|---|---|---|
| Congo | Kinshasa | Storex Africa Transit Sprl | |
| | | | (243) 999466600 |
| Egypt | Cairo | Egress Int'l Freight Forwarders (Head | |
| | | Office) | (202) 3596105 |
| Kenya | Nairobi | Tabaki Freight Services Int'l Ltd. | |
| | | | (254-2) 202459575 |
| South Africa | Cape Town | A. Hartrodt South Africa (Pty) Ltd. | |
| | | | (27-21) 3805860 |
| South Africa | Durban | A. Hartrodt South Africa (Pty) Ltd. | |
| | | | (27-31) 5846381 |
| South Africa | Johannesburg | A. Hartrodt South Africa (Pty) Ltd. | |
| | | | (27-11) 9294900 |
| South Africa | Port Elizabeth | A. Hartrodt South Africa (Pty) Ltd. | |
| | | | (27-41) 5810696 |
| Tunisia | Tunis | Dahmani Transit Int'l | |
| | | | (216-71) 335010 |

MIDDLE EAST

| | | | |
|---|---|---|---|
| Israel | Tel Aviv | Haim Nathaniel Ltd. | (972-3) 7104777 |
| Kuwait | Kuwait | Global Dynamix | (965-2) 4345480 |
| Lebanon | Beirut | Global Dynamix (s.a.l.) | (961-1) 566601 |
| Qatar | Doha | Global Dynamix W.L.L. | (974) 4667643 |
| Saudi Arabia | Dammam | Campass ocean Logistics | |
| | | | (966-2) 6919185 |
| Turkey | Istanbul | a.hartrodt istanbul logistik ltd.sti | |
| | | | (90-216) 5460444 |
| UAE | Abu Dhabi | Rais Hassan Saadi & Co.LLC | |
| | | | (971-2) 6446747 |
| UAE | Dubai | Rais Hassan Saadi & Co.LLC | |
| | | | (971-4) 3365646 |

ASIA & OCEANIA

| | | | |
|---|---|---|---|
| Australia | Adelaide | A. Hartrodt Australia Pty. Ltd. | |

|  |  |  |  |
|---|---|---|---|
| | | | (61-8) 83435100 |
| Australia | Brisbane | A. Hartrodt Australia Pty. Ltd. | (61-7) 36306700 |
| Australia | Darwin | Perkins Shipping Pty. Ltd. | (61-889) 822000 |
| Australia | Melbourne | A. Hartrodt Australia Pty. Ltd. | (61-3) 93306666 |
| Australia | Perth | A. Hartrodt Australia Pty. Ltd. | (61-8) 93359866 |
| Australia | Sydney | A. Hartrodt Australia Pty. Ltd. | (61-2) 93645900 |
| Bangladesh | Dhaka | Trans-European Express & Multimodal Services Ltd . | (880-2) 9514104-6 |
| China | Beijing | A. Hartrodt Tianjin Logistics Co., Ltd. | (86-10) 59009628 |
| China | Foshan | A. Hartrodt Hong Kong Ltd., Foshan Rep. Office | (86-757) 83307910 |
| China | Ningbo | A. Hartrodt Shanghai Logistics Co., Ltd., Ningbo Ops Office | (86-532) 85973017 |
| China | Qingdao | A. Hartrodt Qingdao Logistics Co., Ltd. | (86-532) 5973017 |
| China | Shanghai | A. Hartrodt Shanghai Logistics Co., Ltd. | (86-21) 63742488 |
| China | Shanghai | A. Hartrodt Shanghai Logistics Co., Ltd., Air Export Office | (86-21) 51374001 |
| China | Shenzhen | A. Hartrodt Shenzhen Logistics Co., Ltd. | (86-755) 82157758 |
| China | Tianjin | A. Hartrodt Tianjin Logistics Co., Ltd. | (86-22) 23201559 |
| China | Wuhan | A. Hartrodt Shanghai Logistics Co., Ltd., Wuhan Branch office | (86-574) 27810801 |
| Hongkong | Hongkong | A. Hartrodt Hong Kong Ltd. | (852-2) 8122928 |
| Hongkong | Hongkong | A. Hartrodt Hong Kong Ltd. (Air Freight Division) | (852-3) 4210694 |
| India | Bangalore | A. Hartrodt India Pvt Ltd | (91-80) 23331338 |
| India | Chennai | A. Hartrodt India Pvt Ltd | (91-44) 45900700 |
| India | Mumbai | A. Hartrodt India Pvt Ltd | (91-22) 42727900 |
| India | Mumbai | A. Hartrodt India Pvt Ltd (Air Freight Division) | (91-22) 42291188 |
| India | New Delhi | A. Hartrodt India Pvt Ltd | (91-124) 4954050 |
| Indonesia | Jakarta | P.T. Panah Perdana Logisindo | (62-21) 5713891 |
| Indonesia | Surabaya | P.T. Panah Perdana Logisindo | (62-31) 5474078 |
| Korea | Seoul | A. Hartrodt Korea Co., Ltd. | (82-31) 9074024 |
| Malaysia | Johor Bahru | A. Hartrodt Air Service (m) Sdn. Bhd./a.hartrodt ocean services (m) sdn.bhd. | (60-7) 2766880 |
| Malaysia | Kuala Lumpur | A. Hartrodt Malaysia Sdn. Bhd. | (60-3) 33439033 |
| Myanmar | Yangon | Prosperous Freight Services Ltd. | (951) 254490 |
| Nepal | Kathmandu | Overseas Freight (P) Ltd. | (977-1) 474873 |
| New Zealand | Auckland | A. Hartrodt (N.Z.) Ltd. | (64-9) 2756655 |
| New Zealand | Christchurch | A. Hartrodt (N.Z.) Ltd. | (64-3) 3799007 |
| Pakistan | Karachi | Waterlink Pakistan (PVT) Ltd. | (92-213) 5837255 |
| Pakistan | Lahore | Rapid Cargo (Pvt) Ltd. | (92-52) 45809003 |
| Philippines | Manila | Abphil Logistics, Inc. | (63-2) 3032556 |
| Singapore | Singapore | A. Hartrodt (S) logistics Pte. Ltd. | (65) 64645601 |
| Singapore | Singapore | AMG Logistics Pte. Ltd. | (65) 65429036 |
| Sri Lanka | Colombo | Spence Logistics (Pvt) Ltd. | (94-11) 2308175 |
| Taiwan | Taipei | Bon Voyage Express Ltd. | (886-2) 25097818 |
| Thailand | Bangkok | Wisma Forwarding Ltd. | (66-2) 2370720 |
| Vietnam | Ho Chi Minh | A. Hartrodt logistics (Vietnam) Co., Ltd. | (84-8) 38209260 |

## 株式会社エーアイティー
## AIT CORPORATION

541-0053 大阪府大阪市中央区本町2-1-6
堺筋本町センタービル15階
TEL 06-6260-3450 FAX: 06-6260-3460
*http://www.ait-jp.com*

[主な営業種目] 貨物利用運送業　航空運送代理店業　通関業　海運仲立業　損害保険代理店業　コンテナその他輸送器具の販売並びに輸出入 衣料、化学品、電気機械部品、日用雑貨、エクステリア、食品、医薬品、自動車用品等の販売並びに輸出入

[貨物運送取扱事業法上の事業区分(外航海運)]
第一種貨物利用運送事業（外航・貨物自動車）
第二種貨物利用運送事業（外航・国際航空・鉄道・内航）

[加入団体名]　JIFFA　IATA　大阪通関業会　東京通関業会　日本関税協会　大阪商工会議所　東京商工会議所

[国内営業所および代理店名]
大阪：新大阪事務所
　　　06-6838-3450　FAX06-6838-3490
東京：東京支社 03-5542-3340　FAX03-3551-7720
名古屋：名古屋営業所
　　　052-963-0260　FAX052-963-0261
福岡：福岡営業所
　　　092-433-7560　FAX092-433-7561

[海外営業所及び代理店又は提携先]
ASIA & OCEANIA

| China | Dalian | 上海愛意特国際物流有限公司 大連分公司 | 86-411-8255-1514 |
|---|---|---|---|
| China | Ningbo | 上海愛意特国際物流有限公司 寧波分公司 | 86-574-8762-7111 |
| China | Qingdao | 上海愛意特国際物流有限公司 青島分公司 | 86-532-8588-2161 |
| China | Shanghai | 上海愛意特国際物流有限公司 上海総公司 | 86-21-6362-1088 |

フォワーダー
エ

204 *Shipping Guide*

| | | | |
|---|---|---|---|
| China | Shenzhen | 上海愛意特国際物流有限公司<br>深圳分公司 | 86-755-8213-8005 |
| China | Suzhou | 上海愛意特国際物流有限公司<br>蘇州分公司 | 86-512-6585-1152 |
| China | Tianjin | 上海愛意特国際物流有限公司<br>天津分公司 | 86-22-2320-1201 |
| China | Xiamen | 上海愛意特国際物流有限公司<br>厦門分公司 | 86-592-2633-056 |
| Hongkong | Hongkong | 愛特（香港）有限公司 | 852-2956-0081 |
| Taiwan | Taipei | 台湾愛意特国際物流股份有限公司 | 886-2-2542-1122 |
| Vietnam | Haiphong | AITC LOGISTICS (VIETNAM) CO., LTD.,<br>HAIPHONG BRANCH | 84-225-8831763 |
| Vietnam | Ho Chi Minh | AITC LOGISTICS (VIETNAM) CO., LTD. | 84-28-38408225 |

## 株式会社　エー・オー・ティー・ジャパン
## AOT JAPAN LTD.

103-0002 東京都中央区日本橋馬喰町1-5-6
イマスオフィス馬喰町6階
TEL 050-3495-2570 FAX: 050-3458-1341
https://www.aotjapan.com/

［主な営業種目］海運貨物取扱業　海上運送業
国際利用航空運送事業　NVOCC　国際複合運送業

［貨物運送取扱事業法上の事業区分(外航海運)］
外国人国際利用運送事業　外国人国際運送取次事業

［加入団体名］JIFFA

［海外営業所及び代理店又は提携先］

### NORTH AMERICA
| | | | |
|---|---|---|---|
| Canada | Montreal | World-Wind Logistics & Freight | 1-514-985-2552 |
| USA | Baltimore | Samuel Shapiro & Co. Inc. | 1-410-539-0540 |
| USA | Chicago | American Overseas Transport Ltd.,<br>Head Office | 1-630-521-9860 |
| USA | Houston | Alara Global Logistics Group | 1-281-789-6800 |
| USA | Houston | Gateway Logistics Group Inc. | 1-281-443-7447 |
| USA | Los Angeles | Stevens Global Logistics Inc. | 1-310-216-5645 |
| USA | Louisville KY | C.J. Int'l Inc. | 1-502-380-8400 |
| USA | Milwaukee | M.E. Dey & Co. Inc. | 1-414-747-7000 |
| USA | New York | Jagro Int'l. | 1-908-967-5400 |
| USA | Romulus MI | Corrigan Air & Sea Cargo Systems | 1-734-728-4000 |
| USA | St. Cloud MN | ATS Int'l Inc. | 1-866-854-2747 |
| USA | Washington DC | Logenix Int'l LLC | 1-703-256-4885 |

### CENTRAL SOUTH AMERICA
| | | | |
|---|---|---|---|
| Brazil | Belo Horizonte | GP Cargo Ltda. | 55-31-3025-5001 |
| Brazil | Campinas | Lothus Cargo Transportes<br>Internacionais Ltda. | 55-19-3743-1100 |
| Brazil | Fortaleza | Salco Brazil Logistica Ltda. | 55-85-3031-3700 |
| Brazil | Itajai | ES Logistics Ltda. | 55-47-3045-4800 |
| Brazil | Rio de Janeiro | DMS Agenciamento de Cargas e<br>Logistica Ltda. | 55-21-3596-2780 |
| Brazil | Santa Cruz do Sul | DMF Logistics do Brasil Ltda. | 55-51-3717-8200 |
| Brazil | Sao Paulo | Task Logistics Ltda | 55-11-5574-693 |
| Mexico | Mexico | Bonanza Logistics SA de CV | 52-5-514-6097 |

### EUROPE
| | | | |
|---|---|---|---|
| Denmark | Aarhus | Shiplog A/S | 45-87-200-720 |
| Germany | Aachen | Redline by Hammer Int'l Spedition<br>GmbH | 49-241-9665-400 |
| Germany | Cologne | Redline Logistics Services GmbH | 49-2241-94499-500 |
| Germany | Kreuztal | Redline Spedition & Logistik GmbH | 49-2732-764272 |
| Germany | Munich | NGL Navigator Global Logistics GmbH | 49-8122-18779-74 |
| Germany | Stuttgart | Herbst Logistics GmbH | 49-711-901253-0 |
| Germany | Velbert | Doerrenhaus Intl. Sped. GmbH | 49-2051-280831 |
| Italy | Genoa | G.S.G. Glabal Shipping Group SRL | 39-10-642-2269 |
| Netherlands | Rotterdam | Allport Netherlands B.V. | 31-10-302-1000 |
| Poland | Poznania | Raben Logistics Polska SP. ZOO | 48-61-898-8000 |
| Spain | Barcelona | Transcoma Global Logistics | 34-93-262-4230 |
| Switzerland | Basel | M+R Spedag Group AG | 41-61-466-9111 |
| UK | Basildon | Atlantic Pacific Global Logistics Ltd. | 44-1268-582777 |
| UK | Heathrow | Allport Cargo Services Ltd. | 44-208-867-7800 |
| UK | Manchester | Action Int'l Ltd. | 44-1704-551234 |

### AFRICA
| | | | |
|---|---|---|---|
| South Africa | Cape Town | Pioneer Freight Ltd. | 27-21-386-5946 |

### ASIA & OCEANIA
| | | | |
|---|---|---|---|
| Australia | Brisbane | EES Shipping Pty Ltd. | 61-4-1431-3477 |
| Australia | Sydney | Plane 2 Sea Pty. Ltd. | 61-2-9078-7820 |
| China | Shanghai | M&R Forwarding (China) Ltd. | 86-21-6143-1000 |
| Hongkong | Hongkong | M&R Forwarding (HK) Ltd. | 852-2591-0677 |
| India | Mumbai | M+R Logistics (India) Pvt. Ltd. | 91-22-3988-1575 |
| Indonesia | Jakarta | PT M+R Forwarding Indonesia | 62-21-7919-640 |
| Korea | Seoul | Hae Young Ocean-Air Co. Ltd. | 82-2-778-1441 |
| New Zealand | Auckland | Marlin Intl. Pty Ltd. | 64-9-256-0333 |
| New Zealand | Auckland | Walker Logistics Ltd. | 64-9-275-7803 |
| Singapore | Singapore | M&R Forwarding (Singapore) Ltd. | 65-6226- 628 |
| Taiwan | Taipei | Femag Transport Corp. | 886-2-2746-6606 |
| Taiwan | Taipei | M+R Forwarding (Taiwan) Ltd. | 886-2-2717-6268 |
| Thailand | Bangkok | M+R Forwarding (Thailand) Ltd. | |

66-2-249-9787
Vietnam　Ho Chi Minh　M+R Forwarding (Vietnam) Ltd.
84-8-3826-4454

# エクスネット　株式会社
## EXNET CORPORATION

460-0002 愛知県名古屋市中区丸の内3-15-34
第16KTビル8階
TEL 052-963-9797 FAX: 052-963-9798
*http://www.exnetcorp.co.jp*

[主な営業種目]　国際一貫輸送事業

[貨物運送取扱事業法上の事業区分(外航海運)]
利用運送事業

[加入団体名]　JIFFA　WCA

[国内営業所および代理店名]
大阪：大阪支店 06-6532-7788　📠06-6532-7789
東京：東京支店 03-5209-1166　📠03-5209-1167

# エクスペダイターズ・ジャパン　株式会社
## EXPEDITORS JAPAN KK

105-0011 東京都港区芝公園1-7-6
KDX浜松町プレイス５階
TEL 03-5776-2301 FAX: 03-5776-2300
*http://www.expeditors.com*

[主な営業種目]　貨物自動車運送取扱業
NVOCC　航空貨物代理店業　通関業

[貨物運送取扱事業法上の事業区分(外航海運)]
利用運送事業

[加入団体名]　JIFFA　JAFA

[国内営業所および代理店名]
東京：東京支店　東京オフィス
営業部・アカウントマネジメント部
03-5776-2301　📠03-5776-2300
：輸出航空貨物部　カスタマーサービス
03-5776-2303　📠03-5776-2300
：輸出海上貨物部
03-5776-2312　📠03-5776-2351
：輸入海上貨物部
03-5776-2313　📠03-5776-2352
：通関部（海貨）
03-5776-2333　📠03-5776-2352
：オーダーマネジメント部
03-5776-2334　📠03-5776-2351
：経理部　03-5776-1152　📠03-5776-1157
：システム部
03-5776-1156　📠03-5776-1157
：総務部　03-5776-1151　📠03-5776-1157
成田：東京支店　成田オフィス
輸出航空貨物部　カスタマーサービス
0479-77-4054　📠0479-77-4131
：　　　　　　　　オペレーション
0479-77-4056　📠0479-77-4131
：輸入航空貨物部　カスタマーサービス
0479-77-4070　📠0479-77-4132

：ディストリビューションサービス部
0479-77-2641　📠03-5405-3067
：通関部（航空輸出）
0479-77-4064　📠0479-77-4131
：通関部（航空輸入）
0479-77-4066　📠0479-77-4132
：空港出張所　輸入航空貨物部
ブレイクバルク
0476-32-0076　📠0476-32-5870
大阪：大阪支店　大阪オフィス
輸出海上貨物部
06-6266-1133　📠06-6266-1138
：輸入海上貨物部
06-6266-1134　📠06-6266-1138
：輸出航空貨物部
06-6266-1203　📠06-6266-1204
：営業部　06-6266-1223　📠06-6266-1227
：管理部　06-6266-1206　📠06-6266-1210
神戸：大阪支店　関空オフィス
輸入航空貨物部
072-456-8340　📠072-456-8346
：輸出航空貨物部
072-456-8345　📠072-456-8346
名古屋：名古屋営業所
052-251-5785　📠052-251-6108

[海外営業所及び代理店又は提携先]
NORTH AMERICA
USA　　　Chicago　　　Expeditors Int'l of Washington, Inc.
1-630-595-3770
USA　　　Los Angeles　Expeditors Int'l of Washington, Inc.
1-323-781-1600
USA　　　New York　　Expeditors Int'l of Washington, Inc.
1-516-371-3330
USA　　　San Francisco　Expeditors Int'l of Washington, Inc.
1-415-657-3600
USA　　　Seattle　　　Expeditors Int'l of Washington, Inc.
1-206-826-4100

EUROPE
Germany　　Hamburg　　Expeditors Int'l GmbH
49-40-534313-0
Netherlands Rotterdam　Expeditors Int'l BV　31-180-555-000
UK　　　　London　　Expeditors Int'l (UK) Ltd.
44-1784-264-500

ASIA & OCEANIA
China　　　Shanghai　　Expeditors China Shanghai Branch
86-21-5257-4698
Hongkong　Hongkong　　Expeditors Hong Kong Ltd.
852-2190-3000
Korea　　　Seoul　　　Expeditors Korea Ltd.
82-2-3475-5900
Singapore　Singapore　　Expeditors Singapore Pte. Ltd.
65-6510-7900
Taiwan　　Taipei　　　ECI Taiwan Co., Ltd.
886-2-2713-2145

# SBSグローバルネットワーク　株式会社
## SBS GLOBAL NETWORK CO., LTD.

160-6126 東京都新宿区西新宿8-17-1
住友不動産新宿グランドタワー25階
TEL 03-6772-8205 FAX: 03-6366-2013

[主な営業種目]　通関業

[貨物運送取扱事業法上の事業区分(外航海運)]
第2種利用運送事業（1.航空貨物運送　2.外航海運）

[加入団体名]　JAFA JIFFA

[国内営業所および代理店名]
東京：本社　　　03-6772-8205　FAX03-6366-2013
　　：東日本営業開発部
　　　　　　　　050-1741-3267　FAX03-3829-2826
　　：海上輸送営業
　　　　　　　　050-1741-3261　FAX03-5619-5631
　　：航空輸送営業
　　　　　　　　050-1741-3252　FAX03-5619-5631
成田：輸入通関　0476-33-1700　FAX0476-33-1709
　　：輸出通関　0476-33-1640　FAX0476-33-1641
　　：輸入混載　0476-33-0071　FAX0476-33-0871
羽田：通関　　　03-5708-3232　FAX03-5708-3233
　　：輸入混載　03-5708-3227　FAX03-5708-3228
大阪：関空　　　072-456-5625　FAX072-456-5626
東京：海上通関　050-1741-1415　FAX03-5653-6402
大阪：　　　　　06-7708-6585　FAX06-7166-2790
　　：海上通関　06-6263-6550　FAX06-6263-6556
横浜：横浜営業所
　　　　　　　　050-1754-9090　FAX045-264-9882
東京：東京営業所
　　　　　　　　050-1741-3268　FAX03-3829-3234
福岡：福岡営業所
　　　　　　　　050-1754-4649　FAX092-409-1414

## SBS古河物流 株式会社
## FURUKAWA LOGISTICS CORP.

101-0047 東京都千代田区大手町2-6-4
　　　　常盤橋タワー8階
　　　　　　　　　　　　TEL 050-1753-6777

[主な営業種目]　貨物運送取扱事業　倉庫業　貨物自動車運送事業　物流コンサルタント業　梱包・包装・荷役事業　一般労働者派遣事業

[貨物運送取扱事業法上の事業区分(外航海運)]
外航二種

[加入団体名]　JIFFA

[国内営業所および代理店名]
神奈川：海外部平塚支社
　　　　　　0463-24-8575　FAX0463-24-8583
成田：成田通関営業所
　　　　　　0476-40-9901　FAX0476-40-9904
千葉：千葉支社　0436-42-9312　FAX0436-42-9350
　　：関東物流センター
　　　　　　047-307-8621　FAX047-307-8623
栃木：日光支社　0288-54-0508　FAX0288-54-0525
三重：三重支社　0595-85-2155　FAX0595-85-2156
大阪：関西物流センター
　　　　　　06-6613-4210　FAX06-6613-4218
福岡：九州支社　093-481-4294　FAX093-481-2852

[海外営業所及び代理店又は提携先]
ASIA & OCEANIA

| China | Shanghai | 古河物流㈱上海事務所 | |

| China | Shanghai | | 86-21-5489-3315 |
| Hongkong | Hongkong | 香港徳河物流有限公司 | |
| | | | 852-3572-0338 |
| Taiwan | | 日商古河物流股份有限公司 | |
| | | 台湾分公司 | 886-5551-8230 |
| Thailand | Bangkok | Furukawa (Thailand) Co., Ltd., | |
| | | Logistics Division | 66-2-105-4062 |

## SBSリコーロジスティクス　株式会社
## SBS RICOH LOGISTICS SYSTEM CO., LTD.

160-6125 東京都新宿区西新宿8-17-1
　　　　住友不動産新宿グランドタワー25階
　　　　　　　　　　　TEL 03-6772-8202（代表）
　　　　　https://www.sbs-ricohlogistics.co.jp/

[主な営業種目]　一般貨物自動車運送事業　物運送取扱事業　コンピューター・事務用機器類及びその消耗品の回収・リサイクル事業　倉庫業及び保税上屋業　通関業　航空貨物運送取扱事業　港湾運送事業　外航海運貨物運送取扱事業　包装設計並びに包装資材の製造・販売　その他定款に定める事業

[貨物運送取扱事業法上の事業区分(外航海運)]
同上

[加入団体名]　JIFFA　JFFF

[国内営業所および代理店名]
東京：営業開発本部　050-1741-3129

[海外営業所及び代理店又は提携先]
NORTH AMERICA

| USA | California | Ricoh Logistics Corporation | |
| | | | 1-714-352-5200 |
| USA | Georgia | Ricoh Logistics Corporation | |
| | | | 1-678-690-5315 |

EUROPE

| Netherlands | Bergen Op Zoom | | |
| | | SBS Ricoh Logistics System Co., Ltd. | |
| | | | 31-164-280-807 |

ASIA & OCEANIA

| China | Shanghai | Ricoh Int'l Freight forwarding | |
| | | (Shenzhen) Ltd., Shanghai Branch | |
| | | | 86-21-5854-9000 |
| China | Shenzhen | Ricoh Int'l Freight forwarding | |
| | | (Shenzhen) Ltd. | 86-755-8280-0650 |
| Hongkong | Hongkong | Ricoh Int'l Logistics (H.K.) Ltd. | |
| | | | 852-2369-7128 |
| Thailand | Bangkok | SBS Logistics (Thailand) Co., Ltd. | |
| | | | 66-2653-3401-3 |
| Vietnam | Ha Noi | SBS Vietnam Co., Ltd., Ha Noi Branch | |
| | | | 84-0902-320-943 |
| Vietnam | Ho Chi Minh | SBS Vietnam Co., Ltd. | |
| | | | 84-2838-110-222 |

フォワーダー
エ

# NRS 株式会社
## NRS CORPORATION

101-0054 東京都千代田区神田錦町3-7-1
興和一橋ビル8階
TEL 03-5281-8111 FAX: 03-5281-1851
*https://www.nrsgr.com/*

[主な営業種目] タンクコンテナ・レンタル業
通関業 貨物自動車運送事業 貨物運送取扱事
業 倉庫業 国際複合輸送業 NVOCC

[貨物運送取扱事業法上の事業区分(外航海運)]
利用運送事業

[国内営業所および代理店名]
東京：NRS オーシャンロジスティクスリミテッド
　　　　　03-5281-8277　FAX03-5281-2726
　　：東京貨物ターミナル事業所
　　　　　03-5755-8338　FAX03-3799-6166
　　：NRS エアロジスティクス㈱
　　　　　03-5281-8252　FAX03-5281-2722
川崎：川崎事業所
　　　　　044-366-0511　FAX044-366-0513
　　：川崎コンテナターミナル
　　　　　044-280-2616　FAX044-266-9075
　　：川崎ConTec
　　　　　044-288-7177　FAX044-288-7547
　　：㈱東京液体化成品センター　川崎営業所
　　　　　044-266-7730　FAX044-266-7744
千葉：千葉事業所
　　　　　0436-22-2361　FAX0436-22-2321
　　：千葉物流センター
　　　　　0436-22-2535　FAX0436-21-9308
　　：千葉物流センター　袖ヶ浦倉庫
　　　　　0438-60-8511　FAX0438-60-8512
　　：土気流通センター
　　　　　043-205-6101　FAX043-294-8882
横浜：横浜物流センター
　　　　　045-508-1551　FAX045-508-1549
群馬：群馬物流センター
　　　　　0276-86-6565　FAX0276-86-6560
　　：群馬事業所
　　　　　0270-65-3683　FAX0270-65-9077
新潟：新潟事業所
　　　　　025-256-4051　FAX025-256-4054
名古屋：営業　0567-43-3574　FAX052-619-3076
　　：中部物流センター
　　　　　0567-66-3630　FAX0567-68-6230
　　：㈱東京液体化成品センター
　　　名古屋営業所
　　　　　052-381-5391　FAX052-383-4190
　　：㈱NRSケミカルセンター
　　　名古屋ケミポート
　　　　　052-611-3021　FAX052-612-4705
　　：中部物流センター　東海倉庫
　　　　　0567-43-3573　FAX052-601-1900
　　：名古屋事業所
　　　　　0567-43-3574　FAX052-619-3076
大阪：営業　06-6231-0601　FAX06-6231-0603
　　：大阪物流センター
　　　　　072-268-1071　FAX072-268-3009
　　：大阪事業所
　　　　　072-269-3838　FAX072-269-2001
　　：高石ケミポート

　　　　　072-268-3155　FAX072-268-1314
神戸：神戸事業所
　　　　　078-303-1096　FAX078-303-1097
　　：神戸ConTec
　　　　　078-302-5793　FAX078-302-1462
周南：営業　0834-33-5501　FAX0834-31-2604
　　：周南ConTec
　　　　　0834-33-5500
小倉：営業　0834-33-5503　FAX093-591-8160
　　：北九州事業所
　　　　　0834-33-5503　FAX093-591-8160
佐賀：九州物流センター
　　　　　0834-33-5502　FAX0952-52-8090

[海外営業所及び代理店又は提携先]

NORTH AMERICA

| | | |
|---|---|---|
| USA | Houston | NRS OCEAN LOGISTICS LTD.<br>1-281-820-1993 |
| USA | New York | NRS LOGISTICS AMERICA INC.<br>1-914-422-3400 |

EUROPE

| | | |
|---|---|---|
| France | Le Havre | NRS OCEAN LOGISTICS LTD.<br>33-235-196670 |
| Germany | Dusseldorf | NRS CORPORATION., DUSSELDORF<br>REP. OFFICE　+49-(0)15204211047 |
| Netherlands | Rotterdam | NRS OCEAN LOGISTICS LTD.<br>31-186-656270 |
| UK | London | NRS Corporation., London Rep. Office |
| UK | London | NRS OCEAN LOGISTICS LTD.<br>44-20-7036-3790 |

ASIA & OCEANIA

| | | |
|---|---|---|
| China | Shanghai | NRS LOGISTICS SHANGHAI CO., LTD.<br>86-21-63935008 |
| China | Shanghai | SHANGHAI NRS-NORINCO LOGISTICS<br>CO., LTD.　86-21-63935008 |
| Korea | Seoul | NRS LOGISTICS KOREA CO., LTD.<br>82-2-779-7263 |
| Korea | Seoul | NRS-HANEX Co., Ltd.<br>82-2-6949-5941 |
| Singapore | Singapore | NRS LOGISTICS SINGAPORE PTE.LTD.<br>65-6291-6055 |
| Taiwan | Taipei | NRS CORPORATION TAIWAN BRANCH<br>886-2-2659-8105 |
| Thailand | Bangkok | NRS LOGISTICS (THAILAND) CO., LTD.<br>66-61-410-0246 |
| Vietnam | Hanoi | NRS Raiza Logistics Vietnam, JSC.<br>84-21-627-6262 |

---

## オ

# オー・オー・シー・エル・ロジスティクス（ジャパン）株式会社
## OOCL LOGISTICS (JAPAN) LTD.

140-0002 東京都品川区東品川2-3-14
東京フロントテラス12階
TEL 03-6872-5480 FAX: 03-6872-5491
*https://www.oocllogistics.com*
*/eng/Pages/default.aspx#Home*

[加入団体名] JIFFA

[海外営業所及び代理店又は提携先]

## NORTH AMERICA

| 国 | 都市 | 代理店 / 電話 |
|---|---|---|
| Canada | Toronto | OOCL Logistics (Canada) Ltd. 416-620-8999 |
| Canada | Vancouver | OOCL Logistics (Canada) Ltd. 1-604-689-4144 |
| USA | Atlanta | OOCL Logistics (USA) Inc. (770) 517-0456 |
| USA | Chicago | OOCL Logistics (USA) Inc. 630-910-0247 |
| USA | Cleveland | OOCL Logistics (USA) Inc. 440-526-4981 |
| USA | Los Angeles | OOCL Logistics (USA) Inc. (714) 963-6880 |
| USA | New York | OOCL Logistics (USA) Inc. (212) 269-9010 |
| USA | Tampa | OOCL Logistics (USA) Inc. (813) 995-2312 |

## CENTRAL SOUTH AMERICA

| 国 | 都市 | 代理店 / 電話 |
|---|---|---|
| Argentina | Buenos Aires | OOCL Logistics (USA) Inc. +5411 5382 7100 |
| Belize | Belize | OOCL Logistics (USA) Inc. +505-2253-8779 |
| Brazil | Barcarena | OOCL Logistics (USA) Inc. 55-91-3754-4778 |
| Brazil | Curitiba | OOCL Logistics (Asia Pacific) Ltd. +55-41-3423-3950 |
| Brazil | Itajai | OOCL Logistics (Asia Pacific) Ltd. +55-47-3045-5088 |
| Brazil | Manaus | OOCL Logistics (USA) Inc. 55-92-3042-652 |
| Brazil | Paranagua | OOCL Logistics (Asia Pacific) Ltd. +55-41-3423-3950 |
| Brazil | Porto Alegre | OOCL Logistics (Asia Pacific) Ltd. +55-51-3343-2458 |
| Brazil | Recife | OOCL Logistics (Asia Pacific) Ltd. +55-81-3467-5550 |
| Brazil | Rio de Janeiro | OOCL Logistics (Asia Pacific) Ltd. +55-21-2206-0700 |
| Brazil | Rio Grande | OOCL Logistics (Asia Pacific) Ltd. +55-53-3231-1104 |
| Brazil | Salvador | OOCL Logistics (Asia Pacific) Ltd. +55-71-3326-9768 |
| Brazil | Santos | OOCL Logistics (Asia Pacific) Ltd. +55-13-3222-6709 |
| Brazil | Sao Francisco do Sul | OOCL Logistics (USA) Inc. 55-47-3344-2499 |
| Brazil | Sao Luis | OOCL Logistics (Asia Pacific) Ltd. +55-98-3235-4877 |
| Brazil | Sao Paulo | OOCL Logistics (Asia Pacific) Ltd. +55-11-3186-2072 |
| Brazil | Sao Sebastiao | OOCL Logistics (USA) Inc. 55-13-2101-7890 |
| Brazil | Sepetiba | OOCL Logistics (USA) Inc. 55-21-2206-700 |
| Brazil | Victoria | OOCL Logistics (USA) Inc. 55-27-4042-1060 |
| Brazil | Porto Acu | OOCL Logistics (USA) Inc. 55-21-2206-700 |
| Chile | | LogPar Chile Spa OOCL Logistics (USA) Inc. +562 3246 0568 |
| Colombia | Bogota | OOCL Logistics (USA) Inc. +57-1-7562906 |
| Costa Rica | San Jose | OOCL Logistics (Costa Rica), S.R.L. 506 4037 4702 |
| Costa Rica | San Jose | OOCL Logistics (USA) Inc. +505-2253-8779 |
| Dominican Rep. | Santo Domingo | OOCL Logistics (USA) Inc. +503-2347-8710 |
| El Salvador | San Salvador | OOCL Logistics (USA) Inc. +505-2253-8779 |
| Guatemala | Guatemala | OOCL Logistics (USA) Inc. +505-2253-8779 |
| Honduras | San Pedro Sula | OOCL Logistics (USA) Inc. +505-2253-8779 |
| Mexico | Mexico | OOCL Logistics Mexico S.A. de C.V. (55) 5449-4342 |
| Nicaragua | Managua | OOCL Logistics (USA) Inc. +505-2253-8779 |
| Panama | Panama | OOCL Logistics (USA) Inc. +505-2253-8779 |
| Paraguay | | NOS Logistic, SRL OOCL Logistics (USA) Inc. 011-595-982-284633 |
| Peru | Lima | OOCL Logistics (USA) Inc. +511 6118444 |

## EUROPE

| 国 | 都市 | 代理店 / 電話 |
|---|---|---|
| Belgium | Antwerp | OOCL Logistics (Europe) Ltd., Antwerp Branch +32-3-2348884 |
| Denmark | Aarhus | OOCL Logistics (Europe) Ltd. 45-86-762-880 |
| Denmark | | OOCL Logistics (Europe) Ltd. +49-421-160580 |
| Germany | Bremen | OOCL Logistics (Europe) Ltd. (49) 421 16058-0 |
| Italy | Livorno | OOCL Logistics (Europe) Ltd. +39-0586-846111 |
| Netherlands | Rotterdam | OOCL Logistics (Europe) Ltd. (31) 10 224 8290 |
| Portgul | Bilbao | Global Cargo Solutions S.L. (LeoProex) +31-10-2248290 |
| Romania | Bucharest | OOCL Logistics (Europe) Ltd. +40-21-4610656 |
| Russia | Moscow | OOCL Logistics (Russia) Ltd. (495) 956-26-82 |
| Russia | Mumansk | OOCL Logistics (Russia) Ltd. (815)-221-00-56 |
| Russia | St. Petersburg | OOCL Logistics (Russia) Ltd. (812) 645-40-78 |
| Russia | Vladivostok | OOCL Logistics (Russia) Ltd. (423)230-20-23 |
| Spain | Barcelona | Global Cargo Solutions S.L. (LeoProex) +31-10-2248290 |
| Spain | Bilbao | Global Cargo Solutions S.L. (LeoProex) +31-10-2248290 |
| Spain | Madrid | Global Cargo Solutions S.L. (LeoProex) +31-10-2248290 |
| Spain | Sevilla | Global Cargo Solutions S.L. (LeoProex) +31-10-2248290 |
| Spain | Valencia | Global Cargo Solutions S.L. (LeoProex) +31-10-2248290 |
| Spain | Zaragoza | Global Cargo Solutions S.L. (LeoProex) |

フォワーダー

オ

| | | | |
|---|---|---|---|
| | | | +31-10-2248290 |
| Sweden | Gothenburg | OOCL Logistics (Europe) Ltd. | 46 313 355914 |
| UK | Levington | OOCL Logistics (Europe) Ltd. | (44) 1473 659000 |

**AFRICA**

| | | | |
|---|---|---|---|
| Egypt | Cairo | OOCL Logistics (Europe) Ltd | (20) 2 22269-8055 |

**MIDDLE EAST**

| | | | |
|---|---|---|---|
| Israel | Ashdod | OOCL Logistics (Europe) Ltd | (972) 8 8565177 |
| Israel | Haifa | OOCL Logistics (Europe) Ltd | (972) 4 8643162 |
| Turkey | Istanbul | OOCL Lojistik Hizmetler ve Ticaret A.S. | (090) 212 2150030 |
| UAE | Dubai | OOCL Logistics (Asia Pacific) Limited., Dubai Branch | (971) 4 5203000 |

**ASIA & OCEANIA**

| | | | |
|---|---|---|---|
| Australia | Brisbane | OOCL Logistics (Australia) Pty Ltd. | (61) 7 3899 3380 |
| Australia | Melbourne | OOCL Logistics (Australia) Pty Ltd. | (61) 3 9618 8899 |
| Australia | Sydney | OOCL Logistics (Australia) Pty Ltd. | (61) 2 8912 8877 |
| Bangladesh | Chattogram | Golden Containers Limited | +880-2333333649, 02333333650 |
| Bangladesh | Chattogram | Golden Containers Limited | (88) 031 751172 |
| Bangladesh | Dhaka | Orient Logistics (BD) Pvt. Ltd | (88) 02 9861184 |
| Cambodia | Phnom Penh | OOCL Logistics (Cambodia) Ltd. | (855) 23 726196 |
| China | Beijing | OOCL Logistics (China) Ltd. | (010) 65215656 |
| China | Changsha | OOCL Logistics (China) Ltd. | (731) 84585562 |
| China | Changzhou | OOCL Logistics (China) Ltd. | (135)85326915 |
| China | Chengdu | OOCL Logistics (China) Ltd. | (28) 86717220 |
| China | Chongqing | OOCL Logistics (China) Ltd. | (23) 63322000 |
| China | Dalian | OOCL Logistics (China) Ltd. | (411) 82718650 |
| China | Dandong | OOCL Logistics (China) Ltd. | (139)04097739 |
| China | Dongguan | OOCL Logistics (China) Ltd. | 769 8886 3333 |
| China | Fuzhou | OOCL Logistics (China) Ltd. | (135) 9904 2546 |
| China | Guangzhou | OOCL Logistics (China) Ltd. | 20 38155088 |
| China | Haikou | OOCL Logistics (China) Ltd. | 898 68560101 |
| China | Hangzhou | OOCL Logistics (China) Ltd., Hangzhou Branch | 86-571-87257271 |
| China | Harbin | OOCL Logistics (China) Ltd. | (133)9055 1777 |
| China | Hefei | OOCL Logistics (China) Ltd. | (551) 6522-6399 |
| China | Kunming | OOCL Logistics (China) Ltd. | 871 5321855 |
| China | Kunshan | OOCL Logistics (China) Ltd. | |

| | | | |
|---|---|---|---|
| | | | (512)57172039 |
| China | Lianyungang | OOCL Logistics (China) Ltd. | (518) 82306011 |
| China | Nanjing | OOCL Logistics (China) Ltd. | (25) 57195818 |
| China | Nantong | OOCL Logistics (China) Ltd. | (513) 83548678 |
| China | Ningbo | OOCL Logistics (China) Ltd. | (574) 83878100 |
| China | Qingdao | OOCL Logistics (China) Ltd. | (532)80975222 |
| China | Qinhuangdao | OOCL Logistics (China) Ltd. | (156)20888255 |
| China | Shanghai | OOCL Logistics (China) Ltd. | (21) 23018899 |
| China | Shantou | OOCL Logistics (China) Ltd., Shantou Branch | 86-754-88943913 |
| China | Shenyang | OOCL Logistics (China) Ltd. | (24) 22817710 |
| China | Shenzhen | OOCL Logistics (China) Ltd. | 755 8237 0668 |
| China | Shijiazhuang | OOCL Logistics (China) Ltd. | (133)03018181 |
| China | Suzhou | OOCL Logistics (China) Ltd. | (512) 67623899 |
| China | Taiyuan | OOCL Logistics (China) Ltd. | (158)22507210 |
| China | Tangshan | OOCL Logistics (China) Ltd. | (156)20888255 |
| China | Tianjin | OOCL Logistics (China) Ltd. | (22)83217160/7190/7201 |
| China | Urumqi | OOCL Logistics (China) Ltd. | (138)99855722 |
| China | Wenzhou | OOCL Logistics (China) Ltd. | (577) 88956755 |
| China | Wuhan | OOCL Logistics (China) Ltd. | (27) 85262875 |
| China | Xiamen/Quanzhou | OOCL Logistics (China) Ltd. | (592) 2990500 |
| China | Xian | OOCL Logistics (China) Ltd. | (29) 8886 0055 |
| China | Yangzhou | OOCL Logistics (China) Ltd. | (514) 87785225 |
| China | Yinchuan | OOCL Logistics (China) Ltd. | (186)82946310 |
| China | Yingkou | OOCL Logistics (China) Ltd. | (185)25436988 |
| China | Yiwu | OOCL Logistics (China) Ltd. | (579) 8559-2632 |
| China | Zhangjiagang | OOCL Logistics (China) Ltd. | (512) 58917966 |
| China | Zhanjiang | OOCL Logistics (China) Ltd. | (760)88381488*5130 |
| China | Zhengzhou | OOCL Logistics (China) Ltd. | (371) 65618707 |
| China | Zhongshan | OOCL Logistics (China) Ltd., Zhongshan Branch | 86-760-8381488 |
| Hongkong | Hongkong | OOCL Logistics (Hong Kong) Ltd. | (852) 2371 8288 |
| India | Ahmedabad | OOCL Logistics (India) Private Ltd. | 79 4004 2201 |
| India | Chennai | OOCL Logistics (India) Private Ltd. | 44 6625 1121 |

| India | Kolkata | OOCL Logistics (India) Private Ltd. |
| | | 33 4001 9330 |
| India | Ludhiana | OOCL Logistics (India) Private Ltd. |
| | | 161 500 8502 |
| India | Mumbai | OOCL Logistics (India) Private Ltd. |
| | | 22 42681131 |
| India | Mundra | OOCL Logistics (India) Private Ltd. |
| | | 2836 227878 |
| India | New Delhi | OOCL Logistics (India) Private Ltd. |
| | | 11 4667 7019 |
| India | Tuticorin | OOCL Logistics (India) Private Ltd. |
| | | 461 409 9901 |
| Indonesia | Belawan | PT OOCL Logistics Indonesia |
| | | (61) 4514-189 |
| Indonesia | Jakarta | PT OOCL Logistics Indonesia |
| | | (21) 30405153 |
| Indonesia | Semarang | PT OOCL Logistics Indonesia |
| | | (24) 844-5820 |
| Indonesia | Surabaya | PT OOCL Logistics Indonesia |
| | | (31) 532 5818 |
| Korea | Pusan | OOCL Logistics (Korea) Ltd. |
| | | 52-6103436 |
| Korea | Seoul | OOCL Logistics (Korea) Ltd. |
| | | 2 398 2390 |
| Malaysia | Pasir Gudang | OLL Logistics (Malaysia) Sdn. Bhd. |
| | | (7) 333 5066 |
| Malaysia | Penang | OLL Logistics (Malaysia) Sdn. Bhd. |
| | | (4) 2638499 |
| Malaysia | Port Klang | OLL Logistics (Malaysia) Sdn. Bhd. |
| | | (3) 7711 3200 |
| Myanmar | | OOCL Logistics (Myanmar) Ltd. |
| | | 95-1-2302245 |
| Myanmar | Yangon | OOCL Logistics (Myanmar) Ltd. |
| | | 1 230-2245 |
| Pakistan | Karachi | OOCL Logistics Pakistan (Private) Ltd. |
| | | 21 3514-7970-73 |
| Pakistan | Lahore | OOCL Logistics Pakistan (Private) Ltd. |
| | | 21 3575-1831-32 |
| Philippines | Cebu | OOCL Logistics Philippines Inc. |
| | | 32 3437-593 |
| Philippines | Davao | OOCL Logistics Philippines Inc. |
| | | 82 2852-871 |
| Philippines | Manila | OOCL Logistics Philippines Inc. |
| | | 2-5548-100 |
| Singapore | Singapore | OOCL Logistics (Singapore) Pte. Ltd. |
| | | 64381808 |
| Sri Lanka | Colombo | OOCL Logistics Lanka (Pvt) Ltd. |
| | | 11 2478866 |
| Taiwan | Kaohsiung | OOCL Logistics (Taiwan) Ltd. |
| | | 7 8212-131 |
| Taiwan | Taichung | OOCL Logistics (Taiwan) Ltd. |
| | | 4 2294-0001 |
| Taiwan | Taipei | OOCL Logistics (Taiwan) Ltd. |
| | | 2 23978166 |
| Taiwan | Taoyuan | OOCL Logistics (Taiwan) Ltd. |
| | | 3 3254728 |
| Thailand | Bangkok | OOCL Logistics (Thailand) Ltd. |
| | | 26469590 |
| Thailand | Laem Chabang | OOCL Logistics (Thailand) Ltd. |
| | | 38-491-734 |
| Vietnam | Ha Noi | OOCL Logistics (Vietnam) Co., Ltd. |
| | | 84-24-22209988 |
| Vietnam | Hai Phong | OOCL Logistics (Vietnam) Co., Ltd. |
| | | 84-225-3757009 |

| Vietnam | Haiphong | OOCL Logistics (Vietnam) Ltd. |
| | | 225 3757009 |
| Vietnam | Hanoi | OOCL Logistics (Vietnam) Ltd. |
| | | 42 2209988 |
| Vietnam | Ho Chi Minh | OOCL Logistics (Vietnam) Ltd. |
| | | 28 39116077 |

# 株式会社　オーシャンリンクス
## OCEAN LINKS LTD.

541-0052 大阪府大阪市中央区安土町1-7-20
　　　　新トヤマビル8階
　　　　　TEL 06-6263-5923 FAX: 06-6263-6104
　　　　　*http://www.oceanlinks.co.jp*

［主な営業種目］ NVOCC 乙仲業　倉庫業　国際
複合一貫輸送　海上貨物取扱業

［貨物運送取扱事業法上の事業区分(外航海運)］
海上運送取扱業　陸・海・空複合運送業及びそ
の取次ぎ並びに代理業

［加入団体名］ JIFFA

［国内営業所および代理店名］
東京：東日本支店
　　　　　03-5543-2361　　ＦＡＸ03-5543-2363
泉大津：関西物流センター
　　　　　0725-20-5411　　ＦＡＸ0725-20-5412
貝塚：南大阪物流センター
　　　　　072-438-0971　　ＦＡＸ072-438-0973
　　：二色浜センター
　　　　　072-437-5923　　ＦＡＸ072-437-6104
小牧：中部物流センター
　　　　　0568-41-2191　　ＦＡＸ0568-41-2190
松原：松原第一物流センター
　　　　　072-290-7286
神奈川：厚木物流センター

［海外営業所及び代理店又は提携先］
MIDDLE EAST
| UAE | Dubai | RELIANCE FREIGHT SYSTEMS L.L.C. |

ASIA & OCEANIA
| China | Dalian | AMASS FREIGHT INT'L (Dalian) Co., Ltd. |
| China | Guangzhou | AMASS FREIGHT INT'L Guangzhou Co., Ltd. |
| China | Ningbo | AMASS FREIGHT INT'L (Ningbo) Co., Ltd. |
| China | Qingdao | AMASS FREIGHT INT'L (Qindao) Co., Ltd. |
| China | Shanghai | AMASS FREIGHT INT'L (Shanghai) Co., Ltd. |
| China | Shenzhen | AMASS FREIGHT INT'L (Shenzhen) Co., Ltd. |
| China | Tianjin | AMASS FREIGHT INT'L (Tianjin) Co., Ltd. |
| China | Xiamen | AMASS FREIGHT INT'L (Xiamen) Co., Ltd. |
| Hongkong | Hongkong | AMASS FREIGHT INT'L |
| Hongkong | Hongkong | LUCKY LOGISTICS GROUP LTD. |
| Indonesia | Jakarta | PT. MCL TRANS INDONESIA |
| Korea | | JD SHIPPING LINE CO., LTD. |
| Malaysia | | WPC LOGISTICS (M) SDN BHD |
| Philippines | | Japan Container Lines, Inc. |

| Singapore | Singapore | Freight Links Express Pte Ltd. |
| Taiwan | | Pacific Concord Int'l Limited. |
| Thailand | | Aero-Marine Transworld Co., Ltd. |
| Thailand | | M Inter-corp Logistics Co., Ltd (Head Office) |
| Vietnam | | THAMI SHIPPING AND AIRFREIGHT CORP |

フォワーダー

オ・カ

## 岡本物流　株式会社
## OKAMOTO LOGISTICS CO., LTD.

108-0022 東京都港区海岸3-26-1
TEL 03-5427-3803 FAX: 03-5427-3812
https://www.okalog.co.jp

[主な営業種目] 港湾運送事業　海運貨物取扱業
通関業　NVOCC　国際複合運送業　梱包業

[貨物運送取扱事業法上の事業区分(外航海運)]
利用運送事業

[加入団体名] JIFFA　JFFF

[国内営業所および代理店名]
東京：日野事業所
042-584-1586　FAX042-584-1584
横浜：横浜事業所
045-472-4700　FAX045-472-3780
　：大黒事業所
045-510-0452　FAX045-510-0453
茨城：古河事業所
0280-75-0062　FAX0280-75-0065
　：柳橋事業所
0280-23-5203　FAX0280-92-6900

[海外営業所及び代理店又は提携先]
NORTH AMERICA
| USA | Ohio | Okamoto Logistics, Inc. |
| | | 1-614-987-0189 |

ASIA & OCEANIA
| Indonesia | Jakarta | P.T. Okamoto Logistics Nusantara |
| | | 62-21-830-8490 |
| Malaysia | | Okamoto Logistics Malaysia Sdn. |
| | | Bhd.　60-3-5161-8111 |
| Thailand | Bangkok | Okamoto Logistics (Thailand) Co., Ltd. |
| | | 66-038-210-278 |

## カ

## 加藤運輸　株式会社
## KATO TRANSPORT CO., LTD.

541-0054 大阪府大阪市中央区南本町4-1-8
アルテビル南本町6階
TEL 06-6253-6688 FAX: 06-6251-8622
http://www.kato-unyu.com/

[主な営業種目] 港湾運送事業　貨物自動車運送
事業　海上運送業　通関業　NVOCC

[貨物運送取扱事業法上の事業区分(外航海運)]
利用運送事業

[加入団体名] JIFFA　JFFF

[国内営業所および代理店名]
東京：東京支店 03-6880-9216　FAX03-6880-9316
神戸：神戸支店 078-862-1130　FAX078-222-2377

[海外営業所及び代理店又は提携先]
NORTH AMERICA
| USA | Los Angeles / Long Beach | |
| | | SEA DOMINION EXPRESS INC. |

EUROPE
| Russia | Vladivostok | ASIA-VED CO., LTD |

ASIA & OCEANIA
| Korea | Seoul | Aria Logistics Co., Ltd. |
| Korea | Seoul | KUKBO EXPRESS Co., Ltd. |
| Mongolia | Ulaan Bataar | LANDEX LLC |
| Mongolia | Ulaan Bataar | TUUSHIN LLC |
| Mongolia | Ulaan Bataar | 加藤運輸㈱ウランバートル事務所 |
| Myanmar | Yangon | Ocean Crown Service Co., Ltd. |
| Philippines | Manila | Lima Logistics Corporation |
| Taiwan | Taipei | T.V.L. Business Group (Trans Van Links Express Corp.) |
| Taiwan | Taipei | Tophunt Int'l Co., Ltd. |
| Vietnam | Hai Phong | INT'L LOGISTICS CORPORATION |
| Vietnam | Ho Chi Minh | NT'L LOGISTICS CORPORATION |
| Vietnam | Ho Chi Minh | Saigon New Port Corporation |

## 兼松ロジスティクス アンド インシュアランス　株式会社
## KANEMATSU LOGISTICS & INSURANCE LTD.

103-0013 東京都中央区日本橋人形町1-3-8
沢の鶴人形町ビル5階
TEL 03-4214-3930 FAX: 03-4214-3939
http://www.kli.co.jp

[主な営業種目] 保険代理業　海運貨物運送取扱
業　貨物自動車運送取扱業　国際複合運送業
航空貨物代理店業　利用運送事業

[貨物運送取扱事業法上の事業区分(外航海運)]
利用運送事業

[加入団体名] JIFFA　JAFA

[国内営業所および代理店名]
東京：物流事業部　東京航空部
03-4214-3910　FAX03-4214-3919
　：物流事業部　東京海上部
03-4214-3937　FAX03-4214-3939
　：保険事業部　東京営業部
03-4214-3950　FAX03-4214-3954
名古屋：保険事業部　名古屋営業部
052-202-5291　FAX052-202-5293
大阪：物流事業部　大阪営業部
06-6205-3637　FAX06-6205-3636
　：保険事業部　大阪営業部
06-6205-3200　FAX06-6205-3925

[海外営業所及び代理店又は提携先]
NORTH AMERICA
| USA | Los Angeles | Clear Freight Inc. |
| USA | New York | Logfret, Inc. |
EUROPE

| | | |
|---|---|---|
| France | Roissy | Sealogis Freight Forwarding France |
| Germany | Düsseldorf | Streck Transportges.mbH |
| Germany | Frankfurt | Streck Transportges.mbH |
| Germany | Freiburg | Streck Transportges.mbH |
| Germany | Hamburg | Alfons Koester & Co. GmbH |
| Germany | Hamburg | Streck Transportges.mbH |
| Italy | Milano | CN Logistics s.r.l. |
| Netherland | Rotterdam | Joedex Shipping & Forwarding B.V. |
| Switzerland | Moehlin | Streck Transport AG |
| Switzerland | Zurich | Streck Transport AG |
| UK | London | Logfret (UK) Ltd. |
| UK | London | Uniserve Limited. |

MIDDLE EAST

| | | |
|---|---|---|
| UAE | Abu Dhabi, Dubai | |
| | | Jordex Global LLC. |

ASIA & OCEANIA

| | | |
|---|---|---|
| China | Shanghai | Shanghai Longpeng Int'l Logistics Co., Ltd. |
| China | Shanghai, Ningbo, Guanahou | |
| | | FS Int'l Limited. |
| Hongkong | Hongkong | CN Logistics Limited |
| Hongkong | Hongkong | FS Int'l Limited. |
| Indonesia | Jakarta | P.T. Dunia Express Transindo |
| Korea | Busan | Hansaeng Express Co., Ltd. |
| Korea | Seoul | Hansaeng Express Co., Ltd. |
| Malaysia | Kuala Lumpur | Sparrow Freight (M) Sdn Bhd. |
| Philippines | Manila | Container Bridge Philippines, Inc. |
| Singapore | Singapore | JNC Line (S) Pte Ltd. |
| Thailand | Bangkok | FS Inter Logistics Co., Ltd. |
| Thailand | Bangkok | Mar Bin Trans-Service Co., Ltd. |
| Vietnam | Haiphong | Far Eastern Services JSC |
| Vietnam | Haiphong | Vietnam-Japan Int'l Transport Co., Ltd. |
| Vietnam | Haiphong, Hochiminh, Danang | |
| | | BEE Logistics Corporation |

## 川西倉庫　株式会社
## KAWANISHI WAREHOUSE CO., LTD.

652-0831 兵庫県神戸市兵庫区七宮町1-4-16
TEL 078-671-7931 FAX: 078-671-6526
*http://www.kawanishi.co.jp*

［主な営業種目］　港湾運送事業　海運貨物取扱業
倉庫業　通関業　国際複合運送業

［貨物運送取扱事業法上の事業区分(外航海運)］
利用運送事業

［加入団体名］　JIFFA　JFFF

［国内営業所および代理店名］
　神戸：本社　　　　078-671-7931　　FAX078-671-6526
　東京：営業部　　　03-3523-6700　　FAX03-3523-6701
　　　：国際部03-3523-6702　　FAX03-3523-6703
　横浜：京浜支店045-211-1801　　FAX045-212-0227
　名古屋：名古屋支店
　　　　　　　　052-222-5700　　FAX052-222-5705
　大阪：大阪支店06-6245-4431　　FAX06-6253-1181
　　　：国際部06-6245-4433　　FAX06-6245-4439
　神戸：神戸支店078-777-4361　　FAX078-777-4371

［海外営業所及び代理店又は提携先］
NORTH AMERICA

| | | |
|---|---|---|
| USA | | Kawanishi Warehouse Co., Ltd., San Francisco Branch　510-782-6518 |

EUROPE
| | | |
|---|---|---|
| Germany | | Gebr der Weiss GmbH 421-3057-192 |

ASIA & OCEANIA
| | | |
|---|---|---|
| China | Qingdao | Kawanishi Warehouse Co., Ltd., Qingdao Office　138-5321-6967 |
| China | Shanghai | Kawanishi Warehouse Co., Ltd., Shanghai Office　21-6351-2125 |
| Hongkong | Hongkong | Kawanishi Warehouse Co., Ltd., Hong Kong Office　852-3421-1936 |
| Indonesia | Jakarta | PT. Multisarana Bahteramandiri 811-833-1660 |
| Korea | | Sebang Express Co., Ltd. 02-3469-0727 |
| Philippines | Manila | Kawanishi Warehouse Co., Ltd., Manila Office　917-524-9989 |
| Singapore | Singapore | Kawanishi Logistics (Singapore) Pte. Ltd.　6323-4113 |
| Taiwan | | Triumph Express Service 02-2581-1133 |
| Thailand | | Thai Kawanishi Ltd.　2-672-3122 |
| Vietnam | Ho Chi Minh | Kawanishi Warehouse Co., Ltd., Ho Chi Minh Office 28-3915-2011 |

## キ

## 義勇海運　株式会社
## GIYU KAIUN CO., LTD.

102-0083 東京都千代田区麹町4-8
麹町クリスタルシティ東館14階
TEL 03-5210-0201 FAX: 03-5210-0208

［主な営業種目］　港湾運送事業　海運貨物取扱業
貨物自動車運送事業　海上運送業　通関業　航
空貨物運送取次事業

［貨物運送取扱事業法上の事業区分(外航海運)］
利用運送事業

［加入団体名］　JIFFA　JFFF

［国内営業所および代理店名］
　神戸：本社　　　　078-262-8200　　FAX078-262-8220
　東京：営業統括事業部
　　　　　　　　03-5210-0201　　FAX03-5210-0208
　横浜：横浜支店045-201-1791　　FAX045-212-1268
　名古屋：名古屋事業部
　　　　　　　　052-582-4061　　FAX052-582-4065

［海外営業所及び代理店又は提携先］
EUROPE
| | | |
|---|---|---|
| Germany | Hamburg | LPL Project Logistics |

MIDDLE EAST
| | | |
|---|---|---|
| Saudi Arabia | Dammam | Almajdouie Group, Damman |

ASIA & OCEANIA
| | | |
|---|---|---|
| Hongkong | Hongkong | MDLOGISTICS (HONG KONG) Ltd. |
| Indonesia | Jakarta | P.T. Altus Logistics Services Indonesia |
| Korea | Busan | Hansaeng Express Co., Ltd. |
| Malaysia | Kuala Lumpur | Aman Logistik Sdn. Bhd., Kuala Lumpur |

| | | |
|---|---|---|
| Philippines | Manila | Philippine Transworld Shipping Corp., Manila |
| Singapore | Singapore | Altus Shipping & Logistics Pte. Ltd. |
| Taiwan | Taipei | Pronto Cargo Forwarding Co., Ltd., Taipei |
| Thailand | Bangkok | K.G.M. Services Co., Ltd., Bangkok |
| Vietnam | Ho Chi Minh | New World Logistics JS Company |

# キューネ・アンド・ナーゲル　株式会社
## KUEHNE + NAGEL LTD.

135-0016 東京都江東区東陽6-3-2
イースト21タワー19階
TEL 03-5632-5350 FAX: 03-5632-5353

*http://jp.kuehne-nagel.com*

［主な営業種目］海運貨物取扱業　国際利用航空
運送事業　NVOCC　国際複合運送業　通関業
倉庫業

［貨物運送取扱事業法上の事業区分(外航海運)］
外国人国際利用運送事業　外国人国際運送取次
事業

［加入団体名］JIFFA　JAFA　IATA　FIATA

［国内営業所および代理店名］
東京：東京本社　航空輸出
　　　　　03-5632-5006　FAX 03-5632-5366
　：　　海上輸出
　　　　　03-5632-5370　FAX 03-5632-5377
　：　　海上輸入
　　　　　03-5632-5355　FAX 03-5632-3875
　：　　海上通関
　　　　　03-5632-5343　FAX 03-5653-5336
　：　　営業
　　　　　03-5632-5380　FAX 03-5632-5388
　：　　イベントロジスティックス
　　　　　03-5632-5385　FAX 03-5632-5388
　：　　コントラクトロジスティックス
　　　　　03-5632-5347　FAX 03-5632-5388
　：　　経理・総務
　　　　　03-5632-5365　FAX 03-5632-5424
　：　　人事部
　　　　　03-5632-5434　FAX 03-5632-5353
大阪：大阪支店　海上輸出
　　　　　06-6543-0458　FAX 06-6543-0508
　：　　海上輸入
　　　　　06-6543-0471　FAX 06-6543-0489
　：　　海上通関
　　　　　06-6543-0480　FAX 06-6543-0489
　：　　営業（輸入）
　　　　　06-6543-0482　FAX 06-6543-0538
　：　　営業（輸出）
　　　　　06-6543-0481　FAX 06-6543-0538
　：　　営業（カスタマーサービス）
　　　　　06-6543-0483　FAX 06-6543-0538
名古屋：名古屋支店　航空貨物
　　　　　052-559-4438　FAX 052-559-4439
　：名古屋営業所　営業（カスタマーサー
　　　ビス）052-559-4438　FAX 052-559-4439
成田：成田営業所　航空輸入
　　　　　0476-32-2931　FAX 0476-32-5786
　：　　航空通関

　　　　　0476-32-8851　FAX 0476-32-2933
成田：成田ロジスティックスセンター　コント
　　　ラクトロジスティックス
　　　　　0479-77-3618　FAX 0479-77-3482
市川：市川ロジスティックスセンター　コント
　　　ラクトロジスティックス
　　　　　047-704-8225　FAX 047-704-8245
茨木：茨木ロジスティックスセンター　コント
　　　ラクトロジスティックス
　　　　　072-665-9723　FAX 072-655-9724
関空：関西国際空港営業所　航空輸出
　　　　　072-456-5830　FAX 072-456-5836
　：　　　　　　　　　　航空輸入
　　　　　072-456-8925　FAX 072-456-5837
　：　　　　　　　　　　航空通関
　　　　　072-456-8927　FAX 072-456-0928
りんくう：りんくう物流センター　マリーンロ
　　　ジスティックス　航空貨物取扱
　　　　　072-463-9588　FAX 072-463-8627

［海外営業所及び代理店又は提携先］
NORTH AMERICA
| | | |
|---|---|---|
| Canada | Toronto | Kuehne + Nagel Ltd.1-905-502-7776 |
| Canada | Vancouver | Kuehne + Nagel Ltd.1-604-207-8929 |
| USA | Atlanta | Kuehne + Nagel Inc.1-404-675-2800 |
| USA | Baltimore | Kuehne + Nagel Inc.1-410-412-7263 |
| USA | Chicago | Kuehne + Nagel Inc.1-847-228-8500 |
| USA | Dallas | Kuehne + Nagel Inc. 1-972-4712900 |
| USA | Houston | Kuehne + Nagel Inc.1-281-449-8888 |
| USA | Los Angeles | Kuehne + Nagel Inc.1-310-641-5500 |
| USA | Miami | Kuehne + Nagel Inc.1-305-704-6300 |
| USA | New York | Kuehne + Nagel Inc.1-201-413-5500 |

CENTRAL SOUTH AMERICA
| | | |
|---|---|---|
| Argentina | Buenos Aires | Kuehne + Nagel S.A. 54-11-5556-6200 |
| Brazil | Sao Paulo | Kuehne + Nagel Servicos Logisticos Ltda. 55-11-3468-8000 |
| Chile | Santiago | Kuehne + Nagel Ltda. 56-2-2338-9300 |
| Colombia | Bogota | Kuehne + Nagel S.A.S. 57-1-743-7000 |
| Mexico | Mexico City | Kuehne + Nagel S.A. de C.V. 52-55-2470-4000 |
| Venezuela | Caracas | Kuehne + Nagel S.A. 58-212-6152596 |

EUROPE
| | | |
|---|---|---|
| Austria | Vienna | Kuehne + Nagel Gesellschaft m.b.H. 43-5-90690-0 |
| Belgium | Antwerp | Kuehne + Nagel NV　32-3-2206311 |
| France | Paris | Kuehne + Nagel SAS33-1-6034-2630 |
| Germany | Berlin | Kuehne + Nagel (AG & Co.) KG 49-3378-8090 |
| Germany | Bremen | Kuehne + Nagel (AG & Co.) KG 49-421-3605-0 |
| Germany | Frankfurt | Kuehne + Nagel (AG & Co.) KG 49-69-40040 |
| Germany | Hamburg | Kuehne + Nagel (AG & Co.) KG 49-40-30333-8000 |
| Italy | Milano | Kuehne + Nagel Srl　39-0331 66621 |
| Netherlands | Rotterdam | Kuehne + Nagel N.V. 31-10-4789911 |
| Spain | Madrid | Kuehne + Nagel S.A.U 34-91-2443600 |
| Switzerland | Zurich | Kuehne + Nagel AG　41-44-8668100 |
| UK | London | Kuehne + Nagel Ltd. |

44(0)208 818 1600

**AFRICA**
Egypt　　New Cairo　Kuehne + Nagel Ltd.
20-（2）2614-5500
Kenya　　Nairobi　　Kuehne + Nagel Ltd.254-20-6600000
South Africa Edenvale　Kuehne + Nagel (Pty.) Ltd.
27-11-5747000

**MIDDLE EAST**
Jordan　　Amman　　Kuehne + Nagel Jordan Ltd.Co.
962-6-2007000
Saudi Arabia Jeddah　Kuehne + Nagel Ltd.966-2-229-6800
Turkey　　Istanbul　Kuehne + Nagel Nakliyat Ltd. Sti.
90-212-401-4600
UAE　　　Dubai　　Kuehne + Nagel L.L.C.
971-4-8141600

**ASIA & OCEANIA**
Australia　Melbourne　Kuehne + Nagel Pty. Ltd.
61-3-9394-3300
China　　Shanghai　Kuehne + Nagel Ltd.
86-21-2602-8000
Hongkong　Hongkong　Kuehne + Nagel Ltd. 852-2823-7688
India　　New Delhi　Kuehne + Nagel Pvt. Ltd.
91-124-4595959
Indonesia　Jakarta　PT. Naku Freight Indonesia
62-21-2522222
Korea　　Seoul　　Kuehne + Nagel Ltd.
82-02-2078-8700
Malaysia　Kuala Lumpur　Kuehne + Nagel Sdn. Bhd.
60-3-78411280
New Zealand
　　　　Auckland　Kuehne + Nagel Ltd.　64-9-2572800
Philippines Manila　Kuehne + Nagel Inc.　63-2-705-6100
Singapore　Singapore　Kuehne + Nagel Pte Ltd.
65-6339-5115
Taiwan　　Taipei　　Kuehne + Nagel Ltd.
886-2-2544-5000
Thailand　Bangkok　Kuehne + Nagel Ltd.
66-(0)2-018-8800
Vietnam　　Ho Chi Minh　Kuehne + Nagel Co., Ltd.
84-028-3828-2200

---

## 協同運輸　株式会社
## KYODO TRANSPORT CO., LTD.

551-0013 大阪府大阪市大正区小林西1-17-31
　　　TEL 06-6556-2235 FAX: 06-6556-2238
　　　https://www.kyodo-transport.com

［主な営業種目］　港湾運送事業　海運貨物取扱業
貨物自動車運送事業　内航海運業　通関業　倉
庫業　NVOCC

［貨物運送取扱事業法上の事業区分(外航海運)］
利用運送事業

［加入団体名］　JIFFA　JFFF

［国内営業所および代理店名］
　東京：東京支店 03-6262-3708　ᶠᴬˣ03-6262-3709
　神戸：神戸出張所
　　　　　　078-599-6988　ᶠᴬˣ078-599-6144

［海外営業所及び代理店又は提携先］
NORTH AMERICA

---

USA　　Los Angeles　FUJITRANS U.S.A., INC.
1-310-847-3419
USA　　Los Angeles　KEN HAMANAKA CO INC.
1-310-216-4286

**MIDDLE EAST**
Kuwait　　Kuwait　　SUPER MIDDLE EAST FREIGHT &
LOGISTICS W.L.L.　965-22429703
Qatar　　Doha　　ALMASSEYA SHIPPING AGENCY
W.W.L.　974-4448-4120
Saudi Arabia Dammam　AL MAWEED MARINE SERVICE CO.
966-13-8330575
UAE　　　Dubai　　CARGO PLAN INT'L L. L. C.
971-4-2868186

**ASIA & OCEANIA**
Bangladesh Chittagong　QAMAR NAZ SHIPPING
880-31-2511124
China　　Shanghai　Kyuei Kyodo Logistics (Shanghai) Ltd.
86-021-5187-0811
Hong Kong　Hong Kong　HELKA GLOBAL LOGISTICS LIMITED
852-36673334
Hong Kong　Hong Kong　YATAI LOGISTICS CO., LTD.
852-2548-4388
India　　Chennai　CARGOPLAN INTERNATIONAL (INDIA)
PVT LTD.　91-44-4395-0000
Indonesia　Jakarta　PT. INDOPROSTIME TRANSPORT
62-21-626-8280
Korea　　Seoul　　DONG AN SHIPPING CO., LTD.
82-2-774-9781
Korea　　Seoul　　I-FES LOGISTICS CO., LTD.
82-2-6357-9988
Korea　　Seoul　　Nam Choong Shipping Co., Ltd.
82-2-738-4343
Malaysia　Selangor　Hifreight Int'l SDN BHD
60-3-3179-0908
Myanmar　Yangon　KUSUHARA TRANSPORTATION CO.,
LTD.　95-9-4000-8-2200
Philippines Manila　PACIFIC CONCORD CONTAINER LINES,
INC.　63-2-522-8000
Singapore　Singapore　Hifreight Express (S) Pte Ltd
65-6-747-0428
Sri Lanka　Colombo　FREIGHT LINKS INT'L (PTE) LYD
94-11-2302402
Taiwan　　Keelung　YATAI EXPRESS CO., LTD.
886-2-2752-9966
Thailand　Bangkok　Kyodo Transport (Thailand) Co., Ltd.
66-2173-6422
Thailand　Bangkok　WORLDNET KYODO-HIFREIGHT
INT'L CO., LTD.　66-2532-4424
Vietnam　Ho Chi Minh City
VIET HOA TRANSPORT SERVICES &
TRADING CO., LTD. 84-8-3940-2520
Vietnam　Ho Chi Minh City
VIETRANS SAIGON LOGISTICS
84-8-3547-2240

フォワーダー

キ

フォワーダー

キ・ク

## 近畿通関 株式会社
### KINKI TSUKAN CO., LTD.

552-0001 大阪府大阪市港区波除6-5-18
　　　　　TEL 06-6582-0435 FAX: 06-6582-5413
　　　　　*http://www.kinkitsukan.jp/*

［主な営業種目］ 港湾運送事業　海運貨物取扱業
貨物自動車運送事業　通関業　国際複合運送業

［貨物運送取扱事業法上の事業区分(外航海運)］
利用運送事業

［加入団体名］ JIFFA

［国内営業所および代理店名］
東京：東京支店 03-3433-4733　📠03-3433-2732
大阪：関西国際空港支店
　　　　072-458-3103　📠072-458-3104
沖縄：沖縄支店 098-868-6230　📠098-862-8532

［海外営業所及び代理店又は提携先］
ASIA & OCEANIA
China　　　Shanghai　　Kinki Tsukan Co., Ltd., Shanghai
　　　　　　　　　　　　Office　　　86-21-6374-3995

## 株式会社　近鉄エクスプレス
### KINTETSU WORLD EXPRESS, INC.

108-6024 東京都港区港南2-15-1
　　　　　品川インターシティA棟24階
　　　　　TEL 03-6863-6440 FAX: 03-5462-8501
　　　　　*https://www.kwe.com/*

［主な営業種目］ 貨物利用航空運送事業(航空・
海上・鉄道)　一般貨物自動車運送業及び貨物自
動車利用運送業　航空運送代理店業　通関業
倉庫業(流通加工・作業サービス含む)　その他
付帯事業

［貨物運送取扱事業法上の事業区分(外航海運)］
貨物利用運送事業

［加入団体名］ JAFA　JIFFA

## 楠原輸送　株式会社
### KUSUHARA TRANSPORTATION CO., LTD.

221-8511 神奈川県横浜市神奈川区東神奈川2-43-1
　　　　　TEL 045-453-1451 FAX: 045-453-1971
　　　　　*http://www.kusuhara.co.jp*

［主な営業種目］ 港湾運送事業　倉庫業　貨物自
動車運送事業　貨物利用運送事業　通関業　工
場構内作業　重量物運搬据付業　梱包業　産業
廃棄物処理業　不動産の仲介、賃貸、売買並び
に管理　上記各号に附帯関連する一切の事業

［貨物運送取扱事業法上の事業区分(外航海運)］
利用運送事業

［加入団体名］ JIFFA JFFF

［国内営業所および代理店名］
横浜：本社　　　　　　　　　　045-453-1451
　　：埠頭部　　　　　　　　　045-450-2021
　　：倉庫部　　　　　　　　　045-450-2011
　　：国際輸送部　　　　　　　045-450-2060
　　：海上部　　　　　　　　　045-450-2030
　　：通関部（横浜通関課）　　045-450-2033
　　：車輛部　　　　　　　　　045-450-2070
　　：引越部　　　　　　　　　045-450-2090
　　：業務部　　　　　　　　　045-450-2040
　　：修理工場 045-511-4285
　　：機工部　　　　　　　　　045-628-6415
東京：海貨部・開発営業部　　　03-3562-3515
　　：通関部（東京通関課）　　03-3562-3525
　　：港運部　　　　　　　　　03-3562-3520
横浜：横浜営業所（業務部）　　045-621-1551
　　：　　　　　　（車輛部）　045-335-1935
　　：磯子営業所　　　　　　　045-751-0138
　　：YCC営業所　　　　　　　045-510-2151
川崎：川崎営業所（業務部）　　044-344-5211
　　：　　　　　　（車輛部）　044-276-0511
　　：東扇島営業所　　　　　　044-266-1701
千葉：千葉支店　　　　　　　　0436-41-0461
神栖：茨城営業所　　　　　　　0299-93-0227
相馬：東北営業所　　　　　　　0244-63-2033
深谷：北関東営業所　　　　　　048-579-0065
東海：名古屋支店　　　　　　　052-604-7878
西宮：西日本営業所　　　　　　0798-33-7121
福岡：九州配送センター　　　　092-933-8171
敦賀：北陸営業所　　　　　　　0770-47-6212

［海外営業所及び代理店又は提携先］
ASIA & OCEANIA
Bangladesh Dhaka　　楠原輸送㈱ダッカオフィス
　　　　　　　　　　　　　　　880-13-1676-5519
Myanmar　Yangon　　Advanits Kusuhara Sedate Myanmar
　　　　　　　　　　Private Limited　95-9-250-541548
Myanmar　Yangon　　楠原輸送㈱ ミャンマー支店
　　　　　　　　　　　　　　　　95-9-50-92700
Sri Lanka　Colombo　　Yusen Logistics & Kusuhara Lanka
　　　　　　　　　　(Pvt.) Ltd.　　94-11-216-7600
Thailand　Bangkok　　Kusuhara (Thailand) Co., Ltd.
　　　　　　　　　　　　　　　　66-2235-5836
Thailand　Bangkok　　Kusuhara New Transportation Co.,
　　　　　　　　　　Ltd.　　　　66-2235-5836

## 株式会社　グローバルロジスティクス
### GLOBAL LOGISTICS CORPORATION

107-0062 東京都港区南青山1-4-2
　　　　　ラティス青山スクエア2階
　　　　　TEL 03-5414-5775 FAX: 03-5414-5776
　　　　　*http://www.globallogi.com*

［主な営業種目］ NVOCC

［貨物運送取扱事業法上の事業区分(外航海運)］
利用運送事業

［加入団体名］ JIFFA

［海外営業所及び代理店又は提携先］
NORTH AMERICA

| USA | New York | Argos Group, Inc. | 718-632-8080 |

**EUROPE**

| Germany | Düsseldorf | J.L.S. Europe GmbH | |
| | | | 49-211-529-0329 |

**MIDDLE EAST**

| Turkey | Istanbul | Transocean Shipping Int'l Transport & Foreign Trade | 90-216-345-8181 |

**ASIA & OCEANIA**

| Korea | Seoul | Dongbo Shipping Co., Ltd. | |
| | | | 82-3-3708-9700 |
| Sri Lanka | Colombo | Metro Int'l Pte Ltd. | 94-11-4737-5569 |
| Taiwan | Taipei | TSI-Translink (Taiwan) Co., Ltd. | |
| | | | 886-2-2747-3108 |

# ケ

# 株式会社　ＫＳＡインターナショナル
## KSA INTERNATIONAL INC.

604-8824 京都府京都市中京区壬生高樋町13
TEL 075-802-2101 FAX: 075-802-2110
http://www.ksa.co.jp

［主な営業種目］　国際海上貨物輸送業　国際航空貨物輸送業　国際複合運送業　通関業　自動車運送取扱事業　外航貨物海上保険代理店

［貨物運送取扱事業法上の事業区分(外航海運)］
利用運送事業

［加入団体名］　JIFFA　JAFA　IATA

［国内営業所および代理店名］
東京：関東支社 03-3505-8622　　FAX03-3505-8630
成田：成田国際空港営業所
　　　　0476-33-1266　　FAX0476-33-0413
名古屋：名古屋営業所
　　　　052-959-5637　　FAX052-961-0618
　　　：中部国際空港営業所
　　　　0569-38-7382　　FAX0569-38-7383
岐阜：岐阜営業所
　　　　058-268-0551　　FAX058-275-2775
大阪：大阪営業所
　　　　06-6226-0331　　FAX06-6226-0332
　　　：関西国際空港営業所
　　　　072-456-5691　　FAX072-456-5694
京都：本社営業本部
　　　　075-802-1371　　FAX075-811-6906
　　　：京都営業所
　　　　075-280-0088　　FAX075-280-0090

［海外営業所及び代理店又は提携先］

**NORTH AMERICA**

| USA | Los Angeles | KSA America, Inc. | 310-325-7577 |
| USA | New York | KSA America, Inc. | 718-632-0350 |
| USA | Other cities in USA | | |
| | | Tandem Global Logistics Group Companies | |

**EUROPE**

| | | Tandem Global Logistics Group Companies | |

**ASIA & OCEANIA**

| China | Guangzhou | Hangzhou KSA Logistics Co., Ltd. | |
| | | Guangzhou Office | 020-3877-6481 |
| China | Hangzhou | Hangzhou KSA Logistics Co., Ltd. | |
| | | | 571-8847-3507 |
| China | Shanghai | KSA (Shanghai) Logistics Co., Ltd. | |
| | | | 021-6125-2406 |
| China | Tianjin | Tianjin KSA Logistics Co., Ltd. | |
| | | | 022-8319-2002 |
| Thailand | Bangkok | KSA (Thailand) Co., Ltd. | |
| | | | 66-2013-7636 |

# ケイナラ　株式会社
## KEINARA CORPORATION

231-0005 神奈川県横浜市中区本町3-30-7
横浜平和ビル5階
TEL 045-211-1161 FAX: 045-212-5660
http://group.nikkeikin.co.jp/kna/

［主な営業種目］　港湾運送事業　貨物運送取扱業　通関業　損害保険代理業　国際複合運送業　倉庫業

［貨物運送取扱事業法上の事業区分(外航海運)］
利用運送事業

［加入団体名］　JIFFA　東京港運協会　横浜港湾荷役協会　JIFFA東京通関業会　横浜通関業会

［国内営業所および代理店名］
東京：東京港営業所
　　　　03-5755-7317　　FAX03-3790-6464
横浜：本牧営業所
　　　　045-621-3661　　FAX045-621-3508

# ケイヒン　株式会社
## THE KEIHIN CO., LTD.

108 8456 東京都港区海岸3-4-20
TEL 03-3456-7801 FAX: 03-3456-7818
https://www.keihin.co.jp/

［主な営業種目］　港湾運送事業　貨物運送取扱業（外航海運、国際航空、自動車、内航海運、鉄道）　倉庫業　通関業

［貨物運送取扱事業法上の事業区分(外航海運)］
利用運送事業

［加入団体名］　JIFFA　JFFF

［国内営業所および代理店名］
東京：国際輸送営業部営業課
　　　　03-3456-7881　　FAX03-3456-7833
横浜：港湾運送営業部プロジェクトカーゴ営業部
　　　　045-500-1234　　FAX045-507-2353
名古屋：東海営業部営業課
　　　　052-654-2311　　FAX052-652-0260
大阪：ケイヒン港運㈱営業部
　　　　06-6454-6911　　FAX06-6454-6915
神戸：ケイヒン港運㈱海貨営業部
　　　　078-391-4964　　FAX078-332-0673

［海外営業所及び代理店又は提携先］

**NORTH AMERICA**

| Canada | Affiliated Int'l Transport |
|---|---|
| Canada | BDP Canada ULC |
| USA | BDP Int'l |

## CENTRAL SOUTH AMERICA

| Antigua | Int'l Freight & Commission |
|---|---|
| Argentina | BDP Int'l SRL-Argentina |
| Bahamas | Expert Customs Broking Ltd. |
| Bolivia | Hermes Trans S.R.L. |
| Brazil | BDP South America Ltda. |
| Chile | BDP Chile Ltda. |
| Colombia | BDP Colombia S.A. |
| Costa Rica | Mundanzas Mundiales, S.A. |
| Dominican Rep. | Dominican Int'l Forwarding |
| El Salvador | M Representaciones SA DE CV |
| Mexico | CGI Logistics, S.A. de C.V. |
| Mexico | ED Forwarding, S.A.P.I de C.V. |
| Nicaragua | Mundanzas Mundiales, S.A. |
| Panama | Sertrans S.A. |
| Peru | BDP Int'l SAC |
| Puerto Rico | Nestor Reyes Inc. |
| Uruguay | Double Star Logistics de Uruguay |
| Venezuela | Coanaca Int'l Logistics CA |

## EUROPE

| Albania | Trade Logistics d.o.o. |
|---|---|
| Austria | Geis Cargo Int'l Austria GmbH |
| Belgium | BDP Int'l N.V. |
| Bulgaria | Mireks Shipping |
| Croatia | Trade Logistics d.o.o. |
| Cyprus | T.Polyfreight Logistics Ltd |
| Czech Republic | BDP Wakestone SRO |
| Denmark | NTG Global A/S |
| Finland | NTG Global Finland OY |
| France | Alfred Balguerie SA |
| France | BDP Int'l |
| Germany | BDP Int'l Gmbh-Germany |
| Greece | TEU S.A. Shipping & Forwarding |
| Hungary | Trade Logistics d.o.o. |
| Iceland | Jonar Transport HF |
| Ireland | Hamilton Shipping Ltd. |
| Italy | Alitrans |
| Italy | BDP Italia S.p.A |
| Malta | Bianchi Enterprises Ltd. |
| Montenegro | Trade Logistics d.o.o. |
| Netherlands | BDP Int'l B.V. |
| Norway | NTG Global Norway AS |
| Poland | I.C.E. Transport Poland Co., Ltd. |
| Portugal | Orey Comercio e Navegacao Ltda. |
| Russia | INSTAR Logistics Ltd. |
| Serbia | Trade Logistics |
| Slovakia | BDP Wakestone S.R.O. |
| Slovenia | Trade Logistics d.o.o. |
| Spain | BDP Int'l Spain, S.A. |
| Sweden | BDP Int'l AB |
| Switzerland | Apextrans Ltd. Int'l. Shipping and Forwarding |
| UK | BDP Int'l UK Ltd. |

## AFRICA

| Angola | Orey Comercio e Navegacao Ltda |
|---|---|
| Egypt | BDP Internatinal |
| Ghana | Freight Consult Ghana Limited |
| Nigeria | Knightsbridge |
| Seychelles | Mahe Shipping |
| South Africa | Turners Shipping (Pty) Ltd. |

## MIDDLE EAST

| Afghanistan | Bin Qutab Int'l (Pvt) Ltd |
|---|---|
| Bahrain | Bahrain Int'l Cargo Services W.L.L. |
| Israel | Ron-El Maliline Ltd. |
| Jordan | Quality Logistics Ltd. Co. |
| Kuwait | Al-Kazemi |
| Oman | BDP Logistics LLC |
| Qatar | BDP Int'l Qatar W.L.L. |
| Saudi Arabia | BDP Kanoo Chemical Logistics |
| Turkey | BDP Int'l Company |
| Turkey | BDP Int'l Inc., Turkey |
| UAE | BDP Int'l |
| Yemen | Int'l Shipping Co,Ltd. |

## ASIA & OCEANIA

| Australia | BDP Int'l (Australia) Pty Ltd. |
|---|---|
| Bangladesh | Badal And Company |
| Brunei | Multimodal Sea & Airfreight Seervices SB |
| Cambodia | G Link Express Logistics (Cambodia) Ltd. |
| China | BDP Int'l Ltd. (China) |
| China | KEIHIN MULTI-TRANS (SHANGHAI) CO., LTD. |
| Hongkong | BDP Asia-Pacific Limited |
| Hongkong | KEIHIN MULTI-TRANS (HONG KONG) LIMITED. |
| India | BDP UGL Global Logistics (India) Pvt. Ltd. |
| Indonesia | P.T. BDP Indonesia |
| Korea | BDP Logistics KOREA |
| Malaysia | BDP Malaysia Sdn Bhd |
| Nepal | Maritime Shipping & Air Logistics |
| New Zealand | BDP Int'l (NZ) Ltd. |
| Pakistan | Bin Qutab Int'l (Pvt.) Ltd. |
| Philippines | KEIHIN-EVERETT FORWADING CO., INC. |
| Singapore | BDP Int'l Ltd. |
| Singapore | KEIHIN MULTI-TRANS (SINGAPORE) PTE LTD |
| Sri Lanka | Eagle Logistics Colombo (Pvt) Ltd. |
| Taiwan | BDP Asia Pacific Pte Ltd. |
| Taiwan | KEIHIN MULTI-TRANS TAIWAN CO., LTD. |
| Thailand | BDP Asia-Pacific Ltd. |
| Vietnam | BDP Int'l (Vietnam) Ltd. |
| Vietnam | KEIHIN MULTI-TRANS (VIETNAM) COMPANY LIMITED |

**京浜内外フォワーディング　株式会社**
**KEIHIN NAIGAI FORWARDING CO., LTD.**

104-0033 東京都中央区新川1-29-8　越前堀ビル
TEL 03-5566-1751 FAX: 03-5566-1755
http://www.keihinnaigai-fwd.co.jp/

［主な営業種目］　一般港湾運送事業　運送取次事業　第一種利用運送事業（自動車運送）　通関業　損害保険代理店業　前述の各事業に関連する事業

［加入団体名］　JIFFA　JFFF

［国内営業所および代理店名］
横浜：横浜支店 045-577-4001　　FAX 045-577-4080

フォワーダー

ケ

:山下営業所
　　　　045-662-3170　　FAX045-662-4695

# ケイラインロジスティックス　株式会社
## "K" LINE LOGISTICS, LTD.

104-6030 東京都中央区晴海1-8-10
　　　　晴海アイランド　トリトンスクエア
　　　　オフィスタワーX棟　30階
　　　　TEL 03-6772-8800 FAX: 03-6697-6580
　　　　https://www.klinelogistics.com

[主な営業種目] 通関業　国際複合運送業

[貨物運送取扱事業法上の事業区分(外航海運)]
利用運送事業

[加入団体名]　JAFA　JIFFA　通関業協会

[国内営業所および代理店名]
【本社】
東京：業務統括部　品質管理課
　　　　　　03-6772-8760　　FAX03-6697-6580
　：　　　　　　業務管理課
　　　　　　03-6772-8770　　FAX03-6697-6580
　：総務人事部　総務課
　　　　　　03-6772-8830　　FAX03-6697-6580
　：　　　　　　人事課
　　　　　　03-6772-8850　　FAX03-6697-6580
　：経営企画部　経営企画課
　　　　　　03-6772-8890　　FAX03-6697-6580
　：　　　　グローバル戦略課
　　　　　　03-6772-8860　　FAX03-6697-6580
　：法務内部監査部　法務課　内部監査課
　　　　　　03-6772-8750　　FAX03-6697-6580
　：営業第一部　営業一課
　　　　　　03-6772-8410　　FAX03-6697-6582
　：　　　　　　営業二課
　　　　　　03-6772-8420　　FAX03-6697-6582
　：　　　　　　航空CS課
　　　　　　03-5255-5072　　FAX03-6697-6582
　：営業第二部　営業一課　営業チーム
　　　　　　03-6772-8460　　FAX03-6697-6583
　：　　　　　　　　食品チーム
　　　　　　03-6772-8440　　FAX03-6697-6583
　：　　　　　　営業二課
　　　　　　03-6772-8470　　FAX03-5255-5409
　：　　　　　　営業三課
　　　　　　03-6772-8560　　FAX03-6697-6583
　：　　　　海上輸入CS課
　　　　　　03-6772-8590　　FAX03-6697-6584
　：　　　　海上輸出CS課
　　　　　　03-6772-8610　　FAX03-6697-6585
　：営業第三部　営業一課
　　　　　　03-6772-8630　　FAX03-6697-6586
　：　　　　　　営業二課
　　　　　　03-6772-8640　　FAX03-6697-6586
　：プロジェクト部　半導体課　半導体営業課
　　　　　　03-6772-8650FAX(03-6697-6587
　：　　　　イベント課
　　　　　　03-6772-8660　　FAX03-6697-6587
　：経理部　経理課・グループ会計課
　　　　　　03-6772-8920　　FAX03-6697-6581
　：　　　　　　営業会計課

　　　　　　03-6772-8930　　FAX03-6697-6581
　：海上業務部　輸出NVOCC課
　　　　　　03-6772-8680　　FAX03-6697-6589
　：　　　　　　輸入NVOCC課
　　　　　　03-6772-8670　　FAX03-6697-6588
　：　　　　　　業務課
　　　　　　03-6772-8720　　FAX03-6697-6588
　：通関部　東京通関課
　　　　　　03-6772-8730　　FAX03-6697-6587
　：情報システム部　システム一課
　　　　　　03-6772-8950　　FAX03-6697-6580
　：　　　　　　システム二課
　　　　　　03-6772-8960　　FAX03-6697-6580
　：　　　　　　システム三課
　　　　　　03-6772-8980　　FAX03-6697-6580
千葉：成田カスタマーサービスセンター
　：営業三部　営業一課
　　　　　　0479-61-1010　　FAX0479-61-1011
　：　　　　　　営業二課
　　　　　　0479-61-1010　　FAX0479-61-1011
　：航空業務部　輸出混載課
　　　　　　0479-61-1012　　FAX0479-61-1014
　：　　　　　　輸出業務課
　　　　　　0479-61-1013　　FAX0479-61-1014
　：　　　　　　成田輸入課
　　　　　　0479-61-1010　　FAX0479-61-1011
　：通関部　成田南部通関課（輸出）
　　　　　　0479-61-1015　　FAX0479-61-1017
　：　　　　成田南部通関課（輸入）
　　　　　　0479-61-1015　　FAX0479-61-1017
千葉：原木物流センター
　：ロジスティックス部　ロジスティックス
　　　　課　047-724-8897　　FAX047-432-0877
東京：営業第一部　立川営業所
　　　　　　042-847-7831　　FAX042-847-7833
横浜：京浜営業所
　　　　　　045-681-3576　　FAX045-681-3578
　：営業第二部　横浜CS課（輸入チーム）
　　　　　　045-681-3572　　FAX045-274-7893
　：　　　　横浜CS課（輸出チーム）
　　　　　　045-681-3573　　FAX045-274-7894
　：通関部　横浜通関課
　　　　　　045-681-3695　　FAX045-274-7894
千歳：航空業務部　新千歳空港営業所
　　　　　　0123-27-6256　　FAX0123-27-6257
長野：営業第一部　長野営業所
　　　　　　0263-28-6052　　FAX0263-28-6053
新潟：営業第一部　新潟出張所
　　　　　　0256-32-2031　　FAX0256-33-4051
群馬：営業第二部　北関東営業所
　　　　　　0277-46-9777　　FAX0277-46-9778
静岡：営業第二部　静岡出張所
　　　　　　054-361-6388　　FAX054-366-1900
成田：成田空港営業所
　：航空業務部　成田輸入課
　　　　　　0476-32-8182　　FAX0476-32-8184
　：　　　　　　集配課
　　　　　　0476-32-8186　　FAX0476-32-8579
　：通関部　成田通関課
　　　　　　0476-32-8183　　FAX0476-32-8184
名古屋：名古屋支店　営業課
　　　　　　052-322-5501　　FAX052-322-1638
　：　　　　総務経理課

フォワーダー
ケ

フォワーダー

ケ

```
                    052-322-5501    FAX 052-322-1638
          ：              海上CS課
                    052-322-5501    FAX 052-322-1638
常滑：名古屋支店　中部国際空港営業所
      通関課　0569-38-9322    FAX 0569-38-1018
          ：          航空CS課（輸入チーム）
                    0569-38-9321    FAX 0569-38-1018
          ：          航空CS課（輸出チーム）
                    0569-38-9323    FAX 0569-38-1018
各務原：名古屋支店　岐阜営業所
                    0583-82-4571
大阪：関西支店　総務経理課
                    06-7711-0981    FAX 06-7711-7152
          ：          通関課
                    06-7711-0012    FAX 06-7711-0991
      ：大阪営業部　営業一課
                    06-7711-0982    FAX 06-7711-0991
          ：          営業二課
                    06-7711-0983    FAX 06-7711-0991
          ：          航空輸出CS課
                    06-7711-0986    FAX 06-7711-0996
          ：          海上輸入CS課
                    06-7711-0984    FAX 06-7711-0994
      ：関西業務部　輸出業務課
               （輸出混載チーム）
                    06-7711-7150    FAX 06-7711-7151
          ：      （輸出業務チーム）
                    06-7711-0995    FAX 06-7711-7151
泉南：関西支店　関西国際空港営業所　通関課
                    072-456-5740    FAX 072-456-5746
      ：関西業務部
                    072-456-5740    FAX 072-456-5746
神戸：関西支店　神戸営業部　営業一課　営業
      二課　078-367-7511    FAX 078-367-7512
          ：      大阪営業部　海上輸出CS課
                    078-367-7513    FAX 078-367-7515
          ：          海上輸出CS課（国内）
                    078-367-7514    FAX 078-367-7515
福岡：関西支店　大阪営業部　福岡営業所
                    092-477-0404    FAX 092-477-0407
```

## ［海外営業所及び代理店又は提携先］

### NORTH AMERICA

| | | | |
|---|---|---|---|
| USA | Atlanta | "K" Line Logistics (U.S.A.) Inc., Atlanta Branch Office | 1-404-363-9000 |
| USA | Charlotte | "K" Line Logistics (U.S.A.) Inc., Charlotte Office | 1-704-414-6550 |
| USA | Chicago | "K" Line Logistics (U.S.A.) Inc., Chicago Branch Office | 1-630-250-0337 |
| USA | Columbus | "K" Line Logistics (U.S.A.) Inc., Columbus Office | 1-614-987-1165 |
| USA | Dallas | "K" Line Logistics (U.S.A.) Inc., Dallas Branch Office | 1-817-481-7841 |
| USA | Huntsville | "K" Line Logistics (U.S.A.) Inc., Huntsville Office | 1-256-289-7075 |
| USA | Lexington | "K" Line Logistics (U.S.A.) Inc., Lexington Office | 1-859-523-0305 |
| USA | Lincoln | "K" Line Logistics (U.S.A.) Inc., Lincoln Office | 1-402-835-5664 |
| USA | Los Angeles | "K" Line Logistics (U.S.A.) Inc., Los Angeles Branch Office | 1-310-615-0555 |
| USA | McAllen | "K" Line Logistics (U.S.A.) Inc., McAllen Branch Office | 1-956-843-7665 |
| USA | New York | "K" Line Logistics (U.S.A.) Inc., Head Office | 1-718-807-3200 |
| USA | New York | "K" Line Logistics (U.S.A.) Inc., New York Branch Office | 1-718-807-3300 |
| USA | San Diego | "K" Line Logistics (U.S.A.) Inc., San Diego Office | 1-858-695-8270 |
| USA | San Francisco | "K" Line Logistics (U.S.A.) Inc., San Francisco Branch Office | 1-650-993-7370 |
| USA | Seattle | "K" Line Logistics (U.S.A.) Inc., Seattle Branch Office | 1-206-824-1785 |

### CENTRAL SOUTH AMERICA

| | | | |
|---|---|---|---|
| Brazil | Sao Paulo | Master Freight Transportes Internacionais Ltda., Sao Paulo Head Office | 55-11-5052-9570 |
| Chile | Santiago | "K" LINE CHILE LTDA. SANTIAGO HEAD OFFICE | 56-2-2652-1930 |
| Mexico | Irapuato | "K" Line Logistics (Mexico) S.A. DE C.V., Irapuato Office | 52-462-635-1882 |
| Mexico | Mexico City | "K" Line Logistics (Mexico) S.A. DE C.V., Head Office | 52-55-5784-4656 |
| Mexico | Monterrey | "K" Line Logistics (Mexico) S.A. DE C.V., Monterrey Office | 52-81-8386-5314 |
| Mexico | Queretaro | "K" Line Logistics (Mexico) S.A. DE C.V., Queretaro Office | 52-427-274-9534 |
| Peru | Lima | K LINE PERU S.A.C. LIMA HEAD Office | 51-1-6106800 |

### EUROPE

| | | | |
|---|---|---|---|
| France | Paris | "K" Line Logistics France S.A.S., Paris Head Office | 33-1-4862-0653 |
| Germany | Bremen | ITG Air & Sea GmbH, Bremen Branch Office | 49-421-17569-0 |
| Germany | Düsseldorf | ITG Air & Sea GmbH, Dusseldorf Branch Office | 49-211-566236-0 |
| Germany | Frankfurt | ITG Air & Sea GmbH, Frankfurt Branch Office | 49-6105-96852-0 |
| Germany | Hamburg | ITG Air & Sea GmbH, Hamburg Branch Office | 49-40-50062-0 |
| Germany | Munich | ITG Air & Sea GmbH, Munich Head Office | 49-8122-567-0 |
| Germany | Nuremberg | ITG Air & Sea GmbH, Nuremberg Branch Office | 49-911-350187-0 |
| Germany | Stuttgart | ITG Air & Sea GmbH, Stuttgart Branch Office | 49-711-797309-0 |
| Hungary | Budapest | "K" Line Logistics (UK) Ltd., Hungarian Rep. Office | 36-1-215-0809 |
| Netherlands | Amsterdam | LGI Netherlands B.V., Amsterdam Branch Office | 31-20-851-5700 |
| Netherlands | Rotterdam | LGI Netherlands B.V., Rotterdam Head Office | 31-10-851-1600 |
| UK | London | "K" Line Logistics (UK) Ltd., London Head Office | 44-20-8893-1122 |

### ASIA & OCEANIA

| | | | |
|---|---|---|---|
| Australia | Melbourne | "K" Line Logistics (Australia) Pty. Ltd., Melbourne Head Office | 61-3-9944-3000 |

| Country | City | Office & Phone |
|---|---|---|
| China | Beijing | "K" Line Logistics (China) Ltd., Beijing Office　86-10-6458-3332 |
| China | Dalian | "K" Line Logistics (China) Ltd., Dalian Branch Office　86-411-8250-7301 |
| China | Guangzhou | "K" Line Logistics (China) Ltd., Guangzhou Branch Office　86-20-8732-7998 |
| China | Qingdao | "K" Line Logistics (China) Ltd., Qingdao Branch Office　86-532-6865-8552 |
| China | Shanghai | "K" Line Air Global Logistics (Shanghai) Ltd., Shanghai Head Office　86-21-5868-3025 |
| China | Shanghai | "K" Line Logistics (China) Ltd., Pu Dong Airport Office 86-21-6885-2355 |
| China | Shanghai | "K" Line Logistics (China) Ltd., Shanghai Head Office　86-21-5258-1155 |
| China | Shenzhen | "K" Line Logistics (China) Ltd., Shenzhen Branch Office　86-755-8236-6201 |
| China | Suzhou | "K" Line Logistics (China) Ltd., Suzhou Office　+86(137)7178-2295 |
| China | Tianjin | "K" Line Logistics (China) Ltd., Tianjin Branch Office　86-22-5856-2188 |
| China | Wuxi | "K" Line Logistics (China) Ltd., Wuxi Office　86-510-8521-4156 |
| China | Xiamen | "K" Line Logistics (China) Ltd., Xiamen Office　86-592-2680-910 |
| Hongkong | Hongkong | "K" Line Air Travel Ltd., Head Office　852-2727-9118 |
| Hongkong | Hongkong | "K" Line Logistics (Hong Kong) Ltd., ATL Logistics & Operations Center　852-2237-3800 |
| Hongkong | Hongkong | "K" Line Logistics (Hong Kong) Ltd., Head Office　852-2727-9333 |
| Indonesia | Jakarta | PT KLINE Logistics Indonesia, Jakarta Head Office　62-21-5591-1757 |
| Indonesia | Surabaya | PT KLINE Logistics Indonesia, Surabaya Branch Office　62-31-867-5210 |
| Korea | Busan | "K" LINE (KOREA) LTD. BUSAN BRANCH OFFICE　+82(51)469-4011 |
| Korea | Seoul | "K" LINE (KOREA) LTD. SEOUL HEAD OFFICE　+82(2)397-8200 |
| Malaysia | Johor Bahru | "K" Line Logistics (Malaysia) Sdn. Bhd., Johor Bahru Branch Office　60-7-557-5422 |
| Malaysia | Kuala Lumpur | "K" Line Logistics (Malaysia) Sdn. Bhd., Kuala Lumpur Airport Office　60-3-8787-4288 |
| Malaysia | Kuala Lumpur | "K" Line Logistics (Malaysia) Sdn. Bhd., Kuala Lumpur Head Office　60-3-5525-8090 |
| Malaysia | Penang | "K" Line Logistics (Malaysia) Sdn. Bhd., Penang Branch Office　60-4-626-5521 |
| Myanmar | Yangon | "K" Line Logistics (Myanmar) Ltd., Yangon Head Office　951-710174 |
| Philippines | Cavite | "K" Line Logistics (Phils.), Inc., Cavite Office　63-46-437-6170 |
| Philippines | Cebu | "K" Line Logistics (Phils.), Inc., Cebu Branch Office　63-32-316-4227 |
| Philippines | Clark | "K" Line Logistics (Phils.), Inc., Clark Office　63-45-599-6743 |
| Philippines | Manila | "K" Line Logistics (Phils.), Inc., Manila Head Office　63-8825-1854 |
| Singapore | Singapore | "K" Line Logistics (Singapore) Pte. Ltd., Airport Office　65-6542-6511 |
| Singapore | Singapore | "K" Line Logistics (Singapore) Pte. Ltd., Head Office　65-6542-9919 |
| Taiwan | Kaohsiung | "K" Line Air Service (Taiwan) Ltd., Kaohsiung Branch Office　886-7-311-5701 |
| Taiwan | Taichung | "K" Line Air Service (Taiwan) Ltd., Taichung Office　886-4-2425-7166 |
| Taiwan | Taipei | "K" Line Air Service (Taiwan) Ltd., Taipei Head Office　886-2-8751-8148 |
| Thailand | Bangkok | "K" Line Logistics (Thailand) Ltd., Travel Division　66-2-267-0768 |
| Thailand | Bangkok | "K" Line Logistics (Thailand) Ltd., Bangkok Head Office　66-2-238-0685 |
| Thailand | Chiang Mai | "K" Line Logistics (Thailand) Ltd., Chiang Mai Branch Office　66-53-282-950 |
| Thailand | Chonburi | "K" Line Logistics (Thailand) Ltd., Laemchabang Office 66-81-352-8122 |
| Thailand | Don Mueang | "K" Line Logistics (Thailand) Ltd., Don Mueang Office　66-2-535-4795 |
| Thailand | Rayong | "K" Line Logistics (Thailand) Ltd., Eastern Seabord Sales Office　+66(38)954-814 |
| Thailand | Suvarnabhumi | "K" Line Logistics (Thailand) Ltd., Suvarnabhumi Airport Office　66-2-131-2100 |
| Vietnam | Hai Phong | "K" Line Logistics (Vietnam) Co., Ltd., Hai Phong Branch Office　84-225-3-614565 |
| Vietnam | Hanoi | "K" Line Logistics (Vietnam) Co., Ltd., Hanoi Head Office　84-24-3944-9770 |
| Vietnam | Ho Chi Minh | "K" Line Logistics (Vietnam) Co., Ltd., Ho Chi Minh Branch Office　84-28-3-547-2533 |

## 鴻池運輸　株式会社
## KONOIKE TRANSPORT CO., LTD.

541-0044 大阪府大阪市中央区伏見町4-3-9
TEL 06-6227-4600 FAX: 06-6227-4650
*https://www.konoike.net*

［主な営業種目］港湾運送事業　海運貨物取扱業
貨物自動車運送事業　貨物自動車運送取扱業
倉庫業　内航海運業　海上運送業　船舶代理店
業　通関業　NVOCC

［貨物運送取扱事業法上の事業区分(外航海運)］
利用運送事業

［国内営業所および代理店名］
東京：国際物流関東支店
03-6738-2850　🅵🅰🆇03-3278-1370
：コウノイケ・シッピング㈱

フォワーダー
コ

```
                03-6738-2960   FAX 03-6738-2970
        ：㈱ニチウン　東京営業部
                03-6897-6071   FAX 03-6897-6074
横浜：㈱ニチウン
                045-201-8951   FAX 045-211-0015
浜松：国際物流関東支店　浜松営業所
                053-450-7371   FAX 053-458-3551
名古屋：国際物流関東支店　中部営業課
                052-884-2450   FAX 052-884-2451
大阪：国際物流関西支店
                06-6572-2192   FAX 06-6572-2211
        ：コウノイケ・シッピング㈱　大阪支店
                06-6263-3835   FAX 06-6263-3922
        ：佐野運輸㈱　大阪支店
                06-6534-4761   FAX 06-6534-4763
神戸：佐野運輸㈱
                078-391-0092   FAX 078-391-3909
広島：国際物流関西支店　広島営業所
                082-568-4851   FAX 082-568-4852
```

## ［海外営業所及び代理店又は提携先］

### NORTH AMERICA

| | | | |
|---|---|---|---|
| USA | Los Angeles | Konoike -E Street, Inc. | 1-310-233-7300 |
| USA | Los Angeles | Konoike General Inc. | 1-562-806-2445 |
| USA | Los Angeles | Konoike Transport & Engineering (USA), Inc. | 1-310-513-1500 |
| USA | Los Angeles | Konoike-Pacific California, Inc. | 1-310-518-1000 |

### CENTRAL SOUTH AMERICA

| | | | |
|---|---|---|---|
| Mexico | Guadalajara | Konoike Mexico S.A. de C.V. | 52-33-3797-6222 |

### ASIA & OCEANIA

| | | | |
|---|---|---|---|
| Bangladesh | Dhaka | Konoike-Euro Logistics (Bangladesh) Ltd. | 880-2-885-0721 |
| China | Changshu | Konoike Asia (Jiangsu) Co., Ltd. | 86-512-5219-5058 |
| China | Guangzhou | Konoike Logistics (Shenzhen) Co., Ltd., Guangzhou Branch | 86-20-3879-1927 |
| China | Hangzhou | Konoike Logistics (Shanghai) Co., Ltd., Hangzhou Branch | 86-571-8510-8637 |
| China | Qingdao | Qingdao COSCO Konoike Logistics Co., Ltd. | 86-532-8870-1607 |
| China | Shanghai | BEL Int'l Logistics Limited. (Shanghai) | 86-21-6122-5488 |
| China | Shanghai | Konoike Logistics (Shanghai) Co., Ltd., Puxi Office | 86-21-6309-1118 |
| China | Shanghai | Konoike Logistics (Shanghai) Co., Ltd., Waigaoqiao Warehouse | 86-21-5048-2833 |
| China | Shenzhen | Konoike Logistics (Shenzhen) Co., Ltd. | 86-755-8359-9017 |
| China | Suzhou | Konoike Logistics (Jiangsu) Co., Ltd., Suzhou Branch | 86-512-6807-2938 |
| China | Tianjin | Konoike Logistics (Shanghai) Co., Ltd., Tianjin Branch | 86-22-8707-6199 |
| China | Wuxi | Konoike Logistics (Jiangsu) Co., Ltd., Wuxi Branch | 86-510-8520-3021 |
| Hongkong | Hongkong | BEL Int'l Logistics Limited. | 852-2796-0118 |
| Hongkong | Hongkong | BEL Supply Chain Solution Ltd. | |
| Hongkong | Hongkong | Konoike Transport & Engineering (H.K.) Ltd. | 852-3468-6678 / 852-2735-7313 |
| India | Gurgaon | Carna Medical Database Pvt. Ltd. | 91-124-430-9635 |
| India | Gurgaon | Konoike Asia (India) Pvt. Ltd. | 91-124-438-0273 |
| India | New-Delhi | Joshi Konoike Transport & Infrastructure Pvt.Ltd. | 91-11-49577-003 |
| Indonesia | Jakarta | P.T. Konoike Transport Indonesia | 62-21-573-5665 |
| Myanmar | Yangon | Konoike Myanmar Co.,Ltd | 95-1-230-9144 |
| Philippines | Manila | Konoike Philippines Corporation | 63-49-530-6698 |
| Philippines | Manila | PKI Manufacturing and Technology, Inc. | 63-43-405-6388 |
| Singapore | Singapore | Konoike Transport & Engineering (S) Pte. Ltd. | 65-6220-0010 |
| Thailand | Bangkok | Konoike Asia (Thailand) Co., Ltd. | 66-2-026-3584 |
| Thailand | Bangkok | Konoike Cool Logistics (Thailand) Co., Ltd. | 66-2-337-3013 |
| Thailand | Bangkok | Konoike Express (Thailand) Co., Ltd. | 66-2-337-3023 |
| Thailand | Bangkok | Konoike- Sotus Venture Co., Ltd. | 66-2-168-7260 |
| Vietnam | Ba Ria - Vung Tau Province | Konoike Vinatrans Logistics Co., Ltd., Ba Ria-Vung Tau Branch | 84-254-3893-629 |
| Vietnam | Da Nang | Konoike Vinatrans Logistics Co., Ltd., Da Nang Branch | 84-236-3551-759 |
| Vietnam | Hai Duong Province | Konoike Vinatrans Logistics Co., Ltd., Hai Duong Branch | 84-220-354-6575 |
| Vietnam | Hai Phong | Konoike Vinatrans Logistics Co., Ltd., Hai Phong Branch | 84-225-3686-126 |
| Vietnam | Hanoi | Konoike Vinatrans Logistics Co., Ltd., Hanoi Branch | 84-24-2220-9498 |
| Vietnam | Hanoi | Vinako Forwarding Co., Ltd., Hanoi Branch | 84-24-2220-9545 |
| Vietnam | Ho Chi Minh | BEL Int'l Logistics Vietnam Company Ltd. | 84-28-3820-1128 |
| Vietnam | Ho Chi Minh | Konoike Vinatrans Logistics Co., Ltd. | 84-28-3872-2845 |
| Vietnam | Ho Chi Minh | Vinako Forwarding Co., Ltd. | 84-28-3844-6252 |
| Vietnam | Long An Province | Anpha - AG Joint Stock Company | 84-28-3873-4395 |

## コーラルシッピング　株式会社
## CORAL SHIPPING CO., LTD.

550-0002 大阪府大阪市西区江戸堀1-10-8
パシフィックマークス肥後橋5階
TEL 06-6447-2222 FAX: 06-6447-2300
*http://www.coralship.co.jp*

［主な営業種目］　国際複合一貫輸送　NVOCC
海上運送業

[貨物運送取扱事業法上の事業区分(外航海運)]
利用運送事業

[加入団体名] JIFFA

[国内営業所および代理店名]
東京：東京支店 03-5213-5281 　FAX03-5213-5282
神戸：㈱辰巳商会
　　　　　078-302-0281 　FAX078-302-1406
名古屋：中京海運㈱
　　　　　052-201-7774 　FAX052-201-7790

# 株式会社　国際エキスプレス
## KOKUSAI EXPRESS CO., LTD.

140-0002 東京都品川区東品川4-12-6
　　　　　品川シーサイドキャナルタワー14階
　　　　　TEL 03-6748-0600 FAX: 03-6748-0480
　　　　　*https://www.kokusai.express/jpn/*
　　　　　*http://www.kukjae.com*

[主な営業種目] 通関業　倉庫業　海外引越　貨物自動車運送業　海上輸出入貨物業　航空輸出入貨物業　国際宅配業　一般港湾運送事業　展示・公演・美術品貨物　プロジェクト貨物梱包作業　LCL Consolidation　FCL Service　IATA代理店業　電子商取引B2B B2C

[貨物運送取扱事業法上の事業区分(外航海運)]
利用運送事業

[加入団体名] JIFFA　(財)日本関税協会横浜支部

[国内営業所および代理店名]
東京：海上営業部
　　　　　03-6748-0601 2 　FAX03-6748-0607
横浜：海外引越部　海外引越課
　　　　　045-307-7660 　FAX045-227-6863
東京：航空貨物事業部　営業部
　　　　　03-6748-0603 　FAX03-6748-0608
　　：東京支店 03-5755-1011 　FAX03-5755-1005
　　：東京航空支店
　　　　　03-6412-9088 　FAX03-5492-0220
成田：成田支店
　　　　　0479-85-6040 　FAX0479-85-6045
横浜：横浜支店 045-227-6261 　FAX045-227-6034
大阪：大阪支店
　　　　　06-4703-1234 　FAX06-4703-1239
　　：関空支店
　　　　　072-447-4188 　FAX072-447-4199
博多：博多支店
　　　　　092-235-3055 　FAX0792-235-3056

[海外営業所及び代理店又は提携先]
ASIA & OCEANIA
Korea　Seoul　㈱国際エキスプレスソウル
　　　　　　　　　82-2-3143-5555
Korea　Seoul　㈱国際エキスプレス水色物流センター　　82-2-2662-5200

# 互興運輸　株式会社
## GOKOH UNYU KAISHA, LIMITED

231-0002 神奈川県横浜市中区海岸通4-23
　　　　　原田ビル3階
　　　　　TEL 045-212-3381 FAX: 045-212-3365

[主な営業種目] 港湾運送事業　海運貨物取扱業　貨物自動車運送事業　貨物自動車運送取扱業　倉庫業　内航海運業　通関業　国際複合運送業

[貨物運送取扱事業法上の事業区分(外航海運)]
利用運送事業

[加入団体名] JIFFA

[国内営業所および代理店名]
東京：東京支店 03-6809-5750 　FAX03-5439-9707

# 株式会社　コスモトランスライン
## COSMO TRANS LINE, INC.

541-0044 大阪府大阪市中央区伏見町2-1-1
　　　　　三井住友銀行高麗橋ビル 9階
　　　　　TEL 06-6201-1105 FAX: 06-6201-0013
　　　　　*http://www.cosmotransline.co.jp*

[主な営業種目] 海運貨物取扱業　海上運送業　NVOCC　国際複合運送業

[貨物運送取扱事業法上の事業区分(外航海運)]
利用運送事業

[加入団体名] JIFFA　大阪商工会議所

[国内営業所および代理店名]
東京：東京支店 03-6459-4835 　FAX03-6285-2850

[海外営業所及び代理店又は提携先]
CENTRAL SOUTH AMERICA
| Argentina | Buenos Aires | Maritime Service Line Argentina S.A. +54-11 51297000 |
| --- | --- | --- |
| Brazil | Santos/Rio Grande | MSL Do Brasil Agenciamentos E Transportes Ltda　+55-11 27137900 |
| Chile | Santiago | Maritime Service Chile S.A. +56-29 794800 |
| Mexico | Manzanillo | IFS Neutral Maritime Services De Mexico Sa De CV　+1-314 333-6415 |
| Panama | Panama | Pier 17 Panama.Inc　+507 3601600 |
| Peru | Lima | Maritime Services Line Del.Peru S.A. +511 462 2333 |
| Puerto Rico | Sun Juan | COMMERCIAL DEPARTMENT CONTAINERS INC　1-787-775-6688 |

EUROPE
| Belgium | Antwerp | FTL FAST TRANSIT LINE +32-3 5419676 |
| --- | --- | --- |
| France | Le Harve | FTL FAST TRANSIT LINE S.A. +33-235-220808 |
| Germany | Hamburg | INGO E. GALLMEISTER GMBH +49-40-736152 42 |
| Netherland | Rotterdam | FTL Fast Transit Line Rotterdam BV +31-10 4112329 |
| UK | Felixstowe | Freight Movers International +441708 630 448 |
| UK | Southampton | Freight Movers International |

フォワーダー
コ

+441708 630 448

## ASIA & OCEANIA

| | | | |
|---|---|---|---|
| Australia | Sydney | MONDIALE FREIGHT SERVICE LTD. | +61-2-83368800 |
| Bangladesh | Chittagong | WORLDLINK TRANSPORTATION (PVT) LTD | +880 31-711002 |
| Cambodia | Phnon Penh | ASIAN FREIGHT CAMBODIA CO., LTD. | +855 23-231523 |
| China | Dalian | T.H.L Global Logistics Co.,Ltd | +86-411-8229-8558 |
| China | Guangzhou | MAXTOP WORLDWIDE LOGISTICS (GZ) LTD. | +86-757-63863016 |
| China | Shanghai | STAR FREIGHT EXPRESS LINE | +86-21-6235-695 |
| China | Xiamen | PANDA LOGISTICS CO., LTD., Xiamen Branch | +86-592-5622688 |
| Hongkong | Hongkong | CP WORLD LIMITED | +852-39714168 |
| Hongkong | Hongkong | GOLDEN LABEL LOGISTICS (HK) LTD. | +852-31880939 |
| Hongkong | Hongkong | REWARD LOGISTICS COMPANY LTD | +852-28612678 |
| Hongkong | Hongkong | SALEM LOGISTICS CO., LTD. | ¦852-21557864 |
| Hongkong | Hongkong | TRANS VAN LINE LTD | +852-22815668 |
| India | Mumbai | POTA GLOBAL LOGISTICS INDIA PVT. LTD. | +91 022 67712222 |
| Indonesia | Jakarta | PT MAXIMA EXPRESS PRATAMA | +62-21-3442666 |
| Korea | Seoul | HARVEST SEA & AIR CO.,LTD. | +82-2-26769836 |
| Korea | Seoul | PKT GLOBAL LOGISTICS (KOREA) LTD. | +82-2-7797200 |
| Malaysia | Kuala Lumpur | QUANTERM LOGISTICS SDN BHD | +60 3-5121-8000 |
| Myanmar | Yangon | CP WORLD CO.,LTD. | +95 1-9255143 |
| New Zealand | Auckland | MONDIALE FREIGHT SERVICE LTD. | +64-9-2564111 |
| Singapore | Singapore | ASTRO PACIFIC PTE LTD | +65-63761200 |
| Singapore | Singapore | CJ LOGISTICS ASIA PTE LTD | +65-64102813 |
| Singapore | Singapore | U.S.GROUP CONSOLIDATOR (S) PTE LTD | +65-62211233 |
| Taiwan | Kaohsiung | PRO-TRANS INT'L LOGISTICS CO., LTD. | +886-7-521-5700 |
| Taiwan | Taipei | TRANS VAN LINKS EXPRESS CORP. | +886-2-87127070 |
| Thailand | Bangkok | ADVANCE INTERFREIGHT SERVICE CO., LTD. | +662-902899 |
| Thailand | Bangkok | FREIGHT LINKS EXPRESS (THAILAND) CO., LTD. | +662-2102888 |
| Vietnuam | Hochiminh | P&T TRANSPORTATION LTD. | +84-28-38216716 |
| Vietnuam | Hochiminh | TTF VIETNAM CO.,LTD. | +84-28-39991130 |

---

# 株式会社　後藤回漕店
# GOTO KAISOTEN, LTD.

650-0024 兵庫県神戸市中央区海岸通3-2-1

TEL 078-321-2161 FAX: 078-321-5830

*http://www.kaisoten.co.jp/*

［主な営業種目］　港湾運送事業　海運貨物取扱業　貨物運送取扱事業　国際複合運送業　通関業　倉庫業　梱包業

［貨物運送取扱事業法上の事業区分(外航海運)］
利用運送事業

［加入団体名］　JIFFA　JFFF

［国内営業所および代理店名］

神戸：神戸事業所
　　　078-321-2146　FAX 078-321-5820

大阪：大阪事業所
　　　06-7711-5510　FAX 06-7711-5514

東京：東京本社 03-6281-8950　FAX 03-6281-8955

横浜：横浜事業所
　　　045-582-5450　FAX 045-682-5459

倉敷：倉敷事務所
　　　086-448-3651　FAX 086-448-5920

下関：関門事業所
　　　083-228-1130　FAX 083-223-1088

福岡：福岡事業所
　　　092-262-2551　FAX 092-262-2660

［海外営業所及び代理店又は提携先］

## NORTH AMERICA

| | | |
|---|---|---|
| USA | Conceptum Logistics (USA) LLC | |
| USA | M. G. Maher | |
| USA | New K. S. A. I. Inc. | (1)310-216-1607 |
| USA | OIA Global Inc. | |

## CENTRAL SOUTH AMERICA

| | | |
|---|---|---|
| Argentina | Buenos Aires | Ulog Argentina |
| Brazil | | Bertling Logistics Brasil Ltda. |
| Brazil | | Enterprise Logistics |
| Brazil | | OIA Global Logistics Ltda. |
| Chile | Valparaiso | ULOG Chile |
| Colombia | | Conceptum Logistics (Colombia) SAS |
| Mexico | | Malti Super Trans S.A. de C.V. |
| Peru | | Conceptum Logistics (Peru) SRL |

## EUROPE

| | | |
|---|---|---|
| Czech Republic | | OIA Global AS |
| Denmark | | Martin Bencher (Scandinavia) A/S |
| Finland | | Conceptum Logistics (Finland) |
| Germany | | Conceptum Logistics GmbH |
| Germany | | OIA Global GmbH |
| Germany | Dusserdorf | Z st & Bachmeier Project GmbH |
| Germany | Hamburg | MOL D hle Worldwide Logistics GmbH |
| Germany | Hamburg | VTG Project Logistics, LLC |
| Hungary | | OIA Global Kft |
| Italy | | Saving Shipping and Forwarding SRL |
| Italy | | Saving Sped Air Srl |
| Lithuania | | OIA Global AB |
| Netherlands | | Neele-vat Logistics |
| Netherlands | | OIA Global B.V. |
| Netherlands | Amsterdam | Goto Europe B.V. (31)20-299-8793 |
| Romania | | OIA Global SRL |
| Russia | | OIA Global OOO |
| Spain | | Actanis Project Cargo |

| | | |
|---|---|---|
| Spain | | Albatos Logistics SA |
| Spain | | Transhipping SA |
| Sweden | | Wilson & Co., AB |
| Switzerland | Nyon | AMT-SA |
| UK | | Goto Europe Ltd. |
| UK | | OIA Global Ltd. |
| UK | London | Greenshields Cowie Ltd. |

AFRICA

| | | |
|---|---|---|
| Ethiopia | | Maritime and Transit Services Corp. |
| Kenya | Nairobi | Trueland Logistics Ltd. |
| Mozambique | Maputo | AMT Mozambique |
| Sudan | | Red Sea Shipping and Services Co., Ltd. |

MIDDLE EAST

| | | |
|---|---|---|
| Egypt | Cairo | Egyptian Int'l Shipping Agencies & Services |
| Egypt | Cairo | F.H. Bertling Logistics Egypt Ltd |
| Qatar | Doha | Gulf Star |
| Qatar | Doha | Gulf Warehousing Company |
| Saudi Arabia | Riyadh | Al-Barrak Shipping Agencies Co. Ltd. |
| Turkey | | Advance Int'l Transport Inc. |
| Turkey | | OIA Global Inc |
| UAE | Dubai | Bertling Logistics L.L.C. |
| UAE | Dubai | Time World Freight LLC |
| Yemen | | Halal Shipping Co. (Yemen) Ltd. |

ASIA & OCEANIA

| | | |
|---|---|---|
| Australia | | Conceptum Logistics (Australia) Pty Ltd. |
| Australia | | Consolidation Service (Aust) Pty. Ltd. |
| Australia | | Scorpion Int'l Freight Services Pty. Ltd. |
| Australia | Sydney | MMI Logistics |
| Bangladesh | Dhaka | SafeSea Bangladesh Ltd. |
| China | Dalian | Champ Express Ltd. |
| China | Shanghai | 後藤物流（上海）有限公司 (86)21-6031-0395 |
| China | Zhangjiagang | Zhang Jia Gang Teng Hua Int'l Lay and Carry Co., Ltd.（張家港藤華国際儲運有限公司） |
| Hongkong | Hongkong | 香港後藤物流有限公司 (852)2615-0281 |
| India | | A.B.C. India Ltd. |
| India | | Avvashya CCI Logistics Pvt Ltd. |
| India | | Conceptum Logistics (India) Pvt Ltd. |
| India | | Logistics Integrators (I) Pvt Ltd. |
| India | | MB Projects and Logistics (India) Pvt Ltd. |
| India | | NTC Logistics India (P) Ltd |
| India | | OIA Global India Pvt Ltd. |
| India | | OM Trans Logistics Ltd. |
| Indonesia | | P.T. Sendan Tirta Kencana |
| Indonesia | Jakarta | PT. FH Bertling Logistics Indonesia |
| Indonesia | Persero | Varuna Tirta Prakasya (Persero) |
| Korea | Busan | Goto Korea Co., Ltd. (82)51-441-8072 |
| Korea | Seoul | Goto Korea Co., Ltd. (82)2-771-3691 |
| Korea | Taegu | Goto Korea Co., Ltd. (82)53-752-7822 |
| Malaysia | | Eagle Liner Shipping Agencies Sdn. Bhd. |
| Malaysia | | F.H. Bertling Projects Logistics Sdn Bhd. |
| New Zealand | | HGL Limited |
| New Zealand | | Kiwi Customs and Forwarding Services Ltd. |

| | | |
|---|---|---|
| Philippines | | CEL Consolidators & Freight Forwarders, Inc. |
| Philippines | | TMS Ship Agencies, Inc. |
| Philippines | Manila | Goto Philippines Logistics Inc. (63)2-397-9198 |
| Singapore | Singapore | F H Bertling Pte Ltd |
| Singapore | Singapore | Goto South East Asia Pte. Ltd. (65)272-9929 |
| Sri Lanka | | New Wave & Kusuhara Colombo (Pvt) Ltd. |
| Taiwan | | Goto Fairwind Co., Ltd.（後藤順風股份有限公司）(886)2-2562-3297 |
| Thailand | | Erawan Multimodal Services Co., Ltd. |
| Thailand | | Utmost Logitec (Thailand) Co., Ltd. |
| Vietnam | | Goto Logistics Vietnam Co., Ltd. |
| Vietnam | Ho Chi Minh | Goto Vina Co., Ltd. (84)28-3821-8386 |

# 五洋海運　株式会社
## GOYO KAIUN CO., LTD.

455-0032 愛知県名古屋市港区入船1-7-40
TEL 052-651-5181 FAX: 052-651-5187
http://www.goyokaiun.com

［加入団体名］ JIFFA　JFFF

［海外営業所及び代理店又は提携先］
ASIA & OCEANIA

| | | |
|---|---|---|
| Korea | Seoul | C&K Maritime Co., Ltd. 774-3645 |
| Thailand | Bangkok | Goyo Kaiun (Thailand) Co., Ltd. 02521-6014 |

# 五洋ロジテム　株式会社
## GOYO LOGITEM CO., LTD.

657-0854 兵庫県神戸市灘区摩耶埠頭2番地1
TEL 078-862-5439 FAX: 078-805-5410
http://www.goyo-logitem.co.jp

［主な営業種目］ 一般港湾運送事業　通関業　貨物運送取扱事業　国際複合輸送業　流通加工業

［貨物運送取扱事業法上の事業区分(外航海運)］
利用運送事業

［加入団体名］ JIFFA　JFFF

［国内営業所および代理店名］
東京：東京支店 03-5765-3351　🅵🅰🅽03-5765-3353
大阪：大阪支店 06-6253-2451　🅵🅰🅽06-6253-2450

［海外営業所及び代理店又は提携先］
ASIA & OCEANIA

| | | |
|---|---|---|
| Bangladesh | | Royal Shipping Services Ltd. 88 02 8712193/8712538 |
| China | Dalian | Dalian New Hongyang Int'l Logistics Co., Ltd. 86-411-39850022 |
| China | Qingdao | Goyo Logitem Co., Ltd., Qingdao Office 86-532-8570-8399 |
| China | Qingdao | Qingdao Yirong Logistics Co., Ltd. 86-532-8389-3306 |
| China | Shanghai | Goyo Logitem Co., Ltd., Shanghai Office 86-21-6309-8600 |
| China | Tianjin | TEDA Jinhai Tone Logistics Co., Ltd. |

| | | | 86-22-27216699 |
|---|---|---|---|
| Korea | | Sechang Lepak Line Co., Ltd. | |
| | | | 82 2 778 3606 |
| Vietnam | Haiphong | Bee Logistics Co., Haiphong Branch | |
| | | | 84.31.375 3108 |
| Vietnam | Haiphong | Goyo Logitem Co., Ltd., Rep. Office in | |
| | | Haiphong | 84-31-3555676 |
| Vietnam | Ho Chi Minh | Goyo Logitem Co., Ltd., Rep. Office in | |
| | | Ho Chi Minh | 84-8-35218864 |
| Vietnam | Ho Chi Minh | VINALINKLOGISTICS JSC Ho Chi Minh | |
| | | Head Office | 84-8-3825-5389 |

## 是則運輸倉庫　株式会社
## KORENORI UNYU SOKO CO., LTD.

651-0087 兵庫県神戸市中央区御幸通4-2-20
　　　　三宮中央ビル11階
　　　　　　TEL 078-231-5611 FAX: 078-231-2840
　　　　　　*http://www.korenori.co.jp/*

［主な営業種目］　港湾運送事業　海運貨物取扱業
貨物自動車運送事業　倉庫業　通関業　国際複
合運送業

［貨物運送取扱事業法上の事業区分(外航海運)］
利用運送事業

［加入団体名］　JIFFA　JFFF

［国内営業所および代理店名］
　東京：東京営業部
　　　　　03-3276-8100　　📠03-3276-8101
　横浜：横浜営業所
　　　　　045-510-2251　　📠045-510-2255
　神戸：神戸営業部
　　　　　078-452-0941　　📠078-452-1422
　大阪：国際部　06-4256-8355　📠06-4256-8356

［海外営業所及び代理店又は提携先］
EUROPE

| Germany | Hamburg | YUSEN LOGISTICS (DEUTSCHLAND) | |
|---|---|---|---|
| | | GMBH. | 468957-358 |
| Netherlands | Rotterdam | YUSEN LOGISTICS (BENELUX) B.V. | |
| | | | 180-441900 |

ASIA & OCEANIA

| China | Shanghai | Shanghai Yuan Hua Int'l Freight & | |
|---|---|---|---|
| | | Forwarding Co., Ltd. | 6508-5070 |
| China | Shanghai | SINOTRANS SHANGHAI SONGJIANG | |
| | | LOGISTICS CO., LTD. | 6306-1383 |
| Hongkong | Hongkong | MUTIARA PINEWOOD LIMITED | |
| | | | 2517-0308 |
| Korea | Busan | KMTC Air-Sea Service Ltd. | |
| | | | 51-441-5541 |
| Philippines | Manila | Macrhon Freight Int'l | 2-521-2601 |
| Singapore | Singapore | Mitsubishi Logistics Singapore Pte. | |
| | | Ltd. | 262-1511 |
| Taiwan | Taipei | Ever Glory Transportation Inc. | |
| | | | 8771-7088 |
| Thailand | Bangkok | Mitsubishi Logistics (Thailand) Co., | |
| | | Ltd. | 237-9274 |
| Vietnam | Ho Chi Minh | Vinatrans Int'l Freight Forwarders | |
| | | | (8) 940-4186 |

サ

## 相模運輸倉庫　株式会社
## SAGAMI TRANSPORTATION & WAREHOUSE CO., LTD.

231-0002 神奈川県横浜市中区海岸通4-23
　　　　相模ビル
　　　　　　TEL 045-211-1427 FAX: 045-211-1428

［主な営業種目］　港湾運送事業　海運貨物取扱業
倉庫業　船舶代理店業　国際複合運送業

［貨物運送取扱事業法上の事業区分(外航海運)］
利用運送事業

［加入団体名］　JIFFA　JAFA　JFFF

［国内営業所および代理店名］
　横須賀：本社　　0468-61-3111　📠0468-61-3116
　横浜：横浜支店 045-211-1931　📠045-212-5675

［海外営業所及び代理店又は提携先］
ASIA & OCEANIA

| Thailand | Bangkok | Sagami Thai Co., Ltd. | 316-6259 |
|---|---|---|---|

## 株式会社　サンオーシャン
## SUN OCEAN CORPORATION

552-0021 大阪府大阪市港区築港3-6-1
　　　　　　TEL 06-6572-6051 FAX: 06-6573-3410
　　　　　　*http://www.sunocean.co.jp/*

［主な営業種目］　港湾運送事業　海運貨物取扱業
海上運送業　通関業　NVOCC

［貨物運送取扱事業法上の事業区分(外航海運)］
利用運送事業

［加入団体名］　JIFFA　JFFF

［国内営業所および代理店名］
　東京：東京支店 03-3595-0231　📠03-3595-0235
　九州：九州営業所
　　　　　　093-322-1100　📠093-322-1122
　水島：水島営業所
　　　　　　086-447-4290　📠086-447-4292

［海外営業所及び代理店又は提携先］
ASIA & OCEANIA

| China | Dalian | Sun Ocean Corporation | |
|---|---|---|---|
| | | | 0411-8882-7756 |
| Philippines | Manila | Sun Ocean Corporation | 02-524-7953 |
| Vietnam | Ho Chi Minh | Sun Ocean Corporation | 08-3827-4634 |

## 山九　株式会社
## SANKYU INC.

104-0054 東京都中央区勝どき6-5-23
　　　　　　TEL 03-3536-3939 FAX: 03-3536-3864
　　　　　　*http://www.sankyu.co.jp/*

［主な営業種目］　港湾運送事業　海運貨物取扱業

貨物自動車運送事業　貨物自動車運送取扱業
内航海運業　船舶代理店業　通関業　損害保険
代理業　引越貨物取扱業　NVOCC　国際複合運
送業　通運事業　倉庫業　国際航空貨物第二種
利用運送事業

[貨物運送取扱事業法上の事業区分(外航海運)]
利用運送事業

[加入団体名]　JIFFA　JAFA　JFFF

[国内営業所および代理店名]
東京：国際物流推進部グローバルアカウントグ
　　　ループ　03-4334-1698　FAX050-3606-6934
　　：　　　　　　　アカウントグループ
　　　　　03-3536-4019　FAX050-3606-6934
　　：サンキュウ エア ロジスティクス㈱
　　　東日本統括支店
　　　　　03-3536-3417　FAX03-5546-0366
　　：東京支店カスタマーサービスグループ
　　　　　03-3765-3919　FAX03-3766-4423
成田：サンキュウ エア ロジスティクス㈱
　　　成田空港支店
　　　　　0476-33-8051　FAX0476-33-1340
横浜：横浜支店営業グループ
　　　　　045-681-5266　FAX045-662-4602
千葉：千葉支店物流第二グループ
　　　　　043-245-4639　FAX043-245-4667
名古屋：名古屋支店名古屋国際物流グループ
　　　　　052-654-3951　FAX052-652-3952
　　：　　　　　企画営業グループ
　　　　　052-654-3955　FAX052-652-3039
　　：サンキュウ エア ロジスティクス㈱
　　　中部空港支店
　　　　　0569-38-8539　FAX0569-38-8537
大阪：国際物流推進部　西日本業務グループ
　　　　　06-6446-3901　FAX06-6446-3902
　　：サンキュウ エア ロジスティクス㈱
　　　関西空港支店
　　　　　072-434-8006　FAX072-460-0182
神戸：神戸支店カスタマーサービスグループ
　　　　　078-333-3911　FAX078-332-2414
広島：広島支店港運グループ
　　　　　082-255-1300　FAX082-255-1439
博多：福岡支店輸出入グループ
　　　　　092-651-9010　FAX092-651-9018
福岡：サンキュウ エア ロジスティクス㈱
　　　福岡空港支店
　　　　　092-477-0039　FAX092-477-7839
門司：門司支店輸出入グループ
　　　　　093-321-3831　FAX093-321-3837

[海外営業所及び代理店又は提携先]
NORTH AMERICA
USA　　Chicago　　Sankyu U.S.A., Incorporated
　　　　　　　　　　　　　　1-630-595-3009
CENTRAL SOUTH AMERICA
Brazil　　　　　SANKYU LOGISTICS DO BRASIL LTDA.
　　　　　　　　　　　　　　55-11-2889-6355
EUROPE
Netherlands Rotterdam　Sankyu (Europe) B.V.31-10-413-0023
MIDDLE EAST
Saudi Arabia Jeddah　Sankyu-Saudi Arabia Co.
　　　　　　　　　　　　　　966-12-683-3939
ASIA & OCEANIA

|  |  |  |  |
|---|---|---|---|
| China | Beijing | 北京山九物流有限公司 | 86-10-6629-3939 |
| China | Dalian | 大連山九国際物流有限公司 | 86-411-8731-8839 |
| China | Guangzhou | 広州山九物流有限公司 | 86-20-3877-2239 |
| China | Nanjing | 江蘇山九物流有限公司 | 86-25-8665-1139 |
| China | Qingdao | 青島山九亜太物流有限公司 | 86-532-8079-2839 |
| China | Shanghai | 上海経貿山九儲運有限公司 | 86-21-6586-1239 |
| Hongkong | Hongkong | Sankyu Eastern Int'l (Hong Kong) Co., Ltd. | 852-2838-1639 |
| India | Haryana | Sankyu India Logistics & Engineering Pvt Ltd. | 91-124-465-6600 |
| Indonesia | Jakarta | P.T. Sankyu Logistik Indonesia | 62-21-4366033 |
| Korea | Seoul | 太栄山九国際物流株式会社 | 82-2-2139-0351 |
| Malaysia | Kuala Lumpur | Sankyu (Malaysia) Sdn. Bhd. | 60-3-7781-3911 |
| Singapore | Singapore | Sankyu (Singapore) Pte. Ltd. | 65-64693911 |
| Singapore | Singapore | Sankyu Southeast Asia Holdings Pte Ltd. | 65-6631-0850 |
| Taiwan | Taoyuan | 山九昭安国際物流股份有限公司 | 886-2-8677-2222 |
| Thailand | Bangkok | Sankyu-Thai Co., Ltd. | 66-2-266-3939 |
| Vietnam | Ho Chi Minh | Sankyu (Vietnam) Co., Ltd . | 84-28-3930-8352 |

フォワーダー
サ

# サンキュウエアロジスティクス　株式会社
# SANKYU AIR LOGISTICS CO., LTD.

104-0054 東京都中央区勝どき5-11-11
　　　　　北水ビル第二
　　　　　TEL 03-4334-3411 FAX: 03-6220-3977
　　　　　https://www.sankyuair.co.jp

[主な営業種目]　貨物利用運送事業　貨物航空運
送代理店業　貨物自動車運送事業　通関業

[加入団体名]　IATA　IASA　JAFA　JIFFA

[国内営業所および代理店名]
東京：海外事業部
　　　　　03-6627-0161　FAX03-6220-0571
　　：東京営業支店
　　　　　03-6627-0160　FAX03-6220-0571
　　：東京航空支店　CS課
　　　　　03-3536-3417　FAX03-5546-0366
成田：成田空港支店　輸出業務課
　　　　　0476-33-8051　FAX0476-33-1340
　　：　　　　　　　輸入業務課
　　　　　0476-32-8120　FAX0476-32-8121
名古屋：中部空港支店
　　　　　0569-38-8539　FAX0569-38-8537
大阪：大阪営業支店
　　　　　06-6445-0607　FAX06-6445-0608
　　：関西空港支店　業務課　輸出業務係
　　　　　072-434-8006　FAX072-460-0182
　　：　　　　　　　　　　　輸入業務係

072-434-8004　FAX072-460-0180
福岡：福岡空港支店
　　　092-477-0039　FAX092-477-7839

## 株式会社　サンキュウシッピング
### SANKYU SHIPPING INC.

104-0054 東京都中央区勝どき6-5-23　山九ビル4階
　　　　TEL 03-3536-3978 FAX: 03-3536-3884

［加入団体名］　JIFFA

## 三協レイノス　株式会社
### Rhenus Sankyo Logistics K.K.

140-0002 東京都品川区東品川2-2-4
　　　　天王洲ファーストタワービル14階
　　　　TEL 03-6435-9394 FAX: 03-6435-9128
　　　https://www.rhenus.group/jp/ja/

［主な営業種目］　海運貨物取扱業　航空貨物取扱
業　国際複合運送業　通関　倉庫　保険

［貨物運送取扱事業法上の事業区分(外航海運)]
利用運送事業

［加入団体名］　JIFFA

［国内営業所および代理店名］
　大阪：大阪営業所
　　　　06-7222-3109　FAX06-7632-4329

［海外営業所及び代理店又は提携先］

NORTH AMERICA

| Canada | Tronto | Rhenus Logistics Canada Ltd. |
| | | 416 433 9838 |
| Canada | Vancouver | Rhenus Logistics Canada Ltd. |
| | | 778 244 8234 |
| USA | Chicago | Rhenus Freight Logsistics |
| | | 847 232 7401 |
| USA | Los Angeles | Rhenus Freight Logsistics |
| | | 310 228 7250 |
| USA | Miami | Rhenus Freight Logistics (HQ) |
| | | 786 235 7711 |

CENTRAL SOUTH AMERICA

| Argentina | Buenos Aires | Freight Logistics International de |
| | | Argentina S.R.L.　911 2545 1414 |
| Brazil | Sao Paulo | Rhenus Logistics de Brasil Ltda |
| | | 11 2101 5454 |
| Chile | Santiago de Chile | |
| | | Rhenus Logistics Ltda.　9 4490 5660 |
| Mexico | Mexico City | Rhenus Air & Ocean Mexico S.A. de |
| | | C.V.　55 8062 8667 |

EUROPE

| France | Marseille | Rhenus Logistics S.A.S. |
| France | Paris | Rhenus Logistics S.A.S. |
| | | (0)1 48 63 74 81 |
| France | Roisiy | Rhenus Logistics S.A.S. |
| France | Strassbourg | Rhenus Logistics S.A.S. |
| Germany | Bremen | Rhenus Freight Logistics GmbH & Co. KG |
| Germany | Frankfurt | Rhenus Freight Logistics GmbH & Co. KG　69 / 697663 - 112 |
| Germany | Hamburg | Rhenus Freight Logistics GmbH & Co. KG |
| Germany | Hannover | Rhenus Freight Logistics GmbH & Co. KG |
| Germany | Hilden | Rhenus Air & Ocean Management GmbH & Co. KG　2103 / 919 - 511 |
| Germany | Leipzig | Rhenus Freight Logistics GmbH & Co. KG |
| Germany | Mannheim | Rhenus Freight Logistics GmbH & Co. KG |
| Germany | Munchen | Rhenus Freight Logistics GmbH & Co. KG |
| Germany | Numberg | Rhenus Freight Logistics GmbH & Co. KG |
| Germany | Ratingen | Rhenus Freight Logistics GmbH & Co. KG |
| Germany | Stuttgart | Rhenus Freight Logistics GmbH & Co. KG |
| Germany | Unna | Rhenus Freight Logistics GmbH & Co. KG |
| Germany | Well am Rhein | Rhenus Freight Logistics GmbH & Co. KG |
| Italy | Milano | Rhenus Logistics S.p.A. |
| | | 02 33 94 95 29 |
| Netherlands | Amsterdam | Rhenus Air & Ocean b.v. |
| Netherlands | Rotterdam | Rhenus Air & Ocean b.v. 10 2451777 |
| Poland | Warsaw | Rhenus Logsitics S.A. (22) 463 95 12 |
| Russia | Moscow | OOO Rhenus Intermodal Systems |
| | | 495 739 48 99 |
| Spain | Barcelona | Rhenus Logistics S.A.U.　934 798 938 |
| Spain | Bilbao | Rhenus Logistics S.A.U. |
| Spain | Giyon | Rhenus Logistics S.A.U. |
| Spain | Madrid | Rhenus Logistics S.A.U. |
| Spain | Valencia | Rhenus Logistics S.A.U. |
| Turkey | Ankra | Rhenus Intermodal Sistemleri Lojistik Ltd. Sti |
| Turkey | Bursa | Rhenus Intermodal Sistemleri Lojistik Ltd. Sti |
| Turkey | Istanbul | Rhenus Intermodal Sistemleri Lojistik Ltd. Sti　212 293 26 00 |
| Turkey | Izmit | Rhenus Intermodal Sistemleri Lojistik Ltd. Sti |
| Turkey | Mersin | Rhenus Intermodal Sistemleri Lojistik Ltd. Sti |
| UK | Bradford | Rhenus Logistics Ltd. |
| UK | Cannok | Rhenus Logistics Ltd. |
| UK | London | Rhenus Logistics Ltd.　1784 424540 |
| UK | Manchester | Rhenus Logistics Ltd. |

AFRICA

| South Afirca | Cape town | Rhenus Logistics (Pty) Ltd. |
| South Afirca | Durban | Rhenus Logistics (Pty) Ltd. |
| South Afirca | East London | Rhenus Logistics (Pty) Ltd. |
| South Afirca | Johannesburg | Rhenus Logistics (Pty) Ltd. |
| | | (82) 304 3099 |
| South Afirca | Port Elizabeth | Rhenus Logistics (Pty) Ltd. |

MIDDLE EAST

| UAE | Dubai | Rhenus Logistics Gulf DWC LLC |
| | | (0) 4 8061362 |

ASIA & OCEANIA

| Australia | Melborne | Rhenus Logistics Australia |
| | | (3) 9329 3155 |
| Australia | Sydney | Rhenus Logistics Australia |
| China | Shanghai | Rhenus Logistics China Ltd |
| | | 21 63308590 |

| | | | |
|---|---|---|---|
| Indonesia | Jakarta | PT. Rhenus Logistics Indonesia | |
| | | | 21 2278 1955 |
| Indonesia | Semarang | PT. Rhenus Logistics Indonesia | |
| Indonesia | Surabaya | PT. Rhenus Logistics Indonesia | |
| Korea | Busan | Rhenus Logistics Korea | |
| Korea | Inchon | Rhenus Logistics Korea | |
| Korea | Seoul | Rhenus Logistics Korea | (2) 3660 1711 |
| New Zealand | | | |
| | Auckland | Rhenus Logistics NZ Ltd, | 9 557 1586 |
| Philippines | Cagayan De Oro | | |
| | | Rhenus Logistics, Inc. | |
| Philippines | Cebu | Rhenus Logistics, Inc. | |
| Philippines | Clark | Rhenus Logistics, Inc. | |
| Philippines | Davao | Rhenus Logistics, Inc. | |
| Philippines | Ilollo | Rhenus Logistics, Inc. | |
| Philippines | Manila | Rhenus Logistics, Inc. | |
| Philippines | Quezon | Rhenus Logistics, Inc. | |
| Philippines | Subic Bay | Rhenus Logistics, Inc. | 47-2513436 |
| Singapore | Singapore | Rhenus Logistics Asia Pacific Pte Ltd. | |
| | | | 6709 0505 |
| Thailand | Bangkok | Rhenus Logistics Co.,Ltd | 2-2615380 |
| Thailand | Laem Chabang | Rhenus Logistics Co.,Ltd | |
| Thailand | Suvarnabhumi | Rhenus Logistics Co.,Ltd | |
| Vietnam | Binh Duong | Rhenus Freight Vietnam LLC | |
| Vietnam | Hanoi | Rhenus Freight Vietnam LLC | |
| Vietnam | Ho Chi Minh | Rhenus Freight Vietnam LLC | |
| | | | 28 3911 5302 |

# 株式会社　サンスターライン
## SANSTAR LINE CO., LTD.

541-0052 大阪府大阪市中央区安土町2-3-13
　　　　　大阪国際ビル7階
　　　　　TEL 06-6267-9778 FAX: 06-6267-9766
　　　　　　　　　*http://www.panstar.jp*

［主な営業種目］　海上運送業　船舶代理店業　通
関業　NVOCC　国際複合運送業　旅行業

［加入団体名］　JIFFA　JOPA（日本外航客船協
会）

［国内営業所および代理店名］
　東京：東京支店 03-3544-5123　📠03-3544-5126
　　　：㈱住友倉庫
　　　　　　　03-3472-4220　📠03-3472-4343
　名古屋：名古屋営業所
　　　　　　　052-950-6630
　　　：名港海運㈱
　　　　　　　052-661-8126　📠052-661-8411
　大阪：大阪本社営業
　　　　　　　06-6271-3258
　　　：日本通運㈱
　　　　　　　06-6612-1460　📠06-6612-1471
　　　：㈱上組　06-6613-1891　📠06-6613-1898
　北陸：北陸事務所
　　　　　　　076-254-6884　📠076-254-6885

［海外営業所及び代理店又は提携先］
NORTH AMERICA
| | | | |
|---|---|---|---|
| USA | | Centre Shipping Int'l | 713-490-7029 |
| USA | | FR. Meyer's Sohn North America LLC | |
| | | | 610-396-9550 |
| USA | Carson | ENI Shipping Inc. | 310-516-7710 |

| | | | |
|---|---|---|---|
| USA | New York | FR. Pacific Transit Services Inc. | |
| | | | 516-881-2020 |

EUROPE
| | | | |
|---|---|---|---|
| Germany | Hamburg | FR. Meyer's Sohn (GMBH & Co.) KG | |
| | | | 49-40-2393-1407 |
| Germany | Kelsterbach | Euromain Logistics GMBH | |
| | | | 49-6107-98927-12 |
| UK | London | EUF Co., Ltd. | 44-1394-674471 |

ASIA & OCEANIA
| | | | |
|---|---|---|---|
| China | Lianyungang | Heung-A Logistics Co., Ltd. | |
| | | | 86-518-82322905 |
| China | Qingdao | Qingdao Transtar Global Logistics Co., | |
| | | Ltd. | 86-532-8601-9616〜8 |
| China | Shanghai | Shanghai Joosung Sea & Air Co., Ltd. | |
| | | | 021-6355-9366 |
| Hongkong | Hongkong | Ferguson | 852-3151-5566 |
| India | Mumbai | OFS Cargo Pvt. Ltd. 91-22-2826-0494 | |
| India | Mumbai | Wheels & Waves Logistics P Ltd. | |
| | | | 91-22-6774-4444 |
| Indonesia | | PT. Wide Logistics | 95-1-73028267 |
| Korea | Busan | Panstar Co., Ltd. | 82-51-465-4500 |
| Korea | Seoul | Panstar Co., Ltd. | 82-2-756-4500 |
| Malaysia | | Hyper Shine Forwarding Co., Ltd. | |
| | | | 95-1-73028267〜70 |
| Singapore | | G2K Forwarding Services Pte Ltd. | |
| | | | 65-6744-9868 |
| Taiwan | Taipei | Goto Fairwind Co., Ltd. 02-2562-3297 | |
| Taiwan | Taipei | Trans Van Links Express Corp. | |
| | | | 02-8712-7070 |
| Thailand | Bangkok | Speedway Transport Co., Ltd. | |
| | | | 66-2-641-8611 |
| Thailand | Bangkok | Worldlink Shipping Co., Ltd. | |
| | | | 66-2-712-3017 |
| Vietnam | Ho Chi Minh | VIKO LOGISTICS., ISC | |
| | | | 84-4-3514-7706/7 |

# 三友企業　株式会社
## SANYU KIGYOU CO., LTD.

650-0023 兵庫県神戸市中央区栄町通5-1-3
　　　　　TEL 078-341-7691 FAX: 078-341-7698

［加入団体名］　JFFF

# 三洋マリタイム　株式会社
## SANYO MARITIME CO., LTD.

105-0003 東京都港区新橋5-23-10　　片山ビル3階
　　　　　TEL 03-3437-7788 FAX: 03-3437-7789

［主な営業種目］　船舶代理店業　NVOCC

［貨物運送取扱事業法上の事業区分(外航海運)］
　第一種利用運送事業

［加入団体名］　JIFFA

［国内営業所および代理店名］
　大阪：大阪支店 06-4300-3138　📠06-4300-3139

## 三陸運輸　株式会社
## SANRIKU UNYU CO., LTD.

985-0011 宮城県塩釜市貞山通3-11-28
TEL 022-361-1921 FAX: 022-361-1940
http://www.sanriku-unyu.com

[主な営業種目]　国際貨物営業（NVOCC）船舶代理店営業　航空貨物営業

[貨物運送取扱事業法上の事業区分(外航海運)]
第一種貨物利用運送事業

[加入団体名]　JIFFA

[国内営業所および代理店名]
仙台：仙台港事業所
022-387-1784　　FAX022-387-1785
：高砂コンテナターミナル事業所
022-254-2101　　FAX022-254-2005
東京：東京支店 03-6435-8973　　FAX03-6435-8974

## 株式会社　サンリツ
## SANRITSU CORPORATION

108-0075 東京都港区港南2-12-32
SOUTH PORT品川12階
TEL 03-3471-0011(代) FAX: 03-3471-1464
http://www.srt.co.jp/

[主な営業種目]　海運貨物取扱業　貨物自動車運送事業　貨物自動車運送取扱業　倉庫業　通関業　損害保険代理業　NVOCC　国際複合運送業　一般貨物の梱包　木箱製造

[貨物運送取扱事業法上の事業区分(外航海運)]
利用運送事業

[加入団体名]　JIFFA　JAFA　IATA

[国内営業所および代理店名]
東京：ソリューション営業部
03-5534-6773　　FAX03-5534-6777
横浜：国際輸送部
045-510-2026　　FAX045-510-1467
：横浜事業所
045-510-2135　　FAX045-510-2560
成田：成田事業所
0476-36-6777　　FAX0476-36-2381

[海外営業所及び代理店又は提携先]
NORTH AMERICA
USA　　Irvine　　SANRITSU LOGISTICS AMERICA Inc.
1-310-522-4211
USA　　Reidsville　SANRITSU LOGISTICS AMERICA Inc.
ASIA & OCEANIA
China　　Shanghai　山立国際貨運代理（上海）有限公司　　86-21-3220-0062

## 三和フォワーディング　株式会社
## SANWA FORWARDING BUSINESS CO., LTD.

105-0013 東京都港区浜松町1-19-6
三和フォワーディングビル
TEL 03-3437-6753 FAX: 03-3437-6550
http://www.sanwafwd.co.jp

[主な営業種目]　海運貨物取扱業　損害保険代理業　国際複合運送業

[貨物運送取扱事業法上の事業区分(外航海運)]
利用運送事業

[加入団体名]　JIFFA

[国内営業所および代理店名]
横浜：横浜支店 045-641-2441　　FAX045-641-2444

[海外営業所及び代理店又は提携先]
NORTH AMERICA
USA　　　　　　　　　Worldwide Logistics Group
EUROPE
Italy　　　　　　　　UNITRANSPORTS SPA
Spain　　　　　　　OPERINTER GROUP
UK　　　　　　　　　EV CARGO
ASIA & OCEANIA
China　　　　　　　Ocean Crown Shipping Ltd.
China　　Shanghai　Shanghai Forwarding Business (Shanghai) Co., Ltd.
Hongkong　Hongkong　Sanwa Forwarding Business (H.K.) Ltd.
India　　　　　　　ATC Global Logistics Pvt. Ltd.
Indonesia　　　　　PT Silkargo Indonesia
Korea　　　　　　　Baro Logis Co., Ltd.
Philippines　　　　Philippine Transworld Shipping Corporation
Singapore　Singapore　Poh Tiong Choon Logistics LTD.
Taiwan　　　　　　Pacific Champion Express Co., Ltd.
Thailand　　　　　Seatrans Int'l Transport Co., Ltd.
Vietnam　Ho Chi Minh　FGS Logistics Ltd.

## CWロジスティックス株式会社
## CW LOGISTICS LTD.

103-0027 東京都中央区日本橋2-1-3
アーバンネット日本橋二丁目ビル10階
TEL 03-6262-5528 FAX: 03-6262-5529

[主な営業種目]　特殊海上コンテナを使用したサシミマグロ等の輸送　冷凍運搬船の手配　代理店業

[海外営業所及び代理店又は提携先]
ASIA & OCEANIA
China　　Qingdao　CW Logistics China
86-532-8077-0259

## 篠﨑倉庫　株式会社
## SHINOZAKI WAREHOUSE & TRANSPORTATION CO., LTD.

652-0845 兵庫県神戸市兵庫区築地町7-10
TEL 078-671-2127 FAX: 078-671-1564
http://www.shinozaki-soko.co.jp

フォワーダー

サ・シ

シ

[主な営業種目] 倉庫業　港湾運送事業（海貨限定）　貨物利用運送事業　通関業　不動産貸付業　宅地建物取引業

[貨物運送取扱事業法上の事業区分(外航海運)]
第一種貨物利用運送事業（貨物自動車運送に係る）

[加入団体名] JFFF　日本倉庫協会　日本関税協会（神戸支部）　神戸通関業協会

# シプコトランスポートジャパン　株式会社
## SHIPCO TRANSPORT (JAPAN) LTD.

105-0013 東京都港区浜松町1-6-15
　　　　VORT浜松町Ⅰ　4階
　　　　TEL 03-5776-3155 FAX: 03-5776-3158
　　　　http://www.shipco.com

[主な営業種目] NVOCC

[貨物運送取扱事業法上の事業区分(外航海運)]
外国人国際利用運送事業

[加入団体名] JIFFA

[国内営業所および代理店名]
大阪：大阪営業オフィス
　　　　06-6539-5100　 FAX 06-6539-5102

[海外営業所及び代理店又は提携先]

## NORTH AMERICA

| Canada | Montreal | Shipco Transport Inc. | 514-631-3611 |
| Canada | Toronto | Shipco Transport Inc. | 905-290-1999 |
| USA | Atlanta | Shipco Transport Inc. | 404-767-0246 |
| USA | Boston | Shipco Transport Inc. | 617-267-3009 |
| USA | Charleston | Shipco Transport Inc. | 843-744-8336 |
| USA | Chicago | Shipco Transport Inc. | 630-616-9100 |
| USA | Houston | Shipco Transport Inc. | 713-861-2100 |
| USA | Los Angeles | Shipco Transport Inc. | 562-295-2900 |
| USA | Mlami | Shipco Transport Inc. | 305-591-3900 |
| USA | New York | Shipco Transport Inc. | 201-356-3500 |
| USA | San Francisco | Shipco Transport Inc. | 650-588-0363 |
| USA | Seattle | Shipco Transport Inc. | 206-444-7447 |

## CENTRAL SOUTH AMERICA

| Brazil | Santos | Allink Transportes Internacionais Ltda. | 55-13-3213-1900 |
| Chile | Santiago | Shipco Transport | 562-440-7400 |
| Mexico | Mexico City | Interteam, S.A. De C.V. | 5255-5514-9897 |

## EUROPE

| Belgium | Antwerp | SSC Consolidation | 32-3-609-4000 |
| Denmark | Copenhagen | Shipco Transport Denmark A/S | 45-39-15-05-50 |
| Estonia | Tallinn | Shipco Transport Eesti AS | 372-664-5350 |
| Finland | Helsinki | OY Shipco Transport A/B/ | 358-9-4150-5460 |
| France | Le Havre | SSC Consolidation SAS | 32-2-35-26-2338 |
| Germany | Hamburg | Saco Shipping GmbH | 49-40-311-7060 |
| Ireland | Dublin | Shipco Transport Ltd. | 353-144-10074 |
| Italy | Milano | SACO Combimar Spa | 39-02-2743061 |
| Latvia | Riga | Shipco Transport Riga SIA | 371-67408239 |
| Lithuania | Vilnius | Shipco Transport UAB | 370-5-232-9107 |
| Netherlands | Rotterdam | SSC Consolidation | 31-10-2630033 |
| Norway | Oslo | Shipco Transport A/S | 47-63-94-30-70 |
| Poland | Gdynia | Shipco Transport Sp.z.o.o. | 48-58-621-8817 |
| Portugal | Lisbon | Iberglory S.A. | 351-21-002-6590 |
| Romania | Bucharest | Shipco Transport S.R.L | 40-215390235 |
| Russia | St. Petersburg | Shipco Transport | 7-812-207-57410 |
| Spain | Barcelona | Transglory S.A. | 34-935-540-500 |
| Sweden | Gothenburg | Shipco Transport AB | 46-31-756-7800 |
| UK | London | Shipco Transport Ltd. | 44-0-1268-582800 |

## AFRICA

| South Africa | Johannesburg | SACO CFR (Pty) Ltd. | 27-11-820-8000 |

## MIDDLE EAST

| Turkey | Istanbul | Shipco Transport Istanbul | 90-212-252-8020 |

## ASIA & OCEANIA

| Australia | Sydney | AGS World Transport | 61-2-9666-4555 |
| Cambodia | Phnom Penh | Shipco Transport (Cambodia) Co., Ltd. | 855-23-922-010 |
| China | Dalian | Shipco Transport | 86-411-8235-1666 |
| China | Guangzhou | Shipco Transport (Shanghai) Ltd. | 86-20-8737-3767 |
| China | Shanghai | Shipco Transport | 86-21-2313-6888 |
| China | Shenzhen | Shipco Transport | 86-755-2291-9888 |
| China | Xiamen | Shipco Transport (Shanghai) Ltd. | 86-592-5600855 |
| Hongkong | Hongkong | Shipco Transport (HK) Ltd. | 852-2574-3188 |
| India | Mumbai | Teamglobal Logistics Pvt Ltd. | 91-22-6754-9800 |
| Indonesia | Jakarta | P.T. Shipco Transport | 62-21-5794-8070 |
| Indonesia | Surabaya | P.T. Shipco Transport | 62-31-545-9488 |
| Korea | Seoul | Shipco Transport (Korea) Co., Ltd. | 82-2-774-5533 |
| Malaysia | Penang | Shipco Transport Sdn. Bhd. | 60-4-210-5252 |
| Malaysia | Port Kelang | Shipco Transport Sdn. Bhd. | 60-3-3325-3215 |
| New Zealand | Auckland | NGS World Transport | 64-9-254-4900 |
| Pakistan | Karachi | Shipco Transport Pakistan (Pvt.) Ltd. | 92-21-35642400 |
| Philippines | Manila | Shipco Transport (Philippines) Inc. | 63-2-823-2793 |
| Singapore | Singapore | Shipco Transport Pte. Ltd. | 65-6223-4644 |
| Sri Lanka | Colombo | Shipco Transport Pte. Ltd. | 94-11-2305-519 |
| Taiwan | Keelung | Shipco Transport Taiwan Co., Ltd. | 886-2-2771-8667 |
| Thailand | Bangkok | Shipco Transport (Thailand) Ltd. | 662-367-3344 |
| Thailand | Laem Chabang | Shipco Transport (Thailand) Ltd. | 66-38-401-395 |
| Vietnam | Danang | Shipco Transport (Vietnam) Ltd. | 84-0511-3566278 |
| Vietnam | Haiphong | Shipco Transport (Vietnam) Ltd. | |

| | | | |
|---|---|---|---|
| Vietnam | Ho Chi Minh | Shipco Transport (Vietnam) Ltd. | 84-31-3260272 |
| | | | 84-8-3826-2888 |

# 澁澤倉庫　株式会社
## THE SHIBUSAWA WAREHOUSE CO., LTD.

135-8513 東京都江東区永代2-37-28

TEL 03-5646-7220 FAX:

*http://www.shibusawa.co.jp*

［主な営業種目］　港湾運送事業　海運貨物取扱業
貨物自動車運送取扱業　倉庫業　船舶代理店業
通関業　航空貨物取扱業

［貨物運送取扱事業法上の事業区分(外航海運)］
利用運送事業

［加入団体名］　JIFFA　JAFA

［国内営業所および代理店名］
東京：国際営業部
03-5646-7083　FAX03-3820-9321
：国際輸送営業所
03-5646-7052　FAX03-3820-9323
：航空貨物営業所
03-5646-7073　FAX03-3820-9325
：東京支店 03-5646-7270　FAX03-3820-9138
名古屋：名古屋輸出入営業所
052-659-3871　FAX052-661-6257
大阪：大阪支店
06-6573-9100　FAX06-6573-9133
：関西航空貨物営業所
072-456-5546　FAX072-456-5550

［海外営業所及び代理店又は提携先］

NORTH AMERICA

| | | | |
|---|---|---|---|
| Canada | Toronto | Dimerco Express (Canada) Corp. | |
| | | | 1-905-282-8118 |
| USA | Los Angeles | Dimerco Express (U.S.A.) Corp. | |
| | | | 1-718-723-7000 |
| USA | New York | Itochu-Logistics (USA) Corp. | |
| | | | 1-646-862-6942 |
| USA | New York | James J. Boyle & Co. | 415-871-6334 |

CENTRAL SOUTH AMERICA

| | | | |
|---|---|---|---|
| Brazil | Sao Paulo | Figwal Transportes Internacionais | |
| | | Ltda. | 55-11-3612-1500 |

EUROPE

| | | | |
|---|---|---|---|
| Belgium | Antwerp | Rohlig Belgium N. V. | 32-3-2020580 |
| France | Paris | P. Fatton Transports | 33-1-4862-3390 |
| Germany | Gottingen | Friedrich Zufall GmbH & Co. KG | |
| | | | 49-551-607-185 |
| Germany | Hamburg | ITG Air & Sea GmbH | |
| | | | 49-40-50062-225 |
| Germany | Hamburg | Rohlig Deutschland GMBH & CO. KG | |
| | | | 40-31101-0 |
| Netherlands | Rotterdam | Rohlig Netherland B.V. | 10-402-1100 |
| UK | London | Dimerco Express (U.K.) Ltd. | |
| | | | 44-20-8384-5050 |

AFRICA

| | | | |
|---|---|---|---|
| South Africa | Durban | Rohlig grindrod (Pty) Ltd. | |
| | | | 27-31-365-22-00 |

MIDDLE EAST

| | | | |
|---|---|---|---|
| Saudi Arabia | Jeddah | Global Marine Services | |

| | | | |
|---|---|---|---|
| | | | 966-3-835-2222 |

ASIA & OCEANIA

| | | | |
|---|---|---|---|
| Australia | Melbourne | C.H. Robinson, Inc. | 61-3-9644-7222 |
| China | Guangzhou | Shibusawa Logistics (Shanghai) Ltd., | |
| | | Guangzhou Branch | 8620-2862-7462 |
| China | Shanghai | Shibusawa Logistics (Shanghai) Ltd. | |
| | | | 86-21-5868-2955 |
| Hongkong | Hongkong | Shibusawa (Hong Kong) Ltd. | |
| | | | 852-2418-9311 |
| Indonesia | Jakarta | P.T. Uniair Indotama Cargo | |
| | | | 62-21-6258336 |
| Korea | Seoul | Dimerco Express (Korea) Co. | |
| | | | 82-2-337-0905 |
| Korea | Seoul | Nara Shipping Co., Ltd. | |
| | | | 82-2-757-7975 |
| Malaysia | Kuala Lumpur | Dimerco Express (Malaysia) Sdn. Bhd. | |
| | | | 60-3-731-7599 |
| Philippines | Manila | TDG-SHIBUSAWA Logistic, Inc. | |
| | | | 63-2-8521-8513 |
| Singapore | Singapore | Dimerco Express Singapore Pte Ltd. | |
| | | | 65-6542-2233 |
| Taiwan | Taipei | Dimerco Express (Taiwan) Corp. | |
| | | | 886-2-796-3660 |
| Thailand | Bangkok | Dimerco Express (Thailand) Corp. | |
| | | | 66-2-535-4926 |
| Vietnam | Ho Chi Minh | Shibusawa Logistics Vietnam Co., Ltd. | |
| | | | 84-8-3933-0922 |

# 下関海陸運送　株式会社
## SKU CORPORATION

750-0066 山口県下関市東大和町1-5-22

TEL 0832-66-1111 FAX: 0832-67-8776

*http://www.sku.co.jp/*

［主な営業種目］　港湾運送事業　海運貨物取扱業
貨物自動車運送事業　貨物自動車運送取扱業
倉庫業　通関業　引っ越し貨物取扱業　宅配貨
物取扱業　NVOCC　国際複合運送業

［貨物運送取扱事業法上の事業区分(外航海運)］
利用運送事業

［加入団体名］　JIFFA

［国内営業所および代理店名］
東京：東京営業所
03-5763-5040　FAX03-5763-5041
北九州：門司港営業所
093-331-1133　FAX093-331-1134
福岡：福岡支店 092-642-2065　FAX092-631-5732
山口：物流部　国際業務課
083-267-2221　FAX083-267-2223

［海外営業所及び代理店又は提携先］
ASIA & OCEANIA

| | | | |
|---|---|---|---|
| China | Shanghai | Sunward Logistics Co., Ltd. | 66396628 |
| Korea | Seoul | Korea Overseas Trade & Transport | |
| | | Co., Ltd. | 778-3011 |

# 株式会社　ジャグロトランス
## JAGRO TRANS CO., LTD.

143-0023 東京都大田区山王3-31-10
パレロワイヤル山王
TEL 03-6429-9361 FAX: 03-6429-9362
*http://www.jagrotrans.co.jp*

［主な営業種目］ NVOCC　国際複合運送業

［貨物運送取扱事業法上の事業区分(外航海運)］
利用運送事業

［加入団体名］ JIFFA

［海外営業所及び代理店又は提携先］
EUROPE
| | |
|---|---|
| Germany | Kerry Logistics (Germany) GmbH |

ASIA & OCEANIA
| | | |
|---|---|---|
| Indonesia | | PT. JAGRO |
| Korea | | JK Chartering Co., Ltd. |
| | | 82-10-5637-7371 |
| Singapore | Singapore | Jagro Singapore Pte., Ltd. |
| | | 65-6357-9870 |

# ジャパントラスト　株式会社
## JAPAN TRUST CO., LTD.

460-0002 愛知県名古屋市中区丸の内2-17-12
丸の内エステートビル9階
TEL 052-232-6671 FAX: 052-232-6680

［貨物運送取扱事業法上の事業区分(外航海運)］
利用運送事業

［加入団体名］ JIFFA

［国内営業所および代理店名］
東京：東京支店 03-5473-8571　FAX 03-5473-8530

# ジャパン・バン・ラインズ　株式会社
## JAPAN VAN LINES CO., LTD.

105-0004 東京都港区新橋1-11-7
新橋センタープレイス7階
TEL 03-6779-9610 FAX: 03-6779-9650
*http://www.jvl.co.jp*

［主な営業種目］ 海運貨物取扱業　倉庫業　通関
業　国際航空貨物運送代理店業（IATA代理店
業）　NVOCC　国際複合運送業　利用運送事業
貨物自動車運送取扱業

［貨物運送取扱事業法上の事業区分(外航海運)］
利用運送事業

［加入団体名］ JIFFA　IATA　FIATA　JAFA

［国内営業所および代理店名］
東京：大井支店 03-3799-0642　FAX 03-3799-3062
横浜：横浜支店 045-625-3414　FAX 045-625-3433
大阪：大阪支店 06-6208-2551　FAX 06-6208-2555

［海外営業所及び代理店又は提携先］
NORTH AMERICA
| | | |
|---|---|---|
| Canada | Toronto | Rutherford Int'l Freight Services |
| | | 1-905-673-2222 |
| Canada | Vancouver | William L. Rutherford (B.C.) Ltd. |
| | | 1-604-273-8611 |
| USA | California | MAXWAY Freight Systems |
| | | 1-310-884-6888 |
| USA | New York | Ari Shipping Corporation |
| | | 1-516-371-7770 |

EUROPE
| | | |
|---|---|---|
| Italy | Livorno | U. Del Corona & Scardigli Srl. |
| | | 39-5862-7333 |
| Netherlands | Amsterdam | Fast Forward Freight B.V. |
| | | 31-20-5000-360 |
| Spain | Barcelona | Airfarm SA　34-93-264-1919 |

ASIA & OCEANIA
| | | |
|---|---|---|
| China | Dalian | RHITL Logistics 86-411-82531682 |
| China | Shanghai | Jet Global Cargo Ltd. |
| | | 86-21-60129081 |
| Hongkong | Hongkong | Awards Shipping Agency Ltd |
| | | 852-3192-1700 |
| Korea | Seoul | Maxpeed Co., Ltd. 82-02-3708-2221 |
| Malaysia | Port Kelang | Hifreight Express Sdn. Bhd. |
| | | 60-3-168-3372 |
| Singapore | Singapore | U.S.Group Consolidator |
| | | 65-6221-1233 |
| Taiwan | Taipei | Oriental Vanguard Logistics |
| | | 886-2-2536-5115 |
| Thailand | Bangkok | WICE Logistics Public Co., Ltd. |
| | | 662-681-6181 |

# ジャム・インターナショナル　株式会社
## JAM INTERNATIONAL CO., LTD.

812-8636 福岡県福岡市博多区堅粕5-8-18
ヒノデビルディング6階
TEL 092-292-8771 FAX: 092-292-0751
*https://jaminter.com*

［主な営業種目］ 海運貨物取扱業　倉庫業　通関
業　NVOCC　国際複合運送業

［貨物運送取扱事業法上の事業区分(外航海運)］
利用運送事業

［加入団体名］ JIFFA

［国内営業所および代理店名］
大阪：大阪営業所
06-6613-7717　FAX 06-6613-7797
門司：門司営業所
093-332-7714　FAX 093-321-5230

［海外営業所及び代理店又は提携先］
ASIA & OCEANIA
| | | |
|---|---|---|
| China | Shanghai | Shanghai J.A.M Int'l Logistics Co., Ltd.　8621-6364-0848 |
| Hongkong | Hongkong | P.A.C PACTRANS AIR CARGO (H.K) LTD.　852-2330-6006 |
| Korea | Busan | K.S. Express Co., Ltd.8251-464-3670 |
| Korea | Seoul | K.S. Express Co., Ltd. 822-720-0212 |
| Taiwan | Taipei | UNI-FREIGHT LOGISTICS CO., LTD. |
| | | 886-2-2507-3068 |
| Vietnam | Haiphong | Logistics Network Vietnam Co., Ltd. |
| | | 84-4-3747-1435 |
| Vietnam | Ho Chi Minh | Logistics Network Vietnam Co., Ltd. |

84-8-3511-6639

# 商船港運　株式会社
## SHOSEN KOUN CO., LTD.

559-0031 大阪府大阪市住之江区南港東7-2-92
南港物流センター2階
TEL 06-7639-1567 FAX: 06-7639-1568

[主な営業種目]　港湾運送事業　海運貨物取扱業
貨物自動車運送事業　倉庫業　通関業　損害保
険代理業　海運代理業

[貨物運送取扱事業法上の事業区分(外航海運)]
利用運送事業

[加入団体名]　JFFF

[国内営業所および代理店名]
大阪：営業開発グループ
06-7639-1567　📠06-7639-1568
東京：東京営業所
03-3526-6765　📠03-3526-6766
大阪：物流グループ　海貨チーム
06-6612-1705　📠06-6612-8952
　　：物流グループ　倉庫チーム
06-6612-1706　📠06-6613-1108
神戸：物流グループ　海貨チーム
078-303-0331　📠078-303-2710
　　：物流グループ　倉庫チーム
078-302-1211　📠078-303-1912

# 商船三井ロジスティクス　株式会社
## MOL Logistics Co., Ltd.

100-0011 東京都千代田区内幸町1-2-2
日比谷ダイビル20階
TEL 03-6731-7500 FAX: 03-6867-8900
https://www.mol-logistics-group.com

[主な営業種目]　国土交通省登録利用運送事業
（国際航空・外航・自動車）　航空代理店業
IATA代理店業

[貨物運送取扱事業法上の事業区分(外航海運)]
貨物利用運送事業

[加入団体名]　JAFA　JIFFA

[国内営業所および代理店名]
東京：人事総務部　人事総務グループ
03-6731-7500　📠03-6837-5701
　　：経営企画部　経営企画グループ
03-6731-7501　📠03-6837-5701
　　：情報システム部　情報システムグループ
03-6731-7505　📠03-6837-5701
　　：経理部　経理グループ
03-6731-7502　📠03-6837-5702
　　：　　　海外精算グループ
03-6731-7504　📠03-6837-5702
　　：営業・業務管理部　営業・業務管理グループ
📠03-6837-5704
　　：営業戦略部　営業戦略グループ
03-6731-7530　📠03-6837-5703

　　：営業一部　営業一グループ
03-6731-7531　📠03-6837-5706
　　：　　　営業二グループ
03-6731-7535　📠03-6837-5706
　　：　　　営業三グループ
03-6731-7541　📠03-6837-5706
　　：　　　営業開発グループ
📠03-6837-5706
　　：航空カスタマーサービスグループ
03-6731-7534　📠03-6837-5707
　　：海上カスタマーサービスグループ
03-6731-7536　📠03-6837-5708
　　：営業二部　営業グループ
03-6731-7532　📠03-6867-5709
　　：カスタマーサービスグループ
03-6731-7533　📠03-6837-5710
　　：国際海運統括部　統括グループ
03-6731-7542　📠03-4216-7140
　　：　　　　付帯調達グループ
📠03-4216-7140
　　：　　　トレードサポートグループ
03-6731-7506
　　：海外引越部　営業グループ
03-6731-7543　📠03-4216-7190
　　：セールスサポートグループ
03-6731-7543　📠03-4216-7190
　　：ロジスティクスソリューション部　ソリューショングループ
03-6731-7540　📠03-6837-5705
　　：国際航空調達部　成田混載グループ
03-6731-7537　📠03-6837-5713
羽田：羽田営業所　通関部門
03-3747-0053　📠03-3747-0056
　　：　　　輸入混載部門
03-3747-0054　📠03-3747-0056
成田：成田支店　0476-35-6192　📠0476-35-6195
　　：国際航空調達部　成田混載グループ
0476-40-4811　📠050-3134-8585
　　：成田ロジスティクスセンター
0476-35-6183　📠0476-35-6184
　　：空港事務所
0476-32-8893　📠0476-32-7874
札幌：札幌出張所
03-6731-7535　📠03-6837-5706
仙台：仙台出張所
022-254-1700　📠03-6837-5709
新潟：新潟営業所
0258-66-8681　📠050-3134-8733
静岡：㈱エムオーエルロジスティクス静岡
054-287-1010　📠054-287-1033
浜松：㈱エムオーエルロジスティクス静岡
浜松営業所
053-421-8695　📠053-422-1609
名古屋：中部支社　業務グループ
052-220-3380　📠052-307-3210
　　　　：　　　営業グループ
052-220-3380　📠052-307-3210
　　：海外引越部　名古屋引越グループ
052-220-3380　📠052-307-3210
　　：国際航空調達部　中部混載グループ
輸出混載部
0569-38-8470　📠050-3134-8586
　　：　輸入部門

フォワーダー
シ

```
                0569-38-8472   [FAX]050-3134-8586
     ：エムオーエアロジスティックス㈱
        名古屋営業所
                0569-38-8471   [FAX]0569-38-8475
  大阪：関西支店　業務グループ
                06-6201-3131   [FAX]06-7635-8159
     ：　　　　　営業一グループ
                06-6201-3130   [FAX]06-7635-8159
     ：　　　　　営業二グループ
                06-6201-3132   [FAX]06-7635-8159
     ：　　　　　営業三グループ
                06-6201-3133   [FAX]06-7635-8159
     ：航空輸出オペレーショングループ
                06-6201-3134   [FAX]06-7635-8685
     ：海上オペレーショングループ
        （Arrival Notice）
                06-6201-3135   [FAX]06-7635-9385
     ：海上オペレーショングループ
                               [FAX]06-7635-9385
  泉南：関西空港カーゴセンター　関西混載グル
        ープ　　072-455-4811   [FAX]072-455-4810
     ：荷受手倉チーム
                072-455-4816   [FAX]072-456-5658
     ：輸入カスタマーサービスグループ
                072-455-4808   [FAX]072-344-5387
  りんくう：エムオーエアロジスティックス㈱
        関西通関部関西営業所
                072-458-7712   [FAX]072-458-6565
     ：関西通関部営業課
                072-458-7713   [FAX]072-458-6565
     ：関西倉庫管理部倉庫管理課
                072-458-7714   [FAX]072-458-6567
     ：関西業務管理部業務管理課
                072-458-7714   [FAX]072-458-6567
  南港：エムオーエアロジスティックス㈱
        阪神港営業所
                06-4703-3779   [FAX]06-6612-3080
  京都：関西支店　営業二グループ　京都出張所
                075-344-6130   [FAX]075-320-3795
  福岡：エムオーエルロジスティクス九州㈱
                092-414-6284   [FAX]092-414-5539
  熊本：エムオーエルロジスティクス九州㈱
        熊本出張所
                092-414-6284   [FAX]092-414-5539
```

［海外営業所及び代理店又は提携先］

NORTH AMERICA

| | | | |
|---|---|---|---|
| Canada | Toronto | MOL Logistics (USA) Inc., Toronto Branch | 1-905-676-1760 |
| USA | Anchorage | MOL Logistics (USA) Inc., Anchorage Office | 1-907-562-9071 |
| USA | Atlanta | MOL Logistics (USA) Inc., Atlanta Branch | 1-404-366-7726 |
| USA | Boston | MOL Logistics (USA) Inc., Boston Branch | 1-617-569-3755 |
| USA | Chicago | MOL Logistics (USA) Inc., Chicago Branch | 1-847-298-0759 |
| USA | Dallas | MOL Logistics (USA) Inc., Dallas Branch | 1-817-481-9591 |
| USA | Houston | MOL Logistics (USA) Inc., Houston Office | |
| USA | Laredo | MOL Logistics (USA) Inc., Laredo Branch | 1-956-712-9444 |
| USA | Lexington | MOL Logistics (USA) Inc., Lexington Office | |
| USA | Los Angeles | MOL Logistics (USA) Inc., Los Angeles Branch | 1-310-787-8351 |
| USA | New York | MOL Logistics (USA) Inc., Corporate Headquarters | 1-516-403-2100 |
| USA | New York | MOL Logistics (USA) Inc., JFK Branch | 1-718-995-3200 |
| USA | New York | MOL Logistics (USA) Inc., Manhattan Office | 1-212-878-4815 |
| USA | San Francisco | MOL Logistics (USA) Inc., San Francisco Branch | 1-510-401-5840 |
| USA | Seattle | MOL Logistics (USA) Inc., Seattle Branch | 1-206-824-1996 |

CENTRAL SOUTH AMERICA

| | | | |
|---|---|---|---|
| Mexico | Irapuato | MOL Logistics (Mexico) S. de R.L. de C.V., Irapuato Branch | 52-462-624-0008 |
| Mexico | Irapuato | MOL Logistics (Mexico) S. de R.L. de C.V., Irapuato Logistics Center | |
| Mexico | Mexico City | MOL Logistics (Mexico) S. de R.L. de C.V., Mexico City Office | 52-55-6273-8081 |
| Mexico | Monterrey | MOL Logistics (Mexico) S. de R.L. de C.V. | 52-81-8134-2400 |
| Mexico | Monterrey | MOL Logistics (Mexico) S. de R.L. de C.V., Monterrey Logistics Center | |

EUROPE

| | | | |
|---|---|---|---|
| Czech Republic | Plzen | MOL Logistics (Czech) s.r.o. | 420-373-731-320 |
| Czech Republic | Plzen | MOL Logistics (Czech) s.r.o., Plzen Warehouse-1 | |
| Czech Republic | Plzen | MOL Logistics (Czech) s.r.o., Plzen Warehouse-2 | |
| Czech Republic | Plzen | MOL Logistics (Czech) s.r.o., Plzen Warehouse-3 | |
| France | Paris | MOL Logistics France- a department of Qualitair & Sea Int'l | 33-1-34-38-57-71 |
| Germany | Düsseldorf | MOL Logistics (Deutschland) GmbH, Dusseldorf Head Office | 49-211-41883-0 |
| Germany | Frankfurt | MOL Logistics (Deutschland) GmbH., Frankfurt Branch | 49-0-6151-360-3500 |
| Germany | Hamburg | MOL Dohle Worldwide Logistics GmbH | +49-40-5005810 |
| Germany | Munich | MOL Logistics (Deutschland) GmbH., Munich Office | 49-89-973575-0 |
| Italy | Milan | MOL Logistics (Deutschland) GmbH., Milan Branch | 39-03-31230033 |
| Netherlands | Amsterdam | MOL Logistics (Netherlands) B.V., Schiphol Office | 31-20-405-9900 |
| Netherlands | Rotterdam | MOL Logistics (Netherlands) B.V., Rotterdam Office | 31-10-299-6220 |
| Netherlands | Tilburg | MOL Logistics (Netherlands) B.V., Head Office | 31-13-537-3373 |
| Netherlands | Tilburg | MOL Logistics (Netherlands) B.V., Tilburg Warehouse-1 | |
| Netherlands | Tilburg | MOL Logistics (Netherlands) B.V., Tilburg Warehouse-2 | |

| Country | City | Company / Contact |
|---|---|---|
| Netherlands | Tilburg | MOL Logistics Holding (Europe) B.V. 31-13-537-3373 |
| Poland | Wroclaw | MOL Logistics Holding (Europe) Sp.z.o.o., Branch in Poland - Wroclaw Office 48-573-990-881 |
| UK | London | MOL Logistics (UK) Ltd., Heathrow Head Office 44-1895-459700 |

**AFRICA**

| Country | City | Company / Contact |
|---|---|---|
| Kenya | Nairobi | MOL Logistics Holding (Europe) B.V., Nairobi Branch |

**MIDDLE EAST**

| Country | City | Company / Contact |
|---|---|---|
| U.A.E. | Dubai | MOL Logistics Middle East FZE |

**ASIA & OCEANIA**

| Country | City | Company / Contact |
|---|---|---|
| Cambodia | Phnom Penh | MOL Logistics (Cambodia) Co., Ltd. 855-23 96 23 97 |
| China | Beijing | Shanghai Huajia Int'l Freight Forwarding Co., Ltd., Beijing Branch 86-010-8446-3390 |
| China | Chengdu | Shanghai Huajia Int'l Freight Forwarding Co., Ltd., Chengdu Office |
| China | Chongqing | Shanghai Huajia Int'l Freight Forwarding Co., Ltd., Chongqing Branch 86-23-6342-0685 |
| China | Dalian | Shanghai Huajia Int'l Freight Forwarding Co., Ltd., Dalian Branch 86-411-8273-2263 |
| China | Guangzhou | Shanghai Huajia Int'l Freight Forwarding Co., Ltd., Guangzhou Branch 86-20-3832-7001 |
| China | Hangzhou | Shanghai Huajia Int'l Freight Forwarding Co., Ltd., Hangzhou Office 86-0571-87647056 |
| China | Ningbo | Shanghai Huajia Int'l Freight Forwarding Co., Ltd., Ningbo Branch 86-574-87707232 |
| China | Qingdao | Shanghai Huajia Int'l Freight Forwarding Co., Ltd., Qingdao Branch 86-532-86678782 |
| China | Shanghai | MOL Logistics (WBLZ) Co., Ltd. 86-21-3875-1288 |
| China | Shanghai | Shanghai Huaguo Transportation Co., Ltd. 86-21-3366-5566 |
| China | Shanghai | Shanghai Huajia Int'l Freight Forwarding Co., Ltd., Head Office 86-21-5203-5600 |
| China | Shanghai | Shanghai Huajia Int'l Freight Forwarding Co., Ltd., Shanghai Airport Office 86-21-6835-8660 |
| China | Shenzhen | Shanghai Huajia Int'l Freight Forwarding Co., Ltd., Shenzhen Branch 86-755-2598-0902 |
| China | Suzhou | Shanghai Huajia Int'l Freight Forwarding Co., Ltd., Suzhou Branch 86-512-68187040 |
| China | Tianjin | Shanghai Huajia Int'l Freight Forwarding Co., Ltd., Tianjin Branch 86-22-5828-6268 |
| China | Wuhan | Shanghai Huajia Int'l Freight Forwarding Co., Ltd., Wuhan Branch 86-27-8555-7943 |
| China | Wuxi | Shanghai Huajia Int'l Freight Forwarding Co., Ltd., Wuxi Branch 86-510-8520-3033 |
| China | Xiamen | Shanghai Huajia Int'l Freight Forwarding Co., Ltd., Xiamen Branch 86-592-226-0233 |
| China | Zhangjiagang | Shanghai Huajia Int'l Freight Forwarding Co., Ltd., Zhangjiagang Branch 86-512-5893-9328 |
| Hongkong | Hongkong | MOL Logistics (H.K.) Ltd., Head Office 852-2686-2388 |
| Hongkong | Hongkong | MOL Logistics (H.K.) Ltd., Yuen Long Air Freight Warehouse |
| Hongkong | Hongkong | MOL Logistics (H.K.) Ltd., Yuen Long Warehouse |
| India | Ahmadabad | MOL Logistics (India) Pvt. Ltd., Ahmadabad Office 91-8976736894 |
| India | Bangalore | MOL Logistics (India) Pvt. Ltd., Bangalore Office 91-80-4652 5661 |
| India | Bhiwandi | MOL Logistics (India) Pvt. Ltd., Bhiwandi (WH) Warehouse |
| India | Chennai | MOL Logistics (India) Pvt. Ltd., Chennai Office 91-44-4392 6000 |
| India | Delhi | MOL Logistics (India) Pvt. Ltd., Delhi Office 91-11-49990600 |
| India | Gujarat | MOL Logistics (India) Pvt. Ltd., Surat Office 91-9136405661 |
| India | Gurugram | MOL Logistics (India) Pvt. Ltd., Gurugram Office 91-11-49990600 |
| India | Kolkata | MOL Logistics (India) Pvt. Ltd., Kolkata Office 91 9836729291 |
| India | Mumbai | MOL Logistics (India) Pvt. Ltd., Mumbai Head Office 91-22 40714500 |
| India | Polivakkam | MOL Logistics (India) Pvt. Ltd., Polivakkam (TN) Warehouse |
| India | Sri City | MOL Logistics (India) Pvt. Ltd., Sri City Office 91 7418042626 |
| India | Visakhapatnam | MOL Logistics (India) Pvt. Ltd., Visakhapatnam (AP) Warehouse |
| India | Visakhapatnam | MOL Logistics (India) Pvt. Ltd., Visakhapatnam Office 91- 7337315715 |
| Indonesia | Batam | MOL Logistics (Singapore) Pte. Ltd., Batam Sales Office 62-778-406021 |
| Indonesia | Jakarta | PT. MOL Logistics Indonesia, Head Office 62-21-2295-8266 |
| Indonesia | Jakarta | PT. MOL Logistics Indonesia, Jakarta Airport Office 62-21-29031430 |
| Indonesia | Jakarta | PT. MOL Logistics Warehouse 62-21-52790318 |
| Indonesia | Jakarta | PT. MOL Logistics Warehouse, Marunda Warehouse |
| Indonesia | Jakarta | PT. MOL Logistics Warehouse, Palembang Warehouse |
| Malaysia | Johor Bahru | MOL Logistics (Malaysia) Sdn. Bhd. 60-7-358 3784 |
| Malaysia | Kuala Lumpur | MOL Logistics (Malaysia) Sdn. Bhd., Head Office 60-3-5161-1000 |
| Malaysia | Kuala Lumpur | MOL Logistics (Malaysia) Sdn. Bhd., Kuala Lumpur Airport Office 60-3-8778-9191 |
| Malaysia | Kuching | MOL Logistics (Malaysia) Sdn. Bhd., Kuching Branch 60-12-608-9423 |
| Malaysia | Pasir Gudang | MOL Logistics (Malaysia) Sdn. Bhd., Pasir Gudang Logistics Center 60-7-252-8867 |
| Malaysia | Penang | MOL Logistics (Malaysia) Sdn. Bhd. Penang Branch 60-4-6435949 |

|  |  |  |  |
|---|---|---|---|
| Myanmar | Yangon | MOL Logistics (Myanmar) Co., Ltd., | 95-1-200150 |
| Philippines | Batangas | MOL Logistics (Philippines) Co., Ltd., Batangas Warehouse | |
| Philippines | Batangas | MOL Logistics (Philippines) Pre-Delivery Inspection Center | |
| Philippines | Cebu | MOL Logistics (Philippines) Inc., Cebu Office | 63-32-346-5813 |
| Philippines | Laguna | MOL Logistics (Philippines) Inc., Laguna Office | |
| Philippines | Manila | MOL Logistics (Philippines) Inc., General Santos Warehouse | |
| Philippines | Manila | MOL Logistics (Philippines) Inc., Head Office | 63-2-853-5424 |
| Philippines | Manila | MOL Logistics (Philippines) Inc., Marilao Warehouse | |
| Singapore | Singapore | MOL Logistics (Singapore) Pte. Ltd., Airport Office | 65-6546-4670 |
| Singapore | Singapore | MOL Logistics (Singapore) Pte. Ltd., Head Office | 65-6545-8010 |
| Singapore | Singapore | MOL Logistics (Singapore) Pte. Ltd., Singapore Sales Satellite Office | |
| Sri Lanka | Colombo | MOL Logistics Lanka (Private) Ltd. | 94-11-2304721 |
| Taiwan | Taichung | MOL Logistics (Taiwan) Co., Ltd., Taichung Office | 886-4-2560-8681 |
| Taiwan | Taipei | MOL Logistics (Taiwan) Co., Ltd., Head Office | 886-2-2567-0155 |
| Taiwan | Taoyuan | MOL Logistics (Taiwan) Co., Ltd. Taoyuan International Airport Office | |
| Thailand | Bangkok | MOL Logistics (Thailand) Co., Ltd. Bangkok Airport Office | 66-2-131-0555 |
| Thailand | Bangkok | MOL Logistics (Thailand) Co., Ltd. Head Office | 66-2287-7878 |
| Vietnam | Ba Ria - Vung Tau | MOL Logistics (Vietnam) Inc., Ba Ria - Vung Tau Office | 84-254-395 2299 |
| Vietnam | Ben Tre | MOL Logistics (Vietnam) Inc., Ben Tre Office | 84-75-3637270 |
| Vietnam | Binh Duong | MOL Logistics (Vietnam) Inc., Binh Duong Office | 84-274-377-2638 |
| Vietnam | Binh Duong | MOL Logistics (Vietnam) Inc., VSIP2 Office | 84-274-382 1855 |
| Vietnam | Da Nang | MOL Logistics (Vietnam) Inc., Da Nang Office | 84-28-3810-7680 |
| Vietnam | Dong Nai | MOL Logistics (Vietnam) Inc., Dong Nai Office | 84-75-3637270 |
| Vietnam | Hai Duong | MOL Logistics (Vietnam) Inc., Hai Duong Office | 84-24-3755-6310 |
| Vietnam | Haiphong | MOL Logistics (Vietnam) Inc., Haiphong Branch | 84-225-3250366 |
| Vietnam | Haiphong | MOL Logistics (Vietnam) Inc., haiphong Logistics Center | |
| Vietnam | Haiphong | MOL Logistics (Vietnam) Inc., Nomura Office | 84-225-3743-446 |
| Vietnam | Hanoi | MOL Logistics (Vietnam) Inc., Hanoi Branch | 84-4-3755-6310 |
| Vietnam | Hanoi | MOL Logistics (Vietnam) Inc., Noi Bai Airport Office | 84-4-3761-6688 |
| Vietnam | Ho Chi Minh | MOL Logistics (Vietnam) Inc., Ho Chi Minh City Head Office | 84-8-3812-1349 |
| Vietnam | Ho Chi Minh | MOL Logistics Transportation Vietnam Inc. | |
| Vietnam | Quang Ninh | MOL Logistics (Vietnam) Inc., Quang Ninh Office | 84-225-374-3446 |
| Vietnam | Song Than | MOL Logistics (Vietnam) Inc., Song Than Warehouse | |
| Vietnam | Thai Binh | MOL Logistics (Vietnam) Inc., Thai Binh Office | 84-225-374-3446 |

# 信永海運　株式会社
## SHINYEI SHIPPING CO.,LTD.

105-0011 東京都港区芝公園1-8-12
芝公園大門通プラザビル7階
TEL 03-5405-7600 FAX: 03-5405-7400
*http://www.shinyei-ship.co.jp*

［主な営業種目］　NVOCC　国際複合運送業

［貨物運送取扱事業法上の事業区分(外航海運)］
利用運送事業

［国内営業所および代理店名］
横浜：信永海運㈱　横浜支店
　　　045-210-0766　FAX 45-210-0767
清水：アオキトランス㈱
　　　054-353-2137　FAX 054-353-2127
名古屋：信永海運㈱　名古屋支店
　　　052-209-9388　FAX 052-209-9389
大阪：信永海運㈱　大阪支店
　　　06-6220-2800　FAX 06-6220-2811
神戸：トラスインテル㈱　神戸支店
　　　078-327-6612　FAX 078-327-6613
福岡：信永海運㈱　福岡営業所
　　　092-452-8025　FAX 092-452-8028

［海外営業所及び代理店又は提携先］
NORTH AMERICA
| | | | |
|---|---|---|---|
| USA | Los Angeles | CTL Lax, Inc. | 17148271668 |

CENTRAL SOUTH AMERICA
| | | | |
|---|---|---|---|
| Argentina | Buenos Aires | Charter Link Logistics S.A | 5491157130371 |
| Brazil | Santos | CTL Logistics Do Brasil LTDA | 5511950850812 |
| Chile | Valparaiso | Charter Link Logistics Chile SPA | 56232415650 |
| Colombia | Buenaventura | Consolcargo S.A. | 5712637122 |
| Mexico | Manzanillo | Fast Forward Consolidators, S.A. DE C.V. | 525525812330 |

EUROPE
| | | | |
|---|---|---|---|
| Germany | Hamburg | Emons Air & Sea GMBH. | 49040789710 |
| Italy | Genova | Boxline United Cargo Link SRL | 39023395841 |
| Italy | Genova | Sinergy Cargo Management Italy SRL | 390106438414 |
| Netherlands | Rotterdam | FPS Famous Pacific Shipping B.V. | 31102831919 |
| Spain | Barcelona | Charter Link Logistics Spain SL | 34664063049 |
| UK | Southampton | Daygard Logistics Group | 441708630448 |

MIDDLE EAST
| | | | |
|---|---|---|---|
| Turkey | Istanbul | Charter Link Turkey Lojistik Anonim | |

| | | | |
|---|---|---|---|
| | | Sirketi | 902124001818 |
| UAE | Dubai | Diamond Shipping Services LLC | |
| | | | 97143520111 |

ASIA & OCEANIA

| | | | |
|---|---|---|---|
| Australia | Fremantle | Famous Pacific Shipping (WA) Pty Ltd | |
| | | | 61893300000 |
| Australia | Melbourne | Charter Link Logistics Australia PTY | |
| | | LTD | 61396077163 |
| Cambodia | Phnom Penh | Oriental Logistics & Distribution | |
| | | (Cambodia) Co., Ltd. | 85523213805 |
| China | Dalian | Shipco Transport (Shanghai) Limited | |
| | | Dalian Branch | 8641182351666 |
| China | Huangpu | Charter Link Logistics Limited | |
| | | Guangzhou Branch | 862038781829 |
| China | Ningbo | Portever Shipping Ltd. (Ningbo) | |
| | | | 8657487629096 |
| China | Qingdao | Charter Link Logistics Limited., | |
| | | Qingdao Branch | 8653280779218 |
| China | Shanghai | Shanghai Honesty Shipping Co., Ltd. | |
| | | | 862155155333 |
| China | Shekou | F S International Limited Guangzhou | |
| | | Branch | 8620038010083 |
| China | Xiamen | Charter Link Logistics Ltd Xiamen | |
| | | Branch | 865923334000 |
| China | Xingang | Tianjin Consol International Co., Ltd | |
| | | | 862224301997 |
| China | Yantai | World Jaguar Logistics Inc. Yantai | |
| | | Branch | 865356867116 |
| Hongkong | Hong Kong | Charter Link Logistics (HK) Ltd | |
| | | | 85228516765 |
| India | Chennai | Global Logistics Solutions (I) Pvt. Ltd. | |
| | | | 914443443600 |
| India | Nhava Sheva | EMU Lines Pvt. Ltd. | 912227563304 |
| India | Nhava Sheva | Global Logistics Solutions (I) Pvt. Ltd. | |
| | | | 912267757000 |
| Indonesia | Jakarta | PT. Binex Logistic | 62216620615 |
| Korea | Busan | J Consol Line Co., Ltd | 8227183336 |
| Malaysia | Pasir Gudang | Penanshin Shipping Sdn Bhd (Pgu) | |
| | | | 6073510191/80/79 |
| Malaysia | Penang | Shinyei Shipping (M) Sdn. Bhd. | |
| | | | 6042630173 |
| Malaysia | Port Kelang | Shinyei Shipping (M) Sdn. Bhd. | |
| | | | 60333248476 |
| Myanmar | Yangon | MP Consol Myanmar Co., Ltd | |
| | | | 959450800075 |
| New Zealand | | | |
| | Auckland | Famous Pacific Shipping (NZ) Ltd. | |
| | | | 6492756878 |
| Philippines | Manila | Penanshin Shipping (Phils.) Inc. | |
| | | | 63288890631 |
| Singapore | Singapore | FPS Global Logistics Pte Ltd | |
| | | | 6562401900 |
| Taiwan | Taipei | Oriental Freight Services Co., Ltd. | |
| | | | 886225429029 |
| Thailand | Bangkok | Pilot Consolidator Co., Ltd. | |
| | | | 6627428900 |
| Vietnam | Haiphong | VVMV JSC (Hanoi) | 842439726254 |
| Vietnam | Ho Chi Minh | MP Consol Co., Ltd | 842871095818 |

# 株式会社　新栄組
## SHIN-EI GUMI CO., LTD.

640-8287 和歌山県和歌山市築港5-3
（本社・営業）TEL 073-436-7778
FAX: 073-433-8558
http://www.shin-ei.co.jp

［主な営業種目］港湾運送事業　海運貨物取扱業
倉庫業　通関業　NVOCC

［貨物運送取扱事業法上の事業区分(外航海運)］
利用運送事業

［加入団体名］JIFFA

［国内営業所および代理店名］
東京：東京支店 03-5463-8191　📠03-5463-6079
大阪：大阪支店 06-6543-3791　📠06-6543-3792
神戸：神戸営業所
078-303-2116　📠078-303-2117

［海外営業所及び代理店又は提携先］
ASIA & OCEANIA

| | | | |
|---|---|---|---|
| Cambodia | Phnom Penh | Newport Cypress (Cambodia) Co., Ltd. | |
| | | | 855-236-871-232 |
| China | Shanghai | Shanghai Asian Development Int'l | |
| | | Trans Pu Dong Co., Ltd. | |
| | | | 21-3377-0115 |
| China | Shanghai | Sinotrans Eastern Co., Ltd., Jinling | |
| | | Branch | 21-6575-9736 |
| Hongkong | Hongkong | Konoike Transport & Engineering (HK) | |
| | | Ltd. | 2735-7313 |
| Singapore | Singapore | Kim Heng Marine & Oilfield Pte Ltd. | |
| | | | 65-6777-9990 |
| Vietnam | Ho Chi Minh | Newport Cypress Joint Stock | |
| | | Company | 8-39147748 |

# シンクロジスティクス　株式会社
## SYNC LOGISTICS INC.

105-0013 東京都港区浜松町2-1-16
オーキッドプレイス浜松町4
TEL 03-6809-2434 FAX: 03-6809-2435
http://www.sync-logi.com

［国内営業所および代理店名］
福岡：福岡オフィス
092-718-7575　📠044-276-8794

# 神鋼物流　株式会社
## KOBELCO LOGISTICS, LTD.

651-0073 兵庫県神戸市中央区脇浜海岸通2-2-4
TEL 078-262-3840 FAX: 078-262-3868
http://www.kobelco-logis.co.jp

［主な営業種目］港湾運送事業　海運貨物取扱業
貨物自動車運送事業　内航海運業　通関業
NVOCC　国際複合運送業

［貨物運送取扱事業法上の事業区分(外航海運)］
利用運送事業

［加入団体名］　JIFFA

［国内営業所および代理店名］
東京：営業本部　物流ソリューション部
　　　03-5739-5221　　FAX 03-5739-5229
播磨：営業本部　物流ソリューション部
　　　079-436-9400　　FAX 079-436-9402
神戸：㈱エアーモーダルサービス
　　　078-231-0312　　FAX 078-231-0286

［海外営業所及び代理店又は提携先］
ASIA & OCEANIA
| China | Shanghai | 神鋼国際貨運代理（上海）有限 |
| | | 公司　　　　86-21-6473-0982 |
| India | Chennai | KOBELCO LOGISTICS INDIA PVT. LTD. |
| | | 91-44-4204-0700 |

---

# ス

## 鈴江コーポレーション　株式会社
### SUZUE CORPORATION

231-0021 神奈川県横浜市中区日本大通 7 番地
　　　　TEL 045-671-5330 FAX: 045-671-5333
　　　　　　　*https://www.suzue.co.jp/*

［主な営業種目］　倉庫業／港湾運送事業／貨物利
用運送事業／不動産事業　他

［貨物運送取扱事業法上の事業区分(外航海運)］
利用運送事業

［加入団体名］　JIFFA

［国内営業所および代理店名］
東京本社　　　03-3575-8230　　FAX 03-3575-8231
●物流事業本部
東京：営業部　03-3575-8230　　FAX 03-3575-8231
　　：倉庫事業部
　　　　　　　03-3575-8230　　FAX 03-3575-8231
　　：業務統括部
　　　　　　　03-3575-8236　　FAX 03-3575-8231
　　：芝浦営業所
　　　　　　　03-5484-4377　　FAX 03-5484-4379
　　：日の出倉庫営業所
　　　　　　　03-5484-7861　　FAX 03-5484-7865
　　：大井臨海倉庫営業所
　　　　　　　03-3799-1101　　FAX 03-3799-1105
　　：大井埠頭営業所
　　　　　　　03-3799-1101　　FAX 03-3799-1105
　　：お台場流通センター
　　　　　　　03-3520-2580　　FAX 03-3520-2581
　　：お台場埠頭営業所
　　　　　　　03-3528-0215　　FAX 03-3528-0219
　　：お台場第 2 営業所
　　　　　　　03-3529-3501　　FAX 03-3529-3506
横浜：本牧 A 突堤営業所
　　　　　　　045-622-6681　　FAX 045-622-6684
　　：本牧 C 突堤営業所
　　　　　　　045-621-8981　　FAX 045-621-7068
　　：新杉田埠頭倉庫営業所
　　　　　　　045-774-1371　　FAX 045-774-1374
　　：大黒埠頭事業所（L-1）

　　　　　　　045-502-1201　　FAX 045-502-1270
　　：大黒埠頭倉庫営業所
　　　　　　　045-503-4836　　FAX 045-502-4149
川崎：東扇島コールド物流センター
　　　　　　　044-299-0088　　FAX 044-299-0144
千葉：千葉支店 0436-23-1300　　FAX 0436-23-2280
　　：姉ヶ崎物流センター
　　　　　　　0436-23-1081　　FAX 0436-23-2280
　　：姉ヶ崎危険品倉庫営業所
　　　　　　　0436-61-4303　　FAX 0436-61-1361
　　：長浦危険物倉庫営業所
　　　　　　　0438-63-9406　　FAX 0438-63-9407
　　：柏物流センター
　　　　　　　04-7135-7811　　FAX 04-7135-7812
茨城：鹿島支店 0299-92-9600　　FAX 0299-92-9089
　　：神の池営業所
　　　　　　　0299-92-9600　　FAX 0299-92-9089
　　：神栖営業所
　　　　　　　0299-96-6611　　FAX 0299-96-5722
　　：鹿島営業所
　　　　　　　0299-82-7203　　FAX 0299-83-2596
大阪：大阪支店 06-6208-5577　　FAX 06-6208-5579
北海道：北海道支店
　　　　　　　0144-33-9311　　FAX 0144-33-9312
仙台：仙台支店 022-298-0365　　FAX 022-298-0645
新潟：新潟支店 025-384-5480　　FAX 025-282-5790
名古屋：東海支店
　　　　　　　052-678-8211　　FAX 052-683-6152
岡山：山陽支店 086-239-9001　　FAX 086-239-9002
博多：九州支店 092-263-7660　　FAX 092-263-7661
●港湾運送事業本部
横浜：港運部　045-212-1275　　FAX 045-681-6669
　　：横浜ターミナル事業所
　　　　　　　045-625-5554　　FAX 045-625-2123
　　：マルチパーパス船部
　　　　　　　045-625-5442　　FAX 045-625-5446
　　：本牧B-6営業所
　　　　　　　045-621-8906　　FAX 045-621-8826
　　：横浜港運営業課
　　　　　　　045-212-2617　　FAX 045-212-2618
　　：港運管理課
　　　　　　　045-212-1275　　FAX 045-681-6669
川崎：川崎支店 044-266-9271　　FAX 044-277-0983
　　：川崎東扇島営業所
　　　　　　　044-266-9271　　FAX 044-277-0983
東京：東京ターミナル事業所
　　　　　　　03-3529-3604　　FAX 03-3529-4223
　　：東京港運営業課
　　　　　　　03-3575-7650　　FAX 03-3575-7640

［海外営業所及び代理店又は提携先］
CENTRAL SOUTH AMERICA
| Mexico | Zacatecas | Suzue Logistics Mexico S.A. de C.V. |
| | | 52-492-1560388 |

EUROPE
| Germany | Düsseldorf | Suzue Europe GmbH |
| | | 49-211-740-73-880 |

MIDDLE EAST
| UAE | Dubai | Transworld Suzue Logistics FZCO |

ASIA & OCEANIA
| China | Changzhou | SUZUE LOGISTICS (SHANGHAI) CO., |
| | | LTD., Changzhou Branch |
| | | 86-21-6326-0395 |
| China | Guangzhou | SUZUE LOGISTICS (SHANGHAI) CO., |

フォワーダー

ス

LTD., Guangzhou Branch
86-20-3886-7661

| China | Shanghai | SUZUE LOGISTICS (SHANGHAI) CO., LTD. 86-21-6326-0395 |
| India | Mumbai | SHREYAS-SUZUE LOGISTICS (INDIA) PRIVATE LIMITED |
| Malaysia | Klang | TransWest Suzue Malaysia Sdn. Bhd. 60-3-3002-1619 |
| Myanmar | Yangon | KMA-Suzue Logistics Myanmar Ltd. 95-9880051585 |
| Myanmar | Yangon | KMA-Suzue Logistics Myanmar Ltd. CFS 95-9-952998108 |
| Philippines | Manila | Gothong-Suzue Philippines, Inc. 63-2-8527-6986 |
| Singapore | Singapore | SUZUE SINGAPORE PTE. LTD. 65-6221-7400 |
| Thailand | Bangkok | SUZUE LOGISTICS (THAILAND) CO., LTD. 66-2-088-6955 |
| Vietnam | Hai Phong | VIETNAM-JAPAN INTERNATIONAL TRANSPORT CO., LTD. (VIJACO) HEAD OFFICE 84-225-3765-125 |
| Vietnam | Ho Chi Minh | VIETNAM-JAPAN INTERNATIONAL TRANSPORT CO., LTD. (VIJACO) HO CHI MINH BRANCH 84-28-38213545 |

フォワーダース

# 鈴与 株式会社
## SUZUYO & CO., LTD.

424-8703 静岡県静岡市清水区入船町11-1
TEL 054-354-3019 FAX: 054-354-3024
*https://www.suzuyo.co.jp/*

［主な営業種目］ 港湾運送事業　海上運送事業　内航海運事業　自動車運送事業　自動車運送取扱業　自動車回送事業　通関業　保税上屋業　海運貨物取扱業　航空運送代理店業　船舶代理業　物件の賃貸業（リース）　防除業　埠頭業　倉庫業　情報処理事業　不動産の媒介代理業　医療機器製造業　廃棄機密文書の回収および機密消滅業務　製造業（医療機器・体外診断用医薬器・化粧品・医薬部外品・動物用医療機器）他

［貨物運送取扱事業法上の事業区分(外航海運)］
利用運送事業

［加入団体名］　JIFFA　JFFF

［国内営業所および代理店名］
東京：営業第一部　　　FAX03-3432-7190
　　：メディカルロジスティクス事業推進室
　　　　　　　　　　　FAX03-3437-6210
　　：メディカルロジスティクス業務部
　　　　　　　　　　　FAX03-3437-6210
　　：データソリューション事業部
　　　　　　　　　　　FAX03-3578-7717
　　：SUD再製造事業準備室
　　　　　　　　　　　FAX03-3432-7180
　　：広域営業推進室　FAX03-6404-2109
　　：運輸事業営業部　FAX03-6404-9750
　　：食品物流事業部　FAX03-6404-9890
　　：京浜支店　　　　FAX03-6404-2109
　　：リース事業本部関東支店

北海道：札幌事業所　　FAX03-5476-7218
宮城：仙台事業所　　　FAX0144-57-2227
茨城：常陸那珂事務所　FAX022-235-0887
栃木：北関東支店　　　FAX029-264-2128
埼玉：第三DC事業部　 FAX028-667-6160
　　：第四DC事業部　 FAX042-984-3102
千葉：市原事業所　　　FAX049-293-5325
神奈川：第一DC事業部 FAX0436-98-3352
　　　：横浜事業所　　FAX044-281-2309
山梨：甲信支店　　　　FAX03-6404-2107
静岡：御殿場支店　　　FAX055-280-3413
　　：沼津支店　　　　FAX0550-88-0322
　　：営業第二部　　　FAX055-955-7866
　　：富士支店　　　　FAX0545-34-6311
　　：清水支店　　　　FAX0545-32-1684
　　：回漕営業部　　　FAX054-354-301
　　：第二DC事業部　 FAX054-354-3223
　　：静岡第一支店　　FAX054-335-6056
　　：静岡第二支店　　FAX054-347-2055
　　：御前崎支店　　　FAX0548-25-3201
　　：中遠支店　　　　FAX0548-63-4156
　　：浜松支店　　　　FAX0538-43-2267
愛知：名古屋支店　　　FAX053-421-7379
　　：豊橋支店　　　　FAX052-562-1172
　　：リース事業本部東海支店 FAX0532-32-6314
　　　　　　　　　　　FAX052-324-7930
大阪：大阪支店　　　　FAX06-6415-9840
福岡：九州支店　　　　FAX092-683-1002
熊本：熊本事業所　　　FAX096-349-3950

［海外営業所及び代理店又は提携先］
NORTH AMERICA

| USA | Atlanta | Suzuyo America, Inc. 1-404-914-9121 |
| USA | Chicago | Suzuyo America, Inc. シカゴ支店 1-630-787-3003 |
| USA | Columbus | Suzuyo America, Inc. コロンバス支店 1-614-385-9100 |

CENTRAL SOUTH AMERICA

| Brazil | Sao Paulo | Suzuyo Gerenciamento Logistico do Brasil Ltda. 55-11-3123-9474 |
| Mexico | Aguascalientes | Suzuyo Mexico, S. de R.L. de C.V. 52-1-449-971-22-22 |
| Mexico | Celaya | Suzuyo Mexico, S. de R.L. de C.V. シラオ支店 |

EUROPE

| UK | London | 鈴与㈱ ロンドン事業所 44-(0)208-757-8718 |

MIDDLE EAST

| UAE | Dubai | 鈴与㈱ ドバイ事業所 971-4-817-0238 |

ASIA & OCEANIA

| China | Guangzhou | 鈴与（広州）国際貨運代理有限公司 86-20-8364-4299 |
| China | Hubei | 鈴与（広州）国際貨運代理有限公司 湖北分公司 86-71-2210-7320 |
| China | Ningbo | 寧波港鈴与物流有限公司 86-574-2769-8030 |
| China | Shanghai | 鈴与（広州）国際貨運代理有限公司上海分公司 86-21-6360-7670 |
| Indonesia | Jakarta | PT. Suzuyo Indonesia 62-21-8088-5009 |
| Malaysia | Penang | Suzuyo Malaysia Sdn.Bhd. |

| | | | |
|---|---|---|---|
| | | | 60-4505-7480 |
| Myanmar | Yangon | Suzuyo (Thailand) Ltd.　ヤンゴン支店 | 95-9-429512256 |
| Philippines | Manila | Suzuyo Whitelands Logistics, Inc. | 63-2-8350-5970 |
| Singapore | Singapore | Suzuyo Singapore Pte, Ltd. | 65-6535-0381 |
| Thailand | Bangkok | Suzuyo (Thailand) Ltd.66-2-716-5380 | |
| Thailand | Bangkok | Suzuyo Distribution Center (Thailand) Ltd. | 66-2-716-5380 |
| Vietnam | Hanoi | Dragon Logistics Co., Ltd. | 84-4-3-881-2488 |
| Vietnam | Ho Chi Minh | Dragon Logistics Co., Ltd.　ホーチミン支店 | 84-8-3-8234886 |

# 株式会社　スター・コンコルド・ロジスティクス
## STAR-CONCORD LOGISTICS CO., LTD.

102-0083 東京都千代田区麹町2-6-7
Star Building 3階
TEL 03-6803-0137 FAX: 03-6803-0138
http://www.star-concord.co.jp/

［主な営業種目］　貨物利用運送事業（Ocean Freight / NVOCC）　航空運送代理業(Air Freight)　通関業(Customs Clearance)　貨物自動車運送業(Domestic Distribution)　倉庫業(Warehouse Management)　梱包業(Packing Service)

［貨物運送取扱事業法上の事業区分(外航海運)］
外国人国際利用運送事業(一種)

［国内営業所および代理店名］
大阪：大阪営業所
　　　06-6447-5454　　FAX 06-6447-5456

## ［海外営業所及び代理店又は提携先］

### NORTH AMERICA

| USA | Chicago | Pan Star Express Co., Ltd., Chicago Office | 1-630-787-1672 |
|---|---|---|---|
| USA | Los Angeles | Pan Pacific Express Corp. | 1-310-638-3887 |
| USA | Los Angeles | Pan Star Express Corp., Los Angeles Office | 1-310-608-2255 |
| USA | New York | Pan-Link Int'l Corp. | 1-516-561-3958 |

### ASIA & OCEANIA

| China | Chongqing | Pacific Star Int'l Logistics (China) Co., Ltd., Chongqing Branch | 86-23-88868188 |
|---|---|---|---|
| China | Dalian | Pacific Star Int'l Logistics (China) Co., Ltd. | 86-411-82798082 |
| China | Fuzhou | Pacific Star Int'l Logistics (China) Co., Ltd., Fuzhou Branch | 86-591-83305607 |
| China | Guangzhou | Pacific Star Int'l Logistics (China) Co., Ltd., Guangzhou Branch | 86-20-38202778 |
| China | Hangzhou | Pacific Star Int'l Logistics (China) Co., Ltd., Hangzhou Branch | 86-571-85807629 |
| China | Nanjing | Pacific Star Int'l Logistics (China) Co., Ltd., Nanjing Branch | 86-25-84798510 |
| China | Ningbo | Pacific Star Express (China) Co., Ltd., Ningbo Branch | 86-574-27720280 |
| China | Qingdao | Pacific Star Express (China) Co., Ltd., Qingdao Branch | 86-532-86009299 |
| China | Shanghai | Pacific Star Express (China) Co., Ltd. / Pacific Concord Int'l Ltd. | 86-21-61201122 |
| China | Shenzhen | Pacific Star Express (China) Co., Ltd., Shenzhen Branch | 86-755-82312388 |
| China | Suzhou | Pacific Star Int'l Logistics (China) Co., Ltd., Suzhou Branch | 86-512-68185288 |
| China | Tianjin | Pacific Star Express (China) Co., Ltd., Tianjin Branch | 86-22-60633516 |
| China | Wenzhou | Pacific Star Int'l Logistics (China) Co., Ltd., Wenzhou Branch | 86-577-28800282 |
| China | Wuhan | Pacific Star Int'l Logistics (China) Co., Ltd., Wuhan Branch | 86-27-59005337 |
| China | Xiamen | Pacific Star Express (China) Co., Ltd., Xiamen Branch | 86-592-3188188 |
| China | Xian | Pacific Star Express (China) Co., Ltd., Xian Branch | 86-29-87305292 |
| Hongkong | Hongkong | Longrow Shipping Ltd. | 852-2865-0000 |
| Hongkong | Hongkong | Pacifictop Star Express (HONG KONG) Co., Ltd. | 852-2520-0186 |
| Indonesia | Jakarta | PT. Star Concord Indonesia Office | 62 21 4269791 |
| Korea | | Star-Concord Korea CO., LTD. | 82-2-539-7744 |
| Malaysia | Pasir Gudang | Pacific Star Group Malaysia Pasir Gudang Office | 00 607 2448118 |
| Malaysia | Penang | Pacific Star Group Malaysia Penang Office | 00 604 2620118 |
| Malaysia | Port Klang | Pacific Star Group Malaysia Port Klang Office | 00 603 33192200 |
| Singapore | Singapore | Star Concord Pte.Ltd. | 65-6323-2231 |
| Taiwan | Kaohsiung | Pacific Concord Int'l Ltd., Kaohsiung Branch Office | 886-7-332-7333 |
| Taiwan | Kaohsiung | Pacific Star Express Corp., Kaohsiung Branch Office | 886-7-336-9877 |
| Taiwan | Taichung | Pacific Concord Int'l Ltd., Taichung Branch Office | 886-4-2310-1234 |
| Taiwan | Taichung | Pacific Star Express Corp., Taichung Branch Office | 886-4-2328-9545 |
| Taiwan | Taipei | Pacific Concord Int'l Ltd., Taipei Pacific Concord Head Office | 886-2-8161-1688 |
| Taiwan | Taipei | Pacific Star Express Corp. | 886-2-8161-1588 |
| Taiwan | Taipei | Pacific Star Int'l Corp., Taipei Head Office | 886-2-8161-1588 |
| Taiwan | Taipei | Pacific Star Shipping Agency Co., Ltd. | 886-2-8161-1588 |
| Thailand | Bangkok | Star Concord Thailand Office | 66 02 743 0700-2 |
| Thailand | Paranaque City | STAR CONCORD.INC. | (632) 772-5889 |
| Vietnam | Hai Phong | Star Concord (Vietnam) Co., Ltd., Haiphong Branch | (84) (031) 3556 438 |
| Vietnam | Ho Chi Minh City | | |
| | | Star Concord (Vietnam) Company Limited | (84) (08) 5417-9222 |

## 住商グローバル・ロジスティクス　株式会社
## SUMISHO GLOBAL LOGISTICS CO., LTD.

100-0003 東京都千代田区一ツ橋1-2-2
住友商事竹橋ビル
TEL 03-6266-6617 FAX: 03-6266-6639
*http://www.sglogi.co.jp*

［主な営業種目］　国際複合一貫輸送

［貨物運送取扱事業法上の事業区分(外航海運)］
利用運送事業

［加入団体名］　JIFFA

［国内営業所および代理店名］
大阪：大阪支社 06-6484-7193　🆎06-6220-7695
名古屋：名古屋支店
052-583-2035　🆎052-583-2046
福岡：福岡支店 092-441-4590　🆎092-441-4555

［海外営業所及び代理店又は提携先］

NORTH AMERICA

| | | | |
|---|---|---|---|
| USA | Houston | Sumisho Global Logistics (USA) Corporation., Houston Branch | 1-516-6068837 |
| USA | New York | Sumisho Global Logistics (USA) Corporation., Head Office | 1-516-6843100 |

CENTRAL SOUTH AMERICA

| | | | |
|---|---|---|---|
| Brazil | Sao Paulo | Sumitomo Corp do Brazil S.A. | 55-11-3179-4864 |
| Mexico | Monterrey | Segrove Internacional S.A. de C.V. | 52-81-8748-3000 |

EUROPE

| | | | |
|---|---|---|---|
| Czech Republic | | | |
| | Plzen | Sumisho Global Logistics Europe s.r.o. | 420-378-229650 |

MIDDLE EAST

| | | | |
|---|---|---|---|
| UAE | Dubai | Sumitomo Corporation Middle East | 971-4-817-8320 |

ASIA & OCEANIA

| | | | |
|---|---|---|---|
| China | Guangzhou | Sumisho Global Logistics (China) Co., Ltd., Guangzhou Branch | 86-20-38773375 |
| China | Shanghai | Sumisho Global Logistics (China) Co., Ltd., Head Office | 86-21-63528811 |
| China | Shenzhen | Sumisho Global Logistics (China) Co., Ltd., Shenzhen Branch | 86-755-82110112 |
| China | Tianjin | Sumisho Global Logistics (China) Co., Ltd., Tianjin Branch | 86-22-83192166 |
| China | Wuxi | Sumisho Global Logistics (China) Co., Ltd., Wuxi Branch | 86-510-85307062 |
| India | New Delhi | Sumitomo Corporation India Pte Ltd. | 91-11-42373181 |
| Indonesia | Bekasi | P.T. Sumisho Global Logistics Indonesia, GIIC Office | 62-815-19655881 |
| Indonesia | Bekasi | P.T. Sumisho Global Logistics Indonesia, Head Office | 62-21-8970171 |
| Indonesia | Karawang | P.T. Sumisho Global Logistics Indonesia, Karawang Branch | 62-21-89102108 |

| | | | |
|---|---|---|---|
| Korea | Seoul | Radix Co., Ltd. | 82-2-7209922 |
| Malaysia | Port Kelang | Peritrans Sdn Bhd. | 60-3-31661302 |
| Singapore | Singapore | Trans Liner Asia Pacific Pte. Ltd. | 65-62251975 |
| Taiwan | Taipei | Systematic Transport Inc. | 886-2-25812601 |
| Thailand | Amatanakorn | Sumisho Global Logistics (Thailand) Co., Ltd., Amata City Chonburi Free Zone Branch | 66-38-465649 |
| Thailand | Laem Chabang | Sumisho Global Logistics (Thailand) Co., Ltd., Laem Chabang Branch | 66-38-340024 |
| Thailand | Nava Nakorn | Sumisho Global Logistics (Thailand) Co., Ltd., Head Office | 66-2-5292361 |
| Thailand | Nava Nakorn | Sumisho Global Logistics (Thailand) Co., Ltd., Navanakorn Free Zone Branch | |
| Thailand | Prachinburi | Sumisho Global Logistics (Thailand) Co., Ltd., Prachinburi Branch | 66-37-218717 |
| Vietnam | Binh Duong | Dragon Logistics Co., Ltd., Song Than Office | 84-274-3732533 |
| Vietnam | Da Nang | Dragon Logistics Co., Ltd., Da Nang Office | 84-23-6270506 |
| Vietnam | Dong Nai | Dragon Logistics Co., Ltd., Dong Nai Branch | 84-251-3936590 |
| Vietnam | Haiphong | Dragon Logistics Co., Ltd., Hai Phong Branch | 84-225-3629768 |
| Vietnam | Hanoi | Dragon Logistics Co., Ltd., Hanoi Office | 84-24-38231023 |
| Vietnam | Hanoi | Dragon Logistics Co., Ltd., Head Office | 84-24-38812488 |
| Vietnam | Ho Chi Minh | Dragon Logistics Co., Ltd., Ho Chi Minh Branch | 84-28-38234886 |
| Vietnam | Hung Yen | Dragon Logistics Co., Ltd., Hung Yen Branch | 84-221-3974858 |
| Vietnam | Vinh Phuc | Dragon Logistics Co., Ltd., Vinh Phuc Office | 84-211-3866992 |

## 株式会社　住友倉庫
## THE SUMITOMO WAREHOUSE CO., LTD.

105-0011 東京都港区芝公園2-11-1
住友不動産芝公園タワー
TEL 03-6430-2655 FAX: 03-6430-2702
*https://www.sumitomo-soko.co.jp*

［主な営業種目］　港湾運送事業　海運貨物取扱業
倉庫業　通関業　国際輸送業　航空運送代理店
業　海運代理店業　海上運送業

［貨物運送取扱事業法上の事業区分(外航海運)］
利用運送事業

［加入団体名］　JIFFA　JAFA　JFFF

［国内営業所および代理店名］
東京：グローバル・ロジスティクス営業部
03-6430-2665　🆎03-6430-2704
大阪：西日本グローバル・ロジスティクス営業
部　　　06-6444-1196　🆎06-6444-1218

［海外営業所及び代理店又は提携先］
NORTH AMERICA

フォワーダーズ

| | | | |
|---|---|---|---|
| USA | Atlanta | Sumitomo Warehouse (U.S.A.), Inc. | 1-770-953-3430 |
| USA | Chicago | Sumitomo Warehouse (U.S.A.), Inc. | 1-847-250-5563 |
| USA | Houston | Sumitomo Warehouse (U.S.A.), Inc. | 1-469-676-1032 |
| USA | Los Angeles | Sumitomo Warehouse (U.S.A.), Inc. | 1-310-769-0205 |
| USA | New York | Sumitomo Warehouse (U.S.A.), Inc. | 1-646-661-1870 |

EUROPE

| | | | |
|---|---|---|---|
| Belgium | Antwerp | Sumitomo Warehouse (Europe) GmbH | 32-3-825-1515 |
| Germany | Düsseldorf | Sumitomo Warehouse (Europe) GmbH | 49-211-450856 |
| UK | London | Sumitomo Warehouse (Europe) GmbH | 44-20-3937-5870 |

MIDDLE EAST

| | | | |
|---|---|---|---|
| Saudi Arabia | Jeddah | Rabigh Petrochemical Logistics LLC | 966-12-275-0259 |
| Saudi Arabia | Rabigh | Rabigh Petrochemical Logistics LLC | 966-12-290-5076 |

ASIA & OCEANIA

| | | | |
|---|---|---|---|
| China | Beijing | Shanghai Sumiso International Logistics Co., Ltd. | 86-10-8048-9210 |
| China | Dalian | Sumitomo Warehouse (China) Ltd. | 86-411-3922-4951 |
| China | Guangzhou | Sumiso International Logistics (Guangzhou) Co., Ltd. | 86-20-8732-0441 |
| China | Guangzhou | Vantec Sumiso Logistics (Wuhan) Co., Ltd. | 86-20-8673-3766 |
| China | Hangzhou | Sumitomo Warehouse (China) Ltd. | 86-571-8696-4890 |
| China | Qingdao | Sumiso International Logistics (Qingdao) Co., Ltd. | 86-532-8683-1588 |
| China | Shanghai | Shanghai Jinjiang - Sumiso International Logistics Co., Ltd. | 86-21-5648-7593 |
| China | Shanghai | Shanghai Sumiso International Logistics Co., Ltd. | 86-21-6334-5280 |
| China | Shanghai | Sumitomo Warehouse (China) Ltd. | 86-21-5838-1628 |
| China | Shanghai | Sumitomo Warehouse (Shanghai) Ltd. | 86-21-5866-2032 |
| China | Shanghai | Vantec Sumiso Logistics (Wuhan) Co., Ltd. | 86-21-3351-5381 |
| China | Shenzhen | Sumiso International Logistics (Guangzhou) Co., Ltd. | 86-755-2528-7127 |
| China | Shenzhen | Sumitomo Warehouse (Shenzhen) Ltd. | 86-755-2528-1334 |
| China | Suzhou | Shanghai Sumiso International Logistics Co., Ltd. | 86-512-6808-0628 |
| China | Tianjin | Shanghai Sumiso International Logistics Co., Ltd. | 86-22-6537-5001/5005/5008 |
| China | Wuhan | Vantec Sumiso Logistics (Wuhan) Co., Ltd. | 86-27-8479-1650 |
| China | Xiangyang | Vantec Sumiso Logistics (Wuhan) Co., Ltd. | 86-710-331-2571 |
| China | Yantai | Sumiso International Logistics (Qingdao) Co., Ltd. | 86-535-651-0827 |
| China | Zhengzhou | Vantec Sumiso Logistics (Wuhan) Co., Ltd. | 86-371-5677-0151 |
| Hongkong | Hongkong | Sumitomo Warehouse (Hong Kong) Ltd. | 852-2419-9168 |
| Indonesia | Jakarta | PT. Sumiso Logistics Indonesia | 62-21-8087-0045 |
| Korea | Seoul | KBL & Company | 82-2-755-2267 |
| Malaysia | Johor Bahru | Sumiso (Malaysia) Sdn. Bhd. | 60-7-559-0871/0872 |
| Malaysia | Kuala Lumpur | Sumiso (Malaysia) Sdn. Bhd. | 60-3-8787-1003 |
| Malaysia | Penang | Sumiso (Malaysia) Sdn. Bhd. | 60-4-642-3203/3206/3209 |
| Malaysia | Port Klang | Sumiso (Malaysia) Sdn. Bhd. | 60-3-3166-6030 |
| Singapore | Singapore | Sumitomo Warehouse (Singapore) Pte. Ltd. | 65-6861-5844/2358 |
| Singapore | Singapore | Union Services (S'pore) Pte Ltd | 65-6391-1023 |
| Taiwan | Kaohsiung | Sumiso (Taiwan) Co., Ltd. | 886-7-871-4843 |
| Taiwan | Keelung | Sumiso (Taiwan) Co., Ltd. | 886-2-2451-6088 |
| Taiwan | Taichung | Sumiso (Taiwan) Co., Ltd. | 886-4-2622-0629 |
| Taiwan | Taipei | Sumiso (Taiwan) Co., Ltd. | 886-2-2511-3133 |
| Thailand | Ayutthaya | Rojana Distribution Center Co., Ltd. | 66-35-330-141/147 |
| Thailand | Laem Chabang | Rojana Distribution Center Co., Ltd. | 66-33-047-351/358 |
| Thailand | Bangkok | Rojana Distribution Center Co., Ltd. | 66-2-367-3880/3883 |
| Vietnam | Ho Chi Minh | Sumitomo Warehouse (Vietnam) Co., Ltd. | 84-28-3914-0741/0742/0754 |
| Vietnam | Hanoi | Sumitomo Warehouse (Vietnam) Co., Ltd. | 84-24-3211-5445 /3237-3109 |

# 西濃シェンカー　株式会社
## SCHENKER-SEINO CO., LTD.

140-0002 東京都品川区東品川2-2-24
　　　　天王洲セントラルタワー16階
　　　　TEL 03-5769-7300 FAX: 03-5769-7301
　　　　*http://www.schenker-seino.co.jp*

［主な営業種目］　海運貨物取扱業　貨物自動車運
送取扱業　国際利用航空運送事業　損害保険代
理業　NVOCC　国際複合運送業　引越貨物取扱
業　通関業　倉庫業

［貨物運送取扱事業法上の事業区分(外航海運)］
外国人国際利用運送事業

［加入団体名］　JIFFA　JAFA

［国内営業所および代理店名］
東京：【本社】
　　：人事部　　03-5769-7323　📠03-5769-7301

：経理部・コントロールング部
03-5769-7305　FAX03-5769-7301
：購買部　03-5769-7365　FAX03-5769-7301
：プロジェクトマネジメント・戦略部
03-5769-7314　FAX03-5769-7301
：キーアカウント営業部
03-5769-7310　FAX03-5769-7311
：コントラクト・ロジスティンクス事業部
（オペレーション）
03-5769-7390　FAX03-5769-7391
：コントラクト・ロジスティンクス事業部
（営業）03-5769-7398　FAX03-5769-7391
：グローバルプロジェクト部
03-5769-7370　FAX03-5769-7371
：展示会・引越部（展示会）
03-5769-7380　FAX03-5769-7381
：展示会・引越部（国際引越）
03-5769-7382　FAX03-5769-7381
：【海上輸送統括部】
：輸入　03-5769-7340　FAX03-5769-7351
：輸出　03-5769-7350　FAX03-5769-7341
：国内輸送業務
03-6630-6964　FAX03-5769-7356
：【東京支店】
：東日本通関部　海上通関
03-5769-7355　FAX03-5769-7356
：航空輸出部
03-5769-7320　FAX03-5769-7321
：航空輸入部
03-5769-7330　FAX03-5769-7331
：営業部　03-5769-7360　FAX03-5769-7361
：クライアントマネジメント部
03-5769-7326　FAX03-5769-7361
成田：芝山オペレーションセンター
（航空輸出部）
0479-78-8141　FAX0479-78-8145
（航空輸入部／カスタマーサービス）
0479-78-8172　FAX0479-78-8133
（東日本通関部航空輸入通関）
0479-78-8122　FAX0479-78-8133
（東日本通関部航空輸出通関）
0479-78-8126　FAX0479-78-8145
：成田空港営業所（航空輸入部）
0476-32-1051　FAX0476-32-1052
札幌：札幌支店 0123-42-7933　FAX0123-22-0468
名古屋：【名古屋支店】
052-220-2320　FAX052-220-2324
：セントレア営業所
0569-38-7455　FAX0569-38-7457
：西日本通関部（航空・海上通関）
0569-38-7458　FAX0569-38-7457
大阪：【大阪支店】
06-6444-1191　FAX06-6445-6987
：航空輸出部
06-6444-1194　FAX06-6445-2808
：西日本通関部（海上通関）
06-6444-1820　FAX06-6445-2809
：関西空港営業所（航空輸入）
072-434-8030　FAX072-434-8050
：りんくうロジスティクスセンター
（航空輸出）
072-458-0204　FAX072-458-0216
：西日本通関部（航空輸入通関）

072-458-0206　FAX072-458-0279
（航空輸出通関）
：　072-458-0246　FAX072-458-0279
福岡：福岡支店 092-481-2268　FAX092-481-2269
沖縄：沖縄営業所
098-871-3450　FAX098-871-3451
【ロジスティクスセンター】
成田：成田ロジスティクスセンター
0479-78-8310　FAX0479-78-8588
成田：芝山ロジスティクスセンター
0479-78-8721　FAX0479-78-8722
印西：千葉印西ロジスティクスセンター
0476-31-6910　FAX0476-31-6911
原木：原木ロジスティクスセンター
047-329-6321　FAX047-329-6322
市川：市川ロジスティクスセンター
047-307-2833　FAX047-307-2832
大井：大井ロジスティクスセンター
03-5755-1033　FAX03-5755-1034
京都：京都ロジスティクスセンター
075-972-0260　FAX075-972-0262
福岡：福岡ロジスティクスセンター
092-937-7811　FAX092-937-7812
【海外営業所及び代理店又は提携先】
ドイツ、エッセン：Schenker AG (本社)
0049-201-8781-0
FAX0049-201-8781-8495
：他世界150ヶ国、1500拠点

# セイノースーパーエクスプレス　株式会社
## SEINO SUPER EXPRESS CO., LTD.

135-0053 東京都江東区辰己3-10-23
TEL 03-6384-7851 FAX: 03-6384-7867
*http://www.seino.co.jp/ssx/*

[主な営業種目]　港湾運送事業　海貨貨物取扱業
通関業　NVOCC　国際複合運送業　海外引越業
[貨物運送取扱事業法上の事業区分(外航海運)]
利用運送事業

[加入団体名]　JIFFA　JAFA　IATA

[国内営業所および代理店名]
東京：国際部　国際管理課
03-6384-7851　FAX03-6384-7867
成田：成田国際オペレーションセンター
（輸入）　0476-32-8220　FAX0476-32-8222
：成田国際オペレーションセンター
（輸出）　0476-32-7780　FAX0476-32-5295
東京：東京国際営業所（海上）
03-6456-0321　FAX03-3689-5271
：東京国際営業所（航空）
03-6456-0141　FAX03-3689-5270
横浜：横浜海運営業所
045-775-3611　FAX045-775-3618
大阪：関西エリア
072-887-7011　FAX072-887-7037
：関西空港国際営業所（輸入）
0724-56-5760　FAX0724-56-8418
：大阪国際営業所
072-275-9270　FAX072-275-9271

:大阪海運営業所
　　　　　　06-6475-3131　FAX06-6475-7780
名古屋：名古屋国際営業所
　　　　　　0569-38-8261　FAX0569-38-0515
福岡：福岡国際営業所
　　　　　　092-477-0366　FAX092-477-0380

［海外営業所及び代理店又は提携先］
NORTH AMERICA

| | | | |
|---|---|---|---|
| USA | Atlanta | SEINO SUPER EXPRESS USA INC. | 1-404-768-3050 |
| USA | Chicago | SEINO SUPER EXPRESS USA INC. | 1-630-283-3100 |
| USA | Los Angeles | SEINO SUPER EXPRESS USA INC. | 1-424-344-7700 |
| USA | New York | SEINO SUPER EXPRESS USA INC. | 1-516-561-0046 |

# セイノーロジックス　株式会社
## SEINO LOGIX CO., LTD.

220-6011 神奈川県横浜市西区みなとみらい2-3-1
　　　　クィーンズタワーA11階
　　　　TEL 045-682-5315 FAX: 045-682-5306
　　　　　http://www.logix.co.jp/

［主な営業種目］　海上運送業　国際利用航空運送
事業　NVOCC　国際複合一貫運送業

［貨物運送取扱事業法上の事業区分(外航海運)］
利用運送事業

［加入団体名］　JIFFA　FIATA

［国内営業所および代理店名］
横浜：本社　　　045-682-5315　FAX045-682-5306
大阪：大阪支店 06-6260-1031　FAX06-6260-1030
名古屋：名古屋支店
　　　　052-221-7221　FAX052-221-7230
福岡：福岡集荷代理店
　　　　092-710-8511　FAX092-710-8512

［海外営業所及び代理店又は提携先］
NORTH AMERICA

| | | | |
|---|---|---|---|
| Canada | Toronto | ODYSSEY SHIPPING LTD. | 1-514-631-2880 |
| Canada | Vancouver | ODYSSEY SHIPPING LTD. | 1-514-631-2880 |
| USA | Chicago | Carotrans Int'l Inc. | 1-630-705-4800 |
| USA | Los Angeles | Carotrans Int'l Inc. | 1-310-631-4195 |
| USA | Miami | Carotrans Int'l Inc. | 1-305-477-7505 |
| USA | New York | Carotrans Int'l Inc. | 1-732-540-8000 |

CENTRAL SOUTH AMERICA

| | | | |
|---|---|---|---|
| Brazil | Sao Paulo | Craft Multimodal Ltda. | 55-11-3043-8227 |
| Mexico | Mexico City | Newtral Mexico S.A. de C.V. | 52-55-5203-4355 |
| Panama | Panama City | Pier17 Panama, Inc. | 507-360-1600 |

EUROPE

| | | | |
|---|---|---|---|
| Belgium | Antwerp | Vanguard Logistics Services Belgium NV | 32-3-543-1800 |
| Czech Republic | Prague | Austromar Spol.S.R.O. | 420 226201000 |

| | | | |
|---|---|---|---|
| Denmark | Copenhagen | Maritime Transport & Agencies A/S | 45-7733-0600 |
| Finland | Helsinki | Maritime Transport & Agencies Oy | 358 400 272 655 |
| France | Le Havre | Vanguard Logistics Services France SA | 33-2-3524-6158 |
| Germany | Hamburg | Vanguard Logistics Services Deutschland Schifffahrt & Transport GmbH | 49 (0) 40 780 920-0 |
| Italy | Milano | Combi Line Int'l S.p.A | 39-02-2130-871 |
| Netherlands | Rotterdam | Vanguard Logistics Services Netherlands B.V. | 31-10-296-2600 |
| Norway | Oslo | Maritime Transport & Agencies AS | 47 481 20 300 |
| Spain | Barcelona | Transglory S.A. | 34-93-554-05-00 |
| Sweden | Gothenburg | Maritime Transport & Agencies AB | 46 31-720 39 60 |
| UK | Felixstowe/Southampton | Vanguard Logistics Services Ltd. | 44 1621 879 200 |

MIDDLE EAST

| | | | |
|---|---|---|---|
| Turkey | Istanbul | Globelink Unimar Logistics Inc. | 90-216-651-9393 |
| UAE | Dubai | MACNELS SHIPPING LLC | 971-4-3897277 |

ASIA & OCEANIA

| | | | |
|---|---|---|---|
| Australia | Melbourne | CaroTrans Oceania Pty Ltd | 61-3-9330-6977 |
| Australia | Sydney | CaroTrans Oceania Pty Ltd. | 61-2-9384-7997 |
| China | Dalian | Dalian Dingsheng Int'l Logistics Co., Ltd. | 86-411-82719191 |
| China | Qingdao | Bondex Logistics Co., Ltd. | 86-532-86121801 |
| China | Shanghai | Portever Shipping Ltd. | 86-21-63097045 |
| China | Xingang | Bondex Logistics Int'l Co., Ltd. | 86-22-2346-9278 |
| Hongkong | Hongkong | Famous Pacific Shipping (HK) Ltd. | 852 2599 0000 |
| Indonesia | Jakarta | PT Multilink Trans Indonesia | 62-21-651-4879 |
| Korea | Seoul | Asianlink (Korea) Co., Ltd. | 82-2-771-5757 |
| Korea | Seoul | Molax Line., Ltd. | 82-2-310-4563 |
| Korea | Seoul | OHRA LINK EXPRESS CO., LTD. | 82-2-564-9788 |
| Malaysia | Port Kelang | Globelink Container Line (M) Sdn Bhd. | 60-3-31679057 |
| Singapore | Singapore | Mac-Nels Line (S) Pte Ltd. | 65-6220-2022 |
| Taiwan | Taipei | Orient Star Transport Int'l Inc. | 886-2-2506-7088 |
| Taiwan | Taipei | Panda Logistics Co., Ltd. | 886-2-27720999 |
| Thailand | Bangkok | GLOBELINK (THAILAND) CO., LTD. | (662) 229-9888 |
| Vietnam | Haiphong | INTERNATIONAL LOGISTICS CORPORATION ( INTERLOG CORP) | (84) 28.39435899 |
| Vietnam | Ho Chi Minh | INTERNATIONAL LOGISTICS CORPORATION ( INTERLOG CORP) | |

フォワーダー

セ

(84) 28.39435899

## 清和海運　株式会社
## SEIWA KAIUN CO., LTD.

422-8061 静岡県静岡市駿河区森下町1-35
静岡MYタワー3階
TEL 054-288-2741 FAX: 054-288-2780
http://www.seiwa-kaiun.co.jp

［主な営業種目］　港湾運送事業　海運貨物取扱業
倉庫業　船舶代理店業　通関業

［貨物運送取扱事業法上の事業区分(外航海運)］
利用運送事業

［加入団体名］　JIFFA　JFFF

［国内営業所および代理店名］
静岡：営業部　　054-288-2722　　FAX054-288-2780
京浜：東京受渡事務所
03-5205-2460　　FAX03-5205-2462
：京浜支店東扇島物流センター
044-287-0921　　FAX044-287-2325
浜松：浜松支店 053-421-2251　　FAX053-422-0683
掛川：掛川物流センター
0537-62-6800　　FAX0537-62-6805

［海外営業所及び代理店又は提携先］
ASIA & OCEANIA

| China | Shanghai | Seiwa (Shanghai) Int'l Logistics Co., Ltd.　86-21-5228-0900 |
| China | Shenzhen | Seiwa Int'l Logistics (Shanghai) Co., Ltd., Shenzhen Branch 86-755-2983-8450 |
| Hongkong | Hongkong | Seiwa Kaiun (H.K.) Co., Ltd. 852-3468-2101 |
| Indonesia | Jakarta | PT.Seiwa Logistics Indonesia 62-21-2962-1910 |
| Philippines | Manila | Seiwa Logistics Inc. 63-906-271-5413 |
| Thailand | Bangkok | Seiwa Pioneer Int'l Freight Co., Ltd. 66-38-562-300 |
| Thailand | Bangkok | Seiwa Pioneer Logistics Co., Ltd. 66-38-562-300 |
| Vietnam | Ho Chi Minh | Seiwa Kaiun (Vietnam) Co., Ltd. 84-274-3737-941 |
| Vietnam | Ho Chi Minh | Seiwa Kaiun Int'l Vietnam Co., Ltd. 84-28-3933-3411 |

## 関野運輸　株式会社
## SEKINO TRANSPORT CO., LTD.

231-0005 神奈川県横浜市中区本町2-22
京阪横浜ビル6階
TEL 045-225-8745 FAX: 045-264-4731
https://sekinounyu.com

［主な営業種目］　港湾運送事業　通関業　国際複
合輸送業

［貨物運送取扱事業法上の事業区分(外航海運)］
利用運送事業

［加入団体名］　JIFFA　JFFF

［国内営業所および代理店名］
名古屋：東陽倉庫㈱
052-652-2111　　FAX052-652-2183
：㈱フジトランスコーポレーション
052-651-6151　　FAX052-653-4749
大阪：㈱大運　　06-6533-9361　　FAX06-6532-4117
神戸：㈱大運　　078-857-0340　　FAX078-857-0360

［海外営業所及び代理店又は提携先］
ASIA & OCEANIA

| Hongkong | Hongkong | Farenco Freight Services Ltd. 2828-3668 |

## セコ・グローバル・ロジスティックス・ジャパン　株式会社
## SEKO GLOBAL LOGISTICS JAPAN CO., LTD.

105-0003 東京都港区西新橋3-6-10
マストライフ西新橋ビル8階
TEL 03-4500-9246 FAX: 03-5777-0255
http://www.sekoworldwide.com

［主な営業種目］　国際輸送業

［海外営業所及び代理店又は提携先］
NORTH AMERICA

| Canada | Calgary | SEKO Canada, c/o Rodair Int'l Ltd. 1(403)456-2247 |
| Canada | Mississauga | SEKO Canada, c/o RodairInt'l Ltd. 1(905)671-4655 |
| Canada | Vancouver | SEKO CANADA c/o ROADAIR Int'l Ltd. 1(778)588-9503 |
| Canada | Vancouver | SEKO CANADA c/o ROADAIR Int'l Ltd. 1(604)244-5940 |
| USA | Albany | SEKO Worldwide-Albany 1 518 785 4592 |
| USA | Atlanta | SEKO Worldwide LLC-Atlanta 1 404 362 0500 |
| USA | Baltimore | SEKO Worldwide LLC-Baltimore 1 (410)379-2200 |
| USA | Boise | SEKO Worldwide LLC-Boise 1 (208)344-2784 |
| USA | Boston | SEKO Worldwide LLC-Boston 1 (401)463-3550 |
| USA | Buffalo | SEKO Worldwide LLC-Buffalo 1 (716)633-1225 |
| USA | Charlotte | SEKO Worldwide LLC-Charlotte 1 (704)423-5630 |
| USA | Chicago | SEKO Worldwide LLC-Chicago 1 (847)238-1900 |
| USA | Cleveland | SEKO Worldwide LLC-Cleveland 1 (216)676-4545 |
| USA | Columbus | CALIBER AMERICAS LLC-BB 1 (614)944-5191 |
| USA | Columbus | SEKO SDS　1 (614)532-6476 |
| USA | Columbus | SEKO Worldwide LLC-Columbus 1 (614)501-1728 |
| USA | Covington | SEKO Worldwide LLC-MSY 1 (504)684-2200 |
| USA | Dallas | SEKO Worldwide LLC-Dallas 1 (469)420-9190 |
| USA | Detroit | SEKO Worldwide LLC-Detroit |

フォワーダー
セ

|  |  |  |  |
|---|---|---|---|
| | | | 1 (734)641-2100 |
| USA | Elk Grove Village | SEKO WORLDWIDE LLC-ORD GATEWAY | 1 (847)238-1900 |
| USA | Hartford | SEKO Worldwide LLC-Hartford (BDL) | 1 (860)688-0669 |
| USA | Housto n | SEKO Worldwide LLC-Houston | 1 (832)533-3291 |
| USA | Indianapolis | SEKO Worldwide LLC-Indianapolis | 1 (317)838-8700 |
| USA | Itasca | SEKO WORLDWIDE LLC- (CORP) | 1 (630)919-4800 |
| USA | Jacksonville | SEKO Worldwide LLC-Jacksonville | 1 (904)741-0002 |
| USA | Kansas City | SEKO Worldwide LLC-Kansas City | 1 (913)371-6030 |
| USA | Las Vegas | SEKO Worldwide LLC-Las Vegas | 1 (702)898-9072 |
| USA | Los Angeles | SEKO Worldwide LLC-LAX/LAXGTWY | 1 (310)803-5860 |
| USA | Memphis | SEKO Worldwide LLC-Memphis | 1 (901)368-3000 |
| USA | Miami | SEKO WORLDWIDE LLC- MIAMI/GATEWAY | 1 (786)845-8584 |
| USA | Milwaukee | SEKO Worldwide LLC-Milwaukee | 1 (414)489-0268 |
| USA | Minneapolis | SEKO Worldwide LLC-Minneapolis | 1 (651)454-6311 |
| USA | Nashville | SEKO Worldwide LLC-Nashville | 1 (615)360-7333 |
| USA | New York | SEKO Worldwide LLC-JFK/JFK GATEWAY | 1 (718)656-9300 |
| USA | Newark | SEKO Worldwide LLC-Newark | 1 (973)465-6868 |
| USA | Orlando | SEKO Worldwide LLC-Orlando | 1 (407)855-0296 |
| USA | Philadelphia | SEKO Worldwide LLC-Philadelphia | 1 (610)237-1244 |
| USA | Phoenix | SEKO Worldwide LLC-Phoenix | 1 (602)244-2610 |
| USA | Pittsburgh | SEKO Worldwide LLC-Pittsburgh | 1 (412)262-4229 |
| USA | Portland | SEKO Worldwide LLC-Portland | 1 (503)912-0766 |
| USA | Providence | SEKO Worldwide LLC-Providence | 1 (401)463-3550 |
| USA | Raleigh | SEKO Worldwide LLC-Raleigh/Durham | 1 (919)361-3058 |
| USA | Reno | SEKO Worldwide LLC-Reno | 1 (775)677-0289 |
| USA | Rochester | SEKO Worldwide LLC-Rochester | 1 (585)235-4221 |
| USA | Salt Lake City | SEKO Worldwide LLC-Salt Lake City | 1 (801)994-6067 |
| USA | San Antonio | SEKO WORLDWIDE LLC-SAN ANTONIO | 1 (210)658-4400 |
| USA | San Diego | SEKO Worldwide LLC-San Diego | 1 (619)229-2222 |
| USA | Seattle | SEKO Worldwide LLC-Seattle | 1 (206)433-8777 |
| USA | South San Francisco | SEKO Worldwide LLC-San Francisco | 1 (510)690-8781 |
| USA | State College | SEKO WORLDWIDE LLC-STATE COLLEGE (TEC) | 1 (814)231-1331 |
| USA | Syracuse | SEKO Worldwide LLC-Syracuse | 1 (315)452-9593 |
| USA | Tampa | SEKO Worldwide LLC-Tampa | 1 (813)882-0068 |
| USA | Virginai Beach | SEKO WORLDWIDE LLC-NORFOLK | 1 (757)460-4034 |

## CENTRAL SOUTH AMERICA

|  |  |  |  |
|---|---|---|---|
| Argentina | Buenos Aires | SEKO Argentina Rush Cargo S.R.L. | 54-11-4303-2424 |
| Brazil | Campinas | Cobrac Logistica de Cargas do Brasil Ltda | 55(19)3725-6255 |
| Brazil | Curitiba | Cobrac Log. de Cargas do Brasil Ltda Co/Int'l Trade Ltda. | 55(41)3324-1669 |
| Chile | Santiago | SEKO LOGISTICS CHILE LTD | 56(2)964-4442 |
| Costa Rica | San Jose | Royma Soluciones Log sticas S.A. | 506 2236-7671 |
| Dominican Rep. | Santo Domingo | FRANK LEO , S.R.L. | 1 (809)544-0888 |
| Ecuador | Quito | Ticsa Cargo | 593(2)248-1930 |
| Mexico | Mexico City | SEKO WORLDWIDE DE MEXICO SA DE CV | 52 (867)715-4058 |
| Mexico | Mexico City | SEKO WORLDWIDE LLC - H41 | 1 (573)582-1068 |
| Mexico | Tlajomulco de Zuniga | SEKO WORLDWIDE DE MEXICO, SA DE CV | 52(333)284-1877 |
| Panama | Panama City | SEKO Logistics Panama | 507(3)06-5850 |
| Peru | Callao | SERVICIOS DE AGENCIAMIENTO MULTIMODAL DEL PERU SAC | 51(1)575-1128 |
| Puerto Rico | San Juan | PRWMC (MUST BE CONSIGNED DTC - NTFY : PRWMC) | 1 (787)769-1960 |

## EUROPE

|  |  |  |  |
|---|---|---|---|
| Belgium | Brussels | SEKO BELGIUM BVBA C/O FAST FORWARD FREIGHT | 32-2-753-2200 |
| Denmark | Copenhagen | SEKO Logistics (Denmark) | 45(3)686-8853 |
| France | Le Havre | SEKO Global Logistics France | 33 3-2855-9221 |
| France | Lille | SEKO Global Logistics France | 33 3-2855-9222 |
| France | Lyon | SEKO Global Logistics France (LYS) | 33 4-7222-6251 |
| France | Marseilles | SEKO Global Logistics France | 33 4-7222-6251 |
| France | ROISSY-EN-FRANCE | SEKO GLOBAL LOGISTICS FRANCE | 33 1 4947-2031 |
| Germany | Bremen | SEKO Logistics GmbH - Bremen Branch | 49 4211669680 |
| Germany | Frankfurt | SEKO Logistics GmbH - Frankfurt Branch | 49(0)6969712550 |
| Germany | Munich | SEKO Logistics GmbH - Munich Branch | 49 089411471660 |
| Ireland | Dublin | SEKO Logistics Ireland Ltd. | 353(1)899-1101 |
| Ireland | Shanon | SEKO Logistics Ireland Ltd. | 35361530200 |
| Netherlands | Amsterdam | SEKO Benelux B.V. | 31-2-0658-3350 |
| Netherlands | Rotterdam | SEKO Benelux B.V. | 31-0-181-290934 |
| Norway | Oslo | SEKO Logistics (Norway) | |

| | | | |
|---|---|---|---|
| | | | 47 2321-0394 |
| Romania | Bucharest | SEKO Logistics Network SRL | |
| | | | 40(31)427-3912 |
| Sweden | Gothenburg | SEKO Global Logistics (Sweden) AB | |
| | | | 46(0)3-1780-5092 |
| Sweden | Malmo | SEKO Global Logistics Sweden AB | |
| | | | 46(4)093-0040 |
| UK | Birchwood | SEKO LOGISTICS (NORTH) LTD (MCH) | |
| | | | 44 1925909400 |
| UK | Cardiff | SEKO LOGISTICS (LONDON) LTD (CWL) | |
| | | | 44 1446509950 |
| UK | Farnborough | SEKO LOGISTICS SOLUTIONS LTD (FAB) | |
| | | | 44 1252939555 |
| UK | Glasgow | SEKO Logistics Scotland Ltd | |
| | | | 44 141 880 9400 |
| UK | London | SEKO Logistics (London) Ltd | |
| | | | 44(0)1784 417 120 |
| UK | Manchester | SEKO Logistics Ltd (MAN) | |
| | | | 44 1612097430 |
| UK | Milton Keynes | SEKO Logistics | 01908 580470 |
| UK | Milton Keynes | SEKO OMNI-CHANNEL LOGISTICS LTD | |
| | | | 01908 580470 |
| UK | Southampton | SEKO Logistics Southamptom Ltd | |
| | | | 44 2380 835930 |

AFRICA

| | | | |
|---|---|---|---|
| Egypt | Alexandria | THE EGYPTIAN EXPORT & FORWARDING CO. | 2035461724 |
| Egypt | Cairo | THE EGYPTIAN EXPORT AND FORWARDING CO. | 20223054876 |
| Libyan Arab Jamahiriya | Tripoli | African Line Shipping Agency Co | 218(21)714-4630 |
| Morocco | Casablanca | SEKO Logistics Morocco | |
| | | | 212(53)994-4721 |
| South Africa | Capetown | SEKO Cape Town (PTY) Ltd | |
| | | | 27(21)510-1678 |
| South Africa | Johannesburg | SEKO Worldwide (PTY) Ltd | |
| | | | 27(11)723-9140 |
| South Africa | Kemptom Park | SEKO Worldwide (PTY) Ltd | |
| | | | 27(11)230-2960 |
| South Africa | Mt.Edgecombe | SEKO Worldwide (PTY) Ltd | |
| | | | 27(31)539-3237 |
| Tunisia | Tunis | SEKO Logistics Tunisia | |
| | | | 216(71)94-7126 |
| Uganda | Kampala | SEKO Logistics Uganda Ltd | |
| | | | 256(41)425-7534 |

MIDDLE EAST

| | | | |
|---|---|---|---|
| Israel | Tel Aviv | SEKO Global Logistics (Israel) | |
| | | | 972(7)3227-9905 |
| Jordan | Amman | Arch Global Logistics (AMM) | |
| | | | 96265859537 |
| Lebanon | Beirut | SEKO LEBANON SARL | 9611580695 |
| Turkey | Istanbul | SEKO Uluslararasi Tasimacilik Ve Ticaret A.S. | 90(212)541-9989 |
| UAE | Dubai | Avant-Garde Logistics LLC | |
| | | | 971(4)286-5660 |

ASIA & OCEANIA

| | | | |
|---|---|---|---|
| Australia | Brisbane | SEKO Logistics Brisbane Pty Ltd | |
| | | | 61-07-3902-0544 |
| Australia | Darwin | SEKO Australia Darwin | |
| | | | 61(2)9669-4222 |
| Australia | Melbourne | SEKO Logistics Australia Pty Ltd | |
| | | | 61-03-8336-9000 |
| Australia | Sydney | SEKO Logistics Australia Pty Ltdc/- | |

| | | | |
|---|---|---|---|
| | | Associated Customs & Forwarding | |
| | | | 61-02-9316-9466 |
| Cambodia | Phnom Penh | Pacific Crown Air Ltd./ Intelligent Office Center | 855(23)72-3244 |
| China | Fujian | CTS INT'L LOGISTICS CO., LTD | |
| | | | 86(59)187669336 |
| China | Shanghai | SEKO Int'l Freight Forwarding (Shanghai) | 86(21)6072-7018 |
| China | Shenzhen | SEKO Int'l Freight Forwarding (Shanghai) Co Ltd., Shenzhen branch | |
| | | | 8675582781201 |
| China | Xiamen | SEKO Logistics Xiamen | |
| | | | 86(59)2261-6119 |
| Hongkong | Kowloon | SEKO Logistics (HK) Limited | |
| | | | 852 3195-3195 |
| Korea | Seoul | SEKO Global Logistics Network Korea Inc. | 82(2)332-7600 |
| Malaysia | Pelabuhan Klang | | |
| | | SEKO Global Logistics (M) Sdn Bhd. | |
| | | | 60(3)3165-3100 |
| New Zealand | | | |
| | Auckland | FIRST GLOBAL LOGISTICS LIMITED | |
| | | | 64 9 255 5015 |
| Philippines | Cebu | A. Hardrodt Philippines, Inc | |
| | | | 63325059253 |
| Philippines | Clark Field Apt Luzon Island | | |
| | | A. Hardrodt Philippines, Inc | |
| | | | 63454993220 |
| Philippines | Davao | A. Hardrodt Philippines, Inc | |
| | | | 63(2)303-2556 |
| Philippines | Manila | A. Hardrodt Philippines, Inc | |
| | | | 63-2-776-5360 |
| Singapore | Singapore | SEKO Global Logistics Singapore Pte Ltd | 65 6542-7555 |
| Taiwan | Kaohsiung | SEKO Global Logistics (Taiwan) Co., Ltd. | 886(3)399-2056 |
| Taiwan | Taipei | SEKO Global Logistics (Taiwan) Co., Ltd. | 886(2)2793-7289 |
| Thailand | Bangkok | G.E. Logistics Company Limited | |
| | | | 66(2)714-5678 |
| Vietnam | Haiphong | Sun North V.N Transport Corp | |
| | | | 84(3)1374-6147 |
| Vietnam | Hanoi | SEKO Global Logistics Network LLC | |
| | | | 84(4) 3662-8256 |
| Vietnam | Ho Chi Minh | Sun VN Transport Corp., Hanoi Rep Office | 84(8)3997-1199 |

## セブン シーズ シッピング株式会社
## SEVEN SEAS SHIPPING CO., LTD.

103-0025 東京都中央区日本橋茅場町1-10-5
エスエフ茅場町ビル9階
TEL 03-4330-3952 FAX: 03-4330-3949
http://www.sevenseas.co.jp

［主な営業種目］ NVOCC　国際複合運送業　船
社集荷代理店業　国際航空貨物取扱業
［貨物運送取扱事業法上の事業区分(外航海運)］
利用運送事業
［加入団体名］　JIFFA
［国内営業所および代理店名］

国内提携先：
SINOTRANS JAPAN, CO., LTD.

## センコー・フォワーディング　株式会社
## SENKO FORWARDING CO., LTD.

135-0052 東京都江東区潮見2-8-10
潮見SIFビル 3階
TEL 03-6862-7102 FAX: 03-6862-7106
http://www.senko-forwarding.co.jp/

［主な営業種目］ NVOCC　国際複合運送業　通関業

［貨物運送取扱事業法上の事業区分(外航海運)］
利用運送事業

［加入団体名］ JIFFA　JETRO

［国内営業所および代理店名］
東京：管理課　　03-6862-7102　℻03-6862-7106
　　：営業部　　03-6862-7101　℻03-6862-7104
【国際物流事業部】
東京：海上フォワーディング部
　　　　　　　03-6862-7102　℻03-6862-7106
　　：航空フォワーディング部
　　　　　　　03-6862-7101　℻03-6862-7104
　　：海貨通関部　東日本営業所
　　　　　　　03-6862-7094　℻03-6862-7096
名古屋：海貨通関部　名古屋営業所
　　　　　　　052-659-6250　℻052-659-6252
大阪：海貨通関部　西日本営業所
　　　　　　　06-6231-8511　℻06-6231-8517

## 株式会社　禅・トランスポート
## ZEN-TRANSPORT LTD.

103-0013 東京都中央区日本橋人形町3-1-17
石井ビル4階
TEL 03-3663-1781 FAX: 03-3663-1789

［主な営業種目］ NVOCC　国際複合運送業

［貨物運送取扱事業法上の事業区分(外航海運)］
利用運送事業

［国内営業所および代理店名］
大阪：マルチトランス㈱
　　　　　　　06-6532-4692　℻06-6532-4578
神戸：大洋運輸㈱
　　　　　　　078-302-0456　℻078-302-7343

［海外営業所及び代理店又は提携先］

NORTH AMERICA
| USA | Leader Mutual Freight |
| USA | Rogers & Brown Inc. |

CENTRAL SOUTH AMERICA
| Argentina | Talwin Transport Service |

EUROPE
| Germany | Rohlig |
| Italy | Rolig Italy |
| Spain | Eceiza SA |
| Spain | Iberconder |
| UK | Rohlig |

ASIA & OCEANIA
| Australia | | Rohlig Australia Pty. Ltd. |
| Australia | | Transitainer |
| China | | Rohlig China Ltd. |
| Hongkong | Hongkong | Charter Ocean Ltd. |
| Korea | | DS Logistics Co., Ltd. |
| Korea | | Five Star Int'l |
| Korea | | J & B Logistics |
| Singapore | Singapore | ABC Marineland Service |
| Singapore | Singapore | Rohlig |
| Taiwan | | Everbest Logistics Co., Ltd. |
| Vietnam | | AA & Logistics |
| Vietnam | | Rohlig Vietnam |

## 泉洋港運　株式会社
## SENYO KOUN CO., LTD.

650-0024 兵庫県神戸市中央区海岸通1-2-31
神戸フコク生命海岸通ビル7階
TEL 078-331-0137 FAX: 078-331-1033
https://www.senyokoun.co.jp

［主な営業種目］ 一般港湾運送事業　通関業　貨物運送取扱事業（外航、内航、貨物自動車）保険代理業

［貨物運送取扱事業法上の事業区分(外航海運)］
利用運送事業　運送取次事業

［加入団体名］ JFFF

［国内営業所および代理店名］
神戸：総務部　　078-331-0137　℻078-331-1033
　　：経理部　　078-331-0138　℻078-331-1033
　　：情報システム部
　　　　　　　078-331-0133　℻078-331-1033
　　：輸出営業部
　　　　　　　078-331-9506　℻078-331-2441
　　：輸入営業部
　　　　　　　078-331-9501　℻078-331-2442
　　：通関部　　078-331-9505　℻078-331-2443
　　：作業部　　078-303-2323　℻078-303-2327
東京：東京支店 03-6897-6238　℻03-6860-1121
大阪：大阪支店 06-6281-3431　℻06-6281-3331

## センワマリタイムエージェンシー　株式会社
## SENWA MARITIME AGENCY, LTD.

105-0011 東京都港区芝公園1-3-1　留園ビル4階
TEL 03-5733-7211 FAX: 03-5733-7201
http://www.senwa.co.jp

［主な営業種目］ NVOCC　国際複合運送業

［貨物運送取扱事業法上の事業区分(外航海運)］
利用運送事業

［加入団体名］ JIFFA

［国内営業所および代理店名］
大阪：大阪支店 06-6262-5321　℻06-6266-0571

［海外営業所及び代理店又は提携先］
NORTH AMERICA

| | | | |
|---|---|---|---|
| USA | Torrance | Midway Freight Systems Inc. | 1-310-523-1500 |

EUROPE
| Italy | | Ger.Co. Spedizioni Internazionali Srl-Italy |
| Russia | | Pro-Log Co., Ltd. |

AFRICA
| Egypt | | Asma Marine |
| South Africa | Durban | Lady Africa Shipping 27-31-0019948 |

MIDDLE EAST
| Bahrain | | Emkay Lines (PVT) Ltd. |
| Jordan | Amman | Salam Shipping & Forwarding Agency 962-6-565-0893 |
| Lebanon | Beirut | Transworld Marine Co. 965-246-1250 |
| Qatar | | Emkay Lines (PVT) Ltd. |
| Saudi Arabia | | Emkay Lines (PVT) Ltd. |
| UAE | | Emkay Lines (PVT) Ltd. |

ASIA & OCEANIA
| Australia | | Clemenger Int'l Freight Pty Ltd. |
| Cambodia | | IFB Far East Holdings Ltd. |
| China | | IFB Far East Holdings Ltd. |
| China | Dalian | Zen Continental Co., Inc. 86-411-8279-8500 |
| China | Ningbo | Zen Continental Co., Inc. 86-574-8725-2988 |
| China | Qingdao | Zen Continental Co., Inc. 86-532-8573-7688 |
| India | | IFB Far East Holdings Ltd. |
| Indonesia | | IFB Far East Holdings Ltd. |
| Korea | | Euro Line Co., Ltd. |
| Korea | Busan | Han Sol Sea & Air Co., Ltd. 82-51-464-1304 |
| Korea | Seoul | Midway Freight Systems Co., Ltd. 82-2-790-3557 |
| Malaysia | | IFB Far East Holdings Ltd. |
| New Zealand | | |
| | Auckland | BR Int'l Logistics NZ Ltd. 64-9-276-7740 |
| Pakistan | | Emkay Lines (PVT) Ltd. |
| Singapore | Singapore | IFB Far East Holdings Ltd. |
| Sri Lanka | | Emkay Lines (PVT) Ltd. |
| Taiwan | | IFB Far East Holdings Ltd. |
| Thailand | | IFB Far East Holdings Ltd. |
| Thailand | Bangkok | P.M.E. Lines (Thailand) Ltd. 662-683-9833 |
| Vietnam | | IFB Far East Holdings Ltd. |

## 第一港運　株式会社
## DAIICHI TRANSPORTATION & TERMINAL CO., LTD.

135-0024 東京都江東区清澄1-8-16
TEL 03-3642-6815 FAX: 03-3642-8936
http://www.daiichi-koun.com/

[主な営業種目] 港湾運送事業　海運代理店業
貨物利用運送業　倉庫業　通関業、梱包業

[貨物運送取扱事業法上の事業区分(外航海運)]
利用運送事業

[加入団体名] JIFFA　東京港運協会

[国内営業所および代理店名]
東京：品川営業所
03-3474-9222　FAX 03-3474-9245
：大井営業所
03-5492-7443　FAX 03-3790-9710
横浜：横浜支店 045-201-0825　FAX 045-201-0593
松山：松山支店 089-979-4490　FAX 089-979-6594

[海外営業所及び代理店又は提携先]
ASIA & OCEANIA
| Korea | Busan | 韓国釜山駐在事務所 82-55-540-8751 |
| Vietnam | Danang | ベトナムダナン駐在事務所 84-236-358-4674 |

## 株式会社　大運
## DAIUN CO., LTD.

541-0056 大阪府大阪市中央区久太郎町4-1-3
大阪御堂筋ビル3階
TEL 06-6120-2027 FAX: 06-6120-2029
http://www.daiunex.co.jp

[主な営業種目] 港湾運送事業　海運貨物取扱事業　貨物自動車運送事業　倉庫業　海上運送業
通関業　損害保険代理業　NVOCC　国際複合運送業

[貨物運送取扱事業法上の事業区分(外航海運)]
利用運送事業

[加入団体名] JIFFA　JFFF

[国内営業所および代理店名]
東京：東京営業所
03-5733-6973　FAX 03-5733-6974
名古屋：名古屋支店
052-221-1745　FAX 052-221-1749
大阪：国際物流部
06-6120-2027　FAX 06-6120-2029
神戸：神戸支店 078-857-0331　FAX 078-857-0330

[海外営業所及び代理店又は提携先]
ASIA & OCEANIA
| China | Guangzhou | Daiun Co., Ltd. Guangzhou Liaison Office | 86-20-8351-5687 |
| China | Qingdao | Daiun Co., Ltd. Qingdao Liaison Office | 86-532-8202-0235 |
| China | Shanghai | Daiun Co., Ltd. Shanghai Liaison Office | 86-21-6373-5877 |

## 株式会社　泰運商会
## TAIUN COMPANY LTD.

104-0032 東京都中央区八丁堀4-8-2
いちご桜橋ビル7階
TEL 03-3552-2550 FAX: 03-3552-2576
http://www.taiun.co.jp/

[主な営業種目] 一般港湾運送事業　外航海運貨物取扱業　貨物自動車利用運送業　倉庫業
通関業　損害保険代理業　NVOCC　国際複合

運輸業　IATA貨物代理店業　国際航空貨物利用運送事業

［貨物運送取扱事業法上の事業区分(外航海運)］
利用運送事業

［加入団体名］　JIFFA　JAFA

［国内営業所および代理店名］
東京：東京海運支店
　　　　　　03-3790-8681　📠03-3790-1809
成田：成田営業所
　　　　　　047-632-7336　📠047-632-8864

［海外営業所及び代理店又は提携先］

ASIA & OCEANIA
| China | Shanghai | Shanghai Taiun Logistics Co., Ltd. |
| | | 86-21-3350-5056 |
| Hongkong | Hongkong | Taiun (HK) Co., Ltd. 852-2637-7661 |
| Malaysia | Selangor | TAIUN (M) SDN BHD.60-3-5545-8638 |
| Singapore | Singapore | Taiun (SIN) Pte. Ltd.　65-6274-4622 |
| Taiwan | Taipei | Taiun Taiwan Corporation |
| | | 886-3-386-8766 |
| Thailand | Bangkok | Taiun (Thailand) Co., Ltd. |
| | | 66-2-963-8360 |

# 大東港運　株式会社
## DAITO KOUN CO., LTD.

108-0023 東京都港区芝浦4-6-8
　　　　田町ファーストビル7階
　　　　　TEL 03-5476-9701 FAX: 03-5476-9722
　　　　　　https://www.daito-koun.co.jp/

［主な営業種目］　港湾運送事業　貨物自動車運送事業　倉庫業　通関業

［貨物運送取扱事業法上の事業区分(外航海運)］
利用運送事業

［加入団体名］　JFFF

［国内営業所および代理店名］
横浜：横浜支店 045-212-3951　📠045-212-1570
川崎：川崎支店 044-266-0131　📠044-277-0793
市川：京葉支店 047-724-5001　📠047-709-9009
大阪：大阪支店 06-7664-8484　📠06-7664-8487
神戸：神戸営業所
　　　　　　078-242-7800　📠078-242-7718
博多：福岡営業所
　　　　　　092-263-0901　📠092-263-0902

# 株式会社　ダイトーコーポレーション
## DAITO CORPORATION

108-0023 東京都港区芝浦2-1-13
　　　　　TEL 03-3452-6314 FAX: 03-3452-7910
　　　　　　http://www.daitocorp.co.jp

［主な営業種目］　港湾運送事業　海上運送事業　倉庫業　海運代理店業　通関業　貨物利用運送事業　貨物自動車運送事業　港湾タグ事業　海上防災事業

［貨物運送取扱事業法上の事業区分(外航海運)］
利用運送事業

［加入団体名］　JIFFA　JFFF

# 髙倉運輸　株式会社
## TAKAKURA CORPORATION

811-4331 福岡県遠賀郡遠賀町大字別府3400番地
　　　　　TEL 093-293-8864 FAX: 093-293-8848
　　　　　　http://www.takakuraunyu.co.jp

［加入団体名］　JIFFA

［国内営業所および代理店名］
門司：門司営業所
　　　　　　093-331-6855　📠093-332-5256
福岡：福岡営業所
　　　　　　092-665-1231　📠092-665-1232

# タカセ　株式会社
## TAKASE CORPORATION

105-0004 東京都港区新橋1-10-9
　　　　　TEL 03-3571-9816 FAX: 03-3571-4154
　　　　　　http://www.takase.co.jp

［主な営業種目］　港湾運送事業　海運貨物取扱業　倉庫業　通関業　運送業　国際複合運送業

［貨物運送取扱事業法上の事業区分(外航海運)］
利用運送事業

［加入団体名］　JIFFA　JFFF

［国内営業所および代理店名］
東京：東京本社（営業部門）
　　　　　　03-3571-9816　📠03-3571-4154
　　　：東京港営業所（海貨チーム）
　　　　　　03-5492-0226　📠03-5492-0227

［海外営業所及び代理店又は提携先］
NORTH AMERICA
| USA | Los Angeles | Takase Add System,Inc. |
| | | 1-562-5970198 |

CENTRAL SOUTH AMERICA
| Brazil | | Crane Worldwide Logistics Ltda |
| Mexico | | Crane Worldwide Logistics CWL |
| | | Mexico S.de R.L. |

EUROPE
| France | | Prolinair |
| Germany | | MOL Logistics (Deutschland) GmbH |
| UK | | Crane Worldwide UK Ltd. |

ASIA & OCEANIA
| China | Shanghai | 高瀬国際貨運代理（上海）有限公司　86-21-6309-4800 |
| China | Shanghai | 高瀬物流（上海）有限公司 |
| China | Shenzhen | 雅達貨運（中山）有限公司深圳支店　86-755-2230-6872 |
| China | Zhongshan | 雅達貨運（中山）有限公司 |
| | | 86-760-2211-2262 |
| Hongkong | Hongkong | Add System Co., Ltd. 852-2547-9653 |
| India | | Crane Worldwide Logistics India Pvt Ltd. |

| | | | |
|---|---|---|---|
| Indonesia | | PT Crane Worldwide Logistics Indonesia | |
| Korea | | Bumjoo Int'l Co., Ltd. | |
| Korea | | Crane Worldwide Logistics Co., Ltd. | |
| Malaysia | Kuala Lumpur | Crane Worldwide Transportation Sdn Bhd | 603-8023-5630 |
| Singapore | Singapore | MOL Logistics (Singapore) Pte. Ltd. | |
| Taiwan | | Neptune Trans Co., Ltd. | 886-2-2542-1919 |
| Thailand | | V-Serve Logistics Ltd. | 662-742-6718 |

# 株式会社 辰巳商会
## TATSUMI SHOKAI CO., LTD.

102-0072 東京都千代田区飯田橋3-8-7
辰巳ビル6階
TEL 03-3265-4115 FAX: 03-3265-9320
*http://www.tatsumi-cs.co.jp*

[主な営業種目] 海運業 港湾運送業 船舶代理
店業 通関業 倉庫業 国際複合輸送業 海運
代理店業 航空貨物代理店業 陸運業 NVOCC

[貨物運送取扱事業法上の事業区分(外航海運)]
利用運送事業

[加入団体名] JAFA IATA JIFFA FIATA

[国内営業所および代理店名]
東京：複合輸送1課
03-3265-4115　　FAX03-3265-9320
　：複合輸送2課
03-3265-4113　　FAX03-3265-9318
　：プラント部
03-3265-4114　　FAX03-3265-9319
横浜：横浜営業所
045-504-2212　　FAX045-501-3799
名古屋：㈱サンシン
052-651-3181　　FAX052-653-4899
大阪：倉庫営業部
06-6576-1845　　FAX06-6576-1848
神戸：神戸営業所
078-302-0281　　FAX078-302-1406
（航空）
大阪：航空貨物部
06-6576-1851　　FAX06-6572-6544
　：関空営業所
0724-56-5423　　FAX0724-56-5425
東京：航空貨物部
03-3265-9311　　FAX03-3265-9345
羽田：羽田営業所
03-5708-0133　　FAX03-5708-0135
成田：成田営業所
0476-32-8880　FAX0476-32-8744

[海外営業所及び代理店又は提携先]
## NORTH AMERICA
| | | | |
|---|---|---|---|
| Canada | Ontario | ITN Logistics | 905-362-1110 |
| USA | Georgia | Tatsumi Intermodal (U.S.A.), Inc. | 770-287-8265 |
| USA | Long Beach | Tatsumi Intermodal (U.S.A.), Inc. | 310-660-6940 |

## CENTRAL SOUTH AMERICA
| | | | |
|---|---|---|---|
| Mexico | Mexico City | Kronoz Int'l | 52-81-8115-1572 |

## EUROPE
| | | | |
|---|---|---|---|
| Belgium | Antwerp | Gondrand NV S.A. | 3-2323900 |
| Czech Republic | | | |
| | Praha | Seabridge Tranport (Czech) S.R.O. | 02-7274460 |
| Denmark | Holte | Jeuro Denmark APS | 4583-8822 |
| Finland | Kotka | Steveco OY | 5-232-3558 |
| France | Roissy | Debeaux Transit S.A | 1-4862-7143 |
| Germany | Hamburg | Seabridge Transport GmbH | 40-3749330 |
| Greece | Piraeus | Seagull Ltd. | 30-210-4291045 |
| Italy | Milano | Matras SRL Alliance Logistics SRL | 02-5392340 |
| Latvia | Riga | Seabridge Transport Latvia Ltd. | 7-362483 |
| Netherlands | Rotterdam | Tatsumi Europe B.V. | 31(0)6 3360 2368 |
| Netherlands | Rotterdam | VCK LOGISTICS | 31104943796 |
| Poland | Warsaw | Seabridge Transport Poland Ltd. | 4822-418621 |
| Russia | Vladivostok | PAN PACIFIC LINES LLC | 7-423-279-1407 |
| Spain | Barcelona | Agencia Fernandez de Sola, S.L. | 34-932-213-232 |
| Switzerland | Zurich | Gondrand Ltd. | 1-8104322 |
| UK | Dartford | G.A. Woodcock Freight Ltd. | 01322-283390 |

## AFRICA
| | | | |
|---|---|---|---|
| South Africa | | Prive Logistics | 011-397-5786 |

## MIDDLE EAST
| | | | |
|---|---|---|---|
| Kuwait | Kuwait | United Logistics Company | 965-247-6010 |
| UAE | Dubai | Motherlines Shipping L.L.C. | 971-4-3934385 |
| UAE | Jebel Ali | Motherlines Shipping L.L.C. | 971-4-8860599 |

## ASIA & OCEANIA
| | | | |
|---|---|---|---|
| Australia | Brisbane | BTI Logistics Pty Ltd. (Tullmarine) | 03-8336-9000 |
| Australia | Melbourne | BTI Logistics Pty Ltd. (Tullmarine) | 03-8336-9000 |
| Australia | Sydney | BTI Logistics Pty Ltd. (Botany) | 02-9316-9500 |
| Bangladesh | Dhaka | EXPRESS WORLDWIDE LTD. | 27912290 |
| China | Beijing | UBI LOGISTICS (CHINA) Ltd., Beijin Branch | 10-65802587 |
| China | Chengdu | UBI LOGISTICS (CHINA) Ltd., Chengdu Branch | 28-8773505 |
| China | Dalian | UBI LOGISTICS (CHINA) Ltd. | 411-82825566 |
| China | Guangzhou | UBI LOGISTICS (CHINA) Ltd., Guangzhou Branch | 20-87695176 |
| China | Harbin | UBI LOGISTICS (CHINA) Ltd., Harbin Branch | 451-5306975 |
| China | Nanjing | UBI LOGISTICS (CHINA) Ltd., Nanjing Branch | 25-84715375 |
| China | Ningbo | UBI LOGISTICS (CHINA) Ltd., Ningbo Branch | 574-27850088 |
| China | Qingdao | UBI LOGISTICS (CHINA) Ltd., Qingdao Branch | 532-86077811 |
| China | Shanghai | UBI LOGISTICS (CHINA) Ltd., Shanghai Branch | 21-61047111 |
| China | Shenzhen | UBI LOGISTICS (CHINA) Ltd., | |

| China | Xiamen | UBI LOGISTICS (CHINA) Ltd., Xiamen Branch | 755-8828500 |
| | | | 592-2617600 |
| China | Xingang | UBI LOGISTICS (CHINA) Ltd., Tianjin Branch | 22-83865008 |
| Hongkong | Hongkong | Mairon Int'l Forwarding Ltd. | 852-3604-0860 |
| Hongkong | Hongkong | Seabridge Container Line Ltd. | 2-2544-2028 |
| India | Calcutta | Cargomar (Kolkata) Pvt. Ltd. | 91-33-2252-0949 |
| India | Cochin | Cargomar Pvt. Ltd. | 484-2705995 |
| India | Mumbai | Cargomar Pvt. Ltd. | 91-22-2784-4850 |
| India | Tuticorin | Cargomar Pvt. Ltd. | 91-461-2375539 |
| Indonesia | Surabaya | P.T. Cipta Segara Int'l | 31-356-6966 |
| Korea | Seoul | Topocean Consolidation Service (Korea) Ltd. | 707-0063 |
| Malaysia | Port Kelang | Tatsumi Shokai (M) Sdn. Bhd. | 3-31765780 |
| Malaysia | Shah Alam | Tatsumi Shokai (M) Sdn. Bhd. | 3-5192-4613 |
| Myanmar | Yangon | SHIPMAX FREIGHT SOLUTION CO., LTD. | 9512315203 |
| New Zealand | Auckland | BTI Logistics PTY LTD. | 09-6223989 |
| Philippines | Cebu | Meister Transport, Inc. | 32-346-0199 |
| Philippines | Davao | Meister Transport, Inc. | 63-195-8536192 |
| Philippines | Manila | Meister Transport, Inc. | 2-527-8307 |
| Singapore | Singapore | Astro Express Logistics Pte. Ltd. | 6545-2036 |
| Taiwan | Taipei | Seabridge Transport Taiwan Ltd. | 2-2546-6135 |
| Thailand | Bangkok | Enterprise Transport Int'l Co., Ltd. | 2-381-1706 |
| Thailand | Bangkok | Tatsumi Shokai (Thailand) Co., Ltd. | 3-818-5351 |
| Vietnam | Haiphong | Viethoa Transport Service & Trading | 31-855846 |
| Vietnam | Ho Chi Minh | Viethoa Transport Service & Trading | 8-9402520 |

# タンデム・ジャパン　株式会社
## TANDEM GLOBAL LOGISTICS JAPAN CO., LTD.

231-0012 神奈川県横浜市中区相生町6-113
オーク桜木町ビル8階
TEL 045-228-7174（代表）045-228-7184（営業）
FAX: 045-228-7194
*http://tandemjapan.co.jp/*

［主な営業種目］国際利用貨物運送事業（海上・航空）国際複合運送業　NVOCC(Tandem Global Logistics Networkの代理店

［貨物運送取扱事業法上の事業区分(外航海運)］
第一種貨物利用運送事業　第二種貨物利用運送事業（外航海運・航空貨物）

［加入団体名］ JIFFA　JAFA　横浜商工会議所 IATA

［国内営業所および代理店名］
関東（東京・横浜）：海上
中部（名古屋）：海上
関西（大阪・神戸）：海上
九州（門司・博多）：海上
関東（成田・羽田）：航空
中部（中部国際）：航空
関西（関西国際）：航空

［海外営業所及び代理店又は提携先］
EUROPE
| Netherlands | Rotterdam | Tandem Global Logistics Networkの本部、ほか世界75カ国、200カ所以上の物流拠点 |

# 株式会社　築港
## CHIKKO CORPORATION

650-0024 兵庫県神戸市中央区海岸通3
海岸ビル12階
TEL 078-391-6671 FAX: 078-391-6673
*http://www.chikko.co.jp*

［加入団体名］ JFFF

［国内営業所および代理店名］
東京：東京営業所
03-5730-4051　☎03-5730-4055
横浜：横浜営業所
045-508-3361　☎045-508-3362
千葉：千葉営業所
0436-21-3265　☎0436-23-1854
名古屋：名古屋営業所
052-661-8266　☎052-653-3294
大阪：大阪営業所
06-4391-1313　☎06-4391-1314
　　：桜島営業所
06-4804-1717　☎06-4804-1720
神戸：神戸営業所
078-306-2370　☎078-306-5068
北九州：北九州営業所
093-332-8781　☎093-332-8783

［海外営業所及び代理店又は提携先］
ASIA & OCEANIA
| China | Shanghai | 筑港（上海）有限公司 | 86-21-3183-8278(日本語) /86-21-3183-8279(中国語) |
| Vietnam | Ho Chi Minh | Chikko Vietnam Co., Ltd. | 84-76-7240-548(日本語) /84-28-3636-4644（ベトナム語） |

# 中越運送　株式会社
## CHUETSU TRANSPORT CO., LTD.

950-8621 新潟県新潟市中央区美咲町1-23-26
TEL 025-283-3136 FAX: 025-283-4104
*http://www.chuetsu-kokusai.com*

［主な営業種目］貨物自動車運送事業　倉庫業
通関業　航空代理店業　損害保険代理業

[貨物運送取扱事業法上の事業区分(外航海運)]
利用運送事業

[加入団体名] JIFFA JAFA

[国内営業所および代理店名]
新潟：国際事業部
　　　　　　025-283-3136　　📠025-283-4104
　　：東港営業部
　　　　　　025-386-1617　　📠025-386-1678
　　：三条燕営業部
　　　　　　0256-38-1620　　📠0256-38-1607
東京：東京営業部
　　　　　　03-3803-0202　　📠03-3802-5239

[海外営業所及び代理店又は提携先]

ASIA & OCEANIA

| | | | |
|---|---|---|---|
| China | Dalian | JHJ Int'l Transportation Co., Ltd. | 0411-2823288 |
| China | Guangzhou | JHJ Int'l Transportation Co., Ltd. | 020-83388844 |
| China | Guangzhou | 中越運送㈱広州事務所 | 08-3528-5394 |
| China | Ningbo | Ningbo Chain-City Shipping Co., Ltd. | 0574-87506386 |
| China | Qingdao | JHJ Int'l Transportation Co., Ltd. | 0532-5771227 |
| China | Shanghai | Acon Logistics Services Co., Ltd. | 21-6351-9355 |
| China | Shanghai | T.H.I. GROUP LTD., | 21-61339533 |
| China | Shanghai | 中越運送㈱上海事務所 | 21-5351-3778 |
| China | Tianjin | Tianjin Qiming Int'l Freight Agency | 22-27810101 |
| Hongkong | Hongkong | Best Raider Shipping Ltd. | 2-2757-2838 |
| Hongkong | Hongkong | Jet Fast Forwarding Limited | 2-2673 1161 |
| India | New Delhi | OM Trans Logistics Ltd. | 11-4831-6731 |
| Korea | Seoul | K-1 Trans Co., Ltd. | 02-3144-2282 |
| Korea | Seoul | Korea Overseas Trade & Transport Co., Ltd. | 02-778-3011 |
| Korea | Seoul | Naru Int'l Co., Ltd. | 02-775-0671 |
| Malaysia | Penang | SK Global Logistics Sdn Bhd | 604-210 1021 |
| Philippines | manila | Gateway Logistics, Inc. | 2-527-0439 |
| Singapore | Singapore | Aspac Air Cargo Services | 6542-5266 |
| Taiwan | Taipei | Airways Treasurers Limited | 02-25062838 |
| Taiwan | Taipei | Universal Logistics Co., Ltd. | 02-2715-5251 |
| Thailand | Bangkok | MACPRO Express Co., Ltd. | 2-683-8737 |
| Thailand | Bangkok | MMP Logistics Co., Ltd. | 2-683-5418 |
| Vietnam | Ho Chi Minh | KL Express Corp. | 08-8246631 |
| Vietnam | Ho Chi Minh | Melody Logistics Co., Ltd. | 2432003162 |
| Vietnam | Ho Chi Minh | 中越運送㈱ホーチミン事務所 | 08-3528-5394 |

# 中京海運　株式会社
## CHUKYO KAIUN KAISHA, LTD.

460-0008 愛知県名古屋市中区栄1-2-46
　　　TEL 052-201-7776 FAX: 052-201-7933

[主な営業種目] 港湾運送事業　海運貨物取扱業
倉庫業　通関業　NVOCC

[貨物運送取扱事業法上の事業区分(外航海運)]
利用運送事業

[加入団体名] JFFF

[国内営業所および代理店名]
名古屋：国際輸送部
　　　　　　052-201-7774　　📠052-201-7838

[海外営業所及び代理店又は提携先]

NORTH AMERICA

| | | | |
|---|---|---|---|
| Canada | Toronto | Secure Freight Systems Inc. | 905-673-2104 |
| Canada | Vancouver | Secure Freight Systems Inc. | 604-276-2369 |
| USA | Los Angeles | Jetta Cargo Services Inc. | 310-215-3801 |

CENTRAL SOUTH AMERICA

| | | | |
|---|---|---|---|
| Brazil | Sao Paulo | TSL-Logistics Solutions | 55-11-6221-2221 |
| Chile | Santiago | Chiletrans Logistics S.A. | 56-2-235-1330 |
| Mexico | Manzanillo | Exim Broker Transport | 33-3616-3300 |

EUROPE

| | | | |
|---|---|---|---|
| UK | Crawley | Express Forwarders Ltd. | 01293-560906 |

MIDDLE EAST

| | | | |
|---|---|---|---|
| Qatar | Doha | Time World Freight Llc | 974-4621-702 |
| UAE | Dubai | Time World Freight Llc | 971-4-286-8928 |

ASIA & OCEANIA

| | | | |
|---|---|---|---|
| Australia | Brisbane | EDI Int'l Freight Management | 7-3862-4788 |
| Australia | Melbourne | EDI Int'l Freight Management | 3-9347-0579 |
| Australia | Sydney | Consolidation Service (Aust) Pty. Ltd. | 2-9669-3144 |
| Cambodia | Phnom Penh | CFA-Logistics (Cambodia) Co., Ltd. | 855-23-880898 |
| China | Beijing | Trans Bridge Int'l Freight Forwarding Co., Ltd. | 10-6553-7381 |
| China | Dalian | Shanghai Asian Development Int'l Transportation Pu Dong Co., Ltd., Dalian | 411-3963-0422 |
| China | Fuzhou | Shanghai Asian Development Int'l Transportation Pu Dong Co., Ltd., Fuzhou | 591-8787-7791 |
| China | Guangzhou | Air Sea Transport Inc. | 20-8731-3665 |
| China | Ningbo | Shanghai Asian Development Int'l Transportation Pu Dong Co., Ltd., Ningbo | 574-8731-3639 |
| China | Qingdao | Shanghai Asian Development Int'l Transportation Pu Dong Co., Ltd., Qingdao | 532-8872-7155 |
| China | Shanghai | Shanghai Golden Fortune Freight Forwarding Co., Ltd. | 21-5393-0912 |

| | | | |
|---|---|---|---|
| China | Shanghai | SINOTRANS Eastern Co., Ltd. | 21-6375-7105 |
| China | Shenzhen | Mainfreight Logistics (HK) Ltd. | 755-8980-8713 |
| China | Tianjin | Shanghai Asian Development Int'l Transportation Pu Dong Co., Ltd., Tianjin | 22-6050-9900 |
| China | Weihai | Shanghai Asian Development Int'l Transportation Pu Dong Co., Ltd., Weihai | 631-530-4165 |
| China | Xiamen | Shanghai Asian Development Int'l Transportation Pu Dong Co., Ltd., Xiamen | 592-568-2953 |
| China | Yantai | Shanghai Asian Development Int'l Transportation Pu Dong Co., Ltd., Yantai | 535-665-5863 |
| Hongkong | Hongkong | Logitem Hong Kong Co., Ltd. | 852-2527-0511 |
| Hongkong | Hongkong | Mainfreight Logistics (HK) Ltd. | 852-9725-0569 |
| Hongkong | Hongkong | Wider Logistics Ltd. | 852-2754-9507 |
| India | Mumbai | Emerald Shipping Services Pvt Ltd. | 22-5633-6859 |
| Indonesia | Jakarta | PT. Starline Int'l Service | 22-7077-1003 |
| Korea | Seoul | Borg Air Sea Transport Inc. | 2-756-0600 |
| Korea | Seoul | Panstar Enterprise Co., Ltd. | 2-779-4011 |
| Korea | Seoul | PGMC Logistics Co., Ltd. | 2-2608-4032 |
| Korea | Seoul | Sam Young Express Co., Ltd. | 2-710-6710 |
| Malaysia | Penang | Total Logistic Service (M) Sdn. Bhd. | 04-509-9888 |
| Malaysia | Port Kelang | Total Logistic Service (M) Sdn. Bhd. | 3-3323-2525 |
| New Zealand | Auckland | PRO Freight Int'l Ltd. | 9-580-3200 |
| Philippines | Manila | Int'l Consolidator Philippine Inc. | 632-852-2587 |
| Philippines | Manila | Jemara Int'l Freight Services Inc. | 632-527-5481 |
| Singapore | Singapore | Bectrans Int'l (S) Pte. Ltd. | 65-6532-0321 |
| Sri Lanka | Colombo | Mainfreight Colombo Pte. Ltd. | 11-4737556 |
| Taiwan | Taipei | Goget Freight Forwarding Co., Ltd. | 2-2506-7057 |
| Thailand | Bangkok | Logitem (Thailand) Co., Ltd. | 2-260-8293 |
| Thailand | Bangkok | Wice Freight Services (Thailand) Co., Ltd. | 2-681-6181 |
| Vietnam | Ho Chi Minh | ITI Int'l Transport Inc. | 8-825-7623 |

## テ

# DHLグローバルフォワーディングジャパン　株式会社
## DHL GLOBAL FORWARDING JAPAN K.K.

131-0034 東京都墨田区堤通1-19-9
リバーサイド隅田セントラルタワー12階
TEL 03-5247-5551 FAX: 03-5247-5590

*dhl.com*

[主な営業種目] 国際航空貨物取扱業　国際海運貨物取扱業　通関業

[貨物運送取扱事業法上の事業区分(外航海運)]
外国人国際利用運送事業

[加入団体名] JIFFA　JAFA

[国内営業所および代理店名]
東京：東京本社
　　：東京海上貨物　輸出課
　　　　　03-5247-5581 ＦＡＸ03-5247-5560
　　：東京海上貨物　輸入課
　　　　　03-6731-4484 ＦＡＸ03-5247-5563
　　：通関部　東京通関課
　　　　　03-6731-4430 ＦＡＸ03-5247-5563
　　：東京営業部
　　　　　03-5247-5561 ＦＡＸ03-5247-5670
成田：成田カーゴセンター
　　：東京航空貨物　輸出
　　　　　0479-78-6331 ＦＡＸ0479-78-6330
　　：東京航空貨物　輸入
　　　　　0479-78-6311 ＦＡＸ0479-78-6310
　　：キャパシティーマネージメント東京
　　　　　0479-78-6338 ＦＡＸ0479-78-6330
　　：成田通関部　成田輸出通関課/輸入通関課
　　　　　0479-78-6321 ＦＡＸ0479-78-6320
成田空港：成田空港営業所
　　　　　0476-32-8440 ＦＡＸ0476-32-8452
東京：羽田空港営業所
　　　　　03-5757-7441 ＦＡＸ03-5757-7442
北海道：札幌支店
　　　　　0123-25-3155 ＦＡＸ0123-46-2110
名古屋：名古屋支店　海上貨物／名古屋営業部
　　　　　052-222-7461 ＦＡＸ052-222-7460
　　：中部空港営業所　名古屋航空貨物／名古屋通関課
　　　　　0569-38-8480 ＦＡＸ0569-38-8484
大阪：関西空港支店
　　：キャパシティマネージメント大阪
　　　　　072-456-8490 ＦＡＸ072-456-5559
　　：大阪航空貨物・輸入
　　　　　072-456-5552 ＦＡＸ072-456-5559
　　：関西空港通関課
　　　　　072-456-8489 ＦＡＸ072-456-5840
大阪：大阪支店
　　：大阪営業部
　　　　　06-7639-2311 ＦＡＸ06-6228-8221
　　：大阪海上貨物　輸出
　　　　　06-7639-2314 ＦＡＸ06-6228-8222
　　：大阪海上貨物　輸入
　　　　　06-7639-2313 ＦＡＸ06-6228-8222

　　　：大阪航空貨物　輸出
　　　　　06-7639-2312　FAX 06-6228-8221
福岡：福岡支店　航空貨物／海上貨物／福岡営
　　　業部／福岡通関課
　　　　　092-477-0411　FAX 092-477-0420
沖縄：沖縄支店　航空貨物/沖縄営業部
　　　　　098-860-9177　FAX 098-867-7886

## ディージーエックス日本　株式会社
### DGX JAPAN LIMITED.

105-0012 東京都港区芝大門1-6-10
　　　　　芝大門RUビル5階
　　　　　TEL 03-5776-7401 FAX: 03-3432-6340
　　　　　https://www.dgxglobal.com/

［主な営業種目］　国際海運貨物取扱業　NVOCC
国際複合運送業　国際航空貨物取次事業

［貨物運送取扱事業法上の事業区分(外航海運)］
外国人国際第二種貨物利用運送事業

［加入団体名］　JIFFA WCA

［国内営業所および代理店名］
　東京：DGX CFS Terminal
　　　　　03-3790-1241　FAX 03-3790-0803
　横浜：DGX CFS Terminal
　　　　　045-623-1241　FAX 045-623-1259
　神戸：DGX CFS Terminal
　　　　　078-857-1361　FAX 078-857-1365

［海外営業所及び代理店又は提携先］
NORTH AMERICA

| USA | Chicago | DGX/DHX Chicago Office |
| | | 1-630-238-8044 |
| USA | Honolulu | DGX/DHX Honolulu Office |
| | | 1-808-841-7311 |
| USA | Kailua Kona | DGX/DHX Kona Office |
| | | 1-808-327-3489 |
| USA | Los Angeles | DGX/DHX Head Office |
| | | 1-310-669-8888 |
| USA | Maui | DGX/DHX Maui Office |
| | | 1-808-877-2822 |
| USA | New York | DGX/DHX New York CFS |
| | | 1-201-348-6300 |
| USA | Oakland | DGX/DHX Oakland Office |
| | | 1-510-686-2600 |
| USA | Seattle | DGX/DHX Seattle Office |
| | | 1-206-242-2827 |

ASIA & OCEANIA

| Australia | Melbourne | DGX Melbourne Office |
| | | 61-3-8336-1933 |
| China | Shanghai | DGX Shanghai Office |
| | | 86-21-6377-0929 |
| Guam | Guam | DGX/DHX Guam Office 671-649-3333 |
| New Zealand | | |
| | Auckland | DGX NZ Office　64-9-968-4500 |
| Philippines | Cebu | DGX Phillippines Cebu Office |
| | | 63-3-2383-0158 |
| Philippines | Manila | DGX Phillippines Manila Office |
| | | 63-2-7738-3359 |

## ディエスヴィ・エアーシー　株式会社
### DSV AIR & SEA CO., LTD.

135-0032 東京都江東区福住2-5-4
　　　　　IXINAL門前仲町3階
　　　　　TEL 03-4510-3480 FAX: 03-5875-9990
　　　　　http://www.jp.dsv.com

［主な営業種目］　航空運送代理店事業　海上運送
代理店事業

［貨物運送取扱事業法上の事業区分(外航海運)］
利用運送事業

［加入団体名］　JIFFA　IATA

［国内営業所および代理店名］
　東京：本社　　03-4510-3480　FAX 03-5875-9990
　大阪：支店　　06-4560-4911　FAX 06-4390-4333
　関空：営業所
　成田（空港内）：営業所
　名古屋：営業所

［海外営業所及び代理店又は提携先］
海外拠点の連絡先は、ホームページをご覧ください。

## 東京三友シッピング　株式会社
### TOKYO SANYU SHIPPING CO., LTD.

104-0041 東京都中央区新富1-1-5
　　　　　新中央ビル京橋5階
　　　　　TEL 03-3551-6285 FAX: 03-3555-0695
　　　　　http://www.tokyosanyu.co.jp/

［主な営業種目］　港湾運送事業　海運貨物取扱業
貨物自動車運送事業　貨物自動車運送取扱業
倉庫業　海上運送業　船舶代理店業　通関業
NVOCC　国際複合運送業

［貨物運送取扱事業法上の事業区分(外航海運)］
利用運送事業

［加入団体名］　JIFFA

［国内営業所および代理店名］
　横浜：横浜営業所
　　　　　045-621-8451　FAX 045-621-4871
　名古屋：伊勢湾海運㈱
　　　　　052-661-5192　FAX 052-661-6883
　大阪：大阪営業所
　　　　　06-6536-4236　FAX 606-536-4238

［海外営業所及び代理店又は提携先］
NORTH AMERICA

| USA | Atlanta | Embassy Freight Int'l |
| USA | New York | The Delco Group |

CENTRAL SOUTH AMERICA

| Mexico | Querétaro | United Logistics |

EUROPE

| Belgium | | Transmarcom |
| Germany | Cologne | MBS |
| Netherlands | Barendrecht | Berkman Forwarding |
| Spain | Barcelona | iContainers |

| | | |
|---|---|---|
| UK | London | Hemisphere Freight Services Ltd |
| UK | Suffolk | Global Container |

AFRICA

| | | |
|---|---|---|
| South Africa | Johannesburg | Clear Freight |

ASIA & OCEANIA

| | | |
|---|---|---|
| Australia | Melbourne | Freight and More |
| China | Dalian | Shanghai Honesty Shippping Dalian |
| China | Ningbo | United Atlanta Ningbo |
| China | Shanghai | Shanghai Maysun Int'l |
| | | 886-2-2542-9029 |
| China | Shanghai | Shangai Honesty |
| China | Shanghai | Shanghai Rijin Top Express |
| China | Shanghai | Wuxi Syntrans |
| Hongkong | Hongkong | Greatway |
| Korea | Seoul | Exim Express Co., Ltd. |
| Korea | Seoul | Worldex Inc. |
| Malaysia | Selangor | Costrade (Malaysia) |
| Pakistan | Karachi | Dynamics |
| Singapore | Singapore | Intertrans Shipping |
| Taiwan | Kaohsiung | Chieftain Logistics Int'l |
| Taiwan | Taipei | Trans Power Int'l Logistics Corp. |
| Thailand | Bangkok | Full Well Freight (Thailand) |

## 東京貿易運輸　株式会社
## TOKYO TRADE & TRANSPORTATION CO., LTD.

105-0004 東京都港区新橋2-10-5 新橋原ビル5階
TEL 03-5510-9333 FAX: 03-5510-9334

http://www.ttt-jpn.com/

[主な営業種目]　港湾運送事業　通関業

[貨物運送取扱事業法上の事業区分(外航海運)]
利用運送事業

[加入団体名]　JIFFA　JFFF

[国内営業所および代理店名]
東京：大井営業所
03-3790 9785　FAX03-3790-9570
横浜：横浜支店 045-770-6851　FAX045-770-6852
成田：成田営業所
050-8882-7012　FAX0476-32-7283
神戸：神戸営業所
078-221-4593　FAX078-221-7778

## 東ソー物流　株式会社
## TOSOH LOGISTICS CORPORATION

746-0022 山口県周南市野村1-23-15
TEL 0834-63-0077 FAX: 0834-63-0078

https://www.tosoh-logi.co.jp

[主な営業種目]　海上運送事業　陸上運送事業
港湾運送事業　船舶代理店業　通関業　産業廃
棄物収集運搬業　倉庫業 損害保険代理業　生命
保険代理業　NVOCC

[貨物運送取扱事業法上の事業区分(外航海運)]
利用運送事業

[加入団体名]　JIFFA

[国内営業所および代理店名]

東京：東京支社 海運営業部 国際輸送課
03-5446-0879　FAX03-5446-0881

## 東陽倉庫　株式会社
## TOYO LOGISTICS CO., LTD.

455-0032 愛知県名古屋市港区入船1-2-10
TEL 052-652-2117 FAX: 052-653-0862

http://www.toyo-logistics.co.jp

[主な営業種目]　港湾運送事業　海運貨物取扱業
倉庫業　通関業　国際複合輸送業　国際利用航
空運送事業

[貨物運送取扱事業法上の事業区分(外航海運)]
利用運送事業

[加入団体名]　JIFFA　JAFA

[国内営業所および代理店名]
名古屋：国際部 052-652-2117　FAX052-653-0862
：国際部国際輸送課
052-652-2117　FAX052-653-0862
：セントレア営業所
0569-38-8571　FAX0569-38-8573
東京：東京営業部
03-3668-9957　FAX03-3668-9959
大阪：大阪営業所
06-6231-3571　FAX06-6231-7870

[海外営業所及び代理店又は提携先]

NORTH AMERICA

| | |
|---|---|
| USA | Toyo Logistics America, Inc. |
| | 1-310-533-8300 |

ASIA & OCEANIA

| | | |
|---|---|---|
| China | Shanghai | Toyo Logistics (Shanghai) Co., Ltd. |
| | | 86-21-5306-7290 |
| Hongkong | Hongkong | Bravo Int'l Logistics Co., Ltd. |
| | | 852-2615-9282 |
| Korea | Busan | Goldway Logistics Service Co., Ltd. |
| | | 82-51-442-3171 |
| Malaysia | Port kelang | RZA Forwarding SDN BHD |
| | | 603-3176-1688 |
| Singapore | Singapore | Toyo Logistics (S) Pte. Ltd. |
| | | 65-6220-1193 |
| Taiwan | Taipei | Bravo Int'l Logistics Co., Ltd. |
| | | 886-2-25159588 |
| Thailand | Bangkok | Toyo Logistics (Thailand) Co., Ltd. |
| | | 66-2-261-4200 |

## 株式会社　東洋トランス
## TOYO TRANS INCORPORATION

104-0053 東京都中央区晴海1-8-8
晴海トリトンスクエアW棟18階
TEL 03-5560-0201 FAX: 03-5560-0205

http://www.toyotrans.co.jp

[主な営業種目]　外航貨物利用運送事業　国際航
空貨物代理店

[貨物運送取扱事業法上の事業区分(外航海運)]
利用運送事業

［海外営業所及び代理店又は提携先］

NORTH AMERICA

| | | | |
|---|---|---|---|
| Canada | Vancouver | Locher Evers Int'l | 1-604-523-5100 |
| USA | | The Janel Group | |

EUROPE

| | | | |
|---|---|---|---|
| Belgium | Brussel | N.V. Intertrans S.A. | 32-2-751-8941 |
| Finland | Hamina | Toyo Trans Inc., Finland Office c/o | |
| | | DHL Freight (Finland) Oy | |
| | | | 358-5-345-3411 |
| France | Paris | France Cargo Int'l CIE | |
| | | | 33-1-4085-0776 |
| Germany | Hamburg | Seabridge Transport GMBH | |
| | | | 49-40-374933 |
| Kazakhstan | Almaty | Globalink Logistics Group | |
| | | | 7-3272-588880 |
| Netherlands | Amsterdam | Ziegler Netherland BV | 31-20-3162299 |
| Russia | Moscow | Toyo Trans Inc., Rep Office | |
| | | | 7-495-221-7194 |
| Switzerland | Zurich | Lamprecht Transport Ltd. | |
| | | | 41-43-8162512 |
| UK | London | GAC Logistics (UK) Ltd. | |
| | | | 44-1753-671671 |

MIDDLE EAST

| | | | |
|---|---|---|---|
| Iran | Tehran | Pishtaza Int'l Transport Co., Ltd. | |
| | | | 98-21-7760-4242 |

ASIA & OCEANIA

| | | | |
|---|---|---|---|
| Australia | Sydney | First Cargo Int'l Australia Pty Ltd. | |
| | | | 61-2-9666-4888 |
| China | Shanghai | Shanghai CYTS Int'l Transportation | |
| | | Co., Ltd. | 86-21-5307-6666 |
| Indonesia | Jakarta | PT. Samudera Cargo | 62-21-691-9901 |
| Kazakhstan | Almaty | TOYO TRANS CENTRAL ASIA LLP | |
| | | | 03-5560-0201 |
| Malaysia | Kuala Lumpur | Ben Air Freight Malaysia | |
| | | | 603-7464150 |
| New Zealand | | | |
| | Auckland | First Cargo Int'l Ltd. | 64-9-377-7995 |
| Taiwan | Taipei | Transmatic Express Ltd. | |
| | | | 886-2-2654-8088 |
| Thailand | Bangkok | Sritai Toyo Logistics Co., Ltd. | |
| | | | 662-901-3849 |

# 東洋埠頭　株式会社
## TOYO WHARF & WAREHOUSE CO., LTD.

104-0053 東京都中央区晴海1-8-8
　　　　晴海トリトンスクエアW棟19階
　　　　　TEL 03-5560-2704 FAX: 03-5560-2715
　　　　　　http://www.toyofuto.co.jp

［主な営業種目］　港湾運送業　倉庫業　自動車運
送業　通関業　埠頭業　一般貨物荷役業　国際
物流業　損害保険代理店

［貨物運送取扱事業法上の事業区分(外航海運)］
第二種貨物利用運送事業

［加入団体名］　JIFFA　日本港運協会　日本ロジ
スティクス協会　日本倉庫協会　日本冷凍倉庫
協会　日本物流団体連合会　等
［国内営業所および代理店名］

| | |
|---|---|
| 東京：東京支店 03-3531-7125 | ℻03-3533-1480 |
| ：㈱東洋トランス | |
| 　　　　　03-5560-0201 | ℻03-5560-0205 |
| 川崎：川崎支店 044-355-5661 | ℻044-366-0166 |
| ：東扇島支店 | |
| 　　　　　044-266-4877 | ℻044-266-4878 |
| 茨城：鹿島支店 0479-46-1521 | ℻0479-46-1048 |
| 大阪：大阪支店 06-6462-1661 | ℻06-6466-4410 |
| 福岡：博多支店 092-281-3464 | ℻092-281-3468 |
| 鹿児島：志布志支店 | |
| 　　　　　099-473-2310 | ℻099-472-2237 |

［海外営業所及び代理店又は提携先］

EUROPE

| | | | |
|---|---|---|---|
| Russia | Moscow | OOO TB TOYO TRANS | 7(495)651-9231 |
| Russia | Moscow | OOO TOYO TRANS | 7(495)651-9231 |

ASIA & OCEANIA

| | | | |
|---|---|---|---|
| China | Shanghai | 上海青旅東洋物流㈲ | |
| | | | 86-21-5866-5899 |
| Thailand | Pathumthani | スリタイ東洋ロジスティクス㈱ | |
| | | | 662-901-3849 |

# TRUTH LOGISTICS　株式会社
## TRUTH LOGISTICS CORPORATION

140-0013 東京都品川区南大井3-27-14
　　　　TRUTH BLDG.
　　　　　TEL 03-5764-1421 FAX: 03-5764-1428
　　　　　　http://www.truth-logistics.co.jp

［主な営業種目］　国際複合一貫輸送　通関代理業
務　海上保険取次

# トクヤマ海陸運送　株式会社
## TOKUYAMA KAIRIKU UNSO K.K.

745-0025 山口県周南市築港町2-18
　　　　　TEL 0834-31-3610 FAX: 0834-21-9275
　　　　　　http://www.tokuyama-kairikuls2021.com

［主な営業種目］　港湾運送事業　貨物自動車運送
事業　内航海運業　船舶代理店業　通関業　倉
庫業

# 株式会社　富島
## TOMIJIMA CO., LTD.

236-0003 神奈川県横浜市金沢区幸浦1-2-20
　　　　　TEL 045-778-4741 FAX: 045-772-2229
　　　　　　http://www.tomijima-unyu.com

［主な営業種目］　港湾運送事業　海運貨物取扱業
通関業　倉庫業　貨物自動車運輸業　貨物自動
車運送取扱業　航空運送取扱業　梱包業　木箱
製造業　貨物運送取扱業

［貨物運送取扱事業法上の事業区分(外航海運)］
利用運送事業

［加入団体名］　JIFFA　JFFF　東日本梱包工業
組合

[国内営業所および代理店名]
横浜：営業統括本部
045-226-5201　FAX045-226-5207
　　：横浜物流センター
045-771-3201　FAX045-770-0799
沼津：沼津営業所
055-924-0808　FAX055-924-0901

## トランスグローバル・ロジスティックス・ジャパン　株式会社
## TRANS GLOBAL LOGISTICS (JAPAN) LTD.

103-0014 東京都中央区日本橋蛎殻町1-29-6
水天宮前東急ビル6階
TEL 03-5643-5001 FAX: 03-5641-9501
*http://www.TGLOGISTICS.JP*

[主な営業種目] 海上貨物輸送代理業務　航空貨物輸送代理業務　通関代理業務　貨物運送取扱業

[貨物運送取扱事業法上の事業区分(外航海運)]
第一種貨物利用運送事業

[加入団体名]　JIFFA

[海外営業所及び代理店又は提携先]

### NORTH AMERICA

| USA | Atlanta | Mallory Alexander Int'l Logistics 1-678-284-5000 |
| USA | Charlotte | Mallory Alexander Int'l Logistics 1-704-357-3333 |
| USA | Chicago | Mallory Alexander Int'l Logistics 1-312-4353870 |
| USA | Dallas | Mallory Alexander Int'l Logistics 1-972-522-4740 |
| USA | Detroit | Mallory Alexander Int'l Logistics 1-734-782-4401 |
| USA | Little Rock | Mallory Alexander Int'l Logistics 1-501-372-7888 |
| USA | Los Angeles | Mallory Alexander Int'l Logistics 1-310-680-9115 |
| USA | Memphis | Mallory Alexander Int'l Logistics 1-901-367-9400 |
| USA | Minneapolis | Mallory Alexander Int'l Logistics 1-651-454-5700 |
| USA | New Orleans | Mallory Alexander Int'l Logistics 1-504-837-4703 |

### CENTRAL SOUTH AMERICA

| Argentina | Buenos Aires | Locksley S.R.L. (54) 11 5031 0033 |
| Bolivia | La Paz | TULOG S.R.L. Int'l Freight Forwarders (591-2) 2798 510 |
| Brazil | Sao Paulo | Shiplog Brasil Agenciamento Cargase Logistica Ltda (55) 19 3252 5399 |
| Chile | Santiago | Coexco Chile S.A. (56) 2 469 3000 |
| Colombia | Bogota | Aviatur Group Logistics Cargo (57-1) 422 1000 |
| Dominican Republic | Santo Domingo | GLOTRANS +809 3781027 |
| Ecuador | Guayaquil | All Trans Cargo, Corp.1 786 399 8580 |
| El Salvador | Santa Tecla | Servicargo Express +503 2218 8700 |
| Guatemala | Guatemala | Grupo Interlogix +502 2210 9000 |
| Honduras | San Pedro | ENLACE +504 2544 0150 |

| Mexico | Mexico City | Tiba Mexico, S.A. DE C.V. (52) 55 4777 8800 |
| Nicaragua | Managua | ASAS 21 +505 88878760 |
| Panama | Colon | Navigators Panama +507 4746130 |
| Paraguay | Asuncion | Fusion World Logistic +595 21 444 375 |
| Peru | Lima | Gamarra Group Operador Logistico +51 993566582 |
| Venezuela | La Guaira | Transportes TripleFreight, C.A. (58) 212 3311977 |

### EUROPE

| France | Paris | VELOGIC (33) 1 49 19 51 80 |
| Germany | Bremen | KARL GROSS Internationale Spedition GmbH (49)421 1762 136 |
| Italy | Milano | Fischer & Rechsteiner Company SPA (39) 0341 1911 1 |
| Netherlands | Rotterdam | M-STAR Freight Services B.V. 31 10 4233911 |
| Poland | Gdynia | Independent Logistics +48728917851 |
| Portugal | Lisbon | TIBA Portugal +351 211 208 430 |
| Spain | Barcelona | TIBA INTERNACIONAL S.A. 34 963 984 111 |
| UK | London | Maurice Ward & Co. (UK) Ltd. (44)1784 465681 |

### AFRICA

| Egypt | Cairo | Safety Sky Int'l Freight Forwarders (202)22686977-88 |
| Kenya | Mombasa | Expolanka Freight (Pvt) Ltd. 254-41-2319148 |
| Morocco | Casablanca | Janismar (212)522 44 62 44 |
| Mozambique | Maputo | Necotrans Mozambique Lta. 258-20030388 |
| Nigeria | Lagos | HBX Nigeria (234) 802 335 5047 |
| South Africa | Johannesburg | Expolanka Freight (Pty) Ltd 27-11 974 0090 |

### MIDDLE EAST

| Lebanon | Beirut | Sigma Speedy Services SARL 961 1 262625 |
| Pakistan | Lahore | Vision Logistics +92 42 35851475 |
| Turkey | Istanbul | TLS Global Lojistik A. 90 216 311 80 95 |
| UAE | Dubai | Blue Bell Shipping (LLC.) 971 4 2834818 |

### ASIA & OCEANIA

| Australia | Brisbane | Clarke Global Logistics |
| China | Ningbo | Easy-Way Logistics (China) Ltd. (86)574 8764 2108 |
| China | Shanghai | Easy-Way Logistics (China) Ltd. (86)21 66051362 |
| China | Shenzhen | Easy-Way Logistics (China) Ltd. (86)755 8287 4755 |
| China | Xiamen | Easy-Way Logistics (China) Ltd. (86)592 565 5766 |
| Fiji | Suva | Gibson Freight Int'l Fiji Ltd. (679)6720 333 |
| Hongkong | Hongkong | Easy-Way Logistics (HK) Ltd. (852)3705 5070 |
| Korea | Seoul | WorldRun Corporation Ltd. (82)2 734 8820 |
| Malaysia | Selangor | CMR GLOBAL (M) SDN BHD +603 5121 7669 |
| Nepal | Kathumandu | Smooth Cargo Movers Pvt. Ltd. |

New Zealand
| | Auckland | Clarke Global Logistics |
Philippines | Manila | Airtropolis Consolidator Phils. Inc.
| | | (632)852 7938 |
Singapore | Singapore | Airtropolis Express (S) Pte Ltd
| | | (65)9788 0713 |
Taiwan | Taipei | Easy-Way Logistics (Taiwan) Ltd.
| | | (886)2 2547 2668 |
Thailand | Bangkok | Cargo Focus Int'l Co., Ltd.
| | | (662)171 7877 |

## 株式会社　トランスコンテナ
## TRANSCONTAINER LIMITED

140-0002 東京都品川区東品川4-10-27
　　　　　住友不動産品川ビル14階
　　　　　TEL 03-3472-4111 FAX: 03-3472-4113
　　　　　*http://www.tcl.jp*

[主な営業種目]　国際一貫輸送事業　国際海上混載サービス事業

[貨物運送取扱事業法上の事業区分(外航海運)]
利用運送事業

[加入団体名]　JIFFA

[国内営業所および代理店名]
　東京：東京本社
　　　：総務グループ
　　　　　　　03-3472-4111　　FAX03-3472-4113
　　　：経理グループ
　　　　　　　03-3472-4112　　FAX03-3472-4113
　　　：混載グループ／輸出シップメント&輸出
　　　　混載チーム
　　　　　　　03-3472-4114　　FAX03-3472-4115
　　　：混載グループ／輸入オペレーションチーム　03-3472-4116　　FAX03-3472-4117
　　　：混載グループ／企画チーム
　　　　　　　03-3472-4118　　FAX03-3472-4115
　　　：東京営業グループ／第1・2チーム　CS業務チーム 03-3472-4120　　FAX03-3472-4121
　　　：発行カウンター
　　　　　　　03-3472-4122　　FAX03-3472-4123
　　　：事業統括グループ／統括チーム・法務保険チーム 03-3472-4124　　FAX03-3472-4125
　横浜：横浜事務所（営業第5課）B/L, D/O発行
　　　　　　　045-671-5921　　FAX045-671-5965
　　　：　　　営業
　　　　　　　045-651-0855　　FAX045-651-0854
　　　：　　　CS課
　　　　　　　03-3472-4120　　FAX03-3472-4121
　　　：　　　ブッキング
　　　　　　　03-3472-4120　　FAX03-3472-4121
　名古屋：名古屋支店
　　　　　　　052-950-3181　　FAX052-950-3190
　大阪：大阪支店　営業グループ
　　　　　　　06-6252-1026　　FAX06-6243-9269
　　　：　　　CSチーム（欧州）
　　　　　　　06-6252-1052　　FAX06-6243-9269
　　　：　　　CSチーム（アジア）
　　　　　　　06-6252-1732　　FAX06-6243-9269
　　　：　　　CSチーム（北米・オセアニア）

06-6252-1015　　FAX06-6243-9269

[海外営業所及び代理店又は提携先]
NORTH AMERICA
USA | Atlanta | Transcontainer (U.S.A.) Inc.
| | | 1-404-775-0468 |
USA | Chicago | Transcontainer (U.S.A.) Inc.
| | | 1-630-735-8280 |
USA | Los Angeles | Transcontainer (U.S.A.) Inc.
| | | 1-310-782-1842 |
USA | New Jersey | Transcontainer (U.S.A.) Inc
| | | . |
| | | 1-201-617-5000 |

EUROPE
Germany | Hamburg | Transcontainer Ltd., Hamburg Branch
| | | 49-40-822-272-301 |

ASIA & OCEANIA
Indonesia | Jakarta | PT. Sinar Baru Logistik., Rep. Office
| | | 62-21-83793435 |
Philippines | Manila | Transcontainer (TCL) Philippines Inc.
| | | 63-2-527-7060 |
Singapore | Singapore | Transcontainer Ltd., Singapore
| | | Branch　　　65-6220-8001 |
Thailand | Bangkok | Transcontainer Logistics (Thailand)
| | | Co., Ltd.　　66-2714-3080 |
Thailand | Laem Chabang | Transcontainer Logisticxs (Thailand)
| | | Co., Ltd., Laem Chabang Branch
| | | 66-38-330224 |
Vietnam | Hanoi | AT ASIA Co., Ltd.　84-4-3941-3868 |
Vietnam | Ho Chi Minh | AT ASIA Co., Ltd., Ho Chi Minh Branch
| | | 84-8-3997-9696 |

## トランス太平洋　株式会社
## TRANS-TAIHEIYO CORPORATION

140-0013 東京都品川区南大井6-16-4
　　　　　戸浪大森ビル
　　　　　TEL 03-6404-3747 FAX: 03-6404-3803
　　　　　*http://www.trans-taiheiyo.co.jp*

[主な営業種目]　倉庫業　海上運送業　通関業
NVOCC　国際複合運送業

[貨物運送取扱事業法上の事業区分(外航海運)]
利用運送事業

[加入団体名]　JIFFA

## トレーディア　株式会社
## TRADIA CORPORATION

650-0024 兵庫県神戸市中央区海岸通1-2-22
　　　　　TEL 078-391-7170 FAX: 078-391-7178
　　　　　*http://www.tradia.co.jp*

[主な営業種目]　港湾運送業　貨物運送取扱業
通関業　運送代理店　倉庫業　損害保険代理業

[貨物運送取扱事業法上の事業区分(外航海運)]
利用運送事業

[加入団体名]　JIFFA

[国内営業所および代理店名]
　東京：京浜支店

03-6328-2181 ℻03-6328-2191
名古屋：名古屋支店
052-653-5116 ℻052-653-5105
大阪：大阪支社 06-6344-3096 ℻06-6344-3055
神戸：神戸支店 078-391-7176 ℻078-391-7622

［海外営業所及び代理店又は提携先］

ASIA & OCEANIA

| China | Shanghai | JC-OMTrax Int'l Logistics (Shanghai) Co., Ltd. 021-6148-6813 |
| China | Shenzhen | Sea Union Int'l Logistics (Shenzhen) Co., Ltd. 0755-8261-7218 |
| Hongkong | Hongkong | Sea Union Int'l Logistics (H.K.) Co., Ltd. 852-3423-0601 |
| India | New Delhi | OM Trax Packaging Solutions Ltd. 91-11-4831-6700 |
| India | New Delhi | Omtrans Logistics Ltd. 91-11-4831-6700 |
| Thailand | Bangkok | Handle Inter Consolidation Co., Ltd. 66-2393-3400 |
| Vietnam | Hanoi | TRALINKS CO., LTD 84-24-6650-5011 |
| Vietnam | Ho Chi Minh | TRALINKS CO., LTD 84-28-7307-0678 |

---

## ナ

# 内外トランスライン　株式会社
## NAIGAI TRANS LINE LTD.

541-0051 大阪府大阪市中央区備後町2-6-8
サンライズビル5階
TEL 06-6260-4701 FAX: 06-6260-4717
http://www.ntl-naigai.co.jp

［主な営業種目］ NVOCC

［貨物運送取扱事業法上の事業区分(外航海運)］
貨物利用運送事業（外航海運・国際航空・鉄
道・内航海運）海空陸複合一貫輸送　陸上運送
取次業　海運代理店業　通関業　損害保険代理
店業

［加入団体名］ FIATA　IATA　JIFFA　JETRO 東
京通関業会　横浜通関業会　大阪商工会議所
東京商工会議所　神戸商工会議所　名古屋商工
会議所　横浜商工会議所　福岡商業会議所　北
九州商工会議所

［国内営業所および代理店名］
東京：東京支店 03-3276-5941 ℻03-3276-5942
横浜：横浜支店 045-226-2051 ℻045-226-2052
名古屋：名古屋支店
052-232-7730 ℻052-232-7731
神戸：神戸支店 078-222-1071 ℻078-222-1072
博多：福岡営業所
092-436-4480 ℻092-436-4481

［海外営業所及び代理店又は提携先］

NORTH AMERICA

| Canada | Montreal | Gillship Navigation Inc. 1-514-871-1033 |
| Canada | Toronto | Gillship Navigation Inc. 1-905-362-5500 |
| Canada | Vancouver | Gillship Navigation Inc. 1-604-637-1043 |
| USA | Los Angeles | NTL Naigai Trans Line (USA) Inc. 1-310-436-8700 |

CENTRAL SOUTH AMERICA

| Brazil | Sao Paulo | ASIA SHIPPING TRANSPORTES INT'L LTD., BRAZIL(SAO PAULO) 55-11-2179-1799 |
| Mexico | Manzanillo | IFS NEUTRAL MARITIME SERVICES DE MEXICO SA DE CV 52-314-333-6415 |

EUROPE

| France | Le Havre | Concepts In Freight, INC 33-2-32-92-7023 |
| Germany | Hamburg | SACO Shipping GmbH 49-40-311706-0 |
| Italy | Milano | Central Shipping Agency SPA 39-02-334111 |
| Netherlands | Rotterdam | SSC Consolidation BV 31-10-263-0033 |
| Spain | Barcelona | I. F. S. Int'l Forwarding S. L. 34-93-262-5500 |
| UK | Greenhithe | Trans Global Freight Management Ltd. 44-1932-778100 |

MIDDLE EAST

| UAE | Dubai | FREIGHT SYSTEMS DWC-LLC 971-4-881-5154 |

ASIA & OCEANIA

| Australia | Brisbane | Vanguard Logistics Services (Aust) Pty Ltd 61-7-3909-7600 |
| Australia | Melbourne | Vanguard Logistics Services (Aust) Pty Ltd 61-3-8318-5400 |
| Australia | Sydney | Vanguard Logistics Services (Aust) Pty Ltd 61-2-9694-9900 |
| Bangladesh | Chattogram | Team Global Logistics BD (PVT) LTD. 880-2333-31-2141 |
| China | Dalian | Shanghai NTL-Logistics Limited., Dalain Branch 86-411-8253-0150 |
| China | Guangzhou | NTL-Logistics (SHENZHEN) Limited., Guangzhou Branch 86-20-3880-7877 |
| China | Qingdao | Shanghai NTL-Logistics Limited., Qingdao Branch 86-532-5566-1860 |
| China | Shanghai | Shanghai NTL-Logistics Limited. 86-21-5385-5100 |
| China | Shenzhen | NTL-Logistics (SHENZHEN) Limited 86-755-2296-6976 |
| China | Xiamen | ALL FREIGHT(XIAMEN)LIMITED 86-592-2652698 |
| China | Xingang | Shanghai NTL-Logistics Limited., Tianjin Branch 86-22-8319-2010 |
| Hongkong | Hongkong | NTL-Logistics (HK) Limited 852-3669-5000 |
| India | Bangalore | NTL Logistics (INDIA) Private Limited., Bangalore Branch 91-80-4125-6968 |
| India | Chennai | NTL Logistics (INDIA) Private Limited., Chennai Branch 91-44-4211-9636 |
| India | Mumbai | NTL Logistics (INDIA) Private Limited., Mumbai Branch 91-22-4236-7203 |
| India | New Delhi | NTL Logistics (INDIA) Private Limited 91-11-4665-6500 |
| India | Salam | NTL Logistics (INDIA) Private Limited., Salam Werehouse 91-42-7291-1008 |
| Indonesia | Jakarta | PT. NTL Naigai Trans Line Indonesia 62-21-3983-3152 |

| | | | |
|---|---|---|---|
| Indonesia | Surabaya | PT. Mekar Cargo | 62-31-3578833 |
| Korea | Busan | NAIGAI BUSAN LOGISTICS CENTER CO., LTD. | 82-55-540-7302 |
| Korea | Busan | NAIGAI BUSAN LOGISTICS CENTER CO., LTD., Ungdong Branch | 82-55-600-1330 |
| Korea | Busan | NAIGAI-EUNSAN LOGISTICS CO., LTD. | 82-55-606-8100 |
| Korea | Busan | NTL Naigai Trans Line (Korea) Co., Ltd., Busan Office | 82-51-442-0043 |
| Korea | Seoul | NTL Naigai Trans Line (Korea) Co., Ltd. | 82-2-319-4050 |
| Malaysia | Johor | FM Global Logistics (M) Sdn. Bhd., Johor Branch | 607-350-0959 |
| Malaysia | Penang | FM Global Logistics (Penang Branch) | 604-331-4358 |
| Malaysia | Port Kelang | FM Global Logistics (M) Sdn. Bhd. | 603-3176-1111 |
| Myanmar | Yangon | NTL NAIGAI TRANS LINE (MYANMAR) CO., LTD. | 951-202-093 |
| Philippines | Manila | Acestar Int'l Service Corp. | 63-2-8526-2888 |
| Singapore | Singapore | NTL Naigai Trans Line (S) Pte. Ltd. | 65-6324-5878 |
| Sri Lanka | Colombo | AITKEN Spence Cargo (Pvt) Ltd. | 94-11-230-8308 |
| Taiwan | Kaohsiung | PANDA LOGISTICS CO., LTD./Kaohsiung | 886-7-3394131 |
| Taiwan | Taichung | PANDA LOGISTICS CO., LTD./Taichung | 886-4-2292-5288 |
| Taiwan | Taipei | PANDA LOGISTICS CO., LTD. | 886-2-2772-0999 |
| Thailand | Bangkok | NTL Naigai Trans Line (Thailand) Co., Ltd. | 662-066-7700 |
| Thailand | Laem Chabang | NTL Naigai Trans Line (Thailand) Co., Ltd., Laem Chabang Branch | 66-3-367-4306 |
| Vietnam | Haiphong | KHAI MINH GLOBAL CO., LTD. | 84-4-3941-1989 |
| Vietnam | Ho Chi Minh | KHAI MINH GLOBAL CO., LTD., Ho Chi Minh Branch | 84-28-3620-6049 |

［海外営業所及び代理店又は提携先］

**NORTH AMERICA**

| | | | |
|---|---|---|---|
| USA | Chicago | Naigai Nitto America Inc., Chicago Head Office | 1-847-725-0444 |
| USA | Los Angeles | Naigai Nitto America Inc., L.A. Branch Office | 1-562-777-7610 |

**EUROPE**

| | | | |
|---|---|---|---|
| UK | Birmingham | Naigai Nitto Logistics (Europe) Ltd. | 44-121-356-4777 |

**ASIA & OCEANIA**

| | | | |
|---|---|---|---|
| China | Guangzhou | Shanghai Naigai Nitto Int'l Forwarding Co., Ltd., Guangzhou Branch Office | 86-20-3884-6416 |
| China | Shanghai | Shanghai Naigai Nitto Int'l Forwarding Co., Ltd., Shanghai Head Office | 86-21-6507-5430 |
| China | Shanghai | Naigai Nitto Logistics (Shanghai) Co., Ltd. | 86-21-8630-6716 |
| Hongkong | Hongkong | Naigai Nitto Logistics (H.K.) Ltd., Head Office | 852-2366-2626 |
| Indonesia | Jakarta | P.T. Sinactrans Adhi Sakti | 62-21-4585-1455 |
| Malaysia | Johor Bahru | Naigai Nitto Agency Sdn. Bhd., Jphpr Bahru Head Office | 60-7-241-4211 |
| Malaysia | Nilai | Alps Naigai Logistics (Malaysia) Sdn. Bhd., Nilai Head Office | 60-6-799-5059 |
| Malaysia | Port Kelang | Alps Naigai Logistics (Malaysia) Sdn. Bhd.,Port Kelang Branch Office | 60-3-3323-4700 |
| Malaysia | Tanjung Pelepas | Naigai Nitto Agency Sdn. Bhd., PTP Branch Office | 60-7-507-3914 |
| Nepal | Kathmandu | Naigai Nitto Co., Ltd., Nepal Liaison Office | 977-1-422-4447 |
| Singapore | Singapore | Naigai Nitto Singapore Pte. Ltd. | 65-6566-1800 |
| Thailand | Bangkok | Naigai Nitto Logistics (Thailand) Ltd. | 66-2-338-7488 |
| Vietnam | Hanoi | Naigai Nitto Logistics Vietnam Co., Ltd. Hanoi Head Office | 84-4-6270-0030 |
| Vietnam | Ho Chi Minh | Naigai Nitto Logistics Vietnam Co., Ltd. Ho Chi Minh City Branch | 84-8-7300-8762 |

# 内外日東　株式会社
## NAIGAI NITTO CO., LTD.

140-0002 東京都品川区東品川1-38-8
TEL 03-5460-9700 FAX: 03-5460-9745
*http://www.nnt.co.jp*

［主な営業種目］港湾運送事業　海運貨物取扱業
通関業　NVOCC　国際複合運送業　航空貨物取
扱業（IATA代理店業務）

［貨物運送取扱事業法上の事業区分(外航海運)］
利用運送事業

［加入団体名］JIFFA　FIATA　JAFA

［国内営業所および代理店名］
東京：本社　国際事業本部　第2事業部　CS課
03-5460-9715　FAX 03-5460-9744
：　　　　　　第1事業部　営業課
03-5460-9719　FAX 03-5460-9741

# 内外フォワーディング　株式会社
## NAIGAI FORWARDING CO., LTD.

650-0041 兵庫県神戸市中央区新港町6-1
三菱新港ビル
TEL 078-392-5700 FAX: 078-392-5843
*http://naigai-fwd.co.jp*

［主な営業種目］港湾運送事業　海運貨物取扱業
倉庫業　海上運送業　通関業

［貨物運送取扱事業法上の事業区分(外航海運)］
利用運送事業

［加入団体名］JIFFA　JFFF

［国内営業所および代理店名］

東京：東京営業所
03-5875-0255　℻03-5875-0268

# NAX JAPAN　株式会社
## NAX JAPAN CO., LTD.

104-0061 東京都中央区銀座5-13-3
いちかわビル4階
TEL 03-3451-3480 FAX: 03-3451-3481
http://www.naxjapan.com/

[主な営業種目] 国際航空貨物輸送代理業　国内
航空貨物輸送代理業　通関業　貨物自動車運送
取扱業　倉庫業　外航利用運送業　海上運送取
扱業

[貨物運送取扱事業法上の事業区分(外航海運)]
利用運送事業

[加入団体名] JIFFA　JAFA

[国内営業所および代理店名]
成田空港：成田営業所
0476-33-5552　℻0476-29-5068
大阪：大阪営業所
06-6448-1370　℻06-6448-1372
羽田空港：羽田営業所
03-5757-7380　℻03-5757-7381
東京：東銀座営業所
03-3541-3291　℻03-3541-3292
：平和島営業所
03-6404-6977　℻03-5767-5103

[海外営業所及び代理店又は提携先]
NORTH AMERICA
USA　　　　Los Angeles　NAX USA Logistics　1-310-258-8580
USA　　　　New York　　NAX USA Logistics　1-718-656-0055
CENTRAL SOUTH AMERICA
Mexico　　Mexico City　NAX CARGO GROUP S.A. DE C.V.
55-5010-3100

ASIA & OCEANIA
China　　　Qingdao　　　NAX (CHINA) Ltd.　86-532-8571-1339
China　　　Shanghai　　NAX (CHINA) Ltd.　86-21-6324-8261
China　　　Weihai　　　NAX (CHINA) Ltd.　86-631-7555601
Hongkong　Hongkong　NAX (HONG KONG) Ltd.
852-2333-5388
Thailand　Bangkok　　NAX ASIA (THAILAND) CO., LTD.
66-2-612-7370

# 株式会社　南海エクスプレス
## NANKAI EXPRESS CO., LTD.

556-0011 大阪府大阪市浪速区難波中1-10-4
南海SK難波ビル12階
TEL 06-6632-6531 FAX: 06-6632-6535
http://www.nankai-express.co.jp

[主な営業種目] 通関業　航空貨物代理店業　貨
物運送取扱事業　一般貨物自動車運送事業　海
上貨物運送取扱事業

[貨物運送取扱事業法上の事業区分(外航海運)]
利用運送事業

[加入団体名] JIFFA　JAFA

[国内営業所および代理店名]
東京：東京営業所
03-5781-8900　℻03-5781-8908
成田：成田営業所
0476-33-5551　℻0476-33-5554
東京：葛西ロジスティクスセンター
03-5659-0653　℻03-5659-0663
名古屋：名古屋営業所
0569-38-1677　℻0569-38-7365
堺：堺営業所　072-225-0762　℻072-225-0761
：堺ロジスティクスセンター
072-225-0760　℻072-225-0763
大阪：関西空港事務所
072-479-3109　℻072-455-4844
：りんくう営業所
072-462-6581　℻072-462-6582
：りんくうロジスティクスセンター
072-458-3181　℻072-458-3183
福岡：福岡営業所
092-474-1821　℻092-474-1823
沖縄：沖縄営業所
098-857-2857　℻098-857-2853

[海外営業所及び代理店又は提携先]
NORTH AMERICA
USA　　Atlanta　　Nankai Transport Int'l (USA) Inc.
404-608-1041
USA　　Chicago　　Nankai Transport Int'l (USA) Inc.
847-427-0370
USA　　Los Angeles　Nankai Transport Int'l (USA) Inc.
310-630-0536
USA　　New York　Nankai Transport Int'l (USA) Inc.
718-917-8804
EUROPE
Germany　　Frankfurt　NTI GmbH　　6105-3053757
Netherlands　Amsterdam　駐在員事務所　88-622-0496
UK　　　　London　　Nankai Express Co., Ltd. London
Branch　　　20-3793-0766
ASIA & OCEANIA
China　　Guangzhou　Nankai Transport Int'l (CAN) Co., Ltd.
20-3923-2293
China　　Qingdao　　Nankai Transport Int'l (SHA) Co., Ltd.
532-8575-8802
China　　Shanghai　　Nankai Transport Int'l (SHA) Co., Ltd.
21-6241-0077
China　　Shenzhen　Nankai Transport Int'l (CAN) Co., Ltd.
755-2679-8383
China　　Tianjin　　Nankai Transport Int'l (SHA) Co., Ltd.
22-2330-0968
Hongkong　Hongkong　Nankai Transport Int'l (HK) Co., Ltd.
2303-1151
Indonesia　Jakarta　　PT. Nankai AGL　21-2902-2377
Malaysia　Kuala Lumpur　Nankai Transport (M) Sdn. Bhd.
3-5524-5138
Myanmar　Yangon　　Nankai AGL Myanmar Co., Ltd.
9-455005059
Singapore　Singapore　Nankai Transport Int'l (S) Pte. Ltd.
6543-3240
Thailand　Bangkok　　Nankai Express (Thailand) Co., Ltd.
2-295-2908
Vietnam　Ho Chi Minh　Nankai AGL Vietnam Co., Ltd.

フォワーダー

ナ

28-3848-9410

# 南海通運　株式会社
## NANKAI TSU-UN CORPORATION

595-0075 大阪府泉大津市臨海町1-23
TEL 0725-32-3241 FAX: 0725-33-4502
*http://www.nantsu.jp/*

[主な営業種目]　通関業　国際輸送業　保税倉庫業　運送業　輸入業

[貨物運送取扱事業法上の事業区分(外航海運)]
　一般区域貨物運送

[加入団体名]　大阪府トラック協会　JIFFA

[国内営業所および代理店名]
　東京：東京営業所
　　　　　03-6862-7058　📠03-6862-7059

# 西日本鉄道　株式会社
## NISHI-NIPPON RAILROAD CO., LTD.

105-0014 東京都中央区日本橋3-2-5
毎日日本橋ビル4階
TEL 03-4332-5060 FAX: 03-4332-5061
*http://www.nnr.co.jp/global_logistics/*

[主な営業種目]　海運貨物取扱業　貨物自動車利用運送事業　通関業　国際利用航空運送事業　国際複合運送業

[貨物運送取扱事業法上の事業区分(外航海運)]
　利用運送事業

[加入団体名]　JIFFA　JAFA

[国内営業所および代理店名]
　東京：海運企画販売課
　　　　　03-6731-7724　📠03-6731-7353
　　　：東日本海運企画販売係
　　　　　03-6731-7724　📠03-6731-7350
　大阪：西日本海運企画販売係
　　　　　06-7730-1090　📠06-7730-1089
　東京：東日本海運統括営業所
　　　　　03-6731-7721　📠03-6731-7351
　　　：東京海運輸出営業所
　　　　　03-6731-7721　📠03-6731-7351
　　　：東京海運輸入営業所
　　　　　03-6731-7722　📠03-6731-7352
　横浜：横浜海運営業所
　　　　　045-323-1933　📠045-323-1935
　大阪：西日本海運統括営業所
　　　　　06-7730-1075　📠06-7730-1088
　　　：大阪海運輸出営業所
　　　　　06-7730-1075　📠06-7730-1088
　　　：大阪海運輸入営業所
　　　　　06-7730-1080　📠06-7730-1088
　福岡：九州海運営業所
　　　　　092-235-1651　📠092-235-1652

[海外営業所及び代理店又は提携先]

**NORTH AMERICA**
| | | | |
|---|---|---|---|
| USA | Chicago | NNR GLOBAL LOGISTICS USA Inc. | |
| | | 1-847-952-1289 | |

**CENTRAL SOUTH AMERICA**
| | | |
|---|---|---|
| Mexico | Mexico City | NNR GLOBAL LOGISTICS MEXICO S.A. DE C.V.　52-55-5531-0800 |

**EUROPE**
Czech Republic
| | | |
|---|---|---|
| | Prague | NNR GLOBAL LOGISTICS UK LIMITED 420-29677-1240 |
| France | Paris | NNR GLOBAL LOGISTICS FRANCE SAS 33-1-3018-2424 |
| Germany | Frankfurt | NNR Global Logistics Germany GmbH 49-69-951185-0 |
| Hungary | Budapest | NNR Global Logistics Hungary kft 36-26-300-412 |
| Netherlands | Amsterdam | NNR Global Logistics Netherlands B.V. 31-20-348-0070 |
| Poland | Wroclaw | NNR GLOBAL LOGISTICS UK LIMITED 48-71334-3690 |
| UK | London | NNR GLOBAL LOGISTICS UK LIMITED 44-208-893-2883 |

**MIDDLE EAST**
| | | |
|---|---|---|
| UAE | Dubai | NNR GLOBAL LOGISTICS MIDDLE EAST FZCO　971-4-5473111 |

**ASIA & OCEANIA**
| | | |
|---|---|---|
| Australia | Sydney | NNR GLOBAL LOGISTICS AUSTRALIA Pty Ltd　61-2-8316-6888 |
| China | Beijing | NNR Global Logistics (Beijing) Company Limited.　86-10-64378866 |
| China | Guangzhou | NNR GLOBAL LOGISTICS (GUANGZHOU) CO., LTD. 86-20-39418900 |
| China | Shanghai | NNR GLOBAL LOGISTICS (SHANGHAI) CO., LTD.　86-21-31771666 |
| China | Waigaoqiao | NNR International Logistisc (Shanghai) Company Limited. 86-21-50463680 |
| Hongkong | Hongkong | NNR GLOBAL LOGISTICS (HK) LIMITED.　852-2753-8023 |
| India | Gurgaon | NNR Global Logistics India Private Limited　91-124-4642100 |
| Indonesia | Jakarta | P.T. NNR RPX NNR GLOBAL LOGISTICS INDONESIA 62-21-7502055 |
| Korea | Seoul | NNR GLOBAL LOGISTICS KOREA CO., LTD.　82-2-714-5995 |
| Malaysia | Kuala Lumpur | NNR GLOBAL LOGISTICS (M) SDN. BHD.　60-3-7877-8833 |
| New Zealand | Auckland | NNNR GLOBAL LOGISTICS NEW ZEALAND LIMITED　64-9-9174200 |
| Philippines | Manila | NNR GLOBAL LOGISTICS (PHILIPPINES) INC.　63-2-8512457 |
| Singapore | Singapore | NNR GLOBAL LOGISTICS (S) PTE LTD 65-6827-0888 |
| Taiwan | Taipei | NNR GLOBAL LOGISTICS TAIWAN INC. 886-2-2740-8800 |
| Thailand | Bangkok | NNR GLOBAL LOGISTICS (THAILAND) CO., LTD.　66-2-1849545 |
| Vietnam | Ho Chi Minh | NNR GLOBAL LOGISTICS (VIETNAM) CO., LTD.　84-28-3948-0204 |

## ニッケル. エンド. ライオンス　株式会社
### NICKEL & LYONS, LTD.

650-0042 兵庫県神戸市中央区波止場町6-6
TEL 078-341-7781 FAX: 078-341-7319

［主な営業種目］　港湾運送事業　船舶代理店業
海上運送業　通関業　損害保険代理業　貨物利
用運送事業　タンク保管業

［貨物運送取扱事業法上の事業区分(外航海運)]
港湾運送事業

［加入団体名］　JFFF

［国内営業所および代理店名］
　東京：東京支店 03-3241-2831　  03-3241-2802
　大阪：大阪営業部
　　　　　06-6252-2041　  06-6252-7527
　神戸：ポートアイランド営業所
　　　　　078-302-0521　  078-302-0525
　　　：コンテナ輸送部
　　　　　078-302-0661　  078-302-3246

## 株式会社　日新
### NISSIN CORPORATION

231-8477 神奈川県横浜市中区尾上町6-81
ニッセイ横浜尾上町ビル
TEL 045-671-6111 FAX: 045-671-6118
http://www.nissin-tw.co.jp

［主な営業種目］　国際複合運送業（NVOCC、
Sea/Air他）　国際利用航空運送業　引越貨物運
送業　港湾運送業　陸運業　倉庫業　通関業

［貨物運送取扱事業法上の事業区分(外航海運)]
利用運送事業

［加入団体名］　JIFFA　JAFA

［国内営業所および代理店名］
　東京：複合輸送営業部
　　　　　03-3238-6567　  03-3238-6578
　大阪：大阪営業第二部　国際課
　　　　　06-6228-4557　  06-6228-4546

［海外営業所及び代理店又は提携先］
NORTH AMERICA

|  |  |  |  |
|---|---|---|---|
| Canada | Alliston | Nissin Transport (Canada) Inc. | 705-434-3136 |
| Canada | Mississauga | Nissin Transport (Canada) Inc. | 905-361-0750 |
| Canada | Vancouver | Nissin Transport (Canada) Inc. | 604-276-9691 |
| USA | Alabama | Nissin Int'l Transport U.S.A., Inc. | 205-338-9092 |
| USA | Atlanta | Nissin Int'l Transport U.S.A., Inc. | 404-366-8565 |
| USA | Chicago | Nissin Int'l Transport U.S.A., Inc. | 847-871-6200 |
| USA | Columbus | Nissin Int'l Transport U.S.A., Inc. | 937-645-7616 |
| USA | Indianapolis | Nissin Int'l Transport U.S.A., Inc. | 317-760-6771 |
| USA | Los Angeles | Nissin Int'l Transport U.S.A., Inc. | 310-222-8516 |
| USA | New York | Nissin Int'l Transport U.S.A., Inc. | 718-807-3067 |
| USA | Portland | Nissin Int'l Transport U.S.A., Inc. | 360-693-5700 |
| USA | San Francisco | Nissin Int'l Transport U.S.A., Inc. | 650-360-2600 |
| USA | Seattle | Nissin Int'l Transport U.S.A., Inc. | 206-734-3447 |

CENTRAL SOUTH AMERICA

|  |  |  |  |
|---|---|---|---|
| Mexico | Celaya | Nistrans Internacional de Mexico, S. de R.L. de C.V. | 413-158-6300 |
| Mexico | Guadalajara | Nistrans Internacional de Mexico, S. de R.L. de C.V. | 333-688-5916 |
| Mexico | Mexico City | Nistrans Internacional de Mexico, S. de R.L. de C.V. | 55-2598-0133 |
| Mexico | Silao | Nistrans Internacional de Mexico, S. de R.L. de C.V. | 472-103-9800 |

EUROPE

|  |  |  |  |
|---|---|---|---|
| Austria | Wien | Nissin Transport Ges.mbh | 2249-2896015 |
| Belgium | Brussels | Nissin Belgium N.V. | 2-207-9263 |
| France | Paris | Nissin France S.A.S. | 1-4938-5900 |
| Germany | Düsseldorf | Nissin Transport GmbH | 211-415-5880 |
| Germany | Frankfurt | Nissin Transport GmbH | 6107-705610 |
| Germany | Hamburg | Nissin Transport GmbH | 40-4011-3830 |
| Germany | Neuss | Nissin Transport GmbH | 2131-5234-0 |
| Kazakhstan | Almaty | Nissin Corp. | 727-250-1859 |
| Netherlands | Tilburg | Nissin Transport GmbH | 13-8000350 |
| Poland | Lysomice | Nissin Logistics Poland Sp.zo.o. | 56-674-8638 |
| Russia | Moscow | LLC Nissin RUS | 495-792-3025 |
| Spain | Barcelona | Nissin Transportes GmbH | 93-289-6280 |
| UK | London | Nissin (U.K.) Ltd. | 1895-439-777 |

ASIA & OCEANIA

|  |  |  |  |
|---|---|---|---|
| China | Beijing | Nissin-Sinotrans Int'l Logistics Co., Ltd. | 10-6538-8766 |
| China | Changshu | Nissin (Changshu) Int'l Logistics Co., Ltd. | 512-5192-7026 |
| China | Dalian | Nissin-Sinotrans Int'l Logistics Co., Ltd. | 411-8369-6042 |
| China | Foshan | Nissin-Sinotrans Int'l Logistics Co., Ltd. | 757-8262-3711/2 |
| China | Guangzhou | Nissin-Sinotrans Int'l Logistics Co., Ltd. | 20-8252-1619 |
| China | Inner Mongoli Branch | Nissin-Sinotrans Int'l Logistics Co., Ltd. | 471-630-4631 |
| China | Ningbo | Shanghai Gaosin Int'l Logistics Co., Ltd. | 574-8709-3731 |
| China | Qingdao | Nissin-Sinotrans Int'l Logistics Co., Ltd. | 532-8501-6232 |
| China | Shanghai | Nissin Corp. | 21-5228-7700 |
| China | Shanghai | Shanghai Gaosin Int'l Logistics Co., Ltd. | 21-5866-2548 |
| China | Shenzhen | Nissin Logistics Shenzhen Co., Ltd. | 755-8359-2811 |
| China | Shenzhen | Nissin Transportation & Warehousing (H.K.) Ltd. | 755-8359-2811 |
| China | Tianjin | Nissin-Sinotrans Int'l Logistics Co., Ltd. | 22-5879-1866 |
| China | Wuhan | Nissin-Sinotrans Int'l Logistics Co., Ltd. | 27-8489-8261 |

フォワーダー

|  |  |  |  |
|---|---|---|---|
| China | Zhongshan | Nissin-Sinotrans Int'l Logistics Co., Ltd. | 760-8828-3082 |
| Hongkong | Hongkong | Nissin Transportation & Warehousing (H.K.) Ltd. | 2520-1636 |
| India | Ahmedabad | Nissin ABC Logistics Private Ltd. | 124-459-5100 |
| India | Bengaluru | Nissin ABC Logistics Private Ltd. | 96-3278-6033 |
| India | Chennai | Nissin ABC Logistics Private Ltd. | 44-2250-0018 |
| India | Gurgaon | Nissin ABC Logistics Private Ltd. | 124-459-5100 |
| India | Mumbai | Nissin ABC Logistics Private Ltd. | 22-4022-0293 |
| India | Noida | Nissin ABC Logistics Private Ltd. | 98-7179-3205 |
| Indonesia | Jakarta | PT. Nissin JAYA Indonesia | 21-830-8446 |
| Indonesia | Jakarta | PT. Nissin Transport Indonesia | 21-830-8446 |
| Laos | Savannakhet | Lao Nissin SMT Company Limited | 41-260-331 |
| Malaysia | Johor Bahru | Nissin Int'l Logistics (M) Sdn. Bhd. | 7-266-2218 |
| Malaysia | Penang | Nissin Int'l Logistics (M) Sdn. Bhd. | 4-293-3010 |
| Malaysia | Shah Alam | Nissin Int'l Logistics (M) Sdn. Bhd. | 3-2726-2428 |
| Philippines | Manila | Nissin Transport Philippines Corporation | 2-851-5621/2 |
| Singapore | Singapore | Nissin Transport (Singapore) Pte. Ltd. | 6861-2453 |
| Taiwan | Taipei | Nissin Global Logistics (Taiwan) Co., Ltd. | 2-2515-6606 |
| Thailand | Ayutthaya | Siam Nistrans Co., Ltd. | 35-246-511-20 |
| Thailand | Bangkok | Siam Nistrans Co., Ltd. | 2-261-1080/5 |
| Thailand | Chiangmai | Siam Nistrans Co., Ltd. | 53-096-302 |
| Thailand | Laem Chabang | Siam Nistrans Co., Ltd. | 38-481-634 |
| Thailand | Purachinburi | Siam Nistrans Co., Ltd. | 37-210-150 |
| Vietnam | Hanoi | Nissin Logistics (VN) Co., Ltd. | 4-3577-1462/3 |
| Vietnam | Ho Chi Minh | Nissin Logistics (VN) Co., Ltd. | 8-3848-7228 |

# 日新運輸　株式会社
## NISSHIN TRANSPORTATION CO., LTD.

554-0012 大阪府大阪市此花区西九条1-27-12
TEL 06-6462-4800 FAX: 06-6462-4818
【2024年2月：大阪本社移転予定】

*http://nitran.co.jp*

［主な営業種目］　一般港湾運送事業　海上運送取扱業　自動車運送取扱事業　通関業　国際複合運送業

［貨物運送取扱事業法上の事業区分(外航海運)］
利用運送事業

［加入団体名］　JIFFA

［国内営業所および代理店名］
| | | |
|---|---|---|
| 東京営業部 | 03-5843-7320 | FAX 03-6260-3761 |
| 中京営業部 | 052-973-2811 | FAX 052-973-2812 |
| 安来営業部 | 0854-22-3210 | FAX 0854-23-1330 |
| 神戸物流センター | 078-391-6183 | FAX 078-391-6661 |
| 南港物流センター | 06-6569-5994 | FAX 06-6569-5995 |

［海外営業所及び代理店又は提携先］
### ASIA & OCEANIA

|  |  |  |  |
|---|---|---|---|
| Bngladesh | Dhaka | Nisshin Transportation Co., Ltd. Dhaka Liaison Office | 052-973-2811 （担当：中村） |
| Cambodia | Phnom Penh | FWF FULL WELL &NISSHIN LOGISTICS CO., LTD | 023-882-828 |
| Cambodia | Phnom Penh | TAIYO PILL (CAMBODIA) CO., LTD. | 023-966-750 |
| China | Dalian | 日一新国際物流（上海）有限公司 大連分公司 | 0411-8277-5826 |
| China | Guangzhou | 日一新国際物流（上海）有限公司 広州分公司 | 020-8709-2581 |
| China | Guangzhou | 日一新国際物流（上海）有限公司 広州分公司　物流加工センター | 020-3771-9853 |
| China | Haian | 日一新国際物流（上海）有限公司 海安分公司 | 0513-8877-2031 |
| China | Huangdao | 青島海新達国際物流有限公司 黄島分公司 | 0532-8690-7819 |
| China | Jimo | 青島海新達国際物流有限公司 即墨分公司 | 0532-6609-8562 |
| China | Nantong | 日一新国際物流（上海）有限公司 南通分公司 | 0513-8190-8011 |
| China | Nantong | 日一新国際物流（上海）有限公司 南通分公司 市内センター | 0513-8106-9225 |
| China | Nantong | 日一新国際物流（上海）有限公司 南通分公司 通州センター | 0513-8023-3796 |
| China | Ningbo | 日一新国際物流（上海）有限公司 寧波分公司 | 0574-8309-2818 |
| China | Qingdao | 青島海新達国際物流有限公司 | 0532-8488-3552 |
| China | Shanghai | 上海邦達新物流有限公司 | 021-6828-0297 |
| China | Shanghai | 日一新国際物流（上海）有限公司 | 021-5830-3208 |
| China | Suzhou | 蘇州邦達新物流有限公司 | 0512-6258-8235 |
| China | Taicang | 太倉邦達新物流有限公司 | 021-5830-8477 |
| China | Weifang | 青島海新達国際物流有限公司 坊分公司 | 0536-882-8405 |
| China | Yantai | 青島海新達国際物流有限公司 烟台分公司 | 0535-672-2616 |
| Myanmar | Yangon | Nisshin (Myanmar) Co., Ltd. | 01-230-1551 |
| Myanmar | Yangon | Nisshin (Myanmar) Co., Ltd. 物流加工センター | 01-617245 |
| Vietnam | Haiphong | AITC Logistics (Vietnam) Co., Ltd., Haiphong Branch | 225-8831763 |
| Vietnam | Ho Chi Minh | AITC Logistics (Vietnam) Co., Ltd. | 28-38408225 |
| Vietnam | Ho Chi Minh | TAIYO NISSHIN VIETNAM CO.,LTD. | 28-3620-7764 |

## 日通NECロジスティクス　株式会社
### NITTSU NEC LOGISTICS, LTD.

211-0063 神奈川県川崎市中原区小杉町1-403
　　　武蔵小杉STMビル
　　　　　　TEL 044-733-4658 FAX: 044-733-4831
　　　　　　*http://www.nittsu-necl.co.jp/index.html*

［主な営業種目］　通関業　国際利用航空運送事業
NVOCC　航空貨物運送代理店業　海上貨物運送
代理店業

［加入団体名］　JIFFA　JAFA　IATA

［国内営業所および代理店名］
　川崎：事業開発部（航空）
　　　　　044-733-4629　　FAX 044-733-4814
　　　　：事業開発部（海上）
　　　　　044-733-4658　　FAX 044-733-4831
　品川：通関業務部
　　　　　03-5492-8390　　FAX 03-5492-8393
　米沢：米沢国際輸送センター
　　　　　0238-24-0126　　FAX 0238-24-0127
　成田：成田国際営業所
　　　　　050-3773-0442　　FAX 0476-32-0781
　大阪：関西国際営業所
　　　　　06-6345-0005　　FAX 06-6345-0107
　福岡：九州国際営業所
　　　　　050-3646-1968　　FAX 050-3646-3290

［海外営業所及び代理店又は提携先］
ASIA & OCEANIA

| | | |
|---|---|---|
| China | Shanghai | Nippon Express NEC Logistics (Shanghai) Ltd (Head Office) 86-21-6445-1720 |
| China | Shenzhen | Nippon Express NEC Logistics (Shenzhen) Ltd　86-755-8348-0034 |
| China | Xiamen | Nippon Express NEC Logistics （Shanghai) Ltd (Xiamen Branch) 86-592-2395702 |
| Hongkong | Hongkong | Nippon Express NEC Logistics Hong Kong Ltd (Head Office) 852-2723-1569 |
| Korea | | Nittsu NEC Logistics Ltd (Korea Branch)　82-2-713-6560 |
| Philippines | | Nippon Express NEC Logistics Singapore Pte Ltd (Phillipines Branch)　63-49-508-2360 |
| Singapore | Singapore | Nippon Express NEC Logistics Singapore Pte Ltd　65-66039-600 |
| Taiwan | | Nippon Express NEC Logistics Taiwan Ltd　886-2-2712-2465 |
| Thailand | | Nippon Express NEC Logistics (Thailand) Co Ltd (Head Office) 66-2-238-1370 |

## 株式会社　日本運搬社
### NIPPON UMPANSHA, LTD.

101-0035 東京都千代田区神田紺屋町17番地
　　　ONEST神田スクエアビル4階
　　　　　TEL 03-5289-8951 FAX: 03-5289-8954
　　　　　*http://www.nippon-umpansha.co.jp/*

［主な営業種目］　港湾運送事業　貨物自動車運送
事業　倉庫業　通関業　国際複合輸送事業

［貨物運送取扱事業法上の事業区分(外航海運)］
　利用運送事業

［加入団体名］　JIFFA

［国内営業所および代理店名］
　東京：大井営業所
　　　　　03-3790-9591　　FAX 03-3790-9596
　横浜：横浜営業所
　　　　　045-671-7025　　FAX 045-671-7078

［海外営業所及び代理店又は提携先］
NORTH AMERICA

| | |
|---|---|
| Canada | Hartwick O'shea & Cartwright Ltd. |

EUROPE

| | |
|---|---|
| Austria | Logwin Air ＋ Ocean |
| Belgium | Logwin Air ＋ Ocean |
| France | BBL CARGO |
| Germany | Logwin Air ＋ Ocean |
| Netherlands | Logwin Air ＋ Ocean |
| Slovakia | Logwin Air ＋ Ocean |
| Switzerland | Logwin Air ＋ Ocean |
| UK | Logwin Air ＋ Ocean |

AFRICA

| | |
|---|---|
| South Africa | Logwin Air ＋ Ocean |

ASIA & OCEANIA

| | | |
|---|---|---|
| China | | Logwin Air ＋ Ocean |
| China | | Rhenus Logistics Ltd. |
| China | Shanghai | 云搬社（上海）国際貨運代理有限公司 |
| Hongkong | Hongkong | Mitsubishi Logistics (Hong Kong) Ltd. |
| Korea | Seoul | Woosung Air & Sea Service Co., Ltd. |
| Singapore | Singapore | Mitsubishi Logistics (Singapore) Pte. Ltd. |
| Taiwan | | Rhenus Logistics Ltd. |
| Thailand | Bangkok | Mitsubishi Logistics (Thailand) Co., Ltd. |
| Vietnam | Ho Chi Minh | Transimex Corporation |

## 日本梱包運輸倉庫　株式会社
### Nippon Konpo Unyu Soko Co., Ltd.

104-0044 東京都中央区明石町6-17
　　　　　TEL 03-3541-5330 FAX: 03-3546-3659
　　　　　*http://www.nikkon-hd.co.jp*

［主な営業種目］　貨物自動車運送事業　倉庫業
通関業　損害保険代理業　国際複合運送

［貨物運送取扱事業法上の事業区分(外航海運)］
　利用運送事業

［加入団体名］　IATA　JIFFA　JAFA

［国内営業所および代理店名］
　苫小牧：苫小牧営業所
　　　　　0144-55-5601　　FAX 0144-55-0724
　東京：輸出入営業所　輸出
　　　　　03-3546-3651　　FAX 03-3546-3653
　　　　：輸出入営業所　輸入
　　　　　03-3546-3652　　FAX 03-3546-3653
　横浜：横浜営業所

| | | | |
|---|---|---|---|
| | | 045-680-0152 | FAX 045-680-0158 |

成田：成田営業所
      0476-33-5031    FAX 0476-33-0231
名古屋：名古屋営業所
      052-612-3338    FAX 052-612-3327
大阪：枚方営業所（事務所）
      06-6262-6633    FAX 06-6262-6700
神戸：神戸営業所
      078-994-2108    FAX 078-994-2128
門司：門司営業所
      093-481-2631    FAX 093-481-2633
福岡：門司営業所（福岡駐在）
      092-611-3610    FAX 092-611-4673

### ［海外営業所及び代理店又は提携先］

**NORTH AMERICA**

| | | | |
|---|---|---|---|
| USA | East Liberty (OH) | NK Parts Industries, Inc., East Liberty Branch | 1-937-642-1289 |
| USA | Sidney(OH) | NK America, Inc. | 1-937-498-1650 |
| USA | Sidney(OH) | NK Parts Industries, Inc. | 1-937-498-4651 |

**CENTRAL SOUTH AMERICA**

| | | | |
|---|---|---|---|
| Mexico | Celaya | NKP Mexico, S.A. de C.V. | 52-413-1586-100 |
| Mexico | Silao | NKP Mexico, S.A. de C.V. | 52-472-117-9160 |

**ASIA & OCEANIA**

| | | | |
|---|---|---|---|
| China | Changqing | 日梱重慶物流有限公司 | 86-23-6283-8803 |
| China | Chengdu | 日梱重慶物流有限公司　成都分公司 | 86-28-6508-3638 |
| China | Guangzhou | 日梱物流（中国）有限公司　広州分公司 | 86-20-3239-9601 |
| China | Nanjing | 日梱物流（中国）有限公司　本社 | 86-25-8509-9008 |
| China | Shanghai | 日梱物流（中国）有限公司　上海分公司 | 86-21-3783-7261 |
| China | Wuhan | 日梱物流（中国）有限公司　武漢分公司 | 86-27-8429-8741 |
| China | Zhongshan | 日梱物流（中国）有限公司　中山事務所 | 86-760-8531-1083 |
| India | Bangalore | Nippon Konpo India Private Ltd., Bangalore Office | 91-80-4190-3886 |
| India | Gujarat | Nippon Konpo India Private Ltd., Gujarat Branch | |
| India | Gurugram | Nippon Konpo India Private Ltd. | 91-124-402-8631 |
| India | Maharashtra | Nippon Konpo India Private Ltd., Pune Office | |
| India | Rajasthan | Nippon Konpo India Private Ltd., Tapukara Branch | |
| India | Uttar Pradesh | Nippon Konpo India Private Ltd., Greater Noida Branch | |
| Indonesia | Bukit | PT. Nippon Konpo Indonesia, Bukit Branch | 62-26-4350-362 |
| Indonesia | Cibitung | PT. Nippon Konpo Indonesia, Cibitung Branch | 62-21-859-33778 |
| Indonesia | Jakarta | PT. Nippon Konpo Indonesia | 62-21-3983-5348 |
| Indonesia | Karawang | PT. Nippon Konpo Indonesia, Karawang Branch | 62-26-7863-8096 |
| Malaysia | Negeri Sembilan | NIPPON KONPO (MALAYSIA) SDN.BHD., Senawang Branch | |
| Malaysia | Penang | NIPPON KONPO (MALAYSIA) SDN.BHD., Penang Branch | 60-6-677-1843 |
| Malaysia | Selangor | NIPPON KONPO (MALAYSIA) SDN.BHD. | 60-7831-9843 |
| Philippines | Laguna | Nippon Konpo Philippines, Inc. | 63-49-541-1753 |
| Thailand | Ayutthaya | A.N.I. Logistics, Ltd. | 66-3-522-6566 |
| Thailand | Bangkok | Nippon Konpo (Thailand) Co., Ltd., Bangkok Branch | 66-2231-2481 |
| Thailand | Bangna | Nippon Konpo (Thailand) Co., Ltd., Bang Na Branch | 66-2-337-2477 |
| Thailand | Laem Chabang | Nippon Konpo (Thailand) Co., Ltd., Laem Chabang Branch | 66-3-300-4145 |
| Thailand | Prachinburi | A.N.I. Logistics, Ltd., Prachinburi Branch | 66-3-748-0346 |
| Thailand | Prachinburi | Nippon Konpo (Thailand) Co., Ltd., Prachinburi Branch | 66-3-721-0801 |
| Thailand | Rayong | Nippon Konpo (Thailand) Co., Ltd., Rayong Branch | 66-3-865-0295 |
| Vietnam | Da Nang | NKV Logistics Ltd., Da Nang Branch | 84-236-353-0909 |
| Vietnam | Hanoi | NKV Logistics Ltd. | 84-24-3766-8326 |
| Vietnam | Ho Chi Minh | Nippon Konpo Hochiminh Inc. | 84-27-4376-6941 |
| Vietnam | Noivai | Nippon Konpo Vietnam Co., Ltd. | 84-24-3582-2467 |

## 日本通運　株式会社
## NIPPON EXPRESS CO., LTD.

101-0024 東京都千代田区神田和泉町2番地
    TEL 03-5801-1111
*http://www.nittsu.co.jp/*
*https://www.nipponexpress.com/*

［主な営業種目］自動車輸送　鉄道利用輸送　海上輸送　船舶利用輸送　利用航空輸送　倉庫旅行　通関　重量品・プラントの輸送・建設特殊輸送など

［貨物運送取扱事業法上の事業区分(外航海運)］
利用運送事業

［加入団体名］JIFFA　JAFA　JFFF　FIDI

［国内営業所および代理店名］
東京：関東甲信越ブロック　フォワーディングビジネスユニット
    03-6284-6048    FAX 03-6284-6983
  ：海外引越事業支店
    03-5495-1815    FAX 03-5495-1880
  ：東京海運支店
    03-5492-8093    FAX 03-5492-8091
横浜：横浜国際輸送支店
    045-212-7333    FAX 045-201-9488
  ：京浜港ターミナル支店
    045-623-3012    FAX 045-623-3325
川崎：東扇島国際物流センター
    044-288-1342    FAX 044-299-3237
千葉：千葉国際物流センター
    043-238-7311    FAX 047-238-7313

フォワーダー

名古屋：名古屋フォワーディング支店
　　　　052-563-2296　　📠052-589-2034
　　　：名古屋海外引越支店
　　　　052-259-2205　　📠052-259-2206
大阪：大阪国際輸送支店
　　　　06-4395-3820　　📠06-4395-3850
　　　：大阪海外引越支店
　　　　06-6455-1960　　📠06-6455-1970
神戸：神戸支店海運営業部
　　　　078-230-6111　　📠078-230-6119
博多：福岡海運支店
　　　　092-291-8860　　📠092-271-6763
門司：門司海運支店
　　　　093-332-5241　　📠093-331-2033

## ［海外営業所及び代理店又は提携先］

### NORTH AMERICA

| Canada | Mississauga | Nippon Express Canada, Ltd. |
| | | 1-905-565-7525 |
| USA | Wood Dale, IL | Nippon Express U.S.A., Inc. |
| | | 1-708-304-9900 |

### CENTRAL SOUTH AMERICA

| Brazil | Sao Paulo | Nippon Express do Brasil Ltda. |
| | | 55-11-3583-3850 |
| Mexico | Mexico City | Nippon Express de Mexico, S.A. de C.V. 52(55)8882-1380 |

### EUROPE

| Austria | Vienna | Nippon Express (Deutschland) GmbH & Co. KG, Vienna Branch |
| | | 43-1-7007-35411 |
| Belgium | Machelen | Nippon Express (Belgium) N.V./S.A. |
| | | 32-2-753-0202 |
| Czech Republic | | |
| | Prague | Nippon Express (Deutschland) GmbH & Co. KG, Praha Branch |
| | | 42-255-707-400 |
| France | Paris | Nippon Express France, S.A.S |
| | | 33-1-4184-6301 |
| Germany | Monchengladbach | |
| | | Nippon Express (Deutschland) GmbH & Co. KG 49-2166-966-0 |
| Hungary | Budapest | Nippon Express (Deutschland) GmbH & Co. KG, Budapest Branch |
| | | 36-29-553-800 |
| Ireland | Dublin | Nippon Express (Ireland) Ltd. |
| | | 353-1-224-9200 |
| Italy | Milano | Nippon Express Italia S.p.A. |
| | | 39-(02)21698-1 |
| Netherlands | Schiphol-Rijk | Nippon Express (Nederland) B.V. |
| | | 31-20-406-65-00 |
| Netherlands | Schiphol-Rijk | Nippon Express Euro Cargo B.V. |
| | | 31-20-500-51-00 |
| Poland | Warsaw | Nippon Express (Deutschland) GmbH & Co. KG, Warsaw Branch |
| | | 48-22-878-32-00 |
| Portugal | Lisbon | Nippon Express Portugal, S.A. |
| | | 351-21-842-9520 |
| Romania | Timisoara | Nippon Express (Deutschland) GmbH & Co. KG, Timisoara Branch |
| | | 40-256-223037 |
| Russia | Moscow | Nippon Express (Russia) Ltd. Liability Company 7-495-609-6023 |
| Spain | Madrid | Nippon Express de Espana, S.A. |
| | | 34 (91)748-0840 |
| Switzerland | Bassersdorf | Nippon Express (Schweiz) AG |
| | | 41-44-836-9966 |
| UK | London | Nippon Express (UK) Ltd. |
| | | 44-20-8737-4400 |

### AFRICA

| Kenya | Nairobi | Nippon Express Europe GmbH Kenya Branch 254 709 348 000 |
| Morocco | Tanger | Nippon Express Morocco SARLAU |
| | | 212 6 63 56 03 18 |

### MIDDLE EAST

| Turkey | Istanbul | Nippon Express (Istanbul) Global Logistics A.S. 90-212-465-6934 |
| UAE | Dubai | Nippon Express (Middle East) L.L.C. |
| | | 971-4-456-1389 |

### ASIA & OCEANIA

| Australia | Sydney | Nippon Express (Australia) Pty., Ltd. |
| | | 61-2-9313-3500 |
| Bangladesh | Dhaka | Nippon Express Bangladesh Ltd. |
| | | 8802-222297759 |
| Cambodia | Phnom Penh | Nippon Express (Cambodia) Co., Ltd. |
| | | 855-23-223-357 |
| China | Beijing | Nippon Express (China) Co., Ltd. |
| | | 86-10-6141-7777 |
| China | Guangzhou | Nippon Express Automotive Logistics (China) Co., Ltd. 86 (20)3222-6800 |
| China | Shanghai | Nippon Express (China) Co., Ltd. |
| | | 86-21-6295-0202 |
| China | Shanghai | Nippon Express Global Logistics (Shanghai) Co., Ltd.86-21-5048-3301 |
| China | Shenzhen | Nippon Express Cargo Service (Shenzhen) Co., Ltd. |
| | | 86-755-2528-1659 |
| China | Suzhou | Nippon Express (Suzhou) Co., Ltd. |
| | | 86-512-6665-0979 |
| China | Xi'an | Nippon Express (Xi'an) Co., Ltd. |
| | | 86-29-8356-3934 |
| China | Xiamen | Nippon Express (Xiamen) Co., Ltd. |
| | | 86 (592)568-0202 |
| China | Zhuhai | Nippon Express (Zhuhai) Co., Ltd. |
| | | 86-756-867-5511 |
| Hongkong | Hongkong | Nippon Express (H.K.) Co., Ltd. |
| | | 852-2723-2272 |
| India | Bangalore | Nippon Express (India) Pvt., Ltd. |
| | | 91-80-4947-5600 |
| India | Gurgaon | NX Logistics (India ) Pvt. Ltd. |
| | | 91-124-4630900 |
| Indonesia | Jakarta | P.T. Nippon Express Indonesia |
| | | 62-21-5591-1551 |
| Indonesia | Jakarta | P.T. NX Lemo Indonesia Logistik |
| | | 62-21-4682-3912 |
| Indonesia | Jakarta | P.T. NX Logistics Indonesia |
| | | 62-21-89-527-123 |
| Korea | Seoul | Nippon Express Korea Co., Ltd. |
| | | 82-2-3775-3221 |
| Laos | Vientiane | Nippon Express (South Asia & Oceania) Pte. Ltd., Vientiane Branch |
| | | 856-(0)-21-264-174 |
| Malaysia | Seri Kembangan | |
| | | NX Transport Service (M) Sdn., Bhd. |
| | | 60-3-8943-3388 |
| Malaysia | Shah Alam | Nippon Express (Malaysia) Sdn., Bhd. |
| | | 60-3-5033-1111 |
| Myanmar | Yangon | Nippon Express (Myanmar) Co., Ltd. |
| | | 95-1-290-578 |

フォワーダー

| Myanmar | Yangon | NX Logistics Myanmar Co., Ltd. |
|---|---|---|
| | | 95-1-230-9147 |
| New Zealand | | |
| | Auckland | Nippon Express (New Zealand) Ltd. |
| | | 64-9-256-0340 |
| Pakistan | Karachi | Nippon Express (South Asia & Oceania) Pte. Ltd., Pakistan Branch |
| | | 92-21-3582-6135 |
| Philippines | Laguna | NX LOGISTICS PHILIPPINES, INC |
| | | 63-49-541-2104 |
| Philippines | Taguig City | Nippon Express Philippines Corporation    63 (2) 8839-1111 |
| Singapore | Singapore | Nippon Express (Singapore) Pte., Ltd. |
| | | 65-6715-3000 |
| Singapore | Singapore | NX Global Ocean Network Pte. Ltd. |
| | | 65-9128-7204 |
| Sri Lanka | Colombo | Nippon Express (South Asia & Oceania) Pte. Ltd., Sri Lanka Branch |
| | | 94-117-439-229 |
| Taiwan | Taipei | Nippon Express (Taiwan) Co., Ltd. |
| | | 886-2-2752-1010 |
| Thailand | Bangkok | Nippon Express (Thailand) Co., Ltd. |
| | | 66-2-080-7666 |
| Thailand | Bangkok | Nippon Express Engineering (Thailand) Co., Ltd.    66-2-080-7698 |
| Thailand | Bangkok | Nippon Express Logistics (Thailand) Co.,Ltd.    66-2-080-7666 |
| Vietnam | Haiphong | Nippon Express Engineering (Vietnam) Co., Ltd.    84-225-883-0190 |
| Vietnam | Ho Chi Minh | Nippon Express (Vietnam) Co., Ltd. |
| | | 84-28-3812-2922 |

| UAE | Dubai | GLOBE TREKKERS L.L.C. |
|---|---|---|
| | | +971 4 2213317 |

ASIA & OCEANIA

| Australia | Adelaide | All Freight Logistics  61 8 8387 1719 |
|---|---|---|
| China | Shanghai | Shanghai Donghong Logistics Co., Ltd.    86-21-6337-4449 |
| Hongkong | Hongkong | Trans Asia Express Ltd. |
| | | 852 2959 2092 |
| India | Chennai | Repute Logitech Pvt Ltd. |
| | | +9144-25248500 |
| India | Nashik | Geotrans InternationalPvt Ltd. |
| | | +91 2532410763 |
| Korea | Seoul | Eunsan Shipping & Air Cargo Ltd. |
| | | 82-51-441-9966 |
| Korea | Seoul | IES Global Co., Ltd.    2-3452-5966 |
| Korea | Seoul | Myungjin Logistics Co., Ltd. |
| | | 82-2-562-5385 |
| Malaysia | Klang | Crestlink Logistics SDN BHD |
| | | 60-3-3325-8166 |
| Myanmar | Yangon | Helio Int'l Co., Ltd.    95-1-374570 |
| Philippines | Manila | SMA World Cargo International Corporation    02 242 0477 |
| Taiwan | Kaohsiung | Kao Europe Transport Co., Ltd. |
| | | 886-7-536-1522 |
| Thailand | Bangkok | Empress Logistics Management Co., Ltd.    662-367-3557 |
| Vietnam | Ho Chi Minh | SME LOGISTICS JSC |
| | | (+84)2422206123 |

## 日本マリンロジスティクス　株式会社
## NIPPON MARINE LOGISTICS, LTD.

103-0014 東京都中央区日本橋蛎殻町1-36-7
蛎殻町千葉ビル5階
TEL 03-5649-9110 FAX: 03-5649-9115
*http://www.nml-tky.co.jp*

［主な営業種目］ 国際複合運送業　海運貨物取扱業　航空貨物取扱業　海運代理店業　海運仲介業

［加入団体名］ JIFFA

［国内営業所および代理店名］
名古屋：㈱シルバー シッピング エージェンシー
052-586-1286　 🅵052-561-1768
神戸：㈱富士オリエンタルヴァンライン
078-871-5241　 🅵078-882-5433

［海外営業所及び代理店又は提携先］
NORTH AMERICA

| Canada | Vancouver | CTC Logistics Canada Inc. |
|---|---|---|
| | | 604-207-6928 |
| USA | Los Angeles | Proline Shipping    626-300-8400 |

EUROPE

| Germany | Bremen | Jumbo Transport Eckhoff GmbH |
|---|---|---|
| | | 49-421-349720 |
| Germany | Norderstedt | SATS Group GmbH |
| | | 49 (0)40 - 210 918 921 |
| Netherlands | Etten Leur | Logi Linq B.V.    +31 (0) 850069060 |

MIDDLE EAST

## 日本海運　株式会社
## NIHON KAIUN CO., LTD.

231-0011 神奈川県横浜市中区太田町4-45
第一国際ビル
TEL 045-201-4557 FAX: 045-212-4590
*http://www.nihonkaiun.co.jp*

［主な営業種目］ 通関業　国際複合輸送業　自動車運送取扱業　輸出入貨物取扱業　倉庫保管業　梱包業　保険代理業

## 日本高速輸送　株式会社
## JAPAN EXPRESS TRANSPORTATION CO., LTD.

140-0003 東京都品川区八潮2-1-2
大井2号コンテナターミナル
TEL 03-5492-0375 FAX: 03-5492-0385
*http://www.jetkk.co.jp*

［主な営業種目］ 外航運送取扱業　内航運送取扱業　一般貨物自動車運送事業　自動車貨物運送取扱事業　損害保険代理業　国際複合輸送業

［貨物運送取扱事業法上の事業区分(外航海運)］
利用運送事業

［加入団体名］ JIFFA　JFFF

［国内営業所および代理店名］
本社：国際複合輸送部
03-5492-0375　 🅵03-5492-0385
東京：京浜支店東京営業所
03-3790-0731　 🅵03-3790-2744

横浜：京浜支店横浜営業所
　　　　　　045-623-7287　[FAX]045-622-8105
川崎：京浜支店横浜営業所　川崎事務所
　　　　　　044-280-3080　[FAX]044-280-3081
名古屋：名古屋支店名古屋営業所
　　　　　　0567-68-6411　[FAX]0567-66-5255
大阪：阪神支店大阪営業所
　　　　　　06-6612-1401　[FAX]06-6612-6838
神戸：阪神支店神戸営業所
　　　　　　078-304-5855　[FAX]078-304-5857

［海外営業所及び代理店又は提携先］

<u>ASIA & OCEANIA</u>

| Thailand | Bangkok | Bangkok Cold Storage Service, Ltd. |
| | | 66-2-237-6015 |

# 日本国際商船　株式会社
## JAPAN OCEAN TRANSMARINE CO., LTD.

550-0004 大阪府大阪市西区靱本町15-15
　　　　第二富士ビル
　　　　TEL 06-6449-6761　FAX: 06-6449-6760
　　　　*http://www.jot-japan.co.jp*

［主な営業種目］　海運貨物取扱業　船舶代理店業
通関業　NVOCC　国際複合運送業　貿易業

［貨物運送取扱事業法上の事業区分(外航海運)］
利用運送事業

［加入団体名］　JIFFA　JFFF

［国内営業所および代理店名］
　東京：東京支店 03-6402-6910　[FAX]03-3433-9321
　大阪：南港営業所
　　　　　　06-6616-5100　[FAX]06-6616-5111
　神戸：神戸支店 078-332-3561　[FAX]078-326-7158

［海外営業所及び代理店又は提携先］

<u>ASIA & OCEANIA</u>

| Cambodia | Phnom Penh | SRVC Freight Services (Cambodia) Co., Ltd. 855-023-880-632 |
| China | Dalian | China Transport Shipping (Shanghai) Co., Ltd., Dalian Branch 86-411-82298558 |
| China | Guangzhou | Transways Logistics Int'l (China) Ltd., Guangzhou Branch 86-20-3886-8617 |
| China | Ningbo | Sinotrans Ningbo Int'l Forwarding Agency Co., Ltd. 86-574-87294139 |
| China | Qingdao | 日本国際商船㈱ 青島事務所 86-532-55669548 |
| China | Shanghai | 日本国際商船㈱ 上海事務所 86-21-6595-3353 |
| China | Shenzhen | Transways Logistics Int'l(China) Ltd., Gunaghou Branch 86-20-3886 8617 |
| China | Xiamen | China Transport Shipping (Shanghai) Co., Ltd., Xiamen Branch 86-592-5698075 |
| China | Xingang | China Transport Shipping (Shanghai) Co., Ltd., Tianjin Branch 86-22-58383867 |
| Hongkong | Hongkong | Transways Logistics Int'l (HK) Ltd. 852-2722-4560 |
| Indonesia | Jakarta | PT. Anekatrans Persada Indonesia |

| Korea | Busan | 62-21-78844081 日本国際商船㈱ 釜山事務所 8251-464-2442 |
| Korea | Seoul | 日本国際商船㈱ ソウル本社 82-2-756-9036/7 |
| Malaysia | Port Kelang | MPC Express SDN BHD 603-3323-9388 |
| Myanmar | Yangon | E.F.R Gling Express Services Limited. 951-202510 |
| Philippines | Manila | Asian Bridge Express Inc. 632-8292750 |
| Singapore | Singapore | M/S Syt Shipping & Transportation Pte. Ltd. 65-6222-4723 |
| Taiwan | Taipei | New Port Air Express Inc. 8862-2731-8785 |
| Thailand | Bangkok | AGI Global (Thailand) Ltd. 6697-2494858 |
| Vietnam | Ho Chi Minh | Japan Ocean Transmarine (Vietnam) Co., Ltd. 84-28-3930 7397 |

# 日本トランスシティ　株式会社
## JAPAN TRANSCITY CORPORATION

510-8651 三重県四日市市霞2-1-1
　　　　四日市港ポートビル
　　　　　　TEL 059-353-5211 FAX:
　　　　　　*http://www.trancy.co.jp*

［主な営業種目］　国際複合一貫輸送業　港湾運送
業　貨物自動車運送業　倉庫業　通関業　国際
利用航空運送業

［貨物運送取扱事業法上の事業区分(外航海運)］
利用運送事業

［加入団体名］　JIFFA　JAFA　JFFF

［国内営業所および代理店名］
　東京：国際営業部　国際輸送営業所
　　　　　　03-6409-0385　[FAX]03-6409-0386
　名古屋：コンテナ営業推進部　名古屋営業所
　　　　　　052-582-7271　[FAX]052-565-4020
　　　：国際貨物部　中部航空輸送課
　　　　　　0569-38-0560　[FAX]0569-38-0561
　四日市：国際貨物部　国際輸送二課
　　　　　　059-363-2089　[FAX]059-363-2189
　大阪：大阪支店　国際輸送営業所
　　　　　　06-6252-5248　[FAX]06-6252-8685

［海外営業所及び代理店又は提携先］

<u>NORTH AMERICA</u>

| USA | Cincinnati | Trancy Logistics America Corp., Erlanger Office 1-859-282-7780 |
| USA | El Paso | Trancy Logistics America Corp., El Paso Office 1-915-594-0939 |

<u>CENTRAL SOUTH AMERICA</u>

| Mexico | Aguascalientes | Trancy Logistics Mexico S.A. de C.V. 52-449-996-1901 |

<u>EUROPE</u>

| Germany | Düsseldorf | Trancy Logistics (Europe) GmbH 49-211-550-41910 |

<u>ASIA & OCEANIA</u>

| Cambodia | Phnom Penh | Trancy Logistics (Cambodia) Co., Ltd. 855-23-215-173 |

フォワーダー

| China | Qingdao | Trancy Logistics (Shanghai) Co., Ltd., Qingdao Branch 86-532-8389-7925 |
| China | Shanghai | Trancy Logistics (Shanghai) Co., Ltd. 86-21-6353-6060 |
| China | Shenzhen | Trancy Logistics (Shanghai) Co., Ltd., Shenzhen Branch 86-755-2546-9511 |
| Hongkong | Hongkong | Trancy Logistics (H.K.) Ltd. 852-2530-4735 |
| Indonesia | Jakarta | PT. Naditama-Trancy Logistics Indonesia 62-21-573-1580 |
| Malaysia | Kuala Lumpur | Trancy Logistics (Malaysia) Sdn. Bhd. 60-3-5637-2111 |
| Malaysia | Kuantan | Trancy Logistics (Malaysia) Sdn. Bhd., Kuantan Office 60-9-583-5988 |
| Philippines | Manila | Trancy Logistics Philippines, Inc. 63-2-8521-1581 |
| Thailand | Bangkok | Trancy Distribution (Thailand) Co., Ltd. 66-2-253-6782 |
| Thailand | Bangkok | Trancy Logistics (Thailand) Co., Ltd. 66-2-253-6782 |
| Thailand | Rayong | Trancy Logistics (Thailand) Co., Ltd., Laem Chabang Office 66-38-650-366 |
| Vietnam | Hanoi | Trancy Distribution (Vietnam) Co., Ltd. 84-24-3772-6870 |
| Vietnam | Hanoi | Trancy Logistics (Vietnam) Co., Ltd. 84-24-3772-6870 |
| Vietnam | Ho Chi Minh | Trancy Logistics (Vietnam) Co., Ltd. 84-28-3825-6507 |

## 日本ピーディ　株式会社
## P.D. JAPAN LTD.

105-0013 東京都港区浜松町1-2-7
　　　　 浜松町一丁目ビル6階
　　　　　TEL 03-3434-4221 FAX: 03-3434-3717
　　　　　　　　http://www.pd-japan.co.jp

［主な営業種目］海運貨物取扱業　貨物自動車運送事業　貨物自動車運送取扱業　倉庫業　国際利用航空運送事業　損害保険代理業　海外引越貨物取扱業　国際複合運送業

［国内営業所および代理店名］
　横浜：横浜連絡所
　　　　　045-320-0737　　FAX045-320-0737

［海外営業所及び代理店又は提携先］
NORTH AMERICA
| USA | New York | Top Container | 908-587-2038 |

## 日本包装運輸　株式会社
## NIHON HOSO UNYU CO., LTD.

650-0033 兵庫県神戸市中央区江戸町85-1
　　　　 ベイ・ウィング神戸ビル11階
　　　　　TEL 078-391-0201 FAX: 078-392-0319
　　　　　　　　http://www.nhu.co.jp

［主な営業種目］港湾運送事業　海運貨物取扱業　船舶代理店業　通関業　国際複合運送業

［貨物運送取扱事業法上の事業区分(外航海運)］
利用運送事業

［加入団体名］JIFFA　JFFF

［国内営業所および代理店名］
　東京：東京本社 03-6858-0316　　FAX03-6852-1980
　大阪：大阪支店 06-6942-1811　　FAX06-6942-0588

［海外営業所及び代理店又は提携先］
ASIA & OCEANIA
| China | Hangzhou | Nihon Hoso Unyu Co., Ltd. 86-571-86980135 |
| China | Lianyungang | Nihon Hoso Unyu Co., Ltd. 86-518-82345291 |
| China | Qingdao | Nihon Hoso Unyu Co., Ltd. 86-532-82883809 |
| China | Shanghai | Nihon Hoso Unyu Co., Ltd. 86-21-6521-3715 |

## ネットインターナショナル　株式会社
## NET INTERNATIONAL CORP.

163-0705 東京都新宿区西新宿 2-7-1
　　　　 新宿第一生命ビルディング5階
　　　　　TEL 03-5908-2571(代) FAX: 03-5908-1631(代)
　　　　　　　　http://www.net-international.co.jp

［主な営業種目］国際航空貨物代理店業(IATA貨物代理店)　第一種利用運送事業(海上貨物取扱NVOCC)　第二種利用運送事業(国際航空一般混載事業)　複合一貫輸送貨物取扱業　三国間輸送通関取扱業　ロジスティックスサービス　他

［貨物運送取扱事業法上の事業区分(外航海運)］
第一種利用運送事業　第二種利用運送事業

［加入団体名］JIFFA　JAFA　東京商工会議所　IATA

［国内営業所および代理店名］
　大阪：大阪支店 06-6221-0581　　FAX06-6221-0591
　成田：成田空港営業所
　　　　　0476-33-5350　　FAX0476-33-5351

## 濃飛倉庫運輸　株式会社
## NOHHI LOGISTICS CO., LTD.

450-0003 愛知県名古屋市中村区名駅南3-16-11
　　　　　TEL 052-561-3136 FAX: 052-561-3215
　　　　　　　　http://www.nohhi.co.jp

［主な営業種目］港湾運送事業　貨物自動車運送事業　倉庫業　通関業　　航空貨物代理店業

［貨物運送取扱事業法上の事業区分(外航海運)］
利用運送事業

［加入団体名］JIFFA　JETRO　東海日中貿易センター　IATA

[国内営業所および代理店名]
名古屋：海外統括部　海外物流部
052-561-3136 📠052-561-3215
東京：東京支店 03-3273-5851 📠03-3273-7720
大阪：大阪支店　本町事務所
06-6245-6767 📠06-6245-6667

[海外営業所及び代理店又は提携先]
ASIA & OCEANIA

| Cambodia | Phnom Penh | Nohhi (Cambodia) Logistics Co., Ltd. (855) 1083-5588 |
| China | Qingdao | Nohhi (Shanghai) Logistics Co., Ltd., Qingdao Branch (86-532)8591-7697 |
| China | Shanghai | Nohhi (Shanghai) Logistics Co., Ltd. (86-21)6325-1680 |
| China | Shenzhen | Nohhi (Shanghai) Logistics Co., Ltd., Shenzhen Branch (86-755)2893-9035 |
| Hongkong | Hongkong | Nohhi (Hong Kong) Co., Ltd. (852)2367-8203 |
| Thailand | Bangkok | Nohhi Logistics Co., Ltd., Bangkok Rep. Office (66-2)-254-5027 |
| Vietnam | Hanoi | Nohhi (Vietnam) Logistics Co., Ltd., Hanoi Branch (84-24) 3200-9860 |
| Vietnam | Ho Chi Minh | Nohhi (Vietnam) Logistics Co., Ltd. (84-28) 3636-7260 |

# 株式会社　ノットグローバルホールディングス
## KNOT GLOBAL HOLDINGS CO., LTD.

150-0044 東京都渋谷区円山町28-3
いちご渋谷道玄坂ビル7階
TEL 03-6690-2005 FAX: 03-6690-2028
https://www.knotglobal-hd.com

[主な営業種目]　NVOCC　通関業
[貨物運送取扱事業法上の事業区分(外航海運)]
第一種貨物利用運送事業

[加入団体名]　JIFFA　JAFA

[国内営業所および代理店名]
横浜：横浜支店 045-640-0635 📠045-640-0639
成田：成田支店 0476-20-2117 📠0476-20-2118
神戸：神戸支店 078-265-0090 📠078-265-0091
福岡：福岡支店 092-717-1206 📠092-717-1219
熊本：熊本支店 096-312-0003 📠096-312-0004

[海外営業所及び代理店又は提携先]
ASIA & OCEANIA
| Thailand | Bangkok | KNOT GLOBAL THAILAND CO., LTD. 66-2-665-7100 |

# 株式会社　ハーベスト・ワールド・エクスプレス
## HARVEST WORLD EXPRESS LTD.

146-0091 東京都大田区鵜の木2-2-8
鵜の木ビル2階B

TEL 03-6459-8694 FAX: 03-6459-8695
http://www.hwe.co.jp

[主な営業種目]　NVOCC　船舶代理店業　通関
業務代行
[貨物運送取扱事業法上の事業区分(外航海運)]
国際複合輸送事業

[加入団体名]　JIFFA

[国内営業所および代理店名]
大阪：大阪支店 06-6282-1159 📠06-6282-1304

[海外営業所及び代理店又は提携先]
NORTH AMERICA
| Canada | Montreal | SKYWAY | 514-636-0250 |
| USA | All America | BNX | 310-764-0999 |
| USA | Los Angeles | ALLCARGO GROUP INC. | 716-686-9588 |

CENTRAL SOUTH AMERICA
| Argentina | Bueno Aires | RUCA LOGISTICS | 11 4701 0002 |
| Brazil | Santos | EVER EXPRESS | (19)9 9574-1161 |
| Chile | Santiago | SOUTH EXPRESS CARGO | 56 2 25853400 |
| Peru | Lima | SUPPORT FORWARDING | (51-1)464 5365 |
| Uruguay | Montevideo | WORLD GLOBAL LOGISTIC 2916 1512 |

EUROPE
| Belgium | Antwarp | TRANSPORT PARTNERS B.V. | (0)167 537006 |
| France | Paris | 3C EXPRESS CHEZ WTH | 03 44 60 94 65 |
| Germany | Frankfurt | CARGO MARKETING (0)6105 9602 18 |
| Italy | Milano | CARION SPEDIZIONI INT. LI SRL | 02 92687449 |
| Latvia | Riga | AIRKARGO LTD. | 67207861 |
| Netherlands | Rotterdam | TRANSPORT PARTNERS B.V. | (0)167 537006 |
| Norway | Oslo | NORTRAIL-NORSK TRAILER EXPRESS AS | 22801700 |
| Russia | St. Petersburg | AIRSERVICE LTD. | 812 7031564 |
| UK | London | INTERSPAN GLOBAL LOGISTICS | 01543 374843 |

AFRICA
| Ethiopia | Addis Ababa | CHAMPION SHIPPING | +251 11 836 00 16/18 |

MIDDLE EAST
| Israel | Jerusalem | ELILINE INTERNATIONAL FORWARDING | 972 3 51856561 |
| Turkey | Istanbul | KARGOTUR | 90 0505 961 8667 |
| UAE | Dubai | THREE STAR SHIPPING LLC | 055 3446401 |

ASIA & OCEANIA
| Australia | Melboune | PROTRADE INTERNATIONAL PTY LTD | 3 9338 9724 |
| Hongkong | Hongkong | LAPTON FREIGHT INT'L LTD. | 852-2789-1128 |
| India | Mumbai | AQUAAIR INTERNATIONAL | 91-9930496605 |
| India | New Delhi | POLE TO POLE SHIPPING SERVICES | 11 26190339 |
| India | New Delhi | TSR | 26781760-61 |
| Indonesia | Jakarta | PT SAMUDERA NAGA GLOBAL | 8161913976 |

| | | | |
|---|---|---|---|
| Korea | Pusan | BIGWAY | 2 2231-4031 |
| Korea | Pusan | SANGWON SEA & AIR | 51-469-0101 |
| Malaysia | Kuala Lumpur | GRAND WAY LOGISTICS (M) SDN. BHD. | 603-3377-1039 |
| Mongolia | Ulaanbaatar | LANDBRIDGE | 70131308 |
| Nepal | Kathmandu | SEA SKY CARGO | 00977(5570460) |
| Philippine | Manila | WORLD LOGISTICS | 2-8179304 |
| Singapore | Singapore | I FOUR | 6950 6790 |
| Taiwan | Taipei | EVATRANS LOGISTICS CO., LTD. | 886-2-2511-4811 |
| Thailand | Bangkok | BANGKOK COLD STORAGE SERVICES, LTD. | 02-383-5641-4 |
| Thailand | Bangkok | INTERTRANS LOGISTICS | 2 988 9458 |
| Vietnam | Haiphong | DANKO LOGISTICS CO., LTD. | 24-3776 2460 |

# 早川運輸　株式会社
# HAYAKAWA MARINE AND TRANS., CORPORATION

231-0005 神奈川県横浜市中区本町5-49
TEL 045-212-6850 FAX: 045-212-9717
http://www.hayakawaunyu.co.jp/

[主な営業種目]　港湾運送事業　海運貨物取扱業
貨物自動車運送事業　倉庫業　通関業

[貨物運送取扱事業法上の事業区分(外航海運)]
利用運送事業

[加入団体名]　JIFFA　JFFF

[国内営業所および代理店名]
東京：営業本部海外業務部（海底線チーム）
03-3863-4317　FAX03-3863-4318

[海外営業所及び代理店又は提携先]

NORTH AMERICA

| | | | |
|---|---|---|---|
| Canada | Toronto | Acme Int'l Inc. | 1-905-678-7724 |
| USA | Anchorage | North Star Maritime Agencies | 1-907-272-7537 |
| USA | Chicago | Ace Young Inc. | 1-847-298-4567 |
| USA | New York | Universal Logistics Inc. | 1-718-978-2918 |
| USA | Portland | Jones Oregon Stevedoring Co. | 1-503-228-6601 |

EUROPE

| | | | |
|---|---|---|---|
| Belgium | Antwerp | N.V.A. Cassiers, Rohlig & Co. S.A. | 32-3-202-0580 |
| Germany | Bremen | Rohlig & Co., (Gmbh & Co.) | 49-421-30310 |
| Germany | Hamburg | Rohlig & Co., (Gmbh & Co.) | 49-40-31101/31104 |
| Italy | Milano | VIO & C. | 39-039-23661 |
| UK | | Speed Int'l Logistics Service Ltd. | 44-1932-886392 |

ASIA & OCEANIA

| | | | |
|---|---|---|---|
| Australia | | K. C. Int'l Forwarding Pty. Ltd. | 61-3-9335-2666 |
| Bangladesh | Dhaka | Pacific Cargo Services Ltd. | 880-2-933-6617/2674 |
| China | Tianjin | Tianjin Shunmei Int'l Bus & Trsde Service | 86-22-2840-8300 |
| China | Xiamen | Sinostar Transportation (China) Co., | |

| | | | |
|---|---|---|---|
| | | Ltd. | 86-592-561-1108/1208 |
| Hongkong | Hongkong | Cargo Flow Transportation Ltd. | 852-2362-8223/2363-8172 |
| Indonesia | Jakarta | P.T. Data Cargo | 62-21-522-7557 |
| Korea | Seoul | Woo Young Logistics Co., Ltd. | 82-2-753-6981 |
| Malaysia | Penang | Mewah Shipping & Trading Co. Sdn. Bhd. | 60-4-261-5151/3 |
| Malaysia | Port Kelang | Mewah Shipping & Trading Co. Sdn. Bhd. | 60-3-367-0367 |
| Pakistan | Lahore | Loyal Agencies | 92-42-723-9124 |
| Philippines | Cebu | Jemara Int'l Freight Services | 63-32-346-5571 |
| Philippines | Manila | Jemara Int'l Freight Services | 63-2-527-2277/0531 |
| Singapore | Singapore | Hiap Woon Shipping (S) Pte. Ltd. | 65-222-6511 |
| Taiwan | Taipei | Glory Navigation Co., Ltd. | 886-2-2713-8121 |
| Taiwan | Taipei | Pronto Cargo Forwarding Co., Ltd. | 886-2-2731-6234 |
| Thailand | Bangkok | R. K. Intetrnational Freight Co., Ltd. | 66-2-748-6601 |
| Vietnam | Ho Chi Minh | Weixin Cargo Service Co., Ltd. | 84-8289-8117 |

# 早川海陸輸送　株式会社
# HAYAKAWA SEALAND TRANSPORTATION CORPORATION

231-0023 神奈川県横浜市中区山下町108
TEL 045-226-4655 FAX: 045-226-4656
http://www.hayakawa-st.co.jp

[主な営業種目]　港湾運送事業　海運貨物取扱業
貨物自動車運送事業　貨物自動車運送取扱業
倉庫業　通関業　NVOCC　梱包業

[貨物運送取扱事業法上の事業区分(外航海運)]
利用運送事業

[加入団体名]　JIFFA　JFFF

[国内営業所および代理店名]
東京：東京営業所
03-3799-7101　FAX03-3799-7105
横浜：横浜営業所
045-226-4655　FAX045-226-4656

# 株式会社　阪急阪神エクスプレス
# HANKYU HANSHIN EXPRESS CO., LTD.

105-0004 東京都港区新橋3-3-9
ＫＨＤ東京ビル9階
TEL 03-6745-1451 FAX: 03-6745-1458
https://www.hh-express.com/jp/

[主な営業種目]　利用運送事業　通関業　倉庫業
貨物自動車運送事業　輸出入貿易業およびその
代理業　医療機器製造業

[貨物運送取扱事業法上の事業区分(外航海運)]

利用運送事業

[加入団体名]　JIFFA　JAFA

[国内営業所および代理店名]
- ●経営企画部　050-3684-3994　℻03-6745-1447
- ●シナジー推進部
　　　　　　050-3684-6163　℻03-6745-1447
- ●航空事業部
- 東京：東日本企画課
　　　　　　050-3684-6167　℻03-6745-1447
- 千葉：東日本企画課
　　　　　　050-3684-6612　℻0476-31-6782
- 大阪：西日本企画課
　　　　　　050-3820-0972　℻06-6733-7207
- 千葉：東日本混載課
　　　　　　050-3684-6618　℻0476-31-6783
- 泉南：西日本混載課
　　　　　　072-456-5441　℻072-456-5449
- 常滑：中部日本チーム
　　　　　　050-3684-6632　℻0569-38-0280
- 福岡：福岡チーム
　　　　　　050-3684-6695　℻092-411-6718
- ●海運事業部
- 東京：仕入課　050-3816-1921　℻03-6745-7641
- 大阪：輸入混載課
　　　　　　050-3816-4021　℻06-6733-7207
- 東京：東日本NVOCC課
　　　　　　050-3816-1922　℻03-6745-7641
- 大阪：西日本NVOCC課
　　　　　　050-3816-1924　℻06-6733-7152
- ●ロジスティクス事業部
- 東京：東日本ロジスティクス事業推進課
　　　　　　050-3818-8707　℻03-6745-7631
- 大阪：西日本ロジスティクス事業推進課
　　　　　　050-3816-0847　℻03-6539-1671
- 千葉：ロジスティクス・ソリューション課
　　　：東日本ロジスティクス管理課　成田国際
　　　　ロジスティクスセンターチーム
　　　　　　050-3816-1926　℻0476-31-6785
　　　：成田カーゴセンターチーム
　　　　　　050-3816-2424　℻0479-75-2112
　　　：南船橋チーム
　　　　　　050-3816-4313　℻047-495-1180
- 大阪：西日本ロジスティクス管理課
　　　　　　050-3816-7235　℻06-6614-7286
- 千葉：東日本ターミナル課
　　　　　　050-3816-7841　℻0476-31-6789
- 大阪：西日本ターミナル課　南港チーム
　　　　　　050-3818-1400　℻06-6614-7286
- 泉南：　　　　　　　関空チーム
　　　　　　072-456-5703　℻072-456-5732
- ●営業管理部
- 千葉：東日本営業管理課
　　　　　　050-3820-1292　℻047-413-9687
- 大阪：西日本営業管理課
　　　　　　06-6614-5116　℻06-6614-5150
- 横浜：運輸課　050-3816-4812　℻045-523-0551
- 大阪：運輸課　050-3816-4833　℻06-6614-5119
- ●海外業務部　03-6745-1461　℻03-6745-1070
- ●グローバルセールス部
- 東京：　　　　　　050-3818-2176　℻03-6745-2719
- ●東日本第一営業部
- 東京：首都圏営業第一課

　　　　　　050-3820-1293　℻03-6745-1475
　　　：首都圏営業第二課
　　　　　　050-3820-1294　℻03-6745-1475
　　　：首都圏営業第三課
　　　　　　050-3818-2196　℻03-6745-1475
- ●東日本第二営業部
- 新潟：新潟営業課
　　　　　　050-3820-0610　℻025-270-1790
- 埼玉：関東営業課
　　　　　　050-3820-0700　℻048-813-8522
- 札幌：札幌営業所
　　　　　　011-827-1163　℻03-6745-2719
- 仙台：仙台営業課
　　　　　　050-3820-0721　℻022-783-2216
- 太田：太田営業課
　　　　　　050-3820-0608　℻0276-20-5134
- 横浜：横浜営業一課
　　　　　　050-3818-2234　℻045-523-0551
　　　：横浜営業二課
　　　　　　050-3819-4383　℻045-523-0551
- ●東日本輸入営業部
- 東京：営業一課　　　　　　℻03-6745-1235
- 東京：営業二課　　　　　　℻03-6745-1445
- ●東日本輸出カスタマーサービス部
- 東京：一課　050-3818-2259　℻03-6745-1223
　　　：二課　050-3818-2220　℻03-6745-1474
　　　：三課　050-3818-2254　℻03-6745-2714
　　　：四課　050-3816-1531　℻03-6745-7631
- ●東日本輸入カスタマーサービス部
- 東京：一課　03-6745-1234　℻03-6745-1235
　　　：二課　03-6745-1231　℻03-6745-1445
- 千葉：三課　050-3816-3963　℻047-413-9688
- ●中部日本営業部
- 名古屋：中部日本営業課
　　　　　　050-3818-8040　℻052-551-7236
- 浜松：浜松営業課
　　　　　　050-3820-0996　℻053-456-3551
- ●西日本第一営業部
- 金沢：北陸営業課
　　　　　　050-3818-8074　℻076-223-5312
- 守山：滋賀営業課
　　　　　　050-3819-4273　℻077-582-1769
- 京都：京都営業課
　　　　　　050-3818-8343　℻075-681-3120
- 大阪：大阪営業一課、大阪営業二課
　　　　　　06-6539-1650　℻06-6539-1651
- ●西日本第二営業部
- 神戸：神戸営業課
　　　　　　050-3818-8360　℻078-330-3705
- 加古川：加古川営業課
　　　　　　050-3818-8361　℻079-456-3310
- 岡山：岡山営業課
　　　　　　086-241-1411　℻086-241-2660
- 広島：広島営業課
　　　　　　082-553-9187　℻082-553-9188
- 高松：四国営業課
　　　　　　050-3818-8365　℻087-811-3145
- 福岡：九州営業課
　　　　　　050-3818-8370　℻092-411-6718
- 熊本：南九州営業所
　　　　　　050-3818-8694　℻096-292-8532
- ●西日本輸入営業部
　　　　　　050-3816-0847　℻06-6539-1671

●西日本輸出カスタマーサービス部

| | | | |
|---|---|---|---|
| 名古屋：一課 | 050-3818-2286 | FAX | 052-551-7236 |
| 滋賀：一課 | 050-3819-4273 | FAX | 077-582-1769 |
| 京都：一課 | 050-3818-8343 | FAX | 075-681-3120 |
| 大阪：一課 | 06-6539-1650 | FAX | 06-6539-1651 |
| 神戸：二課 | 050-3818-8360 | FAX | 078-330-3705 |
| 高松：二課 | 050-3818-8365 | FAX | 078-811-3145 |
| 岡山：二課 | 086-241-1411 | FAX | 086-241-2660 |
| 福岡：二課 | 050-3818-8369 | FAX | 092-411-6718 |

●西日本輸入カスタマーサービス部

| | | | |
|---|---|---|---|
| 京都：一課 | 050-3818-8343 | FAX | 075-681-3120 |
| 大阪：一課 | 050-3818-8722 | FAX | 06-7732-4043 |
| ：一課 | 050-3816-0847 | FAX | 06-6539-1671 |
| 神戸：一課 | 050-3816-4645 | FAX | 078-857-4725 |
| 名古屋：二課 | 050-3818-8007 | FAX | 052-551-7236 |
| 神戸：三課 | 050-3818-8360 | FAX | 078-330-3705 |
| 岡山：三課 | 086-241-1411 | FAX | 086-241-2660 |
| 高松：三課 | 050-3818-8365 | FAX | 078-811-3145 |
| 福岡：三課 | 050-3818-8369 | FAX | 092-411-6718 |

●東日本通関部

千葉：東日本通関管理課
　　　050-3816-4891　FAX 047-413-9690
　：成田空港第一通関課
　　　050-3816-5249　FAX 0476-32-8357
　：成田空港第二通関課
　　　050-3816-7424　FAX 0476-31-6787
　：京浜輸出通関課
　　　050-3816-8516　FAX 047-413-9691
　：京浜航空輸入通関一課
　　　050-3816-8717　FAX 047-413-9692
　：京浜海上輸入通関課
　　　050-3816-9039　FAX 047-413-9697
東京：羽田空港通関課
　　　050-3816-9071　FAX 03-3747-0120

●西日本通関部

大阪：西日本通関管理課
　　　050-3816-9073　FAX 06-7732-4040
常滑：中部空港通関課
　　　050-3816-9084　FAX 0569-38-0288
大阪：関西輸出通関課
　　　050-3816-9102　FAX 06-6614-5154
　：関西航空輸入通関課
　　　050-3816-9599　FAX 06-7732-4042
　：関西海上輸入通関課
　　　050-3818-8732　FAX 06-6614-5155
高松：四国通関チーム
　　　050-3818-8365　FAX 087-811-3145
泉南：関西空港通関課
　　　072-456-5710　FAX 072-456-5732
福岡：福岡空港通関課
　　　050-3818-8737　FAX 092-477-0081

●総務人事部

| | | | |
|---|---|---|---|
| 東京：総務課 | 03-6745-1451 | FAX | 03-6745-1458 |
| ：人事課 | 03-6745-1452 | FAX | 03-6745-1458 |
| 大阪：人事課 | 06-4795-5811 | FAX | 06-4795-5816 |

●経理部

| | | | |
|---|---|---|---|
| 大阪： | 06-4795-5813 | FAX | 06-4795-5816 |
| 東京： | 03-6745-1483 | FAX | 03-6745-1488 |

●メディア統括室
　　　03-6745-1450　FAX 03-6745-1458

●品質管理部
千葉：　050-3818-8770　FAX 047-413-9687

[海外営業所及び代理店又は提携先]

---

NORTH AMERICA

|  |  |  |  |
|---|---|---|---|
| Canada | Toronto | Hankyu Hanshin Express (USA) Inc. | 1-905-612-9716 |
| USA | Atlanta | Hankyu Hanshin Express (USA) Inc. | 1-770-907-0061 |
| USA | Boston | Hankyu Hanshin Express (USA) Inc. | 1-781-334-8217 |
| USA | Chicago | Hankyu Hanshin Express (USA) Inc. | 1-630-238-6070 |
| USA | Cincinnati | Hankyu Hanshin Express (USA) Inc. | 1-859-372-0444 |
| USA | Dallas | Hankyu Hanshin Express (USA) Inc. | 1-817-251-9491 |
| USA | Detroit | Hankyu Hanshin Express (USA) Inc. | 1-734-942-1380 |
| USA | Los Angeles | Hankyu Hanshin Express (USA) Inc. | 1-310-884-2400 |
| USA | McAllen | Hankyu Hanshin Express (USA) Inc. | 1-956-994-3850 |
| USA | Miami | Hankyu Hanshin Express (USA) Inc. | 1-786-288-0962 |
| USA | New York | Hankyu Hanshin Express (USA) Inc. | 1-718-656-6265 |
| USA | San Francisco | Hankyu Hanshin Express (USA) Inc. | 1-650-877-0151 |
| USA | Seattle | Hankyu Hanshin Express (USA) Inc. | 1-206-878-3800 |

CENTRAL SOUTH AMERICA

|  |  |  |  |
|---|---|---|---|
| Brazil | Sao Paulo | C/O NUNO FERREIRA CARGAS INTERNACIONAIS LTDA | 55-11-2174-1000 |
| Mexico | Bajio | Hankyu Hanshin Express Mexico S.A. de C.V. | 52-472-748-9402 |
| Mexico | Mexico City | Hankyu Hanshin Express Mexico S.A. de C.V. | 52-55-1560-0424 |
| Mexico | Monterrey | Hankyu Hanshin Express Mexico S.A. de C.V. | 52-81-2202-8657 |
| Mexico | Queretaro | Hankyu Hanshin Express Mexico S.A. de C.V. | 52-442-727-0185 |

EUROPE

|  |  |  |  |
|---|---|---|---|
| Belgium | Brussels | Hankyu Hanshin Express (Netherlands), B.V. | 32-2-751-3860 |
| Czech Republic | Praha | Hankyu Hanshin Express (Deutschland) GmbH | 420-228-883-301 |
| France | Paris | Hankyu Hanshin Express (Netherlands), B.V. | 33-1-4816-6080 |
| Germany | Düsseldorf | Hankyu Hanshin Express (Deutschland) GmbH | 49-211-965-66-0 |
| Germany | Frankfurt | Hankyu Hanshin Express (Deutschland) GmbH., Headquarter | 49-69-96-86-41-0 |
| Italy | Milano | Hankyu Hanshin Express Co., Ltd., Rep. Office | 39-02-2940-3690 |
| Netherlands | Amsterdam | Hankyu Hanshin Express (Netherlands), B.V., Headquarter | 31-20-500-5300 |
| Netherlands | Rotterdam | Hankyu Hanshin Express (Netherlands), B.V. | 31-180-485-725 |
| UK | London | Hankyu Hanshin Express (UK) Ltd., Headquarter | 44-1753-686-116 |

フォワーダー

八

## AFRICA

|  |  |  |  |
|---|---|---|---|
| Kenya | Malaba | Intraspeed Arcpro Kenya Ltd. | 254-790-487-096 |
| Kenya | Mombasa | Intraspeed Arcpro Kenya Ltd. | 254-790-487-104 |
| Kenya | Nairobi | Intraspeed Arcpro Kenya Ltd. | 254-709-953-300 |
| Kenya | Thika | Intraspeed Arcpro Kenya Ltd. | 254-790-487-096 |
| South Africa | Cape Town | Intraspeed South Africa (Proprietary) Limited | 27-21-552-4800 |
| South Africa | Durban | Intraspeed South Africa (Proprietary) Limited | 27-31-201-5006 |
| South Africa | Johannesburg | Intraspeed South Africa (Proprietary) Limited. | 27-11-392-3886 |
| Uganda | Entebbe | Intraspeed East Africa Limited | 256-414-323-033 |
| Uganda | Kampala | Intraspeed East Africa Limited | 256-414-344-284 |

## MIDDLE EAST

|  |  |  |  |
|---|---|---|---|
| UAE | Dubai | Hankyu Hanshin Express Co., Ltd., Rep. Office | 971-4-881-9382 |

## ASIA & OCEANIA

|  |  |  |  |
|---|---|---|---|
| Bangladesh | Dhaka | Hankyu Hanshin Express Co., Ltd., Rep. Office | 880-9611-88-8622 |
| Cambodia | Phnom Penh | Hankyu Hanshin Express Co., Ltd., Rep. Office | 855-(0)23-964-270 |
| China | Beijing | Hankyu Hanshin Express (Beijing) Co., Ltd., Headquarter | 86-10-5326-9587 |
| China | Changchun | Hankyu Hanshin Express (Beijing) Co., Ltd. | 86-431-8134-5010 |
| China | Chengdu | Hankyu Hanshin Express (Shanghai) Co., Ltd. | 86-28-8525-5713 |
| China | Chongqing | Hankyu Hanshin Express (Shanghai) Co., Ltd. | 86-23-6385-3009 |
| China | Dalian | Hankyu Hanshin Express (Beijing) Co., Ltd. | 86-411-8256-6399 |
| China | Fuzhou | Hankyu Hanshin Express (Guangzhou) Ltd. | 86-591-8782-4426 |
| China | Guangzhou | Hankyu Hanshin Express (Guangzhou) Ltd., Headquarter | 86-20-8363-4166 |
| China | Hangzhou | Hankyu Hanshin Express (Shanghai) Co., Ltd. | 86-571-2899-7790 |
| China | Nanjing | Hankyu Hanshin Express (Shanghai) Co., Ltd. | 86-25-5225-7140 |
| China | Ningbo | Hankyu Hanshin Express (Shanghai) Co., Ltd. | 86-574-8709-3727 |
| China | Pudong Airport | Hankyu Hanshin Express (Shanghai) Co., Ltd. | 86-21-6835-9110 |
| China | Qingdao | Hankyu Hanshin Express (Beijing) Co., Ltd. | 86-532-8086-0078 |
| China | Shanghai | Hankyu Hanshin Express (Shanghai) Co., Ltd., Headquarter | 86-21-6238-1162 |
| China | Shanghai | Hankyu Hanshin Int'l Logistics (Shanghai) Co., Ltd., Headquarter | 86-21-6238-2391 |
| China | Shenyang | Hankyu Hanshin Express (Beijing) Co., Ltd. | 86-24-8360-1618 |
| China | Shenzhen | Hankyu Hanshin Express (Guangzhou) Ltd. | 86-755-2399-7596 |
| China | Suzhou | Hankyu Hanshin Express (Shanghai) Co., Ltd. | 86-512-6818-3091 |
| China | Suzhou | Hankyu Hanshin Int'l Logistics (Shanghai) Co., Ltd. | 86-512-6818-5191 |
| China | Tangshan | Hankyu Hanshin Express (Beijing) Co., Ltd. | 86-315-221-2389 |
| China | Tianjin | Hankyu Hanshin Express (Beijing) Co., Ltd. | 86-22-2312-6520 |
| China | Wuhan | Hankyu Hanshin Express (Shanghai) Co., Ltd. | 86-27-8555-4270 |
| China | Wuxi | Hankyu Hanshin Express (Shanghai) Co., Ltd. | 86-510-8521-9081 |
| China | Xiamen | Hankyu Hanshin Express (Guangzhou) Ltd. | 86-592-239-8870 |
| China | Xian | Hankyu Hanshin Express (Beijing) Co., Ltd. | 86-29-8668-2380 |
| China | Yantai | Hankyu Hanshin Express (Beijing) Co., Ltd. | 86-535-7353-161 |
| China | Zhengzhou | Hankyu Hanshin Express (Beijing) Co., Ltd. | 86-371-6568-6559 |
| Hongkong | Hongkong | Hankyu Hanshin Express (Hong Kong) Ltd., Headquarter | 852-3746-1111 |
| Hongkong | Tsing Yi | Hankyu Hanshin Express (Hong Kong) Ltd. | 852-3746-1310 |
| India | Ahmedabad | Hankyu Hanshin Express India Pvt Ltd., (Sales Office) | 91-96-4343-7477 |
| India | Bangalore | Hankyu Hanshin Express India Pvt Ltd. | 91-80-3542-9800 |
| India | Bawal | Hankyu Hanshin Express India Pvt Ltd. | 91-95-9973-8855 |
| India | Chennai | Hankyu Hanshin Express India Pvt Ltd. | 91-44-6923-4500 |
| India | Coimbatore | Hankyu Hanshin Express India Pvt Ltd., (Sales Office) | 91-042-2400-5112 |
| India | Delhi | Hankyu Hanshin Express India Pvt Ltd., Headquarter | 91-124-473-2700 |
| India | Mumbai | Hankyu Hanshin Express India Pvt Ltd. | 91-22-4222-6300 |
| India | Pune | Hankyu Hanshin Express India Pvt Ltd., (Sales Office) | 91-20-4670-0123 |
| Indonesia | Bekasi | PT. Hankyu Hanshin Logistics Indonesia., Headquarter | 62-21-2808-0251 |
| Indonesia | Jakarta | PT. Hankyu Hanshin Express Indonesia., Headquarter | 62-21-8566176 |
| Indonesia | Jakarta Airport | PT. Hankyu Hanshin Express Indonesia. | 62-21-5591-1239 |
| Indonesia | Tanjung Priok | PT. Hankyu Hanshin Express Indonesia. | 62-21-7919-9881 |
| Korea | Bucheon | Hankyu Hanshin Express (Korea) Co., Ltd. | 82-32-322-1113 |
| Korea | Seoul | Hankyu Hanshin Express (Korea) Co., Ltd., Headquarter | 82-2-752-1004 |
| Malaysia | Butterworth | Hankyu Hanshin Express (Malaysia) Sdn. Bhd. | 60-4-390-3688 |
| Malaysia | Johor Bahru | Hankyu Hanshin Express (Malaysia) Sdn. Bhd. | 60-7-598-6188 |
| Malaysia | Kuala Lumpur | Hankyu Hanshin Express (Malaysia) Sdn. Bhd., Headquarter | 60-3-8081-2388 |
| Malaysia | Kuala Lumpur Airport | Hankyu Hanshin Express (Malaysia) Sdn. Bhd. | 60-3-8787-3088 |

フォワーダー

ハ

| | | | |
|---|---|---|---|
| Malaysia | Kuala Lumpur Airport | | |
| | | Hankyu Logistics (M) Sdn. Bhd., Headquarter | 60-3-8081-2388 |
| Malaysia | Kuantan | Hankyu Hanshin Express (Malaysia) Sdn. Bhd. | 60-9-580-1220 |
| Malaysia | Melaka | Hankyu Hanshin Express (Malaysia) Sdn. Bhd. | 60-6-512-1098 |
| Malaysia | Pasir Gudang | Hankyu Hanshin Express (Malaysia) Sdn. Bhd. | 60-7-255-3088 |
| Malaysia | Penang | Hankyu Hanshin Express (Malaysia) Sdn. Bhd. | 60-4-638-6688 |
| Malaysia | Port Klang | Hankyu Hanshin Express (Malaysia) Sdn. Bhd. | 60-3-3168-9488 |
| Myanmar | Yangon | Hankyu Hanshin Express (Myanmar) Co., Ltd. | 95-1-534475 |
| Philippines | Cavite | Hankyu Hanshin Express Philippines Inc. | 63-46-4376962 |
| Philippines | Cebu | Hankyu Hanshin Express Philippines Inc. | 63-32-238-2485 |
| Philippines | Cebu | Hankyu Hanshin Logistics Philippines Inc. | 63-32-238-2485 |
| Philippines | Clark | Hankyu Hanshin Express Philippines Inc. | 63-45-499-3221 |
| Philippines | Laguna | Hankyu Hanshin Express Philippines Inc. | 63-49-502-7400 |
| Philippines | Laguna | Hankyu Hanshin Logistics Philippines Inc., Headquarter | 63-49-541-2991 |
| Philippines | Manila | Hankyu Customs Brokerage Inc., Headquarter | 63-2-8846-7205 |
| Philippines | Manila | Hankyu Hanshin Express Philippines Inc., Headquarter | 63-2-8846-7205 |
| Singapore | Singapore | Hankyu Hanshin Express (Singapore) Pte. Ltd., (Air Freight Export) | 65-6545-0911 |
| Singapore | Singapore | Hankyu Hanshin Express (Singapore) Pte. Ltd., (Air Freight Import) | 65-6545-5150 |
| Singapore | Singapore | Hankyu Hanshin Express (Singapore) Pte. Ltd., (Logistics) | 65-6546-3003 |
| Singapore | Singapore | Hankyu Hanshin Express (Singapore) Pte. Ltd., (Ocean Freight) | 65-6422-3899 |
| Singapore | Singapore | Hankyu Hanshin Express (Singapore) Pte. Ltd., Headquarter | 65-6543-0688 |
| Singapore | Singapore | Hankyu Hanshin Express Southeast Asia Pte. Ltd. | 65-6422-3808 |
| Taiwan | Kaohsiung | Hankyu Hanshin Express (Taiwan) Ltd. | 886-7-566-5100 |
| Taiwan | Taichung | Hankyu Hanshin Express (Taiwan) Ltd. | 886-4-2355-0537 |
| Taiwan | Taipei | Hankyu Hanshin Express (Taiwan) Ltd., Headquarter | 886-2-2506-3232 |
| Taiwan | Taipei Airport | Hankyu Hanshin Express (Taiwan) Ltd. | 886-3-393-2789 |
| Thailand | Bangkok | Hankyu Hanshin Express (Thailand) Co., Ltd., Headquaretr | 66-2-126-8500 |
| Thailand | Bangkok Airport | Hankyu Hanshin Express (Thailand) Co., Ltd. | 66-2-134-6790 |
| Thailand | Bangplee | HOT Logistics Co., Ltd. | 66-20-010-2268 |
| Thailand | Chiangmai | Hankyu Hanshin Express (Thailand) Co., Ltd. | 66-5-328-3990 |
| Thailand | Don Mueang Airport | | |
| | | Hankyu Hanshin Express (Thailand) | |

| | | | |
|---|---|---|---|
| | | Co., Ltd. | 66-2-535-3510 |
| Thailand | Laem Chabang | Hankyu Hanshin Express (Thailand) Co., Ltd. | 66-3-833-0340 |
| Vietnam | Binh Duong | Hankyu Hanshin Express (Vietnam) Co., Ltd. | 84-650-3765-898 |
| Vietnam | Binh Duong II | Hankyu Hanshin Express (Vietnam) Co., Ltd. | 84-28-3948-7501 |
| Vietnam | Danag | Hankyu Hanshin Express (Vietnam) Co., Ltd. | 84-28-3948-7501 |
| Vietnam | Haiphong | Hankyu Hanshin Express (Vietnam) Co., Ltd. | 84-225-3614-005 |
| Vietnam | Hanoi | Hankyu Hanshin Express (Vietnam) Co., Ltd., Headquarter | 84-24-3941-3086 |
| Vietnam | Ho Chi Minh | Hankyu Hanshin Express (Vietnam) Co., Ltd. | 84-28-3948-7501 |
| Vietnam | Noi Bai | Hankyu Hanshin Express (Vietnam) Co., Ltd. | 84-24-3584-3459 |

## 株式会社　バンダイロジパル
## BANDAI LOGIPAL INC.

105-0013 東京都港区浜松町1-22-5
　　　　KDX浜松町センタービル6階
　　　TEL 03-6809-1870 FAX: 03-6809-1947
　　　　　*http://www.blpinc.com*

［主な営業種目］通関業　NVOCC　国際複合輸送

［貨物運送取扱事業法上の事業区分(外航海運)］
利用運送事業

［加入団体名］FIATA　JIFFA

［国内営業所および代理店名］
　東京：グローバル統括部　国際事業部　東京事
　　　　業所　　03-6809-1870　🆖03-6809-1947
　神戸：グローバル統括部　国際事業部　神戸事
　　　　業所　　078-321-0093　🆖078-321-0094

［海外営業所及び代理店又は提携先］
<u>NORTH AMERICA</u>
| | | | |
|---|---|---|---|
| USA | Los Angeles | BANDAI LOGIPAL AMERICA INC. | 1-310-894-4600 |

<u>ASIA & OCEANIA</u>
| | | | |
|---|---|---|---|
| China | Shanghai | BANDAI LOGIPAL (SHANGHAI) Ltd. | 86-21-6360-7039 |
| China | Shenzhen | BANDAI LOGIPAL (SHANGHAI) Ltd., Shenzhen Branch | 86-755-2973-6146 |
| Hongkong | Hongkong | BANDAI LOGIPAL (H.K.) Ltd. | 852-2865-2616 |
| Thailand | Bangkok | BANDAI LOGIPAL (THAILAND) Co., Ltd. | 66（0）2-046-5560 |

## ヒ

## 東日本港運　株式会社
## HIGASHI NIHON KOUN CO., LTD.

140-0001 東京都品川区北品川1-3-12
　　　　第５小池ビル6階

TEL 03-6712-8256 FAX: 03-6712-8257
http://www.higashinihonkoun.co.jp/

［主な営業種目］　通関業

［貨物運送取扱事業法上の事業区分(外航海運)］
貨物自動車利用運送/第二種外航利用運送事業

［加入団体名］　JIFFA

# 株式会社　日立物流
## HITACHI TRANSPORT SYSTEM, LTD.

104-8350 東京都中央区京橋2-9-2　日立物流ビル
TEL 03-6263-2800㈹ FAX: 03-6263-2750㈹
https://www.hitachi-transportsystem.com

［主な営業種目］　海運貨物取扱業　貨物自動車運
送事業　倉庫業　通関業　NVOCC

［貨物運送取扱事業法上の事業区分(外航海運)］
利用運送事業

［加入団体名］　JIFFA　JAFA　JFFF（※全て㈱
日立物流バンテックフォワーディングが加盟）

［国内営業所および代理店名］
東京：㈱日立物流バンテックフォワーディング
営業開発部
03-6864-6525　㎰03-6864-5202

［海外営業所及び代理店又は提携先］

NORTH AMERICA
| USA | Indiana | J.P. Holding Company, Inc. |
| | | +1-800-738-7705 |
| USA | Los Angeles | James J. Boyle & Co. |
| | | +1-323-263-8100 |
| USA | Los Angeles | Vantec Hitachi Transport System |
| | | （USA），Inc.　+1-310-787-3420 |

CENTRAL SOUTH AMERICA
| Mexico | Aguascalientes | VANTEC LOGISTICS MEXICO S.A DE |
| | | C.V.　+52-449-922-6100 |

EUROPE
| Czech | Kladno | ESA s.r.o.　+420-314-6-444 |
| Netherlands | Waardenburg | Hitachi Transport System （Europe) |
| | | B.V.　+31-418-657-654 |
| Slovac | Senec | ESA LOGISTIKA, s.r.o. |
| | | +421-2-20830-111 |
| UK | Sunderland | VANTEC EUROPE LIMITED |
| | | +44-191-416-1133 |

MIDDLE EAST
| Turkey | Istanbul | Mars Logistics Group Inc. |
| | | +90-212-411-4444 |

ASIA & OCEANIA
| Australia | Melbourne | Hitachi Transport System |
| | | （Australia）Pty. Ltd. |
| | | +61-3-8256-3600 |
| Australia | Sydney | Hitachi Transport System Forwarding |
| | | （Australia）Pty. Ltd. |
| | | +61-2-9621-0550 |
| China | GUANGZHOU | 広州万特可国際貨運代理有限公 |
| | | 司　+86-20-3878-0577 |
| China | Hong Kong | JJB Link Logistics Co. Limited |
| | | +852-3741-2392 |
| China | Hong Kong | 日立物流萬特可（香港）有限公 |
| | | 司　+852-2783-0099 |
| China | Shanghai | 日立物流（上海浦東）有限公司 |
| | | +86-21-5077-5712 |
| China | Shanghai | 日立物流（中国）有限公司 |
| | | 深圳日禾国際貨運有限公司 |
| | | +86-755-2586-3666 |
| China | WUHAN | 武漢万友通物流有限公司 |
| | | +86-27-8479-1650 |
| India | Chennai | Flyjac Logistics Pvt. Ltd. |
| | | +91-44-3097-4200 |
| India | Chennai | VANTEC LOGISTICS INDIA PRIVATE |
| | | LIMITED　+91-44-4354-6231 |
| Indonesia | Jakarta | PT Berdiri Matahari Logistik |
| | | +62-21-830-6590 |
| Indonesia | Jakarta | PT Hitachi Transport System |
| | | Indonesia　+62-21-830-6590 |
| Korea | Seoul | Hitachi Transport System （Korea)， |
| | | Ltd.　+82-2-755-7201 |
| Malaysia | Selangor | Hitachi Transport System （M）Sdn. |
| | | Bhd.　+60-3-8913-1000 |
| Malaysia | Selangor | HTS Forwarding Malaysia Sdn. Bhd. |
| | | +60-3-8913-1000 |
| Philippines | Paranaque | Manila International Freight |
| | | Forwarders, Inc.　+63-2-8-825-3182 |
| Singapore | Singapore | Hitachi Transport System （Asia) |
| | | Pte. Ltd.　+65-6535-8211 |
| Taiwan | Taipei | 台湾日立物流股 有限公司 |
| | | +886-2-2518-5700 |
| Thailand | Samutprakarn | Eternity Grand Logistics Public Co., |
| | | Ltd.　+66-2-315-7333 |
| Thailand | Samutprakarn | Hitachi Transport System Vantec |
| | | （Thailand），Ltd. |
| | | +66-2-337-2086-99 |
| Vietnam | Ho Chi Minh City | |
| | | Hitachi Transport System |
| | | （Vietnam）Co., Ltd. |
| | | +84-28-3547 1383 |

# 日立埠頭　株式会社
## HITACHI FUTO CO., LTD.

319-1222 茨城県日立市久慈町1-3-10
TEL 0294-53-4111㈹ FAX: 0294-53-0911
http://www.hitachi-futo.co.jp

［主な営業種目］　一般港湾運送事業　倉庫及び上
屋業　通関業　貨物利用運送事業　利用航空運
送事業副代理店　一般貨物自動車運送事業　産
業廃棄物収集運搬業　自動車分解整備事業　船
舶代理店業　曳船業　旅行業　内航海運業

# 兵機海運　株式会社
## HYOKI KAIUN KAISHA, LTD.

650-0045 兵庫県神戸市中央区港島3-6-1
TEL 078-940-2363 FAX: 078-940-2373
http://www. hyoki.co.jp

［主な営業種目］　港湾運送事業　倉庫業　内航海
運業　通関業　NVOCC

［貨物運送取扱事業法上の事業区分(外航海運)］

利用運送事業

[加入団体名] JIFFA JFFF

[国内営業所および代理店名]
東京：東京支店 03-3563-1291　℻03-3561-8595
大阪：大阪支店 06-6616-5341　℻06-6616-5308
神戸：本社営業部
　　　　　　　078-940-2363　℻078-940-2373
姫路：姫路支店 0792-34-5241　℻0792-33-0974
倉敷：中国支店 086-523-0211　℻086-523-0213

[海外営業所及び代理店又は提携先]
ASIA & OCEANIA
| China | Dalian | DK Logistics Co., Ltd. 411-8278-8335 |
| China | Qingdao | DK Logistics Co., Ltd. 532-80967500 |
| China | Shanghai | Shanghai Yi-Jie Shipping Co., Ltd. |
| | | 6364-0263 |
| Philippines | Manila | ICS-Translink Inc 892-0964 |
| Taiwan | Taipei | Goget Freight Forwarding Co., Ltd. |
| | | 2793-7057 |

## フ

## 冨士運輸　株式会社
## FUJI UNYU CO., LTD.

105-0012 東京都港区芝大門1-6-3
　　　　　芝大門武井ビル4階
　　　　　TEL 03-5776-5925 FAX: 03-5776-5926

[主な営業種目] 海運貨物取扱業　NVOCC　国際複合運送業

[貨物運送取扱事業法上の事業区分(外航海運)]
　利用運送事業

[海外営業所及び代理店又は提携先]
NORTH AMERICA
| USA | Chicago | Mid-America Overseas, Inc. |
| | | (630) 766-5655 |
| USA | Los Angeles | Fuji Logitech U.S.A. (310) 762-9518 |

CENTRAL SOUTH AMERICA
| Brazil | Sao Paulo | Dijfo Do Brasil Ltda. 11-3123-4100 |

EUROPE
| Belgium | Antwerp | Fiege Goth NV | 3-5450564 |
| France | Marseilles | Technotrans | 95-05-0403 |
| Germany | Bremen | Fiege Net Ltd. | 421-54904-131 |
| Spain | Madrid | Boss Contyinental, S.L. 34-913041100 |
| Sweden | Stockholm | Conroute AB | 46-8-681-4960 |
| Switzerland | Basel | Fiege Logistics Ltd. | 61-337-4444 |
| Switzerland | Chiasso | Fiege Logistics Ltd. | 91-695-5711 |
| Switzerland | Zurich | Fiege Logistics Ltd. | 1-872-8126 |

MIDDLE EAST
| UAE | Dubai | Integrated Freight & Logistics |
| | | 971-4-359-9188 |

ASIA & OCEANIA
| China | Dalian | Zen Continental Co., Inc. |
| | | 411-82798500 |
| China | Shanghai | Fiege Int'l Freight Forwarder Co., Ltd. |
| | | 21-63575701 |
| China | Shenzhen | Fiege Int'l Freight Forwarder Co., Ltd. |
| | | 755-83211276 |
| China | Xiamen | Fiege Int'l Freight Forwarder Co., Ltd. |

| | | 592-2682090 |
| Hongkong | Hongkong | Fiege Int'l Freight Forwarder Co., Ltd. |
| | | 2-892-0668 |
| India | Calcutta | Worldgate Express Lines |
| | | 9133-2281-0866 |
| India | Mumbai | Worldgate Express Lines |
| | | 9122-2202-4793 |
| Indonesia | Jakarta | P.T. Puninar Jaya 21-460-2278 |
| Korea | Seoul | K.E.C. Int'l Co., Ltd. 2-3270-2000 |
| Singapore | Singapore | Worldgate Express Lines 62261911 |
| Taiwan | Taipei | Fiege Ltd. 2-2709-9991 |

## 伏木海陸運送　株式会社
## FUSHIKI KAIRIKU UNSO CO., LTD.

933-0104 富山県高岡市伏木湊町5-1
　　　　　　　TEL 0766-45-1136
　　　　　　　FAX: 0766-45-1186
　　　　*http://www.fkk-toyama.co.jp*

[主な営業種目] 港湾運送事業　倉庫業　船舶代理店業　国際複合運送業

[貨物運送取扱事業法上の事業区分(外航海運)]
　利用運送事業

[国内営業所および代理店名]
　東京：東京事務所
　　　　　　　03-6262-5044　℻03-6262-5045

[海外営業所及び代理店又は提携先]
EUROPE
| Russia | Vladivostok | 伏木海陸運送㈱ウラジオストク |
| | | 事務所 7-4232-497-550 |

ASIA & OCEANIA
| China | Dalian | 伏木海陸運送㈱中国駐在事務所 |
| | | 86-411-8800-8272 |

## 株式会社　フジトランス コーポレーション
## FUJITRANS CORPORATION

455-0032 愛知県名古屋市港区入船1-7-41
　　　　　TEL 052-653-3111 FAX: 052-652-7110
　　　　　*www.fujitrans.co.jp*

[主な営業種目] 港湾運送事業　倉庫業　通関業　内航海運業　海上運送事業　梱包事業

[貨物運送取扱事業法上の事業区分(外航海運)]
　第一種利用運送事業(自動車)　第二種利用運送事業(内航・外航・航空)

[加入団体名] JIFFA JAFA　日本港運協会(東海港運協会)　全国内航輸送海運組合

[国内営業所および代理店名]
　苫小牧：北海道支店
　　　　　　　0144-32-6537　℻0144-33-3983
　仙台：仙台支店 022-254-2071　℻022-254-2075
　東京：東京支店 03-6262-7252　℻03-6262-7253
　豊橋：豊橋支店 0532-32-5665　℻0532-31-8430
　大阪：大阪支店 06-6573-3771　℻06-6575-1019
　倉敷：水島支店 086-486-3361　℻086-486-4547
　北九州：新門司事業所

| | 093-481-6251 | FAX 093-481-6265 |

福岡：福岡支店 092-651-3535 FAX 092-631-0186
八戸：八戸出張所
0178-71-2017 FAX 0178-43-2016
千葉：千葉出張所
043-238-8103 FAX 043-238-8104
川崎：川崎出張所
044-299-2391 FAX 044-299-3330
横浜：横浜出張所
045-772-1524 FAX 045-774-6995
坂出：坂出出張所
0877-47-2888 FAX 0877-47-2821
広島：広島出張所
082-921-7677 FAX 082-921-5166
中津：大分出張所
0979-33-1530 FAX 0979-33-1531
鹿児島：鹿児島出張所
099-261-6210 FAX 099-261-2922
那覇：沖縄出張所
098-876-9231 FAX 098-876-9235

［海外営業所及び代理店又は提携先］

NORTH AMERICA

| Canada | Toronto | Fujitrans U.S.A., Inc., Toronto Branch |
| | | 1-905-790-1333 |
| USA | Chicago | Fujitrans U.S.A., Inc., Chicago Branch |
| | | 1-630-616-7945 |
| USA | Dallas | Fujitrans U.S.A., Inc., Dallas Branch |
| | | 1-972-755-3460 |
| USA | East Hartford | Fujitrans U.S.A., Inc., Connecticut |
| | | Branch 1-860-610-3362 |
| USA | Los Angeles | Fujitrans U.S.A., Inc., Los Angeles |
| | | Office 1-310-830-5151 |
| USA | Sanfrancisco | Fujitrans U.S.A., Inc.,San francisco |
| | | Office |

EUROPE

| Czech Republic | | |
| | Praha | Fujitrans (Europe) B.V., Czech Branch |
| | | 420-378-229-632 |
| Netherlands | Amsterdam | Fujitrans (Europc) B.V., Head Office |
| | | 31-23-562-2884 |

ASIA & OCEANIA

| Cambodia | Phnom Penh | Fujitrans (Cambodia) Co., Ltd. |
| China | Shanghai | Fujitrans (Shanghai) Co., Ltd., Head |
| | | Office 86-21-5155-9944 |
| Indonesia | Jakarta | PT Fujitrans Logistics Indonesia, Head |
| | | Office 62-21-3004-8166 |
| Myanmar | Myawaddy | Fujitrans (Myanmar) Co., Ltd., ミャ |
| | | ワディー連絡事務所 |
| Myanmar | Yangon | Fujitrans (Myanmar) Co., Ltd., Head |
| | | Office 95-1-248194 |
| Myanmar | Yangon | Fujitrans Logistics(Myanmar)co.,LTD. |
| | | 95-1-248195 |
| Philippines | Santa Rosa | Fujitrans Philippines, Inc., Head Office |
| | | 63-49-832-1876 |
| Singapore | Singapore | Ft Logistics (Asia) PTE. LTD |
| | | 65-6333-8595 |
| Thailand | Bangkok | Fujitrans (Thailand) Co., Ltd., Head |
| | | Office 66-2632-7711 |
| Thailand | Laem Chabang | Fujitrans (Thailand) Co., Ltd., Laem |
| | | Chabang Office 66-3-300-8171 |
| Thailand | Laem Chabang | Fujitrans (Thailand) Co., Ltd., MMT h |
| | | KD Office 66-38-491-6 |
| Vietnam | Ho Chi Minh City | |

| Vietnam | Long An | Fujitrans (Vietnam) Co., Ltd., Head |
| | | Office 84-28-3935-0388 |
| | | Fujitrans (Vietnam) Co., Ltd.Long An |
| | | Motorpool 84-28-3620-0021 |

# 富士物流　株式会社
## FUJI LOGISTICS CO., LTD.

108-0073 東京都港区三田3-10-1
アーバンネット三田ビル6階
TEL 03-3454-8411 （代表）
FAX: 03-5476-8663 （代表）
*https://www.fujibuturyu.co.jp*

［主な営業種目］ 貨物自動車運送事業　貨物利用
運送事業　一般港湾運送事業　通関業　倉庫業

［貨物運送取扱事業法上の事業区分(外航海運)］
利用運送事業

［加入団体名］ JIFFA

［国内営業所および代理店名］
東京：国際業務部
03-5439-6513 FAX 03-5439-6517
：国際フォワーディング部
03-5439-6510 FAX 03-5439-6516
：　〃　　　営業第一課
03-5439-6512 FAX 03-5439-6517
：　〃　　　営業第二課
03-5439-6515 FAX 03-5439-6520
：　〃　　　東京業務センター
03-5439-6511 FAX 03-5439-6517

［海外営業所及び代理店又は提携先］

EUROPE

| Germany | Eppertshausen | Fuji Logistics Europe B.V. Frankfurt |
| | | Branch 49-5425-2797833 |
| Netherlands | Sassenheim | Fuji Logistics Europe B.V. |
| | | 31-25-2240160 |

ASIA & OCEANIA

| China | Dalian | Fuji Logistics (China) Co., Ltd., Dalian |
| | | Branch 86-411-8732-7980 |
| China | Hongkong | Fuji Logistics (H.K.) Co., Ltd. |
| | | 852-2636-1611 |
| China | Shanghai | Fuji Logistics (China) Co., Ltd. |
| | | 86-21-6073-0553 |
| China | Shanghai | Fuji Logistics (Shanghai) Co., Ltd. |
| | | 86-21-6073-0553 |
| China | Shenzhen | Fuji Logistics (China) Co., Ltd., |
| | | Shenzhen Branch 86-755-8358-0416 |
| Malaysia | Johor | Fuji Logistics (Malaysia) SDN. BHD., |
| | | Johor Branch 60-7-507-1025 |
| Malaysia | Kedah | Fuji Logistics (Malaysia) SDN. BHD. |
| | | 60-4-403-6548 |

フォワーダー
フ

## 藤原運輸　株式会社
## FUJIWARA LOGISTICS CO., LTD.

550-0022 大阪府大阪市西区本田4-7-18
TEL 06-6581-1471 FAX: 06-6584-2244
*http://www.fujiwaraunyu.com*

[主な営業種目]　港湾運送事業　貨物自動車運送
事業　倉庫業　通関業　船舶代理店業務他

[貨物運送取扱事業法上の事業区分(外航海運)]
利用運送事業

[加入団体名]　JFFF

[国内営業所および代理店名]
　東京：東京支店 045-211-4671　📠045-211-4672
　大阪：大阪支店 06-6612-3544　📠06-6612-7169
　神戸：神戸支店 078-881-3215　📠078-881-0355

[海外営業所及び代理店又は提携先]
ASIA & OCEANIA

| Vietnam | Ho Chi Minh | FUJIWARA LOGISTICS VN CO., LTD. (FLVC) | 08-3824-5841 |
| Vietnam | Ho Chi Minh | FUJIWARA VIETNAM GLOBAL LOGISTICS CENTER CO., LTD. (FVGL) | |

## 株式会社　二葉
## FUTABA CORPORATION

108-8628 東京都港区高輪3-19-15
TEL 03-3473-8210 FAX: 03-3447-7173

[加入団体名]　JFFF

## フライングフィッシュ　株式会社
## FLYING FISH INC.

103-0027 東京都中央区日本橋3-8-2
新日本橋ビル3階
TEL 03-3510-7791 FAX: 03-3510-7789
*https://www.flyingfish.co.jp*

[主な営業種目]　NVOCC　国際複合運送業　海
運貨物取扱業　貨物自動車運送取扱　引越貨
物取扱業

[貨物運送取扱事業法上の事業区分(外航海運)]
利用運送事業

[加入団体名]　JIFFA

[国内営業所および代理店名]
　大阪：大阪支店 06-6264-2033　📠06-6264-2055

[海外営業所及び代理店又は提携先]
EUROPE

| Italy | Flying Fish Inc., Europe Rep. Office | 39-010-53537 27 |

## 株式会社　ペガサスグローバルエクスプレス
## PEGASUS GLOBAL EXPRESS CO., LTD.

136-0082 東京都江東区新木場1-8-11
TEL 03-3522-1555 FAX: 03-3522-1888
*http://www.pegasus-group.com*

[主な営業種目]　国際宅配便　航空貨物運送業
海運貨物運送業

[貨物運送取扱事業法上の事業区分(外航海運)]
第二種貨物利用運送業（国際航空、一般混載）
第二種貨物利用運送業(国際宅配便)　第一種貨物
利用運送業（外航海運）IATA貨物代理店　通関
業（東京税関・航空）　一般港湾運送事業　倉
庫業

[加入団体名]　JAFA　JIFFA　JACIS　日本関税協
会　東京通関業会

[国内営業所および代理店名]
　東京：管理本部　監査室　海外統括管理室　事
　　　　業管理室　東京支店
　　　　　　03-3522-1555　📠03-3522-1888
　　　：フォワーディング事業部
　　　　　　03-5846-9715　📠03-5846-9716
　　　：EC事業部
　　　　　　03-5835-0695　📠03-5835-0696
　　　：大井青果支店
　　　　　　03-3799-7361　📠03-3799-7360
　成田：成田通関センター
　　　　　　0476-29-5729　📠0476-32-8976
　横浜：神奈川営業所
　　　　　　045-315-3721　📠045-315-3731
　高崎：北関東営業所
　　　　　　027-384-2874　📠027-384-2875
　千葉：千葉営業所
　　　　　　043-305-5018　📠043-305-5015
　さいたま：さいたま営業所
　　　　　　048-767-5766　📠048-767-5767
　名古屋：名古屋支店
　　　　　　052-222-3371　📠052-222-3372
　浜松：中部支店 053-463-6851　📠053-463-5477
　大阪：大阪支店 06-6686-1148　📠06-6686-1168
　大津：京滋営業所
　　　　　　075-585-3350　📠075-585-3351
　大津：神戸営業所
　　　　　　078-414-8253　📠078-414-8254
　福山：中・四国支店
　　　　　　084-982-7410　📠084-982-7412
　福岡：九州営業所
　　　　　　092-710-7017　📠092-710-7018

[海外営業所及び代理店又は提携先]
ASIA & OCEANIA

| Thailand | Bangkok | Pegasus Global Express (Thailand) Co., Ltd. | 66-2-236-9655 |
| Thailand | Bangkok | Pegasus Global Express (Thailand) Co., Ltd., Bangna Warehouse | 66-38-134-244-5 |
| Thailand | Bangkok | Pegasus Global Express (Thailand) | |

フォワーダー

フ・へ

| Thailand | Bangkok | Co., Ltd., Eastern Seaboard Warehouse 66-033-063521 Pegasus Global Express (Thailand) Co., Ltd., Suvernabhumi Office 66-2-134-7229-32 |
| --- | --- | --- |

## 株式会社　ベストシッピング
## BEST SHIPPING INC.

105-0023 東京都港区芝浦1-14-6　BSビル
TEL 03-5439-3703 FAX: 03-5439-3705
http://www.bestshipping.co.jp

[主な営業種目]　NVOCC　国際複合運送業　国際航空利用運送事業　通関業　海運貨物取扱業

[貨物運送取扱事業法上の事業区分(外航海運)]
利用運送事業

[加入団体名]　JIFFA　JAFA

[国内営業所および代理店名]
【国内営業所/代理店】
東京：東京本社　　Import Section
　　　　　　　03-5439-3708　FAX 03-5439-3709
　：　　　　　Export Section
　　　　　　　03-5439-3710　FAX 03-5439-3704
　：　　　　　Sales Section
　　　　　　　03-5439-3703　FAX 03-5439-3705
　：　　　　　Customs Section
　　　　　　　03-5439-3708　FAX 03-5439-3709
大阪：大阪支店 06-6227-8420　FAX 06-6227-8422

[海外営業所及び代理店又は提携先]
NORTH AMERICA
| USA | Los Angeles | Top Container Line, Inc. 949-316-2901 |
| --- | --- | --- |
| USA | New York | Top Container Line, Inc. 201-585-0033 |

ASIA & OCEANIA
| China | Shanghai | Top Container Line (China) Ltd. 86-21-6212-3155 |
| --- | --- | --- |
| Thailand | Bangkok | Top World Logistics (Thailand) Co., Ltd. 66-2-238-0915 |

## ボロレ・ロジスティクス・ジャパン　株式会社
## Bollor Logistics Japan K.K.

100-0005 東京都千代田区丸の内1-8-3
丸の内トラストタワー本館12階
TEL 050-4560-2828 FAX: 050-3172-3022
http://www.bollore-logistics.com

[主な営業種目]　国際利用航空・外航運送事業　国際複合運送業　NVOCC　通関業

[貨物運送取扱事業法上の事業区分(外航海運)]
利用運送事業

[加入団体名]　JAFA　IATA　東京通関業会

[国内営業所および代理店名]

東京：代表　　　050-4560-2828　FAX 050-3172-3022
　：営業部　営業・カスタマーサービス
　　　　　　050-4560-2833　FAX 050-3173-4822
　：業務部　航空輸入・輸入混載
　　　　　　050-4560-2838　FAX 050-3173-4818
　：業務部　航空輸出
　　　　　　050-4560-2837　FAX 050-3173-4818
　：業務部　海上輸入
　　　　　　050-4560-2840　FAX 050-3173-4828
　：業務部　海上輸出
　　　　　　050-4560-2839　FAX 050-3173-4819
　：プロジェクト部
　　　　　　050-4560-2836　FAX 050-3173-4824
羽田：業務部　通関
　　　　　　050-4560-2844　FAX 050-3173-4816
成田：業務部　通関
　　　　　　050-4560-2845　FAX 050-3171-1814
大阪：営業部　営業・カスタマーサービス
　　　　　　050-4560-2843　FAX 050-3173-4825
　：業務部　輸入／輸出
　　　　　　050-4560-2842　FAX 050-3173-4825
名古屋：営業部　営業
　　　　　　052-218-2351　FAX 050-3173-1684

[海外営業所及び代理店又は提携先]
本社（パリ）ほか世界109カ国にネットワークを持つ。

## マコト オーバーシーズ サービセス　株式会社
## MAKOTO OVERSEAS SERVICES CO., LTD.

101-0047 東京都千代田区内神田1-3-1
高砂ビル6階
TEL 03-6811-7301 FAX: 03-6811-7303
http://www.mosco.co.jp

[主な営業種目]　国際複合運送業　国際運送代理店業　NVOCC　貨物運送取扱事業

[貨物運送取扱事業法上の事業区分(外航海運)]
利用運送事業

[加入団体名]　JIFFA

[国内営業所および代理店名]
東京：誠貿易運輸㈱大井支店
　　　　　　03-3790-8511　FAX 03-3790-9561
横浜：誠貿易運輸㈱
　　　　　　045-662-8941　FAX 045-662-8968
清水：アオキトランス㈱
　　　　　　0543-53-2111　FAX 0543-51-1026
名古屋：東海協和㈱
　　　　　　052-651-2430　FAX 052-651-2442

[海外営業所及び代理店又は提携先]
NORTH AMERICA
| Canada | Toronto | Rimbosh Logistics Ltd | 819-778-1333 |
| --- | --- | --- | --- |
| USA | Chicago | RIM Logistics, Ltd. | 888-275-0937 |
| USA | Dallas | RIM Logistics, Ltd. | 817-310-8340 |
| USA | Los Angeles | RIM Logistics, Ltd. | 888-624-1434 |
| USA | New York | RIM Logistics, Ltd. | 201-968-5330 |

CENTRAL SOUTH AMERICA
| Argentina | Buenos Aires | Vanguard Logistics Services (Latin |
| --- | --- | --- |

| | | | |
|---|---|---|---|
| | | America) S. A. | 11-4-373-0332 |
| Brazil | Sao Paulo | Vanguard Logistics Services Do Brazil Ltda. | 11-3049-8122 |
| Chile | Santiago | Vanguard Logistics Services Chile S.A. | 2-377-5762 |

EUROPE

| | | | |
|---|---|---|---|
| Belgium | Antwerp | Orionco Belgium BVBA | 3-541-9045 |
| France | Marseilles | Freight Systems Europa S.A.R.L. | 33-32-0384158 |
| Germany | Hamburg | Seven Seas Shipping & Logistics GmbH | (040)3038990 |
| Germany | Stuttgart | S.A.T. Sea-Air Transport GmbH | 711-97688-0 |
| Italy | Genova | Casasco & Nardi S.p.A. | 2-272924 |
| Italy | Milano | Casasco & Nardi S.p.A. | 2-272924 |
| Netherlands | Rotterdam | Orionco Shipping B.V. | 10-428-2355 |
| Spain | Barcelona | Int'l de Cargas Consolidadas | 93-412-33-84 |
| UK | London | Crayford Freight Services Ltd. | 708-864711 |
| UK | London | Davies Turner Southern Ltd. | 1322-277558 |

AFRICA

| | | | |
|---|---|---|---|
| South Africa | Durban | Seacargo C.C. | 011-453-1173 |
| South Africa | Johannesburg | Seacargo C.C. | 011-453-1173 |

ASIA & OCEANIA

| | | | |
|---|---|---|---|
| Australia | Brisbane | Vanguard Logistics (Aust) Services | 7-3909-7600 |
| Australia | Melbourne | Vanguard Logistics (Aust) Services | 3-8318-5400 |
| Australia | Sydney | Vanguard Logistics (Aust) Services | 2-9694-9900 |
| Hongkong | Hongkong | Vanguard Logistics Services (Hong Kong) Ltd. | 2569-6680 |
| India | Mumbai | Agil Freight Logistics Pvt. Ltd. | 22-2845115 |
| Korea | Seoul | Woo Sung Freight Co., Ltd. | 2-778-4571 |
| Malaysia | Port Kelang | Vanguard Logistics Services Ltd. | 3-3344-6223 |
| New Zealand | | | |
| | Auckland | Freight Traders Ltd. | 09-309-2415 |
| Philippines | Manila | Vanguard Logistics Services, Philippines, Inc. | 2-522-9405 |
| Singapore | Singapore | Vanguard Logistics Services (Singapore) Pte. Ltd. | 311-4133 |
| Taiwan | Taipei | King Well Express Inc. | 2-2517-3888 |
| Thailand | Bangkok | Conterm Consolidation Services (Thailand) Co., Ltd. | 2-381-7543 |

## 松菱運輸　株式会社
## MATSUBISHI UNYU CO., LTD.

556-0017 大阪府大阪市浪速区湊町1-4-38
近鉄新難波ビル
TEL 06-6634-9203 FAX: 06-6647-0413
http://www.muc-tr.co.jp

［主な営業種目］　通関業　NVOCC　港湾運送事業
海運貨物取扱業　貨物自動車運送取扱業　航空
運送取扱業　航空運送代理店業

［貨物運送取扱事業法上の事業区分(外航海運)］

利用運送事業

［加入団体名］　JIFFA　JFFF

［国内営業所および代理店名］
　大阪：本社営業部国際課
　　　　06-6534-9203　📠06-6647-0413
　　　：りんくう事務所
　　　　072-458-0108　📠072-458-0129
　　　：南港営業所
　　　　06-6612-8116　📠06-6612-8450
　神戸：神戸支店 078-333-5161　📠078-333-5171
　東京：東京支店 03-5753-0641　📠03-5767-6211

［海外営業所及び代理店又は提携先］

ASIA & OCEANIA

| | | | |
|---|---|---|---|
| Bangladesh | Chittagong | FIRST LOGISTICS LIMITED | 88-02-4895-5154 |
| China | Dalian | Chang De Torai Trans (Dalian) Co., Ltd. | 86-411-6589-5395 |
| China | Dalian | Dalian Yu Hang Int'l Forwarding Co., Ltd. | 86-411-8279-8310 |
| China | Dalian | Justtime Int'l Trans (Dalian) Co., Ltd. | 86-411-8718-7499 |
| China | Dalian | Shanghai Youki Int'l Forwarding Co., Ltd. | 86-411-8255-8288 |
| China | Qingdao | GF Freight System, (SHANGHAI) Co., Ltd., QINGDAO BRANCH | 86-0532-8467-0090 |
| China | Qingdao | Shanghai Youki Int'l Forwarding Co., Ltd. | 86-532-8666-3588 |
| China | Shanghai | GF Freight System, (SHANGHAI) Co., Ltd. | 86-21-3953-1690 |
| China | Shanghai | Nankai Transport Int'l (SHA) Co., Ltd. | 86-21-5011-8088 |
| China | Shanghai | Shanghai Youki Int'l Forwarding Co., Ltd. | 86-21-633-90888 |
| China | Taicang | Taicang Hongyang Int'l Forwarding Co., Ltd. | 86-512-8161-6601 |
| Hongkong | Hongkong | Eastern Worldwide Co., Ltd. | 852-2592-3388 |
| Hongkong | Hongkong | GF Freight System, (HK) Co., Ltd. | 852-3590-8417 |
| Hongkong | Hongkong | Nankai Transport Int'l (HK) Co., Ltd. | 852-2303-1151 |
| Indonesia | Jakarta | PT Nankai AGL | 62-21-2902-2377 |
| Indonesia | Jakarta | PT. Citra Trans Buana Kargotama | 62-21-5439-6661 |
| Korea | Seoul | Kanko Logistics Korea Co., Ltd. | 82-2-3276-3207 |
| Korea | Seoul | Sungmin Sea & Air Co., Ltd. | 82-2-334-1292 |
| Myanmar | Yangon | MYANMAR GLOBAL SERVICES LIMITED | 951-2301-345 |
| Myanmar | Yangon | Nankai AGL Myanmar Co., Ltd. | 959-45500-5059 |
| Taiwan | | Pront Great China Corp. | 886-2-2731-6234 |
| Thailand | | NANKAI EXPRESS (Thailand) Co., Ltd. | 66-2-295-2908 |
| Vietnam | Danang | Bee Logistics Corporation | 84-511-357-5767 |
| Vietnam | Haiphong | Bee Logistics Corporation | 844-3762-3748 |
| Vietnam | Haiphong | Power Logistics Services Co., Ltd. | |

| Vietnam | Ho Chi Minh | Bee Logistics Corporation | 844-3716-3868 |
| Vietnam | Ho Chi Minh | Nankai AGL Vietnam Co., Ltd. | 848-6264-7272 |
| Vietnam | Ho Chi Minh | Power Logistics Services Co., Ltd. | 84-8-3848-9410 |
| | | | 848-5413-5169 |

# 丸一海運　株式会社
## MARUICHI KAIUN CO., LTD.

551-0001 大阪府大阪市大正区三軒家西3-12-4
TEL 06-6554-1587 FAX: 06-6554-1591
https://www.mkc-net.co.jp/

［主な営業種目］　港湾運送事業　海運貨物取扱業
貨物自動車運送取扱業　通関業　NVOCC　国際
複合運送業

［貨物運送取扱事業法上の事業区分(外航海運)］
利用運送事業

［加入団体名］　JIFFA

［国内営業所および代理店名］
　東京：東京営業所
　　　　　03-3436-4902　　ＦＡＸ03-3436-5854

［海外営業所及び代理店又は提携先］
ASIA & OCEANIA
| Thailand | Bangkok | MKC (Thailand) Co., Ltd. | |
| | | | 66 (0) 2730 3299 |

# マルカ・アミットジャパン　株式会社
## Malca-Amit Japan Co., Ltd.

110-0005 東京都台東区上野5-15-14
ONEST上野御徒町ビル9階
TEL 03-5818-6701 FAX:03-5818-5656
Japanese Landing Page (malca-amit.com)

［主な営業種目］　通関業（東京税関）保税倉庫
（東京税関）第一種貨物利用運送業　第二種貨
物利用運送業　警備業

［貨物運送取扱事業法上の事業区分(外航海運)］
第一種貨物利用運送業　第二種貨物利用運送業

［加入団体名］ ジュエリー協会

［国内営業所および代理店名］
　成田：成田オフィス
　　　　　0476-32-6010　　ＦＡＸ0476-32-6501

［海外営業所及び代理店又は提携先］
35カ国に拠点があります。

# 株式会社　丸亀組
## MARUKAME GUMI CO., LTD.

650-0045 兵庫県神戸市中央区港島9-11-1
TEL 078-306-0512 FAX: 078-306-0520
http://www.marukamegumi.co.jp

［主な営業種目］　一般港湾運送事業　海運貨物取
扱業　通関業　倉庫業　航空貨物取扱業　損害
保険代理業　内航運送取扱業　自動車運送取扱
業

［貨物運送取扱事業法上の事業区分(外航海運)］
利用運送事業

［加入団体名］　JFFF

［国内営業所および代理店名］
　神戸：本社・PI物流センター　事務管理部（総
　　　　務・労務・経理）
　　　　　078-306-0512　　ＦＡＸ078-306-0520
　　　　　港運部
　：　　　078-302-0531　　ＦＡＸ078-302-0574
　　　　　通関部
　：　　　078-306-0514　　ＦＡＸ078-306-0513
　　　　　営業部
　：　　　078-302-0531　　ＦＡＸ078-302-0574
　：三宮営業所
　　　　　078-855-5226　　ＦＡＸ078-855-5472
　：新港倉庫営業所
　　　　　078-332-0367　　ＦＡＸ078-332-0361

# 丸新港運　株式会社
## MARUSHIN KOUN CO., LTD.

552-0023 大阪府大阪市港区港晴2-13-35
TEL 06-6572-5001 FAX: 06-6572-5111
http://www.marushinkoun.co.jp/

［主な営業種目］　港湾運送事業　倉庫業　海上運
送業　船舶代理店業　国際複合運送業　通関業

［貨物運送取扱事業法上の事業区分(外航海運)］
利用運送事業

［国内営業所および代理店名］
　東京：東京営業所
　　　　　03-6845-6612　　ＦＡＸ03-6845-6680

# 丸全昭和運輸　株式会社
## MARUZEN SHOWA UNYU CO., LTD.

231-8419 神奈川県横浜市中区南仲通2-15
TEL 045-671-5713 FAX: 045-671-5717
https://www.maruzenshowa.co.jp

［主な営業種目］　港湾運送事業　海運貨物取扱業
貨物自動車運送事業　倉庫業　通関業　国際複
合運送業

［貨物運送取扱事業法上の事業区分(外航海運)］
利用運送事業　梱包業

［加入団体名］　JIFFA　JAFA　JFFF

［国内営業所および代理店名］
　東京：海外物流部
　　　　　03-6722-4508　　ＦＡＸ03-6722-4513
　：東京海運支店
　　　　　03-5443-6777　　ＦＡＸ03-5443-6839
　横浜：横浜海運支店

フォワーダー
マ

045-671-5960　📠045-671-5702
大阪：関西支店 06-6361-5331　📠06-6361-5337
神戸：神戸海運営業所
　　　078-231-2011　📠078-231-2012

### ［海外営業所及び代理店又は提携先］

#### NORTH AMERICA
| | | | |
|---|---|---|---|
| USA | Los Angeles | Maruzen of America Inc. | 1-310-637-8874 |

#### CENTRAL SOUTH AMERICA
| | | | |
|---|---|---|---|
| Bolivia | Lapas | Maruzen Sudamericana Ltda. | 591-2242-0052 |

#### EUROPE
| | | | |
|---|---|---|---|
| Germany | Munich | Maruzen Showa Unyu Co., Ltd., Munich Rep. Office | 49-89-97357510 |

#### ASIA & OCEANIA
| | | | |
|---|---|---|---|
| China | Beijing | 丸全昭和運輸㈱北京事務所 | 86-10-6590-8560 |
| China | Chong q ing | 重慶丸全浩航物流有限公司 | 86-23-6789-5245 |
| China | Dalian | 丸全昭和（広州）物流有限公司 大連連絡事務所 | 86-411-8269-1686 |
| China | Dalian | 丸全電産儲運（平湖）有限公司 大連分公司 | 86-411-8732-2258 |
| China | Dongguan | 丸全電産儲運（平湖）有限公司 東莞分公司 | 86-769-8173-7388 |
| China | Guangzhou | 丸全昭和（広州）物流有限公司 | 86-20-3891-0691 |
| China | Pinghu | 丸全電産儲運（平湖）有限公司 | 86-573-8507-8880 |
| China | Qingdao | 丸全昭和（広州）物流有限公司 青島連絡事務所 | 86-532-8610-9581 |
| China | Shanghai | 丸全昭和（広州）物流有限公司 上海分公司 | 86-21-6288-9100 |
| China | Shanghai | 丸全昭和運輸㈱上海代表処 | 86-21-6288-9100 |
| China | Shenzhen | 丸全昭和（広州）物流有限公司 深圳連絡事務所 | 86-755-2688-9074 |
| China | Tianjin | 丸全昭和（広州）物流有限公司 天津分公司 | 86-22-5858-5106 |
| China | Wuhan | 重慶丸全浩航物流有限公司 武漢連絡所 | 86-23-6789-5245 |
| China | Xian | 丸全昭和(広州)物流有限公司 西安連絡事務所 | 86-029-8918-5704 |
| China | Xuzhou | 徐州丸全外運有限公司 | 86-516-8798-6711 |
| Hongkong | Hongkong | 丸全昭和（香港）有限公司 | 852-2541-3136 |
| Indonesia | Jakarta | PT. Maruzen Samudera Taiheiyo | 62-21-2567-6919 |
| Korea | | KMTC Air-Sea Service Ltd. | 82-2-788-9500 |
| Korea | Busan | 丸全昭和（韓国）株式会社 | 82-51-900-7766 |
| Malaysia | Johor Bahru | Maruzen SH Logistics Sdn. Bhd. | 607-597-0220 |
| Philippines | | A.T.E. Freight Phils., Inc. | 632-526-0090 |
| Singapore | Singapore | Maruzen Showa Singapore Pte. Ltd. | 65-6545-8010 |

| | | | |
|---|---|---|---|
| Taiwan | | Trans Van Links Express Corp. | 886-2-8712-7070 |
| Taiwan | Taipei | 丸全台昭股份有限公司 | 886-2-2596-1446 |
| Thailand | Bangkok | Maruzen Showa (Thailand) Ltd. | 66-2-714-3141 |
| Thailand | Bangkok | United Thai Logistics Co., Ltd. | 66-22-531650 |
| Vietnam | | VIETFRACHT Hanoi | 84-24-822-2893 |
| Vietnam | Ho Chi Minh City | Maruzen Densan Logistics Vietnam | 84-28-3914-6849 |
| Vietnam | Ho Chi Minh City | Unithai Maruzen Logistics (Vietnam) Corp. | 84-28-3914-6849 |

## マルチトランス　株式会社
## MULTITRANS, LTD.

103-0023 東京都中央区日本橋本町4-9-2
　　　本栄ビル8階
　　　　TEL 03-5640-2166 FAX: 03-5640-2196

［主な営業種目］　NVOCC　国際複合運送業

［貨物運送取扱事業法上の事業区分(外航海運)］
　利用運送事業

［加入団体名］　JIFFA

### ［国内営業所および代理店名］
大阪：大阪支店 06-6447-0220　📠06-6447-0550
下関：下関海陸運送㈱
　　　0832-67-2221　📠0832-67-2223

### ［海外営業所及び代理店又は提携先］

#### NORTH AMERICA
| | | | |
|---|---|---|---|
| Canada | Calgary | ABCO Int'l Freight Inc. | (1)403-291-3962 |
| Canada | Montreal | ABCO Int'l Freight Inc. | (1)514-636-2226 |
| Canada | Toronto | ABCO Int'l Freight Inc. | (1)905-405-8088 |
| Canada | Vancouver | ABCO Int'l Freight Inc. | (1)604-273-7656 |
| USA | Chicago | American Overseas Transport Ltd. | (1)847-439-4190 |
| USA | Los Angeles | American Overseas Transport Ltd. | (1)310-671-6622 |

#### CENTRAL SOUTH AMERICA
| | | |
|---|---|---|
| Argentina | | Atlas Shipping S.A. (43)11-4313-4441 |
| Brazil | | Asia Shipping Transportes Internacionais Ltda. (55)11-258-1799 |
| Uruguay | | Intercargo S.A. (59)82-968111 |

#### EUROPE
| | | |
|---|---|---|
| France | | Dimotrans Overseas Service (33)2-3526-2032 |
| Germany | | Intrac H. Fehrmann GmbH (49)421-369130 |
| Italy | | LPD Graja & Caorsi S.P.A. (39)6-928-6211 |
| Netherlands | Rotterdam | Spedag (Rotterdam) B.V. (31)10-186-65-0650 |
| Spain | Barcelona | Easy Logistics Barcelona S.L. |

| | | | |
|---|---|---|---|
| UK | | Millennium Cargo Services Ltd. | (34)93-315-1048 |
| | | | (44)121-386-1035 |

<u>AFRICA</u>
| | | | |
|---|---|---|---|
| Egypt | | Horus Air & Sea Transport | (20)2-571-6550 |

<u>ASIA & OCEANIA</u>
| | | |
|---|---|---|
| Australia | A.D. Cargo Carriers Australia | (61)7-822-2275 |
| Australia | Austrient Freight Services | (61)2-9310-3599 |
| Australia | Cargo Line Int'l Pty. Ltd. | (61)2-9700-1840 |
| Australia | Ross Fehlberg Pty. Ltd. | (61)2-9310-3599 |
| Bangladesh | Compass (BD) Ltd. | (88)31-638088 |
| China | Shanghai Weltex | (86)21-621-77889 |
| Hongkong   Hongkong | Central Air & Sea Services Ltd. | (852)2876-0600 |
| India | Sealair Freighters Int'l | (91)22-8324351 |
| Indonesia | P.T. Kencana Pesaka Abadi Line | (62)21-6530-3181 |
| Korea | Air Container Logistics Co., Ltd. | (82)2-322-1071 |
| Malaysia | Boustead Shipping Agencies Sdn. Bhd. | (60)3-367-0721 |
| Philippines | Freight Net Int'l (Phils) Inc. | (632)244-6221 |
| Singapore   Singapore | Ocean Anchor Agencies Pte. Ltd. | (65)545-0112 |
| Sri Lanka | Sealink Shipping Pvt. Ltd. | (94)1-577-606 |
| Taiwan | Express Transport Corp. | (886)2-2531-6361 |
| Taiwan | RAF Int'l Forwarding Inc. | (886)2-2762-1525 |
| Thailand | S.S. Shipping Co., Ltd . | (66)2-333-1184 |

# 丸紅ロジスティクス　株式会社
## MARUBENI LOGISTICS CORPORATION

101-0054 東京都千代田区神田錦町3-13
　　　　竹橋安田ビル
　　　　TEL 03-3219-1511 FAX: 03-3219-1526
　　　　*http://www.marubeni-logi.com*

［主な営業種目］　海上貨物取扱業　海運仲介業
貨物利用運送事業（海上・航空）　航空運送代
理店業　海外引越貨物取次業務　クーリエ貨物
取次業務　特定労働者派遣業　通関業

［貨物運送取扱事業法上の事業区分(外航海運)］
利用運送事業

［加入団体名］　JIFFA　JAFA　FIATA　IATA

［国内営業所および代理店名］
　東京：東京本社 03-3219-1511　　ⅢⅢ03-3219-1526
　　：日本橋営業所
　　　　　　03-3282-2203　　ⅢⅢ03-3282-4270
　　：通関センター

---

| | | | |
|---|---|---|---|
| | | 03-3219-1669 | ⅢⅢ03-3219-4787 |

名古屋：通関センター
　　　　　　052-202-6230　ⅢⅢ052-202-6209
大阪：通関センター
　　　　　　06-6347-3850　ⅢⅢ06-6347-3778

［海外営業所及び代理店又は提携先］

<u>NORTH AMERICA</u>
| | | | |
|---|---|---|---|
| USA | Atlanta | Marubeni Transport Services Corp., Atlanta Branch | 770-545-8161 |
| USA | Chicago | Marubeni Transport Services Corp., Chicago Branch | 224-222-1100 |
| USA | Dallas | Marubeni Transport Services Corp., Dallas Head Office | 469-687-9240 |
| USA | Long Beach | Marubeni Transport Services Corp., Long Beach Head Office | 562-435-3722 |
| USA | Nashville | Marubeni Transport Services Corp., Nashville Branch | 615-360-2659 |
| USA | New York | Marubeni Transport Services Corp., New York Branch | 212-450-0454 |

<u>ASIA & OCEANIA</u>
| | | | |
|---|---|---|---|
| China | Beijing | Beijing Wai-Hong Int'l Logistics Co., Ltd., Head Office | 86-10-8760-9117 |
| China | Chengdu | Beijing Wai-Hong Int'l Logistics Co., Ltd., Chengdu Branch | 86-21-5663-0000 |
| China | Shanghai | Beijing Wai-Hong Int'l Logistics Co., Ltd., Shanghai Branch | 86-21-6393-3199 |
| China | Shanghai | Shanghai Jiaoyun Rihong Int'l Logistics Co., Ltd. | 86-21-5663-0000 |
| China | Syenyang | Beijing Wai-Hong Int'l Logistics Co., Ltd., Shenyang Branch | 86-24-8936-7815 |
| Thailand | Bangkok | Thai Logistics Service Co., Ltd., Bangkok Office | 66-2-2367-3400 |
| Thailand | Laem Chabang | Thai Logistics Service Co., Ltd., Laem Chabang Office | 66-0-3849-4403 |

# 万達旅運　株式会社
## MANTATSU TRAVEL TRANSPORTATION CO., LTD.

541-0053 大阪府大阪市中央区本町4-4-10
　　　　本町セントラルオフィス2階
　　　　TEL 06-6252-7780 FAX: 06-6252-7707
　　　　*http://www.mantatsu.co.jp*

［主な営業種目］　海運貨物取扱業　海上運送業
　NVOCC　国際複合運送業

［貨物運送取扱事業法上の事業区分(外航海運)］
利用運送事業

［加入団体名］　JIFFA

［国内営業所および代理店名］
　東京：東京支店 047-413-9919　　ⅢⅢ047-413-9920

［海外営業所及び代理店又は提携先］
ASIA & OCEANIA
| | | | |
|---|---|---|---|
| China | Beijing | 上海御堂達物流有限公司　北京 事務所 | 86-10-85911027 |

フォワーダー

マ

| China | Dalian | 上海御堂達物流有限公司 大連 事務所 86-411-82840035 |
| China | Ningbo | 上海御堂達物流有限公司 寧波 事務所 86-547-87317263 |
| China | Qingdao | 上海御堂達物流有限公司 青島 事務所 86-532-85786195 |
| China | Shanghai | 上海御堂達物流有限公司 86-21-3377-3636 |
| China | Shenzhen | 上海御堂達物流有限公司 深圳事務所 86-755-2586-7731 |
| Vietnam | Ho Chi Minh | 万達旅運㈱ベトナム支店 84-8-38997077 |

## 三井倉庫エクスプレス　株式会社
## MITSUI-SOKO EXPRESS CO., LTD.

105-0003 東京都港区西新橋3-20-1
　　　　TEL 03-5776-5100 FAX: 03-5776-5372
　　　　　http://www.mitsui-soko-exp.co.jp/

［主な営業種目］　通関業　国際利用航空運送事業
引越し貨物取扱業　NVOCC　国際複合運送業

［貨物運送取扱事業法上の事業区分(外航海運)］
利用運送事業

［加入団体名］　JAFA　JIFFA　JACIS　IATA

## 三井倉庫サプライチェーンソリューション 株式会社
## MITSUI-SOKO SUPPLY CHAIN SOLUTIONS, INC.

105-0003 東京都港区西新橋3-20-1
　　　　TEL 03-6858-7450 FAX: 03-6880-9911
　　　　　https://www.mitsui-soko.com
　　　　　　/company/group/mscs/

［主な営業種目］　国際利用航空運送事業　引越貨
物取扱業　NVOCC　国際複合運送業

［貨物運送取扱事業法上の事業区分(外航海運)］
利用運送事業

［加入団体名］　JIFFA

［国内営業所および代理店名］
　東京：国際輸送部　国際輸送業務課
　　　　　　03-6858-7552　　㎝03-6880-9914
　千葉：成田国際OPC エアーフォワーディング課
　　　　　　0479-77-3553　　㎝0479-77-2944

［海外営業所及び代理店又は提携先］
ASIA & OCEANIA
| Malaysia | Bangi | MS Supply Chain Solutions (Malaysia) Sdn.Bhd. 603-8925-2102 |
| Thailand | Bangkok | MS Supply Chain Solutions (Thailand) Ltd. 66-(0)2715-6500 |

## 三井物産グローバルロジスティクス　株 式会社
## MITSUI & CO. GLOBAL LOGISTICS., LTD.

105-0021 東京都港区東新橋2-14-1
　　　　NBFコモディオ汐留5階
　　　　TEL 03-5657-1144/5 FAX: 03-5657-1164/5
　　　　　http://www.mitsui-gl.com/

［主な営業種目］　国際複合一貫輸送事業及びその
代理業　利用運送事業（外航海運・自動車・鉄
道）　海上運送事業　倉庫業　国内運送業　通
関業　流通加工・荷役業　不動産賃貸業　メデ
ィカル物流サービス　e-物流サービス

［貨物運送取扱事業法上の事業区分(外航海運)］
利用運送事業

［国内営業所および代理店名］
　名古屋：機械・設備輸送事業部
　　　　　　052-581-3781　　㎝052-581-5283

## ミック・トランス　株式会社
## MULTI INTERNATIONAL CONTAINER TRANS.

221-0821 神奈川県横浜市神奈川区富家町1-13
　　　　スカイハイツトーカイ603
　　　　TEL 045-548-4781 FAX: 045-548-4782

［主な営業種目］　海運航空貨物取扱業　通関業
倉庫業　自動車運送取扱業　NVOCC

［貨物運送取扱事業法上の事業区分(外航海運)］
利用運送事業

［海外営業所及び代理店又は提携先］
NORTH AMERICA
| USA | | CSL Express Line Inc. |
| USA | | Dynasty Freight Consolidator, Inc. |
| USA | | Tantara Services, Inc. |

EUROPE
| Spain | | Procargo S.L. |
| UK | | TS Int'l Freight Forwarding Ltd. |

ASIA & OCEANIA
| China | | Ensign Freight (China) Ltd. |
| China | | Ensign Freight (HK) Ltd. |
| China | | Shipair Express Ltd. |
| India | | City Transport Syndicate Pvt. Ltd. |
| Indonesia | | Cita Express Sentranusa PT |
| Korea | | Shinhan Shipping Co., Ltd. |
| Malaysia | | Chancery Express Shipping Malaysia Sdn. Bhd. |
| Singapore | Singapore | Cargo Plus Pte. |
| Sri Lanka | | Las Air Express Services Sri Lanka Pvt. Ltd. |
| Thailand | | Angel Freight Care (Thailand) Co., Ltd. |

## 三菱商事ロジスティクス　株式会社
## MITSUBISHI CORPORATION LT, INC.

100-0006 東京都千代田区有楽町2-10-1
　　　　東京交通会館ビル7階
　　　　TEL 03-6267-2500 FAX: 03-6267-2501

http://www.mclogi.com

[主な営業種目] 国際複合一貫輸送業　海上運送業　航空運送業　倉庫業　流通加工業　アセットファイナンス・サービスなど

[貨物運送取扱事業法上の事業区分(外航海運)]
利用運送事業　倉庫業

[加入団体名] JIFFA　他

[国内営業所および代理店名]
横浜：京浜事業所　　　　　045-510-0870
杉戸：杉戸事業所　　　　　048-032-4488
松伏：松伏事業所　　　　　048-993-1005

[海外営業所及び代理店又は提携先]

NORTH AMERICA

| USA | Chicago | Mitsubishi Corporation LT USA 1-847-517-2900 |
|---|---|---|

EUROPE

| Russia | Moscow | MC Logistics CIS LLC. 7-495-268-02-34 |
|---|---|---|

ASIA & OCEANIA

| China | Shanghai | Mitsubishi Corporation LT (Shanghai) Co., Ltd. 86-21-6858-3030 |
|---|---|---|
| India | Chennai | MC Logistics India Private Limited 91-44-4907-6139 |
| Indonesia | Jakarta | PT. MCLOGI ARK INDONESIA 62-21-22471101 |
| Singapore | Singapore | Mitsubishi Corporation LT Singapore Pte. Ltd. 65-6339-3375 |
| Taiwan | Taoyuan | Mitsubishi Corporation LT Taiwan Co., Ltd. 886-3-425-9790 |
| Thailand | Bangkok | Mitsubishi Corporation LT (Thailand) Co., Ltd. 66-2-018-2888 |
| Thailand | Chonburi | MCW Logistics Solutions (Thailand) Co., Ltd. 66-38-401-848 |

## 三菱倉庫　株式会社
## MITSUBISHI LOGISTICS CORPORATION

103-8630 東京都中央区日本橋1-19-1
　　　　日本橋ダイヤビルディング
　　　　TEL 03-3278-6555 FAX: 03-3278-6494
　　　　http://www.mitsubishi-logistics.co.jp

[主な営業種目] 倉庫事業　港湾運送事業　国際輸送事業　陸上運送事業　海上運送業　通関業

[貨物運送取扱事業法上の事業区分(外航海運)]
利用運送事業

[加入団体名] JIFFA　JAFA　JFFF

[国内営業所および代理店名]
東京：国際輸送事業部　欧州・米州チーム
　　　　03-3278-6555　FAX03-3278-6494
　　：国際輸送事業部 中国・アジアチーム
　　　　03-3278-6539　FAX03-3278-6483
　　：国際輸送事業部 航空貨物チーム（羽田事務所内）03-5708-3074　FAX03-5708-0271
　　：国際輸送事業部 企画・開発チーム
　　　　03-3278-6534
　　：倉庫事業部　海外ロジスティクスチーム
　　　　03-3278-6524　FAX03-3278-6729

大阪：神戸支店　国際輸送事業第二課
　　　06-7730-8430　FAX06-7730-8439

[海外営業所及び代理店又は提携先]

NORTH AMERICA

| USA | Atlanta | Cavalier Logistics Group 1-770-997-4463 |
|---|---|---|
| USA | Atlanta | Mitsubishi Logistics America Corporation 1-404-720-5600 |
| USA | Chicago | Cavalier Logistics Group 1-630-694-1606 |
| USA | Chicago | Mitsubishi Logistics America Corporation 1-630-285-5610 |
| USA | Dulles | Cavalier Logistics Group 1-703-733-4010 |
| USA | Houston | Mitsubishi Logistics America Corporation 1-713-978-7433 |
| USA | Jessup（MD） | Cavalier Logistics Group 1-410-799-0707 |
| USA | JFK | Mitsubishi Logistics America Corporation 1-718-528-2110 |
| USA | Los Angeles | Cavalier Logistics Group 1-310-680-2013 |
| USA | Los Angeles | Mitsubishi Logistics America Corporation 1-310-643-7622 |
| USA | Los Angeles | Mitsubishi Warehouse California Corporation 1-310-886-5501 |
| USA | Miami | Mitsubishi Logistics America Corporation 1-305-423-2335 |
| USA | New York | Mitsubishi Logistics America Corporation 1-212-968-0610 |
| USA | Newark（NJ） | Cavalier Logistics Group 1-908-233-0600 |
| USA | San Francisco | Mitsubishi Logistics America Corporation 1-650-697-0700 |
| USA | Tom's River（NJ） | Cavalier Logistics Group 1-732-551-2864 |

CENTRAL SOUTH AMERICA

| Mexico | Irapuato | Mitsubishi Logistics America Corporation 52-462-387-4729 |
|---|---|---|

EUROPE

| Germany | Düsseldorf | Mitsubishi Logistics Europe B.V. 49-211-1710959 |
|---|---|---|
| Germany | Frankfurt | Mitsubishi Logistics Europe B.V. 49-69-6500560 |
| Germany | Hamburg | Mitsubishi Logistics Europe B.V. 49-40-23881460 |
| Italy | Milano | Mitsubishi Logistics Europe B.V. 39-2-269984-22 |
| Netherlands | Rotterdam | Mitsubishi Logistics Europe B.V. 31-10-4954144 |
| UK | London | Cavalier Logistics Group 44-020-3887-1350 |

ASIA & OCEANIA

| China | Beijing | Beijing Global Express Co., Ltd. 86-10-6059-3056 |
|---|---|---|
| China | Beijing | Shanghai Lingyun Global Forwarding Co., Ltd. 86-10-8448-7161 |
| China | Changshu | Shanghai Linghua Logistics Co., Ltd. 86-512-5191-5298 |
| China | Chengdu | Shanghai Linghua Logistics Co., Ltd. 86-28-8578-4456 |
| China | Guangzhou | Shanghai Linghua Logistics Co., Ltd. |

| | | 86-20-3235-9273 |
|---|---|---|
| China | Guangzhou | Shanghai Lingyun Global Forwarding Co., Ltd. 86-20-8709-1020 |
| China | Hangzhou | Shanghai Lingyun Global Forwarding Co., Ltd. 86-571-86912009 |
| China | Nanjing | Shanghai Linghua Logistics Co., Ltd. 86-25-8555-1987 |
| China | Nantong | Shanghai Linghua Logistics Co., Ltd. 86-513-5108-8667 |
| China | Qingdao | Shanghai Lingyun Global Forwarding Co., Ltd. 86-532-86678283 |
| China | Shanghai | Mitsubishi Logistics China Co., Ltd. 86-21-6628-7351 |
| China | Shanghai | Shanghai Linghua Logistics Co., Ltd. 86-21-5080-0107 |
| China | Shanghai | Shanghai Linghua Qingsheng Logistics Co., Ltd. 86-21-5897-7530 |
| China | Shanghai | Shanghai Lingyun Global Forwarding Co., Ltd. 86-21-6350-8811 |
| China | Shanghai | Shanghai Qingke Warehouse Management Co., Ltd. 86-21-5979-3472 |
| China | Shanghai (Qingpu) | Shanghai Linghua Logistics Co., Ltd. 86-21-58587662-206 |
| China | Shenzhen | Shanghai Lingyun Global Forwarding Co., Ltd. 86-755-2595-1705 |
| China | Suzhou | Shanghai Linghua Logistics Co., Ltd. 86-512-6299-0423 |
| China | Suzhou | Shanghai Lingyun Global Forwarding Co., Ltd. 86-512-6288-6830 |
| China | Wuhan | Shanghai Linghua Logistics Co., Ltd. 86-27-82891569 |
| China | Xiamen | Shanghai Linghua Logistics Co., Ltd. 86-592-5520211 |
| China | Xiamen | Shanghai Lingyun Global Forwarding Co., Ltd. 86-592-5520211 |
| China | Zhangjiagang | Shanghai Linghua Logistics Co., Ltd. 86-512-5631-9010 |
| Hongkong | Hong Kong | Jupiter Global Limited 852-2735-1886 |
| Hongkong | Hong Kong | Mitsubishi Logistics Hong Kong Ltd. 852-2890-8866 |
| Indonesia | Bekasi | P.T. Mitsubishi Logistics Indonesia 62-21-2214-3306 |
| Indonesia | Jakarta | P.T. Dia-Jaya Forwarding Indonesia 62-21-634-0469 |
| Indonesia | Surabaya | P.T. Dia-Jaya Forwarding Indonesia 62-31-99092880 |
| Indonesia | Tangerang | P.T. Mitsubishi Logistics Indonesia 62-21-598-0775 |
| Malaysia | Port Klang | Dia Logistics (M) Sdn. Bhd. 60-3-3323-0309 |
| Singapore | Singapore | Mitsubishi Logistics Singapore Pte.Ltd. 65-6262-1511 |
| Thailand | Bangkok | Mitsubishi Logistics (Thailand) Co., Ltd. 66-2-237-9272 |
| Thailand | Laem Chabang | Mitsubishi Logistics (Thailand) Co., Ltd. 66-38-401-373 |
| Thailand | Latkrabang | Mitsubishi Logistics (Thailand) Co., Ltd. 66-2-739-4022 |
| Vietnam | Hanoi | MLC ITL Logistics Co., Ltd. 84-24-3574-7320 |
| Vietnam | Ho Chi Minh | MLC ITL Logistics Co., Ltd. 84-28-3812-6500 |

# 名港海運　株式会社
## MEIKO TRANS CO., LTD.

455-8650 愛知県名古屋市港区入船2-4-6
TEL 052-661-8247 FAX: 052-661-8411
http://www.meiko-trans.co.jp

[主な営業種目] 港湾運送事業　陸上運送業　倉庫業　海上運送業　海運代理店業　通関業　利用航空運送業　航空運送代理店業　梱包業　建設業　貨物利用運送事業　内航海運業　不動産の賃貸　産業廃棄物収集運搬業　輸送用機器及び荷役用機器等の売買及び賃貸業　タンクコンテナ及びタンクローリー等の洗浄、修理及びメンテナンス事業　発電および売電に関する事業　労働者派遣事業

[貨物運送取扱事業法上の事業区分(外航海運)]
利用運送事業

[加入団体名]　JIFFA　JAFA

[国内営業所および代理店名]
東京：東京支店 03-5220-5300　FAX 03-5220-5310
千葉：成田空港営業所
　　　0476-32-4884　FAX 0476-32-4883
名古屋：中部国際空港営業所
　　　0569-38-8100　FAX 0569-38-1700
知多：南部事業所
　　　0562-55-1321　FAX 0562-56-1025
四日市：四日市支店
　　　059-363-6751　FAX 059-363-6758
浜松：浜松営業所
　　　053-453-6241　FAX 053-453-6245
大阪：大阪支店 06-6231-0910　FAX 06-6231-2560
神戸：神戸営業所
　　　078-393-1220　FAX 078-393-1230
九州：九州支店 092-651-5858　FAX 092-651-5859
　：福岡空港営業所
　　　092-477-7887　FAX 092-477-7812
　：門司営業所
　　　093-332-3281　FAX 093-332-3282
　：熊本営業所
　　　096-294-6111　FAX 096-294-6113
札幌：札幌営業所
　　　011-271-6210　FAX 011-271-5293
仙台：仙台営業所
　　　022-352-5501　FAX 022-352-5502
金沢：北陸営業所
　　　076-224-8883　FAX 076-224-8884

[海外営業所及び代理店又は提携先]
NORTH AMERICA

| USA | Chicago | Meiko America, Inc., Chicago Branch 1-630-766-1492 |
|---|---|---|
| USA | Houston | Meiko America, Inc., Houston Branch 1-281-590-5252 |
| USA | Los Angeles | Meiko America, Inc., Los Angeles Head Office 1-310-483-7400 |
| USA | Mira Loma | Meiko America, Inc., Mira Loma Branch 1-951-360-0281 |

| | | | |
|---|---|---|---|
| USA | New York | Meiko America, Inc., NY Branch | 1-201-714-4700 |
| USA | Ohio | Meiko America, Inc., Ohio Branch | 1-513-785-0807 |
| USA | Seattle | Meiko America, Inc., Seattle Branch | 1-253-872-5939 |
| USA | South Carolina | Meiko America, Inc., South Carolina Branch | 1-843-346-6220 |

CENTRAL SOUTH AMERICA

| | | | |
|---|---|---|---|
| Mexico | Irapuato | Meiko Trans De Mexico,S.De.R.L. De C.V. | 52-462-624-4048 |

EUROPE

| | | | |
|---|---|---|---|
| Belgium | Antwerp | Meiko Euroexpress N.V. | 32-3-545-9763 |
| Belgium | Antwerp | Meiko Europe N.V. | 32-3-545-9760 |
| Germany | Düsseldorf | Meiko Europe N.V. Dusseldorf Branch | 49-211-550-4380 |
| Poland | Gliwice | Meiko Trans Polska Sp.z o.o. | 48-32-7773-880 |

ASIA & OCEANIA

| | | | |
|---|---|---|---|
| China | Guangzhou | Shanghai Meiko Int'l Logistics Co., Ltd., Guangzhou Branch | 86-20-3839-5872 |
| China | Shanghai | Meiko Shanghai Trading Co., Ltd. | 86-21-6337-5578 |
| China | Shanghai | Shanghai Meiko Int'l Logistics Co., Ltd. | 86-21-5108-2911 |
| China | Shanghai | Shanghai Meiko Int'l Logistics Co., Ltd., Suzhou Branch | 86-512-6607-2408 |
| Hongkong | Hongkong | Meiko Trans (Hong Kong) Co., Ltd. | 852-2-735-3228 |
| India | Chennai | Meiko Logistics (India) Pvt. Ltd. | 91-44-4504-0222 |
| India | Gurgaon | Meiko Logistics (India) Pvt. Ltd., Gurgaon Branch | 91-12-4474-8237 |
| Thailand | Bangkok | Meiko Trans (Thailand) Co., Ltd. | 66-2-650-1555 |
| Thailand | Laem Chabang | Meiko Asia Co., Ltd. | 66-33-046-005 |
| Vietnam | Hanoi | Meiko Trans (Vietnam) Co., Ltd. | 84-24-3202-6002 |
| Vietnam | Ho Chi Minh | The Rep. Office of MEIKO TRANS CO., LTD., in Ho Chi Minh City | 84-28-6288-4671 |

# 株式会社　明正
## MEISEI CORPORATION

104-0032 東京都中央区八丁堀2-7-1
八丁堀サンケイビル6階
TEL 03-3552-7870 FAX: 03-3552-3568
http://www.meisei.net

[主な営業種目]　一般港湾運送事業　海運貨物取扱業　貨物自動車運送事業　倉庫業　通関業　梱包業　損害保険代理業　NVOCC　国際複合運送業　航空運送代理業（IATA公認貨物代理店）

[貨物運送取扱事業法上の事業区分(外航海運)]
利用運送事業

[加入団体名]　JIFFA　JFFF

[国内営業所および代理店名]

東京：大井営業所
　　　　03-3799-2011　FAX 03-3799-2001
　　：大井二号営業所
　　　　03-3799-3541　FAX 03-3799-3191
　　：大井五号営業所
　　　　03-3799-9010　FAX 03-3799-9007
　　：品川営業所
　　　　03-3799-2011　FAX 03-3799-2001
横浜：横浜支店　045-201-9145　FAX 045-212-0622
　　：出田町営業所
　　　　045-441-6662　FAX 045-441-6663
　　：大黒営業所
　　　　045-510-2355　FAX 045-510-2356
川崎：東扇島営業所
　　　　044-277-9680　FAX 044-277-9710

[海外営業所及び代理店又は提携先]

NORTH AMERICA

| | | | |
|---|---|---|---|
| USA | Chicago | Sankyu U.S.A., Inc. | 630-238-2994 |
| USA | Honolulu | American Customs Brokerage Co., Ltd. | 808-537-6102 |
| USA | Honolulu | Island Movers Inc. | 808-848-5200 |

EUROPE

| | | | |
|---|---|---|---|
| Germany | Düsseldorf | Hansa-Meyer Transport GmbH | 211-43560 |
| Germany | Hamburg | Hansa-Meyer Transport GmbH | 211-43560 |
| Italy | Milano | Saving Shipping & Forwarding S.r.l | 39-03188901 |
| UK | London | Davies Turner & Co., Ltd. | 1322-289063 |
| UK | Manchester | Atlantic Freight | 1706877583 |

AFRICA

| | | | |
|---|---|---|---|
| South Africa | Durban | Diamond Shipping (Sharaf Group) | 31-5707800 |

MIDDLE EAST

| | | | |
|---|---|---|---|
| UAE | Dubai | Sharaf Shipping Agency LLC | 2-6727234 |

ASIA & OCEANIA

| | | | |
|---|---|---|---|
| China | Shanghai | ML Logistics Co., Ltd. | 5108-5040 |
| Hongkong | Hongkong | Meisei Hong Kong Limted | 852-2690-5202 |
| India | Hyderabad | Meisei Logistic India Private Ltd. | 91-40-3017-7453 |
| Korea | Seoul | Korea Overseas Trade & Transport Co., Ltd. | 02-778-3011 |
| Philippines | Manila | Aboitiz Projects T.S. Corp. | 632-854-7777 |
| Singapore | Singapore | MOL Logistics (Singapore) Pte. Ltd. | 65-65546-6146 |
| Taiwan | Taipei | M.O. AIR INTERNATIONAL(TAIWAN) CO., LTD. | 886-2-6630-6780 |
| Thailand | Bangkok | MOL Logistics (Thailand) Co., Ltd. | 66-2-231-6423 |

フォワーダー

## 株式会社　ヤマタネ
### YAMATANE CORPORATION

135-8501 東京都江東区越中島1-2-21
ヤマタネビル3階
TEL 03-3820-1100 FAX: 03-3820-1139
*http://www.yamatane.co.jp*

[主な営業種目]　港湾運送事業　貨物自動車利用運送事業　倉庫業　通関業　NVOCC　IATA航空貨物代理店業

[貨物運送取扱事業法上の事業区分(外航海運)]
利用運送事業

[加入団体名]　JIFFA　JAFA　JFFF

[国内営業所および代理店名]
東京：国際営業部
03-3820-1100　🆔03-3820-1139

[海外営業所及び代理店又は提携先]

NORTH AMERICA
| USA | Los Angeles | Masterpiece Int'l Ltd. | 310-643-7708 |

EUROPE
| France | Paris | SCO Aerospace & Defance | (0)1 48 62 66 70 |
| Germany | | Monnard Spedition GmbH | 0421-332-2650 |
| UK | | Air Sea Worldwide (UK) | 0208-7511309 |

AFRICA
| South Africa | Johannesburg | Imperial Sasfin Logistics | 011-573-9000 |

ASIA & OCEANIA
| China | | Air Sea Worldwide (China) Ltd. | 021-63326700 |
| Hongkong | Hongkong | Air Sea Worldwide Logistics Ltd. | 2865-6868 |
| Singapore | Singapore | Worldgate Express Lines Pte. Ltd. | 2261911 |
| Taiwan | | Allport Express Inc. | 02-758-2108 |
| Thailand | | Harpers Sea Freight Co. | 02-224-0981 |

## 友宏貿易　株式会社
### YUKO BOEKI CO., LTD.

231-0006 神奈川県横浜市中区南仲通1-6
関内NSビル3階
TEL 045-201-7271 FAX: 045-201-3670

[主な営業種目]　倉庫業　通関業　自動車運送業
（第一種）

[国内営業所および代理店名]
横浜：山下埠頭8号・9号市営保税上屋
045-681-3020　🆔045-681-3022

## 株式会社　ユーシーアイ　エアフレイトジャパン
### UCI AIRFREIGHT JAPAN, INC.

550-0011 大阪府大阪市西区阿波座2-1-1
CAMCO西本町ビル11階
TEL 06-6543-1270 FAX: 06-6543-1275
*https://www.ucijapan.co.jp*

[主な営業種目]　輸出入海上貨物利用運送サービス及び航空貨物の取扱取次サービス　通関業

[貨物運送取扱事業法上の事業区分(外航海運)]
利用運送事業

[加入団体名]　JIFFA JAFA IATA

[国内営業所および代理店名]
大阪：大阪海上営業所
06-6543-1271　🆔06-6543-1276
：大阪航空営業所（航空輸出）
06-6543-1272　🆔06-6543-1277
：関西通関営業所（海上通関）
06-6543-1273　🆔06-6543-1276
：航空輸入CS課
06-6543-1274　🆔06-6543-1276
：関西営業所（大阪航空貨物）
072-456-5420　🆔072-456-5422
東京：東京営業所（海上貨物）
03-3510-1112　🆔03-3527-9522
千葉：成田営業所（航空貨物）
0476-32-8223　🆔0476-32-8219

## 郵船港運　株式会社
### YUSEN KOUN CO., LTD.

550-0011 大阪府大阪市西区阿波座1-4-4
野村不動産四ツ橋ビル9階
TEL 06-6538-2210 FAX: 06-6538-2213
*http://www.yusen-koun.co.jp*

[主な営業種目]　港湾運送事業　通関業　第一種・第二種貨物利用運送事業　海運仲立業　船舶代理店業　倉庫業

[貨物運送取扱事業法上の事業区分(外航海運)]
貨物利用運送事業

[加入団体名]　JIFFA

[国内営業所および代理店名]
東京：物流本部　東京支店
03-6280-0330　🆔03-6280-0331
名古屋：物流本部　名古屋支店
052-756-3588　🆔052-756-3589
大阪：物流本部
：物流営業部　物流営業課
06-6538-2944　🆔06-6537-7651
：　　　　　輸送課
06-6537-7726　🆔06-6538-2836
：物流業務一部　業務一課
06-6538-2840　🆔06-6538-2806
：　　　　　通関課
06-6538-2841　🆔06-6538-2890
：物流業務二部　業務二課

06-6538-2842　FAX06-6538-2853
：国内物流部　国内営業一課
06-6537-7652　FAX06-6538-2926
：　　　　　国内営業二課
06-6538-2925　FAX06-6538-2927
苫小牧：物流本部　北海道支店
0144-52-1901　FAX0144-52-1903
沖縄：物流本部　沖縄支店
098-861-2006　FAX098-869-3028
大阪：港運本部
：コンテナ港運部　港運課
0725-33-9500　FAX0725-33-9510
：　ターミナル営業所
06-6614-5195　FAX06-6615-2043
：　コンテナ業務課
06-6612-6821　FAX06-6612-6688
：港運物流部　南港物流センター営業所
06-6612-2391　FAX06-6612-2396
：　　　　新南港物流センター営業所
06-6612-2271　FAX06-6612-2297
三重：港運本部　三重支店　構内物流課
0595-84-6342　FAX0595-84-6343
：関営業所　0595-97-8302　FAX0595-97-8307

## 郵船ロジスティクス　株式会社
### YUSEN LOGISTICS CO., LTD.

140-0002 東京都品川区東品川4-12-4
品川シーサイドパークタワー
TEL 03-6703-8111 FAX: 03-3471-1086
https://www.yusen-logistics.com

[主な営業種目]　貨物利用運送事業　各国航空船
舶会社の代理店業　国際複合一貫輸送事業、お
よびその代理店業

[貨物運送取扱事業法上の事業区分(外航海運)]
利用運送事業

[加入団体名]　JIFFA　JAFA　IATA

[国内営業所および代理店名]
東京：海上輸送センター
03-5796-2218　FAX03-3450-4011
：海上輸送オペレーションセンター
03-5796-2238
：東日本航空輸送センター
03-5769-6612　FAX03-5769-6614
常滑：中日本航空輸送センター　中日本航空輸
送課　0569-38-9500　FAX0569-38-9505
大阪：西日本航空業務センター　西日本航空輸
送課　06-6233-6314　FAX06-6233-6331
●日本地域サプライチェーン・ソリューション
本部　03-6703-8109　FAX03-3450-1946
東京：産業第一部　特定顧客営業一課
03-3669-8380　FAX03-3669-8399
：　　　　　特定顧客営業二課
03-3669-8381　FAX03-3669-8399
：　　　　　半導体営業課
03-6741-9109　FAX03-6741-9122
：　　　　　宇宙・航空機営業課
03-6741-9108　FAX03-6701-4923
：　　　　　鉄鋼・非鉄金属営業課

03-5796-2262　FAX03-5796-2294
：産業第二部　特定顧客営業三課
03-5796-2265　FAX03-5796-2269
：　　　アパレル・リテイル営業課
03-5796-2267　FAX03-5796-2269
：　　　　食品営業課
03-5796-2325　FAX03-5796-2269
：　　　　医薬品営業課
03-6741-9123　FAX03-6741-9122
：輸入カスタマーサービスセンター
03-5796-2264　FAX03-5796-2269
：輸出カスタマーサービスセンター
03-5796-2307　FAX03-5796-2269
●東日本営業本部
03-6703-8192　FAX03-3450-1946
東京：東京中央支店
03-3669-6026　FAX03-6741-9122
：東京東支03-3669-6991　FAX03-3669-6449
：東京南支店
03-6741-9124　FAX03-6741-9104
：東京西支店
03-6741-9127　FAX03-6741-9106
横浜：神奈川支店
045-651-0564　FAX045-651-2058
東京：輸出カスタマーサポートセンター
03-3669-8384　FAX03-3669-8398
：輸入カスタマーサポートセンター
03-6701-4921　FAX03-6701-4923
：東日本通関センター
03-4332-1895　FAX03-3669-6857
●中日本営業本部
052-308-3520　FAX052-308-3533
浜松：浜松支店　営業一課
053-413-1862　FAX053-413-1868
：　　　　営業二課
053-413-1861　FAX053-413-1868
：　　　カスタマーサポート課
053-413-1861　FAX053-413-1868
静岡：静岡営業所
054-333-9346　FAX054-275-3117
沼津：沼津出張所
055-953-9008　FAX055-964-2350
名古屋：名古屋総合第一支店
052-308-3525　FAX052-308-3535
：名古屋総合第二支店
052-308-3529　FAX052-308-3536
三河：三河営業所
0566-84-0380　FAX0566-84-0383
三重：三重営業所
059-350-5420　FAX059-350-5424
名古屋：輸出カスタマーサポートセンター
052-308-3528　FAX052-308-3535
常滑：輸入カスタマーサポートセンター
0569-38-9501　FAX0569-38-9507
●西日本営業本部
06-6233-6207　FAX06-6233-6203
京都：京都支店075-320-4090　FAX075-320-4120
大阪：大阪支店06-6233-6235　FAX06-6233-6237
神戸：神戸支店078-230-3011　FAX078-230-3015
大阪：航空カスタマーサポートセンター
072-434-8084　FAX072-434-8085
：海上カスタマーサポートセンター
06-7634-8984　FAX06-7634-8985

## [海外営業所及び代理店又は提携先]

### NORTH AMERICA

| | | |
|---|---|---|
| Canada | Montreal, Halifax | |
| | | Yusen Logistics (Canada) Inc. Montreal Branch (1)-514-420-0630 |
| Canada | Toronto | Yusen Logistics (Canada) Inc. Canada Head Office and Toronto Branch (1)-905-458-2000 |
| Canada | Vancouver | Yusen Logistics (Canada) Inc. Vancouver Branch (1)-604-278-3944 |
| USA | Atlanta | Yusen Logistics (Americas) Inc. Atlanta Branch (1)-770-909-1460 |
| USA | Boston | Yusen Logistics (Americas) Inc. Boston Branch (1)-781-537-1140 |
| USA | Charlotte | Yusen Logistics (Americas) Inc. Charlotte Warehouse (1)-800-707-0865 |
| USA | Chicago | Yusen Logistics (Americas) Inc. Chicago Branch (1)-847-264-7700 |
| USA | Cincinnati | Yusen Logistics (Americas) Inc. Cincinnati Branch (1)-847-243-3814, (1)-859-282-1700, (1)-847-243-3721 |
| USA | Cleveland | Yusen Logistics (Americas) Inc. Cleveland Sales Office (1)-440-243-6043 |
| USA | Dallas | Yusen Logistics (Americas) Inc. Dallas Branch (1)-817-481-8411 |
| USA | Detroit | Yusen Logistics (Americas) Inc. Detroit Branch (1)-734-955-1420 |
| USA | Dominquez | Yusen Logistics (Americas) Inc. Dominquez (1)-310-547-6153 |
| USA | El Paso | Yusen Logistics (Americas) Inc. El Paso Branch (1)-915-772-0410 |
| USA | Houston | Yusen Logistics (Americas) Inc. Houston Branch (1)-281-590-0010 |
| USA | Indianapolis | Yusen Logistics (Americas) Inc. Indianapolis (1)-317-405-2900 |
| USA | Jacksonville | Yusen Logistics (Americas) Inc. Jacksonville (1)-800-874-3315 |
| USA | Johnstown | Yusen Logistics (Americas) Inc. Johnstown (1)-518-762-7225 |
| USA | Laredo | Yusen Logistics (Americas) Inc. Laredo Branch (1)-956-712-1011 |
| USA | Las Vegas | Yusen Logistics (Americas) Inc. Las Vegas (1)-702-643-1133 |
| USA | Long Beach | Yusen Logistics (Americas) Inc. Long Beach Branch (1)-844-236-3322 |
| USA | Los Angeles | Yusen Logistics (Americas) Inc. Los Angeles Branch (1)-310-782-0095 |
| USA | Memphis | Yusen Logistics (Americas) Inc. Cordova Office (1)-800-765-4478 |
| USA | Miami | Yusen Logistics (Americas) Inc. Miami Branch (1)-305-477-5556 |
| USA | Minneapolis | Yusen Logistics (Americas) Inc. Minneapolis Branch (1)-651-688-6900 |
| USA | New York | Yusen Logistics (Americas) Inc. New York Branch (1)-347-535-8063 |
| USA | Norfolk | Yusen Logistics (Americas) Inc. Norfolk Branch (1)-757-424-0790 |
| USA | Phoenix | Yusen Logistics (Americas) Inc. Phoenix Sales Office (1)-602-685-1135 |
| USA | Portland | Yusen Logistics (Americas) Inc. Portland Branch (1)-503-253-2443 |
| USA | Raleigh | Yusen Logistics (Americas) Inc. Raleigh Branch (1)-919-673-1946 |
| USA | San Francisco Burlingame | |
| | | Yusen Logistics (Americas) Inc. San Francisco Branch +1-650-794-1700 |
| USA | Savannah | Yusen Logistics (Americas) Inc. Savannah (1)-912-988-9020 |
| USA | Seattle | Yusen Logistics (Americas) Inc. Seattle Branch +1-855-869-3055 |
| USA | Secaucus | Yusen Logistics (Americas) Inc. Head Office (1)-201-553-3800 |
| USA | Secaucus | Yusen Logistics (Americas) Inc. New York Branch (1)-800-351-1798 |
| USA | Spartanburg | Yusen Logistics (Americas) Inc. Spartanburg (1)-864-641-2020 |
| USA | Sumner | Yusen Logistics (Americas) Inc. Summer (1)-253-447-9000 |
| USA | Waco | Yusen Logistics (Americas) Inc. Waco (1)-254-751-9167 |

### CENTRAL SOUTH AMERICA

| | | |
|---|---|---|
| Argentina | Buenos Aires | Yusen Logistics (Argentina) S.A. Head Office (54)-11-5217-6000 |
| Argentina | Cordoba | YUSEN LOGISTICS (ARGENTINA) S.A. Cordoba Branch (54)-351-568-9922 |
| Argentina | Mendoza | Yusen Logistics (Argentina) S.A. Mendoza Branch (54)-261-476-0502 |
| Brazil | Anhanguera | Yusen Logistics Do Brasil Ltda. Anhanguera Warehouse (+55)-11-3908-9700 |
| Brazil | Curitiba | Yusen Logistics Do Brasil Ltda. Curitiba Office (+55)-41-9134-1845 |
| Brazil | Manaus | Yusen Logistics Do Brasil Ltda. Buriti (+55)-92-3228-2676 |
| Brazil | Manaus - AM | Yusen Logistics Do Brasil Ltda. Taruma (+55)-92-3228-2637 |
| Brazil | Santos | Yusen Logistics Do Brasil Ltda. Santos Office (+55)-13-3394-5131 |
| Brazil | Sao Paulo | Yusen Logistics Do Brasil Ltda. Sao Paulo (+55)-11-4064-9300 |
| Brazil | Sao Paulo - SP | Yusen Logistics Do Brasil Ltda. Head Office (+55)-11-3908-9740 |
| Chile | Santiago | Yusen Logistics Chile SpA Santiago Office |
| Mexico | Bajio | Yusen Logistics (Mexico), S.A. de C.V. Bajio Logistics Center, Head Office (52)-461-159-1400 |
| Mexico | Guadalajara | Yusen Logistics (Mexico), S.A. de C.V. Guadalajara Office 52 (33) 36 88 5769 |
| Mexico | Mexico City | Yusen Logistics (Mexico), S.A. de C.V. Cross Dock Office (52)-55-5025-3655 |
| Mexico | Mexico City | Yusen Logistics (Mexico), S.A. de C.V. Customs Office (52)-55-5025-3652 |
| Mexico | Monterrey | Yusen Logistics (Mexico), S.A. de C.V. Monterrey Branch (52)-818-340-4594 |

### EUROPE

| | | |
|---|---|---|
| Austria | Vienna | Yusen Logistics (Hungary) KFT. Branch Office Austria |
| Belgium | Antwerp | Yusen Logistics (Benelux) B.V. |

フォワーダー

ユ

|  |  |  |  |
|---|---|---|---|
| | | Antwerp Head Office | 32 (0) 3 570 69 11 |
| Belgium | Brussels | Yusen Logistics (Benelux) B.V. Brussels Branch | 32 (0)2 751 92 60 |
| Belgium | Herentals | Yusen Logistics (Benelux) B.V. Herentals Branch | 32 (0)14 24 40 40 |
| Czech | Kolin | Yusen Logistics (Czech) S.R.O. Kolin Branch | (420)-321-577-011 |
| Czech | Krupka | Yusen Logistics (Czech) S.R.O. Krupka Branch | (420)-417-774-456 |
| Czech | Peka sk | Yusen Logistics (Czech) S.R.O. Prague 5 Jinonice | (420) 233 775 333 |
| Czech | Prague | Yusen Logistics (Czech) S.R.O. Prague Nov M sto Office | (420) 731 629 478 |
| Czech | Strancice | Yusen Logistics (Czech) S.R.O. Strancice Head Office | 420)-323-577-222, (420)-323-577-271 |
| Czech | Svatopetrska, Svatopetrsk | Yusen Logistics (Czech) S.R.O. Brno Office | (420) 531 010 960 |
| Czech | Usti, st | Yusen Logistics (Czech) S.R.O. st nad Labem Branch | (420) 731 494 495 |
| France | Dourges | Yusen Logistics (France) S.A.S. Dourges Branch | 33 (0) 3 91 83 06 58 |
| France | Le Havre | Yusen Logistics (France) S.A.S. Le Havre Branch | 33 (0) 2 77 00 70 03 |
| France | Lyon | Yusen Logistics (France) S.A.S. Lyon Branch | 33 (0) 4 74 99 94 95 |
| France | Metz | Yusen Logistics (France) S.A.S. Metz Branch | 33 (0) 3 87 51 83 83 |
| France | Onnaing | Yusen Logistics (France) S.A.S. Onnaing Branch | 33 (0) 327 51 29 56 |
| France | Paris | Yusen Logistics (France) S.A.S. Head Office | 33 (0) 1 74 37 20 00 |
| France | Petite For t, Petite-Foret | Yusen Logistics (France) S.A.S. Petite Foret Branch | 33 (0)3 27 09 11 28 |
| France | Vatry | Yusen Logistics (France) S.A.S. Vatry Branch | 33 (0) 3 26 63 67 70 |
| Germany | Altbach, Germany | Yusen Logistics (Deutschland) GmbH Altbach Branch | +49 (0) 7153 70368-0 |
| Germany | Alzenau, Germany | Yusen Logistics (Deutschland) GmbH Alzenau Branch | +49 (0) 6188 445-0 |
| Germany | Duisburg, Germany | Yusen Logistics (Deutschland) GmbH Duisburg Branch | +49 (0) 2065 3024-0 |
| Germany | Düsseldorf, Germany | Yusen Logistics (Deutschland) GmbH Dusseldorf North Branch | +49 (0) 211 41854-0 |
| Germany | Düsseldorf, Germany | Yusen Logistics (Deutschland) GmbH Dusseldorf South Branch | +49 (0) 211 41854-0 |
| Germany | Düsseldorf, Germany | Yusen Logistics (Deutschland) GmbH Head Office | +49 (0) 211 41854-0 |
| Germany | Frankfurt, Germany | Yusen Logistics (Deutschland) GmbH Frankfurt Branch | +49 (0) 69 69536-0 |
| Germany | Hamburg, Germany | Yusen Logistics (Deutschland) GmbH Branch Hamburg (Contract Logistics) | +49 (0) 40 79007-0 |
| Germany | Hamburg, Germany | Yusen Logistics (Deutschland) GmbH Branch Hamburg (International Freight Forwarding) | +49 (0) 40 468957-0 |
| Germany | Langenfeld, Germany | Yusen Logistics (Deutschland) GmbH Langenfeld branch | |
| Germany | Munich, Germany | Yusen Logistics (Deutschland) GmbH Munich Branch | +49 8122 9455-0 |
| Germany | Sittensen Branch | Yusen Logistics (Deutschland) GmbH Munich Branch Sittensen Branch | 49(0) 40 79007-0 |
| Germany | Stuttgart, Germany | Yusen Logistics (Deutschland) GmbH Stuttgart Branch | +49 (0) 711 77097-0 |
| Hungary | Budapest | Yusen Logistics (Hungary) KFT. Head Office | 36 (1) 555 2522 |
| Hungary | Vecses | Yusen Logistics (Hungary) KFT. Vecses Office | 36 (1) 336 9880 |
| Italy | Milan | Yusen Logistics (Italy) S.P.A. Head Office | 39 02 9025171 |
| Italy | Romentino | Yusen Logistics (Italy) S.P.A. Romentino Branch | 39 03 2186901 |
| Italy | Torino, Turin, Costigliole Saluzzo, Costigliole | Yusen Logistics (Italy) S.P.A. Costigliole Branch | 39 02 9025171 |
| Luxembourg | Luxembourg | Yusen Logistics (Benelux) B.V. Luxemburg Branch | 352 (0)34 69 691 |
| Netherlands | Amsterdam | Yusen Logistics (Benelux) B.V. Amsterdam Branch | 31 (0)88 5522 200 |
| Netherlands | Edam | Yusen Logistics (Edam) B.V. Head Office | 31 (0)299 372 051 |
| Netherlands | Moerdijk | Yusen Logistics (Benelux) B.V. Benelux Head Office | +31 (0) 88 5522 200 |
| Netherlands | Moerdijk | Yusen Logistics (Benelux) B.V. Moerdijk II | +31(0)88 552 2200 |
| Netherlands | Oud Gastel | Yusen Logistics (Benelux) B.V. Roosendaal Healthcare Center | +31(0)88 552 23 83 |
| Netherlands | Rotterdam | Yusen Logistics (Benelux) B.V. Rotterdam Branch | 31 (0)88 5522 200 |
| Poland | Gdansk | Yusen Logistics (Polska) sp. z o.o. Gdansk Branch | (48) 58 351 46 52 |
| Poland | Gdynia | Yusen Logistics (Polska) sp. z o.o. Gdynia Branch | (48) 58 770 33 71 |
| Poland | Torun | Yusen Logistics (Polska) sp. z o.o. Torun Branch | (48) 56 652 48 13 |
| Poland | Tychy | Yusen Logistics (Polska) sp. z o.o. Tychy Branch | (48) 32 783 25 00 |
| Poland | Warsaw | Yusen Logistics (Polska) sp. z o.o. Head Office | (48) 22 567 36 10 |
| Poland | Wroclaw | Yusen Logistics (Polska) sp. z o.o. Wroclaw Branch | (48) 71 360 37 00 |
| Romania | Chiajna | Yusen Logistics (Romania) SRL Head Office | 40 31 22 92 700 |
| Russia | Moscow | Yusen Logistics RUS LLC Head Office | (7)-495-775-0739 |

フォワーダー

ユ

| | | |
|---|---|---|
| Russia | Nakhodka | Yusen Logistics RUS LLC Nakhodka Branch (7)-4236-66-56-04 |
| Russia | Novorossiysk | Yusen Logistics RUS LLC Novorossiysk Branch (7)-861-760-0700 |
| Russia | Saint Petersburg | Yusen logistics Yusen Terminal Logopark - St. Petersburg (7)-812-603-7100 |
| Russia | St.Petersburg, | Yusen Logistics RUS LLC St. Petersburg - Port Office (7)-812-318-0600 |
| Scandinavia | Gothenburg | Yusen Logistics (Benelux) B.V. Nordic Branch Gothenburg Office +46 (0) 31 94 77 60 |
| Scandinavia | Stockholm | Yusen Logistics (Benelux) B.V. Nordic Branch Stockholm Office +46 (0) 59 44 13 50 |
| Slovakia | Nitra | Yusen Logistics (Czech) s.r.o. Head Office +421 903 297 027 |
| Slovakia | Senec | Yusen Logistics (Czech) s.r.o. Senec Branch +421 910 297 014 |
| Slovenia | Koper | Yusen Logistics (Hungary) KFT. Koper Branch Office +386 5 9076760 |
| Spain | Barcelona, Spain | Yusen Logistics (Iberica) S.A. Head Office +34 93 328 7090 |
| Spain | Sevilla, Spain | Yusen Logistics (Iberica) S.A. Sevilla Branch +34 95 531 0267 |
| Spain | Valencia, Spain | Yusen Logistics (Iberica) S.A. Valencia Branch +34 96 136 9294 |
| Switzerland | Kloten | Yusen Logistics (Deutschland) GmbH Zurich Branch +41 44 810 30 30 |
| UK | Annesley, | Yusen Logistics (UK) Ltd. Nottingham 44 (0) 1623 885000 |
| UK | Avonmouth | Yusen Logistics (UK) Ltd. Avonmouth 44 (0) 1179 163720 |
| UK | Basingstoke | Yusen Logistics (UK) Ltd. Basingstoke 44 (0) 1256 682083 |
| UK | Derby | Yusen Logistics (UK) Ltd. Derby 44 (0) 1332 521440 |
| UK | Egham | Yusen Logistics (UK) Ltd. Heathrow 44 (0) 1784 220020 |
| UK | Erith | Yusen Logistics (UK) Ltd. Erith |
| UK | Leeds | Yusen Logistics (UK) Ltd. Leeds 44 (0) 1623885030 |
| UK | London | Yusen Logistics (UK) Ltd. London 44 (0) 20 3409 7500 |
| UK | Manchester | Yusen Logistics (UK) Ltd. Manchester 44 (0) 161 946 1255 |
| UK | Milton Keynes | Yusen Logistics (UK) Ltd. Milton Keynes - Badgers Rise 44 (0) 1525 287300 |
| UK | Milton Keynes | Yusen Logistics (UK) Ltd. Milton Keynes - Bradbourne Drive 44 (0) 1908 364700 |
| UK | Milton Keynes | Yusen Logistics (UK) Ltd. Milton Keynes - Sherbourne Drive 44 (0) 1908 369266 |
| UK | Northampton | Yusen Logistics (UK) Ltd. Head Office (44) 01604 748500 |
| UK | Northampton | Yusen Logistics (UK) Ltd. Northampton - Moulton 44 (0) 1604 698094 |
| UK | Rainham | Yusen Logistics (UK) Ltd. Rainham 44 (0) 20 8596 5185 |
| UK | Wellingborough | Yusen Logistics (UK) Ltd. Wellingborough 44 (0) 1933 202 320 |

## MIDDLE EAST

| | | |
|---|---|---|
| Turkey | Bursa | Yusen Inci Lojistik ve Ticaret A.S. Bursa Office (90)-224-211-4064 |
| Turkey | Istanbul | Yusen Inci Lojistik ve Ticaret Anonim Sirketi Head Office (90)-212-259-3777 |
| Turkey | Izmir | Yusen Inci Lojistik ve Ticaret A.S. Izmir Office (90)-232-870-1000 |
| Turkey | Manisa | Yusen Inci Lojistik ve Ticaret A.S. Manisa Warehouse (90)-236-214-02-68 |
| UAE | Dubai | Yusen Logistics (Middle East) L.L.C. Head Office (971)-4-386-2765 |
| UAE | Dubai | Yusen Logistics (Middle East) L.L.C. Jebel Ali Office (971)-4-881-8090 |

## ASIA & OCEANIA

| | | |
|---|---|---|
| Australia | Brisbane | Yusen Logistics (Australia) Pty. Ltd. Brisbane Branch (61)-7-3868-9400 |
| Australia | kemps creek | Yusen Logistics (Australia) Pty. Ltd. Head Office +61 2 8862 9220 |
| Australia | Melbourne | Yusen Logistics (Australia) Pty. Ltd. Melbourne Branch (61)-3-9933-1800 |
| Australia | Melbourne | Yusen Logistics (Australia) Pty. Ltd. Melbourne Logistics Centre (61)-3-8795-5000 |
| Australia | Perth | Yusen Logistics (Australia) Pty. Ltd. Perth Logistics Centre (61)-8-6454-9500 |
| Australia | Sydney | Yusen Logistics (Australia) Pty. Ltd. Sydney Branch (61)-2-9667-5400 |
| Australia | Sydney | Yusen Logistics (Australia) Pty. Ltd. Sydney Logistics Centre (Kemps Creek) (61)-2-9838-6900 |
| Bangladesh | Chittagong, Chattogram | Yusen Logistics (Bangladesh) Ltd. Chattogram Branch (880)-2-3333-27175, (880)-2-3333-27176, (880)-2-3333-27177 |
| Bangladesh | Dhaka | Yusen Logistics (Bangladesh) Ltd. Head Office (880)-2-2222-93690, (880)-2-2222-96842, (880)-2-2222-96629, (880)-2-2222-96815 |
| Cambodia | Phnom Penh | Yusen Logistics (Cambodia) Co., Ltd. Head Office (855)23-990-792 |
| Cambodia | Phnom Penh | Yusen Logistics (Cambodia) Co., Ltd. Phnom Penh Airport Branch Office (855)-23-866-387 |
| Cambodia | Phnom Penh | Yusen Logistics (Cambodia) Co., Ltd. PPSEZ Branch Office (855)-23-900-109 |
| Cambodia | Phnom Penh | Yusen Logistics (Cambodia) Co., Ltd. Warehouse Branch Office (855)-88-383-5555 |
| Cambodia | Sihanouk ville | Yusen Logistics (Cambodia) Co., Ltd. Sihanouk Ville Branch Office (855)-88-712-7777 |
| China | Beijing | Yusen Logistics (China) Co., Ltd. Beijing Branch (86)-10-6500-1366 |

フォワーダー

| China | Changsha | Yusen Logistics (China) Co., Ltd. Changsha Branch 86-0731-8620-3931 |
|---|---|---|
| China | Changzhou | Yusen Logistics (China) Co., Ltd. Sunan Branch Changzhou Sales Office (86)-510-8348-9956-151 |
| China | Chengdu | Yusen Logistics (China) Co., Ltd. Chengyu Branch Chengdu Site (86)-28-6249-9976 |
| China | Chongqing | Yusen Logistics (China) Co., Ltd. Chengyu Branch Chongqing Site (86)-23-6033-2714 |
| China | Dalian | Yusen Logistics (China) Co., Ltd. Dalian Branch (86)-411-8370-1008 |
| China | Fuzhou | Yusen Logistics (China) Co., Ltd. Fuzhou Branch (86)-591-8330-6121 |
| China | Guangzhou | Yusen Logistics (China) Co., Ltd. Guangzhou Branch (86)-20-8325-9000 |
| China | Guangzhou | Yusen Logistics (China) Co., Ltd. Guangzhou Airport Branch (86)-20-3607-0123 |
| China | Hangzhou | Yusen Logistics (China) Co., Ltd. Zhejiang Branch Hangzhou Site (86)-571-8699-7812 |
| China | Nanjing | Yusen Logistics (China) Co., Ltd. Nanjing Branch (86)-25-8658-3581 |
| China | Nantong | Yusen Logistics (China) Co., Ltd. Sunan Branch Nantong Office (86)-510-8348-9956-945 |
| China | Ningbo | Yusen Logistics (China) Co., Ltd. Zhejiang Branch Ningbo Site (86)-574-8719-6783 |
| China | Qingdao | Yusen Logistics (China) Co., Ltd. Qingdao Branch (86)-532-8502-9788 |
| China | Shanghai | Yusen Logistics (China) Co., Ltd. Shanghai Head Office (86)-21-2220-7500/7000 |
| China | Shenyang | Yusen Logistics (China) Co., Ltd. Shenyang branch (86)-24-85860321 |
| China | Shenzhen | Yusen Logistics (Shenzhen) Co., Ltd. Shenzhen Head Office (86)-755-3690-9992 |
| China | Shenzhen | Yusen Logistics (Shenzhen) Co., Ltd. Shenzhen Qianhaiwan Free Trade Port Area (FTPA) Bonded Warehouse (86) 755-3299-0304 |
| China | Shenzhen | Yusen Logistics (Shenzhen) Co., Ltd. Shenzhen South China International Logistics Center Export Supervised Warehouse (86) 755-2973-7145 |
| China | Shenzhen | Yusen Logistics (Shenzhen) Co., Ltd. Shenzhen Futian Free Trade Zone Bonded Warehouse (86) 755 - 8273 4772 |
| China | Shenzhen | Yusen Logistics (Shenzhen) Co., Ltd. Yusen Logistics (Shenzhen) Co., Ltd. Document Center (86) 756-337-5821 |
| China | Suzhou | Yusen Logistics (China) Co., Ltd. Sunan Branch Suzhou Site (86)-512-6818-7619 |
| China | Tianjin | Yusen Logistics (China) Co., Ltd. Tianjin Branch (86)-22-5863-3748 |
| China | Wuhan | Yusen Logistics (China) Co., Ltd. Zhongyuan Branch Wuhan Site (86)-27-5988-0970 |
| China | Wuxi | Yusen Logistics (China) Co., Ltd. Sunan Branch Wuxi Site (86)-510-8348-9956, (86)-510-8865-0798 |
| China | Xiamen | Yusen Logistics (China) Co., Ltd. Xiamen Branch (86)-592-2395-193 |
| China | Xian | Yusen Logistics (China) Co., Ltd. Chengyu Branch Xi'an Office (86)-29-8964-1507 |
| China | Yantian | Yusen Logistics (Shenzhen) Co., Ltd. Shenzhen Yantian Comprehensive Bonded Zone Bonded Warehouse (86) 755-3299-0240 |
| China | Zhengzhou | Yusen Logistics (China) Co., Ltd. Zhongyuan Branch Zhengzhou Site (86)-371-8613-3910 |
| China | Zhuhai | Yusen Logistics (Shenzhen) Co., Ltd. Zhuhai Branch (86)-756-815-5344 |
| Hong Kong | Hong Kong | Yusen Logistics (Hong Kong) Limited Head Office (852)-2265-9888 |
| India | Ahmedabad | Yusen Logistics (India) Private Limited Ahmedabad - KM 9712973477 |
| India | Ahmedabad | Yusen Logistics (India) Private Limited Ahmedabad Office +91-079-4019 4900 |
| India | Ahmedabad | Yusen Logistics India Pvt Ltd Ahmedabad - 1 Warehouse +91 9712967691 |
| India | Bangalore | Yusen Logistics (India) Private Limited Bangalore Airport Office +91 80 42098098 |
| India | Bangalore | Yusen Logistics (India) Private Limited Bangalore Bommasandra Warehouse 812392963 |
| India | Bangalore | Yusen Logistics (India) Private Limited Bangalore Hoskote Warehouse 2 +91 9740249678 |
| India | Bangalore | Yusen Logistics (India) Private Limited Bangalore Hoskote Warehouse 3 +91 9741158622 |
| India | Bangalore | Yusen Logistics (India) Private Limited Bangalore Kalyan Nagar Warehouse +91 9741158623 |
| India | Bangalore | Yusen Logistics (India) Private Limited Bangalore KM warehouse 9535666511 |
| India | Bangalore | Yusen Logistics (India) Private Limited Bangalore Makali Warehouse 9972306263 |
| India | Bangalore | Yusen Logistics (India) Private Limited Bangalore Minnapura Warehouse 9632582255 |
| India | Bangalore | Yusen Logistics (India) Private Limited Bangalore Office 91 80 4943 3000 |
| India | Bhubaneshwar | Yusen Logistics (India) Private Limited Bhubaneshwar- 2 Warehouse 0674-2587242,2587280 |
| India | Chennai | Yusen Logistics (India) Private Limited Chennai Office +91 44 40134000 |
| India | Chennai | Yusen Logistics (India) Private Limited Chennai Warehouse (Customer - Nissan) +91 9500071665 |

|  |  |  |
|---|---|---|
| India | Chennai | Yusen Logistics (India) Private Limited Chennai KM warehouse 9840558680 |
| India | Chennai | Yusen Logistics (India) Private Limited Chennai Mathur Warehouse +91 994030119 |
| India | Chennai | Yusen Logistics (India) Private Limited Chennai PMT Warehouse 91 44-27174077, 91 9500049366 |
| India | Chennai | Yusen Logistics (India) Private Limited Chennai Puzhal - 3 Warehouse +91 994030119 |
| India | Chennai Panapakkam Village | Yusen Logistics (India) Private Limited Chennai 4 +91 9940630119 |
| India | Coimbatore | Yusen Logistics (India) Private Limited Coimbatore KM warehouse 9884836923 |
| India | Delhi | Yusen Logistics (India) Private Limited Delhi Branch Office 91-124-43053500 |
| India | Gujarat | Yusen Logistics (India) Private Limited Sanand warehouse 9168075353 |
| India | Gurgaon | Yusen Logistics (India) Private Limited Gurgaon Mundaka Warehouse 8800444726 |
| India | Gurgaon | Yusen Logistics (India) Private Limited Gurgaon Norpau-Pataudi Warehouse +91 - 9971498639 |
| India | Gurgaon | Yusen Logistics (India) Private Limited Gurgaon Patli Warehouse +91 9717399473 |
| India | Guwahati | Yusen Logistics (India) Private Limited Jamshepur Warehouse +91 9204858102 |
| India | Guwahati Assam Kamrup | Yusen Logistics (India) Private Limited Guwahati Warehouse 91-8134812527 |
| India | Hubli | Yusen Logistics (India) Private Limited Hubli KM warehouse 7899811373 |
| India | Hyderabad | Yusen Logistics (India) Private Limited Gurgaon Patli Warehouse 91 -8790005432 |
| India | Hyderabad | Yusen Logistics (India) Private Limited Hyderabad KM warehouse 8374306431 |
| India | Hyderabad | Yusen Logistics (India) Private Limited Hyderabad Office 9972306262 /9000008051 |
| India | Indore | Yusen Logistics (India) Private Limited Indore4 Warehouse 919764449918 |
| India | Jaipur | Yusen Logistics (India) Private Limited Jaipur Warehouse 1 +91 9929666144 |
| India | Kanpur | Yusen Logistics (India) Private Limited Kanpur KM Warehouse 9956564324 |
| India | Kochi | Yusen Logistics (India) Private Limited Kochi Warehouse +974 6474 272 |
| India | Kolkata | Yusen Logistics (India) Private Limited Kolkata Branch Office +91 033 40539191 |
| India | Kolkata | Yusen Logistics (India) Private Limited Kolkata warehouse 9903281230 |
| India | Kutch Gujrat Gandhidham | Yusen Logistics (India) Private Limited Gandhidham Office 9727725429 |
| India | Lucknow | Yusen Logistics (India) Private Limited Lucknow Warehouse +91 8005499611 |
| India | Ludhiana | Yusen Logistics (India) Private Limited Ludhiana Warehouse 91-94-63-828267 |
| India | Ludhiana | Yusen Logistics (India) Private Limited Ludhiana 91-94-65-203550 |
| India | Mohali | Yusen Logistics (India) Private Limited MOHALI Warehouse 9888432009 |
| India | Mumbai | Yusen Logistics (India) Private Limited Head Office 91-22-48864000 |
| India | Mumbai | Yusen Logistics (India) Private Limited Mumbai (Andheri) Warehouse 7045196840 |
| India | Mumbai | Yusen Logistics (India) Private Limited Mumbai (Taloja 1) Warehouse +91 9004100753 |
| India | Mumbai | Yusen Logistics (India) Private Limited Mumbai Branch Office + 91 22 40657300 |
| India | Nagpur | Yusen Logistics (India) Private Limited Nagpur KM warehouse 9168034223 |
| India | New Delhi Tikri | Yusen Logistics (India) Private Limited Tikri Warehouse 1 +91 8800444817 |
| India | Patna | Yusen Logistics (India) Private Limited Patna Warehouse +91 7870769731 |
| India | Ponneri | Yusen Logistics (India) Private Limited Chennai 8- Ponneri WH |
| India | Pune | Yusen Logistics (India) Private Limited Pune Warehouse 7798887118 |
| India | Raipur | Yusen Logistics (India) Private Limited Raipur KM warehouse 8349492444 |
| India | Surat | Yusen Logistics (India) Private Limited Surat City Warehouse 9712963443 |
| India | Tuticorin | Yusen Logistics (India) Private Limited Tuticorin Office +91 461 4984112 |
| India | Vijayawada | Yusen Logistics (India) Private Limited Vijayawada WH 3 +91 9731204311 |
| Indonesia | Batam | PT. Yusen Logistics Indonesia Batam Branch 62-778-460-705 |
| Indonesia | Jakarta | PT. Puninar Yusen Logistics Indonesia Cakung Branch 62-21-4608720 |
| Indonesia | Jakarta | PT. Puninar Yusen Logistics Indonesia Head Office (62)-21-460-8720 |
| Indonesia | Jakarta | PT. Puninar Yusen Logistics Indonesia Nagrak Branch 62-21-4413241 |
| Indonesia | Jakarta | PT. Yusen Logistics Indonesia Head Office +62-21 2265 1000 |
| Indonesia | Jakarta | PT. Yusen Logistics Solutions Indonesia Head Office 62-21-8998-2180 |
| Indonesia | Semarang | PT. Yusen Logistics Indonesia Semarang Branch 62-24-845-4367 |
| Indonesia | Surabaya | PT. Yusen Logistics Indonesia Surabaya Branch 62-31-868-2925 |
| Indonesia | Surabaya | PT. Yusen Logistics Solutions Indonesia Surabaya Branch Office (62)-31-39703092 |
| Indonesia | Tangerang | PT. Yusen Logistics Indonesia Cengkareng Branch (Airport Office) +62-21 5591 2917 |
| Korea | Busan | Yusen Logistics (Korea) Co., Ltd. Busan Branch (82)-51-466-5065 |

| Country | City | Office |
|---|---|---|
| Korea | Gimhae | Yusen Logistics (Korea) Co., Ltd. Gimhae Airport Office (82)-51-941-0577 |
| Korea | Gimpo | Yusen Logistics (Korea) Co., Ltd. Gimpo Logistics Center (82)-2-2662-3998 |
| Korea | Incheon | Yusen Logistics (Korea) Co., Ltd. Incheon Airport Office (82)-31-744-7572 |
| Korea | Seoul | Yusen Logistics (Korea) Co., Ltd. Head Office (82)-2-2077-3095 (Sales), (82)-2-2077-3034 (Air), (82)-2-2077-3052 (Ocean), (82)-2-2662-3998 (Logistics) |
| Laos | Champasak | Yusen Logistics (Lao) Co., Ltd Champasak Branch 856-31-218-123 |
| Laos | Luang Prabang Capital | Yusen Logistics (Lao) Co., Ltd. Luang Prabang Sales office 856-30-599-8532 |
| Laos | Vientiane | Yusen Logistics (Lao) Co., Ltd. Head Office 856-21-221-77 |
| Laos | Vientiane Capital | Yusen Logistics (Lao) Co., Ltd. Vientiane border office 856-21-221-77 |
| Malaysia | Bangi,Malaysia | TASCO Berhad Bangi Container Depot (BGCD) (60)-3-8920-1726 |
| Malaysia | Bangi,Malaysia | TASCO Berhad Bangi Logistics Centre II (BGLC II) (60)-3-8911-3333 |
| Malaysia | Ipoh,Malaysia | TASCO Berhad Ipoh Logistics Centre (IPLC) (60)-5-293-8988 |
| Malaysia | Johor Bahru,Malaysia | TASCO Berhad Johor Bahru Causeway Office (JBCO) (60)-7-221-1125 |
| Malaysia | Johor Bahru,Malaysia | TASCO Berhad Pasir Gudang Logistics Centre (PGLC) (60)-7-252-7010 |
| Malaysia | Johor Bahru,Malaysia | TASCO Berhad Senai Seelong Logistics Centre (SSLC) (60)-7-598-8585 |
| Malaysia | Johor Bahru,Malaysia | TASCO Berhad Tanjung Pelepas Logistics Centre (TPLC) (60)-7-504-9888 |
| Malaysia | Kota Kinabalu,Malaysia | TASCO Berhad Kota Kinabalu Logistics Centre (KKLC) (60)-88-424170 |
| Malaysia | Kuala Lumpur,Malaysia | TASCO Berhad Head Office (60)-3-5101-8888 |
| Malaysia | Kuala Lumpur,Malaysia | TASCO Berhad Shah Alam Logistics Centre I (60)-3-5101-8991 |
| Malaysia | Kuantan,Malaysia | TASCO Berhad Kuantan Port Logistics Centre (KPLC) (60)-9-583-6688 |
| Malaysia | Kuching,Malaysia | TASCO Berhad Kuching Logistics Centre (60)-082-433544 |
| Malaysia | Melaka,Malaysia | TASCO Berhad Melaka Logistics Centre (MKLC) (60)-6-553-4788 |
| Malaysia | Padang Besar,Malaysia | TASCO Berhad Padang Besar Truck Freight station (60)-4-949-2850 |
| Malaysia | Penang,Malaysia | TASCO Berhad Penang Air Freight Logistics Centre (PAFLC) (60)-4-252-0888 |
| Malaysia | Penang,Malaysia | TASCO Berhad Penang Prai Logistics Centre (PPLC) (60)-4-509-9888 |
| Malaysia | Port Klang,Malaysia | TASCO Berhad North Port Logistics Centre (NPLC) (60)-3-3176-6323 |
| Malaysia | Port Klang,Malaysia | TASCO Berhad Port Klang Container Depot (Haulage) (60)-3176-0317 |
| Malaysia | Port Klang,Malaysia | TASCO Berhad Port Klang Logistics Centre (PKLC I) (60)-3-3326-7000 |
| Malaysia | Port Klang,Malaysia | TASCO Berhad Port Klang Logistics Centre (PKLC III) (60)-3-3176-0071 |
| Malaysia | Sepang,Malaysia | TASCO Berhad KLIA Air Freight Logistics Centre (60)-3-8778-9999 |
| Myanmar | Yangon | Yusen Logistics (Myanmar) Co., Ltd. Head Office 951-241202, 951- 241203 |
| New Zealand | Auckland | Yusen Logistics (Australia) Pty. Ltd. Auckland Branch (64)-9-394-1394 |
| Pakistan | Karachi | Yusen Logistics Pakistan (Private) Limited Karachi Branch 92-21-35632247-49 |
| Pakistan | Lahore | Yusen Logistics Pakistan (Private) Limited Head Office + 92 42 37175452, +92 42 37175453 |
| Philippines | Angeles | Yusen Logistics Center, Inc. Clark Logistics Center 1 (63)-45-499-5177 |
| Philippines | Angeles | Yusen Logistics Philippines, Inc. Clark Satellite Office (63)-45-599-6819 |
| Philippines | Binan | Yusen Logistics Center, Inc. Laguna Logistics Center 1 (63)-2-8519-4389, (63)-49-502-5297 |
| Philippines | Binan | Yusen Logistics Center, Inc. Laguna Logistics Center II (63)-49-502-3066/68 |
| Philippines | Binan | Yusen Logistics Philippines, Inc. North Laguna Satellite Office (63)-49-502-3066 |
| Philippines | Calamba | Yusen Logistics Phils., Inc. Satellite Office (63)-49-502-4023 |
| Philippines | Davao | Yusen Logistics Philippines, Inc. Davao Office (63)-82-333-4335 |
| Philippines | Lapu-lapu | Yusen Logistics Philippines, Inc. Cebu Branch (63)-32-265-5588 |
| Philippines | LapuLapu | Yusen Logistics Center, Inc. YLCI MEPZ Warehouse (63)-32-495-2766 |
| Philippines | Olongapo, Subic | |

フォワーダー

ユ

| | | |
|---|---|---|
| | | Yusen Logistics Phil., Inc. Satellite Office (63)-47-252-6774 |
| Philippines | Paranaque | Yusen Logistics Philippines, Inc. Head Office (63)-2-8835-2888 |
| Philippines | Rosario | Yusen Logistics Center, Inc. Cavite Logistics Center I (63)-46-437-0722 |
| Philippines | Rosario | Yusen Logistics Philippines, Inc. Cavite Satellite Office (63)-46-437-0723 |
| Singapore | Singapore | Yusen Logistics (Singapore) Pte. Ltd. Head Office (65)-6546-8858 |
| Sri Lanka | Colombo | Yusen Logistics & Kusuhara Lanka (Pvt.) Ltd. Head Office (94)-11-2167600 |
| Taiwan | Hsinchu | Yusen Logistics (Taiwan) Ltd. Hsinchu Branch (886)3-563-3311 |
| Taiwan | Kaohsiung | Yusen Logistics (Taiwan) Ltd. Kaohsiung Branch (886)7-335-5454 |
| Taiwan | Kaohsiung | Yusen Logistics (Taiwan) Ltd. Kaohsiung OP Office - TACT (886)7-801-0908 |
| Taiwan | Keelung | Yusen Logistics (Taiwan) Ltd. KeeLung Branch (886)2-2425-2098 |
| Taiwan | Taichung | Yusen Logistics (Taiwan) Ltd. Taichung Branch (886)4-2238-8922 |
| Taiwan | Tainan | Yusen Logistics (Taiwan) Ltd. Tainan Branch (886)6-505-8008 |
| Taiwan | Taipei | Yusen Logistics (Taiwan) Ltd. Head Office (886)2-2351-6310 |
| Taiwan | Taoyuan | Uryi Logistics Solutions (886)3-464-4586 |
| Taiwan | Taoyuan | Yusen Logistics (Taiwan) Ltd. Taoyuan Airport - Evergreen Aircargo (EGAC) Import Office (886)-3-393-1010 |
| Taiwan | Taoyuan | Yusen Logistics (Taiwan) Ltd. Taoyuan Airport - FTZ Export office (886)-3-399-2299, (886)-3-399-2777 |
| Taiwan | Taoyuan | Yusen Logistics (Taiwan) Ltd. Taoyuan No.1 Warehouse (886)-3-354-4546 |
| Thailand | Bangkok | Yusen Logistics (Thailand) Co., Ltd. Head Office (66)-2-034-8000 (Auto 30 Lines) |
| Thailand | Bangkok | Yusen Logistics (Thailand) Co., Ltd. Klongtoey Customs Clearance Branch (YKCC) (66)-2671-4024-7 |
| Thailand | Bangkok | Yusen Logistics(Thailand) Co.,Ltd. Donmueang Airport Office (66)-2-535-4441 |
| Thailand | Chiang Mai | Yusen Logistics (Thailand) Co., Ltd. Chiang Mai Branch (66)-5320-3211 |
| Thailand | Chonburi | Yusen Logistics (Thailand) Co., Ltd. Laem Chabang FZ Logistics Centre (YLFZ) (66)-38-401-358-9, (66)-38-401-574-5 |
| Thailand | Chonburi | Yusen Logistics (Thailand) Co., Ltd. Laem Chabang Logistics Centre1 (YLLC2) (66)-38-338-547-50, (66)-38-296-418-20, (66)-38-065-601-6 |
| Thailand | Chonburi | Yusen Logistics (Thailand) Co., Ltd. Laem Chabang Logistics Centre1Group 3 (LLC4) (66)-38-060-771-5, (66)-38-060-817-9 |
| Thailand | Chonburi | Yusen Logistics (Thailand) Co., Ltd. Laem Chabang Logistics Centre2 (YLLC3) (66)-38-065-546-7 |
| Thailand | Chonburi | Yusen Logistics (Thailand) Co., Ltd. Sriracha Truck Terminal Branch (YSTT) (66)-38-483-162-4 |
| Thailand | Klongtoey, | Klongtoey, Bangkok Yusen Logistics (SAO Region) Co., Ltd. South Asia & Oceania Regional Head Office 0-2034-8054 |
| Thailand | Nakornratchasima | Yusen Logistics (Thailand) Co., Ltd. Korat Logistics Center(66)-4433-4700 |
| Thailand | Pathumthani | Yusen Logistics (Thailand) Co., Ltd. Navanakorn Logistics Center (66)-2-909-7810-11 |
| Thailand | Rayong | Yusen Logistics (Thailand) Co., Ltd. Maptaphut Logistics Centre (YMLC) (66)-38-643-100 |
| Thailand | Samutprakarn | Yusen Logistics (Thailand) Co., Ltd. Bangbor Container Depot Branch (YBCD) (66)-2705-5501-14 |
| Thailand | Samutprakarn | Yusen Logistics (Thailand) Co., Ltd. Bangbor Logistics Centre (YBLC) (66)-2707-0229-30, (66)-2338-1421-4 |
| Thailand | Samutprakarn | Yusen Logistics (Thailand) Co., Ltd. Suvarnabhumi Airport Office (66)-2134-7902 |
| Thailand | Samutprakarn | Yusen Logistics (Thailand) Co., Ltd. Suvarnabhumi Logistics Center (66)-2750-8868-74 |
| Vietnam | Bac Ninh Province | Yusen Logistics (Vietnam) Co., Ltd. Bac Ninh Branch/ Yen Phong Logistics Center (84)-222-3699066 |
| Vietnam | Binh Duong | Yusen Logistics (Vietnam) Co.,Ltd. Binh Duong VSIP Logistics Center (84)-274-3794-673 |
| Vietnam | Binh Duong,Tan Dong Hiep | Yusen Logistics (Vietnam) Co., Ltd. Binh Duong Tan Dong Hiep B Logistics Center (84)-274-3797890 |
| Vietnam | Da Nang | Yusen Logistics (Vietnam) Co., Ltd. Da Nang Branch / Da Nang Logistics Center (84)-236-3740-33 |
| Vietnam | Hai Duong City | Yusen Logistics (Vietnam) Co., Ltd. Hai Duong Office / Tan Truong Logistics Center (84)-220-3570-582 |
| Vietnam | Haiphong City | Yusen Logistics (Vietnam) Co., Ltd. Hai Phong Logistics Center (84)-225-3979-675 |
| Vietnam | Hanoi City | Yusen Logistics (Vietnam) Co., Ltd. Head Office (84)-24-3768-4641 |
| Vietnam | Ho Chi Minh | Yusen Logistics (Vietnam) Co., Ltd. Ho Chi Minh Branch (84)-28-3823-5616 |

## ユーピーエス サプライチェーンソリューション・ジャパン株式会社
**UPS SUPPLY CHAIN SOLUTIONS (JAPAN), CO., LTD.**

108-0023 東京都港区芝浦4-13-23
　　　　MS芝浦ビル13階
　　　　　TEL 03-6702-0300 FAX: 03-6702-0301
　　　　　　　*http://www.ups-scs.com*

［主な営業種目］　国際複合運送業　航空運送代理店業　利用航空運送事業　通関業　海上運送取扱業　海運仲立業　損害保険代理店業　倉庫業　物流システム開発・販売および運営管理業務二

［貨物運送取扱事業法上の事業区分(外航海運)］
利用運送事業

［加入団体名］　JIFFA　JAFA

［国内営業所および代理店名］
東京：カスタマーケア　エアーエクスポート
　　　　　03-6702-0300　FAX 03-6702-0301
　　：カスタマーケア　エアーインポート
　　　　　0479-70-9760　FAX 0479-70-9685
　　：お客様専用
　　　　　0120-03-5516　FAX 0120-04-5516
　　：オーシャンエクスポート
　　　　　03-6702-0306　FAX 03-6702-0308
　　：オーシャンインポート
　　　　　03-6702-0307　FAX 03-6702-0309
　　：オーシャン大阪デスクフリーダイアル
　　　　　0800-700-7357　FAX 0120-33-4282
成田：輸出業務部混載
　　　　　0479-70-9484　FAX 0479-70-9556
　　：輸出業務部業務
　　　　　0479-70-9690　FAX 0479-70-9695
　　：輸出業務部通関
　　　　　0479-70-9485　FAX 0479-70-9695
　　：輸入業務部混載
　　　　　0479-70-9760　FAX 0479-70-9685
　　：輸入業務部通関
　　　　　0479-70-9770　FAX 0479-70-9775
名古屋：セントレア事業所
　　　　　0569-38-9230　FAX 0569-38-9250
大阪：大阪支店 06-4395-6706　FAX 06-4395-6708
　　：りんくうロジスティクスセンター
　　　　　072-458-0120　FAX 072-458-0114

## 株式会社　ユニエツクス NCT
**UNI-X NCT CORPORATION**

104-0033 東京都中央区新川1-28-24
　　　　東京ダイヤビル4号館
　　　　　TEL 03-6280-0319 FAX: 03-6280-0347
　　　　　　　*https://www.uni-xnct.com*

［主な営業種目］　港湾運送事業　倉庫業　海運貨物取扱業　通関業　国際複合運送事業

［貨物運送取扱事業法上の事業区分(外航海運)］
利用運送事業

［加入団体名］　JIFFA

［国内営業所および代理店名］
東京：東日本営業チーム
　　　　　03-6280-0319　FAX 03-6280-0347
横浜：横浜支店 045-640-0650　FAX 045-663-3780
神戸：神戸支店 078-392-6668　FAX 078-332-0573

## 由良海運　株式会社
**YURA KAIUN CO., LTD.**

455-0037 愛知県名古屋市港区名港2-5-6
　　　　　TEL 052-661-2752 FAX: 052-661-0850
　　　　　　　*http://www.yurakaiun.co.jp*

［主な営業種目］　内航運送事業　港湾運送事業　通関業　貨物利用運送事業　各種代理店業　倉庫業　貨物の質量の計量証明事業の受託　他

［貨物運送取扱事業法上の事業区分(外航海運)］
内航運送・外航運送に係る第二種貨物利用運送事業

［加入団体名］　JFFF

［国内営業所および代理店名］
東京：東京支店 03-3258-1320　FAX 03-3258-1322
愛知県知多郡：衣浦支店
　　　　　0569-72-3311　FAX 0569-73-6682

［海外営業所及び代理店又は提携先］
ASIA & OCEANIA
Indonesia　Cikampek　PT Cipta Industories　(62)264-351705
Vietnam　Ho Chi Minh　Yura Vietnam Co., Ltd.
　　　　　　　　　　　　　　　　(84)989 839908

## 株式会社　レックス
**RECS CO., LTD.**

650-0032 兵庫県神戸市中央区伊藤町119
　　　　大樹生命神戸三宮ビル7階
　　　　　TEL 078-331-1308 FAX: 078-331-2308
　　　　　　　*http://www.recs-wmc.com*

［主な営業種目］　港湾運送事業　貨物運送取扱業　通関業　NVOCC　国際複合運送業

［貨物運送取扱事業法上の事業区分(外航海運)］
利用運送事業

［加入団体名］　神戸海運貨物取扱業組合　神戸通関業協会

［国内営業所および代理店名］
神戸：WMC㈱　078-331-2255　FAX 078-331-2308

フォワーダー

ユ・レ

# ロ

## ロジスティードエクスプレス　株式会社
### LOGISTEED Express, Ltd.

104-6027 東京都中央区晴海1-8-10
　　　　晴海アイランドトリトンスクエアオフィスタワーX棟
　　　　TEL 03-6864-6500 FAX: 03-6864-5200
　　　　https://www.logisteed.com/express/jp/

[主な営業種目] 貨物利用運送事業（航空、海上、鉄道）　貨物自動車利用運送業　航空運送代理店業　一般港湾運送事業　通関業　倉庫業　損害保険代理業　その他付帯事業

[貨物運送取扱事業法上の事業区分(外航海運)]
貨物利用運送事業

[加入団体名]　JAFA　JIFFA

[国内営業所および代理店名]

東京：本社　　　03-6864-6500　FAX 03-6864-5200
　：海上部　輸出課
　　　　　　　　03-6864-6521　FAX 03-6864-5209
　：　　　輸入課
　　　　　　　　03-6864-6511　FAX 03-6864-5206
　：　　　自動車課
　　　　　　　　03-6864-0868　FAX 03-6864-0869
高崎：高崎物流センター
　　　　　　　　027-350-1583　FAX 027-353-9266
水戸：茨城営業所　水戸事務所
　　　　　　　　029-202-6232　FAX 029-354-3981
つくば：つくば事務所
　　　　　　　　029-893-2735　FAX 029-893-2736
　：つくば事務所　阿見分室
　　　　　　　　029-896-7895　FAX 029-896-7896
東京：仕入・マーケティング課
　　　　　　　　03-6864-6519　FAX 03-6864-5204
　：フォワーディングソリューション課
　　　　　　　　03-6864-6541　FAX 03-6864-5212
　：　業務課 03-6864-0865　FAX 03-6864-5212
横浜：大黒センター　港運係
　　　　　　　　045-506-1314　FAX 045-506-1317
　：　　　　3PL係
　　　　　　　　045-506-2211　FAX 045-506-2281
　：　山下出張所
　　　　　　　　045-640-3201　FAX 045-640-3202
東京：航空輸出部　一課
　　　　　　　　03-6864-6542　FAX 03-6864-5208
　：航空輸出部　二課
　　　　　　　　03-6864-0870　FAX 03-6864-0871
相模原：相模原駐在所
　　　　　　　　042-745-2312　FAX 042-748-5149
東京：航空輸出部　三課
　　　　　　　　03-6864-6531　FAX 03-6864-5210
東京：羽田営業所
　　　　　　　　03-5708-7101　FAX 03-5708-0653
　：航空輸出部　四課
　　　　　　　　03-6864-6531　FAX 03-6864-5210
　：EC事業推進課
　　　　　　　　03-6864-6515　FAX 03-6864-5202
　：航空輸出部　営業課

　　　　　　　　03-6864-6543　FAX 03-6864-5213
国立：多摩出張所
　　　　　　　　042-846-7770　FAX 042-846-7771
東京：航空輸出部　業務課
　　　　　　　　03-6864-0870　FAX 03-6864-0871
成田：成田航空センター
　　　　　　　　0479-78-6285　FAX 0479-78-6265
東京：航空輸出部　混載課
　　　　　　　　03-6864-6518　FAX 03-6864-5203
成田：成田航空センター
　　　　　　　　0479-78-6284　FAX 0479-78-6255
　：航空輸入部
　　　　　　　　03-6770-2264　FAX 03-6864-5214
成田：一課　　0476-36-4376　FAX 0476-36-4373
　：二課　　0476-36-4370　FAX 0476-36-4367
　：成田物流センター
　　　　　　　　0479-78-1801　FAX 0479-78-1805
大阪：西日本営業部　業務課
　　　　　　　　06-6467-7581　FAX 06-6467-7582
　：大阪航空営業所 FAX
　　　　　　　　06-6467-7580　FAX 06-6467-7586
　：関西空港出張所
　　　　　　　　072-456-5480　FAX 072-456-5490
　：大阪海上営業所
　　　　　　　　06-6467-7583　FAX 06-6467-7584
　：大阪通関課
　　　　　　　　06-7220-4412　FAX 06-6467-7587
名古屋：名古屋営業所
　　　　　　　　052-957-2060　FAX 052-957-2062
常滑：中部空港出張所
　　　　　　　　0569-38-8266　FAX 0569-38-8267
静岡：静岡出張所
　　　　　　　　054-355-0055　FAX 054-355-0056
福岡：福岡空港事務所
　　　　　　　　092-477-7510　FAX 092-477-0356
大阪：営業課　06-7708-8620　FAX 06-6467-7587
東京：国際プラント部
　　　　　　　　03-6864-6508　FAX 03-6864-5217
　：営業開発部
　　　　　　　　03-6864-6525　FAX 03-6864-5202
　：通関部　海上通関課
　　　　　　　　03-6864-6526　FAX 03-6864-5215
成田：　　　航空輸出通関課
　　　　　　　　0476-36-4809　FAX 0476-36-4818
　：　　　航空輸入通関課
　　　　　　　　0476-36-4379　FAX 0476-36-4364
東京：AEO・輸出管理部
　　　　　　　　03-6864-6516　FAX 03-6864-5201
　：安全品質環境部
　　　　　　　　03-6864-6517　FAX 03-6864-5201
　：海外事業戦略部
　　　　　　　　03-6864-6537　FAX 03-6864-5202
　：経営企画部
　　　　　　　　03-6864-6507　FAX 03-6864-5200
　：システムインフラ推進部
　　　　　　　　03-6864-6509　FAX 03-6864-5200
　：経理部　経理課
　　　　　　　　03-6864-6503　FAX 03-6864-5200
　：　　　財務課
　　　　　　　　03-6864-6505　FAX 03-6864-5200
　：人材開発部
　　　　　　　　03-6864-6502　FAX 03-6864-5200
　：総務部　総務・コンプライアンス課

フォワーダー

|  |  | 03-6864-6500 | FAX 03-6864-5200 |
| : |  | 人事課 |  |
|  |  | 03-6864-6501 | FAX 03-6864-5200 |
| :監査部 |  | 03-6864-6540 | FAX 03-6864-5200 |

# ロジテムインターナショナル　株式会社
## LOGITEM INTERNATIONAL CORP.

146-0081 東京都大田区仲池上1-31-19
TEL 03-6744-5481 FAX: 03-6744-5485
*http://www.logitem-inter.co.jp*

[主な営業種目]　海運貨物取扱業　通関業　倉庫業　自動車貨物運送取扱事業　国際複合運送業

[貨物運送取扱事業法上の事業区分(外航海運)]
利用運送事業

[加入団体名]　JIFFA　JFFF

[国内営業所および代理店名]
東京：東京事業所
　　　　　　03-6744-5484　　FAX 03-5755-1340
大阪：大阪事業所
　　　　　　06-4395-6020　　FAX 06-4395-6021

[海外営業所及び代理店又は提携先]
ASIA & OCEANIA

| Cambodia | Phnom Penh | Logitem Cambodia co., Ltd. |
|  |  | 855-23-218684 |
| China | Shanghai | Logitem Shanghai Corp. |
|  |  | 86-21-5868-2295 |
| Hongkong | Hongkong | Logitem Hong Kong Co., Ltd. |
|  |  | 852-2527-0511 |
| Korea | Seoul | Naru Int'l Co., Ltd. 82-2775-0671 |
| Laos | Savannakhet | Logitem Laos Glkp co., Ltd. |
|  |  | 855-23-218684 |
| Myanmar | Yangon | Logitem Myanmar co., Ltd. |
|  |  | 95-92-5040-8926 |
| Taiwan | Taipei | Logitem Taiwan Co., Ltd. |
|  |  | 886-2-2995-5299 |
| Thailand | Bangkok | Logitem Thailand Co., Ltd. |
|  |  | 662-261-8297 |
| Vietnam | Da Nang | Logitem Vietnam South Service Ltd. |
|  |  | 84-236-393-4040 |
| Vietnam | Hai Phong | Logitem Vietnam North Service Co., Ltd. 84-225-382-2029 |
| Vietnam | Ho Chi Minh | Logitem Vietnam South Service Co., Ltd. 84-28-3729-2210 |

# コンテナリース会社

## NRS株式会社
〒101-0054 東京都千代田区神田錦町3-7-1
興和一橋ビル8階
03-5281-8179 ℻03-5281-1857
http://www.nrsgroup.co.jp/

## Seaco Japan 合同会社
〒105-0004 東京都港区新橋5-13-10
VORT新橋NEX 8階
03-6432-0230
http://www.seacoglobal.com

## テックステナー ジャパン株式会社
(Textainer Japan)
〒221-0056 神奈川県横浜市神奈川区金港町7-3
金港ビル7F
050-6875-5810
http://www.textainer.com/

## トライトン インターナショナル合同会社
(Triton International)
〒100-0005 東京都千代田区丸の内2-3-2
郵船ビル302
03-3213-1311 ℻03-3213-1329
http://www.tritoninternational.com

## UES International Container Leasing
㈹EF インターナショナル
〒231-0012 神奈川県横浜市中区相生町6-104
横浜相生町ビル
045-264-4540 ℻045-264-4539
http://www.ef-international.com

### Tank Containers

| | |
|---|---|
| Bertschi（上野ロジケム） | 03-6747-3199 |
| Blue Express | 072-229-3963 |
| Bulkhaul Japan | 03-3434-3600 |
| Den Hartogh Global（日新） | 03-3238-6541 |
| DHL Global Forwarding Japan | 03-6731-4434 |
| Eurotainer Japan | 03-6689-3561 |
| Exsif Worldwide | 03-3556-8331 |
| Federal Tank Liner | 045-323-9365 |
| Hoyer Global Transport ㈹ Niyac Corp. | |
| | 03-5809-8795 |
| Intermodal Tank Transport（USA）Inc. | |
| （㈹日本マリンロジスティクス） | 03-5649-9110 |
| Japan Oil Transport（日本石油輸送） | |
| | 03-5496-3050 |
| Leschaco Japan | 03-6452-9725 |
| M&S Logistics（Ben Line Agencies Japan） | |
| | 03-6718-0715 |
| Nippon Concept Corp. | 03-3507-8777 |
| NRS Corp. | 03-5281-8179 |
| NRS Ocean Logistics（旧Inter flow）㈹NRS | |
| | 03-5281-8277 |
| PalTank（セイノーロジックス） | 045-682-5309 |
| （酒類専業） | |
| Stolt-Nielsen Japan | 03-5562-7001 |
| Suttons Group | 03-4579-0588 |
| Triton International | 03-3213-1311 |
| UES International Container Leasing | |
| （EF International） | 045-264-4540 |
| ISO Tank Management Pte. Ltd.（代・東海運） | |
| | 03-6221-2226 |

# 検数・検量・鑑定

一般社団法人　全日検
〒108-0022　東京都港区海岸3-1-8
03-5765-2113

一般社団法人　日本貨物検数協会
〒104-0045　東京都中央区築地1-10-3
03-3543-3212

一般社団法人　日本海事検定協会
〒104-0032　東京都中央区八丁堀1-9-7
住友不動産茅場町ビル6階
03-3552-1241

一般社団法人　新日本検定協会
〒108-0074　東京都港区高輪3-25-23
京急第2ビル
03-3449-2611

一般社団法人　日本穀物検定協会
〒103-0026　東京都中央区日本橋兜町15-6
製粉会館3階
03-3668-0911

一般社団法人　日本食品分析センター
〒151-0062　東京都渋谷区元代々木町52-1
03-3469-7131

日都検数㈱
〒104-0052　東京都中央区月島4-14-7
03-3531-6231

日本検査㈱
〒104-0032　東京都中央区八丁堀2-9-1
RBM東八重洲ビル10階
03-3537-3661

海外貨物検査㈱（OMIC）
〒103-0026　東京都中央区日本橋兜町15-6
製粉会館7階
03-3669-5182

日本鑑定検量協議会
〒108-0023　東京都港区芝浦2-14-9
海事ビル2階
03-3453-4985

神戸海事検定㈱
〒650-0001　兵庫県神戸市中央区加納町2-6-25
神戸海事検定ビル2階
078-242-0511

㈱国際海事検定社
〒231-0002　神奈川県横浜市中区海岸通1-1
海洋会館ビル
045-201-8044

中部木材検量㈱
〒490-1447　愛知県海部郡飛島村西浜29
0567-55-1245

㈳日本油料検定協会
〒658-0044　兵庫県神戸市東灘区御影塚町1-2-15
078-841-4990

SGS ジャパン㈱
〒240-0005　神奈川県横浜市保土ヶ谷区神戸町
134
横浜ビジネスパーク
ノーススクエア Ⅰ 5階
045-330-5000

ビューローベリタス（Bureau Veritas）
〒231-0021　神奈川県横浜市中区日本大通7
日本大通7ビル8階
045-641-4202

アジア検査 合資会社
〒900-0001　沖縄県那覇市港町2-17-13
琉球物産ビル3階
098-868-1951

インターテックテスティングサーヴィセスジャパン㈱
〒103-0012　東京都中央区日本橋堀留町1-4-2
03-3669-1165

日本海事検定グローバルサポート㈱
損害鑑定事業部
〒101-0047　東京都千代田区内神田1-17-19
TCUビル2階
03-5843-9650

㈱カミックス
〒651-0083　兵庫県神戸市中央区浜辺通4-1-11
078-271-5204

コーンズ・アンド・カンパニー・リミテッド
〒105-0014　東京都港区芝3-5-1
03-5730-1660

㈱塩田商会
〒650-0037　兵庫県神戸市中央区明石町30
078-326-7575

㈱シンモッケン
〒950-0024　新潟県新潟市東区河渡3-2-24
025-275-6144

㈱石油検定社
〒650-0022　兵庫県神戸市中央区元町通2-9-1
元町プラザビル415
078-392-1911

一般社団法人　全沖縄検数協会
〒900-0001　沖縄県那覇市港町2-12-18
098-863-1711

東海埠頭㈱
〒424-0031　静岡県静岡市清水区横砂408番地13
054-364-1872

名古屋港木材倉庫㈱
〒457-0836　愛知県名古屋市南区加福本通2-1
052-611-0311

南西査定　合資会社
〒651-0083　兵庫県神戸市中央区浜辺通4-1-23
ベンチャービル413号
078-855-2201

㈱ホーム・リンガ商会
〒801-0852　福岡県北九州市門司区港町9-9
093-331-1312

# 損害保険

## 〈日本企業〉

### 共栄火災海上保険
〒105-8604　東京都港区新橋1-18-6
03-3504-2332
http://www.kyoeikasai.co.jp/

### 損保保険ジャパン
〒160-8338　東京都新宿区西新宿1-26-1
03-3349-3111
http://www.sompo-japan.co.jp/

### 大同火災海上保険
〒900-8586　沖縄県那覇市久茂地1-12-1
098-867-1161
http://www.daidokasai.co.jp/

### トーア再保険
〒101-8703　東京都千代田区神田駿河台3-6-5
03-3253-3171
http://www.toare.co.jp/

### 東京海上日動火災保険
〒100-8050　東京都千代田区丸の内1-2-1
03-3212-6211
http://www.tokiomarine-nichido.co.jp

### 日新火災海上保険
〒101-8329　東京都千代田区神田駿河台2-3
03-3292-8000
http://www.nisshinfire.co.jp/

### AIG損害保険
〒105-8602　東京都港区虎ノ門4-3-20
03-6848-8500
http://www.aig.co.jp/sonpo

### 三井住友海上火災保険
〒101-8011　東京都千代田区神田駿河台3-9
03-3259-3111
http://www.ms-ins.com

## 〈外国企業〉

### Chubb損害保険（スイス）
Chubb Insurance
〒141-8679　東京都品川区北品川6-7-29
ガーデンシティ品川御殿山5階
03-6364-7140
http://www2.chubb.com/jp-jp/

### アメリカンホーム医療・損害保険（米国）
American Home Assurance Company
〒130-8562　東京都港区虎ノ門4-3-20
0120-886-801
http://www.americanhome.co.jp/

### アクサ損害保険（フランス）
AXA General Insurance Company Ltd.
〒111-8633　東京都台東区寿2-1-13　偕楽ビル
0120-266-193
http://www.axa-direct.co.jp/

### カーディフ損害保険
Cardif Assurances Risques Divers Japan
〒105-0031　東京都渋谷区桜丘町20-1
渋谷インフォスタワー9階
0120-203-320
http://nonlife.cardif.co.jp/

### コファスジャパン信用保険（フランス）
COFACE JAPAN
〒105-6238　東京都港区愛宕2-5-1
愛宕グリーンヒルズ森タワー38階
03-5402-6100
http://www.coface.jp/

### HDI Global 保険（ドイツ）
HDI Global SE
〒101-0054　東京都千代田区神田錦町3-22
テラススクエア4階
03-4577-7780
http://www.hdi.global/jp/jp

### ユーラーヘルメス信用保険
Euler Hermes Japan Branch
〒102-0094　東京都千代田区紀尾井町4-1
ニューオータニ・ガーデンコート
10階
03-3228-2560
http://www.eulerhermes.com/ja-JP

### 現代海上火災保険（韓国）
HYUNDAI MARINE & FIRE INSURANCE CO., LTD.
〒100-0005　東京都千代田区丸の内1-7-12
サピアタワー 19階
03-5962-9500
http://www.hdinsurance.co.jp

### ロイズ・ジャパン（英国）
Lloyd's Japan
〒100-0013　東京都千代田区霞が関3-2-6
東京倶楽部ビルディング6階
03-5656-6955
http://www.lloyds-japan.co.jp/

**ニュー・インディア保険（インド）**
The New India Assurance Company, Ltd.

〒160-0023　東京都新宿区西新宿1-24-1
エステック情報ビル
03-5326-7396
*http://www.newindia.co.jp/*

**トランスアトランティック再保険（米国）**
Transatlantic Reinsurance Company

〒100-0005　東京都千代田区丸の内1-4-1
丸の内永楽ビル2202
03-5293-5151
*http://www.transre.com*

**ウイリス・タワーズワトソン（米国）**
Willis Towers Watson K.K.

〒100-0011　東京都千代田区内幸町2-1-6
日比谷パークフロント 13F
03-6833-4600
*http://www.willistowerswatson.com/ja-jp/*

**チューリッヒ保険（スイス）**
Zurich Insurance Company Ltd.

〒164-003　東京都中野区東中野3-14-20
03-6832-2111
*http://www.zurich.co.jp/*

# 関連団体

## ○中央団体

### 〈海運〉

**外航オーナーズ協会**
〒102-8603　東京都千代田区平河町2-6-4
　　　　　　海運ビル
　　　　　　日本船主協会企画調整部　気付
　　　　　　　　　　　　03-3264-7174

**外国船舶協会**（JFSA）
〒105-0022　東京都港区海岸1-16-3
　　　　　　竹芝小型船ターミナル2階
　　　　　　　　　　　　03-3432-2033

**外航船舶代理店業協会**（JAFSA）
〒108-0075　東京都港区港南2-13-40
　　　　　　品川TSビル4階
　　　　　　　　　　　　03-5783-1212

**船員災害防止協会**
〒102-0083　東京都千代田区麹町4-5
　　　　　　海事センタービル 4階
　　　　　　　　　　　　03-3263-0918

**一般財団法人　船員保険会**
〒150-0002　東京都渋谷区渋谷1-5-6
　　　　　　　　　　　　03-3407-6061

**日中海運輸送協議会**
〒102-0093　東京都千代田区平河町2-6-4
　　　　　　海運ビル7階
　　　　　　　　　　　　03-3515-6607

**一般社団法人　日本船主協会**（JSA）
〒102-8603　東京都千代田区平河町2-6-4
　　　　　　海運ビル
　　　　　　　　　　　　03-3264-7171

**輸入貨物輸送協議会**
〒102-0093　東京都千代田区平河町2-6-4
　　　　　　海運ビル
　　　　　　日本船主協会内
　　　　　　　　　　　　03-3264-7182

### 〈港湾〉

**一般財団法人　港湾近代化促進協議会**
〒105-0004　東京都港区新橋6-11-10
　　　　　　港運会館
　　　　　　　　　　　　03-3432-0353

**一般財団法人　港湾労働安定協会**
〒105-0004　東京都港区新橋6-11-10
　　　　　　港運会館
　　　　　　　　　　　　03-5473-4361

**港湾貨物運送事業労働災害防止協会**
〒108-0014　東京都港区芝5-35-1
　　　　　　産業安全会館6階
　　　　　　　　　　　　03-3452-7201

**一般財団法人　国際臨海開発研究センター**
〒102-0083　東京都千代田区麹町1-6-2
　　　　　　アーバンネット麹町ビル4階
　　　　　　　　　　　　03-5275-5931

**一般社団法人　国際港湾貨物流通協会**
〒105-0004　東京都港区新橋6-11-10
　　　　　　港運会館内
　　　　　　　　　　　　03-3435-8835

**公益社団法人　全日本トラック協会**
〒160-0004　東京都新宿区四谷3-2-5
　　　　　　　　　　　　03-3354-1009

**日本海運貨物取扱業会**（JFFF）
〒213-0023　神奈川県横浜市中区山下町279番地
　　　　　　横浜港運会館1階
　　　　　　　　　　　　045-671-9825

**一般社団法人　日本港運協会**（JHTA）
〒105-8666　東京都港区新橋6-11-10
　　　　　　港運会館
　　　　　　　　　　　　03-3432-1050

**一般社団法人　日本港湾福利厚生協会**
〒105-0004　東京都港区新橋6-11-10
　　　　　　港運会館内
　　　　　　　　　　　　03-3432-5901

**公益社団法人　日本港湾協会**（JPHA）
〒107-0052　東京都港区赤坂3-3-5
　　　　　　住友生命山王ビル8階
　　　　　　　　　　　　03-5549-9575

**国際港湾協会**（IAPH）
〒105-0022　東京都港区海岸1-16-1
　　　　　　ニューピア竹芝サウスタワー7階
　　　　　　　　　　　　03-5403-2770

**一般社団法人　日本港湾タグ事業協会**
〒231-0023　神奈川県横浜市中区山下町1
　　　　　　シルクセンター M207
　　　　　　　　　　　　045-641-3552

**一般社団法人　日本倉庫協会**（JWA）
〒135-8443　東京都江東区永代1-13-3
　　　　　　倉庫会館内
　　　　　　　　　　　　03-3643-1221

**一般社団法人　日本冷蔵倉庫協会**
〒104-0055　東京都中央区豊海町4-18
　　　　　　東京水産ビル5階
　　　　　　　　　　　　03-3536-1030

㈳日本パイロット協会
〒102-0083　東京都千代田区麹町4-5
　　　　　　海事センタービル6階
　　　　　　　　　　　　　03-3262-7511

一般社団法人　日本通関業連合会
〒105-0001　東京都港区虎ノ門2-3-20
　　　　　　虎ノ門YHKビル8階
　　　　　　　　　　　　　03-3508-2535

〈航空貨物〉

一般財団法人　日本航空協会
〒105-0004　東京都港区新橋1-18-1
　　　　　　航空会館6階
　　　　　　　　　　　　　03-3502-1201

一般社団法人　航空貨物運送協会　（JAFA）
〒104-0033　東京都中央区新川1-6-1
　　　　　　アステール茅場町ビル4階
　　　　　　　　　　　　　03-6222-7571

IATA Japan Agencies Service Office
〒105-0004　東京都港区新橋1-18-1
　　　　　　航空会館4階
　　　　　　　　　　　　　03-3595-1878

国際空港上屋㈱　（IACT）
〒103-0004　東京都中央区東日本橋1-1-7
　　　　　　野村不動産東日本橋ビル5階
　　　　　　　　　　　　　03-3863-5930

横浜航空貨物ターミナル㈱　（YAT）
〒231-0023　神奈川県横浜市中区山下町279番1
　　　　　　　　　　　　　045-211-0120

日航関西エアカーゴ・システム株式会社
（JALKAS）
〒549-0021　大阪府泉南市泉州空港南1番地
　　　　　　JALKAS 輸入貨物ビル
　　　　　　　　　　　　　072-455-3660

神戸航空貨物ターミナル株式会社　（K-ACT）
〒658-0031　兵庫県神戸市東灘区向洋町東4-16
　　　　　　　　　　　　　078-858-1500

〈総合物流関連〉

輸出入・港湾関連情報処理センター㈱（NACCS）
〒105-0013　東京都港区浜松町1-3-1
　　　　　　浜離宮ザ タワー事務所棟6階
　　　　　　　　　　　　　03-6732-6119

一般社団法人　国際フレイトフォワーダーズ
　　　　　　　協会　（JIFFA）
〒104-0033　東京都中央区新川1-16-14
　　　　　　アクロス新川ビル・アネックス4階
　　　　　　　　　　　　　03-3297-0351

日本トランスシベリヤ複合輸送業者協会
〒102-8350　東京都千代田区三番町五番地
　　　　　　㈱日新ロシア・CIS室内
　　　　　　　　　　　　　03-3238-6572

一般社団法人　日本物流団体連合会
〒100-0013　東京都千代田区霞が関3-3-3
　　　　　　全日通霞が関ビル5階
　　　　　　　　　　　　　03-3593-0139

公益社団法人　日本ロジスティクスシステム
　　　　　　　協会　（JILS）
〒105-0022　東京都港区海岸1-15-1
　　　　　　スズエベイディアム3階
　　　　　　　　　　　　　03-3436-3191

## ○労働団体

〈海運〉

全日本海員組合
〒106-0032　東京都港区六本木7-15-26
　　　　　　　　　　　　　03-5410-8329

全日本海運労働組合連合会
〒105-0004　東京都港区新橋2-20-15
　　　　　　新橋駅前ビル1号館8階
　　　　　　　　　　　　　03-3573-2401

〈港湾〉

全国港湾労働組合連合会
〒144-0052　東京都大田区蒲田5-10-2
　　　　　　日港福会館1階　　03-3733-2561
　　　全日本港湾労働組合（4階）　03-3733-8821
　　　日本港湾労働組合連合会　　03-3732-5503
　　　日本検定労働組合連合（3階）　03-3735-6884
　　　全国検数労働組合連合　　03-3733-5621
　　　全日本倉庫運輸労働組合同盟　03-3732-7651

大阪港湾労働組合
〒552-0023　大阪府大阪市港区港晴2-14-25
　　　　　　　　　　　　　06-6571-0308

全日本港湾運輸労働組合同盟
〒144-0052　東京都大田区蒲田5-10-2
　　　　　　日港福会館
　　　　　　　　　　　　　03-3733-5285

〈航空〉

観光・航空貨物産業労働組合連合会
〒101-0061　東京都千代田区三崎町3-5-6
　　　　　　造船会館
　　　　　　　　　　　　　03-3230-1721

## ○地方団体

〈港運〉

北海道港運協会
〒047-0007　北海道小樽市港町4-4
　　　　　　松田ビル
　　　　　　　　　　　　　0134-22-2427

**東北港運協会**
〒983-0844　宮城県仙台市宮城野区原町南目字町
　　　　　　146　東北港運会館
　　　　　　　　　　　　　　　022-293-6331

**日本海地区港運協会**
〒950-0072　新潟県新潟市中央区竜が島1-7-13
　　　　　　新潟木材会館2階
　　　　　　　　　　　　　　　025-245-7440

**千葉港運協会**
〒260-0024　千葉県千葉市中央区中央港1-10-10
　　　　　　千葉港運会館
　　　　　　　　　　　　　　　043-248-1151

**一般社団法人　東京港運協会**
〒108-0022　東京都港区海岸3-26-1
　　　　　　バーク芝浦4階
　　　　　　　　　　　　　　　03-5444-2151

**神奈川港運協会・横浜港運協会**
〒231-8557　神奈川県横浜市中区山下町279
　　　　　　横浜港運会館3階
　　　　　　　　　　　　　　　045-201-3295

**東海港運協会・名古屋港運協会**
〒455-0037　愛知県名古屋市港区名港2-3-22
　　　　　　名古屋港福利厚生会館
　　　　　　　　　　　　　　　052-661-9771

**大阪港運協会**
〒552-0021　大阪府大阪市港区築港4-9-6
　　　　　　　　　　　　　　　06-6572-4601

**兵庫県港運協会**
〒657-0854　兵庫県神戸市灘区摩耶埠頭
　　　　　　摩耶業務センタービル5階
　　　　　　　　　　　　　　　078-802-1840

**中国地方港運協会**
〒734-0011　広島県広島市南区宇品海岸3-11-17
　　　　　　　　　　　　　　　082-255-0734

**四国港運協会**
〒760-0064　香川県高松市朝日新町32-47
　　　　　　　　　　　　　　　087-851-7108

**九州地方港運協会・門司港運協会**
〒801-0852　福岡県北九州市門司区港町2-15
　　　　　　関門港運会館ビル1階
　　　　　　　　　　　　　　　093-321-7231

**一般社団法人　沖縄港運協会**
〒900-0001　沖縄県那覇市港町2-12-22
　　　　　　　　　　　　　　　098-868-5421

## 〈海貨〉

**京浜海運貨物取扱同業会**
〒231-0023　神奈川県横浜市中区山下町279
　　　　　　横浜港運会館1階
　　　　　　　　　　　　　　　045-671-9825

**清水海運貨物取扱同業会**
〒424-0943　静岡県静岡市清水区港町2-9-5
　　　　　　㈱天野回漕店内

　　　　　　　　　　　　　　　054-353-2200

**名古屋海運貨物取扱業会**
〒455-0033　愛知県名古屋市港区港町1-11
　　　　　　名古屋港湾会館4階
　　　　　　　　　　　　　　　052-651-4118

**四日市海運貨物取扱業会**
〒510-0011　三重県四日市市霞2-1-1
　　　　　　四日市第二港湾労働者福祉センタ
　　　　　　ー内
　　　　　　　　　　　　　　　059-340-6361

**大阪海運貨物取扱業会**
〒541-0046　大阪府大阪市中央区平野町3-4-9
　　　　　　旭洋ビル5階
　　　　　　　　　　　　　　　06-6228-0236

**神戸海運貨物取扱業組合**
〒650-0041　兵庫県神戸市中央区新港町14-1
　　　　　　生活用品振興センター内
　　　　　　　　　　　　　　　078-331-2973

**関門海上運送業組合**
〒801-0852　福岡県北九州市門司区港町2-15
　　　　　　関門港運会館ビル内
　　　　　　　　　　　　　　　093-321-7231

**東北海運貨物取扱業会**
〒983-0844　宮城県仙台市宮城野区原町南目字町
　　　　　　146　東北港運会館内
　　　　　　　　　　　　　　　022-293-6331

## 〈倉庫〉

**北海道倉庫業連合会（道北・北見・道東・帯広・札幌・小樽・室蘭・苫小牧・函館）**
〒047-0007　北海道小樽市港町8-5
　　　　　　　　　　　　　　　0134-22-8945

**東北倉庫協会連合会
（青森・岩手・宮城・福島）**
〒984-0015　宮城県仙台市若林区卸町5-5-1
　　　　　　倉庫会館内
　　　　　　　　　　　　　　　022-236-7750

**北陸信越倉庫協会連合会
（秋田・山形・新潟・長野）**
〒394-0021　長野県岡谷市郷田1-3-1
　　　　　　諏訪倉庫㈱内
　　　　　　　　　　　　　　　0266-22-3535

**関東倉庫協会連合会
（茨城・栃木・群馬・埼玉・千葉・山梨・東京・神奈川）**
〒135-0034　東京都江東区永代1-13-3
　　　　　　倉庫会館2階
　　　　　　　　　　　　　　　03-3641-5086

**中部倉庫協会連合会
（富山・石川・静岡・東海）**
〒460-0008　愛知県名古屋市中区栄2-10-19
　　　　　　名古屋市商工会議ビル内
　　　　　　　　　　　　　　　052-232-2277

近畿倉庫協会連合会
（福井・滋賀・京都・奈良・大阪・和歌山）
〒550-0014　大阪府大阪市西区北堀江2-3-3
　　　　　　久竹ビル3階
　　　　　　　　　　　　　06-6541-8505

中国地方倉庫協会連合会
（岡山・広島・鳥取・島根・山口）
〒732-0828　広島県広島市南区京橋町1-23
　　　　　　三井生命ビル2階
　　　　　　　　　　　　　082-261-1572

四国倉庫連合会
（香川・徳島・愛媛・高知）
〒760-0020　香川県高松市錦町1-1-2
　　　　　　開拓ビル5階
　　　　　　　　　　　　　087-821-4655

九州倉庫業連合会
（福岡・佐賀・長崎・熊本・大分・宮崎・鹿
児島）
〒812-0034　福岡県福岡市博多区下呉服町1-1
　　　　　　日通ビル5階
　　　　　　　　　　　　　092-291-8957

〈通関〉

東京通関業会
〒135-0064　東京都江東区青海2-7-11
　　　　　　東京港湾合同庁舎内
　　　　　　　　　　　　　03-3529-0728

横浜通関業会
〒231-0001　神奈川県横浜市中区新港町1-6-1
　　　　　　横浜税関新港分関内
　　　　　　　　　　　　　045-201-0614

神戸通関業会
〒650-0041　兵庫県神戸市中央区新港町14-1
　　　　　　生活用品振興センタービル内
　　　　　　　　　　　　　078-331-3996

大阪通関業会
〒552-0021　大阪府大阪市港区築港2-1-2
　　　　　　第一大阪港ビル
　　　　　　　　　　　　　06-6573-3896

名古屋通関業会
〒455-0033　愛知県名古屋市港区港町1-11
　　　　　　名古屋港湾会館内
　　　　　　　　　　　　　052-661-1223

門司通関業会
〒801-0841　福岡県北九州市門司区西海岸1-3-10
　　　　　　門司港湾合同庁舎内
　　　　　　　　　　　　　093-321-6212

長崎通関業会
〒850-0862　長崎県長崎市出島町1-36
　　　　　　長崎税関1階
　　　　　　　　　　　　　095-820-7228

函館通関業会
〒040-0061　北海道函館市海岸町22-5
　　　　　　共栄運輸㈱内
　　　　　　　　　　　　　0138-42-5010

沖縄通関業会
〒900-0001　沖縄県那覇市港町2-15-1
　　　　　　　　　　　　　098-866-6338

## ○貿易（荷主）団体

独立行政法人　日本貿易振興機構（JETRO）
〒107-6006　東京都港区赤坂1-12-32
　　　　　　アーク森ビル
　　　　　　　　　　　　　03-3582-5511

一般社団法人　日本貿易会
〒100-0013　東京都千代田区霞ヶ関3-2-1
　　　　　　霞ヶ関コモンゲート西館20階
　　　　　　　　　　　　　03-5860-9350

公益社団法人　横浜貿易協会
〒231-8691　神奈川県横浜市中区海岸通1-1
　　　　　　横浜貿易会館3階
　　　　　　　　　　　　　045-211-0282

㈳名古屋貿易会
〒460-0008　愛知県名古屋市中区栄2-10-19
　　　　　　名古屋商工会議所ビル内
　　　　　　　　　　　　　052-221-6331

京都貿易協会
〒600-8009　京都府京都市下京区綾小路通室町西
　　　　　　入善長寺町143
　　　　　　マスギビル2階
　　　　　　　　　　　　　075-365-5130

一般社団法人　大阪貿易協会
〒541-0048　大阪府大阪市中央区瓦町2-4-7
　　　　　　新瓦町ビル4階
　　　　　　　　　　　　　06-6121-6064

一般社団法人　神戸貿易協会
〒651-0083　兵庫県神戸市中央区浜辺通5-1-14
　　　　　　神戸商工貿易センタービル14階
　　　　　　　　　　　　　078-251-3341

一般財団法人　日本貿易関係手続簡易化協
　　　　　　　会（JASTPRO）
〒104-0032　東京都中央区八丁堀2-29-11
　　　　　　八重洲第五長岡ビル4階
　　　　　　　　　　　　　03-3555-6031

一般社団法人　国際商事仲裁協会
〒101-0054　東京都千代田区神田錦町3-17
　　　　　　廣瀬ビル3階
　　　　　　　　　　　　　03-5280-5200

一般財団法人　外国為替貿易研究会
〒103-0021　東京都中央区日本橋本石町3-2-11
　　　　　　井門日本橋本町ビル5階
　　　　　　　　　　　　　03-3241-7721

一般財団法人　対日貿易投資交流促進協会
（MIPRO）
〒170-8630　東京都豊島区東池袋3-1-3
　　　　　　ワールドインポートマートビル6階
　　　　　　　　　　　　　　03-3988-2791

一般社団法人　全日本マリンサプライヤーズ
協会
〒650-0046　兵庫県神戸市中央区港島中町2-2-1
　　　　　　船用品センター内7号棟-2
　　　　　　　　　　　　　　078-302-4225

一般社団法人　日本自動車工業会
〒105-0012　東京都港区芝大門1-1-30
　　　　　　日本自動車会館
　　　　　　　　　　　　　　03-5405-6118

一般社団法人　日本自動車タイヤ協会
〒105-0001　東京都港区虎ノ門3-8-21
　　　　　　虎ノ門33森ビル8階
　　　　　　　　　　　　　　03-3435-9091

〈主要商品別輸出組合〉

一般社団法人　貿易アドバイザー協会
〒101-0062　東京都千代田区神田駿河台1-8-11
　　　　　　東京YWCA会館 301号室
　　　　　　　　　　　　　　03-3291-2223

日本紙類輸出組合・
日本紙類輸入組合
〒104-8139　東京都中央区銀座3-9-11
　　　　　　紙パルプ会館4階
　　　　　　　　　　　　　　03-3248-4831

日本機械輸出組合
〒105-0011　東京都港区芝公園3-5-8
　　　　　　機械振興会館4階
　　　　　　　　　　　　　　03-3431-9507
　　　　　　　　　　　大阪＝06-6252-5781

一般社団法人　日本化学品輸出入協会
〒103-0011　東京都中央区日本橋大伝馬町14-1
　　　　　　住友生命日本橋大伝馬町ビル3階
　　　　　　　　　　　　　　03-5652-0014

日本繊維輸出組合
〒541-0051　大阪府大阪市中央区備後町3-4-9
　　　　　　輸出繊維会館6階
　　　　　　　　　　　　　　06-6201-1812
　　　　　　　　　　東京＝03-3516-6695

日本鉄道システム輸出組合
〒100-0005　東京都千代田区丸の内1-8-2
　　　　　　鉄鋼ビルディング3階
　　　　　　　　　　　　　　03-3201-3145

〈主要商品別輸入協会・
　　　協議会および組合〉

日本電子機器輸入協会
〒160-0022　東京都新宿区新宿1-1-12
　　　　　　KDX新宿御苑ビル9階
　　　　　　　　　　　　　　03-3355-7619

一般社団法人　全日本コーヒー協会
〒103-0015　東京都中央区日本橋箱崎町6-2
　　　　　　　　　　　　　　03-5649-8377

㈳日本柑橘輸入協会
〒104-0031　東京都中央区京橋2-12-5
　　　　　　インペリアルビル
　　　　　　　　　　　　　　03-3567-8613

日本工作機械輸入協会
〒105-0001　東京都港区虎ノ門1-2-18
　　　　　　虎ノ門興業ビル4階
　　　　　　　　　　　　　　03-3501-5030

日本木材輸入協会
〒135-0016　東京都江東区東陽5-30-13
　　　　　　東京原木会館
　　　　　　　　　　　　　　03-5690-1131

社団法人　日本水産物貿易協会
〒101-0054　東京都千代田区神田錦町1-23
　　　　　　宗保第2ビル8階
　　　　　　　　　　　　　　03-5280-2891

一般社団法人　日本時計輸入協会
〒103-0022　東京都中央区日本橋室町1-13-5
　　　　　　日本橋貝新NYビル4階
　　　　　　　　　　　　　　03-3270-5901

日本洋酒輸入協会
〒105-0001　東京都港区虎ノ門1-13-5
　　　　　　第一天徳ビル
　　　　　　　　　　　　　　03-3503-6505

一般社団法人　日本家畜輸出入協議会
〒108-0073　東京都港区三田3-1-9
　　　　　　大坂家ビル6階
　　　　　　　　　　　　　　03-3454-1435

一般社団法人　神戸植物検疫協会
〒650-0024　兵庫県神戸市中央区海岸通8
　　　　　　神港ビル4階
　　　　　　　　　　　　　　078-321-0081

日本砂糖輸出入協議会
〒105-0003　東京都中央区日本橋小網町1-3
　　　　　　大島ビル
　　　　　　　　　　　　　　03-3639-2546

飼料輸出入協議会
〒105-0003　東京都港区西新橋1-11-1
　　　　　　丸万一号館5階
　　　　　　　　　　　　　　03-3563-6441

輸入食糧協議会
〒103-0027　東京都中央区日本橋2-1-16
　　　　　　瑞穂会館内
　　　　　　　　　　　　　　03-3274-0172

輸入糖蜜懇話会
〒105-0001　東京都港区虎ノ門1-1-20
　　　　　　　　　　　　　　03-3591-8729

油糧輸出入協議会
〒103-0012　東京都中央区日本橋堀留町1-10-4
　　　　　　いちご人形町ビル9階
　　　　　　　　　　　　　　03-3662-9821

日本バナナ輸入組合
〒101-0047　東京都千代田区内神田1-3-1
　　　　　　　トーハン第3ビル2階
　　　　　　　　　　　　　　03-5577-4765

日本ゴム輸入協会
〒103-0001　東京都中央区日本橋小伝馬町16-8
　　　　　　　共同ビル9階
　　　　　　　　　　　　　　03-3666-1460

日本自動車輸入組合
〒105-0014　東京都港区芝3-1-15
　　　　　　　芝ボードビル5階
　　　　　　　　　　　　　　03-5765-6811

日本輸入化粧品協会
〒108-0014　東京都港区芝5-26-20
　　　　　　　建築会館6階
　　　　　　　　　　　　　　03-5439-5320

日本菎原料豆輸入組合
〒105-0003　東京都港区西新橋2-39-8
　　　　　　　鈴丸ビル5階
　　　　　　　　　　　　　　03-3431-3895

一般社団法人　日本花き球根輸出入協会
〒231-0023　神奈川県横浜市中区山下町279-1
　　　　　　　YAT分館㈱日新内
　　　　　　　　　　　　　　045-212-2085

日本繊維輸入組合
〒103-0023　東京都中央区日本橋本町1-7-14
　　　　　　　　　　　　　　03-3270-0791

日本鰻輸入組合
〒101-0047　東京都千代田区内神田1-2-8
　　　　　　　楠本第二ビル10階
　　　　　　　　　　　　　　03-3518-2240

日本羊腸輸入組合
〒141-0031　東京都品川区西五反田1-32-6
　　　　　　　吉野家ビル4階
　　　　　　　　　　　　　　03-3493-6301

日本紙類輸入組合
〒104-8139　東京都中央区銀座3-9-11
　　　　　　　紙パルプ会館4階
　　　　　　　　　　　　　　03-3248-4831

〈その他経済貿易関係団体〉

一般社団法人　日本経済団体連合会
〒100-8188　東京都千代田区大手町1-3-2
　　　　　　　経団連会館
　　　　　　　　　　　　　　03-6741-0111

公益社団法人　経済同友会
〒100-0005　東京都千代田区丸の内1-4-6
　　　　　　　日本工業倶楽部別館5階
　　　　　　　　　　　　　　03-3211-1271

日本商工会議所
〒100-0005　東京都千代田区丸の内3-2-2
　　　　　　　丸の内二重橋ビル6階
　　　　　　　　　　　　　　03-3283-7823

一般社団法人　日本鉄鋼連盟
〒103-0025　東京都中央区茅場町3-2-10
　　　　　　　鉄鋼会館
　　　　　　　　　　　　　　03-3669-4811

日本国際貿易促進協会
〒101-0047　東京都千代田区内神田1-9-13
　　　　　　　柿沼ビル4階
　　　　　　　　　　　　　　03-6740-8261

一般社団法人　日本損害保険協会
〒101-8335　東京都千代田区神田淡路町2-9
　　　　　　　　　　　　　　03-3255-1844

一般財団法人　日中経済協会
〒102-0071　東京都千代田区富士見1-1-8
　　　　　　　千代田富士見ビル2階
　　　　　　　　　　　　　　03-5226-7351

一般社団法人　全国銀行協会
〒100-0004　東京都千代田区大手町2-6-1
　　　　　　　朝日生命大手町ビル
　　　　　　　　　　　　　　03-6262-6700

国際商業会議所日本委員会（ICCJAPAN）
〒100-0005　東京都千代田区丸の内3-2-2
　　　　　　　丸の内二重橋ビル6階
　　　　　　　　　　　　　　03-3213-8585

一般社団法人　外国損害保険協会
〒105-0001　東京都港区虎ノ門3-20-4
　　　　　　　虎ノ門鈴木ビル7階
　　　　　　　　　　　　　　03-5425-7850

〈ISO9000シリーズ関係機関〉

公益財団法人　日本適合性認定協会（JAB）
〒141-0022　東京都品川区東五反田1-22-1
　　　　　　　五反田ANビル3階
　　　　　　　　　　　　　　03-3442-1210

日本海事検定キューエイ㈱（NKKKQA）
〒108-0023　東京都港区芝浦3-8-10
　　　　　　　MA芝浦ビル7階
　　　　　　　　　　　　　　03-5427-2505

日本化学キューエイ㈱（JCQA）
〒100-0011　東京都千代田区内幸町1-2-1
　　　　　　　日土地内幸町ビル7階
　　　　　　　　　　　　　TEL　03-3580-0951

# 政府機関

### 国土交通省
〒100-8918　東京都千代田区霞が関2-1-3
03-5253-8111

### 経済産業省
〒100-8901　東京都千代田区霞が関1-3-1
03-3501-1511

### 外務省
〒100-8919　東京都千代田区霞が関2-2-1
03-3580-3311

### 法務省
〒100-8977　東京都千代田区霞が関1-1-1
03-3580-4111

### 厚生労働省
〒100-8916　東京都千代田区霞が関1-2-2
03-5253-1111

### 農林水産省
〒100-8950　東京都千代田区霞が関1-2-1
03-3502-8111

### 財務省
〒100-8940　東京都千代田区霞が関3-1-1
03-3581-4111

## 地方出先機関

国土交通省（本局）

### 北海道開発局
〒060-8511　北海道札幌市北区北8条西2丁目
札幌第1合同庁舎
011-709-2311

### 東北地方整備局
〒980-8602　宮城県仙台市青葉区本町3-3-1
仙台合同庁舎B棟7〜14階
022-225-2171

### 関東地方整備局
〒231-8436　神奈川県横浜市中区北仲通5-57
横浜第二合同庁舎
045-211-7406

### 北陸地方整備局
〒950-8801　新潟県新潟市中央区美咲町1-1-1
新潟美咲合同庁舎1号館
025-280-8760

### 中部地方整備局
〒460-8517　愛知県名古屋市中区丸の内2-1-36
NUP・フジサワ丸の内ビル内
1・2・4階
052-209-6310

### 近畿地方整備局
〒650-0024　兵庫県神戸市中央区海岸通29

神戸地方合同庁舎
078-391-7571

### 中国地方整備局
〒730-0004　広島県広島市中区東白島町14-15
NTTクレド白島ビル13階
082-511-3900

### 四国地方整備局
〒760-8554　香川県高松市サンポート3番33号
高松サンポート合同庁舎8階
087-851-8061

### 九州地方整備局
〒812-0013　福岡県福岡市博多区博多駅東2-10-7
福岡第二合同庁舎 2階・3階
092-471-6331

### 北海道運輸局・小樽庁舎（海運関係）
〒047-0007　北海道小樽市港町5-3
小樽港湾合同庁舎
0134-27-7189

### 東北運輸局
〒983-8537　宮城県仙台市宮城野区鉄砲町1
仙台第4合同庁舎
022-299-8851

### 新潟運輸支局
〒950-0961　新潟県新潟市中央区東出来島14-26
025-285-3123

### 関東運輸局
〒231-8433　神奈川県横浜市中区北仲通5-57
横浜第2合同庁舎
045-211-7204

### 中部運輸局
〒460-8528　愛知県名古屋市中区三の丸2-2-1
名古屋合同庁舎1号館
052-952-8002

### 近畿運輸局
〒540-8528　大阪府大阪市中央区大手前4-1-76
大阪合同庁舎4号館
06-6949-6404

### 神戸運輸監理部
〒650-0042　兵庫県神戸市中央区波止場町1-1
神戸第2地方合同庁舎 5階・6階
078-321-3141

### 中国運輸局
〒730-0012　広島県広島市中区上八丁堀6-30
広島合同庁舎4号館
082-228-3434

### 四国運輸局・朝日町庁舎（海運関係）
〒760-0064　香川県高松市朝日新町1-30
高松港湾合同庁舎
087-825-1171

## 九州運輸局・門司港庁舎（海上交通関係）

〒801-8585　福岡県北九州市門司区西海岸1-3-10
門司港湾合同庁舎6階
093-322-2700

## 内閣府　沖縄総合事務局

〒900-0006　沖縄県那覇市おもろまち2-1-1
那覇第2地方合同庁舎2号館
098-866-0031

## 財務省（本関）

### 東京税関

〒135-8615　東京都江東区青海2-7-11
東京港湾合同庁舎内
03-3599-6264

### 成田税関支署

〒282-8603　千葉県成田市古込字古込1-1
成田空港 第2旅客ターミナルビル
0476-34-2125

### 横浜税関

〒231-8401　神奈川県横浜市中区海岸通1-1
045-212-6000

### 神戸税関

〒650-0041　兵庫県神戸市中央区新港町12-1
078-333-3028

### 大阪税関

〒552-0021　大阪府大阪市港区築港4-10-3
大阪港湾合同庁舎内
06-6576-3067

### 関西空港支署

〒549-0021　大阪府泉南市泉州空港南中1番地
CIQ合同庁舎内
0724-55-1600

### 名古屋税関

〒455-8535　愛知県名古屋市港区入船2-3-12
名古屋港湾合同庁舎内
052-654-4010

### 門司税関

〒801-8511　福岡県北九州市門司区西海岸1-3-10
門司港湾合同庁舎内
050-3530-8306

### 長崎税関

〒850-0862　長崎県長崎市出島町1-36
095-828-8611

### 函館税関

〒040-8561　北海道函館市海岸町24-4
函館港湾合同庁舎内
0138-40-4218

### 沖縄地区税関

〒900-0025　沖縄県那覇市壺川3-2-6
壺川ビル3階
098-996-5506

## 農林水産省

### 農林水産省　動物検疫所（横浜本所）

〒235-0008　神奈川県横浜市磯子区原町11-1
045-751-5921

## （動物検疫　支・出張所）

### 北海道出張所

〒066-0012　北海道千歳市美々
新千歳国際空港ターミナルビル内
0123-24-6080

### 仙台空港出張所

〒989-2401　宮城県名取市下増田字南原
仙台空港ターミナルビル
022-383-2302

### 川崎出張所

〒201-0869　神奈川県川崎市川崎区東扇島6-10
かわさきファズ物流センター
044-287-7412

### 新潟空港出張所

〒950-0001　新潟県新潟市東区松浜町3710
新潟空港ターミナルビル
025-275-4565

### 静岡出張所

〒424-0922　静岡県静岡市清水区日の出町9-1
清水港湾合同庁舎
0543-53-5086

### 成田支所 旅具検疫第1課

〒282-0011　千葉県成田市三里塚御料牧場1-1
第1旅客ターミナルビル
0476-32-6664

### 成田支所 旅具検疫第2課

〒282-0004　千葉県成田市古込字1-1
第2旅客ターミナルビル
0476-34-2342

### 羽田空港支所

〒144-0041　東京都大田区羽田空港2-6-4
羽田空港CIQ棟
03-5757-9752

### 東京出張所

〒135-0064　東京都江東区青海2-7-11
東京港湾合同庁舎
03-3529-3021

### 中部空港出張所

〒479-0881　愛知県常滑市セントレア1-1
CIQ棟
0569-38-8577

### 名古屋出張所

〒455-0032　愛知県名古屋市港区入船2-3-12
名古屋港湾合同庁舎
052-651-0334

### 小松出張所

〒923-0993　石川県小松市浮柳町
小松空港内
0761-24-1407

**関西空港支所**

〒549-0011　大阪府泉南郡田尻町泉州空港中1
　　　　　　関西空港CIQ合同庁舎内
　　　　　　　　　　　　　0724-55-1956

**小松島港事務所**

〒773-0001　徳島県小松島市小松島町外開1-11
　　　　　　小松島みなと合同庁舎
　　　　　　　　　　　　　0885-32-2422

**神戸支所**

〒651-0073　兵庫県神戸市中央区脇浜海岸通
　　　　　　1-4-3　神戸防災合同庁舎
　　　　　　　　　　　　　078-222-8990

**大阪出張所**

〒552-0021　大阪府大阪市港区築港4-10-3
　　　　　　大阪港湾合同庁舎内
　　　　　　　　　　　　　06-6575-3466

**岡山空港出張所**

〒701-1131　岡山県岡山市北区日応寺1277
　　　　　　岡山空港ターミナルビル
　　　　　　　　　　　　　086-294-4737

**広島空港出張所**

〒729-0416　広島県三原市本郷町大字善入寺字
　　　　　　平岩64-31　広島空港国際線旅客
　　　　　　ターミナルビル
　　　　　　　　　　　　　0848-86-8118

**門司支所 検疫第1課／検疫第2課**

〒801-0841　福岡県北九州市門司区西海岸1-3-10
　　　　　　門司港湾合同庁舎内
　　　　　　　　　　　　　093-321-1116

**博多出張所**

〒812-0031　福岡県福岡市博多区沖浜町8-1
　　　　　　福岡港湾合同庁舎
　　　　　　　　　　　　　092-262-5285

**福岡空港出張所**

〒812-0851　福岡県福岡市博多区大字青木739
　　　　　　番　福岡空港ビル
　　　　　　　　　　　　　092-477-0080

**長崎空港出張所**

〒856-0816　長崎県大村市箕島町593
　　　　　　長崎空港ビル
　　　　　　　　　　　　　0957-54-4505

**鹿児島空港出張所**

〒899-5113　鹿児島県霧島市隼人町喜例川字請口
　　　　　　4498-2
　　　　　　　　　　　　　0995-43-9061

**沖縄支所**

〒900-0001　沖縄県那覇市港町2-11-1
　　　　　　那覇港湾合同庁舎内
　　　　　　　　　　　　　098-861-4370

**那覇空港出張所**

〒901-0142　沖縄県那覇市鏡水280
　　　　　　那覇空港国際線ターミナルビル
　　　　　　　　　　　　　098-857-4468

（植物防疫）

**神戸植物防疫所**

〒650-0042　兵庫県神戸市中央区波止場町1-1
　　　　　　神戸第2地方合同庁舎内
　　　　　　　　　　　　　078-331-2806

**関西空港支所**

〒549-0011　大阪府泉南郡田尻町泉州空港中1
　　　　　　CIQ合同庁舎内
　　　　　　　　　　　　　0724-55-9010

**大阪支所**

〒552-0021　大阪府大阪市港区築港4-10-3
　　　　　　大阪港湾合同庁舎内
　　　　　　　　　　　　　06-6571-0801

**広島支所**

〒734-0011　広島県広島市南区宇品海岸3-10-17
　　　　　　広島港湾合同庁舎内
　　　　　　　　　　　　　082-251-5881

**坂出支所**

〒762-0002　香川県坂出市入船町1-6-10
　　　　　　坂出港湾合同庁舎内
　　　　　　　　　　　　　0877-46-4108

**門司植物防疫所**

〒801-0841　福岡県北九州市門司区西海岸1-3-10
　　　　　　門司港湾合同庁舎内
　　　　　　　　　　　　　093-321-1404

**下関出張所**

〒750-0066　山口県下関市東大和町1-71
　　　　　　下関港湾合同庁舎内
　　　　　　　　　　　　　083-266-4442

**福岡支所**

〒812-0031　福岡県福岡市博多区沖浜町8-1
　　　　　　福岡港湾合同庁舎内
　　　　　　　　　　　　　092-291-1577

**福岡空港出張所**

〒812-0851　福岡県福岡市博多区大字青木739
　　　　　　福岡空港国際線旅客ターミナルビ
　　　　　　ル内
　　　　　　　　　　　　　092-477-7575

**鹿児島支所**

〒892-0822　鹿児島県鹿児島市泉町18-2-33
　　　　　　鹿児島港湾合同庁舎内
　　　　　　　　　　　　　099-222-1046

**那覇植物防疫事務所**

〒900-0001　沖縄県那覇市港町2-11-1
　　　　　　那覇港湾合同庁舎内
　　　　　　　　　　　　　098-868-0715

**横浜植物防疫所**

〒231-0003　神奈川県横浜市中区北仲通5-57
　　　　　　横浜第2合同庁舎内
　　　　　　　　　　　　　045-211-7150

**札幌支所**

〒062-0045　北海道札幌市豊平区羊が丘1
　　　　　　　　　　　　　011-852-1809

**塩釜支所**

〒985-0011　宮城県塩釜市貞山通3-4-1

塩釜港湾合同庁舎内

022-362-6916

## 成田支所

〒282-0004　千葉県成田市古込字古込1-1
　　　　　　成田国際空港第2旅客ターミナル
　　　　　　ビル内

0476-34-2350

## 東京支所

〒135-0064　東京都江東区青海2-7-11
　　　　　　東京港湾合同庁舎内

03-3599-1136

## 新潟支所

〒950-0072　新潟県新潟市中央区竜が島1-5-4
　　　　　　新潟港湾合同庁舎内

025-244-4401

## 名古屋植物防疫所

〒455-0032　愛知県名古屋市港区入船2-3-12
　　　　　　名古屋港湾合同庁舎内

052-651-0111

## 中部空港支所

〒479-0881　愛知県常滑市セントレア1-1
　　　　　　中部空港CIQ庁舎内

0569-38-8431

## 伏木富山支所

〒933-0105　富山県高岡市伏木錦町11-15
　　　　　　伏木港湾合同庁舎内

0766-44-0954

## 伏木富山支所 金沢出張所

〒920-0211　石川県金沢市湊4-13
　　　　　　金沢港湾合同庁舎内

076-268-0001

## 清水支所

〒424-0922　静岡県静岡市清水区日の出町9-1
　　　　　　清水港湾合同庁舎内

0543-52-3775

# 港湾管理者（国内コンテナ港）

**釧路港：**釧路市水産港湾空港部港湾空港振興課
〒084-0914　北海道釧路市西港1-100-17
0154-53-3371　FAX 53-3373

**苫小牧港：**苫小牧港管理組合
〒053-0003　北海道苫小牧市入船町3-4-21
0144-34-5551　FAX 34-5559

**室蘭港：**室蘭市港湾部総務課
〒051-0022　北海道室蘭市海岸町1-20-30
0143-22-3191　FAX 22-6069

**石狩湾新港：**石狩湾新港管理組合
〒061-3244　北海道石狩市新港南2-725-1
0133-64-6661　FAX 64-6666

**小樽港：**小樽市産業港湾部港湾室
〒047-0007　北海道小樽市港町4-2
0134-23-1107　FAX 23-1109

**八戸港：**青森県県土整備部港湾空港課
〒030-8570　青森県青森市長島1-1-1
017-734-9676　FAX 734-8194

**秋田港：**秋田県建設交通部秋田港湾事務所
〒011-0945　秋田県秋田市土崎港西1-7-1
018-845-2021　FAX 845-2270

**酒田港：**山形県県土整備部空港港湾課
〒990-8570　山形県山形市松波2-8-1
023-630-2628　FAX 630-2664

**仙台塩釜港：**宮城県土木部港湾課振興班
〒980-8570　宮城県仙台市青葉区本町3-8-1
022-211-3221　FAX 211-3296

**小名浜港／相馬港：**福島県土木部港湾課
〒960-8670　福島県福島市杉妻町2-16
024-521-7497　FAX 521-7716

**新潟港／直江津港：**新潟県交通政策局港湾整
備課
〒950-8570　新潟県新潟市中央区新光町4-1
025-280-5466　FAX 285-9375

**伏木富山港：**富山県土木部港湾課
〒930-8501　富山県富山市新総曲輪1-7
076-431-4111　FAX 444-4419

**金沢港：**石川県土木部港湾課
〒920-8580　石川県金沢市鞍月1-1
076-225-1746　FAX 225-1747

**敦賀港：**福井県土木部港湾空港課
〒910-8580　福井県福井市大手3-17-1
0776-20-0489　FAX 20-0660

**茨城港（日立港区／常陸那珂港区）／鹿島港：**
茨城県土木部港湾課
〒310-8555　茨城県水戸市笠原町978-6
029-301-4521　FAX 301-4539

**千葉港：**千葉県県土整備部港湾課

〒260-8667　千葉県千葉市中央区市場町1-1
043-223-3835　FAX 227-0928

**東京港：**東京都港湾局
〒163-8001　東京都新宿区西新宿2-8-1
03-5320-5546　FAX 5388-1576

**横浜港：**横浜市港湾局
〒231-0005　神奈川県横浜市中区本町6-50-10
市庁舎30階
045-671-7262　FAX 671-0141

**川崎港：**川崎市港湾局港湾振興部誘致振興課
〒210-8577　神奈川県川崎市川崎区宮本町1番地
044-200-3053　FAX 200-3981

**清水港：**静岡県清水港管理局企画整備課企画班
〒424-0922　静岡県静岡市清水区日の出町9-25
マリンビル
054-353-2203　FAX 354-0380

**御前崎港：**静岡県御前崎港管理事務所総務課
〒437-1623　静岡県御前崎市港6129-1
0548-63-3211　FAX 63-5594

**三河港（豊橋）：**愛知県三河港務所総務課
保安・管理・港営グループ
〒441-8075　愛知県豊橋市神野ふ頭町3番地9
0532-31-4155　FAX 31-4400

**名古屋港：**名古屋港管理組合港営部誘致推進課
〒455-0033　愛知県名古屋市港区港町1-11
052-654-7838　FAX 654-7995

**四日市港：**四日市港管理組合経営企画部総務課
〒510-0011　三重県四日市市霞2-1-1
四日市港ポートビル
059-366-7006　FAX 366-7048

**大阪港／堺泉北港：**大阪港湾局計画整備部
〒559-0034　大阪府大阪市住之江区南港北2-1-10
ACT ITM棟 10階
06-6615-7767　FAX 6615-7789

**和歌山下津港：**和歌山県県土整備部港湾空港
局港湾空港振興課
〒640-8585　和歌山県和歌山市小松原通1-1
073-441-3154　FAX 433-4839

**舞鶴港：**京都府商工労働観光部・建設交通部港
湾局
〒624-0945　京都府舞鶴市喜多1105-1
舞鶴21ビル7階
0773-75-0192　FAX 75-4375

**神戸港：**神戸市港湾局
〒650-0046　兵庫県神戸市中央区港島中町4-1-1
ポートアイランドビル
078-595-6290　FAX 595-6296

**姫路港：**兵庫県県土整備部土木局港湾課
〒650-8567　兵庫県神戸市中央区下山手通5-10-1
078-341-7711　FAX 362-4280

水島港：岡山県土木部港湾課
〒700-8570　岡山県岡山市北区内山下2-4-6
086-226-7485 FAX227-5551

境港：境港管理組合総務課
〒684-0004　鳥取県境港市大正町215
みなとさかい交流館3階
0859-42-3705 FAX42-3735

広島港／福山港／大竹港：広島県土木建築局
港湾振興課
〒730-8511　広島県広島市中区基町10-52
082-513-4035 FAX223-2463

呉港：呉市産業部港湾漁港課
〒737-8501　広島県呉市中央4-1-6
0823-25-3333 FAX25-1361

浜田港：島根県浜田港湾振興センター
〒697-0062　島根県浜田市熱田町2135-2
0855-27-0088 FAX27-4053

岩国港／徳山下松港／三田尻中関港
／宇部港：山口県土木建築部港湾課
〒753-8501　山口県山口市滝町1-1
083-933-3817 FAX933-3829

下関港：下関市港湾局振興課
〒750-0066　山口県下関市東大和町1-10-50
083-231-1277 FAX233-0860

徳島小松島港：徳島県県土整備部運輸総局
運輸政策課
〒770-8570　徳島県徳島市万代町1-1
088-621-2586 FAX621-2874

高松港：香川県土木部港湾課
〒760-8570　香川県高松市番町4-1-10
087-832-3551 FAX806-0221

松山港／三島川之江港：
愛媛県土木部河川港湾局港湾海岸課
〒790-8570　愛媛県松山市一番町4-4-2
089-912-2690 FAX912-2689

今治港：今治市農水港湾部港湾管理課
〒794-0013　愛媛県今治市片原町1-2
0898-22-4120 FAX22-4121

高知新港：高知県土木部港湾課
〒780-8570　高知県高知市丸ノ内1-2-20
088-823-9883 FAX823-9657

北九州港：北九州市港湾空港局港営部港営課
〒801-8555　福岡県北九州市門司区西海岸1-2-7
093-321-5932 FAX331-5501

博多港：福岡市港湾空港局港湾振興部物流推進
課
〒812-8620　福岡県福岡市博多区沖浜町12-1
博多港センタービル
092-282-7110 FAX282-7772

三池港：福岡県県土整備部港湾課
〒812-8577　福岡県福岡市博多区東公園7-7
092-643-3674 FAX643-3688

伊万里港／唐津港：佐賀県交通政策部港湾課

〒840-8570　佐賀県佐賀市城内1-1-59
0952-25-7163 FAX25-7315

長崎港：長崎県土木部港湾課
〒850-8570　長崎県長崎市江戸町2-13
095-824-3625 FAX821-9246

大分港：大分県土木建築部港湾課
〒870-8501　大分県大分市大手町3-1-1
097-506-4618 FAX506-1776

細島港／油津港：宮崎県県土整備部港湾課
〒880-8501　宮崎県宮崎市橘通東2-10-1
0985-26-7189 FAX32-4459

熊本港／八代港：熊本県土木部港湾課
〒862-8570　熊本県熊本市中央区水前寺6-18-1
096-333-2514 FAX387-2461

志布志港／川内港：鹿児島県土木部港湾空港課
〒890-8577　鹿児島県鹿児島市鴨池新町10-1
099-286-3653 FAX286-5632

那覇港：那覇港管理組合企画建設部企画室
〒900-0035　沖縄県那覇市通堂町2-1
098-868-4544 FAX862-4233

## コンテナ関連埠頭会社など

㈱新潟国際貿易ターミナル（N-WTT）
〒950-3303　新潟県新潟市北区横土居3228番地2
025-388-1001

横浜川崎国際港湾㈱
〒220-6014　神奈川県横浜市西区みなとみらい
2-3-1　クィーンズタワーA棟14階
045-680-6637

横浜港埠頭㈱
〒231-0023　神奈川県横浜市中区山下町2番地
産業貿易センタービル4階
045-671-7291

東京港埠頭㈱
〒135-0064　東京都江東区青海2-4-24
青海フロンティアビル10階
03-3599-7342

川崎臨港倉庫埠頭㈱
〒210-0865　神奈川県川崎市川崎区千鳥町7-1
044-266-8993

清水コンテナターミナル㈱
〒424-0031　静岡県静岡市清水横砂408-17
054-369-7521

名古屋四日市国際港湾㈱
〒455-0033　愛知県名古屋市港区港町1-11
052-651-7585

名古屋港埠頭㈱
〒455-0847　愛知県名古屋市港区空見町40番地
〒455-0033　愛知県名古屋市港区港町1-11
052-398-1033

名古屋コンテナ埠頭㈱
〒455-0032　愛知県名古屋市入船2-4-6
　　　　　　名港ビルディング9階
　　　　　　　　　　　　052-651-2381

飛鳥コンテナ埠頭㈱
〒490-1446　愛知県海部郡飛鳥村東浜3-1-4
　　　　　　　　　　　　0567-57-2200

四日市コンテナターミナル㈱
〒510-0011　三重県四日市市霞2-26-2
　　　　　　（YCTビル3階）
　　　　　　　　　　　　059-366-2455

四日市港埠頭㈱
〒510-0011　三重県四日市市霞2-26-2
　　　　　　　　　　　　059-361-2052

大阪港埠頭㈱
〒559-0034　大阪府大阪市住之江区南港
　　　　　　北2-1-10　ATC O's棟南館5階
　　　　　　　　　　　　06-6615-7211

阪神港埠頭㈱
〒651-0083　兵庫県神戸市中央区浜辺通5-1-14
　　　　　　神戸商工貿易センタービル16階
　　　　　　　　　　　　078-231-2401

阪神国際港湾㈱
〒651-0087　兵庫県神戸市中央区御幸通8-1-6
　　　　　　神戸国際会館20階
　　　　　　　　　　　　078-855-3947

水島港国際物流センター㈱
〒713-8103　岡山県倉敷市玉島乙島字新湊
　　　　　　8262番地の1　水島国際コンテナタ
　　　　　　ーミナル管理棟3階
　　　　　　　　　　　　086-523-6211

㈱ひろしま港湾管理センター
〒734-0011　広島市南区宇品海岸1-13-13
　　　　　　　　　　　　080-250-7160

下関港コンテナターミナル㈱
〒750-0014　山口県下関市岬之町20-15
　　　　　　　　　　　　083-233-2211

博多港ふ頭㈱
〒813-0018　福岡県東区香椎浜ふ頭四丁目2番2号
　　　　　　香椎コンテナターミナル
　　　　　　　　　　　　092-663-3111

## 主要港振興団体

一般社団法人　新潟港振興協会
〒951-8061　新潟県新潟市中央区西堀通3-799
　　　　　　　　　　　　025-225-5851

千葉港振興協会
〒260-0024　千葉県千葉市中央区中央港1-6-1
　　　　　　　　　　　　043-246-5201

一般社団法人　東京都港湾振興協会
〒135-0064　東京都江東区青海2-4-24
　　　　　　青海フロンティアビル20階
　　　　　　　　　　　　03-5500-2584

公益社団法人　川崎港振興協会
〒210-0869　神奈川県川崎市川崎区東扇島38-1
　　　　　　川崎マリエン6階
　　　　　　　　　　　　044-287-6001

一般社団法人　横浜港振興協会
〒231-0002　神奈川県横浜市中区海岸通1-1
　　　　　　大さん橋ふ頭ビル2階
　　　　　　　　　　　　045-671-7241

清水港利用促進協会
〒424-0822　静岡県静岡市清水区相生町6-17
　　　　　　清水商工会議所内
　　　　　　　　　　　　054-353-3403

名古屋港利用促進協議会
〒455-0033　愛知県名古屋市港区港町1-11
　　　　　　名古屋港管理組合内
　　　　　　　　　　　　052-654-7838

四日市港利用促進協議会
〒510-0011　三重県四日市市霞2-1-1
　　　　　　四日市港管理組合振興課内
　　　　　　　　　　　　059-366-7023

大阪府港湾協会（堺泉北港）
〒595-0055　大阪府泉大津市なぎさ町6-1
　　　　　　堺泉北港ポートサービスセンター
　　　　　　ビル10階
　　　　　　　　　　　　0725-21-7203

公益社団法人　大阪港振興協会
〒552-0021　大阪府大阪市港区築港2-1-2
　　　　　　第1大阪港ビル7階
　　　　　　　　　　　　06-6575-9575

下関港湾協会
〒750-0066　山口県下関市東大和町1-10-50
　　　　　　下関市港湾局振興課内
　　　　　　　　　　　　083-231-1277

一般社団法人　北九州港振興協会
〒801-8555　福岡県北九州市門司区西海岸1-2-7
　　　　　　北九州市港湾局内
　　　　　　　　　　　　093-321-5900

㈳博多港振興協会
〒812-0031　福岡県福岡市博多区沖浜町12-1
　　　　　　博多港センタービル6階
　　　　　　　　　　　　092-271-1378

# 外国港湾局在日事務所

## ASIA

**釜山港湾公社　日本代表部**
（朴濟晟：PARK Je-sung）

〒104-0041　東京都中央区新富1-16-8
新富栄和ビル 8階
03-6303-2703　FAX03-6303-2704
eMail: jspark2@busanpa.com

## North America

**エバレット港極東事務所**（小塩博史）

〒192-0372　東京都八王子下柚木3-2-3-105
042-677-3498：090-8155-2704
FAX042-649-6866
eMail: user1041636174@aol.com

**ヒューストン港湾局**（久保田悟）

〒108-0075　東京都港区港南2-13-40
品川TSビル4階
Ben Line Agencies（Japan）内
03-6718-0715：070-4173-5682
FAX03-6718-0717

**ポートランド港湾・空港局**（山崎満広）

〒158-0094東京都世田谷区玉川3-20
マノア玉川第三ビル501号室
090-9319-0606
eMail: mitsu@mitsuyamazaki.com

**ストックトン港湾局**（岩井博史）

〒134-0087　東京都江戸川区清新町1-4-16
シティコープ清新 506
070-2198-0314　FAX03-3869-3914
eMail: iwai-hirocky@jcom.zaq.ne.jp

## Europe

**アントワープ・ブルージュ港湾公社**
（渡辺千里）

〒195-0055　東京都町田市三輪緑山2-12-15
eMail: chisato.watanabe@portofantwerpbruges.com
090-3006-8057

# 外国鉄道在日事務所

**カナディアンナショナル鉄道**
（Canadian National Railway）
（奥田ナターシャ）

〒164-0013　東京都中野区弥生町1-51-9
03-6874-2887

**CPKC鉄道**（Canadian Pacific Kansas City Ltd.）
（設楽　徹：しだら・とおる）

Marketing Agent in Japan：Wallem Shipping
〒105-0014　東京都港区芝1-14-4　芝桝田ビル6F
03-5442-6906

# 西暦和暦早見表 ＆ 年齢一覧表（2024年の誕生日で）

| 西暦 | 和暦 | 年齢 | 西暦 | 和暦 | 年齢 | 西暦 | 和暦 | 年齢 |
|---|---|---|---|---|---|---|---|---|
| 1868 | 慶応4年（9/7まで）／明治元年（9/8〜） | 156 | 1921 | 大正10 | 103 | 1975 | 昭和50 ＊② | 49 |
| 1869 | 明治2 | 155 | 1922 | 大正11 | 102 | 1976 | 昭和51 | 48 |
| 1870 | 明治3 | 154 | 1923 | 大正12 | 101 | 1977 | 昭和52 | 47 |
| 1871 | 明治4 | 153 | 1924 | 大正13 | 100 | 1978 | 昭和53 | 46 |
| 1872 | 明治5 | 152 | 1925 | 大正14 | 99 | 1979 | 昭和54 | 45 |
| 1873 | 明治6 | 151 | 1926 | 大正15年（12/24まで）／昭和元年（12/25〜） | 98 | 1980 | 昭和55 | 44 |
| 1874 | 明治7 | 150 | 1927 | 昭和2 | 97 | 1981 | 昭和56 | 43 |
| 1875 | 明治8 | 149 | 1928 | 昭和3 | 96 | 1982 | 昭和57 | 42 |
| 1876 | 明治9 | 148 | 1929 | 昭和4 | 95 | 1983 | 昭和58 | 41 |
| 1877 | 明治10 | 147 | 1930 | 昭和5 | 94 | 1984 | 昭和59 | 40 |
| 1878 | 明治11 | 146 | 1931 | 昭和6 | 93 | 1985 | 昭和60 | 39 |
| 1879 | 明治12 | 145 | 1932 | 昭和7 | 92 | 1986 | 昭和61 | 38 |
| 1880 | 明治13 | 144 | 1933 | 昭和8 | 91 | 1987 | 昭和62 | 37 |
| 1881 | 明治14 | 143 | 1934 | 昭和9 | 90 | 1988 | 昭和63 | 36 |
| 1882 | 明治15 | 142 | 1935 | 昭和10 | 89 | 1989 | 昭和64年（1/7まで）／平成元年（1/8〜） | 35 |
| 1883 | 明治16 | 141 | 1936 | 昭和11 | 88 | 1990 | 平成2 | 34 |
| 1884 | 明治17 | 140 | 1937 | 昭和12 | 87 | 1991 | 平成3 | 33 |
| 1885 | 明治18 | 139 | 1938 | 昭和13 | 86 | 1992 | 平成4 | 32 |
| 1886 | 明治19 | 138 | 1939 | 昭和14 | 85 | 1993 | 平成5 | 31 |
| 1887 | 明治20 | 137 | 1940 | 昭和15 | 84 | 1994 | 平成6 | 30 |
| 1888 | 明治21 | 136 | 1941 | 昭和16 | 83 | 1995 | 平成7 | 29 |
| 1889 | 明治22 | 135 | 1942 | 昭和17 | 82 | 1996 | 平成8 | 28 |
| 1890 | 明治23 | 134 | 1943 | 昭和18 | 81 | 1997 | 平成9 | 27 |
| 1891 | 明治24 | 133 | 1944 | 昭和19 | 80 | 1998 | 平成10 | 26 |
| 1892 | 明治25 | 132 | 1945 | 昭和20 | 79 | 1999 | 平成11 | 25 |
| 1893 | 明治26 | 131 | 1946 | 昭和21 | 78 | 2000 | 平成12 | 24 |
| 1894 | 明治27 | 130 | 1947 | 昭和22 | 77 | 2001 | 平成13 | 23 |
| 1895 | 明治28 | 129 | 1948 | 昭和23 | 76 | 2002 | 平成14 | 22 |
| 1896 | 明治29 | 128 | 1949 | 昭和24 | 75 | 2003 | 平成15 | 21 |
| 1897 | 明治30 | 127 | 1950 | 昭和25 | 74 | 2004 | 平成16 | 20 |
| 1898 | 明治31 | 126 | 1951 | 昭和26 | 73 | 2005 | 平成17 | 19 |
| 1899 | 明治32 | 125 | 1952 | 昭和27 | 72 | 2006 | 平成18 | 18 |
| 1900 | 明治33 | 124 | 1953 | 昭和28 | 71 | 2007 | 平成19 | 17 |
| 1901 | 明治34 | 123 | 1954 | 昭和29 | 70 | 2008 | 平成20 | 16 |
| 1902 | 明治35 | 122 | 1955 | 昭和30 | 69 | 2009 | 平成21 | 15 |
| 1903 | 明治36 | 121 | 1956 | 昭和31 | 68 | 2010 | 平成22 | 14 |
| 1904 | 明治37 | 120 | 1957 | 昭和32 | 67 | 2011 | 平成23 | 13 |
| 1905 | 明治38 | 119 | 1958 | 昭和33 | 66 | 2012 | 平成24 | 12 |
| 1906 | 明治39 | 118 | 1959 | 昭和34 | 65 | 2013 | 平成25 | 11 |
| 1907 | 明治40 | 117 | 1960 | 昭和35 | 64 | 2014 | 平成26 | 10 |
| 1908 | 明治41 | 116 | 1961 | 昭和36 | 63 | 2015 | 平成27 | 9 |
| 1909 | 明治42 | 115 | 1962 | 昭和37 | 62 | 2016 | 平成28 | 8 |
| 1910 | 明治43 | 114 | 1963 | 昭和38 | 61 | 2017 | 平成29 | 7 |
| 1911 | 明治44 | 113 | 1964 | 昭和39 | 60 | 2018 | 平成30 | 6 |
| 1912 | 明治45年（7/29まで）／大正元年（7/30〜） | 112 | 1965 | 昭和40 | 59 | 2019 | 平成31（4/30まで）／令和元年（5/1〜） | 5 |
| 1913 | 大正2 | 111 | 1966 | 昭和41 | 58 | 2020 | 令和2年 | 4 |
| 1914 | 大正3 | 110 | 1967 | 昭和42 | 57 | 2021 | 令和3年 | 3 |
| 1915 | 大正4 | 109 | 1968 | 昭和43 | 56 | 2022 | 令和4年 | 2 |
| 1916 | 大正5 | 108 | 1969 | 昭和44 | 55 | 2023 | 令和5年 | 1 |
| 1917 | 大正6 | 107 | 1970 | 昭和45 | 54 | 2024 | 令和6年 | 0 |
| 1918 | 大正7 | 106 | 1971 | 昭和46 | 53 | | ＊① ㈱オーシャンコマース設立 | |
| 1919 | 大正8 | 105 | 1972 | 昭和47 | 52 | | ＊② Shipping Guide 創刊 | |
| 1920 | 大正9 | 104 | 1973 | 昭和48 | 51 | | | |
| | | | 1974 | 昭和49 ＊① | 50 | | | |

9 784900 932920

1 922065 028005

ISBN978-4-900932-92-0

C2065　¥2800E

定価（本体2,800円＋税）

---

## 国際物流事業者要覧
### 〈2024年版〉

2023年11月30日発行

**定　価**　　　本体2,800円（税・送料別）

編集・発行人　　　中　川　圏　司
発　行　所　　　株式会社　オーシャン コマース
　　　〒105-0013　東京都港区浜松町1-2-11（葵ビル）
　　　　　　　　　TEL：03-3435-7630
　　　　　　　　　FAX：03-3435-7896
　　　　　　　　　郵便振替口座：00100-4-63646
　　　　　　　　　E-Mail：info@ocean-commerce.co.jp

---

## List of International Logistics Operators
## 2024

Compiled and
Published by

Ocean Commerce Ltd.
Aoi Bldg., 1–2–11 Hamamatsucho,
Minato–ku, Tokyo 〒105-0013 Japan
Tel. : 03–3435–7630
Fax. : 03–3435–7896
E–Mail : info@ocean–commerce.co.jp

Editor & Publisher　　　Kenji Nakagawa

*Price : ¥2,800– (Mail charge excluded)*

---

---

**https://www.ocean-commerce.co.jp**

これまでを極め、
これからを拓く。

これからの世界に、必要とされる企業であるために。

私たち日本郵船グループは、

総合物流企業の枠を超え、中核事業の深化と新規事業の成長で、

未来に必要な価値を共創します。

TIA LEADER
TOKYO
東京

MAX LOAD 80TON(784.8kN) VEHICLE
MAX AXLE LOAD 50TON(490.3kN)/4W 30TON(294.3kN)/2W
C.H. 5M10 C.H. 3M50 C.H. 3M00

日本郵船    NYK GROUP